BCPS$830

ein Ullstein Buch

D0669957

Ullstein Buch Nr. 323
im Verlag Ullstein GmbH,
Frankfurt/M – Berlin – Wien

Originalausgabe
19. Auflage

Umschlagentwurf: Jürgen Riebling
Alle Rechte vorbehalten
© 1961, 1972 by Verlag Ullstein GmbH,
Frankfurt/M – Berlin – Wien
Printed in Germany 1979
Gesamtherstellung:
Ebner, Ulm
ISBN 3 548 00323 0

Wege der deutschen Literatur

Eine geschichtliche Darstellung

von
Hermann Glaser, Jakob Lehmann, Arno Lubos

ein Ullstein Buch

INHALT

VORWORT

Literaturgeschichte dient der zusammenfassenden Überschau der aus der Lektüre und Interpretation des einzelnen literarischen Kunstwerks gewonnenen Einsichten und Erkenntnisse. Sie sollen geordnet und eingeordnet werden, damit das Gemeinsame und das dem jeweiligen Dichter und seiner Zeit Typische aufleuchten. Neben das dichterisch Gestaltete müssen Wollen, Absicht, Theorie sowie die geistigen Ursprünge, Anregungen und sonstigen Entstehungsursachen treten. Sie werden durch biographisches Wissen abgerundet. Diese Überlegungen bestimmten Anlage, Auswahl und Absicht der **Wege der deutschen Literatur**.

Die vorliegende Literaturgeschichte will ein Buch für den Lesenden und Lernenden sein, das den trockenen Leitfadenstil ebenso meidet wie den Anspruch lexikalischer Fülle. Im Mittelpunkt der Betrachtung stehen die literarische Ausprägung menschlicher Probleme sowie die kritische Auseinandersetzung des Schriftstellers mit der gesellschaftlichen Situation. Damit wird das Ineinander von philosophischer Grundhaltung und künstlerischem Gestaltungsdrang deutlich zu machen versucht. Indem sich die Darstellung auf Hauptgesichtspunkte und bedeutende Werke beschränkt, wahrt sie den Blick für die historische Entwicklung; indem sie eine Kenntnis der Weltbilder der Vergangenheit vermittelt, dient sie dem Weltverständnis durch die Dichtung auch in der Gegenwart. Nebensächliches, Einzelheiten und überall sich findende Abweichungen mußten umfangreicheren literaturgeschichtlichen Werken vorbehalten bleiben, weil es hier lediglich darauf ankam, eine Einführung in die grundsätzliche Problematik zu geben.

Bei aller Vorsicht gegenüber äußerlichen Epochenbezeichnungen und künstlich geschaffenen Schubfächern hat die Herausarbeitung des Typischen und Gemeinsamen einer Epoche ihre Berechtigung; denn das Auftreten geistiger und künstlerischer Nachbarschaft oder gar Verwandtschaft ist ein aufschlußreiches und beachtenswertes Faktum in der Geschichte unserer Kultur.

Die Abgrenzung neuer Strömungen von älteren, die Übergänge vom Vorangegangenen zum Folgenden drängen sich einer literaturgeschichtlichen Betrachtung, die sich mit einer losgelösten, isolierten Betrachtung des Einzelwerkes nicht zufriedengibt, weil sie deren Unzulänglichkeit einsieht, von selbst auf. Die Frage nach dem Weiterwirken, Lebendigbleiben und den Anstößen für Neu- und Umgestaltungen gibt dem Einzelwerk und seinem Verfasser erst das notwendige Gewicht und stützt die jeder Generation aufgetragene Wertung. Dabei wird es das besondere Anliegen eines sinnvoll erarbeiteten Epochenverständnisses bleiben, in der Vielfalt der

Erscheinungen das Bleibende, Daseinserhellende, Lebensnotwendige und Menschen- wie Personenbildende des betreffenden Zeitabschnittes im Auge zu behalten und immer wiederkehrende Möglichkeiten der Lebensbewältigung und somit menschlicher Seinsweise schlechthin herauszustellen. Nur in solch anthropozentrischer Sicht wächst das Verständnis für die Eigenart und den wechselnden Anspruch bestimmter Zeitauffassungen. Ihnen gegenüber darf es nicht die Überheblichkeit der »Späteren«, nicht einmal ein schroffes Entweder-Oder geben. Über das Historische hinaus sollten getroffene Entscheidungen und abgegebene Bekenntnisse, wenn sie nur echter Überzeugung entsprangen, ihre Berechtigung behalten als jeweils eine neben anderen Grundentscheidungen. Eine derartige Sicht führt immer neu zur Überprüfung, ob und wieweit jene Entscheidungen auch uns noch angehen. Zur sachlich-fachlichen Bedeutsamkeit tritt die persönliche. An die Stelle oberflächlicher Aktualisierung rücken ergiebige, bis in die Gegenwart unseres persönlichen Lebens wirkende Bezüge. Nicht zu Unrecht hat man eine so gesehene Literaturgeschichte die Geschichte erregender geistiger Abenteuer, ständig neuer Entdeckungen, fortlaufender Auflehnungen, Revolten und Umstürze genannt.

Entscheidend für die Darstellung war das Bemühen, im jeweiligen dichterischen Beitrag gleichzeitig ein die Epoche sowie den Dichter charakterisierendes Beispiel und eine allgemein – wenn auch oft nur bedingt – gültige menschliche Aussage zu haben. Damit wurde nicht nur die Flut des Stoffes gehemmt, in der heute die meisten Disziplinen zu ertrinken drohen, sondern auch die vielseits abhanden gekommene Orientierung im Geschichtlichen als notwendige Grundlage für das Fremd- und Eigenverständnis der Zeiten wieder erlebbar gemacht. Von der bloß sachlichen Information und zeitlichen Einordnung verlagerte sich der Schwerpunkt auf die Erläuterung literarischer Epochenbegriffe als Wesensbegriffe. Nur wo Bezeichnungen, wie Aufklärung, Barock, Romantik, Realismus, Expressionismus, nicht mehr Etiketten, sondern Ausdruck menschlicher und künstlerischer Grundhaltungen sind, ist auch einer vertieften – die historische Komponente mit einbeziehenden – Kunstbetrachtung gedient.

In diesem Sinn konnten für die Hauptabschnitte die allgemein gebräuchlichen Epochenbezeichnungen beibehalten werden, ebenso für die zeitlichen Unterabschnitte. Daneben vermitteln die Seitenglossen die eigentlichen Aspekte der Betrachtung bzw. deren Ergebnisse. Sie versuchen, die charakteristischen Züge eines Dichters und die wichtigsten Anliegen des Denkens und künstlerischen Schaffens einer Epoche zum Ausdruck zu bringen. Möglichst verständlich und eindeutig geben sie kurzgefaßt und zugespitzt die Quintessenz der Darstellung, ohne zu simplifizieren und zu konstruieren. Damit aber werden sie gleichzeitig zu Gliederungspunkten und Gedächtnisstützen und erleichtern Zusammenfassung und Überblick. Diese, das jeweils Wesentliche bezeichnenden Glossen verbinden das Dargelegte auch mit dem Textband (»Wege der deutschen Literatur – Ein Lesebuch«, Ullstein Buch Nr. 372), der zur weiteren Vertiefung herangezogen werden kann. Die dort gebotenen exemplarisch zu verstehenden literarischen Zeugnisse ermöglichen es, die hier aufgezeigten literarhistorischen Entwicklungen und anthropologischen Seinsweisen zu überprüfen und zu ergänzen; vor allem aber dienen sie der Veranschaulichung.

ZUR NEUAUFLAGE 1979

Wie bei den vorangegangenen Neuauflagen wurden Daten im Bereich der Moderne ergänzt und Erweiterungen vorgenommen; zugleich erfolgte eine Gesamtüberarbeitung, die sich an neuen Forschungsergebnissen orientierte. Über fünfzehn Jahre sind seit der Erstausgabe vergangen – eine grundlegende Revision der Darstellung war jedoch nicht notwendig; die Verfasser halten nach wie vor eine geschichtliche Darstellung der »Wege der deutschen Literatur« für sinnvoll, auch wenn heute »Geschichtsverständnis« gerne denunziert wird, da es nicht genügend die sozio-ökonomischen Gegebenheiten berücksichtige. Freilich zeigt bereits das Vorwort zur ersten Ausgabe, daß es den Verfassern von Anfang an darauf ankam, Historismus und Positivismus zu vermeiden, und statt dessen die in historischen Abläufen zutage tretenden geistig-seelischen Strukturen sichtbar zu machen. Diese anthropozentrische Sicht soll nicht privatistische Unverbindlichkeit fördern; doch darf neben der gesellschaftlichen Relevanz von Literatur ihre Bedeutung für das Selbstverständnis des Individuums nicht unterschätzt werden. Sowohl für den einzelnen wie für die Gesellschaft erweisen sich Literatur und Literaturgeschichte als das große Arsenal eines pluralen Menschenbildes. Sicherlich ist es mehr denn je wichtig und richtig, Begriffen wie »Pluralismus« und »Menschenbild« eine gewisse Skepsis entgegenzubringen – wodurch vermieden werden kann, daß sie zu affirmativen Leerformeln werden; das ändert nichts an der Notwendigkeit, weiterhin – am Beispiel und mit Hilfe der Literatur – um die Deutung des Menschen sich zu bemühen. Die vorliegende Darstellung versucht dabei, sowohl den »Jargon der Eigentlichkeit« als auch den »Jargon der Dialektik« zu vermeiden.

ALTDEUTSCHE DICHTUNG

Was hier unter dem Begriff »Altdeutsche Dichtung« zusammengefaßt wird, reicht von den literarischen Zeugnissen der vordeutschen Ursprünge über die Entfaltung der kirchlichen Literatur bis zur ritterlich-höfischen Blütezeit und zum Ausgang des Mittelalters.

In das Dunkel der germanischen Dichtung senkt die deutsche Dichtung ihre Wurzeln. Beim Fehlen jeder schriftlichen Überlieferung kann der hohe Stand der Kultur bei der damals noch ungetrennt lebenden germanischen Völkerfamilie nur aus frühen Ablagerungen in späteren literarischen Werken – besonders der literarischen Kleinkunst – erschlossen werden.

Erst um das 8. Jahrhundert, in einer Zeit also, in der die antike Überlieferung und die Lehren des Christentums zu ernsthafter und verinnerlichter Auseinandersetzung anregten, gibt es eine eigentlich literarische Tradition. Von da ab sind wir nicht mehr ausschließlich auf den heidnischen Bodensatz in lebendig gebliebenen Sprüchen, Rätseln und anderen Kleinformen angewiesen, wenn wir Zeit und Schaffen, Geist und Wollen, künstlerische Mittel und sprachliche Gestaltung würdigen.

In der Zeit der fränkischen Kaiser liegen die Ansätze zum eigentlich deutschen Schrifttum in althoch- und altniederdeutscher Sprache. Es findet in der Gestalt Karls des Großen ein hohes Vorbild und einen mächtigen Förderer. Jetzt taucht auch der Begriff der lingua theodisca auf, der die heimische Sprache meint und sie vom Lateinischen und Romanischen absetzt. Die lebhafte Auseinandersetzung mit dem Christentum prägt entscheidend den geistigen Charakter dieser Dichtung, die sich dann unter den Ottonen und ihrer Hinwendung zur Antike auch noch der lateinischen Sprache bedient. Das 11. und 12. Jahrhundert schließlich, besonders die Zeit der Salier, greifen in brennend ernstem religiösen Ringen die Fragen des Glaubens auf und geben die Dichtung fast ausschließlich in die Hände der Geistlichen. Die Bewegung von Cluny, die Anfänge der Scholastik und Mystik sowie das Trauma der Kreuzzüge liefern den weltanschaulichen Hintergrund für das im wesentlichen religiös und kirchlich bestimmte Schrifttum dieser Zeit.

Um 1150 setzt ein jäher Umbruch ein, der schließlich mit der ritterlich-höfischen Dichtung die erste große Blütezeit der deutschen Dichtung heraufführen sollte. Ein neues Menschenbild mit eigenem Denken, Empfinden und Daseinsgefühl sowie mit eigener Kunstform und Sprache (den mittelhochdeutschen Dialekten) tritt uns entgegen, das nach außen hin im kaiserlichen Glanz der Stauferzeit sichtbaren Ausdruck fand, innerlich aber seine gesellschaftlichen und künstlerischen Ideale mit den sittlich-humanen des Christentums zu vereinen wußte.

Der Untergang der kaiserlichen Macht bringt dann freilich rasch auch das Ende dieser Blütezeit. Die Literatur des ausgehenden Mittelalters bietet ein buntschillernd herbstliches Bild, das neben Verfall und Abbau allerdings auch vielfach neue Ansätze und stilles Wachstum kennt. In schweren Kämpfen, Plagen, Nöten erkennen wir die Wehen zur Geburt eines neuen Zeitalters.

Vorchristliche Ursprünge

Die Betrachtung der deutschen Literatur kann erst dort einsetzen, wo Literatur Sprachkunst wird, wo über die bloße Nutz- und Zweckanwendung des Wortes hinaus der menschliche Geist die Schönheit der Sprache begreift und auch aus ästhetischen Gründen zu formen, zu bilden, zu sprechen und zu schreiben beginnt. Wo aber liegt solcher Anfang? Ist es vielleicht so – wie Johann Georg Hamann meint –, daß **Erste** überhaupt die Poesie die Muttersprache des menschlichen **Kunde** Geschlechts ist? Hat sich jener Goldschmied, der um 400 n. Chr. auf dem (zu kultischem Gebrauch gedachten) *Trinkhorn von Gallehus* mit Runen stolz seinen Namen einritzte, nicht auch schon als Sprachkünstler erwiesen, als er die rollenden R und die gaumenden H zum stabenden Reim zusammenfügte?

ᛖᚲ ᚺᛚᛖᚹᚨᚷᚨᛊᛏᛁᛉ ᚺᛟᛚᛏᛁᛃᚨᛉ ᚺᛟᚱᚾᚨ ᛏᚨᚹᛁᛞᛟ

e k h l e w a g a s t i R h o l t i j a R h o r n a t a w i d o
Ich,   Hlewagast,   der Holting,   das Horn   stellte her

Bei den germanischen Schriftzeichen der Runen (ahd. runa = Geheimnis) unterscheidet man Losrunen und die daraus hervorgehenden jüngeren Schriftrunen. Bei den Losrunen handelte es sich um Buchenholzstäbchen (daraus unser »Buchstabe«), in die geheimnisvolle Losungen eingeschnitzt waren und die vom Priester mit abgewandtem Gesicht auf den Boden geworfen wurden. Er las sie auf (davon »lesen«) und verwendete sie zur Deutung des göttlichen Willens.

Die Schriftrunen wurden in Holz, Stein oder Metall geritzt; sie dürften wohl zwischen dem 1. Jahrhundert v. Chr. und dem 2. Jahrhundert n. Chr. entstanden sein und sich an das lateinische Schriftvorbild gehalten haben.

Der auf das Germanische weisende althochdeutsche Vers besteht aus einer Langzeile, die in zwei Halb- oder Kurzzeilen zerfällt. Jede Halbzeile hat zwei Hebungen (die Anzahl der dazwischenliegenden Senkungen ist nicht festgelegt), die »stabend« reimen, d. h. die erste und die zweite (später nur noch die erste) Hebung der einen Kurzzeile beginnt mit dem gleichen Buchstaben wie die Hebung der nachfolgenden Kurzzeile: Ek *Hl*ewagastiR *H*oltijaR *H*orna tawido.

Die Literatur der Germanen ist in ihren frühen Anfängen wahrscheinlich Kultdichtung gewesen: Gebete, Opfersprüche, Götterpreislieder.
Wort und Magie Felsritzungen weisen auch hin auf ein Jahreslaufspiel vom sterbenden und auferstehenden Gott. Sprichwörter, mythische Rätseldichtungen und Losungen gingen von Mund zu Mund. Wir hören von Seherinnen, die als geehrte Gäste zu den Bauern kamen und ihnen Aufklärung über die Ernteaussichten und die Gesundheit von Mensch und Vieh erteilten: »Unbesät werden Äcker tragen. / Böses wird besser, Balder kehrt heim.« Zaubersprüche wurden gemurmelt, Wunden, Geschwüre, verletzte Gliedmaßen und andere Krankheiten »besprochen«:

»Bên zi bêna, / bluot zi bluoda, / lid zi geliden. / sôse gelîmida sîn!
Bein zu Bein, Blut zu Blut, Glied zu Glied, als ob sie geleimt seien! –«
lautet der zweite *Merseburger Zauberspruch.* Und der *Wurmsegen:* »Geh aus, Wurm, mit neun Würmelein! / Vom Mark ins Bein! / Vom Bein ins Fleisch! / Vom Fleisch in die Haut! / Von der Haut in den Pfeil!«

Die beiden *Merseburger Zaubersprüche* (der andere zeigt, wie man einen Gefangenen mit Hilfe der Zauberformel befreien kann) weisen auf die heidnische Frühzeit hin. Sie wurden 1841 in der Dombibliothek zu Merseburg gefunden und dementsprechend benannt. Viele der besonders wirksamen Zaubersprüche sind später vom Christentum aufgenommen und umgeformt worden: *Lorscher Bienensegen; Straßburger Blutsegen* (zum Blutstillen); *Weingartner Reisesegen.*

Von den weltlichen Ereignissen ist es vor allem die Hochzeit gewesen, die den Germanen Anlaß zum Liede gab: die Verbindung der Menschen und ihre Schöpferkraft in der Zeugung. Beim Hochzeitsleich (brudleih, brydlâc) taten sich die Teilnehmer zum Reigentanz zusammen. Man vermutet auch Tanzlieder, Chorgesänge zu Gelagen, zu Leichenfeiern und wirklichkeitsnahe Arbeitslieder. Es mag auch schon eine ums Detail bemühte lyrische Aussage gegeben haben, wie sie uns vergleichsweise aus der irischen Dichtung überliefert ist, mit einem feinnervigen, geradezu impressionistischen Verhältnis zur Natur etwa: »Kleines Getöse, liebliches Getöse, zarte Musik der Wellen, ein Kuckuck mit süßer Stimme auf Wipfeln. – Sonnenstäbchen spielen im Sonnenstrahl, die jungen Rinder haben ... des Berges liebgewonnen. – Die Wellen reichten zum Kind hinauf und lachten ringsumher, und es lacht die Wellen an und berührte mit der Hand den Schaum der Wellenkämme, leckte den Wellenschaum wie den Schaum frischgemolkener Milch.«
Doch steht solch lieblich-arkadischer Weltsicht, die unter einem heiteren südlichen Himmel besser gedeihen konnte, die nordisch-mythische Dunkelheit entgegen.

Der germanische Glaube spiegelt die Fragwürdigkeit allen Seins, gründet in düsterer Weltendstimmung. Die wenigen Kunstwerke, die uns erhalten sind (z. B. der Drachenkopf von Oseberg), künden **Götter-** in ihrer barock verschlungenen Ornamentik davon; ge- **dämmerung** heimnisvoll verstrickte Drachenkörper und Vögel sowie böse Geister überwiegen. – Siegfried und Beowulf müssen gegen furchtbares Getier kämpfen; Grausiges geschieht in Abgründen und Schluchten. Dräuende Köpfe steckten die Wikinger an den Bug ihrer Schiffe und mußten sie im heimischen Hafen wieder abnehmen, um die Geister des Landes nicht zu erschrecken. –

Der Lauf der Welt vollzieht sich in Schlag und Gegenschlag zwischen feindlichen Lagern. Böse Feinde sitzen um Midgard und Asgard, die Heimstätten der Menschen und Götter; der Fenriswolf, die Midgardschlange, Loki, Muspell und seine Söhne – eine ganze Brut wartet auf die Möglichkeit der Zerstörung. Am Rande der Welt sammeln sich alle zum Überfall: die Götter- und Menschendämmerung steht bevor. Sie werden eines Tages von draußen hereinbrechen und alle Schrecken entfesseln. Das Schlachtfeld ist schon ausgewählt. Der große Weltenbaum fault bereits; böse Tiere benagen seine Wurzeln und Äste. Was bleibt? Keine Rettung; nur das Aufsichnehmen des Schicksals. Stolz, tragischer Mut – der Mut des Verzweifelten: hugomstorr, hugstorr, storhugdigr, af modi storom ... spricht etwa aus der Edda-Dichtung. (Nach H. Naumann)

Dann bricht eine Zeit gewaltiger völkischer Umwälzungen an, die tiefe seelische Spuren im Bewußtsein und Unterbewußtsein der Menschen hinterläßt: Loslösung von Heimat und Scholle, von der Sippe, **Der Helden** ein Hinausziehen in die Unsicherheit der Ferne, Begegnung **Tatenruhm** mit anderen und höheren Kulturen, Zusammenstoß mit anderen Völkern. Aufstieg und Untergang, Sieg und Niederlage werden zum Mythos, der sich über Jahrhunderte in der Sage erhält.

375 n. Chr. waren die Hunnen ins Ostgotenreich eingefallen, die große Völkerwanderung der germanischen Stämme begann. Um 500 wird das Burgunderreich am Rhein ein Opfer der aus dem Osten vorstürmenden Horden. 410 wird Alarich im Busento in Süditalien begraben. 507 müssen die Westgoten vor den Franken auf den spanischen Raum zurückweichen. 493 zieht Theoderich in Ravenna ein, 533 fallen die letzten Ostgoten am Vesuv gegen eine überwältigende byzantinische Macht. 429 setzen die Vandalen nach Afrika über, 533 unterliegen sie gegen Ostrom. 568 strömen die langobardischen Stämme in die norditalienische Tiefebene ein.

Inmitten großräumiger Unternehmungen, die getragen werden von einem rückhaltlosen und rücksichtslosen Drang in die Weite, ist das Fühlen und Dichten dem Großen, Erhabenen zugewandt. Die Tat ist alles, der Ruhm alleiniger, unverlierbarer Besitz: »Besitz stirbt, / Sippen sterben, / Du selbst stirbst wie sie; / eins weiß ich, / das ewig lebt: der Toten Tatenruhm.«

Umgeworfen wird das alte Rechts- und Gesellschaftssystem von gleich und gleich. Die Gefolgschaft bedarf harter und starker Führung in den Zeiten der Gefahr. Nur Helden können bestehen, ihnen gilt das Lied.

Priscus, der byzantinische Gesandte am Hof Attilas, erzählt, wie germanische Sänger Lieder zu dessen Ruhm sangen. – Cassiodor erwähnt, daß Theoderich dem Frankenkönig anläßlich seines Sieges über die Westgoten im Jahre 507 einen Sänger und Harfenspieler geschickt habe. – Als Gelimer, der letzte Vandalenkönig, in seiner Bergfeste belagert wird, erbittet er von seinen Feinden eine Harfe, um ein Lied über die Größe und Tragik seines Schicksals anstimmen zu können. – Wie Einhard berichtet, ließ Karl der Große die »alten barbarischen Lieder« sammeln und aufzeichnen; sein Sohn jedoch, Ludwig der Fromme, ordnete ihre Vernichtung an. Trotzdem wissen wir ungefähr, welche Form und welchen Inhalt sie besessen haben. In Island nämlich lebten die alten Götter- und Heldenlieder weiter, da sich hier der christliche Einfluß erst verhältnismäßig spät durchsetzen konnte. In der *Lieder-Edda* (Edda = Buch von Oddi) finden wir viele Texte allgemein-germanischen Ursprungs, so z. B. Hildebrands Sterbelied, das Lied von der Weltenschöpfung und dem Weltenbrand, von Wieland dem Schmied, von der Hunnenschlacht u. a.

Die Heldenlieder sind wohl ursprünglich vor dem Herrn in der Halle und der festlich versammelten Kriegergefolgschaft, der Drucht, von einem kunstbegabten Standesgefährten vorgetragen worden. Später entwickelte sich eine eigene Form des Sängers; er hieß Skop, ahd. skopf, scof, kam weit herum immer auf wîdsith (= Weitfahrt). Ein angelsächsisches Epos aus dieser Zeit ist danach *Wîdsith* benannt. Später haben Mönche die Heldenlieder aufgeschrieben und so teilweise bewahrt, freilich zugleich christianisiert und damit manches in ihrem Wesen verändert.

Wir kennen im wesentlichen fünf germanische Sagenkreise mit entsprechenden Heldenliedern:

1. den ostgotischen Sagenkreis mit Ermanarich, Theoderich (Dietrich von Bern) und Hildebrand, dem Waffenmeister;

2. den Nibelungen-Sagenkreis mit einer nordischen und einer deutschen Fassung, behandelnd die Gestalten Gunther, Gernot, Giselher, Kriemhild, Hagen, Brünhild, Volker;

3. die westgotischen Sagen um Walter von Aquitanien;

4. die langobardischen Sagen um König Rother;

5. den Merowinger-Sagenkreis mit Hugdietrich und Wolfdietrich, d. s. Chlodwig und sein Sohn.

In einer Zeit drohender Ungewißheit, ruheloser Wanderung gedeihen Mißtrauen und Angst. »Auf der Hut« muß jeder überall sein. »Nach allen

Türen, eh man eintritt / soll sorglich man sehen, / soll scharf man schaun'n: /
           Nicht weißt du gewiß, ob nicht weilt ein Feind / auf der
Wêwurt   Diele vor dir.« – »Von seinen Waffen / weiche der Mann
skihit   / keinen Fuß auf dem Feld, / denn er weiß nicht genau, /
           wann auf den Wegen / des Speers er draußen bedarf.« –
»Mit dem Gere nehme man Gaben entgegen, Spitze gegen Spitze.« –
Nur dem Freund kann man trauen: »Jung war ich einst, / einsam zog ich,
/ da ward wirr mein Weg; / glücklich war ich, / als den Begleiter ich fand,
/ den Menschen freut der Mensch.« – Oft aber steht selbst der Freund,
der Vater oder der Sohn in den Reihen des Feindes. Was geschichtlich von
der Schlacht auf den Katalaunischen Feldern als Tatsache überliefert ist,
daß Goten gegen Goten, Germanen gegen Germanen kämpften, durchweht die Sage als Sippenzwiespalt, -kampf und -rache; Hildebrand steht
gegen Hadubrand.

Alle Züge, die den germanischen Menschen der Völkerwanderungszeit,
d. h. der vorchristlichen Epoche, kennzeichnen, abheben vom Vor- und
Nachher, seine große Stunde und seine Tragik ausmachen, sind eingefangen im *Hildebrandslied*.

Dreißig Jahre sind es her, daß der Held mit seinem Gefolgsherrn Dietrich von Bern
vor Odoaker aus dem Lande hat weichen müssen. Frau und Kinder ließ er zurück.
Bei seiner Rückkehr trifft er mit dem nun voll erwachsenen Sohn zusammen, der ihn
als »alten Hunn« schmählich beschimpft. Hildebrand weiß, daß es der eigene Sohn ist,
der ihm nun gegenübersteht; aber das starrsinnige Mißtrauen des Jungen, die Be-
schimpfungen, vor allem der Vorwurf der Feigheit, treffen seine Kriegerehre so, daß
er sich zum Kampfe rüstet. Der Sieg des Vaters bedeutet den Tod des Jungen. –
Aber vorher bricht das Lied ab, über den tragischen Ausgang keinen Zweifel lassend.
Der Ursprung des Hildebrandsliedes dürfte in Bayern zu suchen sein. Es ging aus
der gotischen Dietrichsage hervor und wurde aus dem süddeutschen Raum an die
übrigen Stämme weitervermittelt. Im fränkischen Gebiet ist es um 810 niedergeschrieben worden – und zwar niederdeutsch eingefärbt.

Das harte Geschehen spiegelt sich auch in der Sprache. Eine rauhe und
harte Tonformung untermalt die Unerbittlichkeit des Schicksals: »Welaga
nû, waltant got, wêwurt skihit«, sagt Hildebrand. »Wêwurt« ist das Unheil, das über den Menschen nach göttlichem Ratschluß hereinbricht; wil-
lenlos ist man ihm ausgeliefert, handelnd vollzieht man es selbst. Held ist,
wer dem Schicksal nicht ausweicht. Das Leben kann für Hildebrand nun
keinen Wert mehr haben; aber für die germanische Ordnung der Werte
steht die Ehre am höchsten.

Entfaltung der kirchlichen Literatur

Vom 3. bis zum 8. Jahrhundert haben die Germanen – meist durch freie Entscheidung – das Christentum angenommen. Die gotische *Bibelübersetzung* des **Wulfila,** die Gestalten der Westgotenkönige und des Ostgoten Theoderich, die Gesetzgebung der Langobarden mit wesentlich christlichen Elementen sind Zeugen für die Fruchtbarkeit dieser Verschmelzung. Der Frankenkönig Chlodwig nahm als Sieger das Christentum an. Irische Missionare, die oft nur auf sich gestellt waren, ohne weltliche Macht im Hintergrund, stießen in die Gebiete des heutigen Deutschland vor.

Ek gelôbo in got

Die Bibelübersetzung des Westgoten Wulfila (311–382) ist aber noch aus einem anderen Grund von besonderer Bedeutung: sie stellt das älteste Denkmal germanischer Sprache und Schrift dar. Wulfila, der als Abkömmling kleinasiatischer Christen zum arianischen Bischof geweiht worden war (340), entwickelte eine neue (gotische) Schrift, die sich vorwiegend aus griechischen Buchstaben, aber auch aus lateinischen Schriftzeichen und germanischen Runen zusammensetzte. – Das Original ist verlorengegangen. Von den Resten der Abschriften findet sich das schönste Stück in der Universitätsbibliothek zu Upsala (Schweden), der *Codex argenteus*.

Der Germane, der in der Völkerwanderungszeit die ganze Unsicherheit des irdischen Daseins erleben und die Gefährdung des einzelnen Menschen wie die der Völker an seinem eigenen Leibe oder am Schicksal der anderen erfahren mußte, fühlte sich, gnadenlos einem unbarmherzigen, unerbittlichen Geschick unterworfen, angesichts des Todes von tiefer Erschütterung heimgesucht. Nun öffnete er sich dem Christentum, das seine Seele geheimnisvoll anrührte, ihm die Ahnung eines jenseitigen Lebens bestätigte und Geborgenheit verhieß. Gott und Christus sind die neuen »Gefolgsherren«, denen man Treue bis in den Tod gelobt: »Ek gelôbo in got.« –

»Gilaubistû in got fater almahtîgan?« hebt das *Fränkische Taufgelöbnis* an und fährt fort: »Ih gilaubu. Gilaubistû in Christ gotes sun nerienton? Ih gilaubu. Gilaubistû in heilagan geist? Ih gilaubu.«

Alles, worum der Mensch bislang hatte ringen müssen, was er verehrte und ersehnte: Vater, Macht, Reich, Brot, was ihn verstrickte: Versuchung, Schuld, Übel und Not – all das erlebt er im christlichen Glauben unter neuer Sicht. Es wird in eindeutigen moralischen Gesetzen und Geboten verankert. Gelöst und halb schon erlöst überantwortet sich der Germane der christlichen Ordnung. Das uns vielfach überlieferte *Vaterunser* mag so am Anfang jeder Bekehrung gestanden haben. Im *Weißenburger Katechismus* des 9. Jahrhunderts lautet es:

»Fater unsêr, thu in himilom bist, giuuîhit sî namo thîn; quaeme rîchi thîn: uuerdhe uuilleo thîn, sama sô in himile endi in erthu. Broot unseraz emezzîgaz gib uns hiuti. Endi farlâz uns sculdhi unsero, sama sô uuir farlâzzêm scolôm unserêm. Endi ni gileidi unsih in costunga, auh arlôsi unsih fona ubile. Amen.«

Der Germane sann über den engen Kreis des Daseins hinaus, auch wenn Mittelgart, die vom Wasser umgürtete Erde, ihm der Grund aller Wirklichkeit war. Seinem spekulativen Geist kam das Christentum entge-

Welt-
schöpfung
und -ende

gen, indem es sowohl die Frage nach dem ersten wie nach dem letzten Tag stellte, Weltschöpfung und Menschheitsdämmerung mit in den Mittelpunkt der Glaubenslehre brachte. Zwei Werke der christlich-germanischen Literatur sind erhalten, die der »Wunder größtes« und der »Schrecken schrecklichsten« sich zum Thema setzen. In neun stabreimenden Langzeilen schildert das *Wessobrunner Gebet* die Erde vor der Erschaffung durch Gott und läßt so auf dem Hintergrund der gewaltigen Öde und Leere die Größe der Schöpfungstat ahnen:

»Dat gafrêgin ih mit firahim   firiwizzo meista,
dat ero ni was noh ûfhimil
noh paum . . .   noh pereg ni was,
ni . . .   nohheinîg . . .«

»Das erfragte ich unter den Menschen als der Wunder größtes, / daß Erde nicht war, noch das Himmelsgewölbe, / noch Baum, noch Berg nicht war, / noch irgendeines, noch die Sonne nicht schien, / noch der Mond nicht leuchtete, noch der Meersee. / Als da nichts war der Enden noch der Wenden, / und da war der eine allmächtige Gott, / der Männer mildester, und da waren auch manche mit ihm, / gütliche Geister.«

Muspilli dagegen gibt die Schilderung des Weltendes und des Jüngsten Gerichts: Die Seele wird vor den Richterstuhl Gottes gebracht, eine apokalyptische Vision heraufbeschworen:

»Das Moor saugt sich auf,   in Lohe versengt der Himmel,
Mond fällt,   Mittelgart brennt,
Stein stürzt.   So fährt der Straftag in die Lande,
Fährt mit dem Feuer   durch die Völker.
Da kann kein Verwandter dem anderen   helfen vor dem Weltbrande,
Wenn der breite Glutregen   alles verbrennt
Und Feuer und Luft   alles verfegt,
Wo ist dann die Mark,   um die man mit seinen Magen stritt?
Die Mark ist verbrannt,   die Seele steht gebannt,
Wer weiß, mit welcher Strafe: so fährt sie hin zum Male . . .«

Das Wessobrunner Gebet ist wahrscheinlich kurz nach 800 in Sankt Emmeran in Regensburg niedergeschrieben worden. Die Darstellung des Chaos beruht auf nordischen Quellen, die über die angelsächsische Dichtung nach Deutschland gebracht worden waren.

Die Sprachform des Muspilli weist ins späte 9. Jahrhundert. Ein Bayer hat das Gedicht auf die leeren Blätter einer Handschrift gesetzt, die in St. Emmeran gefunden wurde. Die verhältnismäßig späten erhaltenen Niederschriften dürfen nicht darüber hinwegtäuschen, daß beide Gedichte wesentlich älter sind.

Die Christianisierung bedeutete so nicht, daß nun im Künstlerischen alle Tradition abriß und das Christliche sich ungehindert entfaltete. Die **Zwischen Stolz und Demut** germanische Welthaltung ist – seitdem Ludwig der Fromme den Befehl zur Zerstörung der nichtchristlichen Literatur gab – zumindest unterschwellig noch lange Zeit wirksam und dringt immer wieder in die christlichen Werke der Mönche ein.

Das Hildebrandslied war in der uns erhaltenen Fassung Anfang des 9. Jahrhunderts in Fulda niedergeschrieben worden. Sieht man von der zweimaligen Anrufung Gottes durch Hildebrand ab (irmingot, waltant got), so spricht sich hier das heidnische Element noch ganz freimütig und unbekümmert aus. – Das *Ludwigslied,* Preislied auf den jungen Westfrankenkönig Ludwig, der die Wikinger 881 bei Saucourt schlug, rückt zwar vom alten Typus in Form und Inhalt ab. Der Sieg ist zugleich ein Sieg Gottes, der Herrscher ein christlicher Held, Diener Gottes. Die Schlacht beginnt mit einem geistlichen Lied auf seiten der Franken. Dennoch bewahrt die Dichtung wesentliche Züge des germanischen gefolgschaftlichen Denkens und erinnert in vielem an das germanische Fürstenpreislied. Gott ist Ludwigs magaczogo (Erzieher), Ludwig steht zu ihm in einer Art Gefolgschaftsverhältnis. Am Ende singt der Dichter weniger das Lob Gottes als ein Heil dem König, der den Sieg errungen hat. Gott der Herr, so heißt es, verlieh Ludwig viele Tugenden, vor allem »fronisc githigini, / stuol hier in Vrankôn« (»kühne Gefolgsmannen, einen Thron hier in Franken«).

Und selbst dort, wo das Preis- und Heldenlied in voller Umkehrung seines ursprünglichen Sinnes zur Darstellung von Leben und Leid des »sanftmütigen, gütigen Christus« verwendet wird, sind germanische Elemente – Stolz, Aufbegehren, Kampf- und Streitmut, auch die Angst vor dem Schicksal – nicht verkennbar.

Ein niedersächsischer, wohl dem Landadel entstammender und mit der Skopdichtung vertrauter Geistlicher schuf im Auftrag Ludwigs des Frommen um 830 den *Heliand,* eine poetische Erzählung des Lebens Jesu.

Im Mittelpunkt der Messiade steht die Bergpredigt, die Botschaft des Friedens, der Liebe und Demut; aber sie kommt aus dem Munde eines majestätisch gebietenden Gottessohnes und Ehrfurcht einflößenden Gefolgsherrn, des »hebancuning« (Himmelskönigs), dem die Jünger »gesidos« (Gefolgsleute) sind. Auch in Einzelszenen kann der christliche Verfasser sein germanisches Erbe nicht verleugnen, etwa bei der Gefangennahme Christi, als die trauernden Jünger im Kreise um den Herrn untätig dastehn, bis Petrus plötzlich der Zorn packt und ihm der »Mut wallt«:

> ». . . Da erboste sich
> der schnelle Schwertdegen, Simon Petrus:
> ihm wallte wild der Mut, kein Wort mocht' er sprechen,
> so härmt' es ihm im Herzen, als sie den Herrn ihm da
> zu greifen begehrten. Ingrimmig ging
> der dreiste Degen vor den Dienstherrn steh'n.
> hart vor seinen Herrn. Sein Herz war entschieden,
> nicht blöd in der Brust. Blitzschnell zog er
> das Schwert von der Seite und schlug und traf
> den vordersten Feind mit voller Kraft,
> davon Malchus ward durch des Messers Schärfe
> an der rechten Seite mit dem Schwert gezeichnet,
> am Gehör verhauen; das Haupt war ihm wund,
> daß ihm waffenblutig Backen und Ohr
> barst im Gebein und das Blut nachsprang
> aus der Wunde wallend. Als die Wange schartig war
> dem vordersten Feinde, wich das Volk zurück,
> den Schwertbiß scheuend.«

Zum Germanisch-Christlichen fügt Karl der Große das Römisch-Christliche als neues Element hinzu. Er bemüht sich um eine Wiederbelebung der Antike (Karolingische Renaissance), beschäftigt sich vorzugsweise mit Augustins Buch *De civitate dei* und beruft den gelehrten Angelsachsen **Alkuin** an seinen Hof. Die christliche Unterweisung des Volkes und seiner geistigen wie geistlichen Führer soll auf dem Boden des antiken Bildungsgutes, der artes liberales, erfolgen. Zentrum der Bemühungen ist der Kaisersitz. Eine Akademie wird gegründet, eine Bibliothek angelegt, Handschriften antiker Autoren werden vervielfältigt, Kommentare verfaßt. Neben Alkuin wirken als Historiker der Franke **Einhard**, der in seine *Vita Caroli magni* willkürlich und ohne Anpassung ganze Sätze, ja Abschnitte aus Sueton einfügt, und **Paulus Diaconus**, der eine *Langobardengeschichte* schreibt. **Hrabanus Maurus**, Schüler Alkuins, wird später Leiter der Klosterschule in Fulda, 847 Erzbischof von Mainz. Die Anregung, die Karl gibt, wird aufgegriffen: Klöster, Stifte, Schulen widmen sich systematisch der Erarbeitung antik-christlichen Bildungsgutes. In Bayern treten hervor: Salzburg, Freising, Regensburg (mit dem Kloster Sankt Emmeran), im Alemannischen Sankt Gallen, die Reichenau (mit dem Abt **Walafried Strabus**) und deren Tochtergründung Murbach im Elsaß, ferner Würzburg und Fulda, Lorsch und Mainz im fränkischen Raum.

Christentum im Zeichen der Antike

In einem Augenblick, als die Germanen noch unfähig waren, dem großen Reichtum ihrer Phantasie Gestalt zu geben, ihre Kunst formlos und traditionslos dastand, auf der anderen Seite der lateinische Süden mit seinem Überfluß an überlieferter Form, aber ohne die tragenden Seelenkräfte, schwach geworden war, »hob Karl nicht nur die deutsche, sondern die ganze abendländische Kunst über den toten Punkt hinweg, als er sein deutsches Volk nötigte, in die Überlieferung der Antike einzutreten« (Georg Dehio).

Die entscheidenden Auswirkungen dieser Verbindung sollten sich freilich erst viel später einstellen. Die Zeit nach Karl ist zunächst geprägt durch ein tastendes Sich-Orientieren im neuen Kulturraum, vergleichbar den ersten Lese- und Schreibversuchen aufnahmebereiter, aber noch ungewandter Schüler. Die praktisch-religiösen Bedürfnisse stehen im Vordergrund: man übersetzt und kommentiert katechetische Hauptstücke, das apostolische Credo, Taufgelöbnisse, Beichten, die Ordensregel des heiligen Benedikt (von der sich Karl 787 bei einem Besuch in Monte Cassino eine Abschrift hatte geben lassen).

Die ersten Übersetzungen versuchte man auf dem Gebiet des Wörterbuchs oder Glossars. Mit sklavischer Treue zum Urtext wird Wort für Wort, Satz um Satz eingedeutscht, ohne Zusammenhang mit dem Gesamtsinn.

Die umfänglichste Übertragung dieser Zeit war die der lateinischen Version der *Evangelienharmonie* Tatians, die von einigen Mönchen in Fulda unter Leitung ihres Abtes Hrabanus Maurus vorgenommen wurde. Man hielt sich auch hier noch sehr eng an die lateinische Vorlage – übertrug also z. B. die typischen Infinitiv- und Partizipialkonstruktionen wortwörtlich. – Hrabanus, der bedeutsame Anreger, der Bibliothek und Schule zu Fulda einem Höhepunkt zuführte, war ein Rheinfranke aus der Mainzer Gegend. Er wurde 776 geboren und 822 Abt des Klosters. 847 erfolgte seine Berufung auf den Mainzer Erzbischofsstuhl. 856 ist er gestorben.

Um 870 schloß **Otfried**, der Schulleiter des Klosters Weißenburg, sein großes Gedicht vom *Leben und Leiden Christi* (den »Krist«) ab. Schon
rein äußerlich ist nun der Bruch mit der germanischen **Poetische** Dichtung vollständig vollzogen: das Werk hat das Gewand **Formung** des viertaktigen, stablosen, paarigen Endreimverses erhalten. Otfried ist ein Neuerer, er sucht das Ohr des Laien durch dichterische Form zu gewinnen. Im Gegensatz zum Verfasser des »Heliand«, der in der Ausmalung realistischer Szenen schwelgt (etwa der Verwandlung des Wassers in Wein bei der Hochzeit zu Kana, die mit der Lautheit eines germanischen Festgelages geschildert wird), gibt Otfried nur die trockene Erwähnung: »Da zerging das Getränk, und es gebrach an Wein.« Der biblische Stoff ist bei Otfried mit theologischer Gelehrsamkeit umsponnen, Auslegungen der Bibelworte sind eingefügt, die Stoffdarbietung wird mehr und mehr zum dogmatischen Lehrbuch.

Auf der anderen Seite jedoch zeigt sich eine überraschende, bis jetzt in der Dichtung fehlende Innigkeit und Zartheit lyrischen Gefühls. Gerade die Schilderung Mariens weist in ihrer poetischen Farbig- und Lieblichkeit einen neuen Weg. Mariä Verkündigung durch den Engel Gabriel lautet bei Otfried:

>»Du schimmernd weißer Edelstein, der Erde lenkt und Himmelreich
Jungfrau Maria keusch und rein, und alles, was da lebt, zugleich.
vor allen Frauen, die geboren, Er war es, der die Welt erschuf
bist du zur Mutter auserkoren. – zu künden dies, ist mein Beruf –,
Denn einen Sohn wirst du erhalten, Gottvaters einziger Sohn, ihm gleich
der über alle Welt soll walten, von Ewigkeit zu Ewigkeit.«

Die Klage der Maria Magdalena am Grab faßt der Dichter in die weichen Strophen:

>»Mir ist ser ubar ser, Sie eigun mir ginomanan
ni ubarwintu ih iz mer, liabon druhtin minan,
ni wan es untar manne thaz min liaba herza:
iamer drost gewinne! bi thiu ruarit mih thiu smerza.«

Nach Otfried bricht die hoffnungsvoll begonnene Dichtung in deutscher Sprache zunächst wieder ab. In dem Jahrhundert nach Karl dem Großen **Lateinisches** gewinnt die Geistlichkeit immer mehr an Einfluß. Sie bekennt sich nicht nur zum antik-christlichen Geist, sondern **Zwischen-** auch zur lateinischen Sprache. Zusammen mit der Politik **spiel** der sächsischen und salischen Kaiser, die ganz auf Italien ausgerichtet ist, wendet sich der Blick der um Bildung Bemühten nach Rom. Horaz, Vergil werden zu Vorbildern (Ottonische Renaissance).

Ein unbekannter Autor (wohl nicht der Mönch *Ekkehard* aus St. Gallen, wie man ursprünglich glaubte) nahm sich Vergils »Aeneis« zum Vorbild und übertrug eines der ältesten germanischen Heldenlieder, das Geschehen um Hildegund und Walther sowie Hagen von Tronje, die sich als Geiseln am Hofe Attilas befinden und von dort fliehen, in lateinische Hexameter: *Waltharius manu fortis* (um 900).

Um 940 wurde von einem lothringischen Mönch ein Tierepos in lateinischen Hexametern, eine Allegorie über die Flucht eines Geistlichen mit vielen zeitgeschichtlichen Anspielungen, aufgezeichnet: *Ecbasis captivi.*

Die gelehrte Nonne **Hrotsvitha von Gandersheim** (im Harz) schuf nach dem Vorbild der römischen Dichter Terenz und Plautus zwischen den Jahren 960 und 970 Dramen in lateinischer Prosa. Dabei wollte sie die Märtyrer und Märtyrerinnen des christlichen Glaubens verherrlichen und deren Tugend auf dem Hintergrund oft recht realistisch und derb gezeichneter Szenen hervorheben. Bei der Schilderung der Hölle (»Unheimliches Leuchten – da standen sie, bleiche Gesichter, / die fahlen Lichter in ausgemergelten Händen, / die Seelen aller Verfluchten – und unter ihnen, / auf feuerumlohtem Throne erhöht – der Satan . . .«) ist Rosvitha von der neuen, auf strenge Askese und Demut eingehenden, an die ewige Verdammnis mahnenden cluniazensischen Bewegung mitbestimmt.

Die Reformbewegung nahm ihren Ausgang vom Kloster Cluny (Burgund) um die Mitte des 10. Jahrhunderts. Sie suchte sowohl bei der Welt-Geistlichkeit wie im mönchischen Leben die strenge **Memento mori** Zucht wiederherzustellen und den staatlichen Übergriffen auf die Rechte der Kirche entgegenzutreten. Es galt auch, den Laien enger an die Kirche zu binden; er wird nun in den unbarmherzigen Dualismus von Diesseits und Jenseits, von Welt und Gott hineingestellt. Seine Verlorenheit in der Sünde könne nur durch die große Heilstat Gottes überwunden werden, die allein in der Kirche fortwirke.

Weitere Orden entstehen (die Kartäuser, Prämonstratenser, Zisterzienser). Sie tragen das neue Gedankengut rasch in weite Kreise. Auch Kunst und Literatur geraten unter ihren Einfluß.

Die Beschäftigung mit der Antike wird wie jedes Bestreben nach verfeinerter Bildung als Verweltlichung abgetan; die Welt sei die Stätte der Verderbtheit und Sündhaftigkeit. Das Wort soll allein dazu dienen, ins Gewissen des Menschen zu dringen, ihm die Verwerflichkeit seines fleischlichen Tuns vor Augen zu halten. Das Wort gemahnt an Tod und Jenseits und fordert zu einer tätigen, innigen Hingabe an Christus und die Kirche auf. Gott und Satan, Seligkeit und Verdammnis stehen sich in schroffem Gegensatz gegenüber. Wer sich für Gott und das Heil entscheidet, verläßt die dem Teufel verfallene Welt und verachtet ihren trügerischen Glanz.

»Nû denchent, wîb unde man,	Nun denket dran, Weib und Mann,
war ir sûlint werdan.	was ihr sollt werden dann!
ir minnont tisa brôdemi	Ihr minnet diese Vergänglichkeit
unde wânint iemer hie sîn.	und wähnet, hier zu sein allezeit;
si ne dunchet iu nie sô minnesam,	sie dünke euch noch so minnenswert,
eina churza wîla sund ir si hân:	nur kurze Frist ist sie euch beschert:
ir ne lebint nie sô gerno manegiu zît,	Lebtet ihr noch so gerne manche Zeit,
ir muozent verwandelôn disen lîb.	ihr müsset verwandeln diesen Leib.«

Der Verfasser dieses *Memento mori!* ist ein alemannischer Prediger um 1070. Mahnend zeigt er seinen Lesern die Vergänglichkeit des Leibes; nur wer an seine Seele denkt, wird den Tod überwinden können: »Ihr wähnet, hier immer zu leben, ihr müsset Rechenschaft geben. / Ihr müsset alle sterben, ihr könnt es nicht anders erwerben.«

Ein rheinfränkischer Dichter schildert etwa um die gleiche Zeit das *Jüngste Gericht:* Der Himmelskönig wird die Scheidung der Gerechten von den Bösen vornehmen. Den einen winkt das Paradies, den anderen droht die Hölle.

Frau Ava, die 1127 starb, stellt in ihrer dichterischen Wiederbelebung des Neuen Testaments (*Geschichte Johannes' des Täufers; Leben Jesu*) das eschatologische, weltendzeitliche Moment in den Vordergrund: *Antichrist, Jüngstes Gericht.*

Unter der Legendendichtung ragen die *Visionen des Ritters Tundalus* hervor (1150 erschienen). Ein irischer Ritter besucht das Jenseits; das Grauen der Hölle wird breit und schrecklich ausgemalt.

Als unbarmherziger Strafprediger erweist sich **Heinrich von Melk**, ein Mann offensichtlich adliger Herkunft, der sich später in ein Kloster eingeschlossen hat. Um 1160 tritt er mit zwei Gedichten hervor: *Priesterleben* (»Möchte jemand mit herrlicher Speise das Himmelreich gewinnen und mit wohlgesträhltem Bart und mit hochgeschorenem Haar, so wären sie alle heilig fürwahr!«) und *Erinnerung an den Tod*. Anklage und Entrüstung, Ironie und Zorn stehen im Dienste seiner Wortgeißel, die er auf alle Stände herniedersausen läßt. Da sind die Verfehlungen schlemmender Mönche, ihre Buhlerei und Simonie; da ist die Habgier und Hoffart, Genußsucht und Unzucht des Adels und des einfachen Menschen.

In der »Erinnerung an den Tod« steht die Edelfrau an der Bahre ihres Geliebten. Er, der einst Minnelieder sang und tanzte, liegt stumm da und gibt den Geruch der Verwesung von sich. Nur dem Guten und Gottesfürchtigen wird die Erlösung zuteil: »Im himil dâ ist elliu chlage fremde, under den himelischen sende; dâ sint die gedanck alle vrî, dâne waiz niemen, wasz angest sî.«

Zu dieser Zeit hatte sich freilich die cluniazensische Reformbewegung schon überlebt. Bereits früher waren inmitten der harten Schläge einer auf Buße und Demut ausgehenden Literatur weichere und hellere Töne erklungen: die aufsteigende Marienfrömmigkeit hatte eine **Maria** ausgeprägte Marienlyrik im Gefolge. Überlieferungen aus **ze troste** der ersten Hälfte des 12. Jahrhunderts zeigen, wie hier die Jungfrau und Mutter neben der Trinität eine Rolle zu spielen beginnt. Sie ist die Vertraute des einfachen Volkes, Mittlerin zu Gott, erfüllt von liebendem Verständnis für die Sünden und Verirrungen der Menschen.

»Hilf mir, frouwe, sô diu sêle von mir scheide,
sô kum ir ze trôste,
wan ich geloube, daz dû bist
muoter unde maget beide.«   (*Mariensequenz* aus Muri)

In allen Mariendichtungen (u. a. **Wernhers** *Marienleben; Melder Marienlied; Arnsteiner Marienlied*) verbinden sich in der Hauptgestalt Himmelsglorie und menschliche Nähe. Maria gilt in Seligkeit und Schmerz als Idealbild der Frau; ihrem Herzen öffnet sich die leid- und angstgetriebene Kreatur:

»Send in meinen Sinn,   daß ich an Vater und an Sohn
du Himmelskönigin,   und an den heiligen Geist
wahrer Rede Linde,   den Glauben finde.«

Aber noch von einer anderen Seite wird das »Memento mori!« der cluniazensischen Bewegung in Zweifel gezogen: Um die Mitte des 12. Jahrhunderts finden wir eine geistlich-weltliche Lyrik, die auf die Verherrlichung des derben Genusses und der Leidenschaften ausgeht, zugleich aber auch angriffsfreudig soziale Kritik vorträgt. Diese **Carpe diem** Poesie wird getragen von vagierenden (gescheiterten) Klerikern und Studenten; sie sind die Spielleute der geistlichen Herrn, schreiben lateinisch, verbringen aber sonst ihre Zeit mehr in der Taverne als am Schreibpult.

Nicht viele dieser »heidnischen«, um Gesang, Wein und Liebe kreisenden Lieder sind an die Oberfläche der schriftlichen Überlieferung getaucht. In einer *Vagantenbeichte* schreibt der **Archipoeta**, der Erzpoet, der um 1160 zum Gefolge Reinalds von Dassel, eines engen Vertrauten Barbarossas, gehörte:

»Mihi est propositum	»Mein Begehr und Willen ist,
in taberna mori,	in der Kneipe sterben,
ubi vina proxima	wo mir Wein die Lippen netzt,
morientis ori . . .«	bis sie sich entfärben . . .«

Die unbekannten Verfasser der *Carmina burana* schwelgen häufig in anakreontischen Tändeleien:

»Kume kum geselle mîn	Süezer rosenvarwer munt,
ih enbîte harte dîn;	kum und mache mich gesunt;
ih enbîte harte dîn,	kum und mache mich gesunt,
kume, kum geselle mîn.	süezer rosenvarwer munt.«

Die entscheidendste Veränderung aber zog herauf mit dem Anbruch der Ritterdichtung, die etwa ab 1130 das literarische Leben zu bestimmen begann.

Die ritterlich-höfische Blütezeit

Schon zu Beginn des 12. Jahrhunderts zeigt sich, daß der Geistliche in der Dichtung nicht mehr allein maßgebend ist. Weltliche Epen entstehen: teils werden einheimische Erzählstoffe oder solche aus Frankreich, teils orientalische Märchen, von denen man durch die Kreuzzüge Kunde bekommen hatte, aufgegriffen und neu gestaltet. Der fahrende Spielmann trägt die Lieder von Hof zu Hof, von Markt zu Markt. Dabei kann man zwei Rangstufen unter den Spielleuten feststellen: eine niedere und eine höhere Zunft; solche, die bei Volksbelustigungen (bei Volksfesten, Kirchweihen, Jahrmärkten, Hochzeiten), und solche, die am Hofe, bei den vornehmen Damen und Herren der Burgen, auftraten.

Auch die von Geistlichen geschaffene Dichtung zeigt häufig eine weltliche Blickrichtung. Man will nicht mehr allein Gott, sondern auch der Welt gefallen; man ersetzt dogmatische Lehre und mahnenden Predigtton durch

Spannung und erregende Erzählung. Die Welt wird »erfahren«; Aben-
teuer werden erlebt; Brautwerbungsgeschichten, Kreuz-
Die Lust am zugskunde, Wunder und Geheimnisse des Orients sind die
Abenteuer   neuen Themen.

Schon der lateinisch abgefaßte, um 1060 in Anlehnung an einheimische und helle-
nistisch-byzantinische Sagen entstandene *Ruodlieb* stellte eine Art Ritterspiegel dar.
Der Held ist ein Edelmann, mit allen Vorzügen des Leibes und der Seele, erfüllt von
den christlichen Tugenden. Die adlige Gesellschaft zieht an uns vorüber mit Krieg und
Jagd, Fest und Musik, Spiel und Tanz. Der junge Ruodlieb wird von seinem Herrn
nicht reich genug belohnt; er zieht mit seinem Knecht in die Fremde, um Ruhm und
Schätze zu erwerben. Bis nach Ägypten führt sein Weg. Der Ruf der Mutter bringt
ihn wieder in die Heimat zurück. Als Lohn erhielt er von seinem Dienstherrn zwölf
Lebensregeln; im Laufe der Zeit sollen sie sich ihm als sehr nützlich erweisen. Zwei
mitgebrachte Brote enthalten zudem kostbare Schätze. Im Auftrage seines Neffen geht
nun Ruodlieb auf Brautfahrt; doch soll auch er bald heiraten. Gott zeigt der Mutter
in einem Traum den bevorstehenden Aufstieg des Sohnes an; er wird die schöne
Königstochter Heriburg freien. Hier bricht das Gedicht ab.

Das *Alexanderlied* des **Pfaffen Lamprecht** (um 1120/40) zeigt zwar im
Sinne der cluniazensischen Bewegung den griechischen König und Feldherrn in seiner heidnischen Maßlosigkeit, Größe und Vergänglichkeit. Er
wird hingestellt als warnendes Beispiel für die Unersättlichkeit irdischen
Machtstrebens: solange der Mensch lebt, ist seine Gier mit keinem Golde
aufzuwiegen; deckt ihn die Erde, ist er zu nichts mehr nütze. Vanitas vanitatum und memento mori! Auf der anderen Seite erscheint Alexander
immer mit dem Beiwort der »wunderliche« Alexander, verkörpert er doch
den wunderbaren Glanz der Welt, zu dem sich auch der geistliche Autor
hingezogen fühlt. Mit liebevollen Strichen wird der Zauber des Orients
eingefangen.

Da ist etwa die Szene, in der Alexander auf seinem persischen und indischen
Feldzug die singenden Mädchen trifft, die im Frühling den Kelchen seltsamer
Wunderpflanzen entschweben:

»Vil manich scône magetîn   durch den sûzlichen dôz,
wir al dâ funden,   den wir hôrten in dem walt,
di dâ in den stunden   ih und mîne helede balt
spileten ûf den grünen clê.   vergâzen unse herzeleit
Hundirt tûsint unde mê   und der grôzen arbeit
di spileten unde sprungen;   und alliz daz ungemah
hei wi scône si sungen,   und swaz uns leides ie gescach.«
daz beide cleine unde grôz

Im *Rolandslied* des **Pfaffen Konrad** (um 1140) wird der Tod des treuen
Ritters Roland, der unter Karl dem Großen am Kriegszug gegen die
Mauren teilnahm, besungen. Karl erscheint als das Idealbild des Ritters:
geistliches wie weltliches Oberhaupt des Volkes, lebensfreudig, zugleich

aber in seiner ritterlichen Gesinnung von Gott durchdrungen. Die kriegerischen Taten werden mit Freude an einer farbigen Darstellung ausgebreitet.

Ein in Bayern lebender rheinfränkischer Spielmann ist (um 1150) der
Verfasser des Versepos *König Rother*. Zweimalige Heerfahrt und eine
Brautentführung sind das Thema; êre, zuht, milte, muot, triuwe (aber
auch Schlauheit) zeichnen den Helden aus, der als Ahnherr Karls des
Großen gesehen wird.

Das Epos *Herzog Ernst* (von einem bayerischen Spielmann um 1180)
hat einen geschichtlichen Kern. Es geht um den Kampf zwischen Kaiser
und Herzog, zwischen Reichsgewalt und Stammesbewußtsein. Hineinverwoben sind Teile des orientalischen Abenteuerromans von Sindbad
dem Seefahrer. Der Hunger der Leser nach phantastischen Abenteuern
sollte befriedigt werden.

Herzog Ernst von Schwaben unternimmt, um die Gunst des mit ihm verfeindeten
Stiefvaters, Kaiser Otto I., wiederzugewinnen, eine Kreuzfahrt. Der Zug geht über
Ungarn, den Balkan nach Konstantinopel. Ernst steht dem christlichen König von
Mohrland (dem äthiopischen König) gegen den Sultan von Babylon (Kairo) bei. Nach
wundersamen Ereignissen (Magnetberg, einäugige Riesen u. a.) kehrt der Held über
Bari und Rom in die Heimat zurück; der Stiefvater nimmt ihn gnädig auf.

Immer mehr tritt der Ritter in der Dichtung hervor. Der Höhepunkt
der mittelalterlichen Literatur meldet sich an. Um 1170 ist es soweit: In
plötzlicher, überraschend prächtiger Blüte tritt die Ritter-
hövescheit dichtung zutage, vornehm, stolz und hochgebildet, weltfroh
und weltgewandt, zugleich aber religiös und kirchlich
durchdrungen. Die aus der Ministerialität aufsteigende neue Herrscher-
schicht verficht mit der ganzen Bewußtheit und dem Ehrgeiz der Aufstrebenden die neue Standesehre, die in ein strenges System gepaßt und zu
einer Art Kastengeist entwickelt wird. Der Mönch hört auf, eine repräsentative Rolle zu spielen. Die Entwicklung höfischer Kultur geht vom
romanischen Westen aus und drängt über den niederländischen Raum ins
deutsche Reich. Zahllose Wörter der Rittersprache bezeugen den französischen Ursprung: schevalier, kurteis, garzûn, cumpanîe, kastêl, palas,
turnei, tjoste, lanze, melodîe, moraliteit. – Die Höfe geben den Mittelpunkt ab; »höfisch« bekommt den Sinn von »höflich«; hövescheit gilt als
Wertbegriff. Das Dörfliche aber, die dörperie, wird abgewertet (»dörper«
= Tölpel).

Die äußeren Tugenden des Ritterstandes zeigen sich in Kampf und
Turnier. Fünf Arten der tjost, des ritterlichen Angriffs, zählt Wolfram von
Eschenbach auf. Jeder, der etwas auf sich halte, müsse sie beherrschen. Im
Waffenspiel zeigen sich Ausdauer und Stärke, Gewandtheit und List. Die

großen Turniere bleiben im Gedächtnis der Nachwelt als prächtige Schauspiele erhalten, etwa jenes Mainzer Pfingstfest im Jahre 1184, da Friedrich Barbarossa mit den Fürsten und Edlen seines Reiches die Schwertleite seiner beiden Söhne beging.

Körperliche Kraft und Gewandtheit machen eine Seite des ritterlichen Wesens aus. Zugleich steht die seelische Bildung ebenbürtig daneben. Die Idee leib-seelischer Harmonie bestimmt das Menschenideal der höfischen Zeit; »zuht« (Selbstbeherrschung), »hôher muot« (seelische Hochstimmung), »froide« (die Fähigkeit, auch den Widerwärtigkeiten das Beste abzugewinnen), »êre«, »triuwe«, »staete«, »milte« (den Untergebenen wie den Feinden gegenüber) werden angestrebt. Über allem aber steht »mâze« – die Tugend des Maßhaltens: »Aller werdekeit ein fuegerinne / daz sît ir zewâre, frouwe mâze« (Walther von der Vogelweide). Ein solches Ethos ist freilich nicht einfach Besitz, sondern muß erst durch harte innere Kämpfe errungen werden. Aus der Spannung von Diesseits und Jenseits, weltlich und geistlich, Schönheit und Sünde, Sollen und Wollen gelingt es der ritterlichen Kultur, zur ausgewogenen Mitte vorzustoßen. Der »werlt êre« und »gotes hulde« gehen eine harmonische Verbindung ein. Tugend wird dabei aber letztlich nicht als zu erwerbendes Bildungsgut, sondern als Gabe und Gnade Gottes begriffen. Drei Dinge müsse der Mensch erwerben – meint Walther –: Gut, Ehre, Gottes Huld ... »daz guot und werltlich êre / und gotes hulde mêre / zesamene in ein herze komen«. Gottes Huld ist dabei das Wichtigste: »der zweier übergulde«.

gotes hulde und der werlt êre

Die höfische Dichtkunst greift das Standesideal in immer neuen Variationen auf. Sie ist unrealistisch, idealisierend und will der überhöhten Bildungsidee dienen. So zeichnen die höfischen Epen eine aristokratische Welt. Auch hier fließt der Kulturstrom von West nach Ost: der nordfranzösische Versroman, die Kunst der Troubadours gelten als Vorbild. Der aus dem deutsch-niederländischen Grenzgebiet stammende **Heinrich von Veldeke** »inpfete« (nach den Worten Gottfrieds von Straßburg) »daz erste rîs in tiutscher zungen«, indem er den Roman d'Eneas in freier Form ins Deutsche übertrug. **Eilhart von Oberg** schuf das älteste deutsche Tristan-Epos. In den drei Jahrzehnten 1190–1220 entstehen dann die großen Werke; jetzt schaffen Hartmann, Wolfram, Gottfried, Heinrich von Morungen, Reinmar und Walther.

Heinrich von Veldeke wurde zwischen 1140 und 1150 geboren. Er nannte sich nach seinem Heimatdorf (im Limburgischen, westlich Maastricht) und gehörte einem Ministerialengeschlecht an. 1184 nahm der Dichter, der eine geistliche Bildung genossen hatte, wohl aber nicht Geistlicher war, am Mainzer Hoffest Barbarossas teil. Etwa um 1210 dürfte Heinrich gestorben sein.

Sein um 1170 begonnener Versroman *Eneit* beruhte auf einem französischen Äneasroman und ging damit auf Vergils Werk zurück. Die Flucht aus Troja, der Aufenthalt bei der Königin Dido, die Hadesfahrt, die Landung in Italien, die Ansiedlung dort und die Ehe mit Lavinia bilden die Höhepunkte der Darstellung. Dabei wird das ritterlich-vorbildhafte Verhalten des Äneas gebührend herausgestrichen und die Minnehandlung um Äneas und Dido bzw. Lavinia ausgesponnen.

Die Sage um den geheimnisvollen König Artus und seine Tafelrunde bedeutete für die höfische Dichtung einen weiteren Kristallisationspunkt. Hier mündet auch die keltisch-britannische Sagendichtung in die französische und deutsche Literatur ein. Der Sagenkreis war zuerst von dem Franzosen **Chrétien de Troyes** gestaltet worden. **Hartmann von Aue** hat ihn für Deutschland erschlossen. Alles Geschehen in dieser Welt ist Aventiure – eine Lebensform, die nur dem ritterlichen Menschen begreiflich erscheint. Die Tat ist jeden Zweckes entkleidet; die Leistung als solche gibt den Lebenssinn, da sie den Wert des Mannes erhöht. Im wunderbaren und märchenhaften Geschehen vielverschlungener Handlungen wird Ehre erworben und bestätigt. Nie sollte der Ritter aus der Hochspannung und Hochstimmung kampfgewohnten Daseins ins Behaglich-Gemächliche zurücksinken. »Sich verliegen« gilt als Schimpf und Schande.

Erec, der Held von Hartmanns gleichnamigem Epos, hat sich der schönen Enite vermählt. Nach der Hochzeit »verliegt« er sich, wird aber von seiner Frau mit leichtem Spott wieder zu Rittertaten angetrieben.

Anders das Problem im *Iwein:* Hier wird nicht Minne zur Gefahr fürs Rittertum, sondern Iweins Drang zur Aventiure bedroht die Liebe. Iwein, der Laudines Gunst im Kampf gegen deren Gemahl erworben hat, zieht wieder aus, versichert aber, über Jahresfrist zurückzukommen. Da er den Termin verpaßt, wird er von der Geliebten verflucht. Eine Wundersalbe heilt den vom Wahnsinn geschlagenen Helden; durch eine Reihe von Abenteuern sucht er seine Ehre wiederherzustellen, d. h. in diesem Falle Laudines Liebe zurückzugewinnen. Er hilft den Armen und schützt die Schwachen. Da verzeiht ihm Laudine.

Damit wendet sich Hartmann indirekt gegen eine Veräußerlichung des ritterlichen Tuns. Indem er die Aventiure aufs Soziale hin ausrichtet, bestätigt er die religiöse Wurzel des höfischen Weltbildes. Im *Armen Heinrich* erzählt er von der Gefahr, die dem Menschen droht, wenn er Gott vergißt und völlig im Weltleben aufgeht.

Heinrich ist ein Ritter, der mit allen Glücksgütern gesegnet ist: »Alsô rîch / der geburte und des guotes / so der êren und des muotes.« Er ist »eine Blume der Jugend«, ein »Spiegelglas der Freude«, eine »Krone der Tugend«. Aber Gott gibt er wenig Raum in seinem Denken und Handeln. Da überfällt ihn die Strafe des Aussatzes. Nun hilft nichts mehr; es ist wie die Schrift sagt: »Media vita in morte sumus.« Der Ritter muß büßen. Aber das Töchterlein des Bauern, bei dem er in Einsamkeit und Abgeschlossenheit lebt, erbarmt sich seiner; es ist zum freiwilligen Opfertod bereit, der – so sagt der Arzt in Salerno – Heinrich wird heilen können.

Heinrich nimmt das Opfer zunächst an; doch als es soweit ist, der Arzt schon das Mädchen töten will, verzichtet er. Heinrich ist jetzt entschlossen, alles Leid geduldig zu ertragen. Da er sich in sein Geschick mit »Maß und Zucht« fügt, Gottes Willen auch im Schrecklichen anerkennt, erfährt er Gottes Huld und Gnade. Hartmanns Epos endet in der Harmonie von Gott und Welt. Heinrich wird gesund, er heiratet das Mädchen:

> »als müeze ez uns allen
> ze jungest gevallen.
> der lôn den sî dâ nâmen,
> des helfe uns got. âmen.«

Von Hartmanns Leben ist nur sehr wenig bekannt. Er wird wohl Ministeriale gewesen sein und eine gelehrte Bildung genossen haben (»Hartmann, dienstmann was er ze Ouwe«, so charakterisiert sich der Dichter selbst). Das Geschlecht seines Herrn sei »ze Swâben gesezzen«. Zwischen 1160 und 1165 wurde er geboren. Neben Minnelyrik und Versepen dichtet er die Legende von *Gregorius*. Hartmanns Todesjahr ist nicht überliefert; es ist nach 1210 anzusetzen.

Immer mehr war das Christentum zur Volksreligion geworden. Rituelle und dogmatische Fragen treten zurück, das allgemein moralische Anliegen rückt jedoch in den Vordergrund. Die Religion sucht die geistigen und seelischen Bedürfnisse des Menschen zu befriedigen. Das Emotionale im Menschen, die Gefühlsseite, gewinnt über eine bloß verstandesmäßige Religionsausübung die Oberhand. Die Mystik, die Bewegung der Bettlerorden, auch die aus dem Bemühen um Erneuerung und Verinnerlichung entstehenden Häresien sind Ausdruck solcher Entwicklung. Durch die Kreuzzüge wird zudem die Ritterschaft eng mit der Kirche verbunden, die Kirche ihrerseits durch ritterliche Einflüsse gewandelt. Der »christliche Ritter« ist das Ergebnis solch gegenseitigen Sich-Durchdringens. Man kann **Wolfram von Eschenbachs** *Parzival*-Epos als die symbolhafte Darstellung dieser Verschmelzung von Christentum und Rittertum ansehen.

Als »weiser Mann« galt Wolfram: »Der wîse man von eschenbach: laien munt nie baz gesprach.« Nach seinen eigenen Angaben ist der Dichter um 1170 geboren worden; er ist ritterbürtig und stolz auf sein Rittertum. Sein Heimatstädtchen (wie auch der Ort seiner Grablegung; gest. 1220) ist wahrscheinlich Eschenbach bei Ansbach. Da er unbegütert war, mußte er sich durch Wanderungen immer neu »der Herrengunst versichern«. Seine Gönner finden wir im Gebiet des Mains, des Odenwalds. Daneben sehen wir ihn an dem durch seine Mäzenrolle bekannten Hof Hermanns von Thüringen. Zeitweise hat Wolfram, der mit viel Liebe von Frau und Töchterchen spricht, auch auf seinem kleinen heimischen Burgsitz gelebt.

Der *Parzival* ist der erste deutsche Entwicklungsroman in der Form des höfischen Epos. Grunderlebnisse des Menschen, sein Werden wie seine Bestimmung sind eingefangen; die Auseinandersetzung mit Zeit und Welt wird vollzogen.

Parzival ist der »tumbe tor«, das von der Mutter ängstlich behütete

Kind, das in der Geborgenheit des Waldes aufwächst, eines Tages jedoch im Drang nach ritterlicher Bewährung ins Ungeborgene aufbricht, Bildung und Lehre erfährt, bei seinem ersten Besuch in der Gralsburg aber abgewiesen wird. Angesichts des kranken Gralskönigs vergißt Parzival, mitleidsvoll nach der Ursache von dessen Leiden zu fragen. Erziehung und Bildung sind bei ihm noch nicht mit ungekünstelter, natürlicher und wahrer Menschlichkeit verbunden. Nun fällt der Held von Gott ab; er, dem »zwîvel herzen nâchgebûr« ist, wähnt sich von Gott im Stich gelassen: »hât er haz, den wil ich tragen!« Als ruheloser Einzelkämpfer zieht Parzival durch die Welt. Abenteuer reiht sich an Abenteuer. An einem Karfreitag gelangt er zu dem Einsiedler Trevrizent. Dieser klärt ihn über die Verirrung seines Trotzes und über die Güte Gottes auf. Parzival findet zu Gott zurück; »saelde« zieht ein (frohes Gelingen): er wird zum König des Grals berufen.

Wer zum Gral gelangt, dem wird der »sêle ruowe« und des »lîbes vröude« zuteil; er ist Symbol der Harmonie von Gott und Welt, Aufforderung, es mit der Verwirklichung des christlichen Rittertums ernst zu nehmen – »gotes hulde und der werlt êre«.

»Swes leben sich sô verendet,	Wes Leben so sich endet,
daz got niht wirt gepfendet	daß er Gott nicht entwendet
der sêle durchs lîbes schulde,	die Seele durch des Leibes Schuld
und der doch der werlde hulde	und er daneben doch die Huld
behalden kann mit werdekeit,	der Welt mit Ehren sich erhält,
daz ist ein nütziu arbeit.«	der hat sein Leben wohl bestellt.

Neben dem »Parzival« verfaßte Wolfram noch die Epen *Titurel*, eine Liebeserzählung von Sigune und Schionatulander (die beide im »Parzival« schon auftraten), und *Willehalm*, die Geschichte des heiligen Markgrafen von Orange, mit dem Grundproblem höfisch-ritterlicher Dichtung: wie einer Ritter und Heiliger zugleich sein könne.

Inmitten der weitgehend westlichen Einflüssen unterworfenen Dichter, die romanische Stoffe und Quellen aufgreifen, steht der unbekannte Verfasser des *Nibelungenliedes*. Mag die Eingangsstrophe auch ganz dem ritterlichen Ideal von höfischer Tätigkeit entsprechen:

Der Nibelunge nôt

»Uns ist in alten maeren	wunders vil geseit
von heleden lobebaeren,	von grôzer arebeit,
von fröuden, hôchgezîten,	von weinen und von klagen,
von küener recken strîten,	muget ir nu wunder hoeren sagen« –

dahinter ragt doch die Welt des altgermanischen Heldenliedes wieder auf mit schwelendem Betrug, Mord, Haß, mit Rache und Heldentum, Tapferkeit, Sieg und Untergang. Hier gilt nicht die Aventiurenwelt noch die

Festlichkeit der Artus-Tafelrunde. Dunkle Schicksalsmächte bestimmen Geschehen und Handlung. Der Leitsatz des Werkes ist, daß alle Freude zuletzt Leid gebiert.

Siegfried ist durch sein Bad im Drachenblut – bis auf eine Stelle im Rücken – unverwundbar geworden. Er besitzt den Schatz der Nibelungen, hat dem Burgunderkönig Gunther geholfen, Brunhilde zu besiegen und zu freien, und dafür selbst Gunthers Schwester Kriemhild zum Weib bekommen. Hagen tötet Siegfried auf einer Jagd im Odenwald; Brunhilde hat ihn dazu angestachelt, als sie erfuhr, daß nicht Gunther, sondern Siegfried sie bezwungen hat. – Nach der Trauerzeit wird Kriemhild die Gemahlin des Hunnenkönigs Etzel. Sie lädt die Burgunder an den Hof, um die Blutrache an Hagen vollziehen zu können. Da die anderen treu zu ihrem Gefährten stehen, vernichtet Kriemhild in ihrem Blutrausch die eigene Sippe und erschlägt Hagen, der bis zuletzt gekämpft und ausgehalten hat. Dafür aber wird nun auch sie von Hildebrand, dem Waffenmeister Dietrichs von Bern, getötet.

Das Epos geht nicht nur motivisch auf die Zeit der Völkerwanderung zurück. Hier ist »eine Sprache aus Stein, und die Verse sind gleichsam gereimte Quader. Hie und da, aus den Spalten, quellen rote Blumen hervor wie Blutstropfen oder zieht sich der lange Efeu herunter wie grüne Tränen« (Heinrich Heine).

Gewiß verkörpert Siegfried auch die Tugenden des mittelalterlichen Ritters; die Hauptgestalten des Epos, Kriemhild, Hagen, haben jedoch mit den Idealgestalten der höfischen Kunst wenig zu tun. Es geht nicht um der »werlt êre«, sondern um Grausamkeit und Härte, um grimmiges Warten auf die Stunde der Rache, um stolzes Untergehen in der Schicksalsstunde der Bewährung. Am Schluß trägt Kriemhild den Kopf des Bruders vor Hagen hin, um sodann ihn – den Hohnlachenden – eigenhändig zu erschlagen. Da ist von Maß, Tugend, Zucht, Ehre nichts zu spüren. Alle sterben ohne Klage und ohne Gedanken an Gott oder das Jenseits. Statt Gottes Huld stehen Willenshärte, Treue, Schicksalsergebung im Mittelpunkt. Das Ganze ist noch einmal ein »wêwurt skihit«, wenn auch in den Tönen einer gemilderten Sprache:

> »Ine kan iu niht bescheiden,   waz sider dâ geschach:
> wan ritter unde vrouwen,   weinen man dâ sach,
> dar zuo die edeln knehte,   ir lieben friunde tôt.
> hie hât daz maere ein ende: daz ist der Nibelunge nôt.«

Das Nibelungenlied dürfte entstanden sein im ersten Jahrzehnt des 13. Jahrhunderts. Es war Wolfram bekannt. Der Nibelungendichter hingegen hatte Hartmanns »Iwein« gelesen. Der Dichter war wahrscheinlich ritterlichen Geblüts (nicht Spielmann, wie ursprünglich angenommen wurde) und stammte aus dem österreichischen Donaugebiet. Die »Nibelungenstrophe« setzt sich aus vier Langzeilen zusammen, deren jede durch eine Zäsur in zwei Kurzzeilen mit je drei Hebungen zerfällt; die letzte Kurzzeile hat jedoch vier Hebungen. Als Reimschema gilt a a b b.

Neben dem Nibelungenlied weist auch das *Kudrunlied* (von einem Dichter bayerischer Herkunft) zurück auf die germanische Frühzeit. Die Sage kommt aus dem Norden und schildert das Schicksal einer geraubten Königstochter, die von den Ihren wieder in erbitterter Schlacht befreit wird. Doch endet das Epos mit Fest und Hochzeit; die harten Töne des Nibelungenliedes sind gemildert, das christliche Element herrscht vor. Kudrun ist nicht die Speerjungfrau, sondern die stolze Dulderin.

Das edle Geschlecht der Ritter beugt sich vor Gott – und es beugt sich vor der Frau. Zum Herren- und Gottesdienst tritt der Frauendienst, die höfische Minne. Die Frau, die gesellschaftlich eine hohe Stellung einnimmt, wird auch sittlich erhöht. Sie gilt als vollkommen, rein, und daher als Erzieherin des Mannes.

liep unde leit

Für sie leistet der Ritter oft seine Waffentaten; Schlacht und Aventiure dienen der Werbung um die Gunst der Frau. Daneben aber tritt die Leidenschaft der Liebe. Sie steht als süßes Leid und leidvolle Seligkeit im Mittelpunkt von *Tristan und Isolde,* dem Epos, das – nach den Berichten zeitgenössischer wie späterer Dichter – ein **Gottfried von Straßburg** (bürgerlicher Herkunft; gest. um 1210) verfaßt hat.

> »Swem nie von liebe leit geschach,   liep unde leit die wâren ie
> dem geschach ouch liep von liebe nie.   an minnen ungescheiden.«

Tristan, von seinem Oheim, dem König Marke, beauftragt, zieht nach Irland, um die schöne Isolde zu werben. Nachdem er heimlich an Land gegangen ist, besiegt er einen Drachen, der das ganze Land in Schrecken hält. Tristan gelingt es, Isolde für seinen Herrn zu gewinnen, doch auf der Rückfahrt trinken beide den Liebestrank, der eigentlich für Marke bestimmt ist; ihre Liebe kennt nun keine Grenzen mehr. Marke und Isolde heiraten zwar; aber die beiden Liebenden hintergehen den König immer wieder. Sie werden deshalb vom Hofe verwiesen, fliehen in den Wald, in die selige Liebeszweiheit der »Minnegrotte«. Schließlich muß Tristan den Hof endgültig verlassen. Während Isolde wieder zu Marke zurückkehrt, zieht Tristan nach der Normandie, besteht vielerlei Kriegsabenteuer und gewinnt die Hand der Isolde Weißhand, bleibt aber unglücklich im verzehrenden Erinnern an die erste Isolde. Hier bricht das Epos ab.

Minne ist für Gottfried eine Qualität des Menschen, eine Leidenschaft ohne Grenzen, die jede Ordnung neben sich zerstört und zerstören muß. Moral, Ethik zerfallen vor dem Ansturm der Leidenschaft. Doch umkleidet der Dichter auf der anderen Seite die Liebe mit einer aus religiösem Bereich stammenden Weihe. Durch Leid vorbereitet, gelangen Tristan und Isolde zur »unio mystica«, zum leib-seelischen Einswerden:

> »Tristan und Isôt, ir und ich,
> wir zwei sîn iemer beide
> ein dinc ân' underscheide.«

In der Minnegrotte, die ihnen geradezu religiöse Kultstätte wird, verbringen die Liebenden Tage der weltabgeschiedenen Seligkeit im Dienst der Venus. Zugleich aber erscheint die Liebe bei Gottfried immer wieder als dämonische Naturgewalt, die zu Schuld, Betrug, Untreue und sündhafter Verstrickung führt. So läßt der Dichter – um diese Antinomie symbolhaft sichtbar zu machen – Tristan und Isolde im Zauber des Liebestrankes zueinander finden, unschuldig-schuldig. Nichts wird sie mehr trennen können: »ouwê Tristan unde Isôt, / diz tranc ist iuwer beider tôt.«

Der Ritter wirbt und singt um die Gunst der edlen Frau. Sie gilt als das irdische Abbild des Schönen und Guten; wer sie ehrt, beschützt und umwirbt, adelt und erhöht sich selbst: »swer guotes wîbes **Swer guotes** minne hât, / der schamt sich aller missetât« (Walther). **wîbes minne** Diese »Erziehungsarbeit« der frouwe geht so weit, daß sich **hât** der Liebende in seiner Existenz nur durch sie gehalten und gerechtfertigt sieht. **Reinmar von Hagenau** (etwa 1160–1210) – neben dem **Ritter von Kürenberg** (um 1160), **Friedrich von Hausen** (gest. 1190), **Heinrich von Morungen** (um1200) und Kaiser **Heinrich VI.** (1165–1197) einer der frühen Minnesänger – hat dies in dem berühmten Wort zusammengefaßt: »stirbet sî, sô bin ich tôt«.

Der ritterliche Minnesänger kommt aus verschiedenen Kreisen: aus armer Ministerialenfamilie, mittlerem oder hohem Adel oder gar aus der Familie des Kaisers selbst. Was er in seiner Lyrik zu sagen hat, wird »sagwürdig« erst im Blick auf die Frau, die das Dichten »entbindet«. Die Frau ist die »Sonne des Lebens«; als solche hat sie Morungen gefeiert. Am Sternenhimmel der höfischen Gesellschaft gehe sie leuchtend auf.

Der Minnesang unterscheidet hohe und niedere Minne. In der niederen streben Mann und Frau zur körperlichen Vereinigung, zu schnell vergehendem Genuß, zu Hingabe und sinnlichem Glück. In der hohen Minne blickt der Mann verehrend zur vollkommenen Geliebten auf, die ihm Herrin (oft auch die Frau seines Herrn) ist und die zu erringen er von vornherein für unmöglich hält. Zwar ist das Minnelied erotisch ausgerichtet, oft unverhüllte Ehebruchspoesie; es erwächst nicht zuletzt aus der unnatürlichen Atmosphäre des Burglebens, wo eine Gruppe junger Männer um die Schloßherrin geschart war und wenig Gelegenheit hatte, dem anderen Geschlecht zu begegnen; doch sind letztlich »schame« und »kiusche« die Werte, die hochgeschätzt werden und jede »edle frouwe« zieren. Niemals darf das Werben des Sängers erhört werden; die Frau würde dadurch an Wert verlieren. Aus der schmerzlichen Spannung von Verlangen und Entsagen erwächst das Lied, das Liebeslied der Ferne.

Der Minnesang ist uns im wesentlichen in drei wichtigen Handschriftensammlungen überliefert:

In der *Kleinen Heidelberger Liederhandschrift* (ohne Bilder), wohl im 13. Jahrhundert in Straßburg geschrieben;

in der *Weingartner Liederhandschrift*, die um 1300 in Konstanz geschrieben und mit Bildern der einzelnen hier vertretenen Dichter versehen ist;

in der *Großen Heidelberger Liederhandschrift* (mit Bildern und Wappen; 14. Jahrhundert), die auch *Manesse-Handschrift* benamt ist, da ihre Niederschrift von der Züricher Patrizierfamilie Manesse angeregt wurde.

Ferner sind noch zu erwähnen die *Würzburger* und *Jenaer Liederhandschrift* (letztere mit Noten).

Der Kürenberger leitet des »Minnesangs Frühling« ein. Die Veredelung des Mannes durch die Liebe zeigt sich hier erst in Ansätzen. Noch ist das Werben und Dienen nicht immer platonisch, nicht immer Fern-Liebe. Im Gegenteil: Der Kürenberger erweist sich als erfahrener Liebhaber. In seinen weiblichen Seelenbildern überwiegen die begehrenden, gewährenden, unbefriedigten Frauen: »Si muoz der mîner minne / iemer darbende sîn«, heißt es in einem seiner Lieder. Bald jedoch erklingen andere Töne. Der Minnesänger klagt; Jammer bricht sich ungehindert Bahn. »Es ist ein klage und nicht ein sanc« **(Hartmann).** Die Freude ist kurz – »der jâmer alzelanc« **(Dietmar von Eist).** – Leidenschaftliche Ausbrüche bestimmen **Heinrich von Morungen.** Immer nur sagt die Frau: »Neinâ, nein, / neinâ, neinâ neinâ nein. / daz brichit mir mîn herze inzwei. / Maht du doch etewenn sprechin: Jâ jâ jâ jâ jâ jâ jâ jâ / daz lît mir an dem herzen nâ.«

Die Freunde werden zum Kriegszug gegen die spröde Herrin aufgerufen: »Helft mir singen, daß sie mich erhört; schreit alle, daß mein Schmerz ihr Herz durchdringt; sie quält mich allzu lange. Auch nach dem Tod werde ich nicht von ihr lassen; was mag sie da von meinem Tod erhoffen?«

> »Waenet ir, ob ir mich toetet
> daz ich iuch danne niemer mê beschouwe?
> nein, iuwer minne hât mich des ernoetet
> daz iuwer sêle ist mîner sêle vrouwe.«

Hoffnungslose Trauer spricht aus den Minneklagen: »Waz ich nu niuwer mæere sage, desn darf ich mich nieman frâgen: ich enbin niht vrô.« Dem Dichter bleibt nichts anderes, als sein Leid vorbildlich zu tragen: »des einen und deheines mê wil ich ein meister sin di wîle ich lebe: / daz niht mannes sîniu leit sô schône kan getragen.«

Der höfische Minnesang geht mit **Walther von der Vogelweide** zu Ende. Ihm gilt einseitige Liebe nichts mehr: »minne entouc niht eine«. Die vergebliche Werbung, die Sprödigkeit der Herrin, ihre Unerreichbarkeit, Liebesleid und Liebestraum dürften nicht Gegenstand des Liedes sein. »Minne ist zweier Herzen wunne!« Hatte Reinmar sich ganz der Willkür und dem Stolz der Frau unterworfen (»stirbet *sî, sô* bin *ich* tôt«), so wird bei Walther die Herrin überhaupt nur durch das Lied verklärt; ohne den Dichter würde sie keine Bedeutung haben: »sterbe *ich,* so ist *sie* tot«. Über graues Haar, das er im Dienste der Geliebten bekomme, klagt Reinmar. Walther spottet: Auch sie werde älter; man solle sich rächen, indem man ihre Runzeln mit der Gerte glätte.

Walther wendet sich mit seinem Lied an Frauen, »die kunnen danken«. Unbeschwertes, sinnenhaftes Glück ist nun sein Thema. Er besingt das

Herzeliebez vrouwelîn

»herzeliebe vrouwelîn«, ihren roten Mund, das gläserne Ringlein an ihrem Finger, das kostbarer sei als der Goldring der Königin. Die Natur spielt im Liebesreigen mit:

> »Under der linden
> an der heide,
> dâ unser zweiter bette was,
> dâ mugt ir vinden
> schône beide
> gebrochen bluomen unde gras.
> Vor dem walde in einem tal,
> tandaradei,
> schône sanc diu nahtegal.«

Walther war ritterlichen Standes; der Beiname »von der Vogelweide« dürfte auf den Heimatsitz hinweisen; doch ist uns seine Herkunft unbekannt. Er mag aus Österreich gestammt haben. Seine erste Stellung fand der Dichter um 1190 am Babenberger Hof in Wien. Um 1198 beginnt sein unstetes und mühseliges Wanderleben. Die aufgewühlte politische Situation der Zeit spiegelt sich in Walthers Gedichten und Sprüchen. Er lernt ganz Süd- und Mitteldeutschland kennen. 1199 war er zu Weihnachten in Magdeburg, kurz darauf auf der Wartburg. Von Friedrich II., in dessen Dienste er schließlich trat, erhielt er um 1220 ein kleines Lehen in oder bei Würzburg: »Ich hân mîn lêhen, al diu werlt, ich hân mîn lêhen! / nu entfürhte ich niht den hornunc an die zêhen ...« Glücklich ist der Dichter, daß nun der Ruhelosigkeit ein Ende hat. Doch begegnen wir ihm auch danach immer wieder auf Wanderschaft. Der Kreuzzug von 1227–29 ist das letzte Ereignis, das Walther erwähnt; kurz darauf dürfte er gestorben sein und seine Grabstätte in Würzburg gefunden haben.

Glanz und Elend des höfischen Zeitalters hat Walther von der Vogelweide erlebt und durchlitten. Er, der von tätiger Vaterlandsliebe erfüllt ist

Des Reiches Not

und mit der vaterländischen Lyrik der Dichtung ein neues Feld erschloß, muß sehen, wie der Untergang des Reiches und damit die allgemeine Zerrüttung heraufziehen. Walther hat um die deutsche Ehre gebangt, aber unbestechlich die Zeichen der Zeit registriert:

> »sô wê dir, tiuschiu zunge,
> wie stêt dîn ordenunge!
> daz nû diu mugge ir künec hât
> und daz dîn êre alsô zergât!«

Walther wußte als Fahrender von Fürstengunst und -neid zu erzählen. Die Unbehaustheit seiner Existenz hat er stellvertretend empfunden als Heimatlosigkeit des Menschen schlechthin. In seiner großen *Elegie* (1227) hat der Dichter dieser persönlichen wie allgemeinen Stimmung ergreifend Ausdruck gegeben. »Dem Dichter ist, als erwache er aus langem Schlaf. Die Augen sind ihm plötzlich aufgegangen, und er sieht das wahre Wesen alles irdischen Lebens, die Vergänglichkeit, die ihm zugleich in der Veränderung der Welt seit seiner frohen Jugend schmerzlich bewußt wird: Feld und Wald sind nicht wiederzuerkennen, nur das Wasser, jenes Urbild des Vergehenden, fließt noch wie einst; die Jugend ist schwunglos geworden; Damen und Ritter mühen sich nicht mehr um höfische Sitte, Trauer herrscht allenthalben seit jenem bösen Bannstrahl des Papstes gegen den Kaiser. Walther durchsucht den Sinnentrug der Welt: Von außen ist sie schön und farbig, von innen finster wie der Tod« (Friedrich Ranke).

> »Owê war sint verswunden alliu mîniu jâr!
> ist mir mîn leben getroumet oder ist ez wâr?
> daz ich ie wânde ez waere, was daz alles iht?
> dar nâch hân ich geslâfen und enweiz es niht.«

Herbst des Mittelalters

Das ausgehende Mittelalter ist reich an politischen, wirtschaftlichen, religiösen und sozialen Kämpfen, zu denen auch noch Seuchen und Naturkatastrophen kamen. Mit dem Ende der Stauferkaiser und dem Niedergang des Papsttums bricht auch die das kulturelle Leben verpflichtende geistige Einheit zusammen. Diesseits und Jenseits, im ritterlichen Ideal geeint, scheinen erneut unüberbrückbar geschieden. Überhaupt verfällt die höfische Welt, in der das Rittertum tonangebend war, zusehends; sie wird mit der wachsenden Bedeutungslosigkeit und Verarmung des Ritterstandes bespöttelt und verlacht. Bürgerliche Derbheit und bäuerliche Urwüchsigkeit verdrängen die »Hohe Minne« und den »Hohen Mut«.

Ulrich von Lichtenstein (um 1200 einem steirischen Ministerialengeschlecht entsprossen) lebt zwar noch ganz in der ritterlichen Minnekultur

Minnesangs Ende

und gibt uns prächtige Einblicke in das Leben seiner Zeit, die in der dichterischen Wiedergabe seines *Frauendienstes* aufleuchtet; aber alles wirkt schon stark übertrieben und gekünstelt, so wenn er als Frau Venus oder Ritter Artus verkleidet im Dienste seiner Schönen durch die Lande reist und nicht zuletzt eine Attraktion für das in Scharen herbeiströmende Volk abgibt.

Als Dienst für die Dame beschreibt er, wie er etwa das Handwaschwasser der
Angebeteten getrunken, sich ihr zuliebe einen im Turnier gebrochenen Finger abgehackt und der frouwe zugesandt habe.

Nun erscheint auch der Bauer in der Literatur. Den armen Leuten hatte
zwar schon Walthers Anteilnahme gegolten; jetzt aber drängen sich bäu-
erische Töne, herb, derb, grob, nach vorn und schaffen satirisch grelle
Gegensätze zum Ritterlichen. **Neidhart von Reuental** (zwischen 1180 und
1237, bayerischer Herkunft) schildert die Vergnügungen auf dem Land,
etwa den Tanz in der Bauernstube. Er steigt den Dorfschönen nach, dabei
werden die Burschen seine Rivalen:

> »Wol ir, dez sie saelic sî,
> swer sie minnet, der belîbet sorgen frî.
> Sie ist unwandelbaere,
> wîten garten tuot sie rüeben laere.«

Auch der **Tannhäuser** (geb. um 1200 in der Gegend von Nürnberg)
durchbricht immer wieder die Grenzen höfischer Konvention. Er verspottet die Minnesänger, ihr Genügen an der Klage und setzt dem die Auf-
zählung der verborgenen Reize der Geliebten entgegen, die dem Liebhaber der »niederen Minne« eben nicht verschlossen blieben. »Mein Herz
strebt zur Geliebten« – dichtet **Berthold Steinmar von Klingenau**
(1251–1293) – »als wie ein Schwein in einem Sacke zum Lichte.« Das
Glück erfährt der Liebende auf dem Strohsack. Parodistisch versetzt er
das »Tagelied« in die Stallwelt von Knecht und Magd, die der Kuhhirt
mit seinem Hornstoß weckt.

Der Stricker, ein bürgerlicher Dichter fränkischer Herkunft, hat als
»Heimatloser« die Welt durchzogen und Schwänke, Novellen, Fabeln,
Parabeln und Lehrsprüche verfaßt. Die von ihm entwickelte Form der
moralisch-satirischen und schwankhaften Verserzählung wird im späten
Mittelalter sehr beliebt. Er konterfeit die Menschen, die offensichtlich
betrogen sein wollten, getreulich mit ihren Lastern und
Wider die   Schwächen. Seine Klage gilt der sittlichen Verwilderung in
Zuchtlosig- allen Ständen. Besonders beim Adel herrschten Trägheit
keit   und Zuchtlosigkeit. Komme ein Minnesänger, ein Prediger
des Ehebruchs, an einen Hof, so solle man den Frauenverführer mit
Blumen, Laub, Gras, mit Vogelsang und dem klaren Quell unter der
Linde abspeisen, »dâ von er singet allezît«.

Weniger satirisch hart sind die Merksprüche, die uns **Freidank** in *Freidanks Bescheidenheit* (= Bescheid wissen) hinterlassen hat. Wahrscheinlich
ist ein Oberdeutscher aus dem ersten Drittel des 13. Jahrhunderts der

Verfasser. Inhalt und Form seiner zweiteiligen Lehrsprüche ähneln der späteren epigrammatischen Dichtung:

> »Gote dienen âne wanc
> deist aller wîsheit anevanc.«

> »Swer waenet daz er wîse sî
> dem wont ein tôre nâhe bî.«

> »Wir gevallen alle uns selben wol,
> des ist daz lant gar tôren vol.«

Freidank erkennt, wie die ritterliche Weltordnung zerfällt; er ist aber in seiner ständischen Auffassung von der Dreiteilung in gebûren, ritter, pfaffen (der Kaufmann heißt bei ihm noch wuocher und ist vom Teufel geschaffen) bedingungslos dem Mittelalter zugewandt.

»Der letzte Ritter«, Kaiser **Maximilian I.** (1459–1519), versucht mit seiner Dichtung dem ritterlich-höfischen Leben noch einmal einen Aufschwung zu geben. Zusammen mit einigen Mitarbeitern schreibt er das höfische Epos *Teuerdank* (1517) (= der Hochdenkende), in dem er seine eigene ritterlich-höfische Brautwerbung mit allen ihren Hindernissen – abenteuerlich ausgeschmückt – erzählt. Der *Weißkunig* berichtet von seinen politischen und kriegerischen Unternehmungen.

Bauer und Rittersmann   In dem satirischen Epos *Meier Helmbrecht* von **Wernher dem Gartenaere** (um die Mitte des 13. Jahrhunderts im Innviertel zu Hause) hat diese Zeit des sozialen Umbruchs ihre eindrucksvollste Verdichtung erfahren.

Der von Mutter und Schwester verwöhnte Sohn des alten Helmbrecht lehnt es ab, zeitlebens in Ehren ein Bauer zu bleiben. Er will es den Reitern gleichtun, die in Prunk und Üppigkeit dahinleben, freilich meistens schon zu Raubrittern herabgesunken sind: Lämmerschling, Schluckdenwidder, Höllensack, Rüttelschrein, Kühlfraß, Wolfsgaumen, Wolfsdarm usw. lauten die Namen der »Edlen«. Einmal kehrt der junge Helmbrecht in die Heimat zurück und tut groß mit seinen Erlebnissen. Sein Vater aber weiß noch aus seinen Jugendjahren, wie schön und edel es einst am Hofe zuging: die Frauen und die Ritter waren »sueze ougenweide«. Man wußte, was Treue und Ehre bedeuteten, daß man die Armen und Waisen zu beschützen, für Land und Volk zu sorgen hatte:

> »Als vil weiz ich der alten site.
> sun, nû êre mich dâ mite
> und sage mir die niuwen!«

Da fängt der Sohn an zu berichten, und es entsteht ein Bild der Verworfenheit:

> »Daz tuon ich entriuwen.
> daz sint nû hovelîchiu dinc:
> ›trinkâ, herre, trinkâ, trinc!
> trinc daz ûz, sô trink ich daz!‹«

Wer schmeicheln und lügen kann, der ist ein Ritter. Betrügen ist »hövescheit«. Als fein gilt, wer den andern hinterlistig kränkt, und wer schimpft und poltert, ist tugendreich. Die so leben, wie man es einst tat, hat man nicht gern; man meidet ihre Gesellschaft wie die des Henkers.

> »Der alten leben, geloubet mir,
> die dâ lebent alsam ir,
> die sint nû in dem banne
> und sint wîbe unde manne
> ze genôze alsô maere
> als ein hâhaere.«

Helmbrecht kehrt zu seinen Spießgesellen zurück; doch wird ihr Räubernest bald ausgehoben. Verstümmelt und geblendet sucht er Asyl beim Vater. Dieser aber weist ihn nun ab: Helmbrecht hat sich nicht an die menschliche und nicht an die göttliche Ordnung gehalten, sich weder um der »werlt êre« noch um »gotes hulde« gekümmert; nun muß er büßen. Bauern hängen ihn am nächsten Baum auf.

Hat man dieses Epos die erste europäische Dorfgeschichte genannt, so könnte man die kurzen Verserzählungen zweier anderer Dichter des 13. Jahrhunderts die ersten Novellen heißen: den *Guten Gerhard* von **Rudolf von Ems** (von der Burg Hohenems in Vorarlberg, etwa 1220 bis 1254) und *Herzmaere; Der Welt Lohn* und *Otto mit dem Barte* von **Konrad von Würzburg** (etwa 1230–1287). Beide suchten sie Gottfried von Straßburg nachzuahmen, mußten aber erkennen, daß die Welt anders geworden war; der Bürger beginnt eine Rolle zu spielen. So blieben auch ihre großen »ritterlichen« Werkpläne, Rudolfs *Weltchronik* und Konrads *Trojanerkrieg* Fragmente.

Von Steinmar v. Klingenau über Konrad v. Würzburg, **Hugo v. Montfort** (1357–1423), **Oswald v. Wolkenstein** (1377–1445), der an die Stelle der hohen frouwe die eigene Braut, Ehefrau setzt und eigene Erlebnisse besingt, geht der Weg zum sogenannten Volkslied. Der Begriff (erst aus späterer Zeit von Herder stammend) meint das Volkstümlichwerden der liedhaften Gedichte, die so zu Gemeinschaftsliedern wurden. Immer mehr nehmen sich ihrer die sangesfreudigen bürgerlichen Kreise an, »zersingen« ursprüngliche Texte und Melodien und schaffen damit typische Prägeformen mit einfachem Reim, Refrain, schlichter Sprache und immer wiederkehrenden Bildern. Bald geht es dabei um allgemein menschliche Gefühle, wie Liebeslust und -leid *(Nachtigall, ich hör' dich singen; Jetzt gang i ans Brünnele)*, um Trinken und Schlemmen *(Den liebsten Buhlen, den ich han, der leit beim Wirt im Keller)*, um Heimweh und Abschied *(Zu Straßburg auf der Schanz; Innsbruck, ich muß dich lassen)*, oder es sind Standeslieder von Landsknechten, Jägern, Reitern, Bauern, Handwerkern.

Das volkstümliche Lied

Daneben gibt es noch die Volksballade, ein volkstümliches Lied, das stofflich um ritterlich-höfische oder sagenhafte Ereignisse bereichert ist. Von den Gestalten des Jüngeren Hildebrandsliedes bis zum Raubritter Eppelein von Geilingen reichen die Lieblingshelden oder Schreckensgestalten des Volkes, die in kräftig-anschaulicher Sprache geschildert werden. Hierher gehören auch die zahlreichen historischen Volkslieder, die politische Begebenheiten oder Helden, z. T. recht parteiisch, besingen. Von den Sammlungen, auf deren große Zahl später die Romantiker zurückgreifen, sind das *Liederbuch der Clara Hätzlerin* (1471) und das *Rostocker Liederbuch* (1478), das auch Melodien enthält, am berühmtesten geworden.

Weit stärker noch machte sich das Bedürfnis des einfachen Volkes im religiösen Leben und der damit zusammenhängenden Literatur bemerkbar. In einer Zeit, die ohne starken Kaiser den gegenseitigen Intrigen der Fürsten ausgesetzt war, in der (1305) die »babylonische Gefangenschaft« der Päpste in Avignon eine Reihe von Schismen und wenig erfolgreicher Reformkonzilien zum Gefolge hatte, in der die Pest die deutschen Lande bedrohte und die Flagellanten mit blutigen Peitschen durch den Schmutz der Städte und den Staub der Landstraßen zogen, wurde die Sehnsucht des Volkes nach religiöser Aufrichtung und spürbarem Trost im Glauben immer stärker. Die Menge wußte mit dem großartigen Gedankengebäude der Scholastik nichts anzufangen. Das war etwas für die wenigen Gebildeten und Theologen.

Scholastik (von lat. schola, scholasticus = Schule, Lehrer) bezeichnet den mittelalterlichen Versuch, mit Hilfe der Philosophie (besonders der Dialektik des Aristoteles) die von den Kirchenvätern (Patristik) aufgestellten Glaubenslehren wissenschaftlich zu begründen und nachzuweisen. Ihre Hauptvertreter, die an den Universitäten von Paris, Oxford und Köln lehrten, waren Anselm von Canterbury (1033–1109), Petrus Abälardus (1079–1142), Albertus Magnus (Albert von Bollstädt; 1193–1280) und Thomas von Aquin (1225–1276). Seine *Summa theologica* umriß die Stellung des Menschen zwischen dem bloß Materiellen und dem rein Geistigen.

Den Bedürfnissen der Laienkreise aber kamen die Predigerorden der Minoriten, der Dominikaner und Franziskaner, entgegen. Hatten die Benediktiner ihre Kirchen und Klöster festungsgleich auf
Volks- Berge und Anhöhen, die Prämonstratenser und Zisterzien-
predigt ser in große Waldungen (in der Nähe ihrer Rodungsarbei-
ten) gebaut, so errichteten diese neuen Orden ihre Gotteshäuser inmitten der Städte. Getreu dem Vorbild ihres Begründers Franz von Assisi sahen die Franziskaner ihre Hauptaufgabe im Predigen. Da die Predigten in deutscher Sprache abgefaßt und bilderreich, dramatisch, rhetorisch wirksam sein mußten, bieten ihre Niederschriften häufig Meisterwerke spätmittelhochdeutscher bzw. frühneuhochdeutscher Prosa.

Einen großen Zulauf in ganz Süddeutschland, der Schweiz, Österreich und Ungarn fand der Bußprediger **Berthold von Regensburg** (gest. 1272), der seinen Predigten, in denen er kirchliche Mißstände anprangerte und zu einer Erneuerung im Glauben aufrief, dichterisches Feuer, gewinnende Herzlichkeit, Kraft der Erschütterung und Inbrunst der Andacht verlieh.

Ein Meister des Kanzelworts war auch der Dominikanermönch Meister **Eckhart** (1260–1327), Abkömmling eines thüringischen Rittergeschlechts von Hochheim bei Gotha. Schon in Jugendjahren war er Mönch geworden und hatte später als gefeierter Magister in Paris, Straßburg und Köln gelehrt. 1326 wurde er wegen angeblicher Irrlehren angeklagt. Der kanonische Prozeß erbrachte nach seinem Tod die Verurteilung einiger seiner Lehrsätze. Er war der bedeutendste Geist seines Ordens und zählt zu den großen Denkern des Mittelalters überhaupt. Was er lehrte und predigte, war eine neue Form der Mystik.

Die religiöse Bewegung der Mystik versucht – ganz entsprechend dem Bedürfnis der Zeit und ihrer Menschen – das Überirdische, Göttliche nicht durch begriffliche Verstandesarbeit, sondern durch **Geburt** Abkehr von der Sinnenwelt und Versenkung in das eigene **Gottes in der** Ich zu erfahren, »durch Aufgehen des eigenen Bewußtseins **Seele** in Gott mit diesem eins zu werden«. »Der Mensch soll Gott erleben in allen Dingen und soll sein Gemüt gewöhnen, daß er allzeit Gott gegenwärtig habe in seinem Sinn, in Meinung und Minne« – schreibt Eckhart und fordert dazu »Abgeschiedenheit«, weil nur sie zum Schauen der Gottheit, zur Vereinigung mit ihr – ohne menschliche oder heilige Mittler – verhelfe.

Für Eckhart ist Gott das Übergeistige und Überkörperliche, das Unnennbare. Nur unter Ausschaltung der ratio und in abgrundtiefer Versenkung können wir zur Erahnung des absolut unbestimmbaren Gottes kommen.

Besonders die Frauenseele erlebte die mystische Vereinigung mit dem Göttlichen gefühlsmäßig eindrucksvoll und innig – oft nicht ganz frei von erotischen Empfindungen.

Die Äbtissin *Mechthild von Magdeburg* (etwa 1210–1283), hohem Adel entstammend, verließ zwanzigjährig ihre Familie und lebte als arme und unbekannte Begine ganz ihrer Gottesminne. Ihr Offenbarungsbuch *Das fließende Licht der Gottheit*, das sie auf Veranlassung ihres Beichtvaters niederzuschreiben begonnen hatte, zählt zu den schönsten mystischen Schriften des Mittelalters. Es ist uns nur in der hochdeutschen Übertragung durch Heinrich von Nördlingen (um 1340) und nicht in seiner niederdeutschen Urfassung bekannt. Mechthild fühlt sich als Braut Gottes und ist bei der Erkenntnis seiner Größe tiefergriffen von der menschlichen Kleinheit.

Unter den Schülern Eckharts ragen zwei besonders hervor: der männlich harte **Johannes Tauler** (etwa 1300–1361), Dominikaner-Prediger zu Straßburg, der vor allem Werktätigkeit, Bekennen und sittliche Willensbildung lehrte, und **Heinrich Seuse** (1295–1366), der adelige Minnesänger Gottes, eine lyrische Natur, deren Seelentöne besonders in dem weitverbreiteten *Büchlein der ewigen Weisheit* aufklingen.

Ein besonderes Verdienst kommt den mystischen Schriften für die Anreicherung des Wortschatzes unserer Sprache und ihr Geschmeidigmachen für das Gedanklich-Begriffliche zu. Wörter wie Bildung, Eindruck, Einfluß, begreifen, fühlen, einsehen, einbilden, Anschauung, Verwandlung, Läuterung, Einheit, Gleichheit, Persönlichkeit, Gottheit u. a. verdankt die deutsche Prosa den Predigern und Mystikern, ihren Schriften, Selbstzeugnissen, Bekenntnissen, Briefen und Missionsberichten.

Neben dieser Sprachleistung der deutschen Mystik treten die übrigen religiösen Dichtungen zurück. Lediglich die Mysterienspiele um das Oster- und Passionsgeschehen, die Weihnachts- und Dreikönigsgeschichte sowie um sonstige biblische Stoffe gewinnen noch an Bedeutung, weil ihnen aus dem Bedürfnis des Volkes nach innerer Beteiligung am Gottesdienst heraus eine gesteigerte Anteilnahme sicher war. Erst unter dem Einfluß der Reformation gehen sie dann stark zurück, weil Aufmachung, Zurschaustellung sowie Glanz und Pomp als Veräußerlichung der strengen Lehre der Reformatoren zuwider sein mußten.

Geistliches Schauspiel

Die Entstehung der Mysterienspiele – und damit der Beginn des Dramas auf deutschem Boden – ist eng mit dem Gottesdienst verknüpft (»Misterien« von lat. ministerium = geistliche Verrichtung; griech. mysterion – zu mystes = Eingeweihter, myein = die Augen schließen). Keimzellen der Mysterienspiele waren die lateinischen Sequenzen, Textstützen für die langgedehnten Koloraturen, die beim Gottesdienst auf der letzten Silbe des Halleluja gesungen wurden. Ihr wahrscheinlicher Begründer war um das Jahr 900 der in Sankt Gallen lehrende Mönch *Notker Balbulus.* Sein Klosterbruder (und Musiklehrer) *Tutilo* unterlegte dieser Jubilatio einen lateinischen Bibeltext und ließ ihn durch zwei Gruppen von Sängern, die jeweils eine Person oder Gruppe der biblischen Handlung vertraten, in abwechselndem Frage-und-Antwort-Gesang vortragen. Indem man den Sängern noch die notwendigen Gesten und Bewegungen zuwies, entstand das mittelalterliche Osterspiel, das bei der Bedeutung dieses christlichen Hauptfestes bald zahlreiche Nachahmungen fand.

Tutilos Spiel nach dem Markus-Evangelium Kap. 16 verlief wie folgt: Zwei Knaben oder Priester stellen den wachenden Engel dar und nehmen in der Kirche vor dem Altar (= Grab Christi) Aufstellung. Währenddessen nähern sich unter Wechselgesängen drei Priester, Maria Magdalena, Maria und Salome darstellend, dem Altar und suchen den totgeglaubten Christus, um ihn zu salben. Da verkündet ihnen der Engel die Auferstehung des Herrn.

Nach dem Muster dieser sogenannten Ostertrope des Tutilo entwickelte sich eine Fülle von geistlichen Spielen, zunächst alle dem Osterjubel verhaftet. Aber schon im 12. Jahrhundert findet sich die berühmte *Wehklage Mariens (Planctus Mariae),* deren Inhalt als Wechselgesang zwischen der Mutter Christi und Johannes unter dem Kreuz ein Ausdruck verzweifelten Schmerzes ist. Aus diesem Singspiel ging später ein selbständiges Karfreitagsdrama hervor, das bald auch eine deutschsprachige Fassung fand und zur Quelle der späteren großen Passionsspiele wurde, von denen z. B. die Oberammergauer und Erler auf unsere Zeit überkommen sind. Mit immer größerer Ausweitung der Themenkreise auf das Weihnachts- und Dreikönigsgeschehen, auf Spiele um den verlorenen Sohn, um Josef oder die keusche Susanne, um die klugen und törichten Jungfrauen tritt unter Hereinnahme von Schmausereien und Schwelgereien eine gewisse Verweltlichung ein, so daß die Spiele nicht mehr im Kircheninnern, sondern auf dem Kirchhof oder dem Platz vor der Kirchentür aufgeführt werden. Hand in Hand damit geht auch die stückweise Ablösung der lateinischen Texte durch deutsche; zuletzt sind nur noch die Regieanweisungen in Latein gegeben.

Immer stärker – vor allem in diesem Zeitraum – bemächtigen sich die Mysterienspiele der Herzen des Volkes und werden Volksdichtung. Religiöser Ernst und echtes empfindungsreiches religiöses Gefühl bestimmen bis ins späte Mittelalter hinein den Grundcharakter dieser Spiele. Darüber hinaus wollen sie freilich auch schon mehr sein als lediglich Andacht. Das Salbenkrämermotiv des Osterspiels z. B. bietet mancherlei Ansätze zur Posse und Groteske und wird ähnlich vielen anderen geeigneten Motiven reichlich ausgenützt. In den großen Weltendramen und Passionsspielen haben wir es dann schon mit richtigem »Theater« zu tun. Damit ist auch die Zeit nicht mehr weit, da vom aufstrebenden Bürgertum das Triviale, der derbe Spaß und Ulk, oft mit wüsten Schimpfereien, Prügel- und Trinkszenen, ins Spiel gebracht werden. Aber selbst noch in diesen Spätformen der weiterreichenden Fastnachtsspiele finden sich religiöse Kernstellen, so etwa das weltlich frivole Treiben der Maria Magdalena und ihre plötzliche Bekehrung, die Auferweckung des Lazarus, Judas' Verrat und Selbstmord oder zahlreiche Höllen- und Teufelsszenen.

Einen Versuch, gegen den zunehmenden Verfall der Sitte und die allgemeine Unsicherheit einzuschreiten und die bewährte Rechtsüberlieferung für die Praxis gereinigt und brauchbar zu erhalten, **Recht und** stellt der *Sachsenspiegel* dar. Er ist die erste Aufzeichnung **Friede** sächsischen Rechtes, die der anhaltische Schöffe **Eike von Repgow** im ersten Drittel des 13. Jahrhunderts – zunächst in Latein, dann in deutscher Übertragung – vornahm. Aus zwei großen Teilen bestehend (dem allen Ständen gemeinsamen Landrecht und dem Lehnrecht für den Adel), stellt er das erste große deutsche Prosawerk in niederdeutscher Sprache dar. Tradition, Religion und Vernunft bestimmen Eikes Rechtsdenken, das mit dem sicheren Blick für Zweckmäßigkeit Ehre und Treue, Pflichtgefühl und Gemeinschaftssinn, vor allem aber

Friedfertigkeit und Ordnung den entsittlichenden Mächten der Zeit entgegenhält. Mancherlei landsmannschaftliche Bearbeitungen des »Sachsen-
spiegels« (z. B. »Schwabenspiegel«) künden von seiner ungewöhnlichen
Verbreitung und außerordentlichen Wirkung. In Preußen und Sachsen
blieb er gültiges Recht bis ins 19. Jahrhundert.

DER HUMANISMUS

Im 14. Jahrhundert konsolidiert sich eine neue Literatur, die aus Italien kommt. Nach der Karolingischen und Ottonischen Renaissance ist sie die dritte große Welle antiken, vor allem römischen Kultureinflusses auf das nördliche Abendland. Ihrer Auswirkung nach aber überragt sie die beiden Erneuerungsversuche antiker Kultur des 8. und 10. Jahrhunderts bei weitem, so daß man sie zu Recht als *die* Renaissance bezeichnet.

Die Renaissance des 14. Jahrhunderts stellt schon in ihren Ansätzen in Italien selbst etwas ganz anderes dar als die beiden früheren Bewegungen, etwas Neuartiges, das sich in die alten christlich-mittelalterlichen Lebensformen nicht mehr bruchlos einordnen ließ, ja, sich ganz bewußt in den Gegensatz zu ihnen stellte. Sie beschränkte sich nicht mehr auf die Entdeckung christlicher Züge in der altrömischen Kultur oder solcher Motive, die sich der christlichen Lebenswelt angleichen ließen, sondern sie war eine Entdeckung der römischen Antike an sich, ihres Wesens, ihres Ideengehaltes. Die bisherige Sicht der Antike von den Prinzipien des Christentums aus wurde jetzt zugunsten einer Betrachtungsweise aufgegeben, die der Antike selbst gerecht werden wollte. Die Antike sollte nun nicht mehr bloß zu Diensten stehen, sondern als Selbstwert aufgefaßt werden. Man entdeckte ihr geschlossenes Lebens- und Menschenbild, das seine eigenen Lebensantriebe, Denkweisen, Gesetzhaftigkeiten und Idealvorstellungen besaß, die gänzlich gesondert waren von dem Ideenbereich des Christentums.

So erstand jetzt zum erstenmal dem im Christentum verhafteten Mittelalter eine Gegenwelt, die nicht im Religiösen verankert war, sondern in der diesseits gerichteten Gestaltungskraft des Menschen, in einer Lebensformung, die sich nicht ausschließlich auf das Jenseits, sondern sehr intensiv auf das irdische Dasein und auf die menschliche Realität hin ausrichtete. Diese sollte nicht mehr überwunden, sondern im Gegenteil geformt und gestaltet werden.

»Rinascimento« – und darin liegt ein wesentlicher Unterschied zu den beiden vorangegangenen Renaissancen – bedeutete jetzt nicht nur wissenschaftliche Betrachtung und stoffliche Auswahl, sondern tatsächliche lebensbezogene Aufnahme des antiken Geistes. Der Mensch der Renaissance will sich geistig und seelisch neu orientieren, er will in seinem innersten Wesen Römer und Grieche werden.

Der Wille zu einer seelischen Neuformung, der ja ausschlaggebend ist für einen so tiefgreifenden und gewaltigen Umschwung des Kulturgeistes und der gesamten Lebensanschauung, wie ihn die Renaissance bewirkte, läßt sich gerade für Italien erklären, wenn man bedenkt, daß mit dem Ende des staufischen Reiches eine mehr als vierhundertjährige Kultur- und Geschichtsentwicklung abbrach und sich keine Möglichkeit ergab, auf dem Vergangenen weiterzubauen. Mit dem Zusammenbruch des deutschen Kaisertums und gleichzeitig mit dem Niedergang des Papsttums löste sich in Italien die politische wie auch geistige Ordnung des Mittelalters auf. Eine Neuformung und Eigengestaltung war gerade dort eine Notwendigkeit geworden. Daß man über die Jahrhunderte hinweggriff in die voranliegende Zeit des Römertums und jene alten Traditionen wieder heraufbeschwor, um sie sich nutzbar zu machen, war in Italien naheliegend, wo die antike Geschichte sich am unmittelbarsten auswirkte und nie ganz aus dem Bewußtsein gewichen war.

Die der mittelalterlichen Denkwelt entgegengesetzten Wertmaßstäbe offenbaren sich in den Idealbildern der römischen Heroen, der Weltgestalter, der selbsttätigen und bindungslosen Diesseitsmenschen. Römischer Cäsaren- wie auch Republikanergeist bestimmten die neuen Verhältnisse Italiens. In den (der griechischen Polis ähnlichen) Kleinstaaten herrschte der Typ des unumschränkten, gewalttätigen Principe, den später der florentinische Staatsmann und Schriftsteller **Niccolò Machiavelli** (1469 bis 1527) als den Ausdruck eines höheren Menschentums feierte, und zugleich rührte sich der Geist der attischen Demokratie und der römischen Republik. In Rom versuchte **Cola di Rienzo** (1313–1354), gegen die päpstliche Herrschaft die republikanische Staatsform durchzusetzen, die den alten Glanz Roms wiederherstellen sollte. Er wurde allerdings vertrieben, begab sich nach Deutschland und war hier einer der ersten Vermittler der Renaissance.

Der Wille, sich aus der alten Gebundenheit zu lösen, autonom Welt und Schicksal zu formen, wie überhaupt das Bewußtsein menschlichen Eigenwertes und selbständiger geistiger Macht wirkten sich gleich stark in den Bereichen der Wissenschaft, Kunst und Literatur aus. Neue, ans Altertum anknüpfende philosophische Systeme entwickelten sich zusammen mit einer neuen Richtung der naturwissenschaftlichen Forschung, die der alten kirchlichen Lehrweise ebenfalls kein Vertrauen mehr schenkte.

War der Mensch der mittelalterlichen Literatur (auch der höfischen) in seinem Handeln unselbständig, eingegrenzt ins Bewußtsein göttlicher Allmacht und Letztgültigkeit, war er geführt und geleitet von den kirchlichen und ritterlichen Gesetzen, so stellte die Dichtung der Renaissance (vergleichbar mit der bildenden Kunst, die vor allem die Schönheit des Erotisch-Körperlichen vergegenwärtigte) den eigentlich freien, nach Selbstbehauptung strebenden, emanzipierten Menschen dar. Dessen Grundtendenz sollte die Entwicklung der natürlichen Fähigkeiten sein. Regeln, die für alle Lebensbereiche gegeben wurden, dienten nicht der religiös-sittlichen Erziehung und der Schaffung einer kollektiven Einheitlichkeit, sondern der Förderung und Vervollkommnung der Fähigkeiten. Dies war auch die Absicht der zahlreichen Poetiken, die insbesondere antike Dichtungsregeln erneuerten. – Es galt, Erfolg und Fortschritt zu erreichen. Bindend waren lediglich die Normativen des Ästhetischen. Die Idealtypen des weltgewandten Adligen (Kavaliers), des machtvoll und selbstherrlich regierenden, zumeist geistig aufgeschlossenen Fürsten, des reichen, geschäftskundigen Bürgers und des von der antiken Kulturwelt ganz erfüllten Gelehrten, Künstlers und Poeten sind allesamt Menschen, die aus dem eigenen Ich heraus leben. Sie sind Individualitäten, wie sie das Mittelalter nicht kennt. Mochte der Florentiner **Dante Alighieri** (1265–1321) mit seinen epischen Gesängen der *Divina Commedia,* die das Jenseits als drei Reiche von Hölle, Fegfeuer und Himmel durchwandern, in seinen Grundanschauungen noch dem christlichen Menschenbild verhaftet sein, in dem Bernhard von Clairvaux die reinste Form des Menschseins verkörpert, so hat doch schon sein Schüler **Giovanni Boccaccio** (1313–1375) den neuen Renaissancemenschen in voller Diesseitigkeit dargestellt und gerechtfertigt; sein *Decamerone,* eine Sammlung von 100 Novellen, ist eine Verkündigung höchster Weltlust, wie überhaupt die jetzt beginnende italienische Novella (wir würden sie heute Anekdote und Kurzgeschichte nennen) den Typ des Renaissancemenschen am krassesten wiedergibt. Die Lyrik hingegen, in der neben Dante *(Vita nuova)* vor allem **Francesco Petrarca** (1304–1374) hervorragte, der weltfrohe, leidenschaftliche, aber ebenso tief besinnliche Dichter des *Canzoniere* an die junge, verheiratete Laura von Noves, war in ihren Stimmungen immer noch schwankend zwischen Weltbejahung und Weltflucht. Im Entscheidenden aber gestalteten auch die Lyriker aus einem freien, individuellen Empfinden und Denken heraus, und die Schranken und Sittengesetze, die sie sich auferlegten, sind von ihnen selbst gewollt.

Die zentrale Stellung im Leben nimmt der sich seines Wertes bewußte Mensch ein, der eine Beziehung zum Übernatürlichen aufnehmen, aber auch ablehnen kann. Er fühlt sich als unabhängiger Herr über sich und die Erde. Dieses neue Menschenbild bringt eine starke Progressivität hervor. Während das Mittelalter als Mystik, Scholastik und als Nachfolge höfischer Literatur sich in Deutschland noch lebenskräftig weiterentwickelte, zog aus Italien der Geist der Latinisten, Poeten und Oratoren ein, der die »wahren« und »echten« Wissenschaften zu lehren versprach und das Dunkel vergangener Jahrhunderte durch die Klarheit antiken Geistes beenden wollte.

Der Frühhumanismus

In Deutschland konnte sich die Renaissance nicht so stark ausprägen wie in Italien. Nicht nur, daß hier die natürliche geschichtliche Voraussetzung zur Aufnahme der Antike fehlte und man sich daher mit einer Nachahmung des Fremden begnügen mußte; auch die Mittelalterlichkeit war zu mächtig, um sich rasch und widerspruchslos überwinden zu lassen. Es wirkten – wenigstens vorerst im Frühhumanismus – nicht so sehr die antike Ideenwelt und das antike Menschenbild als vielmehr der junge Elan der Wissenschaft, welcher die Beschäftigung mit der Antike und mit allen menschlich zugänglichen Wissensgebieten – den Humaniora – betrieb. Wir sprechen daher im Gegensatz zur italienischen Renaissance in Deutschland mehr von einem Humanismus.

In der Literatur zeigte sich eine erste Orientierung in der Aufnahme altrömischer und neuitalienischer Dichtung und in der Übernahme der formalen Sprachkunst, wie sie jetzt in Italien geübt wurde: **Italienische** Rhetorische Gewandtheit, preziöser Ausdruck mit viel-**Kunstsprache** gliedrigem Periodenbau, die Stilistik der Alten, namentlich Ciceros galten als Elemente höherer, das mittelalterliche Latein übertrumpfender Bildung, als Beweis wahren Kundigseins der Antike. Hinter dem imitatorischen Formalismus stand die Erwartung eines neuen Lebensgefühls.

Die ersten Vermittler waren Cola di Rienzo und Petrarca. Rienzo floh 1350 aus Rom an den kaiserlichen Hof nach Prag und trug zusammen mit dem fünf Jahre später eintreffenden Petrarca die italienische Bildung in den Kreis Kaiser **Karls IV.** (1347–1378) und seines Kanzlers **Johann von Neumarkt** (1310–1380).

Karl IV. aus dem Hause Luxemburg, in Paris ausgebildet und allen neuen geistigen Bestrebungen zugetan, hat die Lehren der Italiener bereitwillig aufgenommen und stand mit Petrarca noch in späten Lebensjahren in freundschaftlichem Briefverkehr. Das Verdienst, das Bildungsgut ausgewertet und tatsächlich wirksam gemacht zu haben, kommt aber Johann von Neumarkt zu. Aus einer deutschen Familie in Böhmen stammend, zunächst als Geistlicher in Neumarkt/Schles. begütert, war er mit 36 Jahren an den böhmischen Königshof gekommen und sehr bald der Sekretär Karls IV. geworden. Mit Rienzo, den er, wie es seine lateinischen Briefe aussprechen, »von ungezählter Fülle der Blüten überschüttet«, in »brüderlicher Liebe« verehrte und unterstützte, schloß er enge Freundschaft. »Niemals leidet der Neumarkter an Schlaftrunkenheit, wenn du zu singen anfängst, niemals läßt er sich, von der Wolke der Unwissenheit verwirrt, vom Wege der Wahrheit ableiten. Niemals ist durch den Griffel der mich beratenden dichterischen Frühlingsmuse eine giftige Stilroheit entstanden ...«

Rienzo und Petrarca blieben für ihn das hohe Vorbild; im Bewußtsein der Unterlegenheit gegenüber den Meistern der italienischen Sprache, in der Beklemmung, aus dem nordischen Mittelalter »zerlumpter Ausdrucksweise« zu stammen und damit unbeholfen zu erscheinen, ringt Neumarkt um die neue Eloquenz, den »einschmeichelnden Reiz der erlesenen Worte«, um die »gefällige Anmut der Redeblüten«, um die »ruhige

Kunstsprache des antiken Stils«. Seine Schriften sind allesamt von diesem Kunststreben beherrscht: in lateinischer Sprache *Das Leben des heiligen Wenzeslaus* und ein *Reisebrevier*, eine Sammlung von Breviergebeten, eine der prachtvollsten Handschriften der Zeit, sodann die Übertragungen aus dem Lateinischen *Buch der Liebkosung* (religiöse Traktate) und *Hieronymus* (eine Eloge in Briefen auf den heiligen Gelehrten, den gerade die Humanisten hochschätzten; vergl. den Kupferstich von Dürer).

Ebenso wichtig wie das stilistische Novum dieser Werke war Neumarkts grundlegende Reform der Prager Kanzleisprache, die auf den sehr unterschiedlichen Sprach- und Stilgebrauch der einzelnen fürstlichen Landeskanzleien einen starken vereinheitlichenden Einfluß ausübte. Voraussetzungen wurden geschaffen für ein den Dialekten übergeordnetes, allgemeines Deutsch, wie es später Luther verwirklichte.

Erste Einflüsse auf die Dichtung zeigen sich in dem frühen großen Schriftwerk des Humanismus, dem *Ackermann aus Böhmen*, kurz nach 1400 verfaßt von **Johann v. Tepl** (Rektor der Lateinschule und Stadtschreiber in Saaz). Dieses dialogische Prosastück ist eine leidenschaftliche, nach Gerechtigkeit und Wahrheit suchende Aussprache zwischen einem Ackermann (Johann von Tepl selbst) und dem Tod, der ihm seine junge Frau geraubt hat. Der Kläger wirft dem Tod nicht nur Willkür und Maßlosigkeit vor, sondern auch Geringschätzung des Menschen. Aus diesen Worten spricht, selbst wenn sie sich auf den Schöpfungsplan Gottes berufen, das neue Wertgefühl des humanistischen Menschen:

Der Wert des Menschen

Kläger: »Wie macht Ihr zunichte, beschimpfet und verunehret Ihr den werten Menschen, Gottes allerliebstes Geschöpf, womit Ihr auch die Gottheit selber schmähet. Jetzt erst erkenne ich, daß Ihr voller Lügen seid und nicht im Paradiese erschaffen, wie Ihr saget. Wäret Ihr in dem Paradiese in die Welt gesetzt, so wüßtet Ihr, daß Gott den Menschen über sie alle gestellt hat, ihm die Herrschaft über alles übergeben und seinen Füßen untertan gemacht hat, so daß also der Mensch über die Tiere des Erdreichs, über die Vögel des Himmels, die Fische des Meeres und alle Früchte der Erde herrschen sollte, wie er es auch tut. Sollte demnach der Mensch so erbärmlich, böse und unrein sein, wie Ihr saget, wahrlich, so hätte Gott nichts Gutes und Nützliches geschaffen.« [gekürzte Transkription]

Der Tod allerdings – und hierin zeigt sich das Ringen zwischen dem Menschenbild des Mittelalters und dem der Renaissance – kann diese Hochschätzung des Menschen mit dem Hinweis auf seine eigene Macht widerlegen: »Noch ist das Allergrößte, daß ein Mensch nicht wissen kann, wann, wo oder wie wir über ihn urplötzlich fallen und ihn jagen, zu laufen den Weg der Tödlichen. Die Bürde müssen tragen Herren und Knechte, Mann und Weib, reich und arm, gut und böse, jung und alt. O leidige Zuversicht, wie wenig achten dein die Dummen. Wenn es zu spate ist, so wollen sie alle fromm werden. Das ist alles Eitelkeit über Eitelkeit und Beschwerung der Seele.«

Gott schließlich, der zum Richter angerufen wird, gesteht beiden gleich viel Recht zu: Der »Kläger«, der Mensch, »habe Ehre! Tod, siege!«

So drückt sich in dieser Dichtung, in der der Ackermann als Humanist, der Tod als Vanitas-Prediger erscheint, die Antithese von humanistischer und mittelalterlicher Weltanschauung aus: das Bewußtsein menschlicher Kraft und Größe, aber auch der Ohnmacht gegenüber dem Zwang des Sterbens, der göttlichen Allmacht.

Die Universität Daß sich der humanistische Geist sehr bald gerade von Böhmen aus über weite Gebiete des Reiches und ins östliche Europa hinein verbreitete, ist vor allem der Universität Prag zuzuschreiben, der von Karl IV. 1348 gegründeten und sehr rasch aufblühenden ersten deutschen Hochschule.

»Und es kamen aus fremden Ländern, wie England, Frankreich, der Lombardei, Ungarn und Polen, sowie aus den einzelnen benachbarten Ländern Studenten hierher, auch Söhne von Edlen und Fürsten. Die Stadt Prag erlangte durch die Universität großen Ruhm und wurde in fremden Ländern so bekannt, daß wegen der Menge der Studierenden das Leben beträchtlich teuer ward; so groß war die Menge, in der sie hier zusammenströmten. Als Herr Karl sah, daß die Schule in rühmlicher Weise zunahm, schenkte er den Studenten die Häuser der Juden; und er setzte darin ein Kollegium von Magistern, die täglich lesen und diskutieren sollten. Auch gründete er zu ihrem Gebrauch eine Bibliothek und gab für den Unterricht die notwendigen Bücher in Überfluß.« (Aus einem Chronicon des Tschechen Beneš Krabice.)

Die Universität fiel allerdings 1409 auf Grund von religiösen und nationalen Streitigkeiten zwischen der deutschen und der tschechischen Lehrer- und Studentenschaft auseinander. 60 Dozenten und etwa 2000 Studenten verließen die Kaiserstadt und gründeten (nachdem die Universitäten Wien, Heidelberg, Köln und Erfurt entstanden waren) in Leipzig eine Ersatzuniversität. Neben den freien Gelehrtenzirkeln (sodalitates), die untereinander in regem Briefwechsel standen, waren vor allem die Universitäten die Träger der humanistischen Gelehrsamkeit. Dort entwickelten sich die humanistischen Ideen zur vollen wissenschaftlichen und künstlerischen Reife.

Der Hochhumanismus

Zwar blieb an den Universitäten die scholastische Philosophie weiterhin bestehen, aber neben sie traten in der das Spezialstudium vorbereitenden Artistenfakultät Lehrstühle für Poesie und Beredsamkeit, die sich ausschließlich mit der Dichtung und Sprache des klassischen Altertums beschäftigten und den Weg zu einer neuen Art und Auffassung des Dichterischen wiesen. War die Dichtung des Mittelalters in den Dienst der Kirche oder des ritterlichen Hofes gestellt, so wurde sie jetzt als eigenständiger Schaffensbereich betrachtet, als eine unabhängige Kunstgattung. Zum erstenmal – und das ist eine der großen geistigen Leistungen des Humanismus – wird die Dichtung als Selbstwert gesehen, als geistiger Bestand, der allein aus den Triebfedern des Künstlerischen heraus lebt und durch die Schönheit der Sprache und der Gedanken sich selbst rechtfertigt.

Die Dichtkunst will den Menschen erfreuen, bereichern und bilden. Ihr fällt die gleiche Aufgabe zu wie der Wissenschaft. Damit erfährt sie ebenso wie der Stand des Dichters eine bedeutende Erhö-

Poeta hung. Der lateinisch gewandte, in den antiken Büchern be-
doctus wanderte Poet ist Gelehrter, er gehört nach dem Fürsten der höchsten Schicht an. Zumeist ist er Polyhistor, Universalgelehrter, der die gesamten Wissensgebiete beherrscht; denn eben aus einer umfassenden Wissenseinheit (Universalität) heraus muß er gestalten, um dem hohen Ziel der Poesie, der Bildung, gerecht zu werden (zahlreich sind z. B. geographische und historische Länder- und Städtebeschreibungen in poetischer Form, Elogen auf Fürsten und Patrizier, und zwar mit geschichtlichen Vergleichen und Allegorien aus der Antike).

Die gelehrten Humanisten zogen von Universität zu Universität, gründeten in den Städten wissenschaftliche Gesellschaften und hielten sich an Fürstenhöfen und in Patrizierhäusern auf, um von Mäzenen (nach dem Römer Maecenas aus der Zeit des Augustus) unterstützt zu werden. Sie diskutierten auf den großen Konzilien von Konstanz (1414–18) und Basel (1431–49) mit den italienischen Gelehrten und weltmännisch gebildeten Bischöfen, reformierten die Schulen und legten Bibliotheken an, tief erfüllt vom missionarischen Eifer, der Welt das neue Licht der Antike zu bringen.

Einer der tätigsten war **Niklas von Wyle** (1410–1479) aus dem Schweizer Aargau, Schulmeister in Zürich und später Sekretarius des Grafen von Württemberg. Wiederholte Gesandtschaftsrei-

Translatio sen nach Italien, persönliche Bekanntschaft mit Enea Silvio Piccolomini, einem der bedeutendsten Renaissancepäpste, und häufiger Verkehr mit süddeutschen Fürstenhöfen ließen ihn weitreichende Verbindungen knüpfen, die ihm vor allem zur Verbreitung der neuen italienischen Literatur dienten. Um sie einem weiteren als nur dem lateinisch gebildeten Kreise zugänglich zu machen, hat Wyle 18 Werke (u. a. von Petrarca und Piccolomini) übersetzt (*Translatzion oder Tütschungen*, 1478). Im Vergleich zu den Übersetzungen Johanns von Neumarkt war jetzt die Bindung an kirchliche Stoffe überwunden.

Gerade den zahlreichen humanistischen Translationen kam die Erfindung der Buchdruckerkunst durch den Mainzer Johann Gutenberg (um 1450) zustatten. Die Massenauflagen der Buchdruckereien haben ein wesentliches dazu beigetragen, die adligen Höfe und das aufstrebende Bürgertum in den Geist des Humanismus einzuführen.

Den zahlreichen Übersetzungen aus dem Lateinischen und Italienischen schlossen sich gegen Ende des 15. Jahrhunderts solche aus der griechischen Literatur an. Der Einfluß der griechischen Antike war, obgleich schon Petrarca auf Homer verwiesen hatte, bisher sehr gering gewesen. Erst die Zuwanderung byzantinischer Gelehrter, die vor den Türken geflüchtet waren (1453 Eroberung Konstantinopels), machte das griechische Schrifttum in Italien und bald auch in Deutschland bekannt. Diese Erweiterung der Kenntnis über die Antike war für die Geistesgeschichte des Abendlandes von größter Bedeutung, wenn freilich noch nicht nach dem inneren Wesen des Griechentums gefragt wurde und man sich allein mit der Entdeckung der Sprache und der Werke begnügte. Der Niederländer **Rudolf Agricola** (die Humanisten latinisierten häufig ihre Namen; 1443–1485), der sich in Italien eine gründliche Kenntnis der alten Sprachen angeeignet hatte, war einer der ersten Lehrer des Griechischen in Deutschland. Jetzt wurden auf den Universitäten auch Lehrstühle für Griechisch eingerichtet, die Schüler des Agricola führten in die bisherige Lateinschule den Griechisch-Unterricht ein und begründeten somit das humanistische Gymnasium.

Schola Graeca

An der Leipziger Universität lehrte **Konrad Celtis** (1459–1508), den man den »Deutschen Erzhumanisten« nannte, Griechisch. Er war der Sohn eines Weinbauern aus Unterfranken, der im Gelehrtenkreis des Agricola seine Ausbildung erhalten hatte und sich zeitlebens auf Lern- und Lehrreisen durch Italien, Deutschland und bis nach Krakau um die Verbreitung der humanistischen Wissenschaften bemühte. 1487 wurde er auf der Burg zu Nürnberg vom Kaiser als erster Deutscher mit dem Lorbeerkranz des Poeten gekrönt, der ihm den höchsten akademischen Grad verlieh.

Ein Jahr zuvor war seine *Ars versificandi* erschienen, die erste Dichtungslehre im deutschen Bereich. An Beispielen aus Horaz sind vor allem formale Fragen erörtert, Konstruktionsarten des Gedichts und antike Versmaße erklärt (wobei dem Hexameter der Vorrang gegeben wird), aber auch inhaltliche Ziele gesetzt. Gemäß Horaz (»delectare aut prodesse«) sei es Aufgabe der Poesie, den Geist über die schweren Sorgen des Lebens zu erheben und von den körperlichen Lasten zu befreien. Dadurch war die Dichtung, insbesondere die Lyrik – für reichlich ein Jahrhundert – aufs Ästhetisch-Schöne, Unbeschwerte und Idyllische festgelegt.

Mit Celtis setzt die lange Reihe der humanistischen und später barocken Poetiken ein, die nach einem Maßstab und nach einer höchsten Form der Dichtung suchen und die Frage nach dem Wesen des Dichterischen auf der Basis wissenschaftlich-exakter Gesetze lösen wollen.

Celtis schrieb selber eine Reihe Horazischer Oden. Seine Liebesgedichte (in Distichen), die vier *Libri amorum* (1502), sind eines der wenigen humanistischen Zeugnisse echter poetischer Begabung, tendieren allerdings – wie viele humanistische Gedichte – ins allzu oberflächlich Erotische (Ovid war das unerreichte Vorbild).

Mit Celtis beginnt die lateinische Gelegenheitslyrik, an den Fürsten, Gelehrten, Ratsmann, hohen Geistlichen, an den Mäzen gerichtet, ihn lobend und verherrlichend im Kunstpathos der alten Klassiker. Diese Verse könnten auch in Italien oder sonstwo entstanden sein, es ändert sich jeweils nur der Name dessen, dem sie gewidmet sind.

Außerdem hielt Celtis die ersten Vorlesungen über Reichsgeschichte.
Ad fontes Wie hierbei die römischen Historiker das Vorbild waren, so drängte der Humanismus überhaupt zur Urschrift, zur Quelle hin. Die Forderung »Ad fontes!« bezog sich auch auf die geschichtliche Quelle.

Der Elsässer **Jakob Wimpheling** (1450–1528) verfaßte eine deutsche Geschichte, in der sich schon der Nationalgeist des späten Humanismus regte, und leitete eine Fülle historischer Literatur ein.

Der Hochhumanismus, dessen Wege immer noch nach Italien führten und der in Frankreich, England, Ungarn und Polen gleichermaßen heimisch war, hatte ein durchaus internationales Gepräge. **Erasmus von Rotterdam** (1466–1536), der bedeutendste Gelehrte seiner Zeit, ist für dieses europäisch-abendländische Bewußtsein bezeichnend. Nicht nur, daß er (in den Niederlanden aufgewachsen und schließlich in Basel ansässig geworden) zu unendlich vielen Gelehrten in ganz Europa freundschaftliche Beziehungen unterhielt (er soll an manchen Tagen vierzig Briefe geschrieben haben), er hat auch in seinen Werken immer wieder den Gedanken der geistigen Einheit, des Verstehens, der Versöhnung und Toleranz zum Ausdruck gebracht.

Im wesentlichen schwebte ihm eine Verknüpfung von
Christus und Antike und Mittelalter vor: eine von allem Überschwang
Sokrates entkleidete Renaissance (deshalb seine Angriffe gegen Reuchlin und Hutten) und ein von aller Verweltlichung gereinigtes Christentum (deshalb seine Angriffe gegen den Papst). Das Endziel war ihm eine Welt des verständigen und untadeligen Menschen. Und darin sah er keinen grundsätzlichen Unterschied zwischen Antike und Christentum, wenn er an Christus und etwa an Sokrates dachte (*Colloquia familiaria, Vertraute Gespräche,* 1518). Das eigentliche Ziel war ein geistig aufgeschlossenes, mit Hilfe der Antike aufgeklärtes und von den »Fälschungen« früherer Theologie befreites Christentum. Das Streben nach einer kritischen, allseits orientierten »wahren Theologie«, die unter Heranziehung von Quellenstudien eine kirchliche Reform verwirklichen sollte, war eine wichtige gedankliche Grundlage zur Reformation.

Der »wahren Theologie« widmete Erasmus die Mehrzahl seiner Werke, die Ausgaben von Aristoteles und Augustinus, eine Sammlung von 4000 antiken Sprichwörtern, die scharfe Spitzen gegen den Papst enthielten, sein *Handbüchlein des christlichen Streiters (Enchiridion militis Christiani*, 1503), seine für die Reformatoren grundlegende griechische Ausgabe des Neuen Testamentes (mit lateinischer Übersetzung und Anmerkung, 1516) und auch seine volkstümlich gewordene Satire *Lob der Torheit (Encomium moriae*, 1509), in der die Narrheit vor einer großen Versammlung ihre Macht über alle Länder, Geschlechter und Stände preist. Hinter dem scharfen Spott stand das Eingeständnis, daß die wahre Theologie in der derzeitigen Welt nicht zu verwirklichen sei. So hat sich Erasmus später von der Lutherschen Reformation abgekehrt, die ihm zu heftig und zu radikal erschien und seiner Vorstellung der Toleranz und Versöhnung widersprach.

Gegen die Barbarei Ganz anders geartet war **Johann Reuchlin** (1455–1522), Fehdeautor, Pamphletist, Anführer der progressiven Kreise (vor allem junger Gelehrter) des Humanismus. Die Wissenschaften, die er um das Hebräische bereicherte, damit eine Untersuchung der alttestamentlichen Urschrift geschehen könne, stellte er in den Dienst einer generellen Kritik an den Überlieferungen. Die mittelalterliche Theologie bekämpfte er ohne Nachsicht. Die Tendenz ging dahin, das Primat der Theologie in Zweifel zu stellen.

In Pforzheim geboren, in Frankreich zum Juristen ausgebildet, wirkte er als Kanzlist am württembergischen Hofe und als Professor an süddeutschen Universitäten ganz im Sinne eines neuzeitlichen Humanismus, der das Mittelalter endgültig überwinden wollte. 1511 provozierte er mit der Flugschrift *Der Augenspiegel* eine heftige Fehde mit den Theologen, als deren Höhepunkt er 1515 und 1517 die berüchtigten *Dunkelmännerbriefe (Epistolae obscurorum virorum)* veröffentlichte, zwei Sammlungen von Briefen deutscher Gelehrter, die mit harter Satire das kirchlich-mittelalterliche Denken, wie etwa scholastische Methode, Mönchstum und Wunderglaube, einem boshaften Hohngelächter auslieferten. Die kirchliche Partei, die von den Dominikanern vertreten wurde, war der Derbheit dieses Spottes nicht gewachsen.

Hatten somit die Humanisten der Reformation den Boden bereitet, so hielten sich doch viele von ihnen von der entscheidenden religiösen Auseinandersetzung zurück, sogar Reuchlin. Ihr Denken richtete sich nicht so sehr auf einzelne dogmatische Fragen, als vielmehr auf den gesamten Wandel des Kulturbildes. Die Fragen, an die Luther rührte, lagen ihnen zu sehr im theologischen, d. h. im mittelalterlichen Denken, gehörten weit mehr einer reformatorischen als unbedingt fortschrittlichen, im Grunde säkularisierten Vorstellungswelt an. Aus dem Ursprung ihrer Ideale, aus der italienischen Renaissance und der antiken Bildung heraus, mußten die Humanisten eine Abwehrstellung gegen die Reformation beziehen. Und tatsächlich hat die Reformation das Fortschreiten des Humanismus gehemmt; denn mit ihr wurde wieder die Theologie die beherrschende Macht.

Der Späthumanismus

Der Teil der Humanisten, der für die Fragen der Reformation gewonnen wurde und sich auf das Kampffeld der Theologie begab, löste
sich aus der extrovertierten und kosmopolitischen Weltlichkeit humanistischen Dichter- und Gelehrtentums. Die antiken Studien dienten nur noch
der Theologie, der Auslegung der Bibel oder aber allein dem Anspruch,
gebildet zu erscheinen; die große Weltschau fehlte. Zudem konnte den
reformierten Humanisten das (päpstliche) Italien, von dem die Gegenreformation ausging, nun nicht mehr Ursprung und Vorbild sein. Luther
und Hutten warfen den Römern äußerste Barbarei vor; dafür besann man
sich auf die volkhaften Werte der Deutschen.

> »Führwahr«, rief Hutten aus, »die Deutschen haben überall rote Farbe, denn sie
> leben in Freuden und gutem Vertrauen; sie enthalten sich der Dinge, die das Gemüt
> verbrennen, das Herz betrüben und das Blut mindern; ich sehe sie sich nicht viel Sorge
> machen, in Ängsten mager werden oder sich selbst verzehren. Es wäre den Deutschen
> heilsam und gut, wenn sie mit Eifer und Fleiß die Üppigkeit der Fremden und die
> ausländische Verweichlichung von sich abhielten und austrieben und ihr Wesen wieder
> zu der früheren Starkmütigkeit und zu der alten Tugend zurückbrächten.«

So entstand in Deutschland ein nationaler Humanismus, der alle konfessionellen und politischen Fragen in sich aufnahm und der, gerade weil
seine konfessionellen Bestrebungen auf das Volk einwirken

Deutsche   sollten, sich neben dem Gelehrtenlatein auch der deutschen
Gemein-   Volkssprache bediente.
sprache

Martin Luther (1483–1546) selbst hat den Weg zu einer
neuartigen Einschätzung der Volkssprache gewiesen: zu einer Angleichung und Verallgemeinerung der einzelnen Mundarten, die ja bisher
gänzlich getrennt voneinander gesprochen und geschrieben wurden. Eine
deutsche Gemeinsprache zu schaffen, diesen Gedanken, der schon der
Reform der Prager Kanzleisprache zugrunde lag, hat Luther in seiner
Bibelübersetzung verwirklicht.

Die Voraussetzungen zur Schaffung einer »gemeinsten deutschen Sprache« waren gerade bei Luther günstig. Er war Mitteldeutscher (aus Eisleben) und hat seine gesamte Lebenszeit in diesem Gebiet verbracht (als
Student in Erfurt, als Mönch im dortigen Augustinerkloster und seit 1508
als Universitätsprofessor in Wittenberg, wo er 1517 mit der Bekanntgabe
seiner 95 Thesen die Reformation einleitete). Als er 1521, gebannt und
der Reichsacht verfallen, auf der Wartburg, in der Schutzhaft des sächsischen Kurfürsten Friedrichs des Weisen, mit der Übertragung des Neuen
Testaments begann, stand ihm als deutsche Übersetzungssprache die
Mundart seiner sächsisch-mitteldeutschen Heimat zur Verfügung, die

sprachgeographisch an sich schon eine Mittlerstelle einnahm zwischen den nord- und süddeutschen Dialekten. Hinzu kam der Sprachgebrauch der sächsischen Kanzlei, die seinerzeit an der Prager Reform teilgenommen hatte und daher ebenfalls vereinheitlichende Sprachelemente aufwies.

Diese günstigen Umstände können aber die ungeheure Wirkung, die Luthers Sprache ausübte, allein nicht erklären. Das rein mundartliche Verstehen war zwar eine notwendige Voraussetzung; die volle Wirkkraft aber erhielt dieses Deutsch erst durch das aus der Tiefe des Herzens kommende Verständnis des Dolmetschen für die Denk- und Gefühlsart des Volkes.

»Man muß nicht die Buchstaben in der lateinischen Sprachen fragen, wie man soll Deutsch reden, wie diese Esel tun, sondern man muß die Mutter im Hause, die Kinder auf der Gassen, den gemeinen Mann auf dem Markt drumb fragen und denselbigen auf das Maul sehen, wie sie reden, und darnach dolmetschen; so verstehen sie es denn und merken, daß man Deutsch mit ihn redet.« »Es ist Dolmetschen nicht eines jeglichen Kunst. Es gehöret dazu ein recht frumm, treu, fleißig, forchtsam, christlich, gelehret, erfahren, geübet Herz.«

Mit der Ausgabe des *Neuen Testaments* (1522) und des *Alten Testaments* (1534) beginnt sprachgeschichtlich die »neuhochdeutsche« Zeit. Zu der Sprache Goethes und Hölderlins bedurfte es freilich noch mancher Entwicklungsstufen, aber es war die entscheidende Wende eingetreten in der Gestaltung einer gemeinsamen und ausdrucksreichen deutschen Sprache. Das Deutsch Luthers verbreitete sich auch durch seine zahlreichen Streitschriften *(An den christlichen Adel deutscher Nation; Von der Freiheit eines Christenmenschen;* zus. 1520), seine Briefe, seine Fabeln *(Etliche Fabeln aus dem Esopo* [Äsop], 1530) und vor allem seine Kirchenlieder.

Luther hat, wie er selbst sagt, das deutsche Kirchenlied zwar nicht neu geschaffen, es reicht schon in frühere Zeiten zurück, aber er hat es zum erstenmal voll zur Geltung gebracht, indem er ihm in der Liturgie einen bedeutenden Platz einräumte. Er selbst hat an die vierzig Lieder gedichtet. Es sind teils Übertragungen aus Psalmen und lateinischen Hymnen *(Aus tiefer Not schrei ich zu Dir; Ein feste Burg ist unser Gott; Herr Gott, Dich loben wir)*, teils Bearbeitungen von volkstümlichen Liedern *(Nun freut euch, lieben Christen gmein; Vom Himmel hoch)* oder auch eigene Schöpfungen, wie etwa *Erhalt uns, Herr, bei Deinem Wort.* Wie seine Prosa, so zeichnen sich seine Lieder durch eine kernige und lebensvolle Sprache aus.

Schon auf dem Wormser Reichstag (1521), auf dem Luther den Bruch mit der alten Kirche vollzog, wurde der Name **Ulrich von Hutten** (1488–1523) genannt. In ihm, dem fränkischen Ritter von **Deutsche** der Steckelburg, der als Wanderpoet und Kriegsmann in **Nation** Italien und Deutschland weit herumgekommen war und sich als leidenschaftlicher Humanist schon an den »Dunkelmännerbriefen« beteiligt hatte, gewann Luther einen begeisterten

Kampfgefährten. Obgleich er bereits im ersten Quartal des Jahrhunderts starb, war er in seiner ganzen Denkart doch ein echter Humanist der Spätepoche. Schon frühzeitig hatte er gegen das päpstliche Rom und die südländische Überfremdung gestritten und ein Loblied gesungen auf die »wohlgesittete deutsche Nation«. Ein unbändiger nationaler Glaube beseelte seine an das Volk und gegen den Papst sowie die »römische Tyrannei« gerichteten Traktate (u. a. *Gesprächbüchlein*, 1521).

Kaiser Maximilian ist ihm die Hoffnung und der Gewährsmann der deutschen Nation, und in die deutsche Geschichte zurückblickend, hat er Arminius, den Befreier von römischer Knechtschaft, als den »Freiesten, Unbesiegtesten und Deutschesten« zum Nationalhelden erhoben.

Daneben war Hutten ein glänzender Latinist und Gräzist, vor allem aber auch einer der wenigen deutschsprachigen Liederdichter. Seine Lieder haben – wie sein Charakter – etwas Stürmisches, Derbes und Landsknechtmäßiges an sich.

> »Ich hab's gewagt mit Sinnen
> Und trag' des noch kein Reu,
> Mag ich nit dran gewinnen,
> Noch muß man spüren Treu.
> Damit ich mein'
> Nit eim allein
> Wenn man es wollt' erkennen;
> Dem Land zu gut;
> Wiewohl man tut
> Ein' Pfaffenfeind mich nennen . . .
>
> Nun ist oft diesergleichen
> Geschehen auch hievor,
> Daß einer von den Reichen
> Ein gutes Spiel verlor:
> Oft große Flamm
> Von Fünklein kam,
> Wer weiß, ob ich's werd rächen.
> Steht schon im Lauf,
> So setz' ich drauf:
> Muß gehen oder brechen!«

Leider ist Hutten keiner der humanistischen Lyriker gefolgt. Sie verblieben weiterhin bei den schablonenhaften lateinischen Lobgedichten, die ihnen ein Honorar versprachen. Hingegen haben seine Pamphlete (vor allem *Vadiscus oder die römische Dreifaltigkeit*, 1521) auf die Streitschriften beider Konfessionen einen großen Einfluß ausgeübt.

Im Zeitalter der Religionskämpfe war neuer Stoff gegeben für die (bereits im Hochhumanismus aufkommende) Satire. Die literarischen Streiter der Glaubensparteien, bestrebt, die Schwächen und Mängel **Grobianismus** der gegnerischen Konfession ins grelle Licht des Spottes zu setzen, gebrauchten allerdings sehr häufig den Grobianismus des Spätmittelalters. Ihre Waffen waren selten geistvoller Witz als vielmehr Derbheit und Unflätigkeit.

Der Rheinhesse *Erasmus Alberus* (1500–1553) versuchte in seiner Satire *Der Barfüßer Mönche Eulenspiegel und Alkoran* (1542), die Gestalt des heiligen Franziskus maßlos zu verzerren, und ließ in seinen Tierfabeln, die er nach der Vorlage des Griechen Äsop anlegte, den Papst in einer Löwenhaut auftreten.

Auf katholischer Seite tat sich der elsässische Franziskaner *Thomas Murner* (1475–1537) vor allem durch sein Versepos *Von dem großen Lutherischen Narren* (1522) hervor, das man, wenn man die ärgsten und anstößigsten Stellen abrechnet, als die bedeutendste religiöse satirische Schrift ansehen kann; denn bei aller wild um sich schlagenden Roheit sind die gedanklichen Linien doch sehr pointiert herausgearbeitet.

Schon vor der Reformation hatte Murner eine Reihe Satiren geschrieben, die die Narrheit der Welt anprangerten. Seine Bücher *Der Schelmen Zunft* und *Die Narrenbeschwörung* (zus. 1512) schlossen sich an das *Narrenschiff* (1494) des Straßburger Humanisten *Sebastian Brant* (1457–1521) an, das allgemeine Mißstände, wie etwa das närrisch überhebliche Gebaren einzelner Stände, die Putz-, Mode- und Trunksucht, mit beißendem Spott belegt hatte.

Ein elementares Talent besaß allein **Johann Fischart** (aus Straßburg; 1547–1590). Er gab dem Grobianismus eine Wendung ins Besinnliche und Hintergründige, verstand sich auf die Komposition satirischer Bilder und auf eine annähernd witzige Ausdrucksweise. Zwar mischte auch er im konfessionellen Streit kräftig mit und gelangte in seinen Polemiken gegen die päpstliche Kirche, namentlich die Jesuiten, nicht über das Zeitgemäße hinaus, deutete aber einen Ausweg ins eigentlich Dichterische an.

Seine *Flöh-Hatz* (1573) ist eine der gelungensten satirischen Tierdichtungen unserer Literatur. Ein Floh, der eben dem Tode entronnen ist, klagt vor Jupiter in rhetorischem Pathos die Frauen an, die sein Geschlecht so mordlustig verfolgen. Der Kanzler der Flöhe übernimmt auf Anordnung Jupiters die Verteidigung der Frauen. Nach eingehender gerichtsmäßiger Untersuchung wird schließlich den Frauen doch das Recht zugesprochen, die Flöhe zu töten. Hintergründigkeit entsteht durch die Feststellung, daß Jupiter selber den Flöhen das böswillige Treiben aufgetragen hat.

Unter seinen Prosawerken ragt der Roman *Gargantua* (1575 nach dem Vorbild des französischen Dichters Rabelais geschrieben) hervor, der die kirchlichen, politischen wie allgemeinen Mißstände der Zeit gleichsam wie durch eine Lupe betrachtet, indem er eine Familie von Riesen schildert: Grandgoschiers und Gurgelmilte und deren zwei Kinder Gorgelantua und Gurgelstrozze. Erziehung, Studien und Heldentaten der Kinder, das ganze ungeschlachte Leben der Familie, unterbrochen von vielartigen Erörterungen, Anekdoten und Zitaten aus klassischer und humanistischer Literatur, ergeben ein Kulturbild des 16. Jahrhunderts.

Unter der satirischen und grobianischen Dichtung des Späthumanismus nehmen die Schwänke von **Hans Sachs** (1494–1576) eine gesonderte Stellung ein. Sie gehören den Werken aus dem Kreise der **Meistersinger**, der Dichtung der bürgerlichen Handwerker, an. Schon im 14. Jahrhundert hatte sich in den Handwerkszünften – vor allem in Mainz, Augsburg und Nürnberg – eine Dichtung ausgebildet, die sich mit einem beträchtlichen Aufwand an Gesetzen und Regeln der Gelehrsamkeit des Humanismus anzugleichen versuchte. Der Nürnberger Schuster Hans Sachs ist – nicht zuletzt durch Richard Wagners Oper »Die Meistersinger von Nürnberg« – der einzige heute noch berühmte Meistersinger. Wenn auch seine 4275 Meisterlieder vergessen sind, so haben sich doch seine Schwänke und Fastnachtsspiele – die das geradezu gegensätzliche volkstümliche Element des kleinbürgerlichen Dichtens ausdrückten – ihre humorvolle Wirkung bis in unsere Tage bewahrt.

Seine Versschwänke erzählen von den Annehmlichkeiten des Schlaraffenlandes, von einem diebischen Schneider, der aus Barmherzigkeit in den Himmel eingelassen wird und sich dort ungebührlich aufführt, von einem Koch, der seinem Herrn weismachen will, daß die Kraniche nur ein Bein haben (nach Boccaccio), von einem Raubritter, dem die ausgeplünderten Kaufleute noch dafür dankbar sein sollen, daß er ihnen nicht die Kleidung abnimmt, von Sankt Peter, der einen eingelassenen Trupp Landsknechte wieder aus dem Himmel hinauslocken muß oder der sich vom Herrn für einen Tag die Weltherrschaft ausbittet, aber die ganze Zeit damit zubringt, eine Geiß richtig zu hüten.

> »Petrus sprach: Lieber Herre mein,
> Nimm wieder hin das Zepter dein
> Und deine Macht! Ich begehr' mitnichten
> Forthin dein Amt mehr auszurichten.
> Ich merke ja, daß ich kaum weiß,
> Wie ich soll lenken eine Geiß
> Ohn' Angst und Müh' und Arbeit groß.
> Vergib mir, Herr, mein' Torheit bloß!
> Ich will fortan der Herrschaft dein,
> Solang' ich leb', nicht reden ein.«

Auch die Fastnachtsspiele (kurze humoristische Szenenfolgen, die beim Fastnachtsumzug aufgeführt wurden) sind aus einem frischen volkstümlichen Humor gestaltet. Im *Roßdieb von Fünsing* wollen die sich sehr gescheit dünkenden Bauern die Hinrichtung des Diebes aufschieben, da sonst das noch nicht geschnittene Korn am Galgen zertreten werde. Der Dieb aber, dem man bis zum Zeitpunkt der Ernte die Freiheit und sogar noch ein Zehrgeld schenkt, läßt sich nicht mehr blicken. Das Spiel vom *Kälberbrüten* stellt die Dummheit eines Bauern dar, der während der Abwesenheit seiner Frau den Haushalt durcheinanderbringt und sich schließlich auf einen Käse setzt, um aus ihm Kälber auszubrüten. *Der fahrende Schüler im Paradies*, ein junger Student, redet einer Bäuerin ein, aus dem Paradies zu kommen und dort ihren verstorbenen Mann getroffen zu haben, und da er vorgibt, ins Paradies zurückzukehren, erhält er von ihr für den Verstorbenen ein reiches Bündel Kleidung und zwölf blanke Gulden. (Eigenhänd. Sammlg. d. Gesamtwerkes 1567)

Stärker als die Volksbühne der Meistersinger kam das Schultheater, die Laienbühne der Gymnasien, zur Geltung. Aufgeführt wurden altrömische Schauspiele und Nachgestaltungen antiker Stoffe (zumeist

Die christlich Lehrweis' von den Schulmeistern verfaßt, wobei die nicht immer einwandfreie Moral eines Plautus, Terenz und Seneca »ausgebessert« wurde), schließlich auch deutschsprachige Stücke, die besonders biblische Stoffe darstellten. Die Schulen standen nun wieder unter sehr autoritärem Einfluß der Theologie. Die Schauspiele hatten weit mehr reformatorischen als humanistischen Charakter; sie selber sollten eine »Schule« für religiöse Überzeugung und sittliche Bildung sein. Die Verwendung des allgemeinen Deutsch diente der Breitenwirkung und entsprach dem missionarischen Anliegen des Protestantismus. Die Verfasser waren überaus zahlreich.

Der aus Niederösterreich stammende *Paul Rebhuhn* (1505–1546), Lehrer am Gymnasium in Zwickau, der besonders in den zwischen die Handlungen eingesetzten Chorgesängen ein gutes sprachliches Talent zeigte, verfaßte ein altbiblisches *Spiel von der gottfürchtigen und keuschen Frauen Susannen* (1535), das von anderen Dichtern oftmals nachgeahmt wurde, und eine *Hochzeit zu Kana* (1538), wobei er auch darin die christlichen Sittenlehren in den Vordergrund der Handlung stellte.

Nikodemus Frischlin (1547–1590) aus Württemberg, Lehrer in Tübingen und Laibach, dessen lateinische Stücke von seinem Bruder übersetzt wurden, schrieb ebenfalls eine *Susanne*, vergegenwärtigte in seiner *Rebekka* eine gutchristliche Brautwerbung und Hochzeit, zeichnete in einem Dramen-Fragment *Josef* das Idealbild eines christlichen Mannes und gab in den deutschsprachigen Stücken *Ruth* und *Frau Wendelgart* (einem Legendenspiel, 1579) Regeln für einen anständigen und frommen Lebenswandel.

Auf katholischer Seite lag das Schuldrama in der Hand der Jesuiten; es blieb vorerst lateinisch, enthielt besonders Themen aus Legenden und Sagen und war durch pomphafte Ausgestaltung auf eine stark optische Wirkung berechnet. Zur großen Entfaltung kam das Jesuitendrama aber erst im Barock.

Das in diesem Jahrhundert erwachende Interesse am Drama wurde noch sehr wesentlich von den Wanderbühnen gefördert: den berufsmäßigen italienischen, niederländischen und schließlich auch **Die Spekta-** deutschen Komödiantentruppen, die von Stadt zu Stadt **kelbühne** zogen und antike, vor allem aber englische Schauspiele zur Aufführung brachten, weshalb sie sich häufig »Englische Komödianten« nannten.

England erlebte in dieser Zeit eine einzigartige Blüte des Dramas. Geistesgeschichtlich war sie eine Renaissance, weniger italienisch als der deutsche Humanismus, aber dafür im Hinblick auf Diesseitigkeit und Diesseitsgestaltung viel stärker ausgeprägt. Den Dramengestalten eines *Christopher Marlowe* (1564–1593) und *William Shakespeare* (1564–1616) liegt das Menschenbild der Renaissance zugrunde, intensiviert ins ebenso Realistisch-Diesseitige wie hintergründig Seelische und Schicksalhafte. Ein Typus autogener Individualität und Vielschichtigkeit tritt hervor, der den deutschen Humanisten des 16. Jahrhunderts im Grunde fremd war und erst von den Programmatikern und Dichtern der späten »Aufklärung« und des »Sturm und Drang« begriffen wurde.

Man begeisterte sich an den übermenschlichen Gestalten, schaurigen Episoden und der mit Bildern und Steigerungen überladenen Sprache der Engländer, wobei man in den schlechten und primitiven Übersetzungen und Aufführungen mehr Wert auf die Spannungseffekte von Mord- und Schandtaten legte als auf den tieferen Gehalt der Dramen (Spektakelstücke). Immerhin haben die englischen Komödianten sehr wesentlich zur Gestaltung des deutschen Dramas beigetragen.

Neben der Entwicklung des Schauspiels zeigten sich erste Ansätze zum deutschen Roman. Sie reichen eigentlich zurück bis ins Spätmittelalter, als die höfischen Epen und dazu Legenden und Sagen in Form von volks-

tümlichen Prosabüchern erschienen, die sich bis ins 16. Jahrhundert
fortsetzten und später von der Romantik wieder entdeckt
Volksbuch   wurden.

Zu den beliebtesten Volksbüchern gehörten der *Till Eulenspiegel*, die
Possengeschichte des Braunschweiger Bauernburschen, der mit scheinbarer Dummheit Städter und Bauern foppt, – *Das Buch von den Schild-
bürgern*, den Einwohnern der sächsischen Stadt Schilda, die durch ihre
Beschränktheit manchen Schabernack anstellen, – die Legende von der
Pfalzgräfin Genoveva, die während der Abwesenheit ihres Gemahls dem
bösartigen Burgverwalter ausgeliefert ist, sich aber seinen Anträgen und
Drohungen standhaft widersetzt, – die Sage vom *Ewigen Juden*, dem
unstet umhergetriebenen, nach Vergebung und Ruhe suchenden Ahasve-
rus, – und schließlich die ebenfalls erst im 16. Jahrhundert entstandene
*Historia von D. Johann Fausten, dem weitbeschreiten Zauberer und
Schwarzkünstler* (Frankfurter Ausg. 1587), auf die Marlowes Drama
»Tragical History of Doctor Faustus« (1588) zurückgeht.

Ein Doktor Faust hat um 1500 tatsächlich gelebt. Er stammte aus Schwaben, war
Theologe und soll sich mit Astrologie, Magie und anderen Dunkelwissenschaften
befaßt haben, um die Welt der Geister zu beschwören. – Im Volksbuch geht Faust,
Sohn eines Bauern aus der Gegend von Weimar, Theologe in Wittenberg, der »alle
Gründ am Himmel und auf Erden erforschen« will, ein Bündnis mit dem Teufel
(Mephistopheles) ein, um die »Elemente zu spekulieren«. Der Vertrag lautet auf 24
Jahre, in denen Faust in die verbotenen Künste eingeführt wird und u. a. auf einem
Höllenroß eine Weltfahrt unternimmt. Nach der abgelaufenen Frist fällt seine Seele
trotz Reue und Wehklagens dem Teufel zu. – Faust ist gleichviel mittelalterlicher
Schwarzkünstler wie auch Humanist, der eine reiche Gelehrsamkeit, vor allem über
Astronomie und Geographie, vorzuweisen hat und sich in der Kunst des Disputierens
versteht. Er ist eine Zwiegestalt aus mystisch-magischen Triebkräften und rein ratio-
nalem humanistischem Erkenntnisdrang, eine Zwielichtgestalt, deren gedankliche und
dichterische Auslegung unerschöpflich ist.

Neben den Volksbüchern (die oft nur eine Aneinanderreihung einzelner Episoden waren und sich in den Bereichen von Posse und Zaubersage
bewegten) entstanden die ersten kunstmäßigen und zeitbezogenen (gleichsam bürgerlich-realistischen) Romane. Der
Bürger-   aus Colmar im Elsaß stammende Ratsdiener und Stadt-
tugend   schreiber **Jörg Wickram** (gest. um 1562) hat seinem Prosawerk zum erstenmal ein einfaches, lebensechtes Thema zugrunde gelegt,
und zwar aus seinem eigenen Lebenskreis des Bürgertums, und es schlüs-
sig entwickelnd durchgestaltet. Ein schlichtes Thema ist zu einer schlichten, sachlichen Handlung geformt, ganz aus eigenem dichterischen Ge-
staltungswillen heraus.

Der jungen Knaben Spiegel (1555) führt uns in die ganz reale Lebenswelt der
Schule, des Beamten und des Kaufmanns und erklärt an den Beispielen eines braven,

strebsamen Bauernsohnes, der es bis zum Kanzler bringt, und eines verzärtelt aufgezogenen und bald verkommenen jungen Adeligen die Notwendigkeit einer strengen sittlichen Erziehung. Der Roman *Von guten und bösen Nachbarn* (1556) schildert an den Schicksalen zweier Handwerkerfamilien den Segen einer freundlichen und den Unsegen einer feindlichen Gesinnung gegenüber den Hausnachbarn und betrachtet dabei sehr genau die Denk- und Gefühlsart des Kleinbürgers. Auch im *Goldfaden* (1557) werden die Schicksale (etwa des Hirtenknaben Leufried, der die Liebe einer Grafentochter gewinnt) von religiösen und bürgerlichen Tugenden bestimmt.

Lehrhaftes begegnet selbst in dem sehr unterhaltsamen *Rollwagen-Büchlein* (1555), einer Schwanksammlung, die z. T. auf die seinerzeit vielgelesenen »Facetien« des Florentiners *Bracciolini Poggio* (1380–1459) zurückgeht. Es war als Reisewagen-Lektüre gedacht, sollte der Kurzweil dienen und war deshalb in einem lebhaften, aufmunternden und anschaulichen Stil abgefaßt. Viel Erlebtes und Gehörtes ist wiedergegeben; Volksleben aus dem Elsaß, überhaupt Lebensart des Bauern und Bürgers treten pointiert hervor. Die Anflüge von Pikanterie sind zugunsten der guten Beispiele zurückgedrängt. Ausgesprochen Grobianisches ist hier wie in den Romanen vermieden.

Der Erfolgsroman dieser Zeit war der *Amadis von Gallien* (1569/95), der in Spanien verfaßt und in Frankreich umgearbeitet und erweitert

Höfischer Anstand

worden war, ein Riesenwerk von mehr als 25 000 Seiten, inhaltlich eine Mischung aus Rittertum und Renaissance, ein Lehrbuch des höfischen Anstands und eine »Schatzkammer schöner, zierlicher Orationes, Sendbriefe, Gespräche, Vorträge, Vermahnungen und dergleichen«.

Es waren nicht nur die phantastischen Abenteuer der Ritter des Artus-Hofes, nicht nur die schwülstigen Liebesszenen und die spannenden Verwicklungen der Handlung zu »bewundern«, sondern auch die »Zierlichkeit und Wohlredenheit« mit den »lieblichen, anmutigen Phrasibus«. Das Werk, das in den deutschen Übertragungen eine Fülle von lateinischen, spanischen und französischen Ausdrücken aufwies, da man beweisen wollte, daß »schier alles nach fremdländischen Mustern ging«, bedurfte eines eigenen Fremdwörterbuchs (1579).

Wie kaum ein anderes Werk kennzeichnet der Amadis-Roman die geistige, vor allem auch sprachliche Situation am Ende des Humanismus. Das von der Reformation geschaffene Deutsch ist hier romanisiert, zu den eigentlichen Quellen des Humanismus zurückgewendet und im ursprünglich humanistischen Sinne ästhetisiert. Beide Seiten: Reformation und Humanismus, waren ja bestimmend für unseren Begriff des Späthumanismus, und beide Seiten – als Ideengehalt und Lebensanschauung – sind das Erbe, das das 16. dem 17. Jahrhundert übergibt.

DAS BAROCK

Humanismus und Reformation waren die beiden geistigen Strömungen des 16. Jahrhunderts. Sie stellten in vielem eine Gegensätzlichkeit dar, die sich zwar literarisch weniger geäußert hatte, da sich einzelne Bereiche – gerade in der Art eines nationalen deutschen Humanismus – miteinander verbanden. Als Welt- und Lebensanschauungen ließen sie sich aber schwer vereinen. Der Geist des Humanismus, der vorwiegend nach der Erforschung der diesseitigen Welt trachtete und ihr seine Leistungs- und Gestaltungskraft widmete, stand zur Reformation, die den Weg zu reiner Religiosität neu erschlossen hatte und den Blick wieder zum Jenseits hinführen wollte, im gleichen wesensmäßigen Gegensatz wie zum religiös gebundenen Mittelalter. Auch in der barocken Literatur findet sich diese Spaltung, indem neben ausgeprägt humanistischen Bestrebungen, die für die deutsche Dichtung die Formenwelt der europäischen Renaissanceliteratur zu gewinnen suchten, Wesenszüge des Mittelalters, wie etwa die Neigung zum Mystischen, Legendären und zur Vanitas-Stimmung, wieder auflebten.

Auf der einen Seite wirkten der diesseitig ausgerichtete Gestaltungswille des Humanisten, sein Streben nach Vielseitigkeit, Ausgewogenheit und weitgreifender Bildung, sein Selbstbewußtsein, das über jeden Zweifel hinwegsah und jede Fragestellung mit rationaler Klarheit zu lösen suchte, seine Weltgewandtheit und Welterfahrenheit, sein Bekenntnis zu den diesseitigen Werten. Sein Ideal der universalen Gelehrsamkeit trachtete nach einem weiteren Ausbau der Wissenschaften: der Poesie, der alten Sprachen, der Historik, Geographie, Mathematik, Astronomie, Botanik und Medizin. Hier bewiesen nichttheologische Fakultäten, gebildete Fürstenhöfe und lateinische Schulstuben einen universalen Geist. Bildnisse, Bauten und Bücher erschienen in ihrer Schönheit als Ausdruck höchster menschlicher Vollkommenheit.

Von der Reformation her aber drängte die Frage nach dem Jenseits. Die Reformation hatte die Diesseitsbindung des Menschen erschüttert und ihn wieder zum religiösen Engagement hingeführt; jetzt wurde sie darin von der katholischen Gegenbewegung noch wesentlich unterstützt. Hinzu kam das Erlebnis des Dreißigjährigen Krieges, das dem Menschen das Bewußtsein der Hinfälligkeit alles Irdischen gab und ihn einen seelischen Schutz und Trost in der Religion suchen ließ. Gerade in seinem Leidenszustand während des Dreißigjährigen Krieges hat sich der Mensch von seiner Weltsucht abgekehrt und seine Hoffnung und Zuversicht auf Gott und das Jenseits gelenkt.

Gott und Welt waren ihm vollkommene Gegensätze. Das Diesseits, dessen Chaos er erlebte, konnte nichts gemein haben mit Gott. Das religiöse Weltbild des Barock sieht die diesseitige Welt als primären Herrschaftsbereich des Teufels. Sie gilt ihm als Ort perfekter Sündhaftigkeit und gänzlicher Destruktion, als Ausdruck teuflischer Macht. Und deshalb flieht der Mensch die Welt und versenkt sich in jenen einzig Gott gehörenden Bereich des Jenseits; in tiefer Inbrunst strebt er, seine irdische Existenz vergessend, in Traumvisionen der Mystik zu Gott hin, um ihn, den er in dieser Welt nicht erkennen kann, wenigstens aus der Ferne zu erfühlen. Deshalb ist ihm der Tod nicht mehr der schreckhafte Widersacher diesseitiger Lebenslust, sondern – wie wir es besonders häufig im Drama und in der Lyrik ausgesprochen finden – der ersehnte Erlöser von der Lebensqual, der Übergang von der teuflischen zur göttlichen Welt.

Die Religiosität des Barock suchte weniger eine rationale Erklärung als vielmehr eine gefühlsmäßige Schau; denn der Gott, der die Welt ihrem Schicksal überließ, die Herrschaft des Bösen gestattete und sich ganz auf das Jenseits zurückzog, ließ sich in diesem seinem Verhalten und damit auch in seiner Wesenheit nicht verstandesmäßig erklären, ohne daß man in die gefährlichsten Zweifel, vor allem hinsichtlich seiner Allmacht, Güte und Gerechtigkeit, verstrickt wurde. Der Mensch mußte dieser Gefahr das Dennoch seines Glaubens entgegensetzen, eine Bereitschaft zu unbedingtem und fraglosem Vertrauen; er mußte die Fragen, die sich auftaten, mit dem Einsatz seiner gefühlsmäßigen Bindung an Gott überdecken. In solcher Gefühlshingabe, die ihm wenigstens jenseits dieser Welt einen »frommen« Gott offenbarte, lag ein Zwang. Nur so verfiel er nicht ganz der Erkenntnis völligen Ausgeliefertseins, der Existenzangst, die den Menschen im Dreißigjährigen Kriege besonders stark bedrohte. In der angstvollen Verteidigung des Vertrauens, in dem unbedingten Dennoch, in ihrer kämpferischen Erregung unterschied sich die barocke von der in sich geschlossenen, in einem festen und klaren Gottesbild ruhenden mittelalterlichen Religiosität. Der barocke Mensch ringt um Geborgenheit bei einem allmächtigen und gerechten Gott, dem er sich anvertrauen möchte; er verzweifelt aber immer wieder an der Realität des chaotischen Diesseits, in der er Gott nicht finden kann. Seine Religiosität ist Verzweiflung, aber, gerade weil sie von Gott auf dieser Welt nichts erwarten kann, ein ethisches Höchstmaß an Religiosität überhaupt.

Doch ließ sich dieses »übermenschliche« Maß an Religiosität nicht immer verwirklichen. Im Augenblick tiefsten Verzagtseins lieferte sich der Mensch bedingungslos der Antithese aus, dem gleichsam renaissancehaften Weltgefühl, in dem er vor der chaotischen Wirklichkeit die Augen verschloß und mit einem Dennoch das Diesseits feierte, auch darin

kämpferisch und erregt, affekthaft und gesteigert – eine Welt starker
Sinnenreize, heftiger, betäubender Effekte. Keine Zeit hat sich so sehr
dem Sinnlichen hingegeben wie das Barock, sei es im wirklichen Leben
oder in dessen künstlerischer Wiedergabe, in Baukunst, Malerei und Poesie. Das »Carpe diem!« war ein Zwang, aus dem heraus die Gefahr der
religiösen Existenzangst überspielt und betäubt werden sollte. Dem
christlichen Stoizismus, der sich aus dem Erlebnis des grauenvollen Krieges die Vergänglichkeit alles Irdischen ins Bewußtsein brachte und in
stetem Memento mori! ein inniges Verhältnis zum Tod gewann, stehen
Lebensgenuß und Leidenschaft gegenüber.

Zwischen Weltflucht und Weltsucht liegt die Spannung des barocken
Menschen, d. h., erst durch diese Spannung wurde er »barock« (der Ausdruck stammt aus dem Portugiesischen und bedeutet soviel wie »un-
schön«, »unregelmäßig«). Zwischen den Gegensätzen wurde der Mensch
hin und her gerissen, unruhig und gequält, von Zweifeln und Gewissensängsten bedrängt; das barocke Weltgefühl ist »antithetisch«, die ruhende
Mitte fehlte. Entsagungs-, Jenseitsstimmung und höchste Weltlust wechseln überraschend schnell ab, sie liegen in ständigem Widerstreit zueinander, und keiner der beiden Seiten gelingt ein endgültiger Sieg. Der
Mensch hatte schizoide Züge, und die Versuche, die Gegensätze zu über-
brücken, brachten zumeist nur grelle Dissonanzen hervor.

Dazu kamen große Wandlungen im politischen, gesellschaftlichen und
kirchlichen Leben und in der Kunstanschauung, die sich bereits in der
zweiten Hälfte des 16. Jahrhunderts anbahnten. Im Politischen bildete
sich nach den Gedanken Machiavellis (»Il Principe«) die absolute Autorität des Staates aus. Der absolutistische Machtstaat, repräsentiert in der
Gestalt des Fürsten (L'état c'est moi!), bereitet dem bürgerlichen Stadt-
und ritterlichen Ständestaat ein Ende, ließ keinen Raum mehr für das in
der Renaissance aus den mittelalterlichen Bindungen befreite Individuum
und förderte eine neue Gesellschaftsbildung mit dem Schwerpunkt am
fürstlichen Hof. Dieser wird Mitte und Vorbild des gesellschaftlichen Lebens und erklärt den vorwiegend höfischen Charakter der Barockkultur.

Ähnlich absolut und total war der Machtanspruch der Kirche, die im
Geiste Loyolas, des Jesuitenordens, den Individualismus der Reformation
auf religiösem Gebiet verdrängte. Der seinem Ursprung und Wesen nach
spanische und jesuitische Charakter des barocken Stils repräsentiert die
geistliche Macht »in triumphaler Erdenpracht und im berückenden
Glanz«. Die Dynamik des barocken Kunstwerks will berauschen, über-
wältigen und in Ekstase versetzen – ganz im Gegensatz zur Statik und
Ruhe des harmonisch konstruierten, maßvollen Renaissancekunstwerkes.
Dasselbe gilt für die Literatur, die im spanischen Drama Calderóns, in der

spanischen Mönchs- und Nonnenmystik, im spanischen Schelmenroman und der Philosophie eines Suárez ihre Vorbilder hatte. Von dort und aus der italienischen Literatur stammen ihre Rhetorik, ihr Übermaß an Bildern, ihr Pathos mit »Zentnerworten«. Was in der Renaissance natürliche, auf den Menschen bezogene Schönheit sein wollte, wird jetzt maßlos gesteigert, gigantisch überhöht. »Dasein heißt eine Rolle spielen.« Aus seinem Willen heraus, ein Letztes, Unbedingtes, Unendliches, Absolutes zu geben, sucht der barocke Künstler die Fesseln des Irdischen, der Materie und ihrer Gesetze zu durchbrechen. So wird die Epoche des Barock auch weithin von einem neuen ästhetischen Anliegen bestimmt.

Die Schlesische Schule

Kennzeichen der schlesischen Barockdichtung ist das scharf zugespitzte Gegeneinander von Diesseitsflucht und Diesseitsbindung in der Person ein und desselben Dichters, ja oft in einem Werk. Demgegenüber haben sich die übrigen Richtungen der Barockliteratur zu einer endgültigen Entscheidung durchzuringen versucht, wenngleich auch dort Dissonanzen vorhanden waren.

Die schlesischen Dichter nahmen in der Literatur des 17. Jahrhunderts eine gewisse Vorrangstellung ein. Dies verdankten sie zunächst ihrem Landsmann **Martin Opitz** (1597–1639), der in seinen Betrachtungen über Sprache, Stil, Verskunst und die Aufgaben der einzelnen Gattungen der Poesie eine formale Grundlage geschaffen hatte. Sein *Buch*

**Deutsche
Poeterei**

von der deutschen Poeterei (1624), das – auf die zahlreichen Poetiken des Humanismus folgend – die dichterischen Formen und Aussagearten in Gesetzen festzulegen suchte, galt über ein Jahrhundert hinaus als Richtlinie und Maßstab alles künstlerisch poetischen Gestaltens.

Opitz (als Sohn eines Fleischermeisters in Bunzlau geboren) hatte sich schon als Gymnasiast mit Fragen der Poesie auseinandergesetzt. In einer lateinischen Schulrede *Aristarchus oder Von der Verachtung der deutschen Sprache* (1617) hatte er die ersten Ergebnisse und auch die weiteren Ziele festgelegt, nämlich die deutsche Dichtung zwar im Sinne des Humanismus, jedoch auf der Grundlage der deutschen Muttersprache neu zu aktivieren. Opitz hat sich nie von den humanistischen Poetiken, von den Vorbildern der Griechen und Römer, gelöst, aber seine bedeutende Leistung besteht darin, daß er die humanistische Tradition den Erfordernissen der deutschen Sprache angepaßt hat.

An der Universität Heidelberg, an der er zu Beginn des Krieges (1619) studierte, in einem Kreise junger Freunde und altbewährter, aber ebenso fortschrittlicher Gelehrter, konnte er seine Gedanken weiterbilden und sich im Gebrauche einer deutschen Dichtersprache schulen. Auf seiner Flucht vor den Verheerungen und Greueln des Krieges, in Dänemark, entstanden seine ersten großen lyrischen Versuche, die

Trost-Gedichte in Widerwärtigkeit des Krieges (1633 gedr.), die ein geradezu nationales Bekenntnis aussprechen und auf die Vergangenheit der deutschen Volkspoesie hinweisen. Opitz fand und erfand Belege, aus denen er die Berechtigung einer deutschen Dichtung herleiten konnte. Seine Poetik hat stolz die deutsche Literatur des Mittelalters und die altgermanische Bardendichtung als Beispiele deutscher Sprachkunst aufgeführt, wie er auch später das *Annolied* aus dem 11. Jahrhundert entdeckte und wiederveröffentlichte (1639).

In Weißenburg hingegen, in der Residenzstadt des Fürsten von Siebenbürgen, wo Opitz zwei Jahre als Magister tätig war, in einem Lande, das einst zum römischen Imperium gehört hatte und das an Griechenland angrenzte, wirkte auf ihn die Nähe der Antike, was ebenfalls für seine Poetik wichtig wurde.

Die Poetik, die Opitz nach seiner Rückkehr aus Siebenbürgen in Schlesien niederschrieb, resultiert aus dem Willen, eine möglichst einheitliche Dichtung zu schaffen und diese durch Übernahme der humanistischen, der altbewährten antiken Kunstformen zu einem höchstrangigen Kunstgegenstand zu erheben. Dabei spielte die Absicht mit, eine – gleichsam koordinierte – nationale Literaturbestrebung auszulösen. Sehr maßgeblich war der Gedanke des Wettstreits mit der renommierten Poesie des Auslands.

Auch wenn Opitz ausdrücklich die natürliche dichterische Veranlagung als Voraussetzung nicht ableugnete, sah er die Dichtung doch unter sehr rationalen Gesichtspunkten. Sie war ihm eine gelehrte Kunst für Gelehrte. Ihre bildungsmäßige Grundlage war die Kenntnis des Griechischen und Lateinischen sowie der dichterischen Verfahrensweise der berühmten Klassiker. Er übernahm die alten Gattungsbegriffe (etwa: Tragödie, Komödie, Odendichtung, Epigramm, Satire), wobei er gelegentlich die antiken Regeln mit zeitgemäßen Normen verknüpfte. So sollte **Gelehrten-** die Tragödie – wie insgesamt die heroische Dichtung – in **kunst** der Welt von Fürsten und Potentaten, die Komödie hingegen nur im Lebensbereich einfacher Leute spielen (dies war offensichtlich ein Zugeständnis an den fürstlichen Absolutismus).

Der ernsthaften Dichtung trug Opitz den Mahnruf Memento mori! auf. Das Gegenüberstellen von Vergänglichem und Ewigem erachtete er als die wesentliche Lehrweise. Die Absicht sprachlicher Vervollkommnung vereinbarte er mit moralischer Didaktik. Dichtung war ihm eine komplexe Aktion von Kunstfertigkeit, Bildung und Besinnung.

Als Versmaß empfahl Opitz nach der Vorlage eines französischen Alexanderliedes aus dem 12. Jahrhundert einen sechsfüßigen Jambus (Wechsel von Senkung und Hebung), in dessen Mitte eine Verspause (Zäsur) liegt. Dieser sog. »Alexandriner« wurde erst in der Mitte des folgenden Jahrhunderts vom Hexameter verdrängt.

Spätere Jahrhunderte haben die Opitzschen Regeln als eine Beengung des dichterischen Vermögens und Verkennung der seelischen Schöpferkraft allzu heftig kritisiert. Unumstritten bleibt das Verdienst Opitzens, der lateinischen und der durch Fremdwörterei verunstalteten Dichtung ein Ende bereitet zu haben, indem er den Beweis erbrachte, daß ein sprachreines Deutsch der Poesie durchaus würdig und eine deutsch-sprachige Dichtung durchaus lebensfähig sei. Diese Beweisführung war ihm in seiner Zeit nur möglich durch Vergleiche mit den führenden Literaturen, mit der griechischen, römischen und französischen Literatur, und durch Aneignung ihrer Dichtungsprinzipien.

Dazu bot Opitz zahlreiche Beispiele eigener Dichtungen und Übersetzungen, von denen die späteren Jahre seines Lebens, bedrängt von Kriegsnot, Armut und Unrast (er starb 1639 in Danzig an der Pest), erfüllt waren. Als dramatische Beispiele übertrug er die *Trojanerinnen* von Seneca (1625), die *Antigone* von Sophokles (1636), und mit seiner Übersetzung von Rinuccinis *Dafne* (1627) führte er das pomphafte italienische »dramma per musica«, die Oper, in die deutsche Literatur ein. Ebenso bemühte er sich in zwei Übersetzungen aus dem Englischen um die Verbreitung des neuen Kunstromans: eines in Allegorien die politischen Verhältnisse schildernden Staatsromans (*Argenis* von Barclay; 1626/31) und eines im griechischen Hirtenland Arkadien spielenden Schäferromans (*Arcadia* von Sidney, 1638). Vor allem aber waren die von Opitz selbstverfaßten Lieder, Oden und Sonette das Sprach- und Stilmuster für die neue Dichtung (u. a. *Deutscher Poematum Erster Teil – Anderer Teil*, 1637). Obwohl seine dazumal berühmten, mit Allegorien und Antithesen überladenen Poesien heute zu Recht vergessen sind, können doch einige Gedichte durch ihre natürliche Anmut und ihr heiteres Gedankenspiel noch heute gefallen.

>   »Itzund kommt die Nacht herbei,
>   Vieh und Menschen werden frei,
>   Die gewünschte Ruh geht an,
>   Meine Sorge kommt heran.
>
>   Schöne glänzt der Mondenschein
>   Und die güldnen Sternelein;
>   Froh ist alles weit und breit,
>   Ich nur bin in Traurigkeit.
>
>   Nach den Monden frag ich nicht,
>   Dunkel ist der Sternen Licht,
>   Weil sich von mir weggewendt
>   Asteris, mein Firmament.
>
>   Wenn sich aber naht zu mir
>   Dieser meiner Sonnen Zier,
>   Acht ich es, das beste sein,
>   Daß kein Stern noch Monde schein.«

Wesentlich stärker als bei Opitz (der das Erbe des Humanismus noch in sich trug) war der Zwiespalt zwischen Carpe diem! und Vanitas! bei **Christian Hofmann von Hofmannswaldau** (1617–1679)
Manierismus ausgeprägt, der vor allem die weltfrohe Seite seiner Lyrik übersteigerte und sich deshalb in späterer Zeit den Vorwurf starker Sitten- und Zügellosigkeit gefallen lassen mußte. Zudem hatte er sich, obgleich er in Danzig von Opitz unterrichtet worden war, von dessen sprachlichen und stilistischen Vorbildern abgewandt, um einer belebteren, effektvolleren, prunkenden und hochgeschraubten Sprache den Vorzug zu geben. Diese Stilmerkmale hatte er im italienischen Barock, bei den Meistern der poetischen Galanterie, Marino und Guari-

ni, vorgefunden. Der »Marinismus« oder »Manierismus« (von maniert
= gekünstelt) Hofmannswaldaus und seiner Nachfolger suchte die
sprachliche wie auch inhaltliche Übersteigerung, die Großartigkeit exor-
bitanter, sinnenberauschender Bilder, das große Pathos und die galante
Geziertheit – in jeder Weise den verblüffenden Effekt. (*Herrn von Hofmannswaldau und anderer Deutschen auserlesene und bisher ungedruckte
Gedichte,* 1695–1727)

Abgesehen von den schon bei Opitz vertretenen antiken Gottheiten, erschienen
Tuberosen und Hyazinthen, Rosenduft und Parfüm, Ambra, Nektar und Marzipan,
Alabaster und Purpur, Marmor und Seide, Rubine und Saphire in gesteigerter Häu-
fung. Aber mit ebenso starker Intensität wurden das auffallend Häßliche, das Kranke,
Mißgewachsene, der Tod, das Skelett, die Verwesung dargestellt.

> »Es wird der bleiche Tod mit seiner kalten Hand
> Dir, Lesbie, mit der Zeit um deine Brüste streichen,
> Der liebliche Korall der Lippen wird verbleichen;
> Der Schultern warmer Schnee wird werden kalter Sand.
>
> Der Augen süßer Blitz, die Kräfte deiner Hand,
> Für welchen solches fällt, die werden zeitlich weichen.
> Das Haar, das itzund kann des Goldes Glanz erreichen,
> Tilgt endlich Tag und Jahr als ein gemeines Band.
>
> Der wohlgesetzte Fuß, die lieblichen Gebärden,
> Die werden teils zu Staub, teils nichts und nichtig werden;
> Dann opfert keiner mehr der Gottheit deiner Pracht.
>
> Dies und noch mehr als dies muß endlich untergehen,
> Dein Herze kann allein zu aller Zeit bestehen,
> Dieweil es die Natur aus Diamant gemacht.«
>   *(Vergänglichkeit der Schönheit)*

Von dem überwiegend konkret-metaphorischen »Marinismus« (»liebliche Korall der
Lippen«, »Augen süßer Blitz«, »Goldes Glanz«) läßt sich der »Manierismus« insofern
unterscheiden, als er ins Sprachesoterische tendiert. Wie bereits in der Opitzschen
Diktion »Dunkel ist der Sternen Licht« werden Sprach-Koinzidenzen angestrebt
(»Der Schultern warmer Schnee«) und darüber hinaus vollends verschlüsselte Oxymora
geschaffen. So etwa vergegenwärtigt das Wort »Diamant« nicht nur die begreifbaren
Qualitäten der Härte, Dauerhaftigkeit, Reinheit, Kostbarkeit etc., es verweist auch
auf eine innere, geradezu geheimnishafte Substanz. Es ist nicht nur befrachtet mit dem
Wissensgut der Alchimie und mit dem im Barock noch sehr vieldeutigen Begriff der
»Natur«, sondern auch mit der Intensität unbestimmter Farbigkeit, unübersehbaren
und kontrastierenden Kolorits, magischen Zauberglanzes und magischer Zauberkraft.
Derartige Sprachtendenzen sind einerseits Ausdruck des poetischen Experimentierens,
andererseits auch des (im weitesten Sinne) mystischen Elements des barocken Menschen. In dem Gedicht *Schlackenwerk* formulierte Hofmannswaldau: »Du hast den
Dorn in Rosen mir verkehrt / Und Kieselstein zu Kristallin gebracht, / Dein Segen
hat den Unwert mir verzehret, / Und Schlackenwerk zu gleichen Erz gemacht. / Du
hast als Nulle mich den Zahlen zugesellt, / Der Welt-Gepränge gilt, nachdem es Gott
gefällt.« Hofmannswaldaus Freund Daniel Casper von Lohenstein schrieb im Gedicht
Der Magnet ist Schönheit: »Das Meer ist unser Leben, / die Liebeswellen sind die
Angst, in der wir schweben, / die Segel, wo hinein bläst der Begierden Wind, / ist der

Gedanken Tuch. Verlangen, Hoffnung sind / die Anker. Der Magnet ist Schönheit. Unser Strudel / sind Bathseben. Der Wein und Überfluß die Rudel. / Der Stern, nach welchem man die steifen Segel lenkt, / ist ein benelkter Mund.«

Mit Hofmannswaldau, der in Breslau hohe Regierungsämter bekleidete, stand **Andreas Gryphius** (1616–1664) in freundschaftlichem Verkehr. Er hatte sich allerdings weder für Opitz noch für Hofmannswaldau ganz entscheiden können. Da beide der Vanitasstimmung zum

Vanitas Trotz auch die humanistisch weltfrohe Seite hervorkehrten, lagen sie seinem dunklen und grüblerischen Charakter zu fern. Gryphius war von allen der ausgeprägteste Dichter des Weltschmerzes, der Weltverzweiflung. Die heiteren und galanten Töne finden sich bei ihm selten, und sie werden immer wieder überdeckt von der Qual über die Sündhaftigkeit und Hinfälligkeit des Irdischen. (In der Ausg. *Deutscher Gedichte Erster Teil* [1657] stehen die bezeichnenden *Kirchhofs-Gedanken*.)

»Die Herrlichkeit der Erden Was sind doch alle Sachen,
Muß Rauch und Aschen werden, Die uns ein Herze machen,
Kein Fels, kein Erz kann stehn. Als schlechte Nichtigkeit?
Dies, was uns kann ergetzen, Was ist des Menschen Leben,
Was wir für ewig schätzen, Der immer um muß schweben,
Wird als ein leichter Traum vergehn. Als eine Phantasie der Zeit?

Der Ruhm, nach dem wir trachten,
Den wir unsterblich achten,
Ist nur ein falscher Wahn.
Sobald der Geist gewichen
Und dieser Mund erblichen,
Fragt keiner, was man hier getan.«
      (aus *Vanitas! Vanitatum Vanitas!*)

Schon aus einer harten, schmerzlichen Jugend stammten die düsteren Stimmungen. Frühzeitig hatte er seinen Vater verloren, der in Glogau Prediger war; die Mutter vermählte sich wieder, und in den neuen Eheverhältnissen mußte er eine sehr lieblose Erziehung erdulden. Aber die Unterstützung eines ihm freundlich zugetanen Gönners ermöglichte ihm eine Bildungsreise ins Ausland. In der niederländischen Universitätsstadt Leyden lernte er die niederländische Volksbühne kennen, die sich aus einer langen, fast eigenständigen Tradition zu einem derben, bäurischen Barock entwickelt hatte. Von ihr empfing er die erste Anregung zur eigenen dramatischen Gestaltung.

Gryphius war nicht nur einer der besten Lyriker, sondern auch der erste deutsche Dramatiker, den man mit den Dichtern der Antike und mit der zeitgenössischen Literatur des Auslands vergleichen konnte. Indem er mit Hilfe der Opitzschen Regeln und unter dem Einfluß der Niederländer ein Kunstdrama schuf, das allen inhaltlichen und sprachlichen Anforderungen seiner Zeit gerecht wurde und nahezu ein Jahrhundert hindurch den Vorrang in der deutschen Bühnendichtung einnahm, darf man ihn den Begründer des deutschen Schauspiels nennen.

Sein erstes Trauerspiel verfaßte er bereits ein Jahr vor seiner Rückkehr nach Schlesien (1646; gedr. mit Oden u. Sonetten 1652): *Leo Armenius*, eine Handlung aus der byzantinischen Geschichte des frühen 9. Jahrhunderts, voll schwelender Ungeheuerlichkeiten, Verschwörungen, Palastintrigen und Verrätereien, denen der Kaiser zum Opfer fällt, weil er die Hinrichtung seines Widersachers aufschiebt. Allegorische Chöre, Prophezeiungen und Vorahnungen, Geistererscheinungen, Gesänge vom wandelbaren Glück, Musik der Spielleute, ein Angstmonolog Leos, der gewaltige Aufwand barocker Theatralik dienen dem großen Mahnzeichen menschlicher, irdischer Vergänglichkeit. Ihr setzte Gryphius in seinem zweiten Trauerspiel (erst 1657 gedruckt) das ewige Reich Gottes entgegen: *Catharina von Georgien*, die Historie von einer christlichen Königin, die den Anträgen und Drohungen des heidnischen Perserkönigs widersteht, ist ein Heiligen- und Legendenstück, ein Märtyrerdrama mit Folter und Qual, eine Verherrlichung des Glaubens und Duldens mit dem triumphalen Ausblick auf das jenseitige, göttliche Reich.

1657 erschien *Cardenio und Celinde*, das bürgerliche Trauerspiel der »unglücklich Verliebten«, einer italienischen Novelle entnommen und später von Arnim und Immermann erneut aufgegriffen. Von der reinen zur sündhaften Liebe und schließlich – durch Erkenntnis seiner Schuld – zur Entsagung führt der seelische Weg Cardenios. Seiner Wandlung und Läuterung liegt die Erkenntnis zugrunde, daß alles Irdisch-Menschliche ein Nichts ist, daß das Leben nur in der Hingabe an das Ewige eine Erfüllung finden kann. Er begehrt die bereits vermählte Olympia; da tritt sie als Totengerippe auf, mit Pfeil und Bogen, und zielt auf ihn. Gleichzeitig verwandelt sich die Gegend in eine Einöde. Ähnliches widerfährt Celinde, als sie einem erschlagenen Ritter in der Gruft das Herz herausschneiden will, um daraus einen Liebestrank zu gewinnen, und der Leichnam sich drohend erhebt. Am Schluß geloben Cardenio und Celinde, von den Leidenschaften befreit, sich auf das »Höchste«, die »Ewigkeit«, zu besinnen.

1649, im Jahr der Hinrichtung des englischen Königs Karl I., des Enkels der Maria Stuart, entstand das Drama *Ermordete Majestät oder Carolus Stuardus* (1657). Der Diktator Cromwell und seine Helfer, allesamt wahnwitzige Führer der Revolution, sind Ausdruck teuflisch menschlicher Anarchie, der Frömmigkeit und Gerechtigkeit unterliegen. Ebenso ist das letzte Trauerspiel, *Großmütiger Rechts-Gelehrter oder Sterbender Aemilius Paulus Papinianus* (1659), eine Tragödie irdischen Rechts und irdischer Gerechtigkeit; denn Papinianus, der unbestechliche Rechtslehrer, der sich weigert, eine Mordtat des Kaisers Caracalla zu rechtfertigen, wird zusammen mit seinem Sohne hingerichtet. Caracalla sowie das Rom des Zerfalls und Untergangs sind eine Zeit- und Weltallegorie.

Die leitbildhaften Personen bei Gryphius bewahren, ungeachtet der Wechselfälle des Schicksals, der Marter und Pein, eine stoische Gelassenheit. Der leibliche Tod ist für sie nur Befreiung der Seele und ein Triumph über irdische Qualen. Das sollen auch die allegorischen Tänze, Zwischenspiele und Gestalten ausdrücken, die auf die geistigen Mächte im Jenseits hinweisen und sie stellenweise sogar versinnbildlichen.

Vom Kunstwillen des barocken Dramas aus gesehen, sind die »Freudenspiele« (Gesang- sowie eigentliche Scherz- und Schimpfspiele) weniger bedeutend, obgleich sie die von Opitz vorgezeichnete **Scherz und** Art einer Komödie einfachen Wesens und schlichter Per-**Schimpf** sonen verwirklichten. Der natürlich klingende Volkshumor, der das Düstere, Mahnende und Anklagende beinahe verdeckt, hat immerhin zwei Stücken bis in die heutige Zeit ihre Wirkung erhalten: *Absurda Comica oder Herr Peter Squentz* (1658) und *Horribilicribrifax* (1663).

Squentz, der Dorfschreiber und Schulmeister von Rumpelskirchen, der den Kindern nur »ein mal eins ist eins« und »zwei mal zwei ist sieben« beibringen kann, führt mit seiner Komödiantengilde aus tölpligen Handwerkern vor der königlichen Hofgesellschaft das Spiel von »Pyramus und Thisbe« auf, als ein Theater im Theater, und erhält schließlich nach gänzlich mißglückter Vorstellung für jeden Verstoß der Akteure, für jede »Sau«, eine Handvoll Gulden. – Horribilicribrifax, ein ausgedienter Hauptmann, zieht nach erlogenen heldenmütigen Kriegstaten auf Liebesabenteuer aus, gerät aber mit einem gleichgearteten Prahlhans, dem Hauptmann Daradiridatumtarides, der sich Windbrecher von Tausendmord nennt, in Konflikt. Am Schluß versöhnen sich die beiden, in groteskem Fremdwörterdeutsch schwadronierenden Helden, um der Gefahr des Zweikampfes zu entgehen. – Es waren zwei Zeitbilder voller Heiterkeit und Ernst, eine gelungene Weiterentwicklung der alten Fastnachtsposse zu höherer Komik. So liegt bei Gryphius auch der Beginn der deutschen Komödie.

Während in der stilistischen Gestaltung Gryphius eine Zwischenstellung zwischen Opitz und Hofmannswaldau einnahm, hat sich der zweite seinerzeit berühmte Dramatiker, **Daniel Casper von Lohenstein** (1635–1683), vollkommen dem Marinismus verschrieben; er ist daher ebenso wie Hofmannswaldau in späteren Jahrzehnten einer heftigen Kritik verfallen. Der Marinismus war ein Stilmerkmal der barocken Spätzeit. Verbunden mit ihm war eine dramatische Steigerung zu höchsten und verblüffendsten Effekten, zu denen vor allem abstoßende Szenen mit Mordtaten und Greueln herhalten mußten. Dem sprichwörtlich gewordenen »Lohensteinschen Schwulst« entsprach eine Verzerrung des Tragischen ins Gräßliche. Inhaltlich scheinen die Lohensteinschen Trauerspiele ganz den Anweisungen Opitzens und den Historien- und Legendendramen von Gryphius zu entsprechen. Eine Welt der Anarchie feiert ihre Triumphe, die Stoffe der Dramen sind Verfallsepochen der römischen und türkischen Geschichte entnommen und als Spiegelbilder der Gegenwart, als Mahnzeichen vorgestellt, von denen das Gebot Memento mori! ausgeht.

Triumph der Anarchie (margin note)

Ob in dem Märtyrerstück *Ibrahim Bassa* (1653; verfaßt vermutlich schon mit 15 Jahren), in dem der christliche Feldherr von seinem Sultan zum Tode verurteilt wird, oder in den Geschichtsdramen *Cleopatra* (1661), *Agrippina* (1665) und *Sophonisbe* (1669), immer sind Sittenlosigkeit und Laster hochgespielt, die den Zuschauer in Schrecken versetzen sollen, die aber nicht ohne heimliche Freude des Dichters breit ausgemalt sind. Sinnenlust und Jenseitsschau: beides liegt eng nebeneinander, und eben dadurch entsteht eine grelle Dissonanz. Darin gleicht den Dramen der Monumental-Roman *Großmütiger Feldherr Arminius ... nebst seiner durchlauchtigten Thusnelda* (1689/90), der um die Schlacht im Teutoburger Wald eine Vielzahl von historischen Geschehnissen und Abenteuern reiht und in unsäglich vielen Exempeln, die sich mit der eigentlichen Handlung kaum noch berühren, die Verworfenheit des Römertums beleuchtet.

Am Ausgang des Barock steht ein Lyriker, der die beiden barocken Wesensseiten in seinem eigenen Leben bis zur letzten Konsequenz, bis zum seelischen Zusammenbruch, auslebte: **Johann Christian Günther** (1695–1723). Er hat freilich schon manche Züge des 18. Jahrhunderts an sich. Vor allem ist seine Sprache abgeklärter und verhalte-**Die getreuen** ner als die des Barock. Aber sein Innerstes war aufgewühlt **Schmerzen** von der Qual des Uneinsseins. Wohl kennt die Skala seiner lyrischen Töne auch die Fröhlichkeit des sorglosen Untätigseins, der beglückenden Sinnlichkeit, aber zum ergreifenden Gesang werden seine Gedichte, wo sie Leid und Enttäuschung, ungestilltes Sehnen und das Bekenntnis der Sündenlast aussprechen. Hier lassen sie in unmittelbarem Bekennen (das dem Barock noch unvertraut war) sein tragisches Schicksal miterleben.

Der Tod des Achtundzwanzigjährigen beendete ein Jahrzehnt jammervollen Elends, im Taumel sinnlichen und alkoholischen Rausches verbracht. Und sein einsames Sterben war, in der Angst vor Gottes Strafe, nicht einmal Erlösung. Sein Vater hatte ihn, der in der Schule und an den Universitäten immer wieder gescheitert war, von der Türe gewiesen, obwohl er ernstlich und heilig versprach, sein Studium endlich zu vollenden. Der Weg nach Jena, um Theologie zu studieren, war der letzte seiner Irrwege. In Jena erlag er der Erschöpfung. »Er wußte sich nicht zu zähmen, und so zerrann ihm sein Leben und sein Dichten«, äußerte sich Goethe, der ihn ein »entschiedenes Talent, fruchtbar im höchsten Grade« nannte.

Das Leid Günthers – und das macht ihn trotz seiner Schwächen menschlich liebenswert – war im Gegensatz zum barocken Leidensschrei verhalten, in sich gekehrt. Bezeichnend dafür ist sein Wort von den »getreuen [nicht wilden!] Schmerzen«:

>»Schweig du doch nur; du Hälfte meiner Brust;
>Denn was du weinst, ist Blut aus meinem Herzen.
>Ich taumle so und hab an nichts mehr Lust
>Als an der Angst und den getreuen Schmerzen,
>Womit der Stern, der unsre Liebe trennt,
>Die Augen brennt.
>
>Genug! Ich muß; die Marterglocke schlägt.
>Hier liegt mein Herz, da nimmt es aus dem Munde
>Und heb es auf, die Früchte, so es trägt,
>Sind Ruh und Trost bei mancher bösen Stunde,
>Und lies, so oft dein Gram die Leute flieht,
>Mein Abschiedslied.
>
>Erinnre dich zum öftern meiner Huld
>Und nähre sie mit süßem Angedenken!
>Du wirst betrübt, dies ist des Abschieds Schuld,
>So muß ich dich zum ersten Male kränken.
>Und fordert mich der erste Gang von hier,
>So sterb ich dir.«

(Aus *Abschiedsaria*)

Günther ist der erste Dichter, der das Innerste seines Charakters in letzter Ehrlichkeit zur Dichtung werden ließ. Obwohl seine *Deutschen und lateinischen Gedichte* (4 Bde. 1724/35) auch Gelegenheitspoeme enthalten, ging es ihm vor allem um ein unmittelbar persönliches dichterisches Bekennen. Dafür hatte seine Zeit noch kein Verständnis. Auch darin liegt die Tragik seines Scheiterns. Tief begriffen wurde er erst in der Epoche des »Sturm und Drang«, deren Dichtertyp er vorlebte.

Die außerschlesische Barockpoesie

In Günther enthüllte sich noch einmal die Schwernis der seelischen Zerrissenheit, die Dissonanz des Lebensgefühls, die sich gerade in den schlesischen Dichtern dieser Zeit aussprach und die sie von dem übrigen deutschen Barock unterscheidet. Freilich sind die Spannungen auch bei den anderen Barockdichtern sichtbar, aber sie sind gemildert durch die Entscheidung zu dieser oder jener Lebensseite; ihnen fehlt das grell Antithetische in der Person des Autors selbst, und damit erscheint ihre Dichtung beruhigter, ausgeglichener als die der Schlesier.

Ihr Schaffen hielt sich an das Vorbild des gemäßigten Opitz. In den dichtungstheoretischen Fragen vereinbarten sich mit ihm die *Sprachgesellschaften,* die einer verfeinerten deutschen Sprache dienten und dabei eifrig, oft übereifrig bemüht waren, der Fremdwörterei ein Ende zu setzen. Ob bei den Gesellschaften in Hamburg, Dresden, Nürnberg, Königsberg oder der in Weimar gegründeten »Fruchtbringenden Gesellschaft« (auch »Palmenorden«), deren Mitglieder sich vor allem durch sprachreine Übersetzungen italienischer und französischer Werke hervortaten, insgesamt war man bemüht, im Opitzschen Sinne eine neue deutsche Dichtung zu begründen.

Die gereinigte Sprache

Alles Fremdländische wurde aus der Sprache verstoßen, die Fremdwörter erhielten deutsche Namen, allerdings zuweilen recht unglückliche, wenn man für Natur »Zeugemutter«, Person »Selbstand«, Vers »Dichtling«, Venus »Lustinne«, Pistole »Reitpuffer«, Fenster »Tageleuchter« oder für Nase »Löschhorn« setzte. Aber es finden sich auch viele wertvolle Neuschöpfungen, die heute selbstverständlich geworden sind: Blutzeuge, Bücherei, Gesichtskreis, Schaubühne, Vollmacht, Liebespaar.

Auch im dichterischen Inhalt schloß man sich an Opitz an, vor allem an die unbeschwerteren seiner Gedichte. Der aus dem Vogtland stammende **Paul Fleming** (1609–1640) war ein begeisterter Verehrer der Opitzschen Poesie, die er in Leipzig durch einen Kreis junger Schlesier kennengelernt hatte und der er in seinen zahlreichen Gelegenheits-, Liebes- und Naturgedichten nachstrebte. Unter ihnen sind vor allem die Studenten- und Trinklieder

Ein getreues Herze

bezeichnend, die aus einer humorvollen Laune gestaltet sind und manche volksliedhaften Wendungen enthalten. Die dunkleren Töne des Seelenschmerzes weichen einem festen Gottvertrauen, das den Kern seiner Lebensanschauung bildet. Aus ihm entstanden seine gefühlstiefen religiösen Lieder *(In allen meinen Taten; Ich zieh in ferne Lande)*, die an Luthersche Töne gemahnen, sowie seine Bekenntnisgedichte, in denen sich feste Glaubenskraft und männliche Selbstzucht ausdrückten:

> »Was klagt, was lobt man doch? Sein Unglück und sein Glücke
> Ist ihm ein jeder selbst. Schau alle Sachen an.
> Dies alles ist in dir, laß deinen eitlen Wahn,
> Und eh du fürder gehst, so geh in dich zurücke.
> Wer sein selbst Meister ist und sich beherrschen kann,
> Dem ist die weite Welt und alles untertan.«

1633 bis 1639 nahm er als Arzt an einer Gesandtschaftsreise nach Moskau und Persien teil, die der Herzog von Holstein-Gottorp ausgeschickt hatte, um mit dem Orient Handelsbeziehungen anzuknüpfen. In zahlreichen Sonetten sind die Erlebnisse der Expedition beschrieben, Schiffsbrüche, Verlockungen des Orients, Sitten der fremden Völker und die Sehnsucht nach der Heimat. Wie hier klagte er auch in anderen Liedern um die vom Krieg verheerte »Mutter Deutschland«, für die er den Frieden herbeisehnte. (Ausg. u. a. *Teutsche Poemata,* 1642)

Fleming war eine durchaus warmherzige Natur, besorgt um seine Mitmenschen, aufgeschlossen für Freundschaft und treue Liebe (»Ein getreues Herze wissen, / Hat des höchsten Schatzes Preis«). In diesem seinem hervorstechendsten Charakterzug berührt er sich mit Simon Dach.

Simon Dach (1605–1659), in Memel geboren, als Professor der Poetik das Haupt des Königsberger Dichterkreises, beeinflußte die ihm nahestehenden Lyriker im Sinne seines schlichten, gefühlsbetonten Schaffens, das – ähnlich wie beim frühen Opitz und bei Fleming – Anklänge an das Volkslied aufweist. Ob er allerdings der Verfasser des vielgesungenen niederdeutschen Mundartliedes über Anke, die Tochter des Pfarrers von Tharau, ist, kann bezweifelt werden. Aber als fleißiger Gelegenheitsdichter verfaßte er eine Reihe Hochzeits- und Freundschaftscarmina, unter denen etwa die Verse, die er in das Arienbuch eines Freundes einschrieb, noch heute bekannt sind:

> »Der Mensch hat nichts so eigen,   Wann er mit seinesgleichen
> So wohl steht ihm nichts an,   Soll treten in ein Band,
> Als daß er Treu erzeigen   Verspricht sich, nicht zu weichen
> Und Freundschaft halten kann.   Mit Herzen, Mund und Hand.«

Bedeutsam ist auch, daß mit den Liebesliedern Flemings und Dachs eine neue Erlebnislyrik individueller Prägung beginnt, die an die Stelle der genormten, zumeist lateinischen Liebespoeme des 15. und 16. Jahrhunderts tritt und auf Goethe vorausdeutet.

Im Gegensatz zu Dachs humanistischen Gelehrtendichtungen sind auch
seine Kirchenlieder in einem einfachen, volkstümlichen
Sei getrost, Ton gehalten. *Sei getrost, o meine Seele* und *Ich bin ja,*
o meine Seele *Herr, in deiner Hand* (in die protestantischen Gesangbü-
cher aufgenommen) waren ein Ausdruck seines festen
Gottvertrauens und der inneren Ausgeglichenheit.

Mit **Paul Gerhardt** (1607–1676) erreichte das evangelische Kirchenlied
seinen Höhepunkt. Es hatte sich seit den Liedern der Reformation, die in
der Stimmung des Glaubenskampfes entstanden und das Bekenntnis der
gesamten Gemeinde waren, zu einer tief persönlichen Empfindungsdich-
tung gewandelt, aus der das Leid, aber auch der Trost und die Zuversicht
des Einzelmenschen sprachen. So zeichneten sich in ihm das persönliche
Ringen, aber auch die Entscheidung, das Gelöbnis zur Frömmigkeit und
das Vertrauen auf die Hilfe und Gnade Gottes ab. Dadurch erlangte das
Kirchenlied – wie wir es gerade bei Gerhardt sehen – trotz aller drän-
genden Nöte eine harmonische Grundstimmung, die aus dem Bewußtsein
kam, daß inmitten aller weltlichen Mängel und Laster der Mensch in der
Obhut Gottes geborgen sei. Verzweifelten die Schlesier an der Diesseits-
wirklichkeit Gottes, so hat Gerhardt unbedingt auf »des großen Gottes
Tun« vertraut.

Das Persönliche der Gerhardtschen Kirchenlieder zeigt sich schon daran, daß viele
seiner Lieder (16 von 132) mit »Ich« beginnen. Aus individueller Empfindung und
innerer Ausgeglichenheit, g :ragen von Milde und Freundlichkeit, entstand ein Ge-
fühlsklang, der nichts von dem typisch barocken Pathos an sich hat, sondern in einer
schlichten, herzinnigen Weise tiefe Liebe zu Gott und den Geschöpfen ausdrückt.
»Geh aus, mein Herz, und suche Freud / In dieser lieben Sommerzeit / An deines
Gottes Gaben.« Die Natur gibt ein Beispiel der göttlichen Herrlichkeit und läßt den
Glanz des Himmels erahnen. Die »güldene Sonne« mit ihrem »herzerquickenden
lieblichen Licht« ist ein Beweis der Gnade Gottes: ». . . wie sein Vermögen sei
mächtig und groß«. Und wenn der Abend sinkt und »Die güldnen Sternlein prangen
/ Am blauen Himmelssaal«, dann mahnt der Lebensabend, aber das Vertrauen auf
Christus überwindet die Furcht:

> »Breit aus die Flügel beide,
> O Jesu, meine Freude,
> Und nimm dein Küchlein ein!
> Will Satan mich verschlingen,
> So laß die Englein singen:
> Dies Kind soll unverletzet sein.«

Unter den Jesus-Liedern Gerhardts ist das gefühlsstärkste die Heilandsklage »O
Haupt voll Blut und Wunden, / Voll Schmerz und voller Hohn!« (Von Johann
Sebastian Bach in der Matthäus-Passion vertont.) Doch auch hier steht nach dem
Leiden Christi und dem Mitleiden des Menschen die Zuversicht:

> »Erscheine mir zum Schilde,
> Zum Trost in meinem Tod,

Und laß mich sehn dein Bilde
In deiner Kreuzesnot.
Da will ich nach dir blicken,
Da will ich glaubensvoll
Dich fest an mein Herz drücken.
Wer so stirbt, der stirbt wohl.«

Gerhardt (in Gräfenhainichen/Sachs. geb.) war 1657–67 Diakon in Berlin und geriet in einen konfessionellen Streit mit dem Kurfürsten; er starb in Lübben. Zu den bekanntesten Liedern gehören: *Befiehl du deine Wege; Wach auf, mein Herz, und singe; Nun ruhen alle Wälder; Wie soll ich dich empfangen.*

Im Gegensatz zu den Schlesiern, die (mit Ausnahme des Lohenstein-schen Arminius-Romans) das Drama bevorzugten, hat die außerschlesische Barockdichtung sich besonders auf den Roman verlegt. Auch darin zeigt sich der Unterschied zwischen der dramatisch erregten Stimmung der Schlesier und der relativ gemäßigten und beruhigten Gefühlslage des anderen Barock.

Ähnlich wie die Lyrik Flemings, Dachs und Gerhardts hat sich der Roman dem Volksmäßigen zugewandt, er wird volkstümlich. Gerade darin liegt der Grund, daß gegenüber dem längst überleb-**Landsknecht** ten Barockdrama einige der Romane noch heute wirkungs-**und** voll sind. Voran steht der große Zeit- und Kriegsroman **Einsiedler** *Der abenteuerliche Simplicissimus* (1669) des **Hans Jakob Christoffel von Grimmelshausen** (1622–1676).

Wie sehr der Roman – und daraus vor allem geht sein volkstümlicher Charakter hervor – im Autobiographischen wurzelt, zeigt schon ein kurzer Blick auf das Leben des Verfassers. Er war in einem der ersten Kriegsjahre geboren, und zwar in oder in der Gegend von Gelnhausen, er erlebte die Plünderung der Stadt und kam schon als zehnjähriger Knabe ins Feldlager. Als Landsknecht diente er in bayerischen Truppen, wurde vom Kriege hin und her geworfen, lag vor Magdeburg und Soest, durchstreifte das Oberrheintal, war als Regimentsschreiber in Offenburg und am Ende des Krieges in der bayerischen Festung Wasserburg einquartiert. Aus nächster Nähe, als Soldat, hatte er das Weltgeschehnis des großen Krieges mit all seinem Elend und seinen menschlichen Gebrechen erlebt.

Die Frage nach dem Menschen, nach seiner Bewährung inmitten des Chaos, bewegte ihn noch Jahre nach dem Kriege, als er sich in ein bürgerliches Leben eingewöhnt hatte (zuletzt war er Schultheiß des Straßburgischen Bischofs in der badischen Marktgemeinde Renchen). Denn diese Frage, inwieweit der Mensch selbst das Weltchaos begründete und vermehrte und inwieweit er die Kraft zum Widerstand und zur Läuterung besaß, diese typische Barockfrage hat Grimmelshausen an sich selbst, an sein eigenes Erleben gestellt. Indem er von sich Rechenschaft fordert, hat er seinen Lebensbericht über die reine Abenteuerlichkeit und den drastischen Humor eines Schelmenromans hinaus zu einer ethischen und religiösen Problemstellung vertieft, die den seelischen Konflikt des barocken Menschen in voller Wahrheit darlegt.

»Ich las einstmals, wasmaßen das Oraculum Apollonis den römischen Abgesandten, als sie fragen, was sie tun müßten, damit ihre Untertanen friedlich regiert würden, zur Antwort geben: Nosce te ipsum, das ist, es sollte sich jeder selbst erkennen. Solches machte, daß ich mich hintersann und von mir selbst Rechnung über mein geführtes Leben begehrte, weil ich ohnedas müßig war. Da sagte ich zu mir selber: Dein Leben ist kein Leben gewesen, sondern ein Tod, deine Tage ein schwerer Schatten, deine Jahre ein schwerer Traum ... Du bist durch viel Gefährlichkeiten dem Krieg nachgezogen und hast in demselbigen viel Glück und Unglück eingenommen ... Aber nun, du o meine arme Seele, was hast du von dieser ganzen Reise zuwege gebracht? Dies hast du gewonnen: Ich bin arm an Gut, mein Herz ist beschwert mit Sorgen, zu allem Guten bin ich faul, träg und verderbt, und was das Allerelendeste, so ist mein Gewissen ängstig und beschwert; du selbsten aber bist mit vielen Sünden überhäuft und abscheulich besudelt! Der Leib ist müde, der Verstand verwirrt, die Unschuld ist hin, meine beste Jugend verschlissen, die edle Zeit verloren. Nichts ist, das mich erfreuet, und über dies alles bin ich mir selber feind.«

Der Weg zu dieser Erkenntnis, der Weg zur Läuterung, durchzieht den gesamten Roman; Simplicissimus ist als Knabe eine ungebildete »Bestia«, die roh und verwahrlost bei einem Spessartbauern aufwächst. Von marodierenden Soldaten vertrieben, lernt er bei einem Einsiedler das Beten. Doch aus dem frommen Leben, das er sich vorgenommen, reißt ihn der Krieg heraus, er wird von Soldaten entführt, wird Hofnarr des Kommandanten und verfällt den Versuchungen des wilden Kriegslebens. Noch einmal, als er der Gefangenschaft von Kroaten entkommen kann, entschließt er sich, Einsiedler zu werden; doch wie weit er von dem Ziele entfernt ist, erweist sich, als er dem Zauber der Hexen auf dem Blocksberg erliegt und wieder in die Sündhaftigkeit geworfen ist. Als Musketier und Marodeur jagt er dem irdischen Glücke nach, erlebt alle Höhen und Tiefen des sich rasch wandelnden Kriegsgeschicks. Und doch bricht in seinem Welttaumel oft genug der religiöse Schmerz durch. Mit seinem Freund, seinem »Herzbruder«, wallfahrtet er nach dem Kloster Einsiedeln. Er hört, daß der Eremit, der ihn einst unterrichtete, sein Vater war. Mit einem schwedischen Offizier zieht er nach Rußland. Er besucht Rom, gelobt, in die Einsamkeit zu gehen, unternimmt aber dann eine zweite, wiederum sehr abenteuerliche Weltreise. Nach einem Schiffsunglück beschließt er sein Leben auf einer einsamen Insel im Atlantischen Ozean.

Als eine Art Parzival erlebt der Held das Auf und Ab des irdischen Daseins, den Bruch zwischen Diesseits und Jenseits und gelangt zur Einsicht der vanitas vanitatum vanitas.

Gleichzeitig wird deutlich, wie im Gegensatz zur italienischen Renaissance, die die Novelle bevorzugte und ausbildete, der Roman eigentlich eine Schöpfung des Barock ist, in dem nicht mehr ein ausschnitthaftes Ereignis, sondern der Ablauf des ganzen Lebens mit allen Entwicklungen und Wandlungen wiedergegeben wird. So entsteht der (gerade für die deutsche Literatur so bedeutsame) Entwicklungs- oder Bildungsroman.

Den Rang des »Simplicissimus« erreichten andere Barockromane nicht. Schon aus sprachlichen und stilistischen Gründen werden sie heute

kaum mehr gelesen. In Spanien entstand der Abenteurer- oder Schelmenroman, an den sich verschiedentlich das große spanische Romanwerk *Don Quixote* von **Miguel de Cervantes**
(1547–1616) und auch der »Simplicissimus« anlehnten.

**Der
Schelm**

In seiner Nachfolge steht der humoristische Reiseroman des sächsischen Studenten
Christian Reuter (1665–1712), *Schelmuffskys wahrhaftige kuriöse und sehr gefährliche
Reisebeschreibung zu Wasser und zu Lande* (1696/7), der von unglaublichen Begebnissen und Abenteuern erzählt, von Liebeshändeln in Stockholm, vom Untergang
eines Riesenschiffes mit 6000 Passagieren, von einer Reise zum Großmogul von Agra,
der Schelmuffsky zum Reichskanzler ernennen will, von der Gefangenschaft bei See-
räubern, einem Lotteriegewinn in Venedig, aber auch von der ergebnislosen Heimkehr nach Schelmerode.

In der Art des »Amadis«-Romans (s.d.) spiegelt sich im heroisch-ga-
lanten Roman das Leben des Hofes und der höfischen Gesellschaft wider.
Phantastische Gestalten mittelalterlicher Epen und Sagen tauchen wieder
auf, irrende Ritter, die in romantische Liebesabenteuer und in Kämpfe
mit Zauberern und Drachen verwickelt werden, Repräsentanten von Staaten und Völkern, die Weltgeschichte
schaffen, Macht und Herrschaft ausüben, Weltreiche gründen, zugleich aber Kavaliere sind, die Zeit genug haben für
höfische Galanterie. Wie in einem Sammelbecken fließen diese Elemente
im Roman zusammen, in unübersehbaren Handlungssträngen und Perso-
nenaufmärschen, voll gelehrten und pseudogelehrten Wissens und voll
rhetorischen Aufwands.

**Honnête
homme**

Der Sachse *Anshelm von Ziegler* (1663–1696) leitete seine *Asiatische Banise* (1689),
eine Staats- und Liebesgeschichte aus dem Orient, mit folgenden Sätzen ein: »Blitz,
Donner und Hagel als die rächenden Werkzeuge des gerechten Himmels, zerschmet-
tere die Pracht deiner goldbedeckten Türme, und die Rache der Götter verzehre alle
Besitzer der Stadt; welche den Untergang des königlichen Hauses befördert, oder nicht
solchen nach äußerstem Vermögen, auch mit Darsetzung ihres Blutes, gebührend
verhindert haben. Wollten die Götter! es könnten meine Augen zu donnerschwangeren
Wolken und diese meine Tränen zu grausamen Sündfluten werden: Ich wollte mit
tausend Keulen, als ein Feuerwerk rechtmäßigen Zorns, nach dem Herzen des ver-
maledeiten Bluthundes werfen und dessen gewiß nicht verfehlen.«

Die (in der deutschen Literatur neuartige) Gattung des Schäferromans
scheint – wie die gesamte Pastoralpoesie – ein Ausdruck der Weltflucht
zu sein, allerdings (im Gegensatz zu den Einsiedler-Moti-
ven des »Simplicissimus«-Romans) ganz im Bereiche der
höfisch-galanten Kultur. Der Mensch zieht sich in die
ländliche Einsamkeit zurück, um dem Überaufgebot an
höfischer Zivilisation, aber auch seiner eigenen Problematik zu entrinnen.
Er will sich der Einfachheit, der Besinnlichkeit und Beschaulichkeit des

**Der galante
Schäfer**

Landlebens und der Natur widmen. Ein Jahrhundert vor der »Hainbund«-Dichtung und der »Romantik« äußert sich die Tendenz zur Natur-Idylle.

Allerdings konnte die Schäferpoesie nicht verleugnen, daß sie der galanten Welt entstammte. Ihre Szenerie und ihre Sprachform entsprechen weit mehr dem höfischen Geschmack als etwa der Vanitasstimmung. Der höfische Einsiedler ist modisch aufgeputzt, seine Sentimentalität ist geschmackvoll und wohl berechnet; auch er will eine Rolle spielen. »Der schwarze Schäfer steht bei einer hohen Linden, / gelehnet auf den Stab, und schneidet in die Rinden / der Liebsten Namen ein; bald schwingt er in die Höh / ein treues Hirtenlied von seiner Galate.«

Nachdem Opitzens Übersetzung der englischen »Arcadia« den Schäferroman eingeführt hatte, bot der Sachse *Philipp von Zesen* (1619–1689) in seiner *Adriatischen Rosemund* (1645) ein »prächtiges« Pastoralgemälde, in dem die junge Rosemund, auf ihren in die Ferne gereisten Geliebten wartend, sich in eine kostbare blaue Schäferhütte zurückzieht, angetan mit einem »leichten Sommerkleid von schäl- oder sterbeblauem, zerhauenem Atlas, mit einem rosa-farben seidenen Futter, wie die Schäferinnen zu tragen pflegen«.

Die barocke Mystik

>»Mensch, werde wesentlich; denn wenn die Welt vergeht,
>So fällt der Zufall weg, das Wesen, das besteht.«

Der Zweizeiler des Angelus Silesius weist auf den Lösungsversuch hin, den der barocke Mensch unternimmt, um aus dem Konflikt zwischen Weltangst und Lebenslust herauszufinden. Der Mensch wird wesentlich, wenn er die Welt verläßt und in der Einsamkeit nur sich selbst und seinem Glauben lebt. Diese Antwort hatten schon in vielfacher Brechung die Vanitas-Gedichte und die Trauerspiele von Gryphius und Lohenstein und Grimmelshausens »Simplicissimus« gegeben. Ja, selbst in der Schäferpoesie ist diese Antwort spürbar, wenn freilich in ihr an die Stelle der religiösen Inbrunst die Naturschwärmerei gesetzt ist. Während dem Schäfer schon der reine Genuß der Natur und die innere Bereicherung durch sie genügte, ohne daß dieses Erlebnis noch einer besonderen geistigen Vertiefung bedurfte, blieb dem religiösen Vanitasmenschen noch die weiterdringende Frage, auf welchem Wege die weltabgeschlossene Frömmigkeit zu verwirklichen sei. Die Entscheidung zur religiösen Weltabkehr zog die Folgerung nach sich, dieses religiöse Dasein zu gestalten.

Vor allem aber entstand – aufgrund einer gleichsam »realistischen« Betrachtungsweise – eine äußerste Skepsis gegenüber der »Natur« (d. h. der irdischen Sphäre und der ihr inneliegenden Gesetzmäßigkeit). »Alles, was in der Natur läuft«, schrieb Jakob Böhme, »das quält sich«. Die

Skepsis zentriert geradezu auf das Kernproblem der Theodizee. »Warum hat Gott ein peinlich leidend Leben geschaffen? Möchte es nicht ohne Leiden und Qual in einem besseren Zustande sein?«

Ein aus dem Zweifel geborenes Forschen, das sich von der Umwelt und von allen Mitmenschen abwandte (und damit eigentlich dem Gemeinschaftsgedanken des Christentums widersprach), konnte nur von einer subjektiven Ich-Haltung ausgehen und allein durch sie eine Vereinigung des Ich mit Gott (unio mystica) suchen.

Die subjektive Beziehung zu Gott, die nichts anderes anerkennen und kennen wollte als die eigene Seele und Gott, die beiden einzigen »wesentlichen« Wesen, war von der Seite des Menschen her ausschließlich durch die Kraft der Seele zu vollziehen, durch eine Kraft, die ebenso wenig rational erklärt werden konnte wie die Seele selbst. Und deshalb ließ sich auch die ganze Eigenart dieser Beziehung nicht theologisch auseinanderfalten. Der Vorgang war vielmehr ein reiner Gefühlszustand, das innerste Geheimnis des Menschen, dessen Seele, von einem unendlichen Sehnen ergriffen, danach strebte, das Nahesein Gottes, sein unendliches Wunder, zu verspüren. In ganzer, sich alles Irdischen entäußernder Hingabe, in einer Nacht- und Traumwelt, sucht der Lichtfunke des Menschen den Lichtfunken Gottes, um sich mit ihm zu berühren. In der visionären Schau und Offenbarung bemüht sich der Mensch, die für ihn höchste Möglichkeit zu erreichen, Gott zu erfahren und innezuwerden. »Wer in diese Gelassenheit eingeht«, sagte Jakob Böhme, »der kommt in Christo zu göttlicher Beschaulichkeit, daß er Gott in ihm sieht und mit ihm redet und Gott mit ihm, und versteht, was Gottes Wort, Wille und Wesen ist.«

Dieses Ichbewußtsein sprengt auch den gerade im Barock verfochtenen autoritären Anspruch der Konfessionen. So erklärt sich, daß der Mystiker oft als Ketzer verdächtigt wird – auch in der katholischen Kirche –, obwohl die Exerzitien eines Loyola und die Betrachtungen der heiligen Therese den Gedanken mystischen Einswerdens mit Gott zum Ziel haben.

Hierher gehört auch die schon erwähnte Eigenart, daß im evangelischen Kirchenlied das Ich eines persönlichen Gotterlebens das Wir des lutherischen Gemeindebekenntnisses verdrängt: »In allen meinen Taten laß *ich* den Höchsten raten« (Fleming); »*Ich* singe Dir mit Herz und Mund« (Gerhardt) statt: *Wir* glauben all an einen Gott«; »Erhalt *uns* Herr bei Deinem Wort« (Luther).

Theosophia mystica **Jakob Böhme** (1575–1624) hat die barocke Mystik eingeleitet. Er beeinflußte Daniel Czepko und Angelus Silesius und einen großen Kreis von Gottesschwärmern und Christuspropheten, die sich häufig – wie Böhme selbst – von den Konfessionen lösten und den Weg zu eigener, innerer Offenbarung, theosophischer und ekstatischer Erleuchtung, suchten.

Die Keimzelle der mystischen Spekulationen war ein Kreis von Alchimisten, Natur-
magiern und Theosophen in der Stadt Görlitz. Hier fanden sich die Jünger der Magie,
der verbotenen Künste, Doktoren, Scholaren, Edelleute und Handwerker. Aus diesem
Kreise ging Böhme hervor, der unweit von Görlitz geboren war und sich in der Stadt
als Schuster niedergelassen hatte. Dem Kreis der Görlitzer verdankte er einen Großteil seiner philosophischen und theologischen Bildung, das Verständnis und Streben
nach Gedankentiefe und seine stilistische und terminologische Ausdrucksfähigkeit.

Die theosophische Grundlage Böhmes, die aus der antithetischen Weltauffassung hervorging, richtete sich auf das Verhältnis von Gott und
Welt, Frömmigkeit und Sünde. Maßgebend war der Zweifel daran, ob
Gott wirklich und vollkommen gut sein könne, wenn diese Welt, die er
schuf und lenkt, voll der Sünde und des Lasters ist. Die Antwort, zu der
sich Böhme durchrang, war zwar theologisch nicht vertretbar, aber dafür
dem Mystiker um so begreiflicher: Indem die Beziehung zu Gott herge-
stellt wird (auf mystischem Wege), indem Gott teilhat am Menschen, habe
er auch am Bösen teil und sei damit auch in einem gewissen Grade der
Ursprung des Bösen. Wie das Diesseits, so sei das Jenseits beschaffen.
Beide Bereiche erscheinen als eine Gut und Böse umfassende Wesensein-
heit. Himmel und Erde berühren sich und gehen ineinander über, »der
Himmel ist nicht droben im Blauen, sondern er ist in dir. Du lebst in Gott
und Gott in dir«.

Viele Fragen im einzelnen ließ Böhme ungelöst, er wollte nicht systematisch und
auch nicht allgemeinverständlich sein. Seine *Aurora oder Morgenröte im Aufgang*
(1612) wie auch seine anderen Werke bis zu dem erst nach seinem Tode veröffentlichten *Mysterium magnum* (1633) sind Teilerkenntnisse, oft unvereinbar miteinander
und mit Willen dunkel und vieldeutig geschrieben. Das Geheime der magischen
Wissenschaften, der gesucht verschleiernde Ausdruck, nur dem Eingeweihten zuge-
dacht, belebt und erregt die mystische Metaphysik dieser Nacht- und Traumwerke.
Die einzigartige Wirkung auf die Nachwelt, vor allem später auf die Romantik,
gründet sich nicht auf ein philosophisch-logisches System, sondern allein auf das
Erlebnis, die Intuition, eine gotisch-barocke Urkraft, die die Rätsel nicht entwirren,
wohl aber im Tiefsten erleben will.

Während Böhme nur Prosaschriften verfaßte, übertrug **Daniel Czepko**
(1605–1660) das mystische Gedankengut ins Dichterische. Von seinen
drei lyrischen Sammlungen sind die sechshundert *Monodisticha* (1655)
schon deshalb bedeutsam, weil von ihnen Angelus Silesius die Form des
zweizeiligen Alexandriner-Spruchs übernahm.

Mit **Johann Scheffler** (1624–1677), der sich »Schlesischer Engel«, Angelus Silesius, nannte, erreichte die Mystik ihren Höhepunkt insofern, als

Ignorantia
mystica

der Zwiespalt zwischen Gott und Welt, den Jakob Böhme
zu verringern suchte und der in der wirklichen Lebenshaltung ein Zwiespalt zwischen Askese und Sinnengenuß war,
überwunden wurde. Dies war nur möglich durch mystische

Versenkung, durch ein Aufgehobenwissen, ein Zusammenfallen aller Widersprüche in der – auch die Dissonanz noch harmonisch einschließenden – Gottheit. Angelus Silesius legte alles Erkenntnismäßige ab; es ging ihm nur um das wunderbare Erfassen des göttlichen Seins, in das alles eingebettet ist, ohne Frage, ohne Nachsinnen und Bedenken, ohne jede logische Wertung. Die Gegensätzlichkeit des Seins ist eingeschmolzen im menschlichen Nichtwissen:

>Ich weiß nicht, was ich bin; ich bin nicht, was ich weiß;
Ein Ding und nicht ein Ding, ein Stüpfchen und ein Kreis.«

Diese Unbedingtheit, die den Zweifel an Gott lösen und Gott rechtfertigen sollte, ist nicht zuletzt auf den Einfluß der Gegenreformation zurückzuführen, zu der Scheffler 1653 übertrat und der er als Priester und Streittheologe diente. Der unbedingte Triumph Gottes war die Stimmung des neu erstarkten Katholizismus. Damit allerdings war einer mystisch theosophischen Spekulation von der Art Böhmes ein Ende gesetzt. Die Lieder Schefflers (*Heilige Seelenlust*, 1657) und die über 1500 Sinngedichte, die 1675 den Titel *Cherubinischer Wandersmann* erhielten, legen im Unterschied zu Böhme und Czepko keine philosophierende Gedankenrichtung dar. Sie verkörpern jedes für sich einen Gedanken, eine Stimmung, ein Gotterleben, aus dem Augenblick entstanden, inhaltlich beziehungslos zueinander. Das Verbindende und Umfassende ist das Nicht-Sagbare, das Innewerden Gottes.

Der geistliche Triumph ist dann am höchsten, wenn der Leib dahinstirbt, wie Scheffler selber in einem Breslauer Kloster von sich härteste Askese verlangte, die seinen Tod zur Folge hatte. Die Lösung des Konflikts war kein Spiel der Stimmungen, sondern reale Haltung und Tat:

>Ich will dich lieben, meine Stärke,
Ich will dich lieben, meine Zier,
Ich will dich lieben mit dem Werke
Und immerwährender Begier.
Ich will dich lieben, schönstes Licht,
Bis mir das Herze bricht.«

Das Jesuitenbarock

In der Mitte des 16. Jahrhunderts war der Katholizismus aus dem Trienter Konzil neu gefestigt hervorgegangen. Aus dem Geist des Konzils, dem Gefühl der einigen Kirche, wuchs ein sieghaftes Glaubensbarock hervor. Es war italienisch und spanisch und voll Kraft und Leidenschaft. Die Siegeszuversicht der Kirche verlangte Rausch, Pomp, Festlichkeit. Architektur und Malerei zeigten das Pathos des Triumphes, schwelgten im Glanz, in schimmernden Girlanden, vergoldeten Säulen, Kuppeln, Wolken, Gewändern, Baldachinen. Für Papst Paul III. malte Michelangelo in der Sixtinischen Kapelle die betäubende barocke Weltschau des Jüngsten Gerichts. Michelangelo, Bramante, Raffael, Sangallo und Bernini schufen als Weltmittelpunkt der päpstlichen Christenheit den

Monumentalbau der Peterskirche. Palestrina setzte den Triumph der
Kirche in Musik. Theater und Oper drängten ins Kolossale, überboten
sich an Kunstpathos und Bühnenpomp, glanzvollen Effekten und prun-
kender Emphase.

Dem allen aber hätte die gegenreformatorische Stoßkraft gefehlt ohne
den Jesuitenorden. Er war die spanische Komponente des Barock, in seiner Religiosität streng, inquisitorisch hart wie die Zucht der Dominikaner,
die bisher Spanien beherrschte, aber ebenso grüblerisch, inbrünstig und
visionär wie die spanischen Heiligengestalten. In ihm zeigte sich die lo-
dernde Verzückung der religiösen Feste und der sakramentalen Weltdramen eines **Calderón** (1600–81). Er war spanisch auch im militärischen
Geiste des Adels und der spanischen Armee, die unter Kaiser Karl V.
die Vormacht in Europa erkämpft hatte. Papst Paul III., der 1540 den
Orden und als dessen General den spanischen Offizier Ignatius von
Loyola anerkannte, hatte dem Papsttum eine Streitmacht verschafft, die
bereit und fähig war, die Gegenreformation gegen die abgefallenen Konfessionen vorzutragen. Dazu gehörte der Anspruch des Ordens auf politischen Einfluß, wie er sich vor allem von seinen ersten deutschen Sitzen in
Ingolstadt, Wien und Köln vernehmen ließ.

Diese Wesenszüge bewirkten eine vielfältige, z. T. traktathafte und
pädagogische, aber auch poetische Literatur. Jede Aussage diente dem
größeren Ruhme Gottes und stand im Auftrage des Totali-
Der Triumph tätsanspruchs der Kirche. In der Dichtung setzten hierfür
Gottes die Jesuiten vor allem das Schauspiel ein, das als Kampf-
und Propagandamittel die stärkste Wirkung auf die Masse
versprach: Schauspiele in der großzügigen und prunkvollen Art der italienischen und spanischen, in der vollen Triumphstimmung des Katholizismus, religiöse Weltdramen, die den Sieg des gerechten und strafenden
Gottes verherrlichten. Von hier kam ein weiterer Versuch, den Konflikt
zwischen Gott und Mensch zu lösen. Die Gegenreformation predigte
einen gerechten und strafenden Gott, den Gott der Geißel des Mittelalters, und schrieb letztlich alle Schuld am Weltübel dem Abfall vom alten
Glauben, dem Menschen selbst, zu. So konnte sie um so mehr Gott und
die Kirche verklären und erhöhen. Sie hat damit auch die barocke Zwei-
felsfrage nach dem Wesen Gottes und nach dem Ursprung des Bösen, an
der Jakob Böhme gescheitert war, beantwortet.

Es sind im wesentlichen vier Arten von Jesuitendramen zu unterscheiden:
1) die eucharistischen Spiele, die (ebenso wie die Oster- und Weihnachtsspiele des
Mittelalters) aus der Liturgie kirchlicher Festtage hervorgingen und besonders als
Darstellungen während der Fronleichnamsprozession ein großes Schaugepränge entwickelten,

2) die »Kaiserspiele« (Ludi Caesarei), die für die fürstlichen Höfe berechnet waren und den Kaiser oder hohe Persönlichkeiten, häufig unter Zuhilfenahme historischer Geschehnisse und altbiblischer Szenen, ehren und verherrlichen sollten,
3) die Trauerspiele, immer religiös-moralischen Inhalts, mit Parabeln aus der Bibel, aus Heiligenlegenden, aus der Kirchen- und Weltgeschichte, in denen sittliche und theologische Begriffe als allegorische Figuren auftraten und durch die der Zuschauer zur Tugend angehalten und vom sündhaften Handeln abgeschreckt werden sollte,
4) die Lustspiele (Ludi saturnales), in denen der gleiche Zweck durch eine satirische Darstellung der menschlichen Torheiten und Fehler angestrebt wurde.
    Die verschiedenen Gattungen konnten miteinander vereinigt werden, so daß etwa mehrere Komödien in ein Trauerspiel eingeflochten wurden.

Dem Jesuitendrama kam es nicht so sehr auf inhaltliche Einzelheiten als auf eine großartige Gesamtwirkung an. Gestik und Szenenbild hatten den Vorrang gegenüber dem Wort. Die meisten Stücke spielten in lateinischer Sprache. Obgleich ein Rezitator in Deutsch den Inhalt erläuterte, war der Zuschauer doch weit mehr von dem optischen Geschehen eingenommen. Das erklärt auch die große Zahl allegorischer Figuren. Alle Vorgänge sind Sinnbild und Gleichnis.

In dieser Hinsicht boten die Jesuiten eine überwältigende Theatralik. Die Großräumigkeit der Bühne, die gleichsam ins Überirdische hineinragte, die Massenauftritte, in denen oft mehrere hundert Personen mitwirkten, die schwelgerische barocke Dekorationsarchitektur und -malerei, die prunkende Kostümierung und zudem noch die Instrumentalmusik, die Chöre, die Tanzpantomimen: hier war zum erstenmal ein Gesamt-Kunstwerk geschaffen, das alle Möglichkeiten künstlerischer Begabung zusammenfaßte. – Die Akteure waren die Zöglinge der Jesuitenschulen. Aus ihnen gingen dann auch die Verfasser der Stücke hervor.

Der heute noch bekannteste unter den Jesuitendramatikern ist der Schwabe **Jakob Bidermann** (1578–1639), dessen Stücke, darunter vor allem sein Trauerspiel *Cenodoxus, der Doktor von Paris* (1602), eine starke Aussagekraft besitzen. Die dramatische Spannung oszilliert zwischen Weltherrlichkeit, Ruhm, Reichtum und Genuß und Gottes Anspruch, Gerechtigkeit und Strafe; sie ist teils allegorisch, teils psychologisch angelegt und offenbart in ernsten und komischen Szenen echte, erschütternde Menschenschicksale.

In München, wo Bidermann Lehrer am Jesuitengymnasium war, wurde 1607 sein Trauerspiel *Belisar* aufgeführt, die Lebensgeschichte des ehrgeizigen und weltsüchtigen Feldherrn, der sich in seiner Hybris an dem Papst Silverius vergeht und von Gott in die ewige Verdammnis gestoßen wird.

Im Spiel vom *Römer Makarius* findet ein reicher Prasser doch noch den Weg zu Gott, indem er seinem Reichtum entsagt (ebenf. in *Ludi Theatrales Sacri*, 1656).

Der Pariser Gelehrte Cenodoxus hingegen ist seiner Eitelkeit und Hoffart gänzlich verfallen. Zumal ihn das Volk, ja selbst die Professoren und Minister seiner Gelehrsamkeit und seines scheinbar untadeligen Lebenswandels wegen als einen Heiligen verehren, geht seine Überheblichkeit so weit, sich Gott gleichzustellen. Er stirbt, ohne den Eingebungen der göttlichen Stimme zu folgen, und wird deshalb von dem Teufel Panurgus angeklagt:

> »Jedoch hat er ja wohl gewißt,
> daß er von dir erschaffen ist,
> daß er von dir zu jeder Zeit
> berufen wurd zur Seligkeit.
> Er aber hat es nur veracht,
> verworfen und darvon getracht.
> Und ich hab ihm gerufen kaum,
> verheißen lauter Tand und Traum,
> alsbald hat er mir geben statt,
> gehört und g'folget meinem Rat.
> An allen Orten, Tag und Nacht
> hat er nach eitler Ehr getracht . . .«

Häufig aufgeführt wurden seinerzeit die Dramen des Elsässers **Jakob Balde** (1604–68), darunter ein altbiblisches Schauspiel, das den Frauen als höchstes Ideal die Nachfolge Christi vorzeichnete: *Jephtias* (1637).

Gottes-minne Heute ist Balde nur noch zu nennen auf Grund seines weit größeren lyrischen Talents. Er hat lateinisch und deutsch geschrieben und in seinen Gedichten (u. a. Sammlung *Silvae lyricae, Lyrische Wälder*, 1643) nahezu alle dem Barock geläufigen Themen und Motive aufklingen lassen: die Liebe zu Gott und den Heiligen, die Vaterlands- und Freundesliebe, Friedenssehnsucht, das Erlebnis der Natur, das Interesse an politischen und konfessionellen Fragen und die Freude an Architektur und Malerei. Dies alles dient der Absicht, Gottes Ruhm und die Wahrheit seiner Kirche zu verkündigen.

Die lyrische Tonart Baldes hat manches gemeinsam mit der **Friedrichs von Spee** (1591–1635, in der Gegend von Düsseldorf geboren; als Bekämpfer der Hexenprozesse hervorgetreten). Seine Gedichte zärtlich schwärmender Gottesminne sind überschwenglich und begeistert, weich und gemütstief, oft volksliedhaft schlicht; das Süßliche und Spielende erinnert an die italienisch-barocke Schäferpoesie. *Geistliche Schäfergedichte* hat Spee einen Verszyklus überschrieben, und die einundfünfzig Lieder mit dem Titel *Trutz-Nachtigall* (postum 1649) sind zum großen Teil aus der Schäferdichtung hergeleitet. Darin äußert sich das romanische wie auch das höfische Element des Jesuitenordens.

»Trutz-Nachtigall« ist das Büchlein genannt, »weil es trotz allen Nachtigallen süß und lieblich singet, und zwar aufrichtig poetisch«. Zum Lobe Gottes und der Natur mit den Nachtigallen um die Wette zu singen, ist das eigentliche Anliegen der Lieder. Im Morgengrauen wandert der Dichter durch den Wald und hört die Vögel die göttliche Herrlichkeit preisen. Die Seele als »Gespons Jesu« fragt die Natur, wo Jesus weile, und wird vom Pfeil der göttlichen Liebe getroffen; in Liebesglut singt sie das Lob des Heilands.

>Trutz-Nachtigall man's nennet, Geld, Pomp und Pracht auf Erden,
Ist wund von süßem Pfeil: Lust, Freuden es verspott,
In Lieb es lieblich brennet,   Und achtet's für Beschwerden,
Wird nie der Wunden heil.   Sucht nur den schönen Gott.«

Die Dichtung der Jesuiten setzte sich bis weit ins 18. Jahrhundert fort, impulsiert von den Jesuitenschulen, verlor aber dann – wie der Orden insgesamt – an Bedeutung durch die Ausbreitung der »Aufklärung«. Aus vielen deutschen Staaten wurden die Jesuiten ausgewiesen, und damit versank auch ihre Kultur. Lediglich die Barockkirchen, besonders in den rekatholisierten bzw. katholisch gebliebenen habsburgischen und süddeutschen Ländern, sind noch lebendige Zeugnisse ihres Wirkens.

Die barocke Satire

Durch den Dreißigjährigen Krieg und durch die barocke Kultur hatten sich auf allen Lebensgebieten tiefgreifende Wandlungen vollzogen. Hier war kein Mangel an Ansatzpunkten für gegenteilige, oppositionelle Äußerungen. Daß die Satire im Barock derart umfangreich war, liegt aber auch im Geist der Epoche selbst begründet: in seiner Zwiespältigkeit von Weltlust und Weltabkehr, die sich gleichsam Auge in Auge gegenseitig abmaßen und bekämpften. Den ausgesprochen progressiven Tendenzen, welche die Mode, die Sprache und das Gebaren der Hofkultur befürworteten und alles abzuwerten versuchten, was als allgemein (= gemein) und schlicht (= schlecht) galt, standen konservative, namentlich religiöse Einstellungen gegenüber, die für menschliche Verinnerlichung, für Einfachheit und altväterische Sitte eintraten und die »von Heuchelei und Torheit bekleideten Schergen-Teufel, Welt-Wesen und Venus-Narren« anprangerten. Es war geradezu im Menschen selbst eine satirische Fehde entbrannt, wobei sich allerdings – infolge des moralischen Aspekts – die konservativen Normen letztlich durchsetzten. Auch spielte in dieser Zeit des Reichszerfalls das Anliegen einer nationalen Erneuerung eine wesentliche Rolle.

Opitz hatte auf die satirische Dichtung hingewiesen und als Proben einige Epigramme des Römers Martial übersetzt. Noch stärker war der Einfluß der satirischen Gedichte des Engländers **John Owen** (1563–1622), die mehrfach übersetzt und **Gegen Alamode** imitiert wurden. An sie schloß sich auch **Friedrich von Logau** (1604–55) an, der bedeutsamste deutsche Epigrammatiker bis Lessing.

Er war Hofbeamter des Herzogs von Brieg. Die kleine schlesische Residenz, wie sie Logau schildert, glich den Fürstenhöfen der Zeit: inmitten der großen kriegerischen Geschehnisse mühsam politisierend, überfüllt mit Hofleuten, die allesamt nach der Gunst des Fürsten strebten, um ein kleines Amt, einen klingenden Titel oder nur ein paar Dukaten zu erhaschen. Aus dieser Hofwelt voll barocker Pracht, Prahlerei, französisierter Mode und Sitten entstammt der weitaus größte Teil seiner Epigramme, und jeder seiner Verse ist ein Stoßseufzer ehrlichen Zornes.

> »Von des Hofes Hofleben hast zu viel gelesen?
> O das Lesen ist viel besser als da selbsten sein gewesen.«

Viele der über dreitausend Sinnsprüche (*Salomons von Golaw Deutscher Sinngedichte drei Tausend;* 1654) charakterisieren die einzelnen Menschen- und Amtstypen dieses Hofstaates. Eine scharfe Beobachtungsgabe, die das Wesentliche, den lächerlichen Kern, erfaßt und ins Satirische überträgt, und die sprachliche Formung zur geistreichen Ironie zeigen hier ihre Vollendung.

> »Ein Weltmann:
>> Was heißt politisch sein? Verdeckt im Strauche liegen,
>> Fein zierlich führen um und höflich dann betrügen.«

> »Brief-Edle:
>> Wo ein gemalter Brief und ausgekaufte Bullen,
>> Wer edel noch nicht ist, erst edel machen sollen,
>> So kann wohl eine Maus des Adels sich vermessen,
>> Die einen solchen Brief hat unversehns gefressen.«

> »Auf Celerem:
>> Celer lief nun aus der Schlacht,
>> Denn es kam ihm gleich zu Sinne,
>> Daß er, würd' er umgebracht,
>> Nachmals mehr nicht fechten künne.«

> »Hofediener:
>> Was muß doch manchen Tölpel so wert bei Hofe machen?
>> Man kann nicht alles merken; oft sind es Kammersachen.«

>> »Die Damen, die sich gerne schminken,
>> Die lassen sich wohl selbst bedünken,
>> Daß wo Natur an ihren Gaben
>> Muß etwas übersehen haben.
>> Drum: Wo man Schmuck und Schminke schauet,
>> Tut töricht, wer der Farbe trauet.«

Ein Nachfolger Logaus, ein Schweizer mit dem Nam'en **Johannes von Grob** (1643–97), schrieb zusammenfassend: »Aber Deutschland scheint bezaubert, daß es mit der Kleidertracht / samt dem Gehen, Tun und Schreiben sich zu Frankreichs Affen macht.«

In den Kampf gegen die Fremdländerei hat der aus einer spanischen Familie stammende Elsässer **Johann Michael Moscherosch** (1601–69) mit kräftigen Vers- und Prosasatiren eingestimmt. Sein Held Philander (*Wunderliche und wahrhaftige Gesichte Philanders von Sittewald*, 1640 ff.), der auf seiner Wanderung alle Narrheit der Welt kennenlernt, gelangt in eine sagenhafte Burg, in der die »uralten deutschen Helden« hausen, die Bewahrer altgermanischer Sitte und Freiheit, die nichts zu tun haben wollen mit der fremden Eitelkeit, der welschen Haartracht, der neumodischen Kleidung und der fremdwörterischen Rede. »Altes Wesen her!« ruft Witukind, »alte Gebärden her, alte Herzen her!«

Die Klage über das durch die fremdländischen Einflüsse derart gesteigerte »Weltwesen« kam natürlich auch von kirchlicher Seite, bezeichnenderweise weniger von den Jesuiten als von den älteren, traditionellen Orden. **Abraham a Santa Clara** (1644–1709), ein schwäbischer Augustiner namens Ulrich Megerle, der in Bayern und am Hofe zu Wien predigte, wetterte in bildhaften Volkspredigten und Kanzelschriften gegen die Unmäßigkeit und Eitelkeit der Zeit. »Alle drängten sich«, urteilte ein Zuhörer, »von Pater Abraham die Wahrheit zu hören, und solcher Zulauf rührte nicht von dem Schutze des Kaisers her, sondern aus dem Geheimnis, so er besaß, alle Menschen zu zwingen, seine ungeheuchelte Wahrheit zu hören.« Schiller, der ihn »ein prächtiges Original« nannte, hat die Kapuzinerpredigt in »Wallensteins Lager« nach der Vorlage seiner Predigten gegen die Türken abgefaßt.

Die böse Welt

Eine seiner gewaltigsten Mahnpredigten hat Abraham a Santa Clara unter dem Eindruck der Pest gehalten, die 1679 Wien heimsuchte. Es ist, als spiegle sich in diesen Wortbildern noch einmal die ganze geistige Farbigkeit seiner Epoche wider:

> »O Mensch, laß dir's gesagt sein, laß dir's geklagt sein, schrei es aus, alles, allen, allenthalben: Es muß gestorben sein, nicht vielleicht, sondern gewiß! Auf den Frühling folgt der Sommer, auf den Freitag folgt der Samstag, auf das Drei folgt das Viere, auf die Blühe folgt die Frucht, auf den Fasching folgt die Fasten – ist gewiß; auf das Leben folgt der Tod: Sterben ist gewiß.
>
> Das Leben ist allein beständig in der Unbeständigkeit, und wie ein Blatt auf dem Baum, auf dem Wasser ein Flaum, ein Schatten an der Wand, ein Gebäu auf dem Sand sich kann rühmen geringfügiger Beständigkeit, noch minder darf ihm zumessen das menschliche Leben.
>
> Klopf mir beileib nicht, wann ich dir werde folgende Worte für der Tür singen: Heut rot – morgen tot, heut ›Ihr Gnaden‹ – morgen ›Gnad dir Gott‹, heut ›Ihr Durchleucht‹ – morgen ›eine tote Leich‹, heut allen ein Trost – morgen ›tröst ihn Gott‹, heute kostbar – morgen Totenbahr, heute hui – morgen pfui!«

An der Zwiespältigkeit des eigenen Wesens starb das Barock; aus der Literatur wurde es vollends gedrängt durch den neu aufkommenden Geist des Rationalismus, der den bisherigen Problemstellungen durchaus abgeneigt war. Der Mensch war nach einem Jahrhundert des innersten Ringens genötigt, sich mit einem befreienden Schritt in die Klarheit des Geistes zu retten, die ihm eine leichte und lebensnützliche Orientierung vermittelte. Das Barock blieb als ein abgeworfener Ballast zurück, und erst die Romantik hat wieder aus einem inneren Anteil heraus in jenes Jahrhundert des großen Gefühls zurückgeschaut.

DIE AUFKLÄRUNG

Zwiespältigkeit war die Grundsituation, aus der heraus der barocke Künstler schuf; er fühlte sich ausgeliefert den göttlichen und teuflischen Mächten, der Sinnenfreude und Lebensangst. Im nachfolgenden 18. Jahrhundert klingen diese Spannungen ab; der Mensch der Aufklärungszeit bemüht sich um eine harmonische, lebensfrohe Ausgeglichenheit; er sieht zumindest seine Aufgabe darin, im »Hier und Nun« zu planen, zu wirken und glücklich zu sein (mag ihm auch die »unvergnügte Seele« dagegen stehen). Solche Weltgläubigkeit bedeutet gewissermaßen ein Umkippen aus der vertikalen, nach oben und unten gerichteten, zweckfreien Blickrichtung des barocken Menschen in die horizontale: die Welt ist weit und groß und schön; man macht sie sich untertan.

Die Welt ist ein »Bauplatz für alles erdenklich Nützliche, Wohltätige und Lebensfördernde, für Institute und Apparate zur Verfeinerung, Erleichterung und Erhöhung des Daseins, für babylonische Türme, die sich zum Himmel recken, um ihm sein Geheimnis zu entreißen, ein unermeßlich weites, unerschöpflich reiches Operationsfeld für die Betätigung und Steigerung der Kräfte des reinen Verstandes, des Verstandes, der sich ganz auf sich selbst stellt, sich alles zutraut, vor nichts zurückschreckt, durch nichts zu enttäuschen ist.« (Egon Friedell)

Ein derart säkularisiertes Weltgefühl mußte sich naturgemäß in Fragen der Religion am deutlichsten auswirken: Das Metaphysische – Gott über und hinter der Welt – wird nun weitgehend ausgeklammert, die Angst vor dem Jenseits häufig abgebogen; an die Stelle des Sehnens nach dem erlösenden Tod tritt der Vollzug der wirkenden Tat. Für den Denker der Aufklärungszeit ist Gott (sofern er nicht im »deistischen« Sinne als absolut jenseitig begriffen wird) *in* der Welt; sie erscheint somit auch nicht mehr als Stätte des Teufels, der bösen Leidenschaften und Triebe, als Austragungsort wilder innerer und äußerer Kämpfe voller Furchtbarkeit und Gräßlichkeit; sie ist nun Stätte des Friedens, der Harmonie, des Glücks und der Seligkeit.

Die neue Glaubenshaltung kann man als »natürliche Religion« bezeichnen: einesteils, weil aus der Natur die positiven Wesenszüge des Göttlichen erkannt und andererseits die religiösen Erkenntnisse und Empfindungen als angeboren, als »natürlich«, aufgefaßt werden. Damit werden freilich dogmatische Fragen weitgehend außer acht gelassen, wie überhaupt der Einfluß der Kirche fast vollständig verlorengeht. Die christlichen Elemente gelten nur noch so weit, wie sie mit der Vernunft in Übereinstimmung zu bringen sind; besonders wird die Offenbarung als Ausdruck des Irrationalen mit Skepsis betrachtet. Der absolute Anspruch des Christentums wie auch anderer Religionen muß dem Toleranzgedanken weichen: alle Menschen sind Gottes Kinder, so müssen sie auch alle vor ihm und untereinander gleichen Wertes sein.

Der barocke Mensch hatte die Welt durch seine Sinne erlebt, triebhaft, instinktiv, intuitiv – die Welt blieb ihm Chaos, Fragment, zwielichtig und unergründbar. Der Mensch der Aufklärungszeit gebraucht die Ratio – er gewinnt Einblick und Überblick, er sieht Regeln und Gesetze wirksam, die Ordnung bedeuten. »Wenn wir einen zerbrochenen Knochen, ein Stück Fleisch von einem Tiere oder einen abgerissenen Zweig von einer Pflanze erblicken, so schaut uns daraus nur Unordnung entgegen; der tüchtige Anatom dagegen, der derartige Stücke mit ihrem Ganzen verbunden kennt und seinen Bau versteht, wird die Zweckmäßigkeit in ihnen zu deuten wissen. So ist es auch mit unserem Urteil über die Welt«, äußerte Leibniz.

Die erkenntnistheoretischen philosophischen Strömungen, die den Verstand als Organ des Welterlebens und Weltverstehens propagieren, lassen sich als Empirismus und Rationalismus bezeichnen. Der Empirismus, der in England seinen Ursprung hat (*John Locke*, 1632–1704; *David Hume*, 1711–76), legt besonderen Wert auf die Beobachtung, die die Seele mit Erfahrungen bereichere, Empfindungen hervorrufe und Vorstellungen wecke. Diese ordne dann der Geist und verwende sie für seine »Urteile«: Nihil est in intellectu, quod non antea fuerit in sensu. Der Rationalismus betont mehr die ordnende Verstandesarbeit, d. h., er untersucht die Kategorien und Prinzipien, nach denen der Geist das durch die Erfahrung gewonnene Material sichtet, gliedert und verarbeitet. *Immanuel Kant* (1724–1804) geht in seiner *Kritik der reinen Vernunft* (1781) so weit, daß er die Empirie von der Ratio abhängig macht, d. h. Erfahrungen, nach denen wir später (a posteriori) zu Urteilen gelangen, nur deshalb für möglich hält, weil sie schon von vornherein (a priori) in uns kategorial angelegt sind. Das »Ding an sich« ist zwar nicht erkennbar; wir benötigen aber seine Anschauung auch nicht, da wir seine »Beurteilung« bereits in uns tragen.

Kant weist mit seiner Philosophie bereits über die Aufklärung hinaus; er stützt sich auf einen Bereich der »reinen Vernunft«, er verzichtet auf die Empirie, auf die unbedingte Erfahrung der tatsächlichen Welt. Für den Menschen der Aufklärungszeit stehen dagegen Welt und menschliche Vernunft noch in einem engen, wesensmäßigen und tatsächlichen Zusammenhang: da der Mensch die Welt mit seiner Vernunft erkennen und ergründen kann, muß diese Welt auch selbst »vernünftig« sein. Die erkenntnistheoretischen Überlegungen treffen hierin mit der religiösen Überzeugung zusammen: nur eine »vernünftige« Welt kann Theodizee, Rechtfertigung Gottes, sein. – Weil Gott in allem und damit auch im Kleinsten lebt und wirkt, kann der Mensch kraft seines Verstandes auch im Kleinsten noch das Geordnete, Gesetzmäßige, Vernünftige nachweisen. Für **Gottfried Wilhelm Leibniz** (1646–1716) ist die Welt aus lauter Monaden (Urkörperchen) zusammengesetzt, die – in sich gestuft, vom niedrigsten bis zur ultima ratio rerum, Gott selbst, reichend – in sich selbständig, zugleich aber auch Spiegel des Universums sind. Damit erklärt sich, warum die unendliche Vielfältigkeit der »Weltkörper« und des Weltgeschehens nicht als absolutes Chaos sich darstellt, sondern als geplante Ordnung: da jede Monade in sich vernünftig ist (von göttlicher Vernunft »festgesetzt«, geschaffen und durchdrungen), stehen alle Monaden in Parallelität zueinander, stimmen sie alle harmonisch zusammen. So gelangt Leibniz zu der Erkenntnis von der »prästabilierten Harmonie« dieser Welt. – Eine von Gott geschaffene, von Gott bewegte und belebte, gegliederte, harmonische Welt kann nur die beste aller Welten sein.

Leibniz' Philosophie gipfelt in dem Satz, der zugleich den Optimismus aufgeklärter Geisteshaltung dokumentiert: »Diese höchste Weisheit nun verbunden mit einer Güte, die nicht minder unendlich ist als sie, hat nur das Beste wählen können. Denn wie ein geringeres Übel eine Art von Gut ist, so ist ein geringeres Gut eine Art von Übel, wenn es einem größeren im Wege steht: und es gäbe im Handeln Gottes etwas zu berichtigen, wenn es möglich wäre, es besser zu machen. Und wie in der Mathematik, sobald es weder Maximum noch Minimum und überhaupt nichts Ausgezeichnetes gibt, alles gleichförmig wird oder, wenn das nicht möglich ist, überhaupt nichts zustande kommt, so kann man in betreff der vollkommenen Weisheit, die nicht weniger geregelt ist als die Mathematik, sagen: wenn es unter den möglichen Welten keine beste (optimum) gäbe, dann hätte Gott überhaupt keine hervorgebracht.«

Der barocke Mensch hatte sich mehr oder weniger als Objekt gefühlt, als »unfrei«, dem Schicksal ausgeliefert wie seinen eigenen Trieben und Instinkten; er sah sich als Sünder, als »Kreatur«. In der Aufklärungszeit erwachte das Selbstbewußtsein des Menschen. (Hier zeigen sich Berührungen mit der Renaissance, bzw. dem »Humanismus«.) Zusammen mit der Entdeckung der Vernunft wird nun der Eigenwert der Person und Individualität erkannt. Der Mensch als Geistwesen fühlt sich als Krone der Schöpfung. »Aufklärung ist der Ausgang des Menschen aus seiner selbstverschuldeten Unmündigkeit. Unmündigkeit ist das Unvermögen, sich seines Verstandes ohne Leitung eines anderen zu bedienen. Selbstverschuldet ist diese Unmündigkeit, wenn die Ursache derselben nicht am Mangel des Verstandes, sondern der Entschließung und des Mutes liegt, sich seiner ohne Leitung eines andern zu bedienen. Sapere aude! Habe Mut, dich deines eigenen Verstandes zu bedienen! ist also der Wahlspruch der Aufklärung.« (Immanuel Kant)

Die Neubewertung der Vernunft (der res cogitans) als des eigentlich Wesentlichen und Charakteristischen des Menschen in Unterscheidung zum Ungeistigen, Kreatürlichen (der res extensa) hatte *René Descartes* (1596–1650) eingeleitet; das Denken schien ihm überhaupt alleiniger Ursprung und Beweis der Existenz zu sein: Cogito ergo sum. Damit wird der Mensch in den Mittelpunkt des Erforschens gerückt. »Nichts Nützlicheres gibt es fast zu erforschen, als was die menschliche Erkenntnis sei und wie weit sie sich erstrecke«, heißt es bei Descartes.

Vernunft, Geist, Verstand – wit und common sense (wobei freilich die englischen Modeworte mehr aufs praktisch-alltägliche Verhalten hinzielen) prägen den Aufklärer. Toleranz im gesellschaftlichen, religiösen und politischen Bereich gehört ebenfalls zum neuen Leitbild. Das bedeutet die

Emanzipation unterdrückter Minderheiten (z. B. der Juden), den Aufstieg unterdrückter Klassen (der Bürger), die Überwindung nationaler Schranken (im Sinne des Weltbürgertums). Die neue Kultur ist von vornherein auf Breite angelegt; sie lehnt jede esoterische Abkapselung ab. Der Weg zu ihr führt über Belehrung, Erbauung und Erziehung; auch die Dichtung wird durch das didaktische Anliegen geprägt: sie will weder die Welt beklagen noch »zwecklos« besingen; sie will die Welt verbessern. Schließlich ist der Aufklärer ein Mensch, der in dieser »besten aller Welten« auch für sich das Beste zu gewinnen sucht: Glück und Lebensgenuß sind ihm wichtiges Ziel. Er will die Möglichkeiten ausschöpfen, die dem Menschen als Geist- und Körperwesen zur Verfügung stehen; aber er will sie »vernünftig« ausschöpfen, mit Maß und Zurückhaltung (um dem Laster wie der Reue zu entgehen). Harmonie ist oberstes Gebot: Einheit und Zusammenklang von Geist und Körper – Kalokagathie (körperliche und geistige Vollkommenheit).

Solides und dauerndes Glück setzt ein geordnetes Staatswesen voraus, in dem der Mensch sich entfalten kann, ohne der Willkür eines Tyrannen ausgeliefert zu sein: Das Gesetz muß die Gewalt beherrschen und beschränken – die Forderung nach Gewaltenteilung im Staat erhob **Montesquieu** (1689–1755) auf Grund des Studiums englischer Verhältnisse. Die menschliche Freiheit darf nicht angetastet werden – **Voltaire** (1694 bis 1778) griff in Dichtung und Streitschrift geistreich und mutig Mißstände an. Der Staat hat allein dem Wohle seiner Bürger zu dienen – der preußische König **Friedrich II.** (1712–86) schrieb vom aufgeklärten Herrscherstandpunkt aus einen *Antimachiavell* (»Der Fürst ist der erste Diener des Staates«); auch das Recht des Menschen auf materiellen Wohlstand muß gewährleistet sein. – Der Versuch, äußere Umstände zu schaffen, in denen sich das Idealbild des Menschen verwirklichen lasse, führte sowohl zum Amerikanischen Befreiungskampf wie zur Französischen Revolution; beide Ereignisse müssen als Früchte aufklärerischen Bestrebens gewertet werden. »Wir halten die Wahrheit selbst für einleuchtend, daß alle Menschen gleich geschaffen sind, so daß sie von ihrem Schöpfer mit gewissen unveräußerlichen Rechten ausgestattet sind, wozu Leben, Freiheit und das Streben nach Glückseligkeit gehören; daß zur Sicherung dieser Rechte Regierungen unter den Menschen eingesetzt sind, welche ihre gerechte Vollmacht von der Zustimmung der Regierten ableiten«, heißt es in der *Declaration of Independence*; und in der *Déclaration des droits de l'homme et du citoyen* steht: »Der Zweck jeder staatlichen Vereinigung ist die Erhaltung der natürlichen und unverjährbaren Menschenrechte. Das sind die Rechte auf Freiheit, Eigentum, Sicherheit und Widerstand gegen Unterdrückung.«

Der Rationalismus

Das Zeitalter der Aufklärung kündigt sich in der Dichtung am frühesten in einer Reihe von Satiren an, die einen Abgesang auf die barocke höfische Kunst darstellen und den Sieg des »gesunden Menschenverstandes« proklamieren. Die geistige Umorientierung geht dabei Hand in Hand mit einer soziologischen Umschichtung.

Es ist durchaus bezeichnend, wenn **Friedrich Rudolf von Canitz** (1654–99), der nach seinem Studium in Leyden und Leipzig lange Zeit in diplomatischen Diensten stand und auf vielen Reisen durch Europa das höfische Leben genau kennengelernt hatte, in seinen Satiren *Nebenstunden unterschiedener Gedichte* (1700) den »Vorzug des Landlebens« preist, d. h. der stickigen Luft der Paläste die Reinheit und Natürlichkeit des einfachen Daseins entgegenhält. Diese Haltung finden wir zwar schon in der barocken Schäferdichtung; sie wird aber nun mit einer prononcierten politischen Note versehen.

Wider die Unnatur

> »Hier ist mein eigener Grund, der mir selbst angestorben,
> hier ist kein Fußbreit mehr durch schlimmes Recht erworben,
> kein Stein, der Witwen drückt und Waisen Tränen preßt,
> kein Ort, der einen Fluch zum Echo schallen läßt.«

Die Satiren von **Benjamin Neukirch** (1665–1729), der in seiner Jugend ganz im Sinne von Lohenstein und Hofmannswaldau gedichtet hatte, wenden sich entschieden gegen den »parfümierten Stil« der spätbarocken Dichter, gegen ihre Exklusivität, ihren Manierismus und ihre Künstlichkeit. »Mein Reim klingt vielen schon sehr matt und ohne Kraft: / Warum? Ich tränk ihn nicht mit Muskatellersaft, / ich speis' ihn auch nicht mehr mit teuren Amberkuchen, / denn er ist alt genug, die Nahrung selbst zu suchen.« (*Satiren und Poetische Briefe*, postum 1732)

Die Absage an den Ästhetizismus der spätbarocken höfischen Kultur war ein Wagnis, denn immer noch stand die schlesische Dichterschule in großem Ansehen; die neuen Ziele konnten sich nur zögernd durchsetzen. »So lang ich meinen Vers nach gleicher Art gewogen«, schreibt Neukirch – und er spiegelt damit nicht nur seine persönliche Situation, sondern auch die seiner Mitstreiter –, »dem Bilde der Natur die Schminke vorgezogen, / der Reime dürren Lein mit Purpur ausgeschmückt / und abgeborgte Kraft den Wörtern angeflickt, / so war ich auch ein Mann von hohen Dichtergaben.« Jetzt aber, da er der Spur nachgezogen sei, »auf der man zur Vernunft beschämt zurücke kreucht«, sei er von der dichterischen Prominenz verbannt.

Zunächst war die Satire ein Mittel im Kampf gegen eine als überholt betrachtete Lebensordnung; später jedoch, in der nächsten Generation, bekam sie einen mehr positiven, konstruktiven Charakter. Satire ist nun

Ausdruck des »Wit« (das schwierig zu übersetzende englische »wit« bedeutet so viel wie Geist, Intellekt, Gemüt, geistreich im humorvollen Sinne und entspricht dem damaligen Inhalt des Wortes **Satire aus** Witz). **Gottlieb Wilhelm Rabener** (1714–1771), ein wich-**Menschen-** tiger Mitarbeiter der Zeitschriften *Belustigungen des Ver-* **liebe** *standes und Witzes* und der *Bremer Beiträge*, leitet die Satire aus der allgemeinen Menschenliebe ab, aus dem Drang, die Sitten zu bessern, die Welt glücklicher zu machen.

»Wer den Namen eines Satirenschreibers verdienen will, dessen Herz muß redlich sein. Er muß die Tugend, die er andre lehrt, für den einzigen Grund des wahren Glücks halten. Das Ehrwürdige der Religion muß seine ganze Seele erfüllen ... Er liebet seinen Mitbürger aufrichtig. Ist dieser lasterhaft, so liebt er den Mitbürger doch und verabscheut den Lasterhaften. Die Laster wird er tadeln, ohne der öffentlichen Beschimpfung die Person desjenigen auszustellen, welcher lasterhaft ist und noch tugendhaft werden kann. Er muß eine edle Freude empfinden, wenn er sieht, daß sein Spott dem Vaterlande einen guten Bürger erhält und einen andern zwingt, daß er aufhöre, lächerlich und lasterhaft zu sein. Er muß die Welt und das ganze Herz der Menschen, aber vor allen Dingen muß er sich selbst kennen. Er muß liebreich sein, wenn er bitter ist. Er muß mit einer ernsthaften Vorsicht dasjenige wohl überlegen, was er in einen scherzhaften Vortrag einkleiden will. Mit einem Worte, er muß ein rechtschaffener Mann sein!«

Dieser »Vorbericht vom Mißbrauche der Satire«, der Rabeners *Satiren* (1751/55) einleitet, enthält in nuce wesentliche Grundzüge aufgeklärter Dichtungslehre: Die Dichtung als Satire steht im Dienste einer allgemeinen Verbesserung der Sitten und der gesellschaftlichen Moral; sie muß sich gründen auf einer exakten und klaren Menschenkenntnis (the proper study of man is man, hatte **Alexander Pope** [1688–1744] gesagt), muß bei ihren Angriffen der Person des Gegners in leidenschaftsloser Objektivität und Distanz gegenüberstehen, dafür aber kompromißlos und standfest in der Sache sein.

Was Rabener als Programm aufstellte, in seinen eigenen Satiren aber nur notdürftig erfüllen konnte (es handelt sich um spöttische, ziemlich oberflächliche Angriffe gegen kleine Adlige, Dorfjunker, Dorfpfarrer, Schullehrer, Advokaten, Offiziere, heiratslustige Witwen **Die Fackel** und alte Jungfern aus bürgerlichen Familien), hat **Georg** **der Wahrheit** **Christoph Lichtenberg** (1742–99) mit humoristischem und satirischem Talent verwirklicht.

Lichtenberg wurde als das achtzehnte Kind eines Pastorenehepaares in der Nähe von Darmstadt geboren. Er studierte in Göttingen Mathematik und Naturwissenschaften. Nach einer Englandreise, bei der er Shakespearesche Dramen kennenlernte und sich besonders mit den satirischen Stichen Hogarths beschäftigte, wurde er Professor für Physik an der Universität Göttingen. Lichtenberg war durch einen Unfall, den er als Kind erlitten hatte, verwachsen; dies scheint der Grund gewesen zu sein für eine gewisse Insichgekehrtheit. Andererseits wurde ihm jedoch eine ausstrahlende Güte nachgerühmt – sie spricht auch aus dem ergreifenden biographischen Fragment *Nachrichten und Bemerkungen des Verfassers über sich selbst*, das er seinen *Vermischten Schriften* (1800–06) voranstellte.

Lichtenberg war fast ausschließlich Aphoristiker; seine Gedanken kreisten dabei vorwiegend um politische, moralische, pädagogische und physiognomische Fragen und Probleme. Er entlarvt mit milder, freundlicher Hand; sein Tadel ist weder bissig noch bösartig. »Jeder Mensch hat auch seine moralische backside, die er nicht ohne Not zeigt und die er so lange als möglich mit den Hosen des guten Anstandes zudeckt.« Er will im Sinne aufklärerischer Satire durch Witz den Menschen zu sich selbst hinführen und damit bessern. »Über nichts wird flüchtiger geurteilt, als über die Charaktere der Menschen, und doch sollte man in nichts behutsamer sein.«

Lichtenberg war in vielem ein Außenseiter, der Vernunft verschrieben, ihr aber nicht hörig. Er legte besonderen Wert auf Traumgesichte als Offenbarung wesentlicher Züge der menschlichen Seele; er las im menschlichen Antlitz, glaubte an die Bedeutung der Physiognomie; er begeisterte sich für die Irrealität und Irregularität Shakespearescher Dramen. In seinem Schaffen ließ er sich von Spontaneität, plötzlicher Eingebung und intuitiver Erkenntnis leiten. *Sudelhefte* nannte er seine Tagebücher, in die er sich seine aphoristischen Bemerkungen notierte.

Hingegen betrachtete sich der absolut fortschrittliche, »aufgeklärte« Dichter als ein Künstler strenger Systematik. Er propagierte die »Regeln«, war überzeugt von dem gesetzmäßigen Ablauf dichterischer **Die Regeln** und denkerischer Schöpfungsprozesse. In methodischer **sind alles** Überlegung und verstandesmäßiger Erarbeitung sah er den alleinigen legitimen Weg zu einer Wahrheit, die menschlich verbindlich, gesellschaftlich wirksam und ethisch erhöhend wirken sollte. »Regelhaftigkeit« war somit letztlich das Mittel zur sittlichen Erneuerung des Menschen.

»Zuallererst wähle man sich einen lehrreichen moralischen Satz, der in dem ganzen Gedichte zugrunde liegen soll, nach Beschaffenheit der Absichten, die man sich zu erlangen vorgenommen. Hierzu ersinne man sich eine ganz allgemeine Begebenheit, worin eine Handlung vorkommt, daran dieser erwählte Lehrsatz sehr augenscheinlich in die Sinne fällt.«

Solche gedanklich-ideelle Ausrichtung, wie sie hier von **Johann Christoph Gottsched** (1700–66) ausgesprochen ist, und die damit verknüpfte Unterdrückung dichterischer Phantasie und elementarer Begabung mußten zu einer gewissen rationalen Erstarrung führen. Jedoch wurden der Dichtung auch neue und bedeutsame Aspekte erschlossen. An Hand bestimmter Denkmodelle zeigt der Aufklärer die Möglichkeiten humanitären Fortschritts auf. So zeichnet sich ein Weg ab von Gottsched zu Lessings »Nathan« und Goethes »Iphigenie«.

Gottsched wurde in Ostpreußen geboren, floh nach seinem Studium vor den Werbern des Soldatenkönigs nach Leipzig und wurde dort Professor für Philosophie und Dichtkunst. Er strebte eine Reform der Sprache, der Literatur und des Theaters an. Um der deutschen Literatur einen weiteren Geltungsbereich zu sichern, verwarf er den Dialekt wie überhaupt jede rohe und ungehobelte Diktion. Zugleich aber mißbilligte er auch jede spontane und eigenwillig-ursprüngliche Ausdrucksweise, da sie den Anforderungen echten Stils (Klarheit, Allgemeingültigkeit, Einfachheit und Natürlichkeit) nicht entspräche. Vor allem in dem *Versuch einer kritischen Dichtkunst für die Deutschen* (1730) war Gottsched nach der französischen Literatur hin orientiert. Die possenhaften Harlekinaden, die italienischen Ausstattungsopern wie die barocken Haupt- und Staatsaktionen wurden verworfen, und an ihrer Stelle wird das »regelmäßige Drama« gefordert. Die drei Einheiten (des Ortes, der Zeit, der Handlung) sollten wieder verbindlich sein. Der Tragödie wird die Exemplifizierung eines moralischen Satzes aufgetragen, die Komödie habe die Laster und Schwächen der Menschen satirisch zu zeigen.

Gottsched versuchte, seine Theorien selbst in die Praxis umzusetzen. Er arbeitete mit der berühmten Schauspielerin Karoline Neuber und deren Mann Johann, der Prinzipal einer Theatertruppe war, zusammen. In dem sechsbändigen Werk *Die deutsche Schaubühne nach den Regeln und Exempeln der Alten* (1741/45) sammelte Gottsched Musterdramen, schrieb auch selbst solche *(Der sterbende Cato,* 1731). Doch war seine dichterische Befähigung nur gering.

In *Christian Weise* (1642–1708) hatten Gottscheds Theorien und Forderungen einen frühen Vorläufer gehabt. Er war Magister und Rektor in Zittau (seiner Geburtsstadt). Dort führte er auch die meisten seiner Schuldramen auf, die er auch selbst einstudierte. Die insgesamt 55 Stücke sind biblischer oder historischer Art bzw. Lustspiele. Sie sollen (wie auch seine Romane, z. B. *Die drei ärgsten Erznarren in der ganzen Welt,* 1672) neben einer rein formalen Schulung dem jungen Menschen ethische Prämissen spielerisch zugänglich und Tugenden im Rahmen einer abenteuerlich bewegten Handlung schmackhaft machen.

Im Rahmen der lehrhaften Zielsetzung, welche die Dichter der Aufklärungszeit kennzeichnet, gewinnt auch die Fabel wieder Bedeutung. Gerade sie konnte die Forderung nach anschaulicher und allgemeingültiger Darstellung, nach überzeugender Exemplifizierung moralischer Grundsätze und der damit verbundenen Nutzanwendung im praktischen Leben erfüllen. Als Muster galt neben Äsop der Franzose **Lafontaine** (1621–95). Fast alle führenden Dichter der Aufklärung haben Fabeln übersetzt, neu gefaßt oder selbst geschrieben. Lessing gab drei Bücher mit Fabeln (1759) heraus und fügte ihnen fünf theoretische Abhandlungen bei. Die *Fabeln*

Fabula docet

und Erzählungen (1746ff.) **Christian Fürchtegott Gellerts** (1715–69)
greifen Alltagsepisoden auf und fassen diese in gültige »Merksätze«
zusammen. Die Moral wird bald spitzbübisch bieder, bald weinerlich-
sentimental vorgetragen. Da sind z. B. *Die beiden Hunde* – der eine
ist verspielt und lustig, der andere treu und wachsam. Beide verkörpern
zwei Seiten des Lebens. Gellert tritt als »vernünftiger Zeitgenosse« fürs
»gute Herz« ein, das viel mehr Wert habe als »ein bißchen Witz«.

Gellert war als Sohn eines Pastors im Erzgebirge geboren worden; nach seinem
Studium wirkte er als Professor für Poesie und Beredsamkeit in Leipzig. Sein Leben
verlief ohne besondere Höhepunkte, aber auch ohne besondere Krisen. Seine Ängstlichkeit und Zurückhaltung waren Ausdruck einer sehr früh auftretenden Kränklich-
keit, von der er vergeblich sich zu heilen suchte. Die Trauer über seinen Tod war
allgemein, es schien geradezu, als ob sein Grab zu einer nationalen Wallfahrtsstätte
werden sollte.

Wie in seinen »Fabeln« war Gellert auch sonst ein Mann des Mittel-
maßes. Er zeichnete sich weder durch kühne Phantasie noch durch dichterische Leidenschaft aus; er hielt sich auf dem Wege der Vernunft. Seine
Sprache war nüchtern und vermied schwierige Metaphern; er dachte,
empfand und redete wie viele. Das Gottvertrauen, die einfache, unkom-
plizierte, aber erfüllte Religiosität, die sich auch in seinen *Geistlichen
Oden und Liedern* (1757) spiegelt, runden sein Bild.

Neben den Fabeln und religiösen Liedern hat Gellert Romane und Dramen geschrieben. Der Familienroman *Leben der schwedischen Gräfin von G.* (1748), der
Einflüsse des englischen sentimentalen Romans (vor allem der *Pamela* von *Samuel
Richardson;* 1689-1761) zeigt, hat einen abenteuerlichen Handlungsablauf: Ein Kriegsheimkehrer aus Sibirien kommt zu seiner Frau zurück, die inzwischen seinen Freund
geheiratet hat; dieser gibt sie an den ersten Gatten zurück. Nach dessen Tod jedoch
setzt die Frau – dem Wunsche ihres ersten Mannes entsprechend – die Ehe mit dem
zweiten wieder fort. Diese Geschichte ehelicher Wirrungen sollten dazu dienen, die
stoische Gelassenheit dem Schicksal gegenüber, die vernünftige Haltung einer durchaus
ehrenvollen und tugendreichen Frau zu dokumentieren. Es gehört zum Wesen dieser
Frau, daß sie sich nicht vom Schicksal zerschmettern läßt, sondern – sich selber treu
– der jeweiligen Situation das Beste abzugewinnen, sich in das Unvermeidliche zu
schicken weiß. All das schloß freilich viel Rührseligkeit ein. Dementsprechend schrieb
Gellert anläßlich der Herausgabe seiner moralisch-didaktischen Komödien *Die Bet-
schwester; Das Los in der Lotterie; Die zärtlichen Schwestern* (1747), in denen Tugend
und Vernunft über Schwäche und Laster siegen: »Sollten einige überhaupt tadeln, daß
sie eher mitleidige Tränen als freudiges Gelächter erregen: so danke ich ihnen zum
voraus für einen so schönen Vorwurf.«

Solche Anreden (Vorreden) an den Leser ersetzen die im Barock und
Humanismus geläufige Widmung an den Mäzen; das Publikum hat sich
vervielfacht. Literarische Zeitschriften – nach dem englischen Vorbild
der »Moralischen Wochenschriften«, des *Tatler, Spectator* und *Guardian*
– verbreiten sich auch in Deutschland; angesichts einer zu politischer

Ohnmacht verurteilten Kleinstaaterei widmen sie sich fast ausschließlich künstlerischen Fragen. Diese Publikationen, die bald einem volkstümlichen, bald einem höheren Niveau zustrebten, machen ihre **Die vernünf-** Aufgabe oft schon im Namen deutlich: Es gab den **tigen Tadler** *Vernünftler,* die *Diskurse der Maler* (von Bodmer und Breitinger in Zürich herausgegeben), *Die vernünftigen Tadlerinnen* und den *Biedermann* (von Gottsched in Leipzig), die *Bremer Beiträge* (Neue Beiträge zum Vergnügen des Verstandes und Witzes), *Briefe, die neueste Literatur betreffend* (von Nicolai, Mendelssohn und Lessing), den *Teutschen Merkur* (von Wieland).

Aus all diesen Versuchen, denen oft nur eine sehr kurzfristige Existenz beschieden war, ragt der *Wandsbecker Bote* heraus, eine von 1771 bis 1775 bestehende Zeitung, die viermal wöchentlich erschien und durch die Mitarbeit des Dichters **Matthias Claudius** Ansehen und Berühmtheit erlangte: »Man muß den Menschen nur vernünftig anspre-
Besinnung chen, und man wird sich wundern, wie er's begreift – As-
auf Vernunft mus omnia sua secum portans oder sämtliche Werke des
und Gemüt Wandsbecker Boten.« – Im »Handgepäck« befanden sich Vernunft, Herz, Gemüt und Schalkhaftigkeit, alles verpackt mit dem heißen Bemühen, die Menschen zu belehren, ihnen mit einer gängigen praktischen Moral in den Widerwärtigkeiten des Lebens weiterzuhelfen.

1740 war Claudius als Sohn eines Pfarrers bei Lübeck geboren worden. Nach dem Studium der Theologie und der Staatswissenschaften lebte er zunächst in Kopenhagen, in freundschaftlichem Umgang mit Klopstock, dann als Redakteur in Hamburg (mit Lessing bekannt) und schließlich als Leiter des »Boten« in Wandsbeck. Er war sodann mit den Mitgliedern des Göttinger Hainbundes eng befreundet und starb 1815 in Hamburg. Als Volksschriftsteller war er »fromm in tiefster Seele, mit einer gegen das Alter wachsenden Neigung zu einer herzlichen, doch engen Pietisterei, in den Wissenschaften nicht unbewandert, voll Bedürfnis nach beständigem Umgang mit Büchern, mit Kunst, mit geistigen Menschen. Und aus den beiden auseinanderstrebenden Elementen dieser beweglichen Seele, aus dem Streit zwischen Schönheitssinn und Grobfädigkeit, zwischen Bildungsdrang und Naturburschentum, zwischen Lehrhaftigkeit und Poesie entstand ein typisch deutscher Humor«. (Hermann Hesse) »Ich bin kein Gelehrter und habe mich nie für etwas ausgegeben«, schrieb Claudius in einem »Valet« an seine Leser; »und ich habe als einfältiger Bote nichts Großes bringen wollen, sondern nur etwas Kleines, das den Gelehrten zu wenig und zu geringe ist. Das aber habe ich nach meinem besten Gewissen gebracht; und ich sage in allen Treuen, daß ich nichts Besseres bringen konnte.«

Als Lyriker schlägt Claudius einfache, volksnahe Töne an, ohne sich jedoch im allzu Vordergründigen zu verlieren. Die Echtheit des Empfindens, die Natürlichkeit der Aussage, die Menschlichkeit des Wollens, die edle Einfalt und stille Bescheidenheit seiner Bilder und Metaphern, die echte Lebensfreude bei einem innigen Bewußtsein von der Nähe des Todes, das aus dem Wissen um die Gefährdung des Menschen erwachsende, tiefgründende Gottvertrauen – all das macht einige seiner Gedichte und Lieder zu den schönsten der deutschen Lyrik *(Der Mond ist aufgegangen; Bei dem Grabe meines Vaters; Der Mensch; Der Tod; Kriegslied; Motette [Der Mensch lebt und bestehet . . .]).*

Die didaktische Richtung der Aufklärung gipfelt in **Gotthold Ephraim Lessing** (1729–81). Als Dichter und Theoretiker zwar äußerst vielseitig, war er im Grunde genommen skeptisch, satirisch, aphoristisch, polemisch, dialektisch, vom »Fabelcharakter« der Dichtung, ihrer praktischen Nutzanwendung zur Verbesserung der Sitten und Moral wie auch von der Notwendigkeit künstlerischer Gesetze und Regeln überzeugt. Doch hat er in seinem Werk abgestreift, was die belehrende Dichtung der Aufklärungszeit beschwerte: die gedankliche Starrheit und überschwengliche Sentimentalität, die moralisch süße wie volkstümlich sich anbiedernde Seichtigkeit der Aussage. Von allen Vorläufern und Zeitgenossen am meisten Lichtenberg verwandt, verläßt Lessing die engen Grenzen bloßer Belehrung und wird zum wahren Erzieher seines Volkes. Damit ist er auch Wegbereiter des Humanitätsideals der »Klassik«. Bei ihm klingt schon die »alles versöhnende Menschlichkeit« und das »Zwischen uns sei Wahrheit« der Goetheschen »Iphigenie« auf.

Erziehung des Menschengeschlechts

Lessing wurde zu Kamenz in der Lausitz als Sohn eines Pfarrers geboren. Er besuchte die Fürstenschule zu Meißen und studierte nach dem Willen des Vaters Theologie. Doch gab er das Studium bald auf, um sich der Literatur zu widmen. Als freier Schriftsteller war er in Berlin tätig, wo er mit Voltaire und dem Philosophen Moses Mendelssohn zusammenkam. Als Sekretär des Generals von Tauentzien ging er nach Breslau und erlebte dort den Siebenjährigen Krieg. Ab 1767 hielt er sich in Hamburg auf und war als Dramaturg am Theater tätig. Schließlich fand er eine Anstellung als herzoglich braunschweigischer Bibliothekar in Wolfenbüttel. Nach kurzer Ehe starben seine Gattin und sein Kind. »Freilich zerrt mir der kleine Ruschelkopf auch die Mutter mit fort!« schrieb er aus dieser Zeit der tiefsten Not an den Freund Johann Joachim Eschenburg. »Denn noch ist wenig Hoffnung, daß ich sie behalten werde. – Ich wollte es auch einmal so gut haben wie andere Menschen. Aber es ist mir schlecht bekommen.« –

Lessings Dichten und Denken wird von einem tiefen Streben nach Wahrheit bestimmt. Der Erkenntnisdrang war ihm – auch wenn er sich in seiner Skepsis der Unerreichbarkeit des Zieles bewußt war – das entscheidende Kriterium für die progressive Leistungsfähigkeit des Menschen. Der Mensch ist nur dort wahrhaft Mensch, wo er denkt, und nur wo er denkt, ist er ganz Mensch: »Nicht die Wahrheit, in deren Besitz irgendein Mensch ist oder zu sein vermeint, sondern die aufrichtige Mühe die er angewandt hat, hinter die Wahrheit zu kommen, macht den Wert des Menschen. Denn nicht durch den Besitz, sondern durch die Nachforschung der Wahrheit erweitern sich seine Kräfte, worin allein seine immer wachsende Vollkommenheit bestehet.«

Die Geschichte war für Lessing der Ausdruck einer steten geistigen Weiterentwicklung und damit zugleich Zeugnis für die fortschreitende Versittlichung des Menschen. Als vordringliche Aufgabe der Religion sah er es an, diesen Prozeß der Reifung mitzubewirken.

In seiner Schrift *Die Erziehung des Menschengeschlechts* (1780) zeigt er die drei Stufen dieser Entwicklung: Das Alte Testament kündet von dem strafenden Gott, der das Volk durch »sinnliche Strafen und Belohnungen« zum Guten zwingt. »Ein besserer Pädagog muß kommen und dem Kinde das erschöpfte Elementarbuch aus den Händen reißen. Christus kam.« Der Mensch bedurfte nun für seine moralischen Handlungen edlerer, würdigerer Beweggründe. Christus gab dem Menschen die Verheißung von der Unsterblichkeit der Seele. Der dritte Abschnitt, der Höhepunkt des geschichtlichen Vorgangs, ist der Augenblick, da der Mensch weder aus Strafe noch in Aussicht auf Verheißung das Gute tut und das Böse meidet; er tut es dann kraft seiner vernünftigen Einsicht: »Sie wird kommen, sie wird gewiß kommen, die Zeit der Vollendung, da der Mensch, je überzeugter sein Verstand einer immer besseren Zukunft sich fühlet, von dieser Zukunft gleichwohl Bewegungsgründe zu seinen Handlungen zu erborgen, nicht nötig haben wird; da er das Gute tun wird, weil es das Gute ist, nicht weil willkürliche Belohnungen darauf gesetzt sind, die seinen flatterhaften Blick ehedem bloß heften und stärken sollten, die inneren besseren Belohnungen desselben zu erkennen. Sie wird gewiß kommen, die Zeit eines neuen ewigen Evangeliums, die uns selbst in den Elementarbüchern des Neuen Bundes versprochen wird.«

Lessings Ziel als Dichter war es, den Menschen auf den Weg zur absoluten Sittlichkeit zu bringen, ihn zu erziehen. Dabei war das didaktische Ziel oft größer als das schöpferische Vermögen: »Ich bin weder Schauspieler noch Dichter. Ich fühle die lebendige Quelle nicht in mir, die durch eigene Kraft sich emporarbeitet, durch eigene Kraft in so reichen, so frischen, so reinen Strahlen aufschießt: ich muß alles durch Druckwerk und Röhren aus mir heraufpressen.« Um so mehr aber wiegen bei ihm sittliche Haltung und Tat, die uns – über ästhetische Fragen hinweg – in

Die Tugend der Toleranz Lessing den großen wegweisenden Geist der Aufklärung sehen lassen. Lessings letztes Werk, das »dramatische Gedicht« *Nathan der Weise* (1779), muß somit als sein wesentlichstes betrachtet werden.

Im Hause des Juden Nathan in Jerusalem ist Recha aufgewachsen, die nicht ahnt, daß sie nicht seine Tochter, sondern eine Christin ist, die Nathan – nach dem Verlust seiner sieben, von den Christen ermordeten Söhne – an Kindes – Statt angenommen hat. Bei einer Feuersbrunst kommt sie während der Abwesenheit Nathans beinahe um, doch hat ein von dem Sultan Saladin gefangengehaltener Tempelherr das Mädchen im letzten Augenblick gerettet. Nach einer Reihe von Verwicklungen stellt sich heraus, daß Retter und Gerettete Geschwister sind. Mit dieser Handlung verknüpft ist das Geschehen um den Sultan und dessen Schwester Sittah, die den reichen Juden zunächst als Helfer in ihren Geldschwierigkeiten, dann aber als einen wahren Freund hat gewinnen können.

Lessing gibt ein Ideenschauspiel, in dessen kunstvoll gefügtem Handlungsablauf die Positionen des Hasses erschüttert werden, die Figuren als Verkörperungen religiöser Gegensätze in Toleranz zueinander finden. Der Jude erlebte den Haß der Christen; dafür nahm er ein armes Christenkind an Tochter Statt an. Der Tempelherr ist zunächst fanatischer Christ; er will das Haus des Juden nicht betreten; er lernt jedoch in der Liebe zu Recha und angesichts der Großmütigkeit des Nathan sich überwinden. Saladin wird geläutert durch die Worte des Juden, die ihn überzeugen, daß allen religiösen Anschauungen irgendeine Wahrheit oder eine Ähnlichkeit mit der Wahrheit innewohnt. Als er nämlich den Juden zu sich kommen läßt und nach der Echtheit der konkurrierenden Religionen fragt, antwortet ihm dieser mit einer Parabel: Ein Mann hatte drei Söhne, sie waren ihm alle drei gleich lieb. Jedem wollte er den Kraft verheißenden Ring vererben, den er am Finger trug – »der die geheime Kraft besaß, vor Gott und Menschen angenehm zu machen«. Da ihm dies jedoch nicht möglich war, ließ er gleiche Ringe anfertigen, und jeder der Söhne glaubte, daß er allein den rechten nun besäße. Doch wird der Betrug offenbar, die drei gehen zum Richter; dieser spricht:

>   »Und gewiß,
> daß er euch alle drei geliebt und gleich
> geliebt, indem er zwei nicht drücken mögen,
> um einen zu begünstigen. Wohlan!
> Es eifre jeder seiner unbestochnen
> von Vorurteilen freien Liebe nach!
> Es strebe von euch jeder um die Wette,
> die Kraft des Steins in seinem Ring an Tag
> zu legen! komme dieser Kraft mit Sanftmut,
> mit herzlicher Verträglichkeit, mit Wohltun,
> mit innigster Ergebenheit in Gott
> zu Hilf'! Und wenn sich dann der Steine Kräfte
> bei euern Kindes-Kindeskindern äußern,
> so lad ich über tausend tausend Jahre
> sie wiederum vor diesen Stuhl. Da wird
> ein weis'rer Mann auf diesem Stuhle sitzen,
> als ich, und sprechen. Geht!‹ – so sagte der
> bescheidne Richter.«

Wie am Beispiel Saladins und am Gegenbeispiel des pseudochristlichen Patriarchen angedeutet wird, glaubte Lessing, daß mitmenschliche Gesinnung nur in einem geordneten Staate, in einem in Zufriedenheit und Einigkeit lebenden Volk gedeihen könne. Dies war durchaus gegenwartsnah gemeint. In einem Augenblick der tiefsten Zerrissenheit der deutschen Nation schien ihm dieses Ziel ferner denn je zu sein.

Lessing führte den Kampf um eine nationale Besinnung auf ästhetischkritischem Gebiet: eine »deutsche Kunst« schien ihm das zunächst allein realisierbare Ziel zu sein. Die Überfremdung war ihm hier – wie im politischen Bereich – durch das Vorherrschen der Franzosen evident. Er wollte Voltaire und Corneille, dem Geist des französischen Rationalismus, eine »deutsche Aufklärung« entgegenstellen. Da sich nun die Franzosen ihrerseits auf die Griechen beriefen, zum anderen der deutsche »Literaturpapst« Gottsched die Franzosen als poetisch maßgeblich herausgestellt hatte, weitete sich die kritische Tätigkeit Lessings zu einer Auseinandersetzung mit Gottsched und der griechischen Kunst.

Kampf um eine deutsche Bühne

Der Siebzehnte Literaturbrief (*Briefe, die neueste Literatur betreffend,* 1759ff.) beginnt mit der programmatischen Feststellung: »Niemand, sagen die Verfasser der ›Bibliothek‹, wird leugnen, daß die deutsche Schaubühne einen großen Teil ihrer ersten Verbesserung dem Herrn Professor Gottsched zu danken habe. Ich bin dieser Niemand; ich leugne es geradezu. Es wäre zu wünschen, daß sich Herr Gottsched niemals mit dem Theater vermengt hätte.« Der Hauptvorwurf, den Lessing erhebt, besteht darin, daß Gottsched das französische Drama in Deutschland zum Maßstab gemacht habe, wo es doch weder echten antiken Geist enthalte noch überhaupt dem deutschen Wesen entspreche. Lessing weist statt dessen auf die englische Tragödie hin, besonders auf Shakespeare, und erwähnt als mögliche Stoffe für einen künftigen deutschen Shakespeare die Sage vom Doktor Faustus (er hatte selbst eine Faustszene geschrieben, sie allerdings als Fragment eines alten Volksdramas ausgegeben).

In *Laokoon oder Über die Grenzen der Malerei und Poesie* (1766) verwarf er die stereotype Auffassung von einem einheitlichen künstlerischen Grundprinzip (Horaz: ut pictura poesis) und wandte sich gegen die von Winckelmann vertretene These der »Edlen Einfalt und stillen Größe« aller bedeutsamen antiken Überlieferungen. Er interpretierte die von Winckelmann als Beispiel hingestellte späthellenistische Laokoon-Skulptur nicht als einen schlechthin antiken Ausdruck verhaltenen und bezähmten Schmerzes, sondern als Erfordernis der bildenden Kunst allgemein, dem Zustand des Schmerzes ein erträgliches Aussehen zu verleihen. Der bildende Künstler, der einen Moment-Zustand unwiderruflich und unveränderlich festhält, sei ästhetischen Normen unterworfen, nicht aber der Dichter, der das Geschehen im Zeitablauf darstellt und somit auch das Unästhetische als vollkommene Tragik – für einen Augenblick – offenbaren kann. An Beispielen wird nachgewiesen, daß der antike Dichter das Gräßliche zum Vorschein brachte, daß die preziöse Idylle, wie sie Winckelmann bei den Griechen und Gottsched bei den Franzosen sah, in der Dichtung nicht verbindlich ist.

Geistvoll, aber zuweilen auch kritisch überspitzt sind die Urteile über die derzeitige Literatur (das Drama im besonderen) und die Neuinterpretation der Poetik des Aristoteles in der *Hamburgischen Dramaturgie* (1767–69). Die Rezensionen über Aufführungen an dem kurz zuvor eröffneten Hamburger Nationaltheater weiten sich zu grundsätzlichen Überlegungen. Die Behauptung, die französischen Dramatiker hätten die (von Aristoteles der Tragödie zugrunde gelegte) Katharsis falsch verstanden, führt zu der Maxime, daß »vermittels des Mitleids und der Furcht« die innere »Reinigung«

des Zuschauers bewirkt werden müsse. Es sei ein Irrtum, »Phobos« (Furcht) als »terreur« (Erschrecken vor dem Helden) zu deuten. Vielmehr: Man sollte mit dem Helden bangen, sich gleichsam mit ihm identifizieren und somit auch um sich selbst bangen. Katharsis ist demnach »Verwandlung der Leidenschaften in tugendhafte Fertigkeiten«. – Außerdem werden das starre Schema der drei Einheiten (s. Gottsched) und die immer noch gängigen Imitationen christlicher Märtyrerdramen (s. die Anfänge bei Gryphius) abgelehnt. Das Vorbild Shakespeares wird beschworen, allerdings mit der Warnung vor einer maßlosen Vergötterung des Geniehaften.

Indem Lessing den Anspruch der Franzosen auf die legitime Nachfolgeschaft der Antike abweist, sucht er die Eigenständigkeit der deutschen Kunst theoretisch zu begründen, ihre Berechtigung letztlich aus dem echten Verständnis des Griechentums abzuleiten; er erweist sich auch damit als Vorläufer der Klassik. Auf der anderen Seite aber – und damit bereitet er den Boden für die nachfolgenden Epochen des Sturm und Drang und der Romantik – betont er die Verwandtschaft von deutschem und englischem Geist, räumt Originalität und Phantasie wie auch dem Genie größere Möglichkeiten ein.

Lessing hat seine theoretischen Erkenntnisse in die Praxis umzusetzen versucht. Exemplarisch will er zeigen, wie das neue deutsche Drama aussehen könnte.

Mit *Miss Sara Sampson* (1755) bewährte er sich erstmals als Theaterdichter. Er nennt das Stück ein »deutsches Trauerspiel« – wenn es auch sehr stark nach englischem Vorbild gearbeitet war – und eine »bürgerliche Tragödie«. Beides sind grundlegende Neuerungen. Einesteils wird hier die Absage an die französisch orientierte Dramatik programmatisch vollzogen, zum anderen das Tragische im Bereich des Bürgerlichen aufgedeckt. Zugleich wird das Drama – ein verführtes Mädchen, vom Liebhaber verlassen, von der Nebenbuhlerin vergiftet, verzeiht sterbend in übermenschlichem Edelmut allen ihren Widersachern – zum Beispiel für den Sieg der Tugend; und dieser über allem stehende Edelmut ist wiederum Ausdruck einer »vernünftigen«, humanitären Grundhaltung.

Das zweite – zwar nicht milieuhaft, aber tendenzmäßig – »bürgerliche« Trauerspiel Lessings, das die Mängel des ersten Wurfes nicht mehr zeigt, *Emilia Galotti* (1772), versetzt das Livius entnommene Geschehen (»Das Schicksal einer Tochter, die von ihrem Vater umgebracht wird, weil ihm ihre Tugend werter ist als ihr Leben«) in eine bürgerliche Denkwelt. Mit einer dialektisch zügig fortschreitenden Sprache werden das absolutistische Regime in seiner Unmoral bloßgestellt, die Idee der Reinheit und Tugend auf der Folie düsterer Intrige sichtbar gemacht. Zum erstenmal wird von bedeutender Hand das Wesen »bürgerlicher Liebe« und »höfischer Kabale« gestaltet.

Um der entarteten Willkür und Gier des Hettore Gonzaga, des Prinzen von Gua-stalla, der in Emilia, die Tochter des Obersten Galotti, verliebt ist, Genüge zu leisten, arrangiert sein Kammerherr Marinelli, eine gemeine Kreatur, eine Entführung, bei der der Verlobte des Mädchens getötet wird. Durch die ehemalige Mätresse des Prinzen, die Gräfin Orsina, wird der Oberst Galotti auf die sittliche Gefährdung aufmerksam gemacht, in die der Fürst Emilia gebracht hat. Da erdolcht er seine eigene Tochter, ehe der Tyrann sie schänden kann.

In *Minna von Barnhelm oder Das Soldatenglück* (1767) illustriert Lessing seine Ansichten vom »deutschen Lustspiel«. Ein zeitgeschichtlicher Stoff findet Verwendung. Das Stück ist »wahrste Ausgeburt des Siebenjährigen Krieges«. »Die Anmut und Liebenswürdigkeit der Sächsinnen überwindet den Wert, die Würde, den Starrsinn der Preußen.« (Goethe)

Der edle Major von Tellheim ist nach dem Ende des Siebenjährigen Krieges in eine schlimme Lage geraten: er hat sein Vermögen verloren und fühlt sich durch Ver-leumdungen in seiner Ehre verletzt. In einem Berliner Gasthof, wo er zur Zeit haust, begegnet ihm seine ehemalige Verlobte, Minna von Barnhelm, die ihn lange Zeit vergeblich gesucht hat. Nun scheint einer Vereinigung nichts im Wege zu stehen; doch glaubt der Major, sich in seiner Lage nicht mit dem Fräulein verbinden zu können. Als diese jedoch sich selbst als Verstoßene und Enterbte ausgibt, der Major sich damit als Beschützer aufgerufen fühlt, wenden sich die Dinge. Der eintreffende Oheim und eine Botschaft des Königs, die Rehabilitierung bedeutet, führen das Ganze einem glücklichen Ende zu. Lessing hatte während seiner Tätigkeit in Schlesien ähnliche Schicksale erlebt; nun verarbeitete er sie zu einem Lustspiel, das jedoch in der Haupthandlung teilweise einen geradezu tragischen Unterton erhält. Da jedoch den wichtigsten Charakteren auf tieferer Ebene komische Pendants beigegeben sind (der redlich patzige Bediente des Majors, Just, die listig-muntere Zofe Franziska), werden die Klippen des Ernstes jeweils geschickt umspielt. Als Episodenfigur, dabei aber von symptomatischer Bedeutung, erscheint im 4. Akt der Falschspieler Riccaut de la Marlinière, in dem die negativen Seiten französischer Wesensart bloßgestellt und dem Gelächter überantwortet werden sollten.

Das literarische Rokoko

Von ganz anderer Natur als Lessing und doch mit ihm durch das gemeinsame Ziel aufklärerischer Lebens- und Weltbewältigung verbunden, erwies sich **Christoph Martin Wieland**, der zweite Große der Epoche.

Wieland wurde 1733 bei Biberach (Württemberg) als Sohn eines Geistlichen geboren. Nach pietistischer Jugenderziehung – ein frömmelnder Einschlag machte sich besonders bei seinen ersten Werken bemerkbar –, Studien in Erfurt und Tübingen, einer Reise zu Bodmer und Breitinger in die Schweiz, wurde er als Professor der Philosophie nach Erfurt berufen. Auf Grund seines Staatsromans *Der goldene Spiegel* (1772) ernannte ihn Herzogin Anna Amalia 1772 zum Erzieher ihrer beiden Söhne. In Weimar starb Wieland im Jahre 1813. Sein dichterisches Werk zeigt eine ungemeine Produktivität: Übersetzungen (darunter Shakespeare), Satiren, Versepen (*Musarion*, 1768; *Oberon*, 1780), Romane (*Die Abenteuer des Don Sylvio von Rosalva*, 1764; *Die Abderiten*, 1774) bilden den Hauptbestandteil.

Wieland war dem Grazilen zugeneigt, ein Verfechter des Esprits, der leichten und eleganten Form – der »Franzose« unter den Dichtern der Zeit. »Ein kleines Schweinchen von der Herde des Epikur«, so hat man ihn verspottet – und verkannt. Auch er steht wie Lessing
Die goldene auf dem Boden der Aufklärung, einer Form der Auf-
Mitte klärung freilich, die das barocke Erbe stärker als alle anderen Strömungen übernimmt und verarbeitet. Wieland ist der Repräsentant des literarischen Rokoko bzw. des aufgeklärten Barock oder der barocken Aufklärung.

»Barockdichtung gleicht einer Landschaft mit starker, oft gigantisch kühner Vertikalgliederung, schroffen Bergen, die ins Jenseits streben, und tiefen Tälern mit reißenden Bächen, Klüften und Wäldern voll Geheimnissen; Rokokodichtung ist eine flache Landschaft mit klarer geometrischer Ordnung der horizontal gelagerten Teile, See, Fluß, Stadt, Dorf, Feld und Wald. Die Vernunft kann alles überblicken. Die Anlage des Ganzen ist so, daß wir sie durchaus als zweckmäßig billigen müssen. Kein Rätsel und kein Wunder birgt sich in ihr« (Emil Ermatinger).

Das, was die Größe und Tragik des Barock ausmacht: der Mensch zwischen Lust und Verzweiflung, Hölle und Himmel, verflacht im Rokoko; an die Stelle gigantischer Zerrissenheit tritt das Wohlbehagen an dem rational gefundenen »goldenen Mittelmaß«. Der »Lebenskünstler« ist das letzte Ziel.

Musarion (in gleichnamiger Dichtung) spricht aus, was dem Rokoko-Weltmann Wieland zeitlebens höchstes sittliches Ideal gewesen ist; glücklich ist, wer

». . . nicht stets von Tugend spricht, noch, von ihr sprechend, glüht,
doch ohne Sold und aus Geschmack sie übet;
und glücklich oder nicht, die Welt,
für kein Elysium, für keine Hölle hält,
nie so verderbt, als sie der Sittenrichter
von seinem Thron – im sechsten Stockwerk – sieht,
so lustig nie als jugendliche Dichter
sie malen, wenn ihr Hirn von Wein und Phyllis glüht.«

Unter solchem Vorzeichen muß die im Barock übliche stoische Weltsicht Epikur und Horaz weichen. »Die zwei angelegensten
Kaloka- Wünsche, worin alle Menschen übereinkommen, sind: ge-
gathia sund und glücklich zu sein«, schreibt Wieland in seiner
Cyklopenphilosophie (1793).

Aber während die Cyklopen – Odysseus trifft sie auf seiner Irrfahrt an – ihr Leben nur damit zu genießen glauben, daß sie »dem Bauch, dem größten aller Götter«, opfern, »sich Essen und Trinken alle Tage schmecken und keinen Gram zum Kopfe steigen lassen«, predigt Wieland als eigentliche Lebenserfüllung das Ideal der Kalokagathia, der Harmonie von Leib und Geist, der Grazie, da die Sinnlichkeit vergeistigt und versittlicht, die reine Sittlichkeit leibhaftig und lebensnah wird. Sowohl die geistige Welt ist Wirklichkeit wie die körperliche; erst wenn beide zusammenfinden, kann der Mensch wahrhaft leben: »Wißt, in der Harmonie, die in den Trieben tönt, liegt alles Glück.«

»Das erste, was die auf mich selbst geheftete Betrachtung an mir wahrnimmt«, heißt es an einer Zentralstelle von Wielands Bildungsroman *Agathon* (1766f.), »ist, daß ich aus zwei verschiedenen und einander entgegengesetzten Naturen bestehe: einer tierischen, die mich mit allen andern Lebendigen in dieser sichtbaren Welt in eine Linie stellt; und einer geistigen, die mich durch Vernunft und freie Selbsttätigkeit unendlich hoch über jene erhebt. Durch jene hange ich auf tausendfache Weise von allem, was außer mir ist, ab, bin den Bedürfnissen, die allen Tieren gemein sind, unterworfen ... durch diese fühle ich mich frei, unabhängig, selbständig ... Gleichwohl, da nun einmal diese Vereinigung das ist, was den Menschen zum Menschen macht: worin anders könnte die höchste denkbare Vollkommenheit der Menschheit bestehen als in einer völligen, reinen, ungestörten Harmonie dieser beiden zu Einer verbundenen Naturen?«

»Die Geschichte des Agathon«, die Lessing in der »Hamburgischen Dramaturgie« den ersten und einzigen deutschen Roman für den denkenden Kopf von klassischem Geschmack nannte, zeigt die Entwicklung eines jungen Mannes, der in einem wechselvollen Leben seinen Weg durchs Abend- und Morgenland nimmt, u. a. Delphi und Athen, Smyrna und Tarent besucht, vom Glück verwöhnt und vom Unglück verfolgt wird. Er erlebt Feldherrntum und Seeräuberunwesen, höchsten Ruhm wie dessen Sturz, Anerkennung und Verbannung. Durch den Materialismus eines Sophisten und die praktische Belehrung einer Hetäre wird er als Idealist und Schwärmer zu Fall gebracht und muß seinen »idyllischen und enthusiastischen Scheinlösungen« entsagen. Dafür gewinnt er aber Übereinstimmung mit dem »Lauf der Welt« und der »Natur der Dinge« und sieht nun auch die menschliche Sinnlichkeit weder als sentimentale Empfindung noch als brutales Laster mehr an, sondern lernt sie als Zeichen einer harmonischen Verbindung von Geist und Körper wahrhaft genießen. Agathons Bildungsziel ist erreicht, als die Gegensätzlichkeit seiner menschlichen Natur – das Tierische wie das Geistige – in Vernunft, Geschmack und rechtem Maß zur Lösung kommt. Die Geliebte Agathons führt den bezeichnenden Namen Psyche: »Meine Augen, die schon lange gewohnt waren, anders zu sehen, als man in meinem damaligen Alter zu sehen pflegt, sahen in Psyche kein reizendes Mädchen, sondern die liebenswürdigste aller Seelen, deren geistige Schönheit aus dem durchsichtigen Flor eines irdischen Gewandes hervorschimmerte.«

Das sittliche Ideal Wielands und sein heiterer, vernünftiger und maßvoller Optimismus verlaufen sich in den breiten Bahnen zeitgenössischer Anakreontik. »Der Zweck des Lebens ist das Vergnügen«, meint **Johann Peter Uz** (1720–96) in seinem *Versuch über die Kunst, stets fröhlich zu sein* (1760). Drei Dinge führten uns dazu: der Genuß schöner Natur, die

Betrachtung der Kunst, das Erlebnis der Sinnenfreude. Aber nur der
Weise, der maßvoll zu genießen weiß, wird wirklich glück-
Die Kunst, lich sein, denn Glück liegt in der Ruhe unseres Gemüts
fröhlich begründet... »denn seine reinste Lust / entspringt nicht
zu sein außer ihm; sie quillt in seiner Brust.«

Neben Uz treten besonders **Friedrich von Hagedorn** (1708–54),
Wilhelm Ludwig Gleim (1719–1803, wegen seiner Gönnerrolle jungen
Poeten gegenüber »Vater Gleim« genannt) und **Ewald von Kleist** (1715
bis 59; Offizier im Heere Friedrichs des Großen – bei Kunersdorf tödlich
verwundet) hervor.

Auf den Spuren Anakreons gefallen sie sich in geselligen Wein- und
Liebesliedern, Epigrammen und Fabeln. Es handelt sich um allerlei
Tändelei: »Rosen pflücke, Rosen blühn, / morgen ist nicht heut!...
Trinke, küsse! Es ist / heut Gelegenheit!« (Gleim). Die üblichen Uten-
silien schäferlichen Schabernacks, Lämmer, Bänder, Gläser, Weinflaschen,
untermalen das heitere Kolorit, das freilich gelegentlich in senile Schlüpf-
rigkeit verfällt (wobei man sich auf Wieland berufen konnte). In der
Prosadichtung tritt **Salomon Gessner** (1730–88) hervor, der uns mit
seinen *Idyllen* (1756) in eine arkadische Natur versetzt. Es sind Rokoko-
stückchen im Sinne des französischen Malers Watteau, mit neckischen
Lauben und schattigen Buchen, schön durchglühtem Morgen- und Abend-
himmel, auf dem die Wölkchen tanzen, während die Grazien sich hinter
dem Gebüsch lagern, vom Satyr belauscht. Von Fall zu Fall jedoch durchbricht ein dionysischer Klang die Tonlage der Banalität, auf die die
anakreontische Dichtung der Zeit gestimmt ist. Denn »Wein« – ein Gott
in den Trauben – mag auch Besessenheit, Verzückung bedeuten; »Rose«
wird zum tiefgreifenden Symbol für Liebesleid und Liebeslust. Dann
wird Anakreontik freudig bewegtes Bekenntnis zur Schönheit der Welt,
das aber zugleich überschattet ist vom Bewußtsein irdischer Vergänglichkeit: diese Nachbarschaft erst gibt ihr Größe und Tiefe. »Eine Schale des
Harms, eine der Freuden wog / Gott dem Menschengeschlechte...«,
schrieb Hölty.

Die Empfindsamkeit

Der optimistischen Philosophie der Aufklärungszeit erschien die Welt
als ein großartig übersichtlich angelegtes Gebäude, in dem alles geordnet
und geregelt seinen Weg geht. Die Natur galt als das Wunderwerk einer
über allem stehenden, in allem wirkenden Vernunft, und diese Vernunft
wiederum wurde als Ausdruck göttlichen Geistes empfunden. Aus der
Gleichsetzung von Natur–Vernunft–Gott erwächst das Preislied des

Dichters zur Erbauung seiner Mitmenschen: Lob der Natur, Lob der Vernunft, Lob Gottes; Barthold Heinrich Brockes erwies sich dabei als bieder-nüchterner, Albrecht von Haller als philosophierend-eindringlicher, Friedrich Gottlieb Klopstock als leidenschaftlich-dithyrambischer Sänger.

»Die Welt ist in ihrer ganzen Anlage wunderbar. Das unendlich Gute auf dem Erdboden und die unendliche Mannigfaltigkeit der Geschöpfe auf demselben wirken bei einem aufmerksamen Zuschauer,

**Die voll-
kommene
Welt**

daß er an allen Orten neue Süßigkeiten der göttlichen Liebe fühlet und schmecket«, heißt es in der Vorrede zu Brockes *Landleben in Ritzebüttel,* ein Wort, das als Motto über dem Gesamtwerk des Dichters stehen könnte. 1680 in Hamburg geboren, hatte **Barthold Heinrich Brockes** die kaufmännische Laufbahn eingeschlagen; er war 1720 Senator in Hamburg geworden, 1735 Amtmann in Ritzebüttel; 1747 ist er gestorben. Mit praktisch-kaufmännischem Blick begutachtet Brockes auch als Dichter die Welt und ihr Geschehen; wie die Schiffe die Schätze der ganzen Erde in den Hamburger Hafen einliefern, so erscheint ihm die Natur als Hort der Güter, die zum Wohle und Nutzen des Menschen bestimmt sind. Das war Theodizee für den Alltags- und Hausgebrauch, ein *Irdisches Vergnügen in Gott* – wie der Titel seiner wesentlichen Gedichtsammlung lautet (1721ff., 9 Bände). Die hier veröffentlichten »physikalischen und moralischen Gedichte«, die vom »schönen Bau der Erde« bis zum kleinsten »bewundernswerten Stäubchen« eine Bestandsaufnahme der Natur darstellen, zeichnen sich durch eine genaue Naturbeobachtung aus und sind voller Glücksgefühl über die »vernünftige Wunderwelt« dieser Erde: »Wie glücklich, wer, wie wir, von Stadt und Hof entfernt, / den Schöpfer im Geschöpf vergnügt bewundern lernt.«

Gewiß muß diese Dichtung bei dem Versuch, möglichst genaue Konturen zu zeigen, alles Detail wiederzugeben und die Existenz des Bösen weitgehend auszuklammern oder zu verharmlosen, philiströs wirken. Brockes scheut sich nicht, die Zweckmäßigkeit eines gebratenen Lammkopfes auf sieben Seiten zu erläutern; er erwähnt bei einer »Liste einiger uns von Gott geschenkten und erhaltenen Gaben« bei dem Abschnitt »Wundergaben unseres Körpers« gleich alle Organe und Gliedmaßen (44 »und viele andre Glieder«); der Schnupftabak muß ihm die Weisheit verkünden: »Lieber Mensch, auch du bist Staub!« Vom Wolf meint Brockes – denn die Frage nach der Existenzberechtigung des Bösen in dieser besten aller Welten quält den Dichter: ». . . sind auch in Wölfen viele Dinge zu unserm Nutzen noch zu finden. / Wir haben nicht nur ihrer Bälge im scharfen Frost uns zu erfreuen, / es dienen ihrer Glieder viele zu großem Nutz in Arzeneien«. Über solches und ähnliches spotteten später Goethe und Schiller mit Recht in den »Xenien«: »Welche Verehrung verdient der Weltenschöpfer, der gnädig, / als er den Korkbaum schuf, gleich auch die Stöpsel erfand.«

Auf der anderen Seite aber überzeugen die manchmal geradezu impressionistisch geschilderten Naturszenerien, welche die feinsten Schattierungen in Licht und Farbe

widerzuspiegeln vermögen. »Führe mich, Alter, nur immer in deinen geschnörkelten
Frühlingsgarten! / Noch duftet und taut frisch und gewürzig sein Flor«, schrieb
Mörike, und er mag dabei an Gedichte wie *Kirschblüte bei der Nacht; Über das
Firmament; Die Kornblume* gedacht haben.

Tiefer als Brockes suchte **Albrecht von Haller** (1708–77) der Frage
nach der prästabilierten Harmonie nachzugehen. Er grübelt mehr nach, er
zeigt nicht den fröhlich-oberflächlichen Optimismus. »Ins Innre der Natur
dringt kein erschaffener Geist, / zu glücklich, wann sie noch die äuß're
Schale weist« – bis zu solchem Agnostizismus führen ihn manchmal
Skepsis und erkenntnistheoretischer Pessimismus. Und doch hält auch
Haller an der Gleichung Natur–Vernunft–Gott fest. Das zeigt besonders sein Gedicht *Vom Ursprung des Übels* (1734), in dem er die Berechtigung und Notwendigkeit des Bösen und Schlimmen in dieser Welt
darlegt. Gott hat egoistische und »soziale« Triebe in uns gelegt; wenn wir
den Kampf in uns nicht siegreich bestehen, verfallen wir der Sünde. Der
ständigen Auseinandersetzung entspringen jedoch Bewegung und Leben.
Es ist wie bei den physischen Übeln – (der aus einem alten Schweizer
Patriziergeschlecht stammende Haller war Arzt, als Professor in Göttingen Gründer des Botanischen Gartens und des Anatomischen Instituts):
der Schmerz ist für den Heilungsprozeß notwendig, er ist der »bittre
Trank, womit der Leib sich heilet«.

In seinem Gedicht *Die Alpen* (1729) hatte Haller – entgegen den
Schäferträumen des Barock und Rokoko – den wahren Charakter seiner
Heimat gezeigt, die Naturschilderung didaktisch dahingehend erweitert,
daß er in jedem Bewohner dieser erhabenen Landschaft die
Das Ideal des erhabene Freiheit des Menschen verkörpert findet. Hier
natürlichen klingt schon Rousseaus »Zurück zur Natur!« an, freilich
Menschen ohne jede Sentimentalität, vielmehr mit den zurückhalten-
den, »vernünftigen« Worten eines kritisch-naturwissenschaftlichen
Beobachters.

Der »Älpler« lebt fern von den Gebräuchen und Mißbräuchen der
städtischen Zivilisation, er ist vom Übel abgeschirmt durch die hohen
Mauern der Berge. – »Er zeigt der Freiheit Wert, wie Gleichheit an den
Gütern / und der Gesetzen Furcht des Standes Glück erhält. / Er weiß,
wie die Gewalt selbst-herrschender Gebietern, / zuerst das Volk erdrückt
und dann von selbsten fällt. / Er rühmt der Eintracht Macht, und daß
vereinte Kräften / auch an ein schwaches Land des Glückes Flügel heften.«

In diesem Zusammenhang kann auch *Johann Gottfried Schnabels* (1692–1750) *Die
Insel Felsenburg (Wunderliche Fata einiger Seefahrer)* (1731–43) stehen. Ein utopi-
scher Inselstaat wird als das Dorado gepriesen, in dem bürgerliche Menschen in einer
Mustergemeinschaft zufrieden und in familiärer Geborgenheit leben können. Inmitten
einer harmonischen Natur herrschen Duldsamkeit, Einfachheit und Natürlichkeit,

Vernunft und Sittlichkeit. Schnabel folgt damit *Daniel Defoes* (1659–1731) berühmtem *Robinson Crusoe*, der ungezählte Nachahmer fand, wobei freilich das Abenteuerliche immer mehr überwog. Auf der anderen Seite zeigt Schnabel auch die Sehnsucht der Zeit nach einer neuen staatlichen Ordnung (vgl. Lessing!) und nimmt die Tradition des Staatsromans wieder auf (von *Thomas Morus' Insula Utopia*, 1516, zu *Wielands Der goldene Spiegel*, 1772, und *Klopstocks Die deutsche Gelehrtenrepublik*, 1774).

In seinem *Unvollkommenen Gedicht über die Ewigkeit* (1736) unternimmt es Haller, in immer neuen Ansätzen den »höchsten Gedanken« – die Unendlichkeit Gottes – dichterisch zu bewältigen: ein dithyrambisches Umkreisen, das im Fragment steckenbleibt (steckenbleiben muß). Hier zeigt sich der Dichter nicht mehr als »Beobachter«, hier fühlt er sich selbst als Organ des Göttlichen, als poeta inflammatus – »O Gott! Du bist allein des Alles Grund! /Du, Sonne, bist das Maß der ungemeßnen Zeit, / du bleibst in gleicher Kraft und stetem Mittag stehen, / du gingest niemals auf und wirst nicht untergehen, / ein einzig Jetzt in dir ist Ewigkeit! / Ja, könnten nur bei Dir die festen Kräfte sinken, / so würde bald, mit aufgesperrtem Schlund, / ein allgemeines Nichts des Wesens ganzes Reich, / die Zeit und Ewigkeit zugleich, / als wie der Ozean ein Tröpfchen Wasser, trinken.«

Die Dynamik des Stils wie die grandiose Bemühung weisen auf **Friedrich Gottlieb Klopstock** (1724–1803).

Er wurde zu Quedlinburg als Sohn eines pietistischen Advokaten geboren, besuchte die Fürstenschule Schulpforta und studierte in Jena und Leipzig Theologie. Auf Einladung Bodmers reiste er nach Zürich (vgl. die Ode *Der Zürcher See*), doch erfolgte bald eine Entfremdung zwischen beiden. Klopstock kehrte nach Hamburg zurück, ging später nach Kopenhagen, wo ihm der Dänenkönig eine Pension aussetzte. Seine Frau, Meta Moller (Cidli), die er 1754 geheiratet hatte, verlor er schon nach vier Jahren.

Klopstocks *Oden* (gesammelt 1771) sind seit 1748 das Ereignis, »das mit einem Schlag die geheimsten Tendenzen der Zeit zu erfüllen schien und bis heute die Grenze bedeutet zwischen einer bloß historisch und einer noch unmittelbar verständlichen Epoche deutscher Lyrik« (Max Wehrli).

Preis der höchsten Werte

So neuartig jedoch auch die rhapsodische Begeisterung, die starke Phantasie und das kosmische Lebensgefühl wirken mußten, mit dem der Dichter die großen Themen »Gott und Unsterblichkeit« *(Die Frühlingsfeier)*, die Natur *(Der Eislauf; Der Zürcher See)*, Tugend, Freundschaft und Liebe *(An meine Freunde; Fanny-Cidli-Oden)*, Freiheit und Mannesmut besang, die Thematik liegt ganz im aufklärerischen Bereich. Als Aufklärer ist Klopstock durchdrungen von dem Glauben, daß alles gut ist, weil es vernünftig ist, und die hohen Tugenden nur gesungen und besungen werden müßten, damit der Mensch ihnen treu bleibt bzw. zu ihnen zurückkehrt: dithyrambische Erziehung des Menschengeschlechts! Seine Dichtung ist zudem Ideenlyrik, ist reichlich mit Reflexion und philosophischer Überlegung durchsetzt: »Klopstock zieht allem, was er behandelt, den Körper aus, um es zu Geist zu machen« (Friedrich Schiller). Und schließlich ist die innere wie äußere Form (der Bau der Sätze wie die Art des Versmaßes [Ode!]) strenggesetzlich, verstandesmäßiger Erkenntnis und Überlegung entsprungen.

Nur selten schwingt die Begeisterung des Dichters in freie Rhythmen über, wie etwa in der *Frühlingsfeier:*

> »Nicht in den Ozean der Welten alle
> will ich mich stürzen! Schweben nicht,
> wo die ersten Erschaffnen, die Jubelchöre der Söhne des Lichts,
> anbeten, tief anbeten! und in Verzückung vergehn!
>
> Nur um den Tropfen am Eimer,
> um die Erde nur will ich schweben und anbeten!
> Halleluja! Halleluja! Der Tropfen am Eimer
> rann aus der Hand des Allmächtigen auch!«

Damit leitet Klopstock eine neue Entwicklung ein, die auf Hölderlin zuführt. Dem entsprechen auch manche programmatische Erklärungen Klopstocks, so etwa, wenn er ganz im Sinne der späteren Originalgenies des Sturm und Drang in der Abhandlung *Von der heiligen Poesie* davon spricht, daß das »Genie ohne Herz nur ein halbes Genie« sei. »Die letzten und höchsten Wirkungen der Werke des Genies sind, daß sie die ganze Seele bewegen. Wir können hier einige Stufen der starken und der stärkeren Empfindungen hinaufsteigen. Dies ist der Schauplatz des Erhabenen.«

Als Hauptwerk betrachtete Klopstock sein großes Versepos *Der Messias,* dessen eröffnende drei Gesänge 1748 erschienen, das aber erst nach Jahrzehnten beendet wurde (1773). Die Begeisterung

Das Heil der Erlösung

war zunächst überschwenglich, vor allem bei der Jugend, die hier einen neuen Ton und die Überwindung einer bereits als Fessel empfundenen rationalen Haltung verspürte. Dabei war die Paraphrase der Leidensgeschichte Jesu Christi (Klopstock ließ sich von dem Engländer **John Milton** [1608–74] und seinem *Paradise Lost* und *Paradise Regained* inspirieren) in das klassische Metrum des Hexameter gepreßt, das gekünstelt wirken mußte und dem großen, erhabenen Vorwurf auch nicht annähernd adäquat sein konnte; die breite und aufgequollene Darstellung zerstörte zudem die Möglichkeit innerer Erschütterung; der Dichter versuchte, durch eine erdrückende Quantität an Worten und Metaphern seiner Begeisterung Ausdruck zu verleihen. Klopstock begreift zudem – als Kind der Aufklärung – auch nicht die Tragik vom Leiden und Tod Christi in ihrer ganzen Tiefe; er bekundet nur die von der Daseinsfreude seiner Zeit

getragene optimistische Auffassung, daß Christi Tod die Sündennacht
beendet und die Befreiung des Menschen endgültig vollzogen habe:

>»O Aufgang aus der Höh', o des Herrn Sohn, du o Licht
von dem Licht, der erlöst hat.
O Urquell, es ergeußt, o des Heils Quell, wie ein Strom,
wie ein Meer, so gebeutest du, von dem Lichtthron sich herab
der Erschaffenen Glück! Erzengel, merkt auf,
wie das Heilmeer durch den Weltkreis weit sich ergeußt.«

Neben seinem »Messias« und anderer geistlicher Dichtung (Dramen, Oden) sowie
seinen Natur- und Liebesgedichten war Klopstock zusammen mit *Ewald von Kleist*
(1715–1759; *Der Frühling*) Bahnbrecher einer national gesinnten Literatur geworden,
in der die dramatische Hermanntrilogie *(Hermanns Schlacht – Bardiet für die
Schaubühne,* 1769, *Hermann und die Fürsten,* 1784, *Hermanns Tod,* 1787) die wichtigste Stellung einnimmt. Im Sinne einer nationalen Erneuerung muß auch Klopstocks
Prosaschrift *Die Deutsche Gelehrtenrepublik* (1774) verstanden werden, in der er einer
Art »Deutscher Akademie für Sprache und Dichtung« das Wort redet.

Ein herbes, aber in vielem richtiges Urteil hatte schon Lessing über Klopstocks
Bemühungen gesprochen: »Wer wird nicht einen Klopstock loben? / Doch wird ihn
jeder lesen? – Nein! / Wir wollen weniger erhoben / und fleißiger gelesen sein.«

**Anbruch des
Irrationalis-
mus**
Man sieht, wie bei Lessing, Klopstock, Wieland – den drei
Höhepunkten der Aufklärungszeit – das dichterische
Werk zugleich weiterweist; neue Ansätze und neue Ziele
werden sichtbar. Das gilt auch für andere Gestalten der
Epoche: der Keim zu ihrer Überwindung liegt in ihr selbst beschlossen.

So erfährt etwa der Glaube an die Vernunft bei Albrecht von Haller
eine skeptische Beurteilung. In seinen *Gedanken über Vernunft, Aber-
glauben und Unglauben* stehen die bezeichnenden Verse:

>»Dein Wissen ist Betrug und Tand dein höchstes Gut.
Du fehlst, sobald du glaubst, und fällst, sobald du wanderst,
wir irren allesamt, nur jeder irret anders.«

Stimmen werden laut, die der Vernunft das Herz entgegenstellen, die
Macht und Kraft des Gefühls, das Subjektive, das Wunderbare, den
Enthusiasmus gegen die Vernunft, das Objektive, das Tatsächliche, das
Alltägliche ausspielen. Von Gellerts sentimentalen Lustspielen sagte Klopstock anerkennend: »Des Herzens Wert / zeigt auf dem Schauplatz keiner
mit jenem Reiz, / den du ihm gabst.« Daß er »mitleidige Tränen« hervorrufe, hatte der Dichter selbst von seinen Dramen und Prosastücken
erhofft.

Lichtenberg stellte fest, daß »unsere ganze Geschichte bloß Geschichte
des wachenden Menschen sei«; er fordert eine stärkere Beachtung der
Träume und des im Traum sich offenbarenden Unbewußten. Lessing hatte
in der »Hamburgischen Dramaturgie«, ähnlich wie Lichtenberg, auf

Shakespeare hingewiesen, einen Dichter, der nicht nach den Regeln des Verstandes, sondern aus Intuition und Instinkt, aus seinem »Genie« heraus schaffe. Besonders hebt er den »Hamlet« hervor und hier die Geister-erscheinung: »Ist es durchaus nicht erlaubt, Gespenster und Erscheinungen auf die Bühne zu bringen? Folglich ist diese Quelle des Schrecklichen und Pathetischen für uns vertrocknet? Nein; dieser Verlust wäre für die Poesie zu groß ... Wir glauben keine Gespenster mehr? Wer sagt das ... Wir glauben jetzt keine Gespenster kann also nur soviel heißen: in dieser Sache, über die sich fast ebensoviel dafür als darwider sagen läßt, die nicht entschieden ist und nicht entschieden werden kann, hat die gegen-wärtige herrschende Art zu denken den Gründen darwider das Über-gewicht gegeben.« Das ist sehr vorsichtig ausgedrückt, schließt aber die Bejahung des Irrationalen, »Unvernünftigen«, durchaus ein.

In der Abhandlung *Enthusiasmus und Schwärmerei* (1775) schließlich preist Wieland den Enthusiasmus als das »wahre Leben« ... »Hebet eure Augen auf und sehet: was sind Menschenseelen, die diesen Enthusiasmus nie erfahren haben? und was sind die, deren gewöhnlichster natürlichster Zustand er ist? – Wie frostig, düster, untätig, wüst und leer jene! Wie heiter und warm, wie voller Leben, Kraft und Mut, wie gefühlvoll und anziehend, fruchtbar und wirksam für alles, was edel und gut ist, diese!«

Die geschlossenste Kunsttheorie im Zeichen des anbrechenden Irratio-nalismus finden wir bei den beiden Schweizern Bodmer und Breitinger vertreten.

Johann Jakob Bodmer, geb. 1698 zu Greifensee, wurde zunächst Kaufmann, dann aber Professor für vaterländische Geschichte in Zürich. Als Herausgeber stöberte er Literaturdenkmäler aus dem deutschen Mittelalter auf. Goethe umriß Bodmers sorgende Tätigkeit für die jungen Dichter seiner Zeit mit dem Wort, daß dieser eine »Gluckhenne für junge Talente« sei. Klopstock, Wieland, Ewald von Kleist, Geßner, Goethe, Heinse u. a. haben ihn besucht und kürzere oder längere Aufenthalte bei ihm verbracht. Bodmer starb 1783 in Zürich.

Auch *Johann Jakob Breitinger* verbrachte die meiste Zeit in Zürich (1701 dort geboren, 1776 dort gestorben). Er war Professor für alte Sprachen am Gymnasium. Zusammen mit Bodmer gab er die wichtige Zeitschrift *Diskurse der Maler* heraus (Malerei und Dichtung erschienen ihnen – im Gegensatz zu Lessing – als innerlich nah verwandte Gebiete), mit der sie Gottsched und den anderen »Vernünftlern« entgegentraten.

Für Bodmer und Breitinger war Kunst weder ein Produkt des Ver-standes noch vornehmlich an den Verstand gerichtet; sie kehrten statt dessen die Bedeutung des Gemüts für den Schöpfungs- wie Aufnahme-prozeß hervor. Nicht das, was uns vernünftig und verständig erscheine, packe uns am stärksten, sondern das, was über die Welt des Alltäglichen hinausreiche: das Wunderbare. In der Vorrede zu der Schrift *Kritische Ab-handlungen von dem Wunderbaren in der Poesie* (1740) erklärt Bodmer, daß die philosophischen Wissenschaften und die Neigung zur verstandesmäßigen Erklärung der Welt die Deutschen zugleich matt und trocken habe werden lassen. »Das Wunderbare braucht in der Poesie keine Wahrheit, sondern Wahrscheinlichkeit ... Wenn wir in die unsichtbare Welt der Geister hinübergehen, so eröffnet sich uns eine neue Quelle des Wunderbaren.« Dafür könnten John Milton und Shakespeare Vorbilder sein.

Das waren freilich noch immer Überlegungen, die der Vernunft, d. h. rationaler Betrachtung entsprangen und in kritischen und gelehrten Abhandlungen über Poesie – wie sie besonders in der Aufklärungszeit beliebt sind – niedergelegt wurden; es war Erkenntnis vom Wert der Intuition, die auf deduktivem, verstandesmäßigem Wege gefunden wurde. Dagegen hat der anbrechende Irrationalismus im Pietismus auch eine existentiell erfüllte Lebenshaltung zum Ursprung.

Wir können im Pietismus einen Nachfahren der mystischen Bewegungen seit dem Mittelalter sehen. Er ging im 18. Jahrhundert aus der protestantischen Kirche hervor und stellte der in starrer Ver**Glaube als** nünftelei festgefahrenen Theologie das aus der persönlichen **Erlebnis** Erfahrung erwachsende Glaubenserlebnis entgegen. In diesem Sinne wirkten z. B. **Philipp Jakob Spener** (1635 bis 1705) und **August Hermann Francke** (1663–1727). Im Kirchenlied findet die neue Einstellung ihren Ausdruck in **Nikolaus Ludwig Graf von Zinzendorfs** (1700–60) *Sammlung geistlicher und lieblicher Lieder* (1725) und **Gerhard Tersteegens** (1697–1769) *Geistliches Blumengärtlein inniger Seelen* (1729). Im Rahmen einer methodisch geübten Selbstbeobachtung und Selbstdemütigung soll der Mensch über die Katharsis der Zerknirschung für die Eingebung des »göttlichen Heiles« bereit gemacht werden, denn nur dann könne der »Durchbruch der Gnade Gottes«, die »innere Wiedergeburt« erfolgen. Das bedeutet in einem Zeitalter der Ratio und des entschiedenen Vernunftglaubens eine Wiederentdeckung der Seele und einen damit in Verbindung stehenden Aufschwung einer Kultur des »Gefühlslebens«. Im dichterischen Bereich zeigt sich ein sorgfältiges Eingehen auf die menschlichen »Herzens- und Seelenstimmungen«. Tagebücher werden beliebt (bis hin zu Goethes »Werther«); introspektive Schilderungen setzen sich durch. Diese Empfindsamkeit, deren Vertreter sich durchweg als »schöne Seelen« fühlen und auch so genannt werden, findet einen weiteren Kristallisationspunkt in einem neuen Naturgefühl, das dem der Aufklärung insofern entgegensteht, als es sich um ein »Sich-Versenken« in sie handelt und der nüchterne Optimismus angesichts der Weltordnung einer sich selbst vergessenden »zweckfreien Begeisterung« weicht.

In diesem Sinne waren sowohl das Menschenbild wie das Naturgefühl Klopstocks, Gellerts, Claudius', Voßens, des jungen Wieland, in manchem auch Lessings, durch den Pietismus mitbestimmt. Eine Reihe von Romanen bereitete zudem den Boden für die später auftretenden »Seelengemälde«, von denen *Goethes Werther* und *Karl Philipp Moritz' Anton Reiser* die bedeutendsten werden sollten. Damit aber ist die Brücke zum Sturm und Drang bereits überschritten.

DER STURM UND DRANG

Das Ungenügen an einer rein auf die Vernunft begründeten Kultur mit zunehmender Erstarrung in Regelhaftigkeit und Pedanterie hatte schon in den eigenen Reihen der Aufklärung eine Hinwendung zum Gefühl mit sich gebracht. Wenn auch die Empfindsamkeit in vielem auf rationale Geisteshaltung zurückgeführt werden kann, so lagen damit doch bereits entscheidende Anzeichen vor, die einen Umschlag des Rationalismus in eine Epoche des Irrationalismus erwarten ließen. Diesen Durchbruch vollzieht der Sturm und Drang. Gewiß führt auch er in manchem nur fort, was schon begonnen war: Sein soziales Streben nach Weltverbesserung ist durchaus aufklärerisch, da es mit Hilfe vernünftiger Kritik und Einwirkung eine Erziehung des Menschengeschlechts für möglich hält; seine Gefühlstrunkenheit hat einiges mit der Sentimentalität der Aufklärung und der Gefühlskoketterie des Rokoko gemein. Und doch bildet der Sturm und Drang eine tiefe Zäsur, hinter der ein ganz neues Menschen- und Weltbild entsteht. Schon seine Anreger, erst recht seine Hauptvertreter sind nach Denken und Fühlen, ja von ihrer Gesamtexistenz her »neue Menschen«, wie sie die Aufklärung nicht gekannt hat. Darüber hinaus werden seine bedeutendsten Vertreter, der junge Goethe und der junge Schiller, später zu den großen Repräsentanten der deutschen Klassik; die Entdeckung Homers macht den Blick auf die griechische Dichtkunst frei und ebnet somit den Weg zu einem neuen Verständnis der Antike; die Rolle, die der Sturm und Drang dem Gefühl zuerkennt, die Betonung des Wertes intuitiver Erlebnisweise und die Ehrfurcht vor dem Geheimnis nehmen Züge der Romantik voraus; das soziale Empfinden und die soziale Anklage – humanitärem Denken entsprungen, in jugendlich bewegter Sprache vorgetragen – weisen auf Büchner, Hauptmann und Kaiser voraus.

Im Mittelpunkt des neuen Menschenbildes steht die Idee der Freiheit, und zwar einer Freiheit in gesellschaftlich-politischer, in persönlicher und in künstlerischer Hinsicht. Gegen Fürstenwillkür und Tyrannendruck steht der Anspruch auf Gleichberechtigung und Menschenrecht. Der einzelne fordert das Recht auf Entwicklung und Entfaltung seiner Individualität, wie sie seinem Wesen und seinen Anlagen entspricht. Der Künstler schließlich löst sich von den Regeln und Bindungen vermeintlicher Gesetze, die alles Schöpferische nivellieren und das Geniale ersticken. Das Genie wird dem Verstand und der Vernunft übergeordnet; »Genie« ist der Dichter aus dem Herzen und Gefühl; er gilt als Mittler des Irrationalen und Sprachrohr Gottes. Die Formulierung »es dichtet« wird zu einer oft verwendeten Umschreibung solch ekstatischen Zustands.

Englische Einflüsse bestimmen die Genielehre in wichtigen Punkten. Schon der Philosoph *David Hume* (1711–76) hatte (in seinen Werken *Abhandlungen über die menschliche Natur*, 1740, und *Untersuchung über den menschlichen Verstand*, 1748) die Haltlosigkeit einer rationalistischen Weltordnung und -erklärung aufgezeigt und auf die Wichtigkeit der Erfahrung verwiesen. *Edward Young* (1681–1765) entdeckte die Bedeutung der Phantasie neu für das dichterische Schaffen und prägte auch den Begriff des »Originalgenies«: »Niemals ist jemand ohne göttliche Begeisterung ein großer Mann geworden.«

Indem das Genie nicht dichtet, weil es will, sondern weil es muß, verliert Kunst ihren Zweckcharakter und wird zur Offenbarung. Obwohl sie aus subjektivem Erleben herauswächst, will sie ins Allgemeingültige, Mythische und Kosmische vorstoßen, ist sie symbolisch.

Gleichwohl eignet dem Sturm und Drang auch ein starkes Interesse an der Wirklichkeit, das sich vornehmlich in der Behandlung sozialer Fragen spiegelt. Das humanitäre Ethos des Originalgenies, dem das Herz für die Armen und Geschundenen dieser Erde schlägt und den ein heiliger Zorn erfaßt gegen Ausbeuter und Despoten, ist so stark, daß für das eigene Leiden an der Zeit mitunter Selbstvernichtung als der Weisheit letzter Schluß propagiert wird. Der Gegensatz von unendlicher Weite und endlicher Enge führt zu einer Zerrissenheit, die in das »Faustische« als Zeichen dieser Epoche einmündet, zumal der Konflikt zwischen der überkommenen Kultur und einer neu verstandenen Natur noch hinzukommt.

In seiner Kulturkritik war der Sturm und Drang wesentlich beeinflußt von *Jean Jacques Rousseau* (1712–78). In seiner bahnbrechenden Preisschrift für die Akademie von Dijon (1750) hatte er den Fortschritt der Kultur für den sittlichen Verfall verantwortlich gemacht und die Geschichte des menschlichen Fortschritts als unaufhaltsamen Entartungsprozeß bezeichnet: »Der Mensch, der denkt, ist ein entartetes Tier.« Der Mensch im Schoße der Natur dagegen ist gut, rechtschaffen und glücklich. Man muß zur Natur zurückkehren: »Retour à la nature!« Nur so lösen sich die persönlich-familiären und erzieherischen (*Emil oder Die Erziehung*, 1762) wie die politischen Probleme (*Der Staatsvertrag*, 1762).

Der Ruf nach dem Naturzustand hatte für die Dichter des Sturm und Drang weitgehende Folgen: man glaubt, die Poesie nur dort rein und echt zu finden, wo sie naturhaft, ursprünglich ist, beim Volk und bei Dichtern (wie Shakespeare und Homer), die die Nähe zu Natur und Volk noch nicht verloren hatten. Auch die geschichtlichen Denkmäler (der Baukunst etwa) finden nur dann Wertschätzung, wenn sie mehr Natur als Kultur, mehr Gefühl als Verstand zu verraten scheinen.

Die Anreger

Da der Sturm und Drang in der Vernunft kein Organ der Welt- und Lebenserfahrung mehr sieht, gilt ihm jedes »System« als ein Hindernis auf dem Weg zur Wahrheit. An die Stelle von kritischem Erfassen und theoretischem Überlegen treten intuitives Ahnen, Staunen, Ergriffensein – und auch »tätiges Leben«. »Denken Sie weniger und leben Sie mehr!« – ruft **Johann Georg Hamann** (1730–88) seinen Zeitgenossen zu.

»Magus aus Norden« wurde der aus Ostpreußen stammende Hamann genannt. Als Sohn eines Arztes in Königsberg geboren, studierte er Theologie und unternahm als Hofmeister und Kaufmann Reisen nach Amsterdam und London, bis ihn eine religiös tief aufwühlende Bekehrung aus seinem wilden und zügellosen Leben riß. Fortan sah er seinen eigentlichen Lebenssinn darin, Bahnbrecher zu sein für eine irrationale Welt- und Lebenssicht. In Münster starb er.

Hamanns Schriften wollen nach seinen eigenen Worten »Kreuzzüge sein gegen die Lügen-, Schau- und Maulpropheten der Aufklärung«, die von der »Schlange Philosophie mit dem Apfel Vernunft« ver-
Gefühl   führt worden seien. Seine Sprache ist dunkel, vieldeutig,
ist alles   mit Bildern überlastet. Die Wahrheit könne nicht begriffen, sondern nur geahnt werden; dazu müsse sie die Sprache in immer neuen Anläufen umkreisen.

Der griechische Philosoph Sokrates (*Sokratische Denkwürdigkeiten,* 1759), der dem Geist mißtraut und sich als Sprachrohr des Daimonion gefühlt habe, galt Hamann als Vorbild. Entsprechend müsse sich auch der Dichter dem Born alles Schaffens, dem reinen Gefühl, zuwenden. In den *Kreuzzügen des Philologen* (1762) findet sich der Satz: »Poesie ist die Muttersprache des menschlichen Geschlechts; wie der Gartenbau älter als der Acker, Malerei als Schrift, Gesang als Deklamation, Gleichnisse als Schlüsse, Tausch als Handel. Ein tieferer Schlaf war die Ruhe unserer Urahnen und ihre Bewegung ein taumelnder Tanz. Sieben Tage im Stillschweigen des Nachsinnens oder Erstaunens saßen sie – und taten ihren Mund auf – zu geflügelten Sprüchen.«

Dichtung ist dem Sturm und Drang nicht Errungenschaft von Bildung, sondern Naturgabe, die im Volk am ursprünglichsten und elementar-
sten hervorsprudelt. »Je wilder, d.i. je lebendiger, je frei-
Poesie   wirkender ein Volk ist – desto wilder, d.i. lebendiger,
des Volkes   freier, sinnlicher, lyrisch handelnder müssen auch, wenn
es Lieder hat, seine Lieder sein« (Herder).

1760 hatte der Schotte *James Macpherson* in England ältere Dichtungen veröffentlicht, die er – was sich später als Fälschung erwies – dem Sänger *Ossian* zuschrieb. 1765 gab der englische Bischof *Percy Reliquies of Ancient English Poetry* heraus. – In Deutschland hatte *Heinrich Wilhelm von Gerstenberg* (1737–1823) in seinen

Briefen über Merkwürdigkeiten der Literatur (1766/67) mit der Edda bekannt gemacht und das *Gedicht eines Skalden* herausgegeben.

Gottfried August Bürger (1747–94), als Sohn eines Pastors in einem kleinen Harzdorf geboren, hatte nach seinem Studium zunächst als Dozent, dann als a.o. Professor für Ästhetik in Göttingen der Schrift Percys in Deutschland den Weg geebnet. Unter dessen Einfluß wandte er sich selbst der Volkspoesie zu und schrieb eine theoretische Abhandlung zu diesem Thema: *Herzensausguß über Volkspoesie* (1776). – Viele von Bürgers Gedichten, etwa seine Balladen *Lenore, Der wilde Jäger, Das Lied vom braven Mann,* sind im Volkston gehalten, wobei er den farbiggrellen Moritatenstil der Jahrmarktsbuden mit einprägsamen Naturszenen zu verbinden weiß. Unglückliche Familienverhältnisse verzehrten Bürgers Talent, inspirierten ihn allerdings auch zu innig empfundenen Liebesliedern an »Molly«, die Schwester seiner ersten Frau.

An all das konnte **Johann Gottfried Herder** (1744–1803) anknüpfen, als er sich seinerseits mit der Volksdichtung beschäftigte und alte Lieder zusammenzutragen begann. 1778/79 erschienen seine *Volkslieder.* Von dieser Veröffentlichung und dem mit ihr verknüpften Aufruf, auf Gassen, Fischmärkten, in den Bauernstuben und auf den Tanzböden altes Liedgut aufzuspüren, ging eine ungeahnte Wirkung aus. Der »Kathederpoesie«, von Gebildeten für Gebildete geschrieben, wird eine Abfuhr erteilt.

Urkraft aller Kräfte
Eine große Seereise hatte sich als entscheidendes Erlebnis erwiesen, das Herders geistiges Schaffen einleitete *(Journal meiner Reise im Jahre 1769).*

Als Sohn eines Lehrers und Küsters in Ostpreußen geboren, hatte Herder nach dem Studium der Theologie und Medizin in Königsberg zunächst das Amt eines Geistlichen angetreten, was ihn jedoch nicht befriedigte. Bald löste er sich von allen Bindungen: »Ich mußte also reisen.« Der lange Aufenthalt auf dem Schiff, das durch das erregende Erlebnis des Meeres geförderte intuitive Erschauen und Erfassen erweckt in ihm den Geschichtsdenker. Im »Journal« entwirft er seine hochfliegenden Pläne: eine Universalgeschichte der Bildung der Welt zu schreiben. – Zeitlebens hat Herder, der später auf Veranlassung Goethes als Oberkonsistorialrat nach Weimar berufen wurde, an diesem gigantischen Unternehmen gearbeitet, ohne es vollenden zu können. Fragmentarisches Anregen lag ihm mehr als systematische Ausarbeitung. Die *Ideen zur Philosophie der Geschichte der Menschheit* (1784–91) zeigen den Menschen als Naturgeschöpf, das sich aber, der Humanität zustrebend, in dem ihm zustehenden Raum der Freiheit geistig-sittlich zu entwickeln und weit über die Tierwelt und die eigene physische Existenz zu erheben weiß. So prägt seelische Kraft die Epochen der Menschheit; hinter allem aber steht letztlich Gott, die »Urkraft aller Kräfte«.

Hatten die Historiker der Aufklärung die Vergangenheit stets an der Gegenwart gemessen und nach der Frage beurteilt, ob das geschichtliche Werden dem Fortschritt, der Verstandeserleuchtung gedient habe, so solle nun die Geschichtsbetrachtung »psychologisch« vorgehen. Herder sieht in jeder geschichtlichen Erscheinung eine eigene seelische Komponente wirksam. So wie er bei der Seele des Menschen keine Einteilung und Zergliederung duldet, sondern sie als lebendiges Ganzes erfaßt, sind für ihn auch Natur und Geschichte ein »Einziges«, durch eine Seele miteinander verbunden, Gleichnis und Symbol einer alles durchwaltenden Göttlichkeit.

Das Wort ist für Herder (im Gefolge Hamanns) Aussage über die Urerlebnisse des Menschen, über seine Gefühle, Empfindungen und Leidenschaften. Sprache war am Anfang Gesang, Dichtung. »Die Natursprache aller Geschöpfe, vom Verstande in Laute gedichtet, ein Wörterbuch der Seele, eine beständige Fabeldichtung voll Leidenschaft und Interesse; das ist die Sprache in ihrem Ursprung, und was ist Poesie anderes?« Die eigene Zeit habe sich dagegen »so tief in die dunklen Werkstätten des Kunst- und Verstandesmäßigen verloren, daß sie das weite, helle Licht der ursprünglichen Natur in früheren Jahrhunderten nicht mehr zu erkennen vermag«. In seiner *Abhandlung über den Ursprung der Sprache* (1770) fordert er so die Rückkehr zum Ursprünglichen.

Auf der Rückreise von Nantes, wohin Herder zunächst nach seiner »Flucht« gekommen war, kam es in Straßburg 1770 zu einer schicksalhaften Begegnung mit dem jungen **Johann Wolfgang Goethe** (1749 bis 1832).

»Durch mannigfaltige Fragen«, so berichtet Goethe, »suchte er sich mit mir und meinem Zustand bekanntzumachen, und seine Anziehungskraft wirkte immer stärker auf mich. Ich war überhaupt sehr zutraulicher Art, und vor ihm besonders hatte ich gar kein Geheimnis ... Was die Fülle dieser wenigen Wochen betrifft, welche wir zusammen lebten, kann ich wohl sagen, daß alles, was Herder nachher allmählich ausgeführt hat, im Keim angedeutet ward und daß ich dadurch in die glückliche Lage geriet, alles, was ich bisher gedacht, gelernt, mir zugeeignet hatte, zu komplettieren, an ein Höheres anzuknüpfen, zu erweitern.«

Beseelte Baukunst   So fand der begeisterungsfähige junge Goethe in Herder den geistigen Mentor. In einer zunächst Herder zugeschriebenen Schrift legt er Zeugnis ab, wie tief dessen Geschichtsauffassung in ihm Wurzeln geschlagen hatte: *Von deutscher Baukunst* (1773). Der Anblick des Straßburger Münsters macht ihm deutlich, was »beseelte Geschichte«, »beseelte Baukunst« bedeuten, er erfährt im Wesen der Gotik das Wesen deutscher Baukunst überhaupt.

Während Renaissance und Aufklärung die Gotik als barbarisch verachtet hatten, sieht Goethe in ihr »Naturgewalt« wirksam. Das Fahle und Melancholische, Wildgewachsene und Chaotische dieser Architektur spiegeln zugleich seine Seelenstimmung. Es graut ihn zunächst vor dem Anblick eines »mißgeformten, krausborstigen Ungeheuers«; denn aufgewachsen ist er im Geiste einer Welt, die alles gotisch nannte, was nicht »ins System paßte«, »von dem gedrechselten, bunten Puppen- und Bilderwerk an, womit unsre bürgerliche Edelleute ihre Häuser schmücken«. Aber dann erschauert er vor dem Meisterwerk Erwin von Steinbachs: »Wie in Werken der ewigen Natur, bis aufs geringste Zäserchen, alles Gestalt, und alles zweckend zum Ganzen; wie das festgegründete ungeheure Gebäude sich leicht in die Luft hebt; wie durchbrochen alles und doch für die Ewigkeit! Deinem Unterricht dank ich's, Genius, daß mir's nicht mehr schwindelt an deinen Tiefen, daß in meine Seele ein Tropfen sich senkt der Wonneruh des Geistes, der auf solch eine Schöpfung herabschauen und gottgleich sprechen kann: Es ist gut!«

Die Geniebewegung

Herder hat Goethe auch hingeführt zu den beiden großen Vorbildern, die fortan der Dichtung der jungen Generation als Wegweiser dienen sollten: Homer und Shakespeare. Beide seien darin gleich, daß sie sich nicht an Regeln gehalten, daß sie nur zwei Bücher gelesen: das Buch der Natur und das Buch der Menschen. Alles andere ersetzte ihnen das Genie.

Der Kampf gegen die Regeln reicht noch in die Aufklärung zurück. Bodmer und Breitinger hatten sich gegen Gottscheds ästhetische Diktatur, Lessing im 17. Literaturbrief gegen die starren drei Einheiten der Franzosen gewandt.

Der Künstler soll frei sein – vor allem frei von Regeln, Eingrenzungen und Einschränkungen des Verstandes; als »Originalgenie« schaffe er aus einem geheimnisvollen Zwang der Natur heraus.

»Wenn bei einem Manne«, heißt es bei Herder, »mir jenes ungeheure Bild einfällt: ›Hoch auf einem Felsengipfel sitzend, zu seinen Füßen Sturm, Ungewitter und Brausen des Meeres; aber sein Haupt in den Strahlen des Himmels!‹ so ist's bei Shakespeare ... Da ist nun Shakespeare der größte Meister, eben weil er nur und immer Diener der Natur ist.«

Das Originalgenie ist ganz Natur, von der Leidenschaft des Vollbringenwollens, von wilder Tatkraft und ungestümem Trotz besessen. Solche Gedanken rumorten auch im jungen Goethe weiter und **Titanentrotz** fanden ihren markanten Ausdruck in der Festrede *Zum Shakespearetag,* die er am 14. Oktober 1771 vor versammelten Freunden im väterlichen Haus am Hirschgraben in Frankfurt hielt:

»Ich rufe Natur! Natur! Nichts so Natur als Shakespeares Menschen. Da habe ich sie alle überm Hals. Laßt mir Luft, daß ich reden kann! Er wetteiferte mit dem Prometheus, bildete ihm Zug vor Zug seine Menschen nach, nur in kolossalischer Größe, darin liegt's, daß wir unsere Brüder verkennen – und dann belebte er sie alle mit dem Hauch seines Geistes ... Die erste Seite, die ich in ihm las, machte mich auf zeitlebens ihm eigen, und wie ich mit dem ersten Stück fertig war, stund ich wie ein Blindgeborener, dem eine Wunderhand das Gesicht in einem Augenblick schenkt ...«

Goethe hatte sich als Originalgenie bekannt, war aber selbst noch nicht mit eigenen Dichtungen hervorgetreten; doch sollte ihn die Zeit von 1771 bis 1775 nun reichliche Ernte einbringen lassen und die hohe Zielsetzung, die die Aufrufung Shakespeares einschloß, rechtfertigen.

Goethe war als Sohn des Kaiserlichen Rates Johann Kaspar Goethe in gutbürgerlichen Verhältnissen in Frankfurt am Main geboren worden. Die Mutter Katharina Elisabeth, geb. Textor, Tochter des Stadtschultheißen, regte in ihrer »Frohnatur« die Phantasie des Knaben durch vieles Erzählen an. Nach Privatunterricht, den auch der Vater erteilte, bezog der 16jährige die Leipziger Universität, um Rechtswissenschaft zu studieren. Das galante Klima sagte dem Lebenslustigen zwar zu, brachte ihn aber dichterisch auf den Abweg tändelnder Rokoko-Anakreontik. Nach einem Blutsturz, anderthalb Jahren Privatstudien in Frankfurt (durch die Bekanntschaft mit Susanna von Klettenberg – einer »schönen Seele« – pietistischem Einfluß offen) ging er 1770/71 nach Straßburg, um sein Studium abzuschließen. Eine tiefe Liebe verband ihn mit Friederike Brion aus Sesenheim, die in einer Reihe bewegter, naturverbundener Lieder – der ersten Erlebnislyrik seines Schaffens – ihren Niederschlag fand: *Willkommen und Abschied; Mit einem gemalten Band; Mailied*. Als Lizentiat kehrte Goethe nach Frankfurt zurück und suchte das Schuldgefühl seiner Untreue durch ein wildes Genietreiben im Kreise Gleichgesinnter zu verdrängen.

Äußerlich verlief sein Leben zunächst in geordnet bürgerlichen Bahnen. Er wirkte als Advokat in seiner Heimatstadt, eng befreundet mit dem Kriegszahlmeister Johann Heinrich Merck aus Darmstadt. 1772 finden wir ihn am Reichskammergericht zu Wetzlar. Dort lernte er Charlotte Buff kennen und lieben, riß sich aber von ihr, die mit einem andern verlobt war, unter großen inneren Kämpfen los. Der Versuch einer neuen Bindung in Frankfurt mit Elisabeth Schönemann (Lili) endete in einem Zerwürfnis. Kurz vor einer Reise in die Schweiz lernte er den Erbprinzen Karl August von Weimar kennen, der ihn nach seiner Thronbesteigung 1775 nach Weimar berief.

Lieder und Hymnen *(Wanderers Sturmlied; Prometheus; Ganymed; Mahomets Gesang; An Schwager Kronos)* spiegeln die innere Haltung Goethes in der Frankfurter Geniezeit. Mythologische Gestalten erscheinen dem Stürmer und Dränger als Verkörperung der eigenen Existenz. Kronos leitet die Kutsche des Lebens auf ihrer rasenden Fahrt. Titanentrotz steht neben verlangender Hingabe, Prometheus neben Ganymed. In freien Rhythmen und sinnlich bildkräftiger Sprache drücken sich leidenschaftliches Fühlen und persönliches Erlebnis aus und lassen Gedichte entstehen, die von innen wachsen wie Organismen. Der Mensch ist umfangen von göttlichen Kräften und »hingegeben den kosmisch-metaphysischen Gewalten«, die mythisch erfahren werden.

Als beginnender Dramatiker suchte Goethe nach Stoff und Gestalt von shakespearehafter Größe. Beides fand er im »Götz« (*Götz von Berlichingen mit der eisernen Hand*, 1773). Auf das Ideal des spät-

Freies Menschentum

mittelalterlichen Ritters werden alle Tugenden übertragen, die man schmerzlich in der eigenen Zeit und Gesellschaft vermißte: Götz ist Helfer der Bedrängten, patriarchalisch fürsorglicher Herr, urwüchsiger Haudegen, der das Herz auf dem rechten Fleck und den Mund für offene Rede hat, tapfer und verwegen, frei und unabhängig, gehorsam seinem Kaiser und Gott, ganz Natur, dem richtigen Alten zugetan, Todfeind der Fürstengunst und Rechtsunsicherheit. Götz scheitert: er zerbricht an der Welt, aber auch an der Einsicht, daß

Gutes Schlechtes gebiert, Heil und Unheil immer miteinander verknüpft sind.

Entsprechend der Forderung des Sturm und Drang nach Freiheit von den Regeln und »Einheiten« gleitet im »Götz« eine den Schauplatz ständig ändernde Szenenfolge an uns vorüber; unzählige Nebenhandlungen werden eingeschoben. An dramatischen Höhepunkten jagen sich die Bilder, die häufig nur aus ein paar Gesprächsfetzen bestehen. Die neue Einheit, die das Drama zusammenhält, ist im Sinne Shakespeares der Charakter des Helden.

Amor fati   Auch das Drama *Egmont* gehört in die Sturm-und-Drang-Epoche des jungen Goethe, obwohl es erst 1787 in Rom in einer zweiten Fassung abgeschlossen wurde. 1775 hatte es der Dichter in Frankfurt begonnen.

Der Kampf der Niederlande gegen die spanische Unterdrückung gibt den Rahmen des Spiels ab, die politischen und gesellschaftlichen Verhältnisse werden gut beleuchtet: das im letzten versagende Bürgertum, die Heuchelei der gesellschaftlichen Moral gegenüber der unbedingten Liebe Klärchens zu Egmont.

Obwohl Egmont von Wilhelm von Oranien gewarnt wird, glaubt er nicht an die Hinterlist des von König Philipp II. abgesandten Alba. Er begibt sich zu ihm, wird gefangengenommen und hingerichtet. Klärchen hat vergeblich versucht, das Volk zur Befreiung aufzuwiegeln, nachdem dieses sich zu Beginn des Stückes so entschlossen gezeigt hat; sie tötet sich selbst. In einer visionären Szene (die Schiller als einen Salto mortale in die Opernwelt tadeln zu müssen glaubte) erscheint die Geliebte Egmont im Kerker als Verkörperung von Liebe und Freiheit.

Das Wesen Egmonts entspricht der Haltung des jungen Goethe in Frankfurt: im eigenen Ich den Willen der Gottheit zu erfahren und aus der Gewißheit dieser Einheit zu leben. So erklären sich sein Leichtsinn, sein Unbeschwertsein von Angst, Sorge und Mißtrauen, die als eines freien, heiteren Menschen unwürdig beiseite geschoben werden. Egmont vertraut dem Schicksal und fühlt sich in ihm geborgen. Seine Gegenfigur ist (in der voritalienischen Fassung) Oranien, ein kühler Rechner, schlauer Diplomat und vorsichtiger Gegner der Spanier.

In Rom freilich wandelt sich die Gesamtkonzeption. Jetzt tritt Egmont vor allem Alba entgegen; die Antithese wird aus dem privaten ins politische Leben verlegt. Egmont vertritt die Sehnsucht des Volkes nach Freiheit; Alba ist der Vertreter übervölkischer Staatsräson. Und nun erscheint dem gereiften Goethe die Haltung Albas nicht weniger gerechtfertigt, zumal das Verhalten des Volkes später Alba recht gibt.

Alba: »Freiheit! Ein schönes Wort, wer's recht verstünde. Was wollen Sie für Freiheit? Was ist des Freisten Freiheit? – Recht zu tun! . . . Weit besser ist's, sie einzuzingen, daß man sie wie Kinder halten, wie Kinder zu ihrem Besten leiten kann. Glaube nur, ein Volk wird nicht alt, nicht klug, ein Volk bleibt immer kindisch.«

Hier spricht der Verstand, bei Egmont das Herz. Für den italienischen Goethe hat jeder und keiner recht, die Wahrheit liegt hinter und über diesen Gegensätzen, die Wirklichkeit ist immer ein Nebeneinander, kein Entweder-Oder; das macht die Spannung des Lebens aus.

Für den Frankfurter Goethe freilich bleibt das Wort Egmonts kennzeichnend, das an die Hymne *An Schwager Kronos* erinnert und den Abschluß von *Dichtung und Wahrheit*, den autobiographischen Aufzeichnungen bis zum Ende der Frankfurter Zeit (erschienen 1833), bildet:

>»Wie von unsichtbaren Geistern gepeitscht, gehen die Sonnenpferde der Zeit mit unsers Schicksals leichtem Wagen durch, und uns bleibt nichts, als mutig gefaßt die Zügel festzuhalten und bald rechts, bald links, vom Steine hier, vom Sturze da, die Räder wegzulenken. Wohin es geht, wer weiß es? Erinnert er sich doch kaum, woher er kam.«

In der Zeit von 1771–75 finden wir Goethe bei der Arbeit am Faust-stoff *(Urfaust)*. Auch in der Gestalt des Faust zeigt sich der Gegensatz dieser Frankfurter Jahre zwischen dem »titanischen Willen«, einem Gotte gleich das ganze All zu umfassen, und der Tatsache menschlichen Grauens und Ekels vor dem Leben, menschlichen Mitgefühls mit dem Leid und der Reue über das Böse. Das Gefühl eigener Schuld an Friederike gewinnt Motivcharakter für das Schicksal Margarethens (Kindsmordprozeß um eine Susanne Margaretha Brandt im Januar 1772 zu Frankfurt). Der unbefriedigte Forscher sucht Zuflucht bei der Magie. In der Erdgeistbeschwörung setzt Goethe das Gegenstück zur dämonischen Liebeserfahrung: das urmächtige Hinausverlangen über die Gegebenheiten der Wirklichkeit. In beidem wird Faust schuldig, sein Schicksal hat sich am Ende der Gretchentragödie erfüllt; die Kerkerszene mit Mephistos Schlußwort: »Sie ist gerichtet!« ist der Kontrapunkt zur Erdgeistbeschwörung. Gretchens Schrei: »Heinrich! Heinrich!« richtet Faust schlimmer als ein Urteil des Himmels. Ein solches Ende entsprach der faustischen Zerrissenheit des Frankfurter Goethe.

Das Faustische

»Ich stelle einen jungen Menschen dar«, schrieb Goethe in einem Brief aus dem Jahre 1774, dem Erscheinungsjahr eines Briefromans **Die Leiden des jungen Werthers,** »der, mit einer tiefen, reinen Empfindung begabt, sich in schwärmende Träume verliert, sich durch Spekulation untergräbt, bis er zuletzt, durch dazutretende unglückliche Leidenschaften, besonders eine endlose Liebe zerrüttet, sich eine Kugel vor den Kopf schießt.«

Leidenschaft und Leid

Goethe schrieb den »Werther« unter dem Eindruck persönlicher Erlebnisse mit Charlotte Buff in Wetzlar. Doch war seine Gefühlswelt auch bestimmt durch Rousseaus empfindsamen Roman »Die neue Heloïse« (1761) und das Erscheinen der Ossian-Dichtungen; zugleich ist das Werk der Höhepunkt einer seit Christian Weise bemerkbaren elegisch-sentimentalen Unterströmung, die über Brockes, Hagedorn, Geßner, Wieland zu Goethe hinführt – »Dichter der unvergnügten Seele« (H. O. Burger). »Werther« traf wie kein zweites Buch des Sturm und Drang den Nerv der Zeit und wurde ein Welterfolg – bis zur Nachahmung der Werthertracht und einer Art Selbstmordepidemie.

Für Werther ist Gefühl Selbstzweck; aber all seine Sehnsucht bleibt unerfüllt, Einschränkung ist ihm fremd. In ländlicher Einsamkeit sucht er sich über den Verlust einer lieben Freundin hinwegzuhelfen. Da lernt er Lotte kennen, die Tochter eines Amtmanns. Sie ist verlobt, erwidert aber seine Zuneigung. In das erste Glücksgefühl mischt sich bald die Gewißheit, daß er Lotte nie ganz für sich wird haben können; sie fühlt sich Albert verpflichtet. Werther flieht, wird aber von seiner Verzweiflung nach einiger Zeit wieder zur Geliebten zurückgetrieben. Nach einem verzweifelten Auftritt endet sein Leben mit Selbstmord.

Werthers Religiosität ist pantheistisch gefärbt. Die Natur ist ihm nicht nur Raum, in dem sich seine Gefühlskräfte voll entwickeln, sie ist ihm geheimnisvolle Offenbarung des Göttlichen. Seine Seele ist eins mit dem wechselnden Rhythmus der Natur: ein kurzer herrlicher Frühling, ein schwüler Sommer, ein verhangener Herbst und früher Winter. Wo es sonnig ist, sind breite Partien Homer eingebaut, wo es düster und schwer wird, kommt Ossian zu Wort. Die Sprache bleibt der jeweiligen Seelenlage adäquat, neben den für die Epoche kennzeichnenden Sprachfetzen blüht eine lyrische Prosa, die von beseelter Schilderung bis zur Hymne reicht oder aber gelegentlich philosophischer Besinnung weicht. Die ganze Seligkeit des unendlichen Gefühls und Werthers tragisch dunkles Ende wären nicht zu denken ohne das Pindar-Erleben Goethes, dem u. a. auch sein »Ganymed« entstammt.

In tyrannos   Solch lyrisch-elegische Welthaltung lag dem jungen **Friedrich Schiller** (1759–1805) nicht. Sein erstes Drama trug (von einem Unbekannten eingefügt) das Motto »In tyrannos!«; vorausgegangen waren pathetische Gedichte mit Gedankenbewegungen in die »Abgründe der Unendlichkeit«, »Prankenhiebe« des kommenden Tragikers.

Das Geburtshaus des Dichters steht in Marbach, wo Schiller als Sohn des Leutnants Johann Kaspar Schiller geboren wurde. Während ihn der Vater für das theologische Studium bestimmt hatte, zwang ihn der Befehl des Herzogs Karl Eugen, die Militär- und Beamtenschule auf dem Schloß Solitude bei Stuttgart zu besuchen, in der er zunächst Rechtswissenschaft, später – nach Verlegung der Schule nach Stuttgart, wo sie 1775 Akademie wird – Medizin studierte. Der Knabe litt in der »Seelenfabrik und Sklavenplantage«, wie sie Schubart nannte, fand aber auch Zeit zu eigenen Arbeiten und machte Bekanntschaft mit der zeitgenössischen Literatur. Geheim, angeregt durch eine Erzählung Schubarts, entstanden »Die Räuber« (1781). Als Regimentsmedicus sein Leben fristend, arbeitete Schiller an weiteren literarischen Plänen. Im September 1782 flieht er zusammen mit seinem Freund Streicher aus Stuttgart. Verärgert über die zweimalige »unerlaubte Entfernung« Schillers nach Mannheim, wo sein erstes Drama aufgeführt wurde, hatte der Herzog verboten, etwas anderes als medizinische Schriften von Schiller zu drucken. Ein zweijähriger Aufenthalt als Theaterdichter in Mannheim (mit dem Auftrag, jährlich drei Theaterstücke zu liefern!) brachte ihn in Krankheit und drückende Not, aus der ihn der sächsische Konsistorialrat Körner (der Vater des Freiheitsdichters) durch eine Einladung nach Leipzig und dann Dresden entriß. Nach einem vergeblichen Besuch beim Herzog in Weimar, der ihn auf Vermittlung von Frau von Kalb vor Jahren schon zum weimarischen Rat ernannt hatte, lernte Schiller in Volkstädt bei Rudolstadt seine spätere Gattin Charlotte von Lengefeld kennen. 1788 erhielt er auf Betreiben Goethes eine Professur für Geschichte in Jena, die er bis zu seiner schweren Erkrankung im Jahre 1791 ausübte.

In Schillers *Räubern* wird der Held Karl Moor durch die Intrigen seines Bruders Franz, der infernalischen Verkörperung eines konsequenten Materialismus und Atheismus, vom Vater verstoßen und seiner Geliebten Amalie entfremdet. Aus Enttäuschung an Mensch, Welt und Gott will er sein Leid an »diesem Jahrhundert« rächen. Er wird zum Hauptmann einer Bande von Räubern und Mördern, mit denen er die Zustände bei Hof und in der Gesellschaft zu ändern sucht. Freilich muß er bald erkennen, daß die von ihm bejahte Freiheit (»Das Gesetz hat noch keinen großen Mann hervorgebracht, doch die Freiheit brütet Kolosse und Extremitäten aus«) zu Willkür und Unrecht führt und man die verletzte göttliche Weltordnung auf diese Weise nicht retten kann. Damit zeigt sich bereits im ersten wilden Aufbegehren Schillers Suche nach Gesetz und Ordnung; selbst Franz spürt schließlich in seinem Gewissen die Wirklichkeit einer göttlichen Weltordnung, die er zu leugnen versucht hatte.

Die Sprache der »Räuber« stellt einen Höhepunkt des Sturm-und-Drang-Stils dar. Was an Wut, Haß, Rache, aber auch Schwärmerei und Empfindung angestaut ist, macht sich in lebendiger Gebärde Luft und erhält einen dramatischen Rhythmus und echten Dialogcharakter, der sich wesentlich von den Schreien oder Gefühlsergüssen der übrigen Stürmer und Dränger unterscheidet. »Jeder Satz fast ist eine Anklage gegen Bestehendes, ein Zeitdokument ...« Shakespeare steht Pate für die rasenden Szenen, die mit Herzblut geschrieben erscheinen und die bloße Rhetorik des spätbarocken Theaters oder das Gesetzte der französischen Bühne zu staubigem Plunder werden lassen. Hier wird die Bühne zum Tribunal.

Dementsprechend war auch die Wirkung der Erstaufführung 1782 in Mannheim, zu der sich heimlich der Regimentsmedicus begeben hatte. Ein Teilnehmer berichtet: »Das Theater glich einem Irrenhause, rollende Augen, geballte Fäuste, heisere Aufschreie im Zuschauerraum! Fremde Menschen fielen einander schluchzend in die Arme, Frauen wankten, einer Ohnmacht nahe, zur Türe. Es war eine allgemeine Auflösung wie im Chaos, aus dessen Nebeln eine neue Schöpfung hervorbricht.«

1784 erhob Schiller, der am Stuttgarter Hof Korruption und Unmenschlichkeit aus nächster Nähe beobachten konnte, mit seinem bürgerlichen Trauerspiel *Kabale und Liebe* erneut scharfe Anklage gegen den Absolutismus und seine Machthaber. Der entleerten Konvention einer ehrlosen, entarteten Adelsschicht werden die Ehre und Tugendhaftigkeit der einfachen Stände entgegengestellt. »Halten zu Gnaden! Euer Exzellenz schalten und walten im Land. Das ist meine Stube. Mein devotestes Kompliment, wenn ich dermaleinst ein Promemoria bringe, aber den ungehobelten Gast werf ich zur Tür hinaus – halten zu Gnaden« (Vater Miller).

Die Liebe Ferdinands, des Präsidentensohnes, zu Luise Miller, der Tochter eines Musikers, wird durch den lasterhaften und machtgierigen Präsidenten sowie dessen Sekretär Wurm, der ein dämonisches Werkzeug seines Herrn ist, unterbunden. Planmäßig konstruierte Mißverständnisse zwischen den Liebenden und einschüchternde Drohungen (Verhaftung des alten Miller) führen zum Untergang der Liebenden, die in Mord und Selbstmord erneut zueinander finden.

Schiller stellt neben die politische Welt der Intrigen einen neuen Idealismus des Gefühls. Das rein Menschliche, seine Würde triumphiert im Tod über alle Verstrickungen und Gebundenheiten.

Dem alten Musiker, der das brave, geduldige, hilflose Bürgertum der damaligen Zeit verkörpert, steht die Skrupellosigkeit des Hofes gegenüber, dessen Ruchlosigkeit die stumme Klage des alten Kammerdieners am eindringlichsten verdeutlicht, als er der Mätresse des Fürsten, der Lady Milford, ein kostbares Schmuckkästchen mit Juwelen überbringt:
»Sie kosten ihn keinen Heller ... Gestern sind siebentausend Landeskinder nach Amerika fort – die zahlen alles ... lauter Freiwillige! Es traten wohl so etliche vorlaute Bursch' vor die Front heraus und fragten den Oberst, wie teuer der Fürst das Joch Menschen verkaufe? – Aber unser gnädigster Landesherr ließ alle Regimenter auf dem Paradeplatz aufmarschieren und die Maulaffen niederschießen. Wir hörten die Büchsen knallen, sahen ihr Gehirn auf das Pflaster spritzen, und die ganze Armee schrie: ›Juchhe! Nach Amerika!‹«

Der Herrenmensch

Die Auflehnung gegen bestehende Ordnung und Gesellschaft ist ein besonderes Kennzeichen der dichterischen Gestalten des Sturm und Drang, auch dort, wo sie aus der Geschichte oder Mythologie gewählt werden. Gewaltiges und Gewaltsames, Kampf um versagtes Recht und großes Leiden umgibt Typen wie Kain, Prometheus, Mahomet, Cäsar, Faust, Egmont.

Auch Schillers *Die Verschwörung des Fiesko zu Genua* (1783) gehört hierher. Fiesko ist ein männlich schöner Genuese, ein starker, von keinem Schicksalsschlag zu beugender Held, zugleich ein Lebensgenie, der – wie die vom Sturm und Drang bevorzugten Herrenmenschen der Renaissance – von seinen zeitlichen Gütern verschwenderisch Gebrauch macht, ein Machiavelli mit schauspielerischer Gewandtheit. Angeblich die Freiheit und Macht der Republik verteidigend, kann er der Versuchung der Macht selbst nicht widerstehen und muß fallen, ein Opfer seines Ehrgeizes und Tatenrausches.

Das neue Vollmenschentum mit Saft und Kraft setzen die Stürmer und Dränger dem Getändel mit dem Kleinen, Zierlichen und Zarten des Rokoko und seinem schlüpfrigen Pretiosentum entgegen, ohne jedoch das Schwelgen in Erotik, Schönheit und Kunst aufzugeben; es wird nur blutvoller, echter, sinnenhafter und dem Renaissanceideal angenähert, wie es **Johann Jakob Wilhelm Heinse** (1749–1803) in seinem Roman *Ardinghello und die glücklichen Inseln* (1787) nachzeichnet.

Ein sowohl körperliche wie geistige Vorzüge in sich vereinender Maler gründet auf den griechischen Inseln einen Idealstaat, in dem er mit seiner Geliebten und seinen Freunden ein Leben der Schönheit und Freiheit (frei von aller bürgerlichen Zwangsmoral) führt.

Der rechte Kerl, leidenschaftlich, unausgeglichen, zerrissen, zwischen Melancholie, Rührseligkeit und wildem Tatendrang schwankend, ist auch das Vorbild von Dichtern, die neben oder mit Goethe und Schiller dem Geniekult huldigen. Ein solch unruhig streben**Kerls und** der Geist war **Christian Friedrich Schubart** (1739–91), ein **Kerlallüren** wandernder Prediger, Sänger und Journalist.

Bald erwerbslos, bald freigebig, bald Bettler, bald in vierspänniger Equipage, läßt er sich auf den Wogen seines wechselnden Glücks treiben; er geißelt in seiner Ulmer Zeitschrift *Deutsche Chronik* die Knechtschaft unter den Despotien. Da läßt ihn 1777 der Herzog Karl Eugen auf württembergisches Gebiet locken, verhaften und auf dem Hohen Asperg bis 1787 festhalten.

Schubarts Gedichte sind von Freiheitsliebe und Tyrannenhaß getragen *(Die Fürstengruft; Freiheitslied eines Kolonisten; Kaplied)*, spiegeln persönliches Leid *(Gefangner Mann, ein armer Mann)*, zeigen aber auch einen ursprünglich-volkstümlichen Ton *(Schwäbische Bauernlieder)*. Besonders in dem Gedicht »Die Fürstengruft« variiert Schubart das Sturmund-Drang-Motiv »In tyrannos« mit revolutionärem Pathos und leidenschaftlicher Rhetorik:

> »Damit die Quäler nicht zu früh erwachen,
> Seid menschlicher, erweckt sie nicht.
> Ha! Früh genug wird über ihnen krachen
> Der Donner am Gericht.«

Einen scharfen Ton gegen Despotismus und Verschwendungssucht der Fürsten schlug auch **Johann Anton Leisewitz** (1752–1806) an. Sein *Julius von Tarent* (1776), das einzige von ihm zu Ende gebrachte Drama, behandelt den haßvollen Kampf ungleicher Brüder um eine Frau und beeinflußte als Schillers Lieblingsstück auf der Militärakademie dessen »Räuber«.

Heinrich Leopold Wagner (1747–79) stammt aus Straßburg. Er widmete sich juristischen Studien, kam 1770 mit Goethe zusammen und ließ sich auch in Frankfurt nieder, wo er bereits mit 32 Jahren starb. Er übersetzte aus dem Französischen und Englischen (u. a. »Macbeth«) und griff mit Satiren in das literarische Leben ein.

Sein bedeutendstes Drama *Die Kindermörderin* (1776) zeigt die im Sturm und Drang besonders beliebten Motive: Verführung mit Hilfe eines Schlaftrunkes, Tod der Mutter, Flucht, Ermordung des Kindes, Wahnsinn. Im ganzen blieb das Stück unecht, gemacht, stark vergröbernd und veräußerlicht. Bezeichnend die sozialpädagogische Absicht im später geänderten Titel: »Evchen Humbrecht oder Ihr Mütter merkt's euch«.

Weit kraftvoller und selbständiger war **Friedrich Maximilian Klinger** (1752–1831). »Mich zerreißen Leidenschaften, jeden anderen müßte es niederschmeißen ... Ich möchte jeden Augenblick das Menschengeschlecht und alles, was wimmelt und lebt, dem Chaos zu fressen geben und mich nachstürzen.«

Klinger war der Sohn einer Frankfurter Waschfrau, studierte mit Unterstützung Goethes Jura, zog mit einer Theatergruppe als Stückeschreiber von Ort zu Ort, wurde Offizier im russischen Heer und stieg zum Chef des russischen Kadettenkorps und Kurator der Universität Dorpat auf.

Klingers Drama *Sturm und Drang* (1776), ein wildbewegtes Stück, gab der ganzen Bewegung ihren Namen. Seine *Zwillinge* (1776) behandeln das Motiv des Brudermords. Wahnsinn, Mord, Verwandtenhaß, Gotteslästerung, Blutschande, Unzucht, Raufen sind die wiederkehrenden Themen seiner exzentrischen Werke. In seinen Romanen (darunter *Fausts Leben, Taten und Höllenfahrt*, 1791) zeigt er die Gefahren der Maßlosigkeit, lehrt dafür das Glück der Selbstbescheidung.

Zeitlebens im Schatten Goethes verblieb der Livländer **Jakob Michael Reinhold Lenz** (1751–92).

Er lernte als Hofmeister Goethe in Straßburg kennen und hängte sich fortan an dessen Sohlen, bis ihn der Herzog von Weimar 1776 auf Bitten Goethes wegen Intrigierens des Landes verwies. Angefangen von der Liebe zu Friederike Brion, über die Verehrung Shakespeares und den Werther-Roman bis zu den Gedichten versuchte er immer wieder, Goethe nachzuahmen, ohne zu merken, wie er darüber Leben und Werk versäumte. Dem Wahnsinn verfallen, kam er nach Riga; 1792 fand man ihn in Moskau tot auf der Straße liegend.

»Er lebt und webt in lauter Phantasie und kann nichts, auch manchmal nicht die unerheblichste Kleinigkeit aus der wirklichen Welt an ihren rechten Ort legen.«

Dieses Charakterbild aus Lenzens sentimentalem »Werther«-Roman *Waldbruder* (Fragment), dessen Held den bezeichnenden Namen Herz führt, gilt für ihn selbst. Von Natur auf zart, weich und hingebungsvoll, fehlte seiner schwärmerischen Phantasie das Gegengewicht tätiger Wirklichkeitsverbundenheit.

Sein erstes Drama *Der Hofmeister oder die Vorteile der Privaterziehung* (1774) zeigt eine verworrene Handlung um einen labilen und schwachen Privatlehrer, der ein Mädchen verführt und dann im Stiche läßt.

In *Die Soldaten* (1776) bringt er – stark von Shakespeare und der Sturm-und-Drang-Dramaturgie beeinflußt – eine scharfe Polemik gegen die Verwilderung des Soldatenstandes, besonders der Offiziere, die nichts anderes zu tun hätten, als den Bürgerstöchtern nachzustellen, die – vom Glanz der Uniform verblendet – sich verführen lassen, dann aber, verlassen und betrogen, in der Gosse enden: Das Gretchenschicksal wird ins grotesk Sinnliche gewendet. Bezeichnenderweise erinnerte sich seiner wieder der Naturalismus, wie auch Georg Büchner Lenzens Weg in den Wahnsinn zum Vorwurf eines großartigen Novellenfragmentes nahm.

Der Göttinger Hain

Dem Ideal der leidenschaftlich-ungezügelten Kraft und Freiheit tritt die Seligkeit der Empfindung und des reinen Gefühls als wichtige Ergänzung des Sturm-und-Drang-Menschen ebenbürtig zur Seite. Es gibt fühlende und fühlbare, empfindliche und empfindsame, schöne und zarte, leidende und weinende Herzen, und »Fülle« und »Ganzheit« des Herzens werden zu vielgebrauchten Modeworten. Dichterische Sprache wird Herzenssprache.

Das zeigt sich schon in den Metaphern und Wortzusammenfügungen der Sprache: sich türmende Fernen, fruchtende Fülle, der ewig belebenden Liebe vollschwellende Träne, heilig glühend Herz; Berge wolken himmelan, nachquellen, entgegenschäumen, entjauchzen, abwärtsschweben, silberprangen; Muttergegenwart, Flammengipfel, Nebelglanz, Sommerabendrot, Gipfelgänge, Zauberhauch, Blütenträume, Scheideblick u. a.

Die Empfindsamkeit, die im Sturm und Drang zutage tritt, hat verschiedene Wurzeln. Neben dem Einwirken Klopstocks und pietistischer Frömmigkeit lassen sich Einflüsse des Rokoko feststellen. In Frankreich kennzeichnete schon seit langer Zeit ein sentimentaler Zug die Erzählkunst, bis sie bei Rousseau einen neuen Höhepunkt findet. In der Comédie larmoyante wird die Rührseligkeit auf die Bühne verpflanzt (Tränenstücke). In England entwarf **Samuel Richardson** (1689–1761) in seinen Briefromanen empfindsame Familiengemälde. **Oliver Goldsmith** (1728–1774) verband in seinem *Vicar of Wakefield* Sentimentalität und Naturidylle. **Lawrence Sterne** (1713–68) verdankte seinen Ruhm der Rührseligkeit seines *Tristram Shandy* und seiner *Sentimental Journey through France and Italy*.

Mit »empfindsam« und »Empfindsamkeit« hatte Lessing die englischen Wörter »sentimental« und »sentimentality« übersetzt. **Macpherson** schließlich hatte der Sentimentalität mit seinem *Ossian* die düster melancholische Seite abgewonnen und Goethes »Werther« entscheidend beeinflußt. Aber auch Schiller zeigt in seiner Jugendlyrik und

Fülle des
Herzens
den Frauengestalten der ersten Dramen (Amalie in den »Räubern«) die zeitgebotene Rührseligkeit. Überhaupt erscheint die Frau in der Weichheit ihres Gemüts und Herzens als sanfte, leidende, schmachtende, sich aufopfernde »schöne Seele«.

Schlichte, kunstbeflissene Jünglinge, die in Göttingen studierten, hatten am 12. September 1772 in dem Dorf Weende einen Freundschafts- und Dichterbund gegründet, indem sie »unter den heiligen Bäumen eines Eichengrunds« ihren Schwur leisteten. Klopstocks Geist sollte als Genius über der Vereinigung schweben; 1773 erschien er selbst bei einer Sitzung. Nach Klopstocks Ode »Der Hügel und der Hain« gaben sie ihrer Vereinigung den Namen »Göttinger Hainbund«. Ihre Beiträge erschienen im *Göttinger Musenalmanach,* von dem aus eine Woge der Sentimentalität über die deutschen Lande ging.

> »Dem Kußgelispel ähnlich, wenn Freunde sich
> Umarmen, rausche, Harfe! Du Lindenbaum,
> Geuß dein Geflüster in die Saiten
> Hainings! Er glühe in Wonnetaumel.«

So sang **Ludwig Heinrich Christoph Hölty** (1748–76) aus Hannover, Sohn eines Pastors, der sich als Theologiestudent dem Hain anschloß. Seine von Klopstock beeinflußte Lyrik steht in manchem noch der Dichtung der Rokoko-Anakreontik nahe; andererseits ist aber die Mondscheintrunkenheit, die Schwärmerei der Romantik schon vorweggenommen. Daneben zeichnen sich seine Gedichte durch schlicht-einfache Töne aus, durch ein inniges Naturverhältnis und ein echtes Gottvertrauen:

> »Eine Schale des Harms, eine der Freuden wog
> Gott dem Menschengeschlecht; aber der lastende
> Kummer senket die Schale; immer hebet die andre sich.«

Johann Heinrich Voß (1751–1826) stammte aus einer einst leibeigenen Familie in Mecklenburg. Sein Großvater war ein freigelassener Handwerker. Obwohl er nicht eigentlich zum Kreis der Stürmer und Dränger gehörte, verschaffte ihm schon seine Herkunft Ansehen und Geltung bei der jungen Generation.

Voß' Kindheit stand unter harten Entbehrungen, die er aber durch Fleiß überwand. Er wurde zunächst Lehrer in Eutin, später Privatgelehrter in Heidelberg.

Als Dichter trat Voß mit Idyllen hervor, die aus Erfahrungen seiner ländlichen Herkunft gespeist sind. In seiner *Luise* (1783) wechseln breit angelegte Landschaftsschilderungen mit behaglich ausgemalten Szenen bürgerlichen Alltags, beides auf dem Goldgrund einer gemäßigten Rührseligkeit. Wirkten seine Idyllen besonders auf Goethe und die Zeit des Biedermeier nach, so erschloß er seiner Zeit in seinen Übersetzungen von Homers *Ilias* und *Odyssee* (1781–93) ein neues Verhältnis zur Antike. Daß Homer zum bleibenden Bildungsgut der Deutschen wurde, ist mit sein Verdienst.

Ebenfalls zum Göttinger Hain gehörten die beiden gräflichen Brüder **Friedrich Leopold** (1750–1819) und **Christian von Stolberg** (1748 bis 1821), beide mit Goethe befreundet und ihn auf seiner Schweizer Reise begleitend.

Nachtgedanken Neben Freundschaftskult und Liebessehnsucht umschließt die Sentimentalität des Sturm und Drang auch noch die Schwermut, die dem Gedanken an den Tod entstammt.

Seit 1754 die *Night Thoughts* des Engländers *Edward Young* verdeutscht wurden, tritt melancholische Todesstimmung immer wieder in den Mittelpunkt der Dichtung. Im Gefolge von *Thomas Gray* (1716–71) entsteht eine Kirchhofspoesie, die – im Gegensatz zu der des Barock – in ihrer Gefühlsbetontheit rührselig wirken will. *Elegie auf einen Dorfkirchhof; – auf einen Stadtkirchhof; – auf einen Vater; – auf ein verstorbenes Bauernmädchen* sind etwa die Themen bei Hölty. Todesgesänge schrieb auch Schubart, der schon als Knabe »wie Hölty schauerliche Anwandlungen« hatte und die Gräber seiner toten Freunde und Bekannten besuchte, um »dem schwülen, dumpfen Gefühl seines Herzens unter schwarzen Kreuzen, Totenkränzen und morschen Gebeinen Luft zu machen«.

Am eindringlichsten fängt **Karl Philipp Moritz** (1757–93) mit seinem autobiographischen Roman *Anton Reiser* (1785–90) die Todesstimmungen des Sturm und Drang ein.

Er will ein Seelengemälde geben, das bis ins Pathologische reicht. Lieblose Jugend, Armenschule, Fußreisen, schließlich Eintritt in eine Schauspielergemeinschaft sind die äußeren Stationen des Lebensweges des Helden. Entscheidend für den Dichter aber ist dessen inneres Werden. Mystik und Pietismus auf der einen, die aufwühlende Lektüre von Shakespeares Dramen und Goethes »Werther« auf der anderen Seite, bestimmen Reisers seelische Depressionen und seine düstere, fatalistische Weltbetrachtung. Er leidet darunter, »daß er einen Tag wie alle Tage mit sich aufstehen, mit sich schlafen gehen – bei jedem Schritte sein verhaßtes Selbst mit sich fortschleppen mußte«. In seinen Todesspekulationen fühlt er sich Hamlet verwandt: »Er dachte sich nicht mehr allein, wenn er sich gequält, gedrückt und eingeengt fühlte; er fing an, dies als das allgemeine Los der Menschheit zu betrachten.«

Moritz hatte mit dieser analysierenden und tiefdringenden Seelenstudie den Bereich des Sturm und Drang und seiner sentimentalen Oberflächengefühle verlassen: er nimmt romantische Bemühungen vorweg, bricht zudem Bahn für das moderne tiefenpsychologische Seelenverständnis.

DIE KLASSIK

Führt man den Begriff »klassisch« auf seine Wortwurzel zurück, so ergibt sich die Bedeutung von etwas Besonderem, Musterhaftem, ja Einmaligem. In diesem Sinn muß auch die deutsche Klassik verstanden werden. Sie ist nur in einem geringen Maße Rückkehr zur Antike, Versuch einer Renaissance im Rahmen der Nachahmung der Alten, wenn auch **Johann Joachim Winckelmann** (1717–68) und **Wilhelm von Humboldt** (1767–1835) gerade das als Forderung und Aufgabe ihrer Zeit verkündeten.

In der Klassik erscheint der Mensch unter dem Anspruch von Freiheit und Humanität in seiner Gottähnlichkeit, als höchstes der natürlichen Lebewesen, als »schöne Seele«. Nur dort, wo eine solche Auffassung vom Menschen daseinsmäßig erfüllt war, konnte sie in der Dichtung überzeugend und wahrhaftig vertreten werden; die mangelnde Übereinstimmung von Werk und Person hätte das klassische Menschenbild in leeren Formalismus und seichten Optimismus absinken lassen – eine Gefahr, der dann die Klassizisten des 19. Jahrhunderts verfielen. So liegt die Einmaligkeit der Klassik letztlich in der Einmaligkeit ihrer Träger beschlossen: in den Dichtergestalten Goethe und Schiller. Sie haben das, was vor ihnen gedacht, gefühlt, geschaffen und vorbereitet wurde, in sich aufgenommen, erlebt, neu durchdacht, bereichert und neu gestaltet: den Fortschrittsgedanken Lessings, den Schöpfungsglauben Klopstocks, das Harmoniestreben Wielands, den Irrationalismus Hamanns, das Schönheitsideal Winckelmanns, das Humanitätsbewußtsein Herders. Sie haben die Bereiche menschlichen Geist- und Seelenlebens in Höhe und Abgrund durchschritten und in ihrem Humanitätsideal das Gesetz einer absoluten und verbindlichen Sittlichkeit als der Weisheit letzten Schluß erkannt und verkündet. Sie haben der Idee wie dem Ideal in dieser Welt der Wirklichkeiten den Anspruch auf Geltung zurückgewonnen.

Zwei Philosophen haben dabei das klassische Weltbild entscheidend beeinflußt: **Baruch Spinoza** (1632–77) und **Immanuel Kant** (1724 bis 1804). Das Studium Spinozas hatte Goethe eine Weltordnung gezeigt, in der der Mensch in Demut und Entsagung sowie in der Achtung der Gesetze und Ordnungen seine Aufgabe zu erfüllen habe. Es hat ihn gelehrt, daß die Liebe zum Göttlichen gleichzusetzen sei mit einer streng geistigen wie sittlichen Bemühung, und damit seinen Subjektivismus der Sturm-und-Drang-Zeit erschüttert. Von Kant lernte Schiller, daß der Mensch über seine Neigungen Herr werden müsse, um seiner Pflicht – dem »guten Willen« – zu folgen. Er hatte Schiller den »kategorischen Imperativ« als Maßstab rechten Handelns verkündet: »Handle so, daß du die Menschheit sowohl in deiner Person als in der Person eines jeden anderen jederzeit als Zweck, niemals bloß als Mittel brauchst.« Zugleich aber hatten die philosophischen Studien in Schiller den Wunsch reifen lassen, den Kantschen Dualismus von Pflicht und Neigung, diesen ethischen Rigorismus, der die menschliche Existenz zu spalten drohte, zu überwinden.

Johann Wolfgang Goethe

Das erste Weimarer Jahrzehnt, 1775–86: Am 7. November 1775 traf Goethe, der Einladung des Herzogs Karl August folgend, in Weimar ein. »Nicht eine kleine Stadt, sondern ein großes Schloß«, nannte es die französische Schriftstellerin Frau von Staël noch 1802. Das Land war arm, fern der großen Handelswege gelegen, ohne Industrie; Weimar selbst ein ummauertes Landstädtchen mit 6000 Einwohnern. Dem jungen Juristen Goethe konnte das kein Aufenthaltsort sein, der besondere Erfolge versprach. Doch schrieb Goethe bereits am 22. Januar 1776 befriedigt an seinen Freund Merck: »Ich bin nun ganz in alle Hof- und politischen Händel verwickelt und werde fast nicht wieder weg können. Meine Lage ist vorteilhaft genug, und die Herzogtümer Weimar und Eisenach sind immerhin ein Schauplatz, um zu versuchen, wie einem die Weltrolle zu Gesicht stünde.« Der 26jährige fand eine begeisterte Aufnahme und stürzte sich in die Amtsgeschäfte, die ihn als engen Vertrauten und Ratgeber des Herzogs bald mit allen Fragen des kleinen Landes (vom Unterhalt der Straßen bis zur Feuerlöschordnung) konfrontierten. Als Beamter trug er mit Freude eine anstrengende Berufslast, als Freund und Mentor des um acht Jahre jüngeren Karl August nahm er an dessen ausgelassenen Vergnügungen teil, versuchte ihn aber auch zu Zurückhaltung, Sparsamkeit und Klugheit zu erziehen. Während sich die junge Herzogin Louise mangels freier Natürlichkeit sehr zurückhielt und zur Schwermut neigte, bewies die Mutter des Herzogs, Anna Amalia (1739–1807), die mit zwanzig Jahren bereits Witwe geworden war, viel Sinn für das geistige Leben. Sie hatte mit kluger Hand bedeutende Geister an Stadt und Schloß gefesselt (so z. B. Wieland als Erzieher für den Herzog), die Bibliothek ausbauen helfen und das Theater mitbegründet; nun zeigte sie sich als besondere Gönnerin Goethes. Zusammen mit ihrem Sohn machte sie Weimar zum geistigen Mittelpunkt Deutschlands.

Entscheidend für die Entwicklung Goethes wurde die bald aufkeimende Freundschaft und Liebe zu Charlotte von Stein, der Frau des Oberstallmeisters: »Euch verdank ich, was ich bin. / Tag und Jahre sind verschwunden, / Und doch ruht auf jenen Stunden / Meines Wertes Voll-

gewinn«, schrieb Goethe nach 45 Jahren (1820) im Rückblick (wobei das
»Euch« auf die Geliebte und Shakespeare sich bezog). Aus diesem Seelen-
bunde – »Ach, du warst in abgelebten Zeiten / Meine
Wendung   Schwester oder meine Frau« –, der in vielen Gesprächen,
zur Klassik Briefen, Gedichten und gemeinsamen Studien seinen Niederschlag fand, erwuchs Goethes neue Welt- und Lebenshaltung. Dem Einfluß der Frau von Stein war es vornehmlich zu danken,
daß sich nun die Stürme der Jugend legten und sich jene Verwandlung des
Dichters vollzog, an deren Ende der »klassische« Goethe stand. Das neue
Dichtertum ruhte auf dem Boden der Pflicht, strengster Berufsmühe,
stiller und liebevoller Zuneigung, dauernder Freundschaft. »Der Druck
der Geschäfte ist sehr schön der Seele; wenn sie entladen sind, spielt sie
freier und genießt das Leben. Elender ist nichts als der behagliche Mensch
ohne Arbeit, das Schönste der Gaben wird ihm ekel.«

Goethe beginnt »mit außerordentlicher realistischer Strenge« die Arbeit am *Wilhelm
Meister,* er schreibt eine Reihe kleinerer Dramen (u. a. *Die Geschwister*). Bei einer
Fahrt zusammen mit dem Herzog in die Schweiz (1779) entsteht der *Gesang der
Geister über den Wassern,* wenig später *Grenzen der Menschheit.* Beide Gedichte
legen von dem Seelenwandel Goethes Zeugnis ab. *Torquato Tasso* wird begonnen,
ebenso die Arbeit an *Iphigenie auf Tauris.* Dabei zeigte sich freilich schon, wie sich
Goethe nach der anfänglichen schöpferischen Pause allmählich aus der Enge seiner
beruflichen und gesellschaftlichen Verhältnisse heraussehnte und im Süden Befreiung
und Lebensweite erhoffte.

Italienische und nachitalienische Zeit, 1786–94: Von einer Badekur,
die Goethe zusammen mit dem Herzog, Herder und Frau von Stein nach
Karlsbad geführt hatte, machte er sich am 3. September 1786 über den
Brenner nach Italien auf. In Verona bestaunte er das Amphitheater, im
Museo Maffei begegnete er zum erstenmal der griechischen Kunst; die
hellenistischen Grabreliefs deutete er »im seelenhaften Sinn der Güte«:
Die völlige Diesseitigkeit des antiken Menschen kenne kein Händefalten,
kein Knien, keine Hoffnung auf eine Auferstehung, nur ein Dasein in der
Gegenwart. – Über Bologna, wo er die Raffael-Gemälde der Cäcilia
und Agathe bewunderte (seine Iphigenie möge kein anderes Wort sprechen, als es dem Geist dieser Agathe entspreche!), eilte er – alles Mittelalterliche beiseite lassend – nach Rom, wo er vier Monate blieb. »Auch
ich in Arkadien« – stellt er als Motto über das Tagebuch, das er nun begann *(Italienische Reise).* Von Rom fuhr Goethe weiter nach Neapel und
Sizilien. In Palermo faßte er den Plan, die Odyssee zu dramatisieren
(Nausikaa-Bruchstück), im Botanischen Garten glaubte er, die »Urpflanze« gefunden zu haben, den Urtyp alles Pflanzlichen. Wieder in
Rom, stellte er im Januar 1787 die Versfassung der *Iphigenie,* im September den *Egmont* fertig. Im Juni 1788 trat er nach ausgiebigen Kunststu-

dien (im Kreise der Maler W. Tischbein, Angelika Kauffmann, Hr. Meyer und des Schriftstellers K. Ph. Moritz) die Heimreise an. Die Weimarer Freunde erkannten, daß er ein anderer geworden war. Goethe selbst gestand: »Ich vermißte jede Teilnahme, niemand verstand meine Sprache.« Der Herzog entband ihn von fast allen Amtspflichten, die Bindungen zu Frau von Stein lockerten sich mehr und mehr. Christiane Vulpius, eine Blumenmacherin (1764–1816), die ihm kurz nach der Rückkehr eine Bittschrift in Sachen ihres schriftstellernden Bruders überreicht hatte, behielt er in seinem Haus. 1789 wurde ihnen ein Sohn, August, geboren.

Goethe lebte ganz der Verarbeitung der römischen Erlebnisse *(Römische Elegien)* und seinen naturwissenschaftlichen Studien (die schon 1784 zur Entdeckung des Zwischenkieferknochens beim Menschen geführt hatten); 1789 erscheint *Torquato Tasso,* 1793 *Reineke Fuchs.* 1790 war Goethe nochmals in Italien, um Anna Amalia in Venedig abzuholen. 1792/93 nahm er im Gefolge des Herzogs am 1. Koalitionskrieg und an der Belagerung von Mainz teil *(Die Campagne in Frankreich).* Die Ergebnisse der Französischen Revolution fanden ihren Niederschlag in den Dramen *Der Großkophta; Der Bürgergeneral* und einigen Fragmenten sowie in dem Epos *Hermann und Dorothea* (1796/97).

Der Bund mit Schiller, 1794–1805: Goethe hatte Schiller schon 1788 im Haus von dessen späterer Schwiegermutter Frau von Lengefeld kennengelernt. Er hielt sich aber zurück, da er in Schiller immer noch den Dichter des Sturm und Drang sah, sich selbst aber längst davon distanziert hatte. Ein Gespräch in Jena im Sommer 1794 über naturwissenschaftliche und naturphilosophische Fragen, die gemeinsame Arbeit an der von Schiller herausgegebenen Zeitschrift *Die Horen,* vor allem aber ein Briefwechsel, in dessen Verlauf Schiller eine tiefgreifende Schilderung von Goethes Wesen und Schaffen gab, festigten die Freundschaft, über die Goethe später im Rückblick sagte: »Es war eine Epoche, die nicht wiederkehrt und dennoch auf die Gegenwart fortwirkt und nicht bloß über Deutschland allein mächtig bleibenden Einfluß ausübt.« An Alter, Anlage, Herkunft, Schicksal und Bildung verschieden, haben beide nur ganz selten zu gemeinsamer Arbeit zusammengefunden – in den *Xenien* etwa, 1797 (Distichen satirischen Inhalts über die damaligen Mißstände der Literatur); doch war die Polarität ihres Wesens die beste Gewähr für eine aus echter Zuneigung erwachsende, aus geistigem Verantwortungsgefühl stets unverfälscht und ehrlich bleibende gegenseitige Kritik, die eine gegenseitige Anregung im dichterischen Schaffen einschloß. »Dem Vortrefflichen gegenüber gibt es keine Freiheit als die Liebe« (Schiller) – »Gegen große Vorzüge eines andern gibt es kein Rettungsmittel als die Liebe« (Goethe).

Goethe hat damals und später immer wieder betont, daß er Schiller eine zweite dichterische Schöpfungsperiode verdanke. »Sie haben mir eine zweite Jugend verschafft, und mich zum Dichter gemacht, welches zu sein ich so gut als aufgehört hatte. Sie haben mich von der allzu strengen Beobachtung der äußeren Dinge und ihrer Verhältnisse auf mich selbst zurückgeführt; Sie haben mich die Vielseitigkeit des inneren Menschen mit mehr Billigkeit anzuschauen gelehrt« (6. Januar 1798).

Das erste dichterische Werk der neuen Periode sind die *Unterhaltungen deutscher Ausgewanderten*. Im Briefwechsel mit Schiller bemüht sich Goethe um eine neue Kunstlehre für die Dichtung mit lernbaren Gattungsgesetzen. Weitere Werke dieser Epoche sind: *Wilhelm Meisters Lehrjahre; Die natürliche Tochter; Faust I*. Dazu entsteht eine Reihe von Balladen, darunter *Der Schatzgräber; Der Zauberlehrling; Die Braut von Korinth; Der Gott und die Bajadere; Der König in Thule; Der Erlkönig*. 1805 starb Schiller. Im *Epilog zur Glocke* hat ihm Goethe ein ergreifendes Denkmal gesetzt und zugleich Rückblick auf die Jahre der Gemeinsamkeit gehalten.

Der späte Goethe, 1805-32: Nach den Wirren der napoleonischen Zeit, in der Goethe 1808 eine Begegnung mit Napoleon selbst zu Erfurt hatte, von der er mit großartiger Objektivität und Ironie berichtete, wurde es einsam um den alternden Goethe. Es starben seine Mutter, Frau von Stein, Christiane, der herzogliche Freund und schließlich der Sohn. Auf einer Rheinreise lernte Goethe Marianne von Willemer kennen, die als Suleika in den Gedichtzyklus des *Westöstlichen Divans* (1815-19) einging. Die Arbeit an *Wilhelm Meisters Wanderjahren* und den *Wahlverwandtschaften,* an dem autobiographischen Werk *Dichtung und Wahrheit* und *Faust II* wurde wiederaufgenommen und beendet. In den Gesprächen mit Eckermann, dem treuen Privatsekretär und Adlatus seiner Spätzeit seit 1823, zieht Goethe das Fazit eines langen, »gelebten Lebens«. Das Goethehaus, in dem der Dichter als würdiger Patriarch, als großer geistiger Vertreter des Bürgertums waltete (Thomas Mann sprach von Goethe als dem »Repräsentanten des bürgerlichen Zeitalters«), wurde zum Treffpunkt von Schriftstellern und Künstlern aus aller Welt. Das von Goethe geprägte und mit tiefem Sinn erfüllte Wort von der »Weltliteratur« bekam aber auch dadurch seinen Sinn, daß Goethe unentwegt die Gemeinsamkeit aller künstlerischen Aussagen hervorhob bzw. in seinen Gedanken und Äußerungen sich ständig mit der Dichtung der Welt auseinandersetzte – mit der erweckenden Macht der englischen Literatur, der bildenden Italiens, der formenden Frankreichs, der theatralischen Spaniens, der öffnenden des Fernen Ostens, der sozialisierenden Amerikas. Am 22. März 1832 starb Goethe im Alter von 82 Jahren.

»Der Gedanke an den Tod läßt mich völlig ruhig, denn ich habe die feste Überzeugung, daß unser Geist ein Wesen ist ganz unzerstörbarer Natur; es ist ein Fortwirkendes von Ewigkeit zu Ewigkeit; es ist der Sonne ähnlich, die bloß unseren irdischen Augen unterzugehen scheint, die aber eigentlich nie untergeht, sondern unaufhörlich fortleuchtet«, hatte er noch kurz vorher an einen Freund geschrieben.

Zusammen mit Charlotte von Stein las Goethe zu Beginn seiner Weimarer Zeit Spinoza, dessen Philosophie und Ethik ihm zum geistigen Führer aus der Chaotik und Zerrissenheit der Sturm-und-Drang-Jahre heraus wurde. »Ich fand hier eine Beruhigung meiner Leidenschaften, es schien sich mir eine große und freie Aussicht über die sinnliche und sittliche Welt aufzutun«, berichtet der Dichter darüber in *Dichtung und Wahrheit* (1811ff). »Die alles ausgleichende Ruhe Spinozas kontrastierte mit meinem alles aufregenden Streben, seine mathematische Methode war das Widerspiel meiner poetischen Sinnes- und Darstellungsweise, und eben jene geregelte Behandlungsart, die man sittlichen Gegenständen nicht angemessen finden wollte, machte mich zu seinem leidenschaftlichen Schüler, zu seinem entschiedensten Verehrer.«

Klarheit des Intellekts

Für Spinoza ist Gott gleichzusetzen mit der mathematischen Gesetzmäßigkeit, die in der Natur waltet; die Verbindung des Menschen mit Gott ist so des Persönlichen entkleidet; sie bekommt einen abstrakt wissenschaftlichen Charakter. In die Göttlichkeit der Natur eindringen zu wollen heißt: sich einer streng naturwissenschaftlichen Methode befleißigen, deren Klarheit sich auch im eigenen seelischen Verhalten im Sinne einer Beruhigung, Klärung, Beschränkung niederschlagen muß. Die Liebe zu Gott ist »intellektuelle Reinigung«, amor intellectualis dei.

Damit war in Goethe der Wunsch erwacht, sich in die Welt der Gesetzmäßigkeit zu begeben, die »physica zu absolvieren«, um eines Tages dadurch echten Zugang »metà ta physikà« zur Metaphysik zu gewinnen; Goethe wurde Naturforscher – und während seines ganzen Lebens haben ihn diese Studien, die sich nacheinander der Chemie, der Anatomie, Knochenlehre, Pflanzen- und Gesteinslehre, der Geologie, Physik und Optik (*Zur Farbenlehre*, 1810) zuwandten, beschäftigt. Über alle Einzelheiten hinweg geht es ihm darum, den in der Natur wirkenden Grundzug, den Urtyp, den Archetyp, das »Einzige« in der »Erscheinungen Flucht« zu erkennen, um damit dem Wesen Gottes näherzukommen. Typus und Metamorphose sind seine Hauptbegriffe. Typus ist die sinnliche Form einer übersinnlichen Kraft der Natur, nach der immer wieder in strenger Gesetzmäßigkeit die gleichen Wesen entstehen; Typus meint die Vorstellung vom Ganzen, den schaubaren Begriff »des« Tieres, »der« Pflanze. Die Einzelwesen sind untereinander nicht gleich, sondern in immer neuen Umwandlungen (Metamorphosen) begriffen; das Werden aber vollziehe sich nach den gleichen Leitmotiven, hinter der Vielheit bleibe die Einheit spürbar.

Typus und Metamorphose

In dem Gedicht *Über die Metamorphose der Pflanzen* (1790) hat Goethe seine Gedanken ausführlich dargelegt.

> »Dich verwirrt, Geliebte, die tausendfältige Mischung
> dieses Blumengewühls über den Garten umher . . .
> Alle Gestalten sind ähnlich, und keine gleichet der andern;
> und so deutet das Chor auf ein geheimes Gesetz,
> auf ein heiliges Rätsel . . .«

Die Lösung des Rätsels ist hier der Typus der Urpflanze, die Blume »an sich«: »Überall siehst du sie dann, auch in verändertem Zug.« – In dem Aufsatz *Natur,* der Goethes Gedankengänge dieser Zeit nach eigenem Zeugnisse voll wiedergibt (obwohl er wahrscheinlich von dem Schweizer Tobler verfaßt wurde), spiegelt sich die gleiche Ansicht; zugleich ist hier in verstärktem Maße die pantheistische Glaubenshaltung des Dichters ausgedrückt, der sich auch darin auf Spinoza berufen konnte. »Natur! Wir sind nun im umgeben und umschlungen – unvermögend, aus ihr herauszutreten, und unvermögend, tiefer in sie hineinzukommen . . . Sie schafft ewig neue Gestalten; was da ist, war noch nie, was war, kommt nicht wieder: alles ist neu und doch immer das Alte.«

Goethes Bemühen um das Typische weist auch der Kunst, im besonderen der Dichtkunst, neue Aufgabenbereiche zu. Sie sollte nicht nur einfache Nachahmung sein, genaues Studium der Gegenstände, sondern »Stil«, d. h. auf den tiefsten Grundfesten der Erkenntnis aufbauen, auf dem Wesen der Dinge, und nicht auf ihrem Erscheinungsbild. (*Einfache Nachahmung der Natur, Manier und Stil,* 1787.) Da aber Wesensschau, Eindringen ins »Innerste«, für den an Spinoza geschulten Goethe ein Eindringen nach den Regeln strengster Gesetzmäßigkeit bedeutete, hatte auch die Kunst in ihrem »Stilcharakter« strengen Gesetzen zu folgen.

Die Kunstauffassung des Sturm und Drang wird abgetan; die »klassische« Kunst wird verkündet: »Vergebens werden ungebund'ne Geister / nach der Vollendung reiner Höhe streben«, heißt es in *Natur und Kunst;* »Wer Großes will, muß sich zusammenraffen. / In der Beschränkung zeigt sich erst der Meister, / und das Gesetz nur kann uns Freiheit geben.«

Fortan stand Goethes Leben und Wirken unter dem Gedanken des Gesetzes. Das schloß ein, daß der titanische, prometheische Stolz und Trotz des Stürmers und Drängers in sich zusammenbrach.

Gesetz und Dämon

Der Dichter erkannte, daß der Mensch nur ein unbedeutendes Glied im großen Weltengetriebe darstelle, dessen Aufgabe nicht in selbständiger Mitwirkung, sondern in demütiger Bescheidung beruhe.

Schon das Gedicht *Harzreise im Winter* (1777) hatte das Schicksalthema aufgegriffen: Jedem hat Gott den Weg vorgezeichnet; kein Sträuben hilft, die Schranken sind festgelegt, der »eherne Faden« hält fest. Nach unerforschlichem Ratschluß, »geheimnisvoll-offenbar«, lenkt Gott die »erstaunte Welt«; Trost wie Schmerz, Leid wie Glück fließen aus seiner Hand.

In *Grenzen der Menschheit* (1781) hatte der Dichter seinen »Prometheus« rückgängig gemacht. Nicht mehr »den Göttern gleich«, küßt nun der Mensch Gott den »letzten Saum seines Kleides / kindliche Schauer / treu in der Brust«. Der Versuch, den

Menschen selbst in den Mittelpunkt allen Seins zu rücken, von dem der jugendliche Dichter ausgegangen war, endet in strenger Unterwerfung:

»Denn mit Göttern
soll sich nicht messen
irgend ein Mensch.«

Das Bekenntnis zum Gesetz, zum unausweichlichen Schicksalscharakter allen Geschehens, die damit verbundene Zurückdrängung der eigenen Person, die Absage an jeden Subjektivismus waren Goethe nicht leichtgefallen. Zu sehr widersprachen sie dem »Dämonischen« seiner Seele, dem »Genialischen« seines Dichtertums. Nun erfährt er im Beruf wie in der Verbindung zur Frau von Stein die Bedeutung des Maßhaltens. »Alles ruft uns zu, daß wir entsagen sollen«, schreibt er rückblickend in »Dichtung und Wahrheit« über diese Zeit. *Torquato Tasso*, 1780 begonnen, 1789 beendet, wird zum dichterischen Ausdruck des inneren Kampfes. »Ich hatte das Leben Tassos, ich hatte mein eigenes Leben, und indem ich zwei so wunderliche Figuren mit ihren Eigenheiten zusammenwarf, entstand mir das Bild des Tasso, dem ich als prosaischen Kontrast Antonio entgegenstellte.«

Torquato Tasso lebt am Hof des Herzogs von Ferrara; er ist hochangesehen, besitzt im besonderen die Gunst der Frauen. Tasso verehrt die Prinzessin Leonore schwärmerisch; er findet sein höchstes Glück, als diese ihn nach der Überreichung des fertigen Epos »Das befreite Jerusalem« mit einem Lorbeerkranz krönt. Doch hält das Glück nicht an. Antonio, der Staatssekretär des Herzogs, tritt in den Kreis. In allem das Gegenbild zu dem genialischen, aber subjektiv übersteigerten Tasso, entwickelt sich eine Rivalität zwischen beiden, bei der der Weltmann dem Dichter mit dem Anspruch segensreicher Tätigkeit entgegentritt: »Was gelten soll, muß wirken und muß dienen.« Es kommt zum Streit. Der Herzog schlichtet und verhängt über Tasso, der den Degen gezogen hatte, Zimmerarrest. Auch Antonio wird getadelt, aber während dieser die Rüge mit Beherrschung und Einsicht trägt, rast jener gegen sein Geschick und steigert sich in immer neue Wutausbrüche hinein. Aus der Haft entlassen, will Tasso vom Hof weggehen; er reißt Leonore in stürmischer Umarmung an sich, die über diesen leidenschaftlichen Ausbruch entsetzt ist und zusammen mit ihrem Bruder überstürzt abreist. Zuletzt klammert sich Tasso an Antonio und an seine Dichtkunst: »Und wenn der Mensch in seiner Qual verstummt, / gab mir ein Gott zu sagen, was ich leide.«

Die Tragik des Geschehens besteht darin, daß Tasso nur Dichter, Antonio nur »Weltmann« ist – »die darum Feinde sind, weil die Natur nicht einen Mann aus ihnen beiden formte«. Tasso ist ein »gesteigerter Werther«, erfüllt von der Sehnsucht nach einer Frau, die für ihn unerreichbar ist, ein Mensch von schrankenloser Phantasie und hemmungsloser Ich-Bezogenheit; er versteht es nicht, ein Verhältnis zur Wirklichkeit zu gewinnen, Menschen und Dinge so zu nehmen, wie sie sind. Sein egozentrisches Hochgefühl führt zu Größenwahn, Neid, Mißtrauen, Eifersucht, Verfolgungsangst; Verletzung der Sitte ist die Folge seiner Wirklichkeitsferne. »Erlaubt ist, was gefällt«, ruft er in seiner Maßlosigkeit der Prinzessin zu. »Erlaubt ist, was sich ziemt«, antwortet diese. – Um größte Objektivität bemüht, neigt Goethe dennoch einer Verurteilung Tassos zu: Auch der Künstler hat die Verpflichtung zur geistig-sittlichen Bildung, die in der Unterordnung, im Maßhalten und in der Anerkennung der Gesetze sich erweist; das Genie muß sich beschränken, damit Humanität entstehe; die »Natur« muß durch Erziehung dazu gebracht werden, sich mit »echter Weltvernunft« zu vermählen, Führerin auf diesem Weg ist die »edle Frau« (Leonore zeigt Züge der Frau von Stein): »Nach Freiheit strebt der Mann, das Weib nach Sitte.« Doch Antonio ist nicht einfach Sieger in dem Wettstreit. So sehr er augenblicklich überlegen erscheint, seine Schwächen werden gleichermaßen deutlich. Goethe läßt beide Lebensformen als möglich bestehen; es gibt keine Synthese, alles bleibt in der Schwebe, nach den Worten Hugo von Hofmannsthals steht in beiden die Widersinnigkeit der Welt zu schmerzlichem Genuß.

»Tasso« scheint einen Wendepunkt in Goethes Entwicklung zu bedeuten: der »Stürmer und Dränger« ist zum »Klassiker« geworden; doch taucht der Problemgehalt des Dramas – Genuß oder Entsagung, Leidenschaft oder Gesetz, Willkür oder Maß, Genie oder Begrenzung – auch in späteren Werken immer wieder auf. Wie meist bei Goethe sind dabei persönliche Erlebnisse Anlaß und Ausgangspunkt der Dichtung.

Die Begegnung mit der jungen und geistreichen Marianne Jung (nach ihrer Verheiratung: von Willemer), September 1815 (»Noch einmal Frühlingshauch und Sommerbrand . . .«), führt zu dem Wechselgesang der Gedichte im *Westöstlichen Divan* (1819), in denen gebändigte Leidenschaft und schmerzliches Entsagen ihren Ausdruck finden.
Auch die Begegnung mit der jungen Ulrike von Levetzow im Marienbad 1823 läßt den alten Goethe am Ende seines Lebens wieder die Tasso-Situation erleben. So ist der Marienbader *Elegie* (1823) das Wort vorangestellt: »Und wenn der Mensch in seiner Qual verstummt, / gab mir ein Gott zu sagen, was ich leide.« Im leidenschaftlichen Ausbruch des Schmerzes gipfelt das Gedicht: »Mir ist das All, ich bin mir selbst verloren, / der ich noch erst den Göttern Liebling war«; doch bleibt die Kunst, durch die der Aufruhr der Gefühle seine Bändigung erfährt; durch das »Sagen« wird die Qual wenn nicht überwunden, so doch gebannt.

Distanzierter, abstrakter, mehr gelöst vom eigenen Erleben hat Goethe seiner Überzeugung von der Notwendigkeit der Unterordnung und des Maßhaltens in dem Roman *Die Wahlverwandtschaften* (1809) und in dem Drama *Die natürliche Tochter* (1803) Ausdruck gegeben. Das zeigt sich bis in den Stil hinein, der – im Gegensatz zur lyrischen Aussage – in der »Marmorkälte« der Zurückhaltung zu erstarren droht.

Gesetz und Natur

Eduard (»so nennen wir einen reichen Baron im besten Mannesalter«), der Held des Romans »Die Wahlverwandtschaften«, ist mit seiner einstigen Jugendliebe Charlotte verheiratet. Er lädt einen ihm befreundeten Hauptmann aufs Gut; Charlotte nimmt ihre Nichte, die schöne Ottilie, ins Haus. Der Baron entflammt für Ottilie, der Hauptmannn faßt eine tiefe Zuneigung zu Charlotte. Aber während diese ihrer Leidenschaft zu entsagen wissen, da ihnen das Gesetz der Ehe höher erscheint als ihr persönliches Glück (»Unauflöslich muß die Ehe sein, denn sie bringt so vieles Glück, daß alles einzelne Unglück dagegen gar nicht zu rechnen ist«) – verstricken sich jene immer mehr in der Leidenschaft. Durch unselige Umstände fällt das Kind Charlottens, mit dessen Wartung Ottilie betraut ist, in den See und ertrinkt. Nun erkennt Ottilie ihre große Schuld und beschließt, auf Eduard zu verzichten. Sie stirbt; der Baron folgt ihr bald nach.

Auch der Mensch ist »Natur« – »Wahlverwandtschaften« ist ein Begriff aus der Chemie, der von der Lösung und Bindung gewisser Elemente spricht; doch steht dem »physischen Teil« des Menschen die Macht des Geistigen, das Ethische, gegenüber. Wer sich – wie Eduard und Ottilie – der »natürlichen Leidenschaften« überantwortet, mißachtet die eigene Persönlichkeit, die im Sittlichen, in der Achtung und Wahrung der »Gesetze«, beruht. Der Mensch vermag das »Unmögliche« und das »Übernatürliche«: kraft seines freien Willens löst er den Widerstreit zwischen Neigung und Pflicht durch den sittlichen Akt der Entsagung.

In dem Schauspiel »Die natürliche Tochter« ist Eugenie das uneheliche Kind des Herzogs, der sie nach dem Tod seiner Gattin anerkennen und in die königlichen Kreise einzuführen gedenkt. Der Plan scheitert an den Intrigen des Bruders und seiner Clique. Eugenie wird entführt und soll auf eine ferne Insel gebracht werden; dem Vater wird ihr Tod vorgetäuscht. Die Heirat mit einem »Bürgerlichen«, einem »edlen Gerichtsrat«, und der damit vorgenommene Verzicht auf die hohe Abkunft bannen die unmittelbar drohende Gefahr. Eugenie hofft, eines Tages aus der Verborgenheit ihrem Vaterlande, dem ein Umsturz droht, helfen zu können. Nach Goethes Plänen sollte das Stück den ersten Teil einer Trilogie darstellen, die er über die Ereignisse der Französischen Revolution zu schreiben gedachte.

Gesetz und Geschichte

Eugenie steht als die Verkörperung rührender Reinheit vor uns – inmitten einer Welt, die aller Gesetze der Sittlichkeit spottet und so ihrem moralischen wie physischen Untergang zutreibt. Zugleich aber ist in ihr die Hoffnung auf Rettung verkörpert, denn – dies war die Grundüberzeugung Goethes – nur durch Entsagung und Maßhalten, auf dem Wege der Evolution, nicht des gewaltsamen Umsturzes, könnten die herrschenden Zustände gebessert werden; wie im »Tasso« und in den »Wahlverwandtschaften« ist eine »edle Frau« ausersehen, Erzieherin des Menschengeschlechts zu werden.

Damit ist auch Goethes Haltung zur Französischen Revolution umrissen. So sehr er über die Korruption und Verworfenheit des Ancien régime entsetzt war, so streng lehnte er auch den gewaltsamen Umsturz und die Aufhebung aller gesetzlichen wie moralischen Schranken ab, die im Gefolge des Aufruhrs sich bemerkbar machten. Anarchie war ihm ein Greuel, weil ihr das Verständnis für das Ganze und der Sinn für lebenserhaltende Ordnung fehlte. »Anmaßung, Mißmut und törichter Wahn« dürften den Gutgesinnten nicht die Erde verleiten.

Dichterisch hat Goethe die Revolutionswirren (außer in der »Natürlichen Tochter« und dem Epos *Reineke Fuchs* 1794) zum Anlaß einer Reihe von satirischen Spielen genommen: *Der Grokophta; Die Aufgeregten; Der Bürgergeneral* (1794).

In *Hermann und Dorothea* (1797) ragt die Revolution als dunkler Hintergrund ins Geschehen, als drohende Gefahr für eine in Zucht und Ordnung, Hierarchie und Gesetzesachtung glückliche Welt. Es war hier Goethes Absicht, »das rein Menschliche der Existenz in einer kleinen deutschen Stadt und zugleich die großen Bewegungen und Veränderungen des Welttheaters aus einem kleinen Spiegel zurückzuwerfen«.

Im Mittelpunkt des Epos, dessen Form (Hexameter) Homer nachgebildet ist, steht die wohlhabende Bürgerfamilie des Löwenwirts, dessen Sohn Hermann den in der Nähe vorbeiflutenden, vor den französischen Heeren flüchtenden Menschen Hilfe und Unterstützung bringen will. Er lernt dort Dorothea kennen und wirbt sie als Magd für die Eltern; in rasch aufflammender Liebe führt er jedoch das Mädchen als Braut ins väterliche Haus ein.

Der Ordnung des bürgerlichen Lebens (Wohlstand des Vaters, Gehorsam des Sohnes, Erfahrenheit des Pfarrers, Bedächtigkeit der Mutter) entspricht die Ordnung der Vertriebenen, die vom Richter geleitet werden und so ihren Auszug ohne Chaos und Panik vollziehen:

> »Denn der Mensch, der zur schwankenden Zeit auch schwankend gesinnt ist,
> der vermehrt das Übel und breitet es weiter und weiter;
> aber wer fest auf dem Sinne beharrt, der bildet die Welt sich.«

Die gleiche Beherrschtheit prägt auch das Verhalten der Liebenden. Für sie gilt das Wort aus dem »Tasso«: »Erlaubt ist, was sich ziemt.« Keine Stelle kann das besser deutlich machen als die Szene, da Dorothea, die Geliebte, auf dem Wege zu Hermanns Eltern strauchelt und hinzufallen droht:

> ». . . sie sank ihm leis auf die Schulter,
> Brust war gesenkt an Brust und Wang' an Wange. So stand er,
> starr wie ein Marmorbild, vom ernsten Willen gebändigt,
> drückte nicht fester sie an, er stemmte sich gegen die Schwere.
> Und so fühlt' er die herrliche Last, die Wärme des Herzens
> und den Balsam des Atems, an seinen Lippen verhaucht,
> trug mit Mannesgefühl die Heldengröße des Weibes.«

Wieder drängt Goethe das Individuelle der Erscheinung seiner Personen zurück, um das Typische des Menschen zu zeigen, das Bleibende in der Begegnung von Mann und Frau. Zur lebenserhaltenden Ordnung gehören auch Anstand und Sitte. Die Brunnenszene verdeutlicht noch ergreifender die Hintergründigkeit des Werkes: die beiden jungen Menschen sind auf der Hut vor der Leidenschaft. Sie überlassen sich nicht ihrem begehrenden Verlangen, sondern zeigen in ihren Regungen und Gefühlen Verhaltenheit. Der Verzicht auf spontane Leidenschaftlichkeit zielt nicht auf philiströses Spießertum, das Goethe in der Gestalt des Apothekers andeutet, sondern soll zeigen, wie sich aus der Sicherheit eines unverwirrten Gefühls heraus das Leben meistern läßt. Voraussetzung dazu ist die Reinheit, die nicht alles begehrt, was gut und schön erscheint, sondern nur das dem einzelnen Gemäße zu ergreifen trachtet. Das meint der Pfarrer, wenn er vom Geheimnis des rechten Augenblicks spricht: »Der Augenblick nur entscheidet / über das Leben des Menschen und über sein ganzes Geschicke.« Der Glaube an die verläßliche Stimme im Herzen ist wichtiger als alles Bedenken und Planen, es ist der Glaube an reine Menschlichkeit, Humanität, wie sie sich auch bei Iphigenie findet.

Ist die eine Wesenskomponente des »klassischen Goethe« mit Maß, Gesetz, Ordnung zu umreißen, so ist die zweite, jene umschließend, die Humanität. Menschlichkeit ist dabei freilich nicht Besitz – **Das Streben** wie etwa Herder meinte (»höchste Blüte der natürlichen **nach** Entwicklung«), sondern stets neu zu erkämpfendes Ziel **Humanität** eines oft sehr schweren Bemühens. Sie leuchtet am reinsten auf im Augenblick der Begegnung mit dem Du. Im Rahmen des Humanitätsstrebens bewegen Goethe drei Grundgedanken, die er in Werk und Leben zu verwirklichen und für die Erziehung der Menschen zusammen mit Schiller, wenn auch in anderer Weise, nutzbar zu machen suchte: die Idee der Schönheit (in der »Griechenlandsehnsucht« verkörpert), die Idee der Harmonie (durch west-östliche Begegnung gefördert), die Idee der Sozietät (in der neuen Welt Amerikas symbolisiert). Dementsprechend gipfelt Goethes klassisch-humanitäres Schaffen in der »Iphigenie«, im »Westöstlichen Divan«, in »Wilhelm Meisters Wanderjahren«.

Leitbild für den neuen »schönen Menschen« war der antike Mensch, vornehmlich der Grieche. Darin war die Klassik vorbereitet durch die **Das Leitbild** Aufklärung (schon Wieland hatte seiner Zeit die »schöne **des schönen** Seele« zum Ziel gesetzt). **Johann Joachim Winckelmann** **Menschen** (1717–1768) hatte 1755 beim Studium griechischer Kunstwerke (*Gedanken über die Nachahmung der griechischen Werke in der Malerei und Bildhauerkunst*) das Ideal der neuen Epoche vorweggenommen:

»Das allgemeine vorzügliche Kennzeichen der griechischen Meisterstücke ist . . . eine edle Einfalt und eine stille Größe, sowohl in der Stellung als auch im Ausdrucke. So wie die Tiefe des Meeres allezeit ruhig bleibt, die Oberfläche mag noch so wüten, ebenso zeigt der Ausdruck in den Figuren der Griechen bei allen Leidenschaften eine große und gesetzte Seele.«

Winckelmann forderte zur Nachahmung der Griechen auf: »Der einzige Weg für uns, groß, ja wenn es möglich ist, unnachahmlich zu werden, ist die Nachahmung der Alten.« – Für Goethe war »die antike Natur in Winckelmann wieder erschienen« *(Winckelmann und sein Jahrhundert;* 1805). Dessen mehr aufs Formale zielende Überlegungen wandelten sich bei ihm in eine neue Auffassung von der Kunst. Von vornherein wurde von ihm der Begriff der Schönheit in Fortführung des Ideals der Kalokagathia begriffen als der Bund »aller Vollkommenheiten und Tugenden«: »Der Gott war zum Menschen geworden, um den Menschen zum Gott zu erheben.«

Damit hatte sich Goethe eindeutig zur seelischen Schönheit bekannt, zur Idee der schönen Seele, und nicht – was die Entartung des Klassischen ins Klassizistische bedeutet hätte – zum Idol des schönen Körpers. Freilich hatte auch Goethe auf seiner italienischen Reise, die ihm Erlösung aus der kalten und öden Welt des Nordens bedeutete, zeitweise einseitig im Sinnenglück »Antikes« zu finden erhofft. Die Liebe verlor so ihren sittlichen Halt, wenn sie auch durch sinnliche Offenheit, heidnischen Frohsinn und unbeschwertes Genießen bestach *(Römische Elegien,* 1788).

Höhepunkt der Griechenlandsehnsucht Goethes und des in ihrem Zeichen stehenden Humanitätsstrebens ist das Schauspiel *Iphigenie auf Tauris* (1776 konzipiert, im Frühjahr 1779 in einer ersten **Zwischen uns** Prosafassung niedergeschrieben und aufgeführt, 1786/87 **sei Wahrheit** in seine endgültige Form – mit fünftaktigen Jamben – umgegossen). Goethe folgt dem griechischen Mythos, wie er von Euripides gestaltet worden war, formt ihn aber im Hinblick auf das Ende entscheidend um.

Iphigenie, die Tochter Agamemnons, ist durch Diana vor der Opferung, die ihr vom Vater und den Ihren auf göttliches Geheiß drohte, gerettet und nach Tauris entführt worden. Dort wirkt sie als Priesterin der Göttin. Sie hat viel Gutes stiften und die Menschenopfer abschaffen können. Aber ihr Heimweh (»Das Land der Griechen mit der Seele suchend«) bleibt. König Thoas von Tauris will Iphigenie als Gattin gewinnen; sie sucht durch allerlei Ausflüchte, schließlich durch das Bekenntnis ihrer unseligen Herkunft, ihn davon abzubringen. Da werden zwei Fremde gefangen; sie sollen von der Priesterin auf Befehl des Thoas, der über Iphigeniens Weigerung aufgebracht ist, wieder als Menschenopfer der Göttin dargebracht werden. Es stellt sich heraus, daß sie Griechen, ja Iphigeniens Bruder Orest und dessen Freund Pylades sind. Orest hatte Klytaimnestra, seine Mutter, und deren Buhlen umgebracht; seither ist er dem Wahnsinn verfallen. Er kann den Fluch, der auf ihm lastet, nur dadurch lösen, daß er »die Schwester, die an Tauris' Ufer im Heiligtume wider Willen lebt«, nach Griechenland zurückbringt. Er mißversteht das Orakel, indem er in der »Schwester« das in Tauris befindliche Götterstandbild der Diana, Apollons Schwester, vermutet. Die Geschwister erkennen sich; Iphigenie wird zunächst zur Mitwisserin und Helferin des geplanten Raubes. Doch bringt sie es schließlich nicht über sich, Thoas, der sie wie ein Vater behandelt hat, zu betrügen. Sie gesteht ihm den Betrug – und bewegt ihn dazu, alle in Frieden ziehen zu lassen.

Griechentum und Barbarentum stehen sich in dem Drama gegenüber. Iphigenie ist – obwohl furchtbare Geschehnisse das Schicksal ihrer Familie bestimmten (sie ist aus »Tantalus' Geschlecht«) – in ihrem Wesen die Verkörperung der Stille und Einfalt, der Ruhe und Klarheit, der Güte und Wahrhaftigkeit, die wahre Menschlichkeit ausmachen. Ihr gegenüber steht Thoas, der Barbar, den jedoch der Einfluß ihres Menschentums zu Besserem und Schönerem hinführt: das fremde Ufer, das »jedem Fremden sonst voll Grausen war«, wird »hold und freundlich«. Der Konflikt entsteht, als Thoas Iphigenie zur Gattin machen möchte und der wahnsinnige Orest in den Bezirk wirkender und erwachsender Menschenliebe einbricht. Er ist von den Furien gehetzt – »es ist der Weg des Todes, den wir treten«. Er ist der »Geworfene«, von den Göttern Verlassene. Aber als er sich zur sittlichen Tat der Wahrhaftigkeit Iphigenie gegenüber bekennt (»Zwischen uns sei Wahrheit«) und ihr alles gesteht, wird er durch Iphigeniens Vertrauen geheilt. Iphigenie aber gerät nun ihrerseits in die entscheidende Krisis ihres Lebens: Sie steht zwischen der Liebe zum Bruder, den sie retten muß, und der Verehrung zu Thoas, den sie nicht betrügen will. Ein zweites Mal bringt die Wahrheit die Lösung: Iphigenie gesteht nun dem König alles (»Es wird ein heimlicher Betrug geschmiedet . . .«). Zugleich aber legt sie durch ihr menschliches Handeln auch ihm das Gebot zur Menschlichkeit auf: »Wenn ihr wahrhaft seid, wie ihr gepriesen werdet, / so zeigt's durch euern Beistand und verherrlicht / durch mich die Wahrheit!« Aus der festen Überzeugung von der Macht der Offenheit und Güte heraus wagt sie zu Thoas zu sagen: »Verdirb uns – wenn du darfst.« Ihr Vertrauen weckt auch in ihm Güte und Vertrauen, und er ringt sich zu seinem menschlich-ergreifenden »Lebt wohl!« durch.

»Ganz verteufelt human« nannte Goethe sein Werk selbst. Es ist im Bereich des Idealismus angesiedelt und zeigt uns eine Welt, die fern von jeder Wirklichkeit liegt. Der Gegensatz Grieche und Barbar ist nur ein scheinbarer: Thoas steht auf dem gleichen sittlichen Boden wie Iphigenie; die »alles versöhnende Menschlichkeit« wandelt die Welt zur Theodizee. Aber gerade diese Wirklichkeitsferne macht das Drama zum weiterweisenden, heute noch genauso aktuellen Aufruf: Wo Menschen zusammenkommen und zusammenleben, muß das Streben nach Wahrhaftigkeit ein Anliegen bleiben, das sich über jedes Nützlichkeitsdenken erhebt. Nur so kann der Mensch aus den Verstrickungen des Irrtums, der Bosheit und Brutalität, aus dem harten Lebenskampf sich herauslösen, seine Natur und die Fesseln der Natur überwinden und das eigentlich Göttliche über sich erkennen und in sich verwirklichen: »Edel sei der Mensch, / hilfreich und gut! / Denn das allein / unterscheidet ihn / von allen Wesen, / die wir kennen« (*Das Göttliche*; 1783).

Die Menschlichkeit, wie sie Goethe an Iphigenie zeigt, ist freilich letztlich nicht antik, sondern christlich; ihr Seelenton – die heilende Kraft
von Reinheit, Stille und Güte – hat auch die Sprache, besonders den
Jambenfluß der italienischen Bearbeitung, geprägt.

Geborgenheit in Gott und Welt   Völkerkundliche und literarische Studien hatten Goethe an die Welt des Orients herangeführt. Die Liebe zu Mari-anne von Willemer hatte dieser Beschäftigung eine per-sönliche Erlebnisgrundlage verliehen. So entstanden in den
Jahren 1814–19 die Gedichte des *Westöstlichen Divan,* zu denen auch
die Geliebte Verse beisteuerte.

Die zwölf Bücher des »Divan« (= Versammlung) sind aufeinander abgestimmt:
Buch des Sängers, Buch Hafis, Buch der Liebe, Buch der Betrachtungen, Buch des
Unmuts, Buch der Sprüche ... Sie beschäftigen sich vornehmlich mit religiösen und
philosophischen Fragen; doch kehren sie auch immer wieder zu einem Zwiegespräch
zwischen Hatem oder Hafis (Goethe) und Suleika (Marianne) zurück.

Das Humanitätsgefühl des »Morgenlandfahrers« Goethe schließt vieles
seiner »griechischen« Zeit mit ein; doch erhalten die Vorstellungen vom
Göttlichen wie die Beurteilung der menschlichen Persönlichkeit nun
andere Umrisse. Die Harmonie der Welt wird im »Westöstlichen Divan«
als Polarität von Ost und West erlebt. Vorrecht und Anspruch der abend-
ländisch-griechischen Kultur gegenüber dem Barbarentum und der damit verknüpfte Bekehrungs- und Bekenntniseifer weichen einer objektiv
erfaßten Weltenfülle:

> »Gottes ist der Orient!
> Gottes ist der Okzident!
> Nord- und südliches Gelände
> Ruht im Frieden seiner Hände.« *(Ta ismane)*

Das aus dem Erlebnis der coincidentia oppositorum (Zusammenfall der
Widersprüche in der letzten Wahrheit) entspringende Glücksgefühl ist
mystischer Art. (»Zwischen oben, zwischen unten / Schweb ich hin zu
muntrer Schau« heißt es in: *Schwebender Genius über der Erdkugel);* es
ruht in der Geborgenheit einer Mitte, in der die Wirrungen des Lebens
zur Ruhe kommen. (»Und alles Drängen, alles Ringen / Ist ewige Ruh
in Gott dem Herrn.« *Zahme Xenien)*

In jeder Vielfalt des Kosmischen wie Irdischen, Kleinen wie Großen,
Persönlichen wie Unpersönlichen spiegelt sich ein »Gleiches«, »Allgegen-
wärtiges«, »Gleichbleibendes«: das Göttliche – im Sinnbild der Geliebten.

> »In tausend Formen magst du dich verstecken,
> Doch Allerliebste, gleich erkenn ich dich;
> Du magst mit Zauberschleiern dich bedecken,
> Allgegenwärtige, gleich erkenn ich dich.«

Für den Menschen erhofft sich Goethe aus der Zuwendung zum Osten neue Jugend, Wiedergeburt – ex oriente lux –:

> »Nord und West und Süd zersplittern,
> Throne bersten, Reiche zittern,
> Flüchte du, im reinen Osten
> Patriarchenluft zu kosten,
> Unter Lieben, Trinken, Singen
> Soll dich Chisers Quell verjüngen.« *(Hegire)*

Diese Verjüngung schließt die heitere, anmutige Harmonie von Seele und Sinnlichkeit ein. Das Ideal der Kalokagathia wird unter östlichem Vorzeichen neu verkündet. Goethe meint ein natürliches, verstandesfernes, unausgeklügeltes Genießen in dieser »schönsten und besten aller Welten«: ». . . und sich nicht den Kopf zerbrechen . . . will mich unter Hirten mischen, / an Oasen mich erfrischen . . . will in Bädern und in Schenken, / heil'ger Hafis, dein gedenken . . .« Die Verjüngung gipfelt im Erlebnis der Persönlichkeit: »Höchstes Glück der Erdenkinder / Sei nur die Persönlichkeit.«

Persönlichkeit ist allerdings für Goethe nun vornehmlich nicht mehr geprägt durch die Kraft und Freiheit geistig-sittlicher Entscheidung, durch die Erringung und Bewahrung eines »Standpunktes«, sie ist fließend (panta rhei), Natur, Metamorphose: »Alles könne man verlieren / Wenn man bliebe, was man ist.« Doch ist dieses ständige Sich-Verwandeln auf der anderen Seite auch ein Kreisen um den göttlichen Mittelpunkt, der Wechsel ist im Zentrum Einheit. Dem mystischen Mittelpunkt der Welt entspricht ein mystischer Mittelpunkt der Person, der nicht ansprechbar, aber erlebbar, dessen Ortung nicht durch Klugheit, wohl aber durch Weisheit erfolgen kann. In dem Gedicht *Selige Sehnsucht* haben das Weltbild und die Lebensauffassung, die Goethe im »Westöstlichen Divan« vertritt, am Bild des Schmetterlings ihr tiefsinnigstes Symbol gefunden. Er kreist um die Flamme, wird von ihr angezogen und verbrennt in ihr, um zu neuer höherer Gestalt aufzusteigen:

> »Keine Ferne macht dich schwierig,
> Kommst geflogen und gebannt,
> Und zuletzt, des Lichts begierig,
> Bist du, Schmetterling, verbrannt.«

Zugleich aber legt die letzte Strophe des Gedichts noch einmal ein Bekenntnis ab zu der Wirkungsmöglichkeit und Wirkungspflicht des Menschen im Hier und Jetzt:

> »Und solang' du das nicht hast,
> Dieses: Stirb und werde!
> Bist du nur ein trüber Gast
> Auf der dunklen Erde.«

Damit klingt auch die dritte Saite von Goethes Humanitätsideal an: seine Vorstellung von der menschlichen Sozietät. Es gehe nicht darum, in der Welt auszuhalten, sie durchstehen und überstehen zu **Bildung zur** wollen, Mensch gegen den Menschen zu sein; es gelte viel- **Gemeinschaft** mehr, Mensch inmitten der Menschen zu sein: Gast. Der etymologische Bedeutungswechsel dieses Wortes von Feind zu Fremdling und Gastfreund mag Sinnbild sein für die Aufgabe des Menschen, sich vom Menschenfeind zum Menschenfreund zu wandeln. So gipfelt für den alten Goethe die Bildung des Menschen in dem Bekenntnis zur Gemeinschaft.

Goethes großangelegter, erst 1829 beendeter Bildungsroman *Wilhelm Meisters Lehr- und Wanderjahre* hat den Dichter von früh an beschäftigt (seit 1776). Die Wandlungen der goetheschen Persönlichkeit, die Vielschichtigkeit und Vielstrebigkeit seines Lebens spiegeln sich in ihm. Die Handlung, bei der ursprünglich an eine Auseinandersetzung mit dem zeitgenössischen Theater gedacht war *(Wilhelm Meisters theatralische Sendung)*, weitete sich und sollte Gefäß werden für einen Kosmos von Gefühlen und Gedanken. Nur der Hauptstrang des Geschehens kann somit gezeigt werden.

Wilhelm Meister ist der Sohn eines wohlhabenden Kaufmanns. Er schlägt jedoch nicht die ihm vom Vater zugedachte bürgerliche Laufbahn ein, sondern geht zur Bühne, was er sich von frühester Kindheit an gewünscht hatte. In einer Schauspielertruppe vergehen seine beruflichen wie persönlichen Lehrjahre. Wirrungen, Intrigen, Liebschaften (Marianne, Philine), geheimnisvolle Begegnungen und Ereignisse (der Harfner, Mignon) enden damit, daß ihm unter allerlei Zeremonien ein Lehrbrief ausgestellt wird. In Natalie findet er eine Braut und eine neue Mutter für den Jungen, den er von der inzwischen verstorbenen Marianne besitzt *(Wilhelm Meisters Lehrjahre,* 1796).

Mit seinem Sohn Felix zieht Wilhelm dann auf Wanderschaft *(Wilhelm Meisters Wanderjahre)*. Ein ihm von der »Gesellschaft des Turmes«, einer geheimnisvollen, freimaurerähnlichen Gemeinschaft, auferlegtes Gelübde zwingt ihn, nie länger als drei Tage unter einem Dach zu verweilen; so erfährt er die Welt in ihrer ganzen Fülle und Weite. Vielerlei Schicksale, oft recht geheimnisvoller Art, kreuzen seinen Weg. Felix wird zur Erziehung in die »Pädagogische Provinz« gegeben. Er findet dort Gelegenheit, sich in allen Künsten zu üben, und wird zu den »drei Ehrfurchten« erzogen. Wilhelm zieht weiter und trifft auf eine seltsame Versammlung, in der jeder ein Handwerk beherrschen muß; er selbst bildet sich zum Wundarzt aus. Alte Freunde erscheinen; auch sie haben ein Handwerk gelernt. Die Gesellschaft will in die Neue Welt auswandern, und nur der darf sich anschließen, der sich als nützlich erweist. »Eilen wir deshalb schnell ans Meeresufer und überzeugen uns mit einem Blick, welch unermeßliche Räume der Tätigkeit offen stehen, und bekennen wir schon bei dem bloßen Gedanken uns ganz anders aufgeregt.«

Die Bildung Wilhelm Meisters besteht letztlich in der Wandlung vom Individuum zum Glied der Gemeinschaft; nur dadurch werde der Mensch voll Mensch, nur so verwirkliche er sich. Für den Goethe des Sozietäts-Ideals war das Individuum eine Idee, Gemeinschaft aber eine Realität; Kunst wurde ihm immer mehr zum ästhetischen Schein; praktische Tätig-

keit galt ihm als die eigentliche Aufgabe des Menschen: »Suchet überall
zu nützen, überall seid ihr zu Hause ... Und dein Streben, sei's in Liebe,
/ Und dein Leben sei die Tat ...« Wilhelm Meister beginnt als Schauspiel-
schüler und endet als Arzt; er löst sich vom Bürgertum, um über seine
Vaterschaft und die Versammlung der Handwerker zum Bürgertum zurückzukehren. Aber nun ist er durch seinen Weg, der viele Irrwege einschloß, vor jedem Philistertum bewahrt. Die Erfahrung hat ihn die Ehrfurcht gelehrt, die sein Sohn Felix, der Glückliche, ohne Umwege, leichter
und schneller in der »Pädagogischen Provinz« lernen kann: Ehrfurcht vor
dem, was über uns ist, vor dem, was unter uns ist, und vor dem, was
vor dem Menschen liegt. »Nun steht er stark und kühn, nicht etwa
selbstisch vereinzelt; nur in Verbindung mit seinesgleichen macht er
Front gegen die Welt.« Damit ist »der Mensch nach allen Seiten zu ein
Mensch«. Goethe bezieht in seinen Humanitätsbegriff das Ideal der Gemeinschaft mit ein und faßt es ins Symbol der Neuen Welt. Die Auseinandersetzung mit Amerika, in das die Gesellschaft der Handwerker
auswandern will, durchzieht die letzten Bücher des Romans. Wenn Goethe
seinem Werk den Untertitel *Die Entsagenden* gab, so war dies der Ausdruck seines Wissens, daß eine neue Epoche der Weltgeschichte im Zeichen Amerikas heraufzog, in der die absolute Freiheit des Individuums
ihre entscheidende Begrenzung im Recht der Gemeinschaft auf Leben,
Glück und Wohlstand fand, eine Resignation, die den Aufruf zu neuer
Energie und Leistung nach einem gewandelten Ziele einschloß.

Insgesamt also bietet sich uns das Klassische bei Goethe dar als ein
Bekenntnis zu Maß und Gesetz, zur alles versöhnenden Menschlichkeit in
Wahrhaftigkeit, Güte und Liebe, zur Ehrfurcht und Arbeit. Das ist
Goethes Humanität im Zeichen einer christlich gesehenen Antike, des
Orients und der Neuen Welt.

Ein Fazit seines Schaffens zog der Dichter 1824 im Gespräch mit
Eckermann: »Man hat mich immer als einen vom Glück besonders Be-
günstigten gepriesen; auch will ich mich nicht beklagen und
den Gang meines Lebens nicht schelten. Allein im Grunde
Rastloses den Gang meines Lebens nicht schelten. Allein im Grunde
Sich-Mühen ist es nichts als Mühe und Arbeit gewesen, und ich kann
wohl sagen, daß ich in meinen fünfundsiebzig Jahren keine
vier Wochen eigentliches Behagen gehabt. Es war das ewige Wälzen eines
Steines, der immer von neuem gehoben sein wollte. Meine Annalen werden es deutlich machen, was hiermit gesagt ist.«

Diese Annalen scheinen freilich auf den ersten Blick eine andere Sprache
zu sprechen, der Meinung von vielen, vor allem der Gegner Goethes, recht
zu geben: glückhaft, genußreich, von Wohlstand geprägt sei dieses Leben
gewesen, das eigene Erleben und Wirken habe stets den Mittelpunkt

abgegeben. Gewiß war Goethe ein Künstler, dessen ganzes Schaffen Erlebnisdichtung war, Konfession eines langen Lebens, also stets ich-bezogen. Aber dieses Leben war gleichzeitig in einem sich selten ereignenden Fall exemplarisch, beispielhaft für menschliches Sein und Dasein schlechthin. Die Tiefe und Weite, die Größe und Breite seines Menschentums und seines Werkes erscheinen uns dadurch zeitlos, unverlierbar und gültig, solange Menschen als geistige und seelische Wesen leben.

Auf der anderen Seite war dieses Leben durchweg nicht frei von Tragik, Lebenskämpfen, Mißverständnissen und Anfeindungen. Goethe fühlte sich immer wieder hart am Abgrund: »Ach, ich bin des Treibens müde! ...« *(Wanderers Nachtlied)* – »Warte nur, balde / Ruhest du auch« *(Ein Gleiches)* sind nur wenige (von vielen), aber ergreifende Zeichen hierfür. Doch wenn er selbst nicht den Weg seines Werther ging, dann nur, weil er nicht auf Träumen und Hoffnungen beharrte, die sich mit der Welt der Wirklichkeiten nicht in Einklang bringen lassen, weil er – ganz anders als die nachfolgenden Kleist, Hölderlin und Hebbel – keine tragische Kluft aufriß zwischen dem genialen und dem Alltagsmenschen, sondern sich zeitlebens bemühte, im Einverständnis mit der Schöpfung zu leben, Vertrauen zum Leben zu haben, wie immer es auch sei und was immer es bringe. Goethe fand den Standpunkt für sein Leben, aus dem heraus er zur beispielgebenden und wegweisenden Bewältigung der andrängenden Mächte des Bösen und Furchtbaren kam. Das letzte und vielleicht größte Geheimnis seiner Humanität bestand darin, daß er »Entsagung und Geduld als Tugenden eines Geschöpfes« lehrte, »das unwiderruflich durch Raum und Zeit begrenzt ist« (Emil Staiger). Die aus der griechisch-römischen Ethik übernommene Idee der Notwendigkeit wird durch ihn »beseelt und vertieft von einer innigen Liebe zum Leben«, weil nur so die Menschheit Bestand haben könne.

Urbilder Zwei Werke – Kammermusik und gewaltige Symphonie – können das dichterische Ergebnis dieses Lebens zusammenfassen; sie sind bei aller äußeren und inhaltlichen Verschiedenheit durch das gleiche Thema zusammengehalten: »Urworte Orphisch« und »Faust«.

Die *Urworte Orphisch* (1820) charakterisieren den Menschen und seine Stellung in dieser Welt.

Der erste Spruch »Dämon« sagt aus, daß angeborene Kraft und Eigenheit mehr als alles übrige das Schicksal des Menschen bestimmen: »Und keine Zeit und keine Macht zerstückelt / Geprägte Form, die lebend sich entwickelt.«

Die zweite Strophe – »Tyche, das Zufällige« – umreißt die Stellung des Menschen im Bereich des Sich-Wandelnden, »das mit und um uns wandelt«: im Bereich der Gemeinschaft, der Geselligkeit, der zwischenmenschlichen Beziehungen: »Im Leben ist's bald hin-, bald widerfällig ...«

»Eros, Liebe« besingt das Edelste, das aus dem Himmel niederstürzt, Wohl und Wehe verbreitend: »Gar manches Herz verschwebt im Allgemeinen, / Doch widmet sich das edelste dem Einen.«

»Ananke, Nötigung« weiß um die strenge dunkle Schicksalsgewalt, das Müssen, dem sich »Will' und Grille« zu beugen haben: »So sind wir scheinfrei denn nach manchen Jahren / Nur enger dran, als wir am Anfang waren.«

»Elpis, Hoffnung« verkündet die Überwindung des Schicksals; die »höchst widerwärtige Pforte wird entriegelt ... Ein Flügelschlag – und hinter uns Äonen!«

Der Faust-Stoff beschäftigte Goethe seit 1772; den *Urfaust* brachte er bereits mit nach Weimar. 1808 erschien *Faust I*. *Faust II* wurde erst aus dem Nachlaß herausgegeben. So begleitete diese Dichtung Goethe sein ganzes Leben hindurch.

Der historische Faust lebte zwischen 1480 und 1540 als Humanist, Magier, Astrolog und Zauberer. Von den Aufzeichnungen über sein Leben ist die bedeutendste die *Historia von D. Johann Fausten,* die 1587 bei Johann Spieß zu Frankfurt am Main herauskam. Daneben entstanden um den Faust-Stoff Volkslieder, Sagen, Volksbücher (*Der Christlich-Meinende* von 1725 fand weite Verbreitung) und Schauspiele (seit 1600 durch englische Komödiantentruppen, im 17. und 18. Jh. auch durch deutsche Wandertruppen aufgeführt) sowie Kasperlestücke für die Puppenbühne.

Außer Goethe versuchten sich viele andere Dichter an der Gestaltung des Faust-Stoffes, z. B. Lessing, Klinger, Chamisso, Grabbe, Lenau, Heine, Vischer, Thomas Mann.

Goethes Faust ist der unzufriedene Grübler, der das Geheimnis der Welt und ihrer Zusammenhänge vergeblich zu ergründen sucht, der darüber in Selbstmordgedanken gerät, aus denen ihn das anbrechende Osterfest befreit: »Die Erde hat mich wieder.«

Mephistopheles, der mit Gott eine Wette abgeschlossen hat, Faust vom rechten Weg abbringen zu können (»Prolog im Himmel«), erscheint als Pudel (»das also ist des Pudels Kern«) und geht mit dem Gelehrten einen Pakt ein: er wird ihm alle geistigen wie sinnlichen Wünsche erfüllen, bis dieser zum Augenblick sagen möchte: »Verweile doch, du bist so schön.« Dann wird Mephistopheles seines Dienstes wieder ledig sein und Fausts Seele gewonnen haben.

Die Reise durchs Leben beginnt in »Auerbachs Keller«, wo Faust die wilden Vergnügungen der Studenten kennenlernt; sie führt in die »Hexenküche«, in der er durch einen Verjüngungstrank in einen verliebten Jüngling verwandelt wird. Nun sieht er »Helenen in jedem Weibe«. Das unschuldige Geschöpf, an dem sich Fausts Liebessehnen in tragischer Weise erfüllen soll, ist Gretchen. Durch die geschickten Intrigen des Mephisto begünstigt, gelingt Faust die Verführung; doch erwacht er nun aus seinem Zynismus und wird echter Liebe fähig. Mephisto entführt ihn, führt ihn zum großen Hexensabbath der »Walpurgisnacht« auf den Brocken, während Gretchen – als Kindsmörderin angeklagt – im Kerker den Tod erwartet. Faust kehrt zurück (»Heinrich! Mir graut's vor dir«), wird aber vom Teufel selbst wieder weggerissen – »sie ist gerichtet«. Aus der Höhe erklingt eine Stimme: »Ist gerettet.«

Der Tragödie zweiter Teil beginnt mit dem Heilschlaf Fausts, der in »anmutiger Gegend« durch den Luftgeist Ariel von »des Vorwurfs glühend bittren Pfeilen« und vom »erlebten Graus« befreit wird. Faust fühlt »des Lebens Pulse« wieder frisch lebendig schlagen. Sein weiterer Weg führt zum Hof des Kaisers, wo er den herrschenden Geldmangel durch die Ausgabe von Papiergeld behebt. Ein wildes Karnevalstreiben mit einem schier endlosen, mythologisch durchsetzten Mummenschanz läuft ab.

Der Kaiser hat neue Wünsche: er will Helena und Paris vor sich sehen. Mephistopheles weist Faust darauf hin, daß er den Wunsch nur erfüllen könne, wenn dieser »zu den Müttern« hinabsteige, die als Göttinnen in raum- und zeitloser Tiefe thronten. Als Helena darauf zitiert werden kann, ist Faust von ihrer Schönheit hingerissen. Nach einer Explosion findet er sich in seine alte Studierstube zurückversetzt: sein Famulus Wagner ist inzwischen Doktor geworden und braut an Homunkulus, dem künstlichen Menschen, der mit Hilfe des Teufels auch wirklich in seiner Retorte zum Leben erwacht. Unter seiner Anregung und Führung wird Faust durch Mephisto zur klassischen Walpurgisnacht nach Griechenland gebracht. Faust trifft Helena im Palast des Königs Menelaos zu Sparta leibhaftig an. In arkadischen Gefilden vollzieht sich beider Vermählung. Der Ehe entspringt ein Sohn, der strahlende Euphorion. Gleich Ikarus will er immer höher und höher steigen, bis er stürzt und tot vor den Füßen der Eltern liegt. Die Mutter folgt ihm ins Reich der Schatten, Faust hält am Ende nur noch Kleid und Schleier in seinen Armen.

Im »Hochgebirg« treffen wir ihn wieder. Er fühlt neue Kraft – »Die Tat ist alles, nichts der Ruhm«. Er möchte dem Meere Land abgewinnen. Mit Hilfe von Raufebold, Habebald und Haltefest (aus »Urgebirgs Urmenschenkraft«) hilft er dem Kaiser im Krieg, verlangt dafür Land zur Kolonisation. Da dem neuen Projekt das in einer ärmlichen Hütte hausende Ehepaar Philemon und Baucis hinderlich im Wege steht, zerstört Mephisto deren Heimstätte durch Brandstiftung, wobei die beiden Alten umkommen.

Durch den Anhauch der Sorge erblindet Faust. Millionen von Menschen möchte er neuen Lebensraum schaffen: »Solch ein Gewimmel möcht ich sehn, auf freiem Grund mit freiem Volke stehn.« Da ist der Augenblick, da er sagen möchte: »Verweile doch, du bist so schön.« Doch damit hat sich sein Leben erfüllt, er stirbt. Lemuren bereiten das Grab, der Höllenrachen tut sich auf; doch entreißen herabschwebende Engel Fausts Seele dem Abgrund: »Wer immer strebend sich bemüht, den können wir erlösen.« Die Mater gloriosa erscheint: »Komm, hebe dich zu höhern Sphären!« Ein Chor beschließt das Ganze; er weist auf das Vergängliche alles Irdischen hin, das nur Gleichnis sei für das Ewige:

> »Alles Vergängliche
> Ist nur ein Gleichnis;
> Das Unzulängliche,
> Hier wird's Ereignis;
> Das Unbeschreibliche,
> Hier ist's getan;
> Das Ewig-Weibliche
> Zieht uns hinan.«

Eine Fülle sich ergänzender, aber auch widersprüchlicher Motive, eine Vielfalt realer, allegorischer, symbolischer und mythologischer Handlungsstränge, Ereignisse und handelnder Personen, eine Zusammenballung philosophischer, religiöser und allgemein menschlicher Probleme und Fragen lassen die Komposition des »Faust« als unüberschaubar, schwierig und vielleicht auch künstlerisch unzulänglich erscheinen. Gerade diese Unzulänglichkeit aber wird »Ereignis«; das Unbeschreibliche »ist getan«, das Vergängliche wird als Gleichnis gestaltet. »Welt wird Symbol der Seele. Das Ganze ist Zeichen, und die Bilder sind Zeichen des Ganzen.« (Albrecht Weber)

»Urworte Orphisch« – »Faust«: Mit unsterblichen Worten wird das Geheimnis des Menschen, seines Schaffens, seiner Seele in Worte gebannt – Urkräfte, Urbilder, Urworte.

»Dämon«: Der Mensch steht unter dem Drang einer sich unabänderlich verwirklichenden Persönlichkeit; er ist »faustisch«, immer strebend nach Wissen, Tat, Erfüllung seiner Wünsche; nie dem Augenblick, immer der Zukunft zugewandt, vollzieht sich sein Leben im hektischen Treiben des Fortschritts, des Nimmergenügens. »Dämonisch« ist auch sein Leben, weil es im Handeln die Schuld auf sich nehmen muß, im Persönlichen (Vergehen an Gretchen) wie im allgemeinen Bereich (»Menschenopfer mußten bluten / Nachts erscholl des Jammers Qual«).

»Tyche«: Der Mensch ist ins Zufällige gestellt, sein Leben »ist ein Tand und wird so durchgetandelt«. Personen, Ereignisse treiben an ihm vorüber, die Welt muß erfahren werden, Weltweite tut not. Faust trifft Gelehrte, Studenten, Bauern; er lebt in der Kleinstadt, am Hof, in nordischer wie antiker Landschaft, er kennt den Krieg, das Idyll; er wirkt in der Enge der gotischen Studierstube, besucht die Straßen, Plätze, Dome und Trinkstuben; er findet sich im Kerker, im Palast, in »Wald und Höhle«, in »anmutiger Gegend«, im »Hochgebirge«, am Meer. Faust erfährt die Welt des Geistes, der Sinne, der Tat, der Forschung, der Geselligkeit wie Einsamkeit – »bald hin-, bald widerfällig«.

»Eros«: Menschsein heißt lieben. Faust erlebt die Liebe als Sexus in der nordischen Walpurgisnacht; er sieht Helena in jedem Weibe; zynisch, nur auf Genuß bedacht, muß er an der Reinheit und Keuschheit Gretchens scheitern. Zugleich aber wandelt sich seine Liebe: Er spürt nun das Glücksgefühl inniger Übereinstimmung, die Zuneigung über die leibliche Hingabe hinaus, den Eros. Die Begegnung mit Helena wird zur Vermählung mit der sublimierten geistigen Schönheit, ein Aufwärtsstreben zum Licht (das freilich im Sturz des Euphorion endet). Liebe ist am Ende schließlich Gnade, aus dem Mitleiden geborenes Mitleid: Agape. Die Mater dolorosa erlöst Faust auf Fürbitte Gretchens, die nun in Apotheose erscheint: »Das Ewig-Weibliche zieht uns hinan.«

»Ananke«: Harte Nötigung beherrscht den Menschen. Alles »ist nur ein Wollen, weil wir eben sollten«. Im Himmel wird über Fausts Leben beschlossen, wird die Wette eingegangen; und nun muß er in seiner Scheinfreiheit die Jahre durchstehen, um am Ende wieder am Anfang zu sein. Schicksal ist die Verzweiflung, die ihn bestimmt (»Es möcht kein 'Hund so länger leben«); Schicksal ist der Ekel am Leben, der ihn ergreift (»O sähst du, voller Mondenschein, / Zum letzten Mal auf meine Pein«); Schicksal ist die Unerfüllbarkeit seiner Wünsche, die Tragik seiner Begegnung mit der Schönheit Helenas (»Ein altes Wort bewährt sich leider auch an mir: / Daß Glück und Schönheit dauerhaft sich nicht vereint«); Schicksal ist die Tragik seines schuldbeschwerten Kolonisationswerkes. Unter dem Anhauch der Sorge erblindet Faust. Aber auch Mephistopheles steht unter dem »Gesetz«; er, der meint, die Wette gewonnen zu haben, irrt sich: »Da ist's denn wieder, wie die Sterne wollten.« »Ein großer Aufwand, schmählich! ist vertan.«

»Elpis«: Über allem steht die Hoffnung, »aus Wolkendecke, Nebel, Regenschauer / Erhebt sie uns, mit ihr, durch sie beflügelt«. Faust greift zur Giftphiole, da flößt ihm der draußen angestimmte Ostergesang neue Hoffnung ein. – Gretchen scheint gerichtet, da dringt von oben eine Stimme herunter: »Ist gerettet!« – Fausts Grab wird von den Lemuren bereitet, der Teufel steht bereit, da dringen die Engel heran: »Gerettet ist das edle Glied / Der Geisterwelt vom Bösen. / Wer immer strebend sich bemüht, / Den können wir erlösen.« – Hoffnung ist das erhaltende Element, das den Menschen in dieser Welt und diesem Leben bestehen läßt. Es ist zumindest für Goethe das urkräftigste unter den »Urworten« gewesen und geblieben, dasjenige, das ihn die Sorgen und das Abgründige überwinden ließ, die ihn zeitlebens bedrängten. So singt der Türmer Lynkeus (»Zum Sehen geboren, / Zum Schauen bestellt«) über die Welt, die sich unter ihm ausbreitet, sein hoffnungsvolles und hoffnungspendendes:

> »Ihr glücklichen Augen,
> Was je ihr gesehn,
> Es sei wie es wolle,
> Es war doch so schön!«

Friedrich Schiller

Die Jahre des geschichtlichen und philosophischen Studiums, 1787–94: 1787 erschien Schillers *Don Carlos*, 1789 war er auf Betreiben Goethes als Professor für Geschichte nach Jena berufen worden, 1790 hatte er sich mit Charlotte von Lengefeld vermählt. »Was für ein schönes Leben führe ich jetzt«, heißt es in einem Brief an Körner. »Ich sehe mit fröhlichem Geiste um mich her, und mein Herz findet eine immerwährende sanfte Befriedigung außer sich, mein Geist eine so schöne Nahrung und Erholung. Mein Dasein ist in eine harmonische Gleichheit gerückt.« – 1791 erkrankt Schiller schwer an einem Lungenleiden, von dem er sich nie wieder ganz erholen sollte. Dazu stellte sich sehr bald wieder die wirtschaftliche Not ein: seine Professur lief ohne Gehalt, die Einnahmen aus den Kollegiengeldern und schriftstellerischen Arbeiten erwiesen sich als zu gering. Da erhielt er, nachdem sich bereits das Gerücht von seinem Ableben verbreitet hatte, durch Vermittlung des dänischen Dichters Jens Baggesen vom Prinzen von Augustenburg und dänischen Finanzminister Graf Schimmelmann auf drei Jahre einen Ehrensold von je tausend Talern. »Der Menschheit«, schrieben die Spender, »wünschen wir einen ihrer Lehrer zu erhalten, und diesem Wunsche muß jede andere Betrachtung nachstehen.« Schillers Antwortschreiben ist ein ergreifendes Dokument der Dankbarkeit für diese entscheidende Hilfe im Stadium höchster Not und zugleich Ausdruck der hohen Überzeugung, mit der er – unermüdlich gegen die Krankheit ankämpfend – zu seiner dichterisch-humanitären Aufgabe stand: »Von der Wiege meines Geistes an bis

Das Ringen mit dem Schicksal jetzt, da ich dieses schreibe, habe ich mit dem Schicksal gekämpft, und seitdem ich die Freiheit des Geistes zu schätzen weiß, war ich dazu verurteilt, sie zu entbehren ... Erröten müßte ich, wenn ich bei einem solchen Anerbieten an etwas anderes denken könnte als an die schöne Humanität, aus der es entspringt, und an die moralische Absicht, zu der es dienen soll. Rein und edel, wie Sie geben, glaube ich empfangen zu können. Nicht an Sie, sondern an die Menschheit habe ich meine Schuld abzutragen. Diese ist der gemeinschaftliche Altar, wo Sie Ihr Geschenk und ich meinen Dank niederlege.«

Schiller erhält damit Muße und Möglichkeit zu philosophischen Studien; schon drei Tage nach Empfang des Geschenks bestellt er Kants »Kritik der reinen Vernunft«, ein Werk, das seine eigenen Gedankengänge entscheidend beeinflussen sollte.

Die Jahre der Freundschaft mit Goethe, 1794–1805: »Öfters um Goethe zu sein, würde mich unglücklich machen: er hat auch gegen seine nächsten Freunde kein Moment der Ergießung, er ist an nichts zu fassen; ich glaube in der Tat, er ist ein Egoist in ungewöhnlichem Grade ... Eine ganz sonderbare Mischung von Haß und Liebe ist es, die er in mir erweckt hat, eine Empfindung, die derjenigen nicht ganz unähnlich ist, die Brutus und Cassius gegen Caesar gehabt haben müssen; ich könnte seinen Geist umbringen und ihn wieder von Herzen lieben« – so schrieb Schiller noch 1789 über Goethe an Gottfried Körner. Und wenige Monate später lesen wir: »Goethe ist mir einmal im Wege, und er erinnert mich so oft, daß das Schicksal mich hart behandelt hat. Wie leicht ward sein Genie von seinem Schicksal getragen, und wie muß ich bis auf diese

Minute noch kämpfen! Einholen läßt sich alles Verlorene für mich nun
nicht mehr ...« Doch leitete eine Unterredung Schillers mit Goethe im
Anschluß an eine Sitzung der Naturforschenden Gesellschaft der beiden großen Dichter ein. Sie sollte Goethe wie Schiller dem klassischen Höhepunkt ihres Schaffens zuführen. »Es scheint«, so schreibt
Goethe in diesen Tagen, »als wenn wir nach einem so unvermuteten Begegnen miteinander fort wandern müßten.« Wilhelm von Humboldt, Mitarbeiter der von Schiller seit 1794 herausgegebenen Zeitschrift *Die
Horen,* faßte die Bedeutung dieser »Sternstunde« in die Worte zusammen: »Wie durch ihre unsterblichen Werke haben sie durch ihre
Freundschaft, in der sich das geistige Zusammenstreben unlösbar mit den
Gesinnungen des Charakters und den Gefühlen des Herzens verwebte,
ein bis dahin nie gesehenes Vorbild aufgestellt und dadurch den deutschen Namen verherrlicht.« Am 31. August 1794 schreibt Schiller einen
ausführlichen Brief an Goethe, in dem er dessen Wesen und Werk nachzeichnet und von seinem eigenen abgrenzt: »Unsre späte, aber mir
manche schöne Hoffnung erweckende Bekanntschaft ist mir abermals ein
Beweis, wieviel besser man oft tut, den Zufall machen zu lassen, als ihm
durch zu viele Geschäftigkeit vorzugreifen. Wie lebhaft auch immer mein
Verlangen war, in ein näheres Verhältnis zu Ihnen zu treten, als zwischen
dem Geist des Schriftstellers und seinem aufmerksamsten Leser möglich
ist, so begreife ich doch nunmehr vollkommen, daß die so sehr verschiedenen Bahnen, auf denen Sie und ich wandelten, uns nicht wohl
früher, als gerade jetzt, mit Nutzen zusammenführen konnten. Nun
kann ich aber hoffen, daß wir, soviel von dem Wege noch übrig sein mag,
in Gemeinschaft durchwandeln werden, und mit um so größerem Gewinn, da die letzten Gefährten auf einer langen Reise sich immer am
meisten zu sagen haben.« Goethe antwortete mit gleicher Herzlichkeit,
und von da an tauschten beide Ideen, Pläne und fertiggestellte Teile
ihrer Dichtungen aus und erlebten das fruchtbarste Jahrzehnt ihres
Schaffens, Höhepunkt der deutschen Klassik überhaupt.

In rascher Folge erschienen nun Schillers philosophisch-ästhetische Schriften, seine
Gedankenlyrik *(Das Ideal und das Leben; Der Spaziergang; Die Teilung der Erde;
Die Ideale),* die großen Balladen *(Der Taucher; Der Handschuh; Der Ring des
Polykrates; Die Kraniche des Ibykus; Die Bürgschaft)* und die Dramen *(Wallenstein,*
1799; *Maria Stuart,* 1800; *Die Jungfrau von Orleans,* 1801; *Die Braut von Messina,*
1803; *Wilhelm Tell,* 1804; unvollendet blieb der *Demetrius).*

1799 siedelt Schiller nach Weimar über. Aber bald häufen sich die
Krankheitsanfälle, und nur unter Aufbietung äußerster Willenskräfte ist
der Dichter noch in der Lage zu arbeiten. So überwindet er auch das
fürchterliche Fieber des Sommers 1804, bei dem abwechselnd Lotte und

Johann Heinrich Voß an seinem Lager wachten. Während er zwischen den Weimarer Theaterproben zum »Tell« sich bereits mit neuen Plänen zu weiteren Dramen trug, aus denen er dann den Demetrius-Stoff auswählte, stand der Tod schon vor der Tür. Am 9. Mai 1805 erlag Friedrich Schiller seinem schweren Leiden. In der Nacht vom 11. auf den 12. Mai trugen ihn, der Sitte entsprechend, zwanzig junge Künstler, Lehrer und Beamte zur Gruft auf den Jakobsfriedhof.

> »Denn hinter ihm in wesenlosem Scheine
> Lag, was uns alle bändigt, das Gemeine« –

schrieb Goethe in seinem *Epilog zur Glocke*, und zehn Jahre nach dem Tod des Freundes fügte er eine weitere Strophe hinzu, die mit den Versen schließt:

> »Er glänzt uns vor, wie ein Komet entschwindend,
> Unendlich Licht mit seinem Licht verbindend.«

Schiller fühlte sich zeitlebens der Erziehung des Menschengeschlechts verpflichtet. Er war von dieser hohen Aufgabe mit der ganzen Leiden-

Die pädagogische Sendung

schaftlichkeit seines Wesens und dem großartigen Pathos erfüllt, dessen er in seiner stets gleichbleibenden Jugendlichkeit mit Überzeugung fähig war. Seine pädagogische Sendung ging Hand in Hand mit der Forderung, daß die Kunst ihre vornehmste und wichtigste Aufgabe in der Förderung der Humanität, in dem Bekenntnis zur Freiheit des Menschen und in dem Bemühen um Verwirklichung der Ideale zu sehen habe. »Wohlanständigkeit und Ordnung, Gerechtigkeit und Friede werden also der Geist und die Regel dieser Zeitschrift sein«, schrieb er in der Vorrede zu den *Horen* (1794ff.). In seiner akademischen Antrittsrede *Was heißt und zu welchem Ende studiert man Universalgeschichte?* (1789) hatte er als das Wichtigste, was uns die Geschichte zu sagen habe, die Tatsache herausgestellt, »sich als Menschen auszubilden«, und optimistisch ausgerufen: »Unser menschliches Jahrhundert herbeizuführen, haben sich – ohne es zu wissen oder zu erzielen – alle vorhergehenden Zeitalter angestrengt ... Ein edles Verlangen muß in uns entglühen, zu dem reichen Vermächtnis von Wahrheit, Sittlichkeit und Freiheit, das wir von der Vorwelt überkamen und reich vermehrt an die Folgezeit wieder abgeben müssen, auch aus unseren Mitteln einen Beitrag zu legen und an dieser unvergänglichen Kette, die durch alle Menschengeschlechter sich windet, unser fliehendes Dasein zu befestigen.«

Was diese pädagogische Sendung jedoch von dem Geiste der Aufklärung schied, war das Wissen Schillers, daß die gestellte Aufgabe schwer, schier nicht zu bewältigen sei; er stand so den »Vernünftlern« fern und war am ehesten Lessing verwandt. Der ihm eigene Pessimismus, der sich

aus seinem Ringen mit der schweren Krankheit mitspeiste, verlieh seinem
Bemühen um Menschlichkeit die kämpferische Tiefe. In der Humanität
sah er weniger noch als Goethe einen Besitz, sondern das Ziel eines im-
merwährenden Bemühens.

Schillers Weltbild ist durch einen strengen Dualismus gekennzeichnet:
Idee und Leben, Hoffnung und Angst, Leben und Tod, Freiheit und
Zwang, Glück und Leid, Frieden und Krieg, Form und
Dualistisches Stoff, Kunst und Wirklichkeit sind Gegensätze, die sich
Weltbild ständig dem Dichter aufdrängen; immer wieder beschäftigt er sich mit dem Zwiespalt von Geist und Materie, von
moralischer Selbstbestimmung und Versklavung der Sinnenwelt. Immer
wieder fragt er, wie es möglich ist, daß der selbstherrliche, freie, »en-
thusiastische Geist« an das »starre, unwandelbare Uhrwerk eines sterblichen Körpers geflochten ist«. Ein dialektisches Fortschreiten bestimmt
Schillers Werk in seiner Gesamtheit: dem sphärischen Leuchten der Ideen
und Ideale steht die herabziehende Schwerkraft des Irdischen gegenüber; bald optimistisch der These, bald pessimistisch der Antithese zuneigend, bemüht er sich um eine Synthese, um die Überwindung krea-
türlicher Mangelhaftigkeit im Sinne einer Annäherung an die Welt der
Ideen bzw. um Verwirklichung der Ideen im Bereich des Menschlichen
und Irdischen.

Eine Feststellung dieses Dualismus im menschlichen Dasein lieferte schon eine der
ersten Schriften des Philosophen: *Über den Zusammenhang der tierischen Natur des
Menschen mit seiner geistigen* (1780). Er untersucht hier den »merkwürdigen Beitrag
des Körpers zu den Aktionen der Seele, den großen und reellen Einfluß des tierischen
Empfindungssystems auf das Geistige«.

In dem Gedicht *Das Ideal und das Leben* (1796) stellt er dem »Seelenfrieden« der
Olympier und ihrem »ewigklaren, spiegelreinen, zephyrleichten Leben« die dunkle
Schicksalhaftigkeit alles Irdischen und den von den »Erdenmalen« gezeichneten Be-
reich der Körperlichkeit entgegen.

Die Schrift *Über naive und sentimentalische Dichtung* (1797) überträgt den Dualismus auf die Kunsttheorie. Der naive Dichter, den Schiller vor allem in der Antike am
Werk sieht, schaffe genial aus der Unbewußtheit seiner Natur, intuitiv, elementar; der
sentimentalische Dichter (sentiment = Geist) schaffe aus der Sehnsucht nach der
Natur, die er als Ideal anstrebe und wieder zu erreichen hoffe.

Die Überwindung des Dualismus ist in all diesen Schriften schon mit
eingeschlossen; dort, wo Schiller vom Gegensatz spricht, sucht er auch
schon nach Möglichkeiten der Bewältigung. Schlüsselwort ist ihm dabei
der Begriff der Freiheit: Freiheit vom Zwang der Sinnlichkeit und Stoff-
lichkeit. Die Freiheit wiederum erscheint ihm in der Gestalt der Schönheit; Anmut, Grazie, Spiel sind ihre Attribute; die Schwerkraft ist dann
aufgehoben, der Mensch empfindet das Joch der Materie nicht mehr. In
»Das Ideal und das Leben« zeigt der Dichter, wie das Schöne (als Geisti-

ges gesehen) frei wird von den Banden der Körperlichkeit, wie es sich zu idealer Höhe aufzuschwingen weiß:

> »Nur der Körper eignet jenen Mächten,
> Die das dunkle Schicksal flechten;
> Aber frei von jeder Zeitgewalt,
> Die Gespielin seliger Naturen,
> Wandelt oben in des Lichtes Fluren
> Göttlich unter Göttern die Gestalt.«

In der Abhandlung *Über die ästhetische Erziehung des Menschen* (1795) finden wir die Worte: »Wir treten mit der Schönheit in die Welt der Ideen, aber, was wohl zu bemerken ist, ohne darum die sinnliche Welt zu verlassen.«

Der Mensch, so meint Schiller in der Schrift *Über Anmut und Würde* (1793), in dem Geist und Seele wirksam sind, der sich so von der Körperlichkeit und Sinnenwelt abzulösen vermag, ist »anmutig«, voller Grazie in seinen Bewegungen; er steht unter der »Gunst des Sittlichen ans Sinnliche«. Höchste Vollendung zeigt derjenige, bei dem weder die Sinnlichkeit von der Vernunft noch die Vernunft von der Sinnlichkeit unterdrückt wird, sondern beide in ausgeglichener Harmonie zusammenfinden. Diese Übereinstimmung von »Pflicht und Neigung«, mit der Schiller den Kantschen Rigorismus zu überwinden hoffte (Pflicht war für Kant ein Handeln gegen die Neigung), ist Eigenschaft der »schönen Seele«. Ihre Handlungen sind »Spiel«, d. h. Übereinstimmung von Sittlichkeit, Vernunft und Sinnlichkeit im Zeichen der Freiheit: »Der Mensch spielt nur, wo er in voller Bedeutung des Wortes Mensch ist, und er ist nur da ganz Mensch, wo er spielt« (»Über die ästhetische Erziehung des Menschen«).

Die schöne Seele sah Schiller wie Goethe vornehmlich im antiken Menschen verkörpert. Immer wieder kehrt er in seinen Gedichten in die Zeit zurück, da die Götter »noch die schöne Welt regieret, / an der Freude leichtem Gängelband / selige Geschlechter noch geführet, / schöne Wesen aus dem Fabelland« (*Die Götter Griechenlands,* 1788).

Hat die Erziehung also die Aufgabe, den »moralischen Zustand« des Menschen herzustellen, so muß sie sich nach der Grundkonzeption dieser Philosophie der Vermittlung des Ästhetischen bedienen.

Die ästhetische Erziehung des Menschen
Das Schöne soll den Menschen aus seinem physischen Zustand herauslocken und dem sittlichen zuführen. Die Schönheit müsse den sinnlichen Menschen zur Form und zum Denken geleiten. Der Mensch »in seinem physischen Zustand erleidet bloß die Macht der Natur; er entledigt sich dieser Macht in dem ästhetischen Zustand, und er beherrscht sie in dem moralischen«.

Die Verwirklichung dieser Erziehung zur Humanität beseelte Schiller mit einem hochfliegenden Optimismus. »Im Herzen kündet es laut sich an: / Zu was Besserm sind wir geboren!« heißt es in dem Gedicht *Hoffnung*. – Der Hymnus *An die Freude* gipfelt in dem Glücksausbruch: »Seid umschlungen, Millionen! / Diesen Kuß der ganzen Welt!« – *Die Worte des Glaubens* lauten für Schiller: »Der Mensch ist frei geschaffen, ist frei, / Und würd' er in Ketten geboren ... Und die Tugend, sie ist kein leerer Schall ... Und ein Gott ist, ein heiliger Wille lebt ...«

Auch in seinen Balladen, in denen er moralische Gedanken an anekdotischen Stoffen in prächtig dahinrollenden Versen darstellt, hat Schiller seinem Optimismus unverhohlen Ausdruck verliehen. Sie enden mit dem Sieg des Guten, der Tugend, der Wahrheit, des Rechtes. Das Gemeine aber sinkt in den Orkus hinab.

In dem *Lied von der Glocke* (1800) singt er ein Preislied auf das bürgerlich-familiäre Leben, dessen Wesensgehalt sich zum Gleichnis der allgemein-menschlichen Situation weitet: »Vivos voco. Mortuos plango. Fulgura frango ... Friede sei ihr erst Geläute ...«

Auf der anderen Seite beschattet Schiller immer wieder ein tiefer Pessimismus. Den *Worten des Glaubens* entsprechen die *Worte des Wahns*: Wahn ist die Hoffnung auf »die goldene Zeit, wo das Rechte, das Gute wird siegen«. Wahn ist der Glaube, daß das »buhlende Glück sich dem Edeln vereinigen werde«. Wahn ist die Hoffnung, daß dem irdischen Verstand »die Wahrheit je wird erscheinen«.

Die Ideale (1796) zeigen einen Schiller, dem die »heitern Sonnen« erloschen sind, die seiner Jugend Pfad erhellt haben: »Die Ideale sind zerronnen.«

Vergeblich sucht der Jüngling in der Ballade *Das verschleierte Bild zu Sais* (1795) die Wahrheit zu ergründen: »Weh dem, der zu der Wahrheit kommt durch Schuld, / Sie wird ihm nimmermehr erfreulich sein.«

Nänie, eines der ergreifendsten Schiller-Gedichte, ist ein Klagelied über den Untergang des Schönen in dieser Welt: »Auch das Schöne muß sterben ...« (1798).

Der gleiche Dichter, der den Hymnus an die Freude anstimmte, konnte in dem Distichon *Würde des Menschen* auch sagen:

> »Nichts mehr davon, ich bitt' euch, zu essen gebt ihm, zu wohnen;
> Habt ihr die Blöße bedeckt, gibt sich die Würde von selbst.«

Schillers dialektisches Weltbild, sein Schwanken zwischen Optimismus und Pessimismus, bestimmte ihn zum Dramatiker. Der Kampf zwischen Ideal und Wirklichkeit ist auch hier das Grundthema seines **Tragödie als** Schaffens. Tragisch wird dieser Gegensatz, wo das eine das **Theodizee** andere auszuschließen scheint. Doch sind letztlich Schillers Dramen Theodizee, Rechtfertigung und Bestätigung der Idee, des Ideals und der Menschen, die beides in sich tragen. Es sind

Spiele vom »gigantischen Schicksal, das den Menschen erhebt, indem es
den Menschen zermalmt«. Das entsprach auch der Auffassung Schillers
vom Theater als moralischer Anstalt (*Die Schaubühne als eine moralische
Anstalt betrachtet*, 1784): Während im wirklichen Leben Gold die Gerechtigkeit verblende, die Mächtigen ihre Frevel ungehindert tun könnten, solle im Theater wahre Gerechtigkeit geübt werden; die Schaubühne
müsse »Schwert und Waage« ergreifen und die Laster vor »einen schrecklichen Richterstuhl zitieren«. Auf der anderen Seite solle sie die wahren
Tugenden, die oft in der Welt nicht viel gelten, herausstellen und verkünden. Die »Helden« versinnbildlichen den Kampf, den der Mensch
gegen die Laster und für die Reinheit der Tugend zu führen habe. Dieser
Kampf ist im Drama ein Ringen mit der Intrige der Gegner, die Ausdruck der bösen Macht des Irdischen ist, und mit dem Schicksal, in das
der Mensch hineingestellt ist. Der geistig freie Mensch jedoch weiß sich
darüber zu erheben, »Würde« ist der Ausdruck seiner »erhabenen Gesinnung« (*Über das Erhabene*, 1793).

Im *Don Carlos* (1787) wird dem Kronprinzen von Spanien und Sohn
Philipps II. die Braut (Elisabeth von Valois) genommen und aus politischen Gründen dem Vater angetraut. Der persönliche Ge-
Idee und gensatz zwischen Vater und Sohn verstärkt sich, da Carlos
Wirklichkeit die Hoffnung auf den Anbruch einer Zeit der Menschlichkeit und Freiheit in sich trägt, der König jedoch in schauer-
licher Größe zur Unterdrückung des Aufruhrs und der Ketzerei ein Auto-
dafé befiehlt: »Dies Blutgericht soll ohne Beispiel sein!«

Der edle Marquis Posa, der aus den Niederlanden zurückgekehrt ist, schließt mit
Don Carlos einen Freundschaftsbund auf ewig, »in des Worts verwegenster Bedeutung«. In einem Gespräch, das sowohl Don Carlos wie auch der Marquis Posa mit dem
König führen, lassen diesen als einen Mann erscheinen, der den Gründen der Humanität nicht verschlossen gegenübersteht. Da zerbricht diese Hoffnung an einer
Intrige: Carlos ist mit Elisabeth zusammengekommen, eine eifersüchtige Hofdame hat
die Begegnung dem König bekanntgemacht. Posa sucht Carlos dadurch zu retten, daß
er die Schuld auf sich nimmt und ihn an seiner Stelle in die Niederlande fliehen läßt,
um das »bedrängte Volk zu retten von Tyrannenhand«. Carlos' Fluchtplan wird
jedoch entdeckt, er selbst der Inquisition übergeben.

Schiller wollte nach seinen eigenen Worten mit der Darstellung der
Inquisition die geschändete Menschheit rächen und »ihre Schandflecken
fürchterlich an den Pranger« stellen. Eigentlicher Held wird so der Marquis Posa als Verkünder der hohen Menschheitsideale, die Schiller von
der Aufklärung übernahm: Gedankenfreiheit und Beglückung des Volkes. In dem großen Zwiegespräch mit Philipp, bei dem der Dichter der
tragischen Vereinsamung des Königs größtes Verständnis entgegenbringt,
stellt Posa sein Wunschbild eines »humanen Staates« (zu dessen Verwirk-

lichung er freilich auch des Fanatismus und Radikalismus fähig wäre)
der Kirchhofsruhe eines im Despotismus erstarrenden Staatsgebildes
gegenüber:

> »Wenn nun der Mensch, sich selbst zurückgegeben,
> Zu seines Werts Gefühl erwacht – der Freiheit
> Erhabne, stolze Tugenden gedeihen –
> Dann, Sire, wenn Sie zum glücklichsten der Welt
> Ihr eignes Königreich gemacht – dann ist
> Es Ihre Pflicht, die Welt zu unterwerfen.«

Es ist die Tragik Posas wie des von ihm mitgerissenen Carlos, daß die
Ideale in der Welt der Realität zum Scheitern verurteilt sind; beide verstricken sich in die Intrige und gehen unter. Es ist die Tragik Philipps,
daß er den Augenblick, da er durch Carlos und Posa menschlich gerührt
wird, verstreichen läßt, der Idee in sich selber nicht Raum gibt, sondern
sich wieder den sogenannten »Notwendigkeiten des Lebens« überantwortet. Am Ende triumphiert die grausige Gestalt des Großinquisitors (»Wozu Menschen?«). Aber auch das ist nur ein scheinbarer Sieg: die Idee der
Freiheit, die durch das Opfer ihre Heiligung erfahren hat, wird weiterwirken. Die Tragödie wird zum »Triumph des Geistes, der den göttlichen
Funken weiterträgt, mögen die Träger immer wieder vom tragischen
Verhängnis verschlungen werden«.

Die dramatische Gestaltung des *Wallenstein*-Stoffes (1800) legte der
Dichter als Trilogie an.

Im Vorspiel, *Wallensteins Lager,* wird zunächst in genialer Konzeption die Atmosphäre der Zeit des Dreißigjährigen Krieges eingefangen und in psychologisch meisterhaft durchgeführter Steigerung die Gestalt des legendären Feldherrn immer mehr
in den Mittelpunkt gezogen, ohne daß er selbst auf der Bühne erscheint.

Der zweite Teil des Schauspiels trägt den Titel *Die Piccolomini,* nach dem Namen
von Wallensteins Vertrautem, Octavio Piccolomini, und dessen Sohn Max, der dem
Feldherrn in überschwenglicher Verehrung zugetan ist und dessen Tochter Thekla
liebt. Wallenstein will vom Kaiser abfallen, er hat seine Truppen zusammengezogen,
Frau und Tochter ins Lager kommen lassen. Aber er zögert, da die »rechte Sternen-
stunde« noch nicht angebrochen sei. Zum Okkultismus und zur Astrologie neigend,
will er nichts dem Zufall, sondern alles der Konstellation der Gestirne, d. h. dem
Walten des Überirdischen, überlassen. Der kaisertreue Octavio antwortet auf die
Intrige des Herzogs mit einer Gegenintrige; er ist vom Kaiser ausersehen, nach
Niederwerfung des Verrats der neue Feldherr zu werden. Er vertraut sich seinem Sohn
an; Max gerät in einen fürchterlichen Gewissenskonflikt, aus dem er nur durch den
»geraden Weg« herauszukommen hofft: »Ich geh' zum Herzog.« Er wendet sich
sowohl gegen den Verrat Wallensteins wie gegen die feingesponnene Staatskunst des
Vaters.

Der dritte Teil, *Wallensteins Tod,* bringt nach weiterem Zögern und erneuter
Befragung der Sterne für Wallenstein die Entscheidung; er wird nun den Abfall
vollziehen. In einem großen Zwiegespräch mit Max sucht er diesen auf seine Seite zu
ziehen, während Max selbst Wallenstein vom Verrat abhalten will. Bekümmert stürzt
Max davon. Vertrauen, Glaube, Hoffnung, alles ist in ihm zerstört. Nur die Liebe zu

Thekla bleibt ihm: »Der einzig reine Ort ist unsre Liebe, / der unentweihte in der Menschlichkeit.« Thekla, die er in seinem seelischen Konflikt um Rat angeht, weist ihn auf den Weg der Pflicht: »Uns trennt das Schicksal, unsre Herzen bleiben einig.« Max fällt im Kampf gegen die Schweden. Der Oberst Butler ermordet den Herzog mit Zustimmung Octavios; dieser empfängt am Schluß des Dramas ein kaiserliches Dekret, das ihn in den Fürstenstand erhebt.

Wallenstein erscheint als der große scheiternde Machtrealist in einer Welt der Ursachen und Zwecke. Er ist von einem dämonischen Impuls getrieben und einem maßlosen Ehrgeiz erfüllt, den Gang der Weltgeschichte zu bestimmen; letztlich aber ist all sein Tun nicht Auswirkung eines freien Willens, sondern des Schicksals: »Wir handeln, wie wir müssen.« So muß auch sein Sternenglaube verstanden werden: er ist Ausdruck des Glaubens an die Naturnotwendigkeit aller Dinge und soll der Wirklichkeitsgebundenheit des Feldherrn – der Größe seines Ruhms entsprechend – eine überdimensionale Form verleihen. Wallensteins eigentlicher Gegenspieler ist nicht Octavio Piccolomini, der als ehrloser, heuchlerischer Intrigant nur eine andere Seite der Wirklichkeit verkörpert, sondern Max Piccolomini. Er ist der reine Idealist, der auf Frieden, Liebe, Freiheit und Menschlichkeit hofft: »O schöner Tag! wenn endlich der Soldat ins Leben heimkehrt, in die Menschlichkeit.« Seine Träume bewahren ihn davor, der »bösen Welt« den schuldigen Tribut zu leisten. Er allein hält sich inmitten der Intrige (»O – die Menschen sind grausam!«) rein, freilich schließlich unter Aufopferung seines Lebens. Dieses äußere Scheitern ist jedoch wiederum ein Sieg des Geistes über die Niederungen des Irdischen. So ist auch das Wallenstein-Drama eine Variation des Schillerschen Grundthemas vom »gigantischen Schicksal«, das den Menschen erhebt, indem es ihn zerschmettert.

In *Maria Stuart* (1801) hat sich die schottische Königin vor einem Aufstand nach England geflüchtet, da sie hofft, bei ihrer »königlichen Schwester« Schutz zu finden. Diese aber läßt sie als Nebenbuhlerin zum Tode verurteilen.

Überwindung der Schuld

Graf Leicester, Marias ehemaliger Geliebter, jetzt Günstling der englischen Königin, vermittelt ein Gespräch zwischen beiden, in dessen Verlauf Maria ihren durch jahrelange Haft genährten Haß- und Rachegefühlen Ausdruck gibt. Sie beleidigt, von Elisabeth gereizt, diese als Frau, indem sie über deren niedere Abstammung und »Schönheit« spottet und deren »Tugend« als Mantel für »die wilde Glut verstohlener Lüste« entlarvt. Nun ist Marias Schicksal besiegelt; sie wird hingerichtet. Die Todesnähe vollzieht die Wandlung in ihr; sie bejaht nun ihren Tod, da sie in ihm die Buße für frühere Verbrechen und Sünden sieht: »Gott würdigt mich, durch diesen unverdienten Tod / die frühe schwere Blutschuld abzubüßen.«

Auch in diesem Drama ist der Sieg des Unrechts in der geschichtlichen Wirklichkeit nur ein scheinbarer; Elisabeth läßt Maria aus persönlichen

und staatspolitischen Gründen aufs Schafott steigen. Im metaphysischen
Sinn erweist sich jedoch der Tod der schottischen Königin als Sieg Marias
über sich selbst. Indem sie ihn als Strafe für begangene Sünden nimmt,
überwindet sie die sinnliche Todesangst und gewinnt ihre sittliche und
geistige Freiheit zurück. In der Abhandlung »Über das Erhabene« hatte
Schiller geschrieben: »Gegen alles, sagt das Sprichwort, gibt es Mittel, nur
nicht gegen den Tod. Aber diese einzige Ausnahme ... würde den ganzen
Begriff des Menschen aufheben. Nimmermehr kann er das Wesen sein,
welches will, wenn es auch nur einen Fall gibt, wo er schlechterdings muß,
was er nicht will ... Kann [der Mensch] den physischen Kräften keine
verhältnismäßige physikalische Kraft mehr entgegensetzen, so bleibt ihm,
um keine Gewalt zu erleiden, nichts anderes übrig als: ein Verhältnis,
welches ihm so nachteilig ist, ganz und gar aufzuheben, und eine Gewalt,
die er der Tat nach erleiden muß, dem Begriffe nach zu vernichten. Eine
Gewalt dem Begriffe nach zu vernichten, heißt aber nichts anderes, als
sich derselben freiwillig unterwerfen.«

Im Jahre 1802 erscheint Schillers Drama *Die Jungfrau von Orleans*.

Das Vorspiel zeigt den Aufbruch Jeanne d'Arcs aus ihrer idyllischen ländlichen
Umgebung auf Grund eines »göttlichen Auftrags«. Bald ist sie auf ihrem Siegeszug
an der Spitze der französischen Truppen, welche die Engländer von Niederlage zu
Niederlage treiben. Die »Jungfrau mit behelmtem Haupt ... wie eine Kriegsgöttin,
schön zugleich und schrecklich anzuschaun«, wird zum Schreckgespenst der Feinde und
den Franzosen zum Symbol ihres Kampfwillens. Erbarmungslos geht sie ihren Weg,
der ihr durch Gottes Gebot vorgeschrieben erscheint (Karl VII. zur Krönung nach
Reims zu führen). Schwankend, ja abtrünnig wird sie, als sie auf dem Schlachtfeld
den englischen Feldherrn Lionel, den sie besiegt hat, aus aufkeimender Liebe schont:
»Gebrochen hab' ich mein Gelübde.« Diese »Schuld« findet bald ihre Buße: Johanna
wird als Hexe angeklagt und gerät in die Hände der mit den Engländern verbündeten
Truppen. Bei einer Begegnung mit Lionel bleibt sie standhaft; sie widersteht seinem
Liebeswerben. Johanna hat sich wieder gefunden, die Fesseln fallen von ihr ab, sie
eilt zum Kampf und rettet noch eine Schlacht für Frankreich. Die Jungfrau
fällt, aber ihr Tod wird zur Apotheose: »Der schwere Panzer wird zum Flügelkleide,
kurz ist der Schmerz, und ewig ist die Freude!«

Schiller nannte das Werk eine »romantische Tragödie«. Romantisch ist
der »unglaubliche Vorgang«, der Stil, der das dem Dichter sonst eigene
echte Pathos übersteigert, in gehäufte blumenreiche Metaphern abgleitet
und die untere Grenze des Künstlerischen streift. Auch die Künstlichkeit
der Motivation bedeutet eine Abkehr von dem klassischen Ideal der Humanität. Zwar bleibt das Gedankenschema Ideal – Wirklichkeit auch in
diesem Drama gewahrt: das Aufleuchten der Idee, die Verletzung des
Ideals in der Auseinandersetzung mit der Wirklichkeit, die »Rücknahme«
der Schuld, der Sieg der Idee im Opfer. Aber das Ideal, das über dem
Einsatz der Jungfrau steht, ist die Erbarmungslosigkeit, mit der sie jeden

Feind auf dem Schlachtfeld tötet. Der Abfall vom Ideal ist die Schwäche der Liebe und des Mitleids. Der Sieg der Idee fällt zusammen mit dem Wiederaufleben des Krieges, mit dem Wiederaufnehmen des Schwertes durch Johanna: ». . . und ewig ist die Freude«.

In der *Braut von Messina* (1803) versucht Schiller, an Hand eines Familienschicksals Form und Wesenselemente der griechischen Tragödie zu erneuern. Er wollte sehen, ob er als »Zeitgenosse des Sophokles auch einmal einen Preis davongetragen hätte«. Der Chor kommentiert ein durch Familienfluch und Orakelspruch verdunkeltes Geschehen: dem allgewaltigen Schicksal fallen menschliche Wünsche und Hoffnungen erbarmungslos zum Opfer.

> Die Brüder Don Manuel und Don Cesar lieben dasselbe Mädchen. In seinem eifersüchtigen Haß ersticht Don Cesar den Bruder; das Mädchen aber ist in Wirklichkeit die Schwester der beiden. Da gibt sich auch Don Cesar den Tod.

Im *Wilhelm Tell* (1804) kehrt Schiller wieder aus dem Bereich der antiken Schicksalstragödie in den Raum der Geschichte zurück. Gezeichnet vom nahen Tod, verwandelt Schiller die Tragödie zum **Freiheit und** Schauspiel über den Sieg der Idee in dieser Welt. Nicht **Wahn** mehr im Scheitern des Menschen erfüllt sich nun seine Freiheit; sie ist zum Attribut glückhaften Lebens geworden. Kein Wunder, wenn dieses Stück – »ein herrliches Werk, schlicht, edel und groß, effektvoll und bewegend prachtvolles Theater und vornehmstes dramatisches Gedicht« (Thomas Mann) – zum volkstümlichsten der Schillerschen Dramen wurde. Die Verknüpfung des historischen Rütli-Schwurs mit dem alten Sagenstoff vom Tyrannenmord ließ die Idee der Freiheit und Würde eines geknechteten Volkes aus der Kraft des Volkstums (mit seinen alten Formen der Gemeinschaft in Familie und Stamm, in Land und Heimat) erblühen und gewann im Jahre der Kaiserkrönung Napoleons auch eine aktuelle politische Bedeutung.

> Durch die Willkür und den Übermut der kaiserlichen Landvögte, besonders durch den tyrannischen Geßler gereizt, beschließen die Schweizer Urkantone bei einer Zusammenkunft auf einer einsamen Waldwiese, dem Rütli, sich mit Waffengewalt die Freiheit, die ihnen die österreichische Hausmachtpolitik versagt, zurückzuholen. Wilhelm Tell, der allseits angesehene Bürger, der in mutigem Einsatz den verfolgten Konrad Baumgarten gerettet hat, ist zunächst nicht aktives Mitglied der Verschwörung. Als er jedoch der Rache des Geßler anheimfällt, der ihn erst in sadistischer Freude einen Apfel vom Kopf seines Sohnes schießen läßt und ihn dann in den Kerker werfen will, wird er zum eigentlichen Anführer der Revolution. Bei der Überfahrt über den Vierwaldstätter See gerät das Boot des Landvogts mit dem gefesselten Tell an Bord in einen furchtbaren Sturm. Man vertraut Tell das Steuer an; dieser jedoch springt auf eine Felsenplatte und stößt das Schiff in die Wogen zurück. In der »hohlen Gasse« bei Küßnacht vollzieht Tell den letzten Akt seines Rache-

werks: mit einem Pfeil mitten ins Herz streckt er Geßler nieder. Überall fallen nun
die Zwingburgen der Tyrannei, die Zeit der Freiheit ist gekommen. Es erfüllt sich,
was der sterbende Attinghausen visionär vorausgesehen hatte:

> »Es hebt die Freiheit siegend ihre Fahne.
> Drum haltet fest zusammen – fest und ewig –
> Kein Ort der Freiheit sei dem andern fremd –
> Hochwachen stellet aus auf euren Bergen,
> Daß sich der Bund zum Bunde rasch versammle,
> Seid einig – einig – einig . . .«

Mit solchem Optimismus sollte freilich Schillers Werk nicht enden; die
zunehmende Schwere der Krankheit, gegen die er sich mit letzten Kräften stemmte, ohne jedoch seine geliebte Arbeit aufzugeben, stützte den
Pessimismus, der ihn immer wieder anfiel und tief niederstimmte. Im
Demetrius-Fragment haben Schillers Weltschmerz und Menschenekel ihre
letzte Verdichtung erfahren.

Demetrius, durch die List der anderen in Lug und Trug verstrickt, hält sich für den
berechtigten legitimen Nachfahren des Zaren. Nachdem er auf dem Reichstag zu
Krakau auch das polnische Volk für sich gewonnen hat, will sich die im Kloster
lebende Mutter des ermordeten Zaren, Marfa, zu ihm bekennen. – Die weitere
Handlung ist nur skizziert: Demetrius versagt, als er von dem Betrugsmanöver erfährt
und die Rolle des Herrschers lediglich weiterzuspielen versucht. Als auch noch Marfa
von ihm abfällt, wird er erdolcht.

»Echte Freiheit« und »reines Wollen« erweisen sich als Wahn und
Werkzeug des Bösen zum bösen Zwecke. »Fahr hin, Mut und Hoffnung!
Fahr hin, du frohe Zuversicht zu mir selbst! Freude! Vertrauen! und
Glaube! – In einer Lüge bin ich befangen . . . Zerfallen bin ich mit mir
selbst! Ich bin ein Feind der Menschen . . . Ich und die Wahrheit sind geschieden auf ewig!« heißt es im großen Monolog des Demetrius. Damit
wird nicht nur die menschliche, sondern auch die göttliche Ordnung in
Frage gestellt. Die dunklen Schicksalsmächte der Geschichte triumphieren;
der Mensch – als ihr Werkzeug und Objekt – ist seiner erhebenden und
erhabenen geistigen wie sittlichen Freiheit nicht mehr fähig. Die »tragische Theodizee«, die bislang Schillers Schauspiele kennzeichnete, wandelt sich zur Tragödie, die auch das Metaphysische in Frage stellt. Damit
ist eine Entwicklung eingeleitet, die zu Kleist, Grabbe, Büchner und zum
modernen Drama hinführt.

DIE ROMANTIK

Die Epochen der Klassik und Romantik lassen sich als Kulmination der deutschen Geistesgeschichte bezeichnen. Nach dem englischen 16. Jahrhundert, der spanischen Kulturblüte des beginnenden 17. Jahrhunderts und der französischen Zeit des Klassizismus und der Aufklärung erstanden gegen Ende des 18. Jahrhunderts in Deutschland autogene Schöpfungen, die dem geistigen Gesicht des Abendlandes eine neue und für nahezu ein Jahrhundert gültige Prägung verliehen. Dieses »deutsche Jahrhundert« der Klassik und Romantik ist vom Geiste eines Kant, eines Fichte und Schelling, eines Goethe, Schiller, Novalis, Kleist, Hölderlin, Eichendorff und Grillparzer, eines Beethoven, Schubert, Schumann und Brahms geformt. Es sind die sieben oder acht Jahrzehnte, in denen sich für die Welt die »deutsche Seele« am reinsten und vollkommensten ausprägte. Klassisch-humanitäre Menschheitsidee und romantische Gefühlstiefe gelten seither als die besten Wesenszüge des Deutschen. Dieser »deutsche Idealismus« – zusammen mit dem politischen Fortschrittsgeist und dem sozialkritischen »Realismus« – ist das Erbe, das die deutsche Nation auch nach den furchtbaren Geschehnissen des Dritten Reiches als ihr Innerstes und Wahrstes der Menschheit zu vermitteln hat.

Im Gegensatz zu den englischen, spanischen und französischen Epochen, die gleichzeitig politisch-nationale Höhepunkte waren, entfalteten sich die deutsche Klassik und Romantik in einer Zeit nationaler Not, Ohnmacht und Zerrissenheit. Mit den außenpolitischen, militärischen Erfolgen des revolutionären und späterhin kaiserlich napoleonischen Frankreichs brach der letzte ideelle Restbestand des deutschen Reiches, das Kaisertum, zusammen. 1806 legte Franz II. die deutsche Krone ab. Und wenn sich auch die deutschen Einzelstaaten von der napoleonischen Herrschaft befreien konnten und innerlich gestärkt aus den Befreiungskriegen hervorgingen, so war die Verwirklichung der nationalen Einheit doch in weite Ferne gerückt. Gerade die Romantiker haben den Zwiespalt und die Ohnmacht ihres Vaterlandes schmerzlich empfunden.

Das Wort »romantisch« hat mit seinem Ursprung »romanisch« nur insofern einen Zusammenhang, als die epische Dichtungsgattung der romanischen Sprachen als »Roman« angesprochen und ihre Bevorzugung des Mittelalterlich-Ritterlichen, des Sagenhaften, Phantastischen und Traumhaften als höchste Verwirklichung des Dichterischen angesehen wurde.

Die geistige Grundlage der Romantik stammt aber zunächst aus dem Willen, das Lebens- und Menschenbild der Klassik zu ergänzen. Die frühe Romantik ist durchaus noch mit der Klassik verknüpft. Wie sehr man jedoch die griechische, römische und auch die zeitgenössische, vor allem die Goethesche Klassik schätzte, man sah in ihr doch nicht die totale Ausschöpfung des menschlichen Wesens. Das, was ihr fehlte und was zu ergänzen war, ließ sich freilich nicht programmatisch einfach auf einen Nenner bringen, aber im wesentlichen konnte man es mit Friedrich Schlegels Wort »Paradoxie« benennen. Das Paradoxe, das vom normalen Denkprozeß Abweichende, die volle Eigenwilligkeit der Stimmungen, das jenseits von allem Begrifflichen und Begreifbaren Liegende, das gänzlich Ungewöhnliche, Seltsame und scheinbar Widersinnige, der abgründige Teil, die dunklen Bezirke des Lebens – all das sah man im Zeitalter der Aufklärung und der Klassik zu wenig beachtet. Um es zu finden, mußte man schon zurückschauen in den »Sturm und Drang« oder noch weiter ins Barock und Mittelalter. Mit diesen vergangenen Epochen fühlten sich die Romantiker eng verbunden. Aus dem Streben heraus, zu »ergänzen«, das menschliche Sein gerade durch das Hervorheben seiner »Nachtseiten« insgesamt zu erfassen, alle Lebensbereiche – unter Einschluß der historischen Vergangenheit – zu betrachten, entstand der Begriff »Universalpoesie«. »Universalität«, schrieb Wolfgang Menzel, »ist der Charakter unserer Zeit«.

Die Poesie strebt nach einer umfassenden, alles Sein einschließenden und ergründenden Schau, sie sucht das Rätselhafte, das Geheimnis, das allem Sein zugrunde liegt. »Die Welt muß romantisiert werden«, sagte Novalis. »So findet man den ursprünglichen Sinn wieder. Diese Operation ist noch ganz unbekannt. Indem ich dem Gemeinen einen hohen Sinn, dem Gewöhnlichen ein geheimnisvolles Ansehen, dem Bekannten die Würde des Unbekannten, dem Endlichen einen unendlichen Schein gebe, so romantisiere ich es.«

Die Ergründung des zwielichtig Elementaren, der »Nacht und Dämmerung«, erfordert höchste Genialität und höchste Phantasie. Der Dichter erforscht die Sprache des Traumes, »das Säuseln des Geistes, welches in der Mitte der innigsten und höchsten Gedanken wohnt«. Er betet zu der »Blauen Blume«, dem Symbol alles wunderbar Rätselhaften. Er versenkt sich in die »Zaubernacht«, die ihm das Geheimnis der Natur enthüllt und die ihn selber verzaubert. Er liebt das Zerfließen, Sichauflösen alles deutlich Sichtbaren, und er vermengt daher auch die Gattungen: »Die Farbe klingt, die Form ertönt.« Musik ist das Zentrum des Alls, sie »schlägt in der dunklen Welt bestimmte dunkle Wunderzeichen an«. Selbst die Natur ist magisch beseelt, von »unsterblicher Melodie umjauchzt«. Den »Nachtseiten der Naturwissenschaften« wendet man sich zu, dem Magnetismus, der mittelalterlichen Magie und Alchimie, den Wundern der Stigmatisierung, der Vision und Traumdeutung, um durch sie in die Tiefe der menschlichen Psyche vorzudringen und ihre Geheimnisse aufzuhellen.

»Alle unsere Handlungen sind somnambulistisch«, sagte Schelling. Dieses Traumhaft-Unbewußten wegen studiert man die barocken und mittelalterlichen Mystiker, »diese Taucher in die Tiefe des Gefühls«. Aber man will auch ihre intuitive Frömmigkeit, »welche die Lehren des Christentums in die Welt einprägt«, wieder lebendig werden lassen. Religion – und darin widersprach man gänzlich der Aufklärung – galt als unlösbar verbunden mit der Gefühlsanschauung, sie war Empfindung, ein Innewerden Gottes; »Religion«, formulierte Schleiermacher, »ist weder Metaphysik noch Moral, sondern Anschauung des Universums aus dem Innersten des Gemütes«. Dieser Schritt zurück ins Barock und ins Mittelalter führte auch an den Katholizismus heran, zu dessen »wahrer mystischer Offenbarungsreligion« sich viele Romantiker hingezogen fühlten.

Den visionären und tiefenpsychologischen Tendenzen stellte sich der bewußte Wille zu einem gesunden, wertbeständigen und herzensinnigen Gefühlserlebnis entgegen. Die Gefahr, der seelischen Zerrüttung und Umnachtung zu verfallen, hat viele Romantiker bedroht. Ein Ausweg aus dem inneren Chaos war einerseits eine glaubensstarke, kirchliche Religiosität, andererseits aber auch die Selbstironie (»Romantische Ironie«), mit der sich der Mensch gleichsam aus dem eigenen Zustand chaotischer Rätselhaftigkeit hinausrettete, indem er ihn mit Hilfe von Spott und Satire zerstörte. Vor allem aber blieb noch die Möglichkeit, die Richtung der Gefühle von sich und allen bedrohlichen Nachtseiten hinweg in einen ganz unproblematisch einfachen und lebensheiteren Bezirk zu lenken: in die Welt des einfachen Volkes, des Landlebens, der sagenumwobenen Geschichtlichkeit von Klöstern und Burgen, in die Welt des Märchens und der Volkspoesie. »Die Märchen«, schrieb Wilhelm Grimm, »bezeichnen einmal ohne fremden Zusatz die eigentümliche poetische Ansicht und Gesinnung des Volkes, das nur ein gefühltes Bedürfnis jedesmal zur Dichtung antrieb, sodann aber auch den Zusamenhang mit dem Früheren, aus welchem deutlich wird, wie eine Zeit der andern die Hand reicht und manches Reine und Tüchtige wie ein von einem guten Geist bei der Geburt gegebenes Geschenk immer weiter überliefert.« In diesem Bereich der Romantik erhielt die »Zaubernacht« oft einen ganz anderen Sinn; in ihr drückt sich – jenseits aller magischen und mystischen Triebkräfte – ein stilles, schwärmerisches Naturgefühl aus. Gerade diese Seite des Romantischen trat immer mehr hervor und erhielt sich zeitlich am längsten. So ist erklärlich, daß gerade an gefühlvolle Stimmung gedacht wird, wenn man heute im landläufigen Sinne das Wort »romantisch« verwendet.

Beiden Seiten des Romantischen lag ein gefühlsmäßiges Erleben zugrunde. Die Aussage des Gefühls schließt alles objektiv Gültige aus und

führt zum Subjektivismus, zur – wie Friedrich Schlegel sagte – »selbst-
bewußten Vereitlung des Objektiven«, zur ichbezogenen Haltung der
Freiheit und Willkür (»Romantisches Ich« und »Romantische Willkür«).
So ist auch die Phantasie aufgerufen, ganz nach ihrem Ermessen zu ge-
stalten, ob im Bereich des Magisch-Mystischen oder des Volkstümlich-
Märchenhaften (vergl. Friedrich Schlegels *Gespräch über die Poesie*, 1800).

Der Mensch unterliegt ganz seinen Stimmungen, und deshalb ist er
auch nicht – etwa im Sinne der Klassik – als ein bestimmter Typus
festlegbar. Er ist vielmehr »universalisch«, d. h., er kann alles sein, er
gibt sich der Willkür der Empfindungen hin und unterliegt demnach auch
einem ständigen inneren Wandel. »Ein recht freier und gebildeter
Mensch«, meinte Schlegel, »müßte sich selbst nach Belieben philosophisch
und philologisch, kritisch und poetisch, historisch und rhetorisch, antik
und modern stimmen können, zu jeder Zeit und in jedem Grade«.

Aus dieser Einstellung des romantischen Ich wird offenbar, daß aus dem
ursprünglichen Vorsatz, die Klassik zu ergänzen, sich ein schroffer Gegensatz zu ihr ergeben mußte. Die romantische Bewegung, die sich schon
in jener Zeit herausformte, als die Klassik Goethes und Schillers durch
ihren Freundschaftsbund sich erneuerte, hat sich zunehmend verselbständigt und als eine eigene »Schule« angesehen. Die Voraussetzung hierzu
bot vor allem die Zeitschrift »Athenäum«, die von den jungen Romantikern in Jena herausgegeben wurde.

Die Jenaer Romantik

In Jena bildete sich der romantische Geist zuerst aus, zunächst weniger
in dichterischer als in philosophisch-theoretischer Form. **Johann Gottlieb
Fichte** (1762–1814), der an der Universität philosophische Vorlesungen
hielt, vertrat die Lehre vom »Ich als absolutem Subjekt«. Das Ich, der
tätige Geist, steht im Zentrum alles Geschehens, und von ihm ist die Welt
der Wirklichkeit, das »Nicht-Ich«, abhängig. In dieser totalen Erhöhung des Ich, aber auch in der Lehre vom »Trieb nach etwas völlig Unbe-
kanntem« hat Fichte der romantischen Theorie eine wesentliche Grundlage
geschaffen. **Friedrich Wilhelm Schelling** (1775–1854), mit zweiundzwan-
zig Jahren Philosophiedozent, seit 1799 Nachfolger Fichtes in Jena, sah
hingegen das Ich und Nicht-Ich als einen einheitlichen, von der Idee Gottes allseits durchwirkten Organismus an. Auch die Natur sei vom Geist
des Alls durchströmt und bewegt. »Die Natur ist der sichtbare Geist, der
Geist die unsichtbare Natur.« Dieser Gedanke führte zur romantischen
Naturbeseelung hin, zur Vergegenwärtigung von Wald- und Wasser-
geistern, Feen, Riesen, Zwergen und überhaupt zu der Auffassung, daß

in jedem Teil der Natur, auch in Stein und Pflanze, lebendige Wesen wirken. Die Überzeugung, daß in Gott wie auch in den Geschöpfen ein irrationales Moment liege, ein dunkler Trieb und Wille, hat den Romantikern die seelischen Nachtseiten entdeckt und sie in die Bereiche des Unbewußten und Traumhaften eingeführt.

Von Berlin aus nahm der protestantische Religionsphilosoph **Friedrich Schleiermache**r (1768–1834) an der Jenaer Romantik teil. Er war aus dem gefühlsstarken Pietismus hervorgegangen und definierte die Religion und Frömmigkeit entgegen allem Dogmatismus und Rationalismus als subjektive Gefühlsstimmung, als »Gefühl schlechthinniger Abhängigkeit« vom göttlichen Ganzen, als »Sinn und Geschmack für das Unendliche«, als intuitive »Anschauung des Universums«. Bei ihm wie bei Schelling führte der religiöse Weg zum Mystizismus hin. Auch die Musik erhielt einen religiösen Sinn: »Die Tonkunst«, schrieb Tieck, »ist gewiß das letzte Geheimnis des Glaubens, die Mystik, die durchaus geoffenbarte Religion«.

Es ist bezeichnend, daß sich schon dieser frühen romantischen Bewegung mit ihrer Gefühlsinnigkeit und Versonnenheit zahlreiche Frauen anschlossen, die oft eine hervorragende gesellschaftliche Rolle spielten und zum Mittelpunkt der jungen Philosophen- und Dichterkreise wurden. Die Romantik bedeutete gerade für die literarisch gebildeten Frauen eine Befreiung aus der strengen logischen Sachlichkeit und betont männlichen Korrektheit der Aufklärung und daher auch eine Befreiung zu einer natürlichen eigenen Welt, zu dem eigentlichen Ich der Frau. Die Emanzipation von den bürgerlichen Normen, das Gefühl der Libertät und ein – oftmals geradezu hyperthymisches – Selbstbewußtsein waren die Ursache einer bisher ungewohnten Faszinationskraft und geistigen Machtposition der Frau. Im Kreise der **Henriette Herz** in Berlin, einer der großen romantischen Jüdinnen, Frau eines Arztes, verkehrten Schleiermacher und Friedrich Schlegel wie auch **Dorothea Veit**, die Tochter des Aufklärungsphilosophen Moses Mendelssohn, spätere Gemahlin Friedrich Schlegels, die sich mehrfach als Dichterin versuchte. An der Zeitschrift »Athenäum« nahmen als Mitarbeiterinnen **Karoline von Humboldt** und Tiecks Schwester **Sophie Bernhardi** teil. Oft war es ein ernsthaftes Auseinandersetzen mit den romantischen Ideen, häufig auch ein weltabgekehrtes, schwermütiges Sinnieren über das unerlöste Lebensgeschick, das – wie etwa bei **Karoline von Günderode** – im Bewußtsein eines Werther-Schicksals im Selbstmord endigte. Oft steigerten sich die romantischen Frauen in exzentrische Gefühlsschwärmerei und willkürhafte Ichberauschtheit hinein. **Bettina Brentano**, eine Freundin der Günderode, glühende Verehrerin Goethes (tagebuchartige Aufzeichnungen

Goethes Briefwechsel mit einem Kinde, 1835), wurde ihrer überschäumenden genialen Lebendigkeit wegen von vielen Romantikern verehrt, während die Freundin ihres Bruders Clemens Brentano (s. d.), **Sophie Mereau,** allzu häufig nur durch Exaltiertheiten von sich reden machte. (Friedrich Schlegel war von ihr nur kurze Zeit begeistert.)

Die Gebrüder Schlegel und Novalis waren die eigentlichen Begründer der dichterischen Romantik in Jena. **Friedrich Schlegel** (1772–1829), der aus Hannover stammte und während seines Studiums in Leipzig 1793 den jungen Novalis kennengelernt hatte, eröffnete 1798 die Zeitschrift *Athenäum* (bis 1800), mit der er die jungen Romantiker zusammenschließen wollte. Vor allem seine eigenen Beiträge entwickelten eine Art von neuer Poetik. »Poesie ist Musik für das innere Ohr und Malerei für das innere Auge, aber gedämpfte Musik und verschwebende Malerei.« In seiner Forderung nach dem von allem Gesetzhaften befreiten »Genie« des Dichters schloß er sich an die Sturm-und-Drang-Bewegung an. Shakespeare wurde wieder proklamiert, denn er sei ein solches Genie gewesen. Das Genie habe den Mut, gerade die Dunkelseiten des Lebens aufzuspüren; sie seien ja der Ursprung seiner genialischen Kraft.

Sinn für Paradoxie

Der junge Schlegel hatte als Verehrer Goethes und der philosophischen Schriften Schillers in der griechischen Poesie »Maximum und Kanon der natürlichen Poesie« gesehen, von der sich die moderne als künstlich, subjektiv und bloß »interessant« abhebe. Damit folgte er den Grundgedanken von Schillers Aufsatz »Über naive und sentimentalische Dichtung«. »Goethes Poesie ist die Morgenröte echter Kunst und reine Schönheit«, schrieb er in seiner Abhandlung *Über das Studium der griechischen Poesie* (1797). Und von Schiller heißt es: »Ihm gab die Natur die Stärke der Empfindung, die Hoheit der Gesinnung, die Pracht der Phantasie, die Würde der Sprache, die Gewalt des Rhythmus, die Brust und die Stimme, die der Dichter haben soll, der eine sittliche Masse in sein Gemüt fassen, den Zustand eines Volkes darstellen und die Menschheit ansprechen will.« Im *Gespräch über die Poesie* (1800) sind dann – außer Goethe – Shakespeare und Cervantes hervorgehoben; und vom Roman werden eine Vielfalt der Form und ein »verhülltes Selbstbekenntnis« gefordert.

In dem aufsehenerregenden Roman *Lucinde* (1799), in dem sich sein Verhältnis zu Dorothea Veit spiegelt, hat Schlegel die Paradoxie des Liebesverhältnisses dargelegt. In antik-heidnischer Sicht wird das Sinnenglück gepriesen, das in tiefer Liebe mit dem Geistigen verschmilzt und die Liebenden das Geheimnis des Lebens spüren läßt. Der einzelne Mensch sei nur eine Halbheit und bedürfe der Ergänzung durch den Liebespartner; dadurch seien Mann und Frau im Range gleich. Gegen das konventionell Erstarrte und Leere der bürgerlichen Ehe will Schlegel seelische Inkorporation setzen. Diese findet der Maler Julius im unentwegten, oft enttäuschten Suchen bei der Malerin Lucinde, die sich eine eigene freie Welt gestaltet hat, in der sie selbständig und selbstbewußt lebt. Freiheit des Ich meint Emanzipation von der Engstirnigkeit, dem Vorurteil und der Moral des Bürgertums. Motive späterer »Boheme«-Literatur deuten sich an. »O beneidenswerte Freiheit von Vorurteilen!« ruft Wilhelmine, Lucindes Freundin, aus. »Wirf auch du sie von dir, liebe Freundin, alle die Reste von falscher Scham, wie ich oft die fatalen Kleider von mir riß und in schöner Anarchie umherstreute.« Vollkommene Wahrheit und Schönheit liegen im Abnormen von Seele und Gefühl.

Auch das Formale des Romans ist abnorm; er besitzt so gut wie keine Handlung, ist aber dafür mit abstrakten Phantasien und Reflexionen gefüllt, mit Briefen und Aufzeichnungen, mit Allegorien über die Frechheit, über die »gottähnliche Kunst der Faulheit«, über die »heilige Stille der echten Passivität«. – »Vernichten und schaffen, eins und alles!« – Gerade in dieser krassesten Form, die nur ein Fragment sein konnte, war die »Lucinde« ein wesentlicher Ansatz für den Roman der Romantik.

Die Mißbilligung Goethes und Schillers und der Bruch mit ihnen waren unvermeidbar. In Wien, wo Schlegel, nachdem er zum Katholizismus konvertiert war, die spätere Lebenszeit verbrachte, äußerte er sich (z. B. in seinen Vorlesungen über die *Geschichte der alten und neuen Literatur*, 1815) vor allem über Goethe abfällig.

Sein älterer Bruder **August Wilhelm Schlegel** (1767–1845) war in seiner Art hingegen geradezu maßvoll. Wenn er auch als Dichter versagte, so verfügte er doch über ein ausgezeichnetes Übersetzertalent und Einfühlungsvermögen in den Geist fremder Literaturen. Mit der Übersetzung von fünf Schauspielen Calderóns führte er zum erstenmal den spanischen Barockdichter in Deutschland ein. Durch ihn wurde auch der portugiesische Humanist und Dichter Camões bekannt. Seine hervorragendste und bleibende Leistung aber war die Übersetzung der Dramen Shakespeares (zus. mit Tieck, 1797–1810). Hinzu kamen Übertragungen aus der italienischen Literatur, namentlich von Dante, Petrarca und Tasso, und eine *Indische Bibliothek* (1823–30), die der Vorliebe der Romantik fürs Orientalische entsprach. Hier war – auch im räumlichen Ausgriff – das Ideal geistiger Universalität verwirklicht.

Universalität

An den jüngeren Schlegel hatte sich frühzeitig Friedrich von Hardenberg (1772–1801) angeschlossen, der sich **Novalis** nannte. Auch er fühlte sich als Mensch universaler Vielspältigkeit und abgrundtiefer Introversion, als ein »verzweifelter Spieler« mit den »raffiniertesten Gefühlen«, war dabei jedoch um philosophische Zusammenschau und umfassende Erkenntnis bemüht.

Novalis, einer verarmten pietistischen Adelsfamilie aus Ober-Wiederstedt in der Grafschaft Mansfeld entstammend, studierte in Jena Rechtswissenschaft, kam nach Leipzig und befreundete sich trotz seiner mehr konservativen Einstellung mit Friedrich Schlegel. Er übernahm 1799 eine Assessorenstelle bei der Salinenverwaltung in Weißenfels.

Für Novalis ist die Poesie »Eins und Alles«. Es ist eine zartfühlende, ätherische, übersinnliche Poesie, die mit höchster Sensibilität die Empfindungen des Lebensschmerzes läutert und bis zur religiösen Offenbarung hin verklärt. Novalis ist in seiner überwachen Empfindsamkeit, die alle Eindrücke ins umfassend Metaphysische wendet, der universalste Dichter der Romantik. Philosophie und Naturwissenschaft, Mystik des Barock und Mittelalters, Griechenland und der Orient, Katholizismus und Marienliebe, die Welt des Rittertums und der Minnedichtung, Märchen und Sage und Betrachtungen über das Wesen der Kunst und Dichtung fließen zusammen in der Reflexion über die eigene Seele. Sie ist der Diamant, in dem sich das Universum vergeistigt spiegelt und von dem aus die magischen Farbreflexe der Poesie ausströmen.

Die *Lehrlinge zu Sais* (1802), in denen er dieses Bildsymbol des Diamanten, des Karfunkelsteins, gebraucht, war sein erster Versuch eines Romans; sein Leitsatz war die Verneinung des Verstandes: »Das Denken ist nur ein Traum des Fühlens, ein erstorbenes Fühlen.« Vorherrschend sind derartige Inspirationen.

In seinem zweiten Roman, der ebenfalls ein Fragment blieb und erst nach seinem Tode (1802) veröffentlicht wurde, *Heinrich von Ofterdingen,* hat Novalis in der Gestalt des sagenhaften mittelalterlichen Minnesängers das Reich der romantischen Poesie entfaltet. – Als zwanzigjähriger Jüngling sieht Heinrich im Hause seiner Eltern zu Eisenach die »blaue Blume« im Traum, eine lichtblaue Blume, die sich zu ihm neigt und in ihrem Innersten ein zartes Mädchenantlitz enthüllt.

Die blaue Blume

»Eine Art von süßem Schlummer befiel ihn, in welchem er unbeschreibliche Begebenheiten träumte und woraus ihn eine andere Erleuchtung weckte. Er fand sich auf einem weichen Rasen am Rande einer Quelle, die in die Luft hinausquoll und sich darin zu verzehren schien. Dunkelblaue Felsen mit bunten Adern erhoben sich in einiger Entfernung; das Tageslicht, das ihn umgab, war heller und milder als das gewöhnliche, der Himmel war schwarzblau und völlig rein. Was ihn aber mit voller Macht anzog, war eine hohe, lichtblaue Blume, die zunächst an der Quelle stand und ihn mit ihren breiten, glänzenden Blättern berührte. Rund um sie her standen unzählige Blumen von allen Farben, und der köstliche Geruch erfüllte die Luft. Er sah nichts als die blaue Blume und betrachtete sie lange mit unnennbarer Zärtlichkeit. Endlich wollte er sich ihr nähern, als sie auf einmal sich zu bewegen und zu verändern anfing; die Blätter wurden glänzender und schmiegten sich an den wachsenden Stengel, die Blume neigte sich nach ihm zu, und die Blütenblätter zeigten einen blauen, ausgebreiteten Kragen, in welchem ein zartes Gesicht schwebte.«
Der Traum, die Sehnsucht nach der blauen Blume, erfüllt ihn ganz und gar. Seine Mutter begleitet er auf der Reise in ihre Heimatstadt Augsburg; er hört dabei von reisigen Kaufleuten über die Minnesänger erzählen, lernt in einer Burg ein Mädchen aus dem Morgenland kennen, erfährt von einem Bergmann die Geheimnisse des Erdinnern und begegnet einem einst berühmten Kreuzfahrer, der sich nun mit seinen Büchern in die Tiefen einer Höhle eingeschlossen hat. In Augsburg befreundet

er sich mit dem Sänger Klingsor, der ein romantisches Märchen erzählt, in dem abermals die blaue Blume vorkommt. Klingsors Tochter, seine Liebe zu ihr, weckt in ihm das Gefühl, zur Dichtkunst berufen zu sein. – Der zweite Teil des Romans sollte Heinrich in den Orient, nach Griechenland, Rom und an den Hof des »mystischen Kaisers« Barbarossa führen und ihn anschließend die als blaue Blume verzauberte Tochter Klingsors wiederfinden lassen.

Als »Apotheose der Poesie« hatte der Roman auf die Romantik eine überaus starke Wirkung. Er war eine romantische Parallele zu Goethes »Wilhelm Meisters Lehrjahren« und steht in der Reihe, die zu Stifters »Nachsommer« und Gottfried Kellers Entwicklungsroman »Der grüne Heinrich« weiterführt.

Novalis' schlichte Prosa mit einfachem Satzbau unterscheidet sich ebenso von der Art der anderen romantischen Romane wie die klare, feste Formung in Anlage und Aufbau. Das Zerfließende fehlt. Die verklärende Wirkung der Poesie, die »Magie der Phantasie«, wird in den Gestalten und Begebenheiten durchsichtig. Ein Rest unerklärbaren Geheimnisses ist jedoch – als höchste Art romantischer Aussage – gegenwärtig.

In seinen *Fragmenten* (1802) nannte Novalis die Krankheit einen »höchst wichtigen Gegenstand der Menschheit«, den »interessantesten Reiz und Stoff unseres Nachdenkens«. Seit dem Tod seiner Verlobten, Sophie von Kühn, verließ ihn die Ahnung des eigenen Todes nicht mehr: »Es ist Abend geworden, und es ist mir, als würde ich früh weggehen.« Aus der Überzeugung ewigen Verbundenseins mit der Frühverstorbenen ergab sich für ihn eine enge Vertrautheit mit dem Tod, eine geradezu religiöse Erwartung des Jenseits.

Mysterium der Nacht

In den lyrischen Rhythmen seiner *Hymnen an die Nacht* (1800) versinkt der den hellen Tag Fliehende in dem visionär geschauten Wunderreich der Nacht, einer liebes- und todestrunkenen, überirdischen Nacht, die zugleich lebensträchtiges Dunkel ist, Mutter des Lichts und Urgrund aller Dinge. In ihr ist Erlösung, Befreiung und Vereinigung mit der Geliebten, in ihr ist »nichts als Lieb und Seligkeit«. Seele und Weltgeist vereinen sich zu einem heiligen Mysterium.

»Abwärts wend ich mich zu der heiligen, unaussprechlichen, geheimnisvollen Nacht. Fernab liegt die Welt – in eine tiefe Gruft versenkt – wüst und einsam ist ihre Stelle. In den Saiten der Brust weht tiefe Wehmut. In Tautropfen will ich hinuntersinken und mit der Asche mich vermischen. – Fernen der Erinnerung, Wünsche der Jugend, der Kindheit Träume, des ganzen langen Lebens kurze Freuden und vergebliche Hoffnungen kommen in grauen Kleidern, wie Abendnebel nach der Sonne Untergang. In andern Räumen schlug die lustigen Gezelte das Licht auf. Sollte es nie zu seinen Kindern wiederkommen, die mit der Unschuld Glauben seiner harren? ... Preis der Weltkönigin, der hohen Verkündigerin heiliger Welten, der Pflegerin seliger

Liebe – sie sendet mir dich – zarte Geliebte – liebliche Sonne der Nacht, - nun wach ich – denn ich bin Dein und Mein – du hast die Nacht mir zum Leben verkündet – mich zum Menschen gemacht – zehre mit Geisterglut meinen Leib, daß ich luftig mit dir inniger mich mische und dann ewig die Brautnacht währt.« – Wie bei Hölderlin wird in der fünften Hymne das Griechentum als »Ewiges Fest der Götter und Menschen« gefeiert, allerdings noch der Welt des Tages zugehörig. Erst die Gestalt Christi symbolisiert im Tod die Erlösung im ewigen Leben. So offenbart die sechste Hymne die Nacht des Todes als das wirkliche Sein.

Novalis starb mit neunundzwanzig Jahren in Weißenfels, nachdem er über die Nachricht, daß sein vierzehnjähriger Bruder ertrunken war, einen Blutsturz erlitten hatte. Friedrich Schlegel war in den letzten Stunden bei ihm.

Mit der Jenaer Romantik, besonders mit Friedrich Schlegel, fühlten sich auch die beiden Berliner Wackenroder und Tieck verbunden. 1793 (im Jahr des ersten Gedankenaustausches zwischen Schlegel und Novalis) durchwanderten sie als Studenten die mittelalterlichen fränkischen Städte. – Der Bamberger Dom, der Prunk der katholischen Liturgie bei Hochamt und Prozession, die fränkischen Barockschlösser, die lebendige Geschichtlichkeit der alten Reichsstadt Nürnberg, des Schatzkästleins verflossener Kaiserherrlichkeit, bewirkten ein umfassendes Erlebnis der deutschen Vergangenheit.

Der Zauber der Kunst

Wilhelm Heinrich Wackenroder (1773–98) begeisterte sich vor allem an der Architektur und Malerei. Die deutsche Kunst, im besonderen die Gotik, wurde jetzt dem klassischen Schönheitsideal entgegengesetzt: »Auch unter Spitzgewölben, krausverzierten Gebäuden und gotischen Türmen wächst wahre Kunst hervor.« In den *Herzensergießungen eines kunstliebenden Klosterbruders* (1797), zu denen auch Tieck einige Aufsätze beisteuerte, wird die Malerei, die italienische Michelangelos und Leonardo da Vincis, aber auch die Albrecht Dürers verherrlicht.

»Nürnberg! du vormals weltberühmte Stadt! Wie gerne durchwanderte ich deine krummen Gassen; mit welcher kindlichen Liebe betrachtete ich deine altväterischen Häuser und Kirchen, denen die feste Spur von unsrer alten vaterländischen Kunst eingedrückt ist! Wie innig lieb' ich die Bildungen jener Zeit, die so derbe, kräftige und wahre Sprache führen! Wie ziehen sie mich zurück in jenes graue Jahrhundert, da du, Nürnberg, die lebendig-wimmelnde Schule der vaterländischen Kunst warst und ein recht fruchtbarer, überfließender Kunstgeist in deinen Mauern lebte und webte: – da Meister Hans Sachs und Adam Kraft, der Bildhauer, und vor allen Albrecht Dürer mit seinem Freunde Willibaldus Pirkheimer und so viel andre hochgelobte Ehrenmänner noch lebten! Wie oft hab' ich mich in jene Zeit zurückgewünscht!«

»Ich kenne zwei wunderbare Sprachen, durch welche die Schöpfung den Menschen vergönnt hat, die himmlischen Dinge in ganzer Macht zu erfassen und zu begreifen. Die eine dieser wundervollen Sprachen redet nur Gott, die andere reden nur wenige Auserwählte unter den Menschen, die er zu seinen Lieblingen gesalbt hat. Ich meine: die Natur und die Kunst.«

In Aufsätzen (zusammen mit Tieck) und in den »Herzensergießungen« hat Wackenroder auch das romantische Musikerlebnis geweckt, das für

seine Epoche ebenso charakteristisch ist wie die Liebe zur Baukunst und
Malerei. Nicht nur der Wille zur Universalität, zur Erfassung möglichst
vieler Kunstgattungen, war ausschlaggebend, sondern auch der Drang
nach dem Gefühlserlebnis, nach der ahnungsvollen Empfindung der Töne
und Klänge, der »Wunderzeichen«, die aus dem Herzen dringen und den
Menschen mit einer geheimnisvollen Offenbarung erfüllen.

»In dem Spiegel der Töne lernt das menschliche Herz sich selber kennen; sie sind
es, wodurch wir das Gefühl fühlen lernen; sie geben vielen in verborgenen Winkeln des
Gemüts träumenden Geistern lebendes Bewußtsein und bereichern mit ganz neuen
zauberischen Geistern des Gefühls unser Inneres.« – Die Kunst wird (vergleichbar
mit der Funktion der Nacht bei Novalis) zum Mysterium, zum göttlichen Geheimnis,
das den Menschen vom Irdischen loslöst, ihm im Überirdischen (auch im Kranksein
und im Tod) die höchste Vollendung, die Vereinigung mit dem Göttlichen, mit der
ewig schwingenden Saite der Weltharmonie, erfahren läßt.
In den »Herzensergießungen« komponiert ein junger Kapellmeister, der in einer
süddeutschen Residenzstadt lebt, eine Passionsmusik, gibt sich dem Werk hin mit
ganzer Leidenschaft, versinkt und vergeht im Wunderreich der Musik: »Seine Seele
war wie ein Kranker, der in einem wunderbaren Paroxysmus größere Stärke als ein
Gesunder zeigt – er kränkelte eine Zeitlang hin und starb nicht lange darauf in der
Blüte seiner Jahre.«

Ludwig Tieck (1773–1853), der anfangs der Aufklärung gedient hatte,
aber durch sein fränkisches Erlebnis und die Freundschaft mit Wackenroder umgestimmt worden war, hat die romantische Kunstbegeisterung in
ein Romanfragment übertragen, *Franz Sternbalds Wanderungen* (1798),
in dem er die Renaissance und altdeutsche Kunst lebendig werden läßt.

In den Niederlanden, im Hause des Lucas von Leyden, begegnet der junge Maler
Franz Sternbald seinem alten Meister Dürer wieder. Seine Reise führt ihn, von vielen
romantischen Abenteuern unterbrochen, weiter nach Italien, nach Florenz und Rom,
bis er das Mädchen, dem er einst in seinem Heimatdorf ein paar Wiesenblumen geschenkt hatte, wiederfindet.

Die rationale Seite Tiecks tritt besonders in seinen Dramen hervor. Er
ist einer der wenigen, die ein romantisches Schauspiel gestaltet haben, und
zwar aus einem ihm innewohnenden dramatischen Talent heraus, das sich

Roman- auch in seiner Tätigkeit als Dramaturg in Wien und Dres-
tische den erwies. Seine Schauspiele sind eine Vermischung von
Ironie romantischer Empfindung und rationaler artistischer Gewandtheit, die sich häufig in Parodie und Satire äußert.
Das ernsthafte und gefühlsechte Ausschöpfen und Darstellen der romantischen Erlebniswelt erlaubte ihm sein kühler und kritischer Verstand nur
selten. Vielmehr wehrte sich der Verstand gegen die Überfülle des Ge-
gefühls und setzte gegen das Zuviel an Phantasie und Stimmung die
nüchterne Denkweise ein. So wie einerseits das Romantische aus dem

Herzen hervordrang, so wurde es andererseits vom Intellekt gestört und
sogar zerstört, und zwar mit Hilfe der Ironie, des Witzes, der die eben
geschaffene Atmosphäre des Wunderbaren, Zauber- und Märchenhaften
unterbricht, wenn nicht gar völlig sprengt. Diese »romantische Ironie«
gegen sich selbst und das Publikum findet sich später noch schärfer bei
Heinrich Heine.

Im *Prinz Zerbino* (1799) mit dem Untertitel *Die Reise nach dem guten Geschmack*
muß sich der an seiner Empfindsamkeit kränkelnde Zerbino des öfteren einen ironischen Seitenhieb gefallen lassen, und der romantische König, der die Wirklichkeit des
Lebens verachtet, spielt schließlich mit Zinnsoldaten.

Die verkehrte Welt (1798), als »historisches Schauspiel« bezeichnet, mit einem Epilog
beginnend und einem Prolog endend, spielt als Theater im Theater. Der Römer
Scaevola sagt: »Seht, Leute, wir sitzen als Zuschauer und sehen ein Stück; in jenem
Stücke sitzen wieder Zuschauer und sehen ein Stück, und in jenem dritten Stücke wird
jenen dritten Akteurs wieder ein Stück vorgespielt.« Durch zahlreiche Nebeneinlagen
ist die Handlung vollkommen verschachtelt, gleichsam auf der Bühne nach innen
gestaffelt, womit die Personen, die eben noch spielten, nun als Zuschauer die Handlung
der anderen glossieren können. Die Zuschauer greifen sogar ins Geschehen ein und
verzerren es dadurch. Das Stimmungsbild der Waldeinsamkeit mit einem Bauern und
einem Esel wird von den Zuschauern zerstört, die von dem Theatermaschinisten
fordern, er solle einen Gewitterregen auf die Bühne schütten; aber auch der romantische Eindruck des Gewitters mit Blitz und Donner wird aufgelöst, indem der Ma-
schinist mitteilt, der Blitz sei durch Kolophonium und der Donner durch eine rollende
Kugel erzeugt worden.

Noch deutlicher wird die ironisierende Rolle der »Zuschauer« im
Gestiefelten Kater (1797). Auf der Bühne sitzen ein Müller, Schlosser,
Fischer, Böttcher, die das Stück glossieren. Gerade an romantischen Höhepunkten dieses Märchenspiels setzt ihre überaus einfältige Kritik ein:
»Der Kater spricht? – Was ist denn das?« – »Ich hätt' es nicht vermutet, ich habe zeitlebens noch keine Katze sprechen hören.« – »Nun,
seht ihr wohl, daß es ein rührendes Familiengemälde wird?« – »Es ist
doch fast zu toll.« – »Unmöglich kann ich da in eine vernünftige Illusion hineinkommen.« – Die »Zuschauer« sind erbost, es gibt Krawall,
das Stück wird ausgezischt. Freilich sind die Zuschauer nur »Spießer«, ihr
Verstand ist platt und dumm, und sie werden damit ebenfalls ironisiert;
aber durch ihre nüchternen Einwände bringen sie es doch fertig, das romantische Spiel zu durchkreuzen.

Weniger auffällig ist die Ironie in den anderen Stücken, in dem Sagen-Schauspiel
vom *Fortunatus* (1816), der durch ein Zaubersäckchen und einen Zauberhut überall
in der Welt große Abenteuer besteht, im Märchenstück vom *Kleinen Thomas, genannt
Däumling* (1811), in der Legende vom *Leben und Tod der heiligen Genoveva* (1800),
die trotz aller Bedrängnis dem gegen die Heiden ziehenden Gemahl treu bleibt, und
in dem – ebenfalls einem alten Volksbuch entnommenen – *Kaiser Octavianus*
(1804) mit dem Chorliedchen:

»Mondbeglänzte Zaubernacht,
Die den Sinn gefangen hält,
Wundervolle Märchenwelt,
Steig auf in der alten Pracht!«

Wie sehr auch beim Erzähler Tieck der aufklärerische Rationalismus wieder erwachte, zeigt seine Novelle *Die Gemälde* (1822), in der die kostbare Gemäldesammlung, die hinter der Täfelung einer Wandnische entdeckt wird, lediglich dazu herhalten muß, als Geschenk den erhofften Schwiegervater günstig zu stimmen.

Die Spätwerke Tiecks – seine Novellendichtungen reichen bis zu Keller und Fontane – sind nahezu frei von romantischen Verzauberungen und gliedern sich in den bürgerlichen Realismus ein.

Im Roman *Vittoria Accorombona* (1840) sind leidenschaftliche und blutvolle Gestalten der Renaissance dargestellt. In der Novelle *Des Lebens Überfluß* (1839) wird ein frierendes, mittelloses, hungerndes Liebespaar mit der Unbill der Wirklichkeit kraft eines beglückenden Humors fertig (zuletzt verschürt es die zu seiner Dachkammer führende Stiege). Ein Vergleich mit dem im gleichen Jahr von *Carl Spitzweg* (1808–85) gemalten Bild »Der arme Poet« liegt nahe und macht das Biedermeierliche dieses Idylls deutlich.

Die Heidelberger Romantik

Die Hinneigung zum Volkstümlichen, wie sie sich in Tiecks märchenhaften, zum Teil den Volksbüchern entnommenen Schauspielen zeigte, entsprach bereits weniger der Jenaer als vielmehr der sogenannten »Heidelberger Romantik«. Sie ging nicht von der Philosophie und Kunsttheorie, sondern unmittelbar vom dichterischen Erlebnis aus, und zwar vor allem vom Erlebnis der deutschen Vergangenheit, des Volkstums und der Landschaft. Sie hat freilich vieles – bewußt und unbewußt – von der älteren Jenaer Schule übernommen, aber insgesamt war sie doch auf eine Abkehr von der übersteigerten Ich-Haltung Fichtes und der »Paradoxie« Friedrich Schlegels angelegt – auf eine Abkehr von dem Zwiespalt der Seele und dem grenzenlosen Individualismus, in die sich die ältere Romantik verstrickt hatte. – »Nichts Welkes, nichts Kränkelndes!« und »Ebenmaß und Ruhe in die brausende Gärung!« rief Görres aus, als er den Studenten und jungen Dichtern das Mittelalter als Vorbild empfahl. Die Entdeckung des alten, schlichten Volkstums, der reinen und erhabenen Geschichtlichkeit und der wundersamen, beglückenden Stille der Natur war für derart »bizarre« Charaktere wie Clemens Brentano eine Flucht vor sich selbst, eine Flucht in die »gesunde« Poesie. Hierin offenbart sich der Unterschied zur Jenaer Romantik, die gerade das Ich und seine dunkelsten und verworrensten Seelenbezirke hervorzuheben suchte. Die Heidelberger Romantik ist in ihren poetischen Absichten insgesamt wesentlich »ruhiger« und abgeklärter.

Hinzu kam eine politische Forderung, die sich aus den Europa umspannenden Erfolgen Napoleons und dem Zusammenbruch des alten deutschen Kaiserreiches ergab (1805 Dreikaiserschlacht bei Austerlitz, 1806 Niederlage Preußens bei Jena und Auerstedt): Man rief zur Sammlung der nationalen Kräfte auf und suchte den Willen zur inneren Erneuerung Deutschlands zu stärken. Die Jenaer Romantik hatte sich aus der Politik fast gänzlich herausgehalten; jetzt aber war man gezwungen, zu den Geschehnissen, von denen man überrascht und überwältigt worden war, Stellung zu nehmen. Gerade in diesem politischen Bereich der Romantik, der gegen die äußere Auflösung ein nationales Bewußtsein zu erwecken suchte, wurde die deutsche Vergangenheit, vor allem die Reichsherrlichkeit des Mittelalters, als lebendige Geschichte, als Leitbild und als innere Verpflichtung angesehen. So vereinigte sich die aus dem eigenen Gemüte kommende romantische Haltung mit der von außen herangetragenen Forderung des Zeitgeschehens.

Hatte die Aufklärung das Mittelalter als »vollkommene Barbarei« verurteilt, so wurde es jetzt von Görres als »Idealität im Menschen und ein schöner Sieg des Göttlichen« gefeiert. »Ein schöner langer Mai war über Europa angebrochen, und die Auen grünten jung und saftig. Während die Ritter auf ihren Burgen hausten und Ritterwerk und Kriegsspiel übten, hatte in den Reichsstädten auch ein Rittertum der Bürgerlichkeit sich gebildet, und es war ein schönes, rasches Leben in diesen nordischen Republiken. Selbst der Bauernstand hatte später, etwa in der Schweiz, Ritterehre sich erkämpft. Während die Minnesänger die Liebe sangen und des Gemütes Sehnen, sangen der Aventiure Meister in größeren Gesängen die epische Kunst, die wie eine Gottheit verborgen in tiefer Menschenbrust wohnt und Tat mit Tat verkettet.

Nicht, daß wir das Alte umbilden nach uns selbst, wird an uns gefordert, sondern daß wir uns in etwas nach dem Alten bildeten; daß wir an ihm aus der Zerflossenheit uns sammelten, in der wir zerronnen sind, daß wir einen Kern in uns selbst gestalten und einen festen Widerhalt.«

Der Rheinländer **Joseph Görres** (1776–1848), einst Pamphletist des aufklärerischen *Roten Blattes* (in Koblenz 1798), infolge der französischen Expansion von romantischem Deutschbewußtsein erfüllt, hielt als Professor im Jahre 1806 die ersten germanistischen Vorlesungen. Er wurde zum geistigen Mittelpunkt der Heidelberger Romantik, stand vor allem in freundschaftlichem Verkehr mit dem fast gleichaltrigen Brentano und dem jüngeren Achim von Arnim. In seinen Vorlesungen, »weckend und zündend für das ganze Leben«, bildete er die junge Generation der Romantiker, darunter vor allem Eichendorff, aus. Er forschte in der Geschichte und Literatur des Mittelalters, sammelte für Arnim altdeutsche

Die Liebe zum Mittelalter

Volkslieder und gab selbst eine Sammlung *Die teutschen Volksbücher* (1807) heraus, in der er längst verschollene Sagen und Legenden aus dem Mittelalter und dem 16. Jahrhundert zusammengestellt hatte.

Gerade von Görres her, dem germanistischen Wissenschaftler und Sammler, entwickelte sich die romantische Literatur- und Sprachforschung. Die Gebrüder *Grimm (Jakob* [1785–1863] und *Wilhelm* [1786–1859]) vermachten dem deutschen Volk mit ihren bekannten *Kinder- und Hausmärchen* (1812–15) und den *Deutschen Sagen* (1816–18) ein bleibendes Geschenk. Ihre Studien erschlossen den Minnesang und die Epik der ersten großen Blütezeit der deutschen Dichtung ebenso wie die Geschichte der deutschen Sprache. Sie leiteten damit die geschichtliche Sprachforschung in Deutschland ein. Ihr Lebenswerk, das *Deutsche Wörterbuch*, beschäftigt in seiner Fortführung noch die heutige Germanistik (vorläufig abgeschlossen 1961).

In Heidelberg gab **Achim von Arnim** (1781–1831), ein märkischer Adliger, der sich auf einer Bildungsreise durch Europa befand, zusammen mit seinem Freunde Brentano eine Sammlung von 600 altdeutschen Volksliedern, *Des Knaben Wunderhorn* (1806–08), heraus, die von den literarischen Kreisen Deutschlands (auch von Goethe) mit herzlichem Beifall aufgenommen wurde.

»Wir suchen alle etwas Höheres, das goldene Vlies, das allen gehört, was den Reichtum unseres Volkes, was seine eigene, innere, lebendige Kunst gebildet, das Gewebe langer Zeit und mächtiger Kräfte, den Glauben und das Wissen des Volkes, was sie begleitet in Lust und Tod, Lieder, Sagen, Kunden, Sprüche, Geschichten, Prophezeiungen und Melodien.« Unter diesen Schätzen finden sich noch heute lebendige Lieder: *Guten Abend, gute Nacht; Abends wenn ich schlafen geh; Schlaf, Kindlein, schlaf; Maikäfer flieg; Morgen muß ich fort von hier; Wenn ich ein Vöglein wär; O Tannenbaum; O Straßburg, o Straßburg; In Straßburg auf der Schanz.* 1808 versuchte Arnim, die Sammlung in einer dauernd erscheinenden *Zeitung für Einsiedler* fortzusetzen, deren 37 Nummern im gleichen Jahr als Buch unter dem Titel *Tröst Einsamkeit, alte und neue Sagen und Wahrsagungen, Geschichten und Gedichte* herauskamen.

Nachdem Arnim Heidelberg verlassen hatte und auf sein märkisches Familiengut zurückgekehrt war, ließ er – außer in einigen Schauspielen,

Geschichte, Sage und Märchen

deren Stoffe mittelalterlichen Sagen entnommen sind – in seinem großen Romanfragment *Die Kronenwächter* (1817) in sagenartiger Verkleidung das staufische Kaisertum wieder aufleben. Der Roman war kennzeichnend für die romantische Geschichtsbetrachtung, der es nicht um ein historisch exaktes Wissen, wohl aber um die Erfahrung der inneren Substanzen der Vergangenheit ging, wobei sich Wundersames, Märchen- und Zauberhaftes mit der Wirklichkeit verbinden und den Reichtum geschichtlichen Lebens allegorisieren. Die verschollene Hohenstaufenkrone wird in dem Roman zum »Symbol für den mittelalterlichen Kosmos in Größe und Auflösung«.

Die Kronenwächter sind ein Geheimbund, der unter dem Schutze überirdischer Mächte auf einem unzugänglichen Zauberschloß im Schwabenland die alte Hohenstaufenkrone Barbarossas hütet. Zur Zeit Kaiser Maximilians wird von ihnen ein Nachfahr der Hohenstaufen betreut, der aber nach vielen symbolhaft zu deutenden Erlebnissen an dem Sinn seines Auftrages, das Reich mit Gewalt zu erneuern, zweifelt und die Einsicht gewinnt, »daß die Krone Deutschlands nur durch geistige Bildung wieder errungen werde«.

Der mit Arnim seit seiner Göttinger Jugendzeit (1801) befreundete **Clemens Brentano** (1778–1842), Sohn von Goethes Freundin Maximiliane von Laroche aus Ehrenbreitstein und eines aus Italien zugewanderten Kaufmanns, gehörte schon in den Jahren 1798 bis 1800 zum Kreise der Gebrüder Schlegel. Von den Jenaern, besonders von der exaltierten Sophie Mereau, wurden sein an sich schon labiler Charakter und sein Hang zum Bizarren nicht eben günstig beeinflußt. Die Heidelberger Volkspoesie bedeutete für ihn – wenigstens zeitweise – eine Beschwichtigung seiner unausgeglichenen Natur.

Die besten Prosawerke Brentanos leiten sich aus dem Geiste der Heidelberger Romantik her: sein Novellenfragment *Aus der Chronika eines fahrenden Schülers* (1818), die *Geschichte vom braven Kasperl und schönen Annerl* (1817) und seine *Märchen* (1846/47).

Die mittelalterliche Chronika berichtet – zeitlich zurückschreitend – von einem fahrenden Schüler, der bei einem Straßburger Ritter Aufnahme gefunden hat, von der Zeit seiner Kindheit, als er mit seiner Mutter einen weiten Gang zu einem Kloster unternahm, und von der Jugendzeit der Mutter. Sie war als Tochter eines Vogelstellers einem jungen Rittersmann zugetan, der aber auf ferner Heerfahrt verschollen blieb.

Das Leid des braven Kasperl, der als Soldat in sein Heimatdorf zurückkehrt und ein Verbrechen seines Vaters und seines Stiefbruders entdeckt und deshalb glaubt, er könne dem braven Annerl nicht mehr unter die Augen treten, ist so groß, daß er sich am Grabe seiner Mutter tötet; er hat wenigstens nicht erfahren, daß Annerl von einem jungen Adligen verführt und als Kindsmörderin hingerichtet worden ist. – In den Rheinmärchen, die erst aus dem Nachlaß erschienen, hat Brentano durch eine Rahmengeschichte von den märchenhaften Abenteuern eines rheinischen Müllers die Sagen vom Binger Mäuseturm, vom Rattenfänger von Hameln und von der Lorelei vereinigt; ihnen ist das Märchen vom Schneider-sieben-tot-auf-einen-Schlag angefügt.

Stets suchte Brentano nach einem besseren, geradezu kindlich-elementaren Ich; er trug in sich »die namenlose Trauer und die namenlose Sehnsucht des späten, komplizierten und verdorbenen Menschen

**Sehnsucht
nach dem
Einfachen
und Reinen**

nach dem Frühen, Einfachen und Reinen«. In diesem Sinne ist auch der zweifache Untertitel des Romans *Godwi* (1801) bezeichnend: »Das steinerne Bild der Mutter. Ein verwilderter Roman.« Der Held, der Sohn eines reichen Kaufmanns, führt ein genialisch-chaotisches Leben, das durch Abenteuer, unstete Reisen, hektische Vergnügen und wechselnde Liebschaften ins Willkürliche oszilliert. Die polymorphe Komposition des Romans und die mitschwingende Ironie zersetzen vollends die Andeutungen eines sinnvollen Geschehens. Aber inmitten der vielfältigen und »komplizierten« Stimmungen taucht immer wieder das Verlangen nach Geborgenheit auf: das Sehnsuchtsbild der reinen Natur und des bürgerlichen Idylls, vor allem aber das archetypische Bild der Mutter, das Godwi in jeder seiner Geliebten zu finden hofft.

Ähnliches gilt für seine Gedichte und das Versepos *Romanzen vom Rosenkranz* (in *Ges. Schriften* 1852/55). Frömmigkeit und Erlösungsbedürfnis, Aufschwung zum Hohen und Edlen und Blick in die Niederungen des Lebens, in gähnende Tiefen, stehen nebeneinander. Dieses Zusammenspiel und die volksliedhafte Schlichtheit, die weiche, verträumte Stimmung, die Wortmalerei der Sprache, die das Zauberhafte des Gefühls wiedergibt, machen seine Lieder zu dem Schönsten, was die romantische Lyrik geschaffen hat. Sie lassen sich mit dem Klang der Gedichte Eichendorffs vergleichen.

> »Hörst du, wie die Brunnen rauschen?
> Hörst du, wie die Grille zirpt?
> Stille, stille, laß uns lauschen!
> Selig, wer in Träumen stirbt;
> Selig, wen die Wolken wiegen,
> Wem der Mond ein Schlaflied singt!
> O! wie selig kann der fliegen,
> Dem der Traum den Flügel schwingt,
> Daß an blauer Himmelsdecke
> Sterne er wie Blumen pflückt:
> Schlafe, träume, flieg, ich wecke
> Bald dich auf und bin beglückt.«

Joseph von Eichendorff (1788–1857), ein junger Landedelmann aus dem südlichen Grenzstreifen Schlesiens, war während seines Studiums in

Mondschein-nacht und Wanderlust

Heidelberg 1807/08 mit der romantischen Bewegung, vor allem mit Görres vertraut geworden. Er fand im Heidelberger Kreis eine Bestätigung dessen, was in ihm seit seiner Jugend im wälderumrauschten Schloß Lubowitz bereits angelegt war. Jetzt wurde ihm »unaussprechbar klar«, was den Zauber seiner Kindheit ausgemacht hatte. Sein Heidelberger Erlebnis war weniger bestimmt von der Entdeckung der im idealisierenden Licht gesehenen mittelalterlichen Welt. Ihn zog vielmehr die stille Frömmigkeit, die Schlichtheit, Naturverbundenheit und Seelenstimmung des Volksliedes an, zumal er ein Heimweh nach dem »Paradiese« seiner Kindheit und dennoch ein ruheloses Fernweh fühlte.

Nachtigallenschlagen, Waldesrauschen, der Lautengesang, das Murmeln der Quellen, unter Stein und Blumen der Springbrunnen, der stille See, die fernen Lande, der weite Himmel, das Heimatschloß mit dem Garten, der weckende Hornruf, die Einsamkeit am Fenster, das Herüberklingen eines Posthorns, das Nahen der Wanderburschen, die Verlockung der nächtlichen heidnischen Marmorbilder und Mondscheinpaläste, das Ineinander von Wipfelrauschen, Fliegen der Wolken und Wiegen der Gedanken bis hin zu dem Ausruf: »Schön wie die Nacht!«: dieser Stimmungsreichtum der Lieder mit seiner volksliedhaften Bildlichkeit, aber auch hintergründigen Bedeutung gibt Zeugnis von höchster, magisch beseelter Sprachkunst.

Mondnacht

»Es war, als hätt der Himmel   Die Luft ging durch die Felder,
Die Erde still geküßt,   Die Ähren wogten sacht,
Daß sie im Blütenschimmer   Es rauschten leis die Wälder,
Von ihm nun träumen müßt.   So sternklar war die Nacht.

Und meine Seele spannte
Weit ihre Flügel aus,
Flog durch die stillen Lande,
Als flöge sie nach Haus.«

Der geradezu innigste Gedanke eines Schelling und Novalis, daß es nur eines Dichters bedürfe, die Natur durch die Poesie zu erlösen (ein tief religiöser Gedanke, der die fragliche Integrität des in der Natur wirkenden Gottes zu retten versucht), ist von Eichendorff verwirklicht worden.

»Schläft ein Lied in allen Dingen,
Die da träumen fort und fort,
Und die Welt hebt an zu singen,
Triffst du nur das Zauberwort.«

Aus solcher Erfahrung heraus sind auch die Prosawerke geschaffen, immer wieder durchbrochen, ja gesteigert durch lyrische Einlagen, ganz ins romantisch Bildhafte gewendet, in die Vorstellung von Farben, Bildern und Klängen. Der Roman *Ahnung und Gegenwart* (1815), die beiden Novellen *Aus dem Leben eines Taugenichts* (1826) und *Die Glücksritter* (1841) bieten in ihrem bezaubernden Farbenspiel und in ihrer heiteren, unbeschwerten Wanderstimmung das Schönste an romantischer Erzählkunst.

Lyrische Bilder in »Ahnung und Gegenwart« sind eine Schiffahrt auf der Donau, ein einsames Wirtshaus am Strom, ein Bergwald in der Mondnacht, eine Räuberherberge, ein Schloß mit einem Garten im Mondlicht, eine Waldfahrt mit Jägern, Hörnern und Flöten, ein singendes

Mädchen an einer Waldmühle (*In einem kühlen Grunde* ...) und als höchstes romantisch-religiöses Erlebnis die Klostereinsamkeit auf steilem Gipfel mit dem Ausblick zum weiten Meer, in der Friedrich, »ein Kämpfer Gottes an der Grenze zweier Welten«, Zuflucht vor dem Treiben der Welt und den ersehnten Frieden in der »Ahnung« christlicher Erlösung findet.

Der Mensch wird eins mit dem Bildhaften, der wunderbaren Farbenpracht der Natur. Seine Seele vermählt sich mit dem vom göttlichen Geist erfüllten Dasein: »Friedrichs Seele befand sich in einer kräftigen Ruhe, in welcher allein sie imstande ist, gleich dem unbewegten Spiegel eines Sees, den Himmel in sich aufzunehmen. Das Rauschen des Waldes, der Vogelsang rings um ihn her, diese seit seiner Kindheit entbehrte grüne Abgeschiedenheit, alles rief in seiner Brust jenes ewige Gefühl wieder hervor, das uns wie in den Mittelpunkt alles Lebens versenkt, wo alle die Farben strahlen, gleich Radien ausgehen und sich an der wechselnden Oberfläche zu dem schmerzlich-schönen Spiel der Erscheinung gestalten.«

In der »Taugenichts«-Novelle verläßt ein Müllerssohn mit der Geige unterm Arm die väterliche Mühle, vertauscht dann seinen Platz hinten auf der Reisekutsche mit dem verträumten Dasein in einem Zöllnerhaus, gewinnt die Zuneigung einer Schloßdame, geht erneut auf Wanderschaft und gelangt auf abenteuerlicher Fahrt nach Italien.

»Als ich wieder erwachte, spielten schon die ersten Morgenstrahlen an den grünen Vorhängen über mir. Ich konnte mich gar nicht besinnen, wo ich eigentlich wäre. Es kam mir vor, als führe ich noch immer fort im Wagen und es hätte mir von einem Schlosse im Mondschein geträumt und von einer alten Hexe und ihrem blassen Töchterlein.« Schließlich kann er die vermeintliche Gräfin in einem Schloß bei Wien als Gattin heimführen; in Wirklichkeit ist es die Nichte des alten Pförtners, mit dem er befreundet war. – Alles an der Novelle ist romantischer Stimmungszauber mit Wanderlust und Fernweh, Hörnerklang und Geigenton, Tanz und Liebesspiel in Gärten und Palästen, Unbekümmertheit, Verkleidung, Scherz und Torheit. Immer wieder steigen den Motiven entsprechende Lieder auf: *Wem Gott will rechte Gunst erweisen; Wer in die Fremde will wandern; Schweigt der Menschen laute Lust; Wohin ich geh und schaue.* Sie runden die Novelle zu einem »der ewigen Märchenbücher der Menschheit« (Eugen Roth), zu einem Wunschbild einer heilen Welt ab, in der letztlich »alles gut« ist.

In den »Glücksrittern« finden sich verwandte Bilder und Geschehnisse: eine überraschende, wundersame Fahrt Siglhupfers in einer vornehmen Reisekutsche, die ihn in ein herrschaftliches Schloß führt, – der Schloßpark im Mondlicht, – ein nächtlicher Überfall marodierender Landsknechte, den er abwehrt, – und das unausbleibliche Wandern in die Weite: »... Siglhupfer aber blieb fortan in den Wäldern selig verschollen.«

In der Malerei begegnen wir dieser Stimmungskunst beim Wiener *Moritz von Schwind* (*Wandrer am Talrand; Letzter Blick ins Heimatland; Hochzeitsreise; Mor-*

genstunde; Waldkapelle; Eremiten) und beim Dresdener *Ludwig Richter (Überfahrt am Schreckenstein, Landschaft im Riesengebirge,* Illustrationen zu Volksmärchen). Zu den Meistern romantischer Landschaftsmalerei gehören ferner *Philipp Otto Runge (Der Morgen), Caspar David Friedrich, Wilhelm von Kobell* und die »Nazarener«: *Peter Cornelius, Friedrich Overbeck, Philipp Veit.*

Der lyrische Grundton Eichendorffs fand viele Nachahmer. Ihm kamen die Gedichte des Dessauers *Wilhelm Müller* (1794–1827) am nächsten; sie erhielten neben vielen anderen romantischen Gedichten eine ebenbürtige Vertonung durch *Franz Schubert* (1797–1828): *Ich hört' ein Bächlein rauschen; Im Krug zum grünen Kranze; Am Brunnen vor dem Tore; Das Wandern ist des Müllers Lust.* Schubert vertonte auch Eichendorffs *In einem kühlen Grunde; O Täler weit, o Höhen; Wer in die Fremde will wandern; Wem Gott will rechte Gunst erweisen; Wer hat dich, du schöner Wald.*

Ebenso hat *Robert Schumann* (1810–56) den natürlichen Klangzauber, die Musikalität und Stimmung der romantischen Lieddichtung in seinen Liedkompositionen ausgeschöpft. Sein »Eichendorff-Zyklus« gilt als Höhepunkt der romantischen Liedkomposition.

Innerhalb der Natur- und Wanderstimmung zeigte sich gerade bei Eichendorff noch eine zweite Wesensseite der Heidelberger Romantik: die

Christlich-konservative Haltung

christlich-konservative Haltung. Auch sie mochte in ihm, dem Schüler des katholischen Konvikts zu Breslau, schon von klein auf vorhanden gewesen sein. Sie war ihm der Maßstab des Handelns und der Lebensgestaltung, etwa als er in Berlin aus dem preußischen Staatsdienst austrat, und sie bestimmte entscheidend seine dichterischen Vorstellungen: »Du aber hüt' den Dämon, der in der Brust dir gleißt, daß er nicht plötzlich ausbricht und dich selbst zerreißt.« Dieser Leitsatz, der über seiner Novelle *Das Marmorbild* (1819) und noch über seinem letzten Werk, seinen drei Epen (1853–57), steht, war politisch wie religiös gemeint, war eine Mahnung zum Bewahren der alten, das Recht und den Frieden sichernden heiligen Ordnungsgesetze, die allein dem Menschen Ruhe und Kraft verleihen. Das Wissen um die Bedrohungen schuf aber auch ein sehr engmaschiges und immobiles Denken (das sich manche späteren »Eichendorffianer« zu eigen machten).

Der junge Edelmann Florio verirrt sich in einen Zaubergarten; er begegnet in einem schimmernden Palast einem verlockenden Marmorbild, das sich in eine Frauengestalt wandelt, der er zu verfallen droht; da rettet er sich aus der Verwirrung durch ein Stoßgebet: »Gott, laß mich nicht verlorengehen in dieser Welt!« – »Hüte dich, bleib wach und munter!« Diese Mahnung liegt der christlichen Version des Lorelei-Motivs zugrunde: Florio widersteht, christliche Selbstüberwindung siegt über heidnische Sinnlichkeit, Maria steht gegen Venus.

In dem Künstlerroman *Dichter und ihre Gesellen* (1834) verläßt der Dichter Lothario seine Wandertruppe und geht als Eremit in die Waldeinsamkeit, um den Dienst an der Kunst mit dem an der Religion zu vertauschen: »Mitten auf den alten, schwülen, staubigen Markt von Europa will ich hinuntersteigen, die selbstgemachten Götzen, um die das Volk der Renegaten tanzt, gelüstet's mich umzustürzen und Luft

zu hauen durch den dicken Qualm, daß sie schauernd das treue Auge Gottes wieder-
sehen im tiefsten Himmelsgrunde.«

Auch in der Novelle *Schloß Dürande* (1837) und dem Epos *Robert und Guiscard,*
in denen die Entartung der Französischen Revolution aufgezeigt wird, und insbesondere in den Märtyrer-Epen aus der spätrömischen Zeit, *Julian* und *Lucius,* wird ein
bergendes Gottvertrauen über den dunklen Abgründen spürbar.

Neben einigen dramatischen Versuchen (darunter das graziöse Lustspiel *Die Freier,*
1833) hat Eichendorff in seinen späteren Lebensjahren eine Reihe – kenntnisreicher,
aber sehr konservativ orientierter – literarhistorischer Schriften verfaßt.

Durch Eichendorff, dessen Leben weit über die romantische Epoche
hinausreicht, hat sich der Geist der Heidelberger Romantik lange über
ihre Zeit hinweg erhalten. Wir finden mancherlei Einflüsse von ihm bei
den nachfolgenden süddeutschen und Berliner Romantikern, denen auch
Brentano und Arnim nahestanden. So bestimmte außer den Nachwirkun-
gen des Jenaer Kreises auch die Heidelberger Poesie Wesen und Anliegen
der späteren Romantik.

Die Spätromantik

Als Spätromantik lassen sich diejenigen literarischen Kreise bezeichnen,
die Gedankengut und Kunstauffassung der Jenaer und Heidelberger
Romantik fortsetzten und weiterbildeten, aber selbst keine wesentlich
neue Programmatik hervorbrachten. Man kann dabei von einer Aus-
reifung des romantischen Geistes sowohl in poetischer wie auch in wis-
senschaftlicher Hinsicht, aber auch von einem allmählichen Verfall sprechen. Fichtes Lehre vom Ich und vom Trieb nach dem Unbekannten,
Schellings irrationaler Weltgeist als Wirkensprinzip in Mensch und
Natur, Schleiermachers Gefühlsreligion, Friedrich Schlegels »Sinn für
Paradoxie«, die Universalität eines August Wilhelm Schlegel und Novalis, die Kunstbetrachtungen Wackenroders und Tiecks wirkten dabei
ebenso nach wie das nationale Geschichtsbewußtsein, die von Görres,
Arnim und Brentano entdeckte altdeutsche Volkspoesie und die Natur-
und Wanderstimmung der Eichendorffschen Lieder und Novellen.

Die Romantik verbreitet sich nun über nahezu alle deutschen Landschaften. Von
Wien bis Köln, Königsberg bis Breslau wurden poetische und wissenschaftliche Gesellschaften gegründet, die über romantische Philosophie und Theorie und über Geschichte, alte Literatur und Sprache forschten und korrespondierten und in deren
Zeitschriften und Verlagen unzählige Dichter der »romantischen Poesie« nachfolgten.
Zentren waren vor allem die Universitätsstädte: Wien, wo Friedrich Schlegel Vorlesungen hielt und Eichendorff seine letzten Studienjahre verbrachte, Landshut, in
dessen Universitätszeitung Eichendorffs erste Gedichte erschienen waren, München,
wo Schelling und Görres lehrten und sich auch der unstete Brentano eine Zeitlang
aufhielt, Tübingen, von wo aus (zusammen mit dem Stuttgarter Kreis) eine »Schwäbische Schule« begründet wurde, Göttingen mit den Gebrüdern Grimm, die von

Preußen 1818 gegründete Universität Bonn, an der August Wilhelm Schlegel lehrte, schließlich auch die beiden jungen Universitäten Berlin (1810) und Breslau (1811).

Nicht zuletzt durch die Gründung der Universität gewann die *Berliner Romantik* im mittel- und norddeutschen Raum die größte Bedeutung. Wilhelm von Humboldt hatte als preußischer Unterrichtsminister die Universitätsplanung durchgesetzt. Fichte und Schleiermacher wurden berufen, auch Görres und Arnim sollten ursprünglich einen Lehrstuhl erhalten. Neben der Philosophie blühten die Germanistik und die Geschichtswissenschaft auf, die sich besonders dem Mittelalter zuwandten und dabei an die Heidelberger Romantik anknüpften. Nie zuvor war so eifrig über die deutschen Altertümer geforscht worden. Die Publikationen über das Nibelungenlied, die höfische Epik und Lyrik, die Sprache und die Dialekte des Mittelalters und die Geschichte der Staufer wie insgesamt über die deutsche Reichsgeschichte gehen ins Unübersehbare.

Deutsche Altertumsforschung

Neben der Universität wurden vor allem literarische Salons zu Pflegestätten romantischer Kultur. Im »Salon« von Karl August und Rahel Varnhagen verkehrten nahezu alle bedeutenderen Romantiker, die in Berlin wohnten oder Berlin besuchten. Im Gespräch und Briefaustausch gab man sich gegenseitig Anregungen und trug romantisches Ideengut Jahrzehnte weiter. K. A. Varnhagen starb 1858, ein Jahr nach dem Tode Eichendorffs.

Zu den vertrautesten Besuchern des Salons der Varnhagen gehörte der in Brandenburg geborene, aus einer französischen Emigrantenfamilie stammende **Friedrich de la Motte Fouqué** (1777–1843). Seiner Vorliebe für die Geschichte wegen nannte man ihn (nach dem seinerzeit viel gelesenen englischen Geschichts-Romancier) einen romantischen Walter Scott, aber wegen der allzu kraß aufgetragenen Rittertugenden auch einen »Don Quixote der Romantik«. Dieser Spott ist berechtigt hinsichtlich seines mit phantastischen Abenteuern angefüllten Kreuzfahrer-Romans *Der Zauberring* (1813), noch mehr angesichts seiner beiden altnordischen Siegfried-Dramen.

Die verzauberte Welt

Fouqués Hang zum Märchen- und Zauberhaften verknüpfte sich hier recht unglücklich mit dem historischen Stoff. Weit Besseres ist ihm dort gelungen, wo die Handlung aus dem Zauberhaften selbst erwächst. Seine *Undine* (1811) zählt zu den schönsten Kunstmärchen der Romantik; auch der psychologisch einfühlsamen Zaubernovelle vom *Galgenmännlein* (1810) hat E. T. A. Hoffmann zu Recht volles Lob gespendet.

Die Wassernixe Undine, die sich in das Reich der Menschen verirrte und bei alten Fischersleuten liebevoll aufgezogen wurde, erhält erst in dem Augenblick eine menschliche Seele, als sie zum erstenmal Liebe empfindet. Der Geliebte ist ein Ritter, der sie in der Fischerhütte antrifft und auf sein Schloß führt. Mit der Liebesfreude muß sie aber auch Liebesleid erfahren. Als schließlich ihr Gatte während einer Donaufahrt ihre Warnung vergißt, sie nie auf dem Wasser zu schelten, muß sie die Welt verlassen und ins Geisterreich zurückkehren. – E. T. A. Hoffmann und nach ihm Albert Lortzing komponierten zur »Undine« eine Opernmusik.

Gleiche zauberhafte Symbolik liegt in der Geschichte vom Galgenmännlein, dem schwarzen Teufelchen, das in einer Flasche eingeschlossen ist und seinem Besitzer alles im Leben Ergötzliche, aber auch Gewissensangst und Alpträume verschafft, bis er es endlich einem schwarzen Reiter, der ohnehin dem Teufel verfallen ist, abtreten kann. Die Nähe zur Gespensterromantik E. T. A. Hoffmanns ist deutlich.

Sowohl mit Fouqué wie mit E. T. A. Hoffmann bekannt, neigte auch **Adelbert von Chamisso** (1781–1838) zunächst der Zauberromantik zu. Er war als französischer Adliger während der Revolution nach Berlin geflohen, preußischer Offizier geworden und lernte in kurzer Zeit die deutsche Sprache in dichterischer Vollendung beherrschen. Manche seiner Versuche, wie etwa der eines *Faust*-Dramas, mißlangen; am schnellsten fand sich Chamisso in der Lyrik und Ballade zurecht. In der Ballade vom *Riesenspielzeug* erzählte er die elsässische Sage vom Riesenfräulein nach, das mit den Bauern spielt, und in *Abdallah* eine orientalische Geschichte aus »Tausendundeiner Nacht«. Im *Geist der Mutter* taucht in der Angstvision des Sohnes, sein Vater werde ihn ermorden, die Gespensterwelt Hoffmanns auf, an die auch *Peter Schlemihls wundersame Geschichte* (1814) erinnert, deren Symbol des Teufelspaktes sich außerdem mit dem Faust-Motiv und dem »Galgenmännlein« Fouqués berührt (eine Ausg. mit hinzugefügten Liedern und Balladen 1827).

In der Gesellschaft eines reichen Kaufmanns lernt Peter Schlemihl (d. h. Pechvogel) einen geheimnisvollen grauen Mann kennen, der ihn zu überreden weiß, für das berühmte Glückssäckel des Fortunat seinen Schatten einzutauschen. Von seinem unerschöpflichen Reichtum geblendet, übersieht Schlemihl vorerst den Verlust seines Schattens, seiner Beziehung zur menschlichen Gemeinschaft (denn ohne Schatten kann er nicht frei und selbstsicher unter die Menschen treten), wirft aber dann, als der Graue sich als »hohnlächelnder Kobold« enthüllt, das teuflische Säckchen von sich, um seine Seele zu retten. Durch die Siebenmeilenstiefel, die ihm das Glück zuspricht, gelangt er in die Einsamkeit der Natur: »Klar stand plötzlich die Zukunft vor meiner Seele. Durch frühe Schuld von der menschlichen Gesellschaft ausgeschlossen, ward ich zum Ersatz an die Natur, die ich stets geliebt, gewiesen.« Fortan lebt er dem Studium der Natur (wie Chamisso selbst, der als Botaniker große Forschungsreisen unternahm).

Der Verlust des Schattens symbolisiert die vom Dichter immer wieder schmerzlich empfundene romantisch-bindungslose Künstlerexistenz, die sich in räumliche und zeitliche Fernen verlor und die drängende Wirklichkeit der Gegenwart verleugnete. Somit wird die Distanz zum romantischen Märchen sichtbar. Chamisso suchte gelegentlich ein geradezu »realistisches« Engagement zu verwirklichen. Deutlichstes Beispiel dafür sind die Balladen *Das Riesenspielzeug*, *Die alte Waschfrau*, *Der Invalide*, die sozialkritische Tendenzen enthalten.

Neben dem »Salon« Varnhagens war ein bedeutsamer literarischer Sam-
melpunkt Berlins die »Mittwochgesellschaft« des Krimi-
Die doppelte nalrats Hitzig, in der ebenfalls Fouqué und Chamisso
Existenz verkehrten und der Kammergerichtsrat **Ernst Theodor
Amadeus Hoffmann** (1776–1822) der führende Literat
war.

In seiner Geburtsstadt Königsberg (sein Vater war höherer Justizbeamter) hatte
Hoffmann Jura und Musik studiert. Nach der preußischen Niederlage 1807 verlor er
seine Beamtenstellung in Warschau und ging als Kapellmeister und Komponist – aus
Begeisterung für Mozart hatte er seinen dritten Vornamen Wilhelm gegen Amadeus
ausgewechselt –, als Regisseur und Bühnenmaler nach Bamberg, wo er, angeregt durch
eine schwärmerische Liebe, seine schriftstellerische Tätigkeit begann. 1814 nahm er
seinen juristischen Beruf nach kurzer Kapellmeistertätigkeit in Dresden wieder auf und
wurde Gerichtsbeamter in Berlin. Von da an führte er eine Doppelexistenz als
gewissenhafter Beamter und vielseitig begabter Künstler. »Morgens zur Kanzlei mit
den Akten, / abends auf den Helikon« ulkte Platen, traf aber dabei die nahezu
symptomatische Doppelbödigkeit der späten Romantik, in der Leben und Kunst,
Wirklichkeit des bürgerlichen Alltags und poetische Traumwelt, unverbrückbar ausein-
anderklafften.

Hoffmann war ebenso Biedermann wie exzentrischer Romantiker,
antibürgerlicher Bohemien. Dinge, Verhältnisse und menschliche Charaktere werden mit einer Schärfe erfaßt wie nie zuvor und zeigen den Philister in seiner nüchternen, trockenen, berechnenden, platten Wirklich-
keitswelt. Auf der anderen Seite tut sich das Märchenreich der Phantasie
auf, wo das Wahre und Schöne, das Wunder, der Geist und – die Geister beheimatet sind. Die nüchterne Alltagswelt hat keine Macht über
dieses Traumland, vielmehr entlarvt gerade die Illusion die hinter bie-
derer Maske versteckte Philisterwelt – wobei Wachen und Träumen
ineinander übergehen.

Im »Goldnen Topf« ist Lindthorst königlich geheimer Archivarius und zugleich »ein
mächtiger Fürst der Salamander«. In der »Brautwahl« debattiert der Geheime Kanz-
leisekretär Tusmann mit Leuten, die seit Jahrhunderten tot sind; in »Klein Zaches«
gibt es einen Rock, dem die Ärmel einschrumpfen, während die Schöße immer größer
werden. Reales und Phantastisches gehen ineinander über; die Grenzen sind aufgehoben. Dies betrifft auch die Zwienatur des eigenen Ich, die sich wiederholt in Motiven
des Doppelgängertums, der Selbstbespiegelung, der Vertauschung, Verwandlung und
Maskierung ausdrückt.

Hoffmann war von Friedrich Schlegel und von Schelling beeinflußt.
Er sah das All durchwebt von tausend geheimnisvollen Kräften, denen
ein irrationaler Trieb zugrunde liegt. Schellings Weltgeist
Dämonisierte wird dämonisiert. Hoffmann zerlegt ihn in unzählige Ein-
Welt zelkräfte, die unberechenbar und unbeherrscht wirken und
sich in Träumen, Ahnungen, Schicksalsfügungen ebenso

kundtun wie in den Kräften der eigenen Seele, die als geheimnisvolles Mosaik widersprüchlicher Regungen erscheint und die Einheit des Charakters auflöst: »Ich denke mir mein Ich durch ein Vervielfältigungsglas.« Diese destruktiven Kräfte erscheinen in seinen Dichtungen als Kobolde, Gnome, Doppelgänger, Fratzen und Gespenster.

Mit Ausnahme der im Nürnberg des 16. Jahrhunderts spielenden, sehr volkstümlichen Novelle *Meister Martin der Küfer und seine Gesellen* (1819) sind die Werke auf eine tiefenpsychologische (nicht unbedingt analytische, vielmehr intuitive) Aussage angelegt und dem Verständnis des Seelenkundigen und Eingeweihten anheimgestellt. (In dieser Zeit erhält die – im 18. Jahrhundert einsetzende – Psychologie einen immensen Auftrieb, indem sie sich auf die Bezirke des Somnambulen und Mysteriösen konzentriert.) Die Spukgestalten sind Chiffren seelischer Substanzen und vergegenwärtigen deren Rätselhaftigkeit und Spielweise im Unterbewußten.

Im *Goldenen Topf* (in den vierbändigen *Phantasiestücken in Callots Manier,* 1813/15) begegnet der Student Anselmus dem Archivarius und Salamander Lindthorst, dessen Tochter Serpentina, dem »grüngoldnen Schlänglein«, er verfällt. Der erzürnte Salamander sperrt ihn in eine Flasche ein, wo ihn nur die Liebe der kleinen Schlange am Leben erhält. Sie macht ihn der bieder-hausbackenen Veronika und deren kleinbürgerlichen Enge abspenstig und versetzt ihn in die Utopiawelt von Atlantis. So vertauscht er die »Bürde des alltäglichen Lebens« mit einem »Leben in der Poesie«.

Im Märchen vom *Meister Floh* (1822) berichtet der König der Zirkusflöhe einem einsamen Sonderling, zu dem er flüchtete, von seinen phantastischen Erlebnissen und vermacht ihm ein kleines Mikroskop, das die Fähigkeit des Gedankenlesens verleiht. Trotz aller Intrigen dunkler Geister und Gestalten bleiben die beiden beieinander; Meister Floh waltet als guter Hausgeist.

Im *Majorat* versucht ein Jurist, einen geheimnisvollen Schlafwandler auszufragen, einen Mörder, der nach seinem Tode durch das Schloß spukt. – Im *Sandmann* (ebenfalls enthalten in der zweibändigen Sammlung *Nachtstücke,* 1817) verstrickt sich ein Student in einem Alptraum; er erkennt, daß das Mädchen, das er liebt, ein künstlicher Mechanismus, ein Automat, ist – worüber er dem Nervenfieber verfällt. Im Märchen *Klein Zaches, genannt Zinnober* (1819) gelangt ein abscheulicher Zwerg durch die Hilfe des Fräulein Rosengrünschön zu höchsten Ehren, verwandelt sich aber in einen Brüllaffen und verliert sein Leben, als sein Schutzgeist überwunden wird. – Im *Fräulein von Scudéry* (ersch. in den vier Bänden *Die Serapionsbrüder,* 1819/21) ermordet ein Golschmied aus paranoider Besitzgier die Käufer seiner Werke. – Kürzere Skizzen in den Sammlungen befassen sich mit Beethoven, Tieck, Novalis und Fouqué, mit der tragischen Unbedingtheit der Kunst, der absoluten Hingabe des Dichters an die Ahnungen und Schauungen.

Sehr unsicher sind die Gattungsbegriffe für die ganz von innen heraus entwickelten, chiffrenhaften, abbreviierenden, im Grunde fragmentarischen Werke. Die zutreffende Bezeichnung wäre die der Parabel.

Im »Roman« *Die Elixiere des Teufels* (1815/16) ist der Kapuziner, der aus einer verbotenen Phiole die Elixiere zu sich nahm, von der Begierde nach einer schönen Unbekannten getrieben. Aus seinen Verstrikkungen, in denen er immer wieder sich selbst als Doppelgänger (als anderem Ich) begegnet, erlösen ihn nur Beichte und Buße.

Als eine Art Wiederaufnahme dieses Romans kann das umfangreichste Werk Hoffmanns gelten: *Lebensansichten des Katers Murr nebst fragmentarischer Biographie des Kapellmeisters Johannes Kreisler in zufälligen Makulaturblättern* (2 Bände 1820–22). Mit der Selbstbiographie des philiströsen Katers werden die Lebensbeschreibungen Kreislers überkreuzt, weil angeblich der Kater einzelne Druckseiten dieser Kreisler-Biographie als Löschblätter benutzt hat. Mit scheinbar souveräner Ironie, aber mit dem Eingeständnis der Zerrissenheit entsteht eine Parallelisierung der Geschehensbereiche. Überwirkliches und Tatsächliches, Künstler- und Philistertum, sind einander gegenübergestellt, um zur Konjunktion gebracht zu werden.

Die Schicksale des Katers und des Kapellmeisters verknüpfen sich durch einen grotesken Hintergrund. Ein weißes Kätzchen, ein gelehrsamer Pudel, ein roher Fleischerhund und ein sensibler Windspiel werden vom Kater mit übermäßigem Selbstbewußtsein (der Meinung, dem Menschen verwandt zu sein) kritisiert und glossiert, während Kreisler (der impulsierte und differenzierte Künstler) aus seinen Erlebnissen keinen Ausweg weiß. Ein fragwürdiger Magier an einem fürstlichen Hof, ein halbwahnsinniges Mädchen und ein Doppelgänger stürzen ihn in einen Abgrund von Skrupeln und Selbstbezweiflungen. Die nächstliegende Lösung ist (wie in den »Elixieren des Teufels«) eine klösterliche Eremitage, wo die Mönche der Musik lauschen. Ob diese – einer Eichendorffschen Romantik entsprechende – Lösung die endgültige ist, steht in Zweifel. Der dritte Band blieb ungeschrieben.

Im Ausland galt Hoffmann als der größte Romantiker. In Frankreich sprach man vom »Grand Hoffmann« und über Deutschland als »Heimat Goethes und Schillers und das Land Hoffmanns«; der Romancier Honoré de Balzac und der Opernkomponist Jacques Offenbach haben sich an Themen von Hoffmann angeschlossen, aber auch eine Reihe englischer, italienischer und russischer Schriftsteller folgte seinem literarischen Beispiel. Der Einfluß auf Baudelaire und E. A. Poe war entscheidend für deren lyrisches Schaffen.

Fatalismus und Weltangst   Die chaotizistische Tendenz, die der »Paradoxie«- und Gespenster-Romantik zugrunde lag, äußerte sich sehr auffällig und vordergründig in Darstellungen eines fatalen, gleichsam prädestinierten Schicksals. Bereits 1809 verfaßte **Zacharias Werner** (1768–1823), einer von Hoffmanns Freunden aus Königsberg, ein erstes »Schicksalsdrama«, *Der 24. Februar,* in dem als Allegorie unausweichlichen Geschehens ein gleiches Datum (der 24. Februar) und ein mörderisches Messer verwendet werden. Mit dem Messer hatte der Bergbaudenwirt Kunz seinen Vater bedroht und in den Tod getrieben und sein Sohn Kurt seine Schwester getötet, und nach Jahren, an einem 24. Februar, ermordet Kunz den unerkannt heimkehrenden Sohn.

Werners Drama, das Goethe in Weimar aufführen ließ, wirkte wegen der Raffung und dichten Atmosphäre, vor allem aber wegen des spürbaren persönlichen Anteils des Dichters (er hatte an einem 24. Februar zugleich die Mutter und den Freund verloren) sehr echt. – Zahlreiche Nachahmungen entstanden. Bei ihnen freilich überwog das Ominöse von Zufall, Erbschuld und fatalistischer Verkettung, das unglaubhaft übertrieben und ins Grausige gewendet wurde.

Der in der antiken Tragödie wirksame und in Schillers »Braut von Messina« erneuerte Schicksalsbegriff mußte bei Wiederaufnahme durch die späte Romantik ein bloßes Spiel bleiben, weil der wirkliche Glaube an eine chaotische göttliche Fügungsmacht fehlte. Das Tragische wurde ein Spiel des Zufalls, ein mechanischer Ablauf ohne theosophischen Aspekt. So entstanden höchstens Gruselstücke, die dem Sensationsbedürfnis entgegenkamen und sehr bald ein weites Feld für die Parodie abgaben (u. a. Stücke des **Ernst Christoph von Houwald,** 1778–1845).

Ein konsequenter, letztlich verzweiflungsvoll nihilistischer Ausblick offenbart sich in den 1804 anonym erschienenen *Nachtwachen. Von Bonaventura,* deren Verfasser wahrscheinlich **Ernst August Friedrich Klingemann** (1777–1831) war. Eine Vanitas enthüllt sich, die keinen transzendenten Hintergrund besitzt. Eine derartige Nacht-Romantik stellte sich geradezu in den Gegensatz zum religiös hoffenden Barock.

»O falsche Welt ..., an der nichts mehr wahrhaft ist, selbst bis auf die Haarzöpfe deiner Bewohner, du leerer, abgeschmackter Tummelplatz von Narren und Masken, ist es denn nicht möglich, auf dir zu einiger Begeisterung sich zu erheben? ... Es war mir, wie wenn ich mich jetzt in der Nacht unter dem zugedeckten Monde weit ausdehnte und auf großen schwarzen Schwingen wie der Teufel über den Erdball schwebte ...«

Das von allen Bindungen losgelöste (romantische) Ich verfällt den dunklen Abgründen des Chaos, dem Nichts. Am Ende stehen Weltekel und Menschenhaß. Auf dem Friedhof erlebt der Nachtwächter die Erscheinung des verstorbenen Vaters; im Schmerz sucht er sie zu greifen; da zerfällt sie, der Spuk weicht; der Ruf nach dem Vater wird vom Gebeinhaus als monotones, dreifaches Nichts zurückgeworfen. – Der gewaltige Spannungsbogen romantischen Dichtens wird deutlich, hält man die apokalyptische Weltangst des Nachtwächters dem gläubigen Optimismus des Eichendorffschen »Taugenichts« (»und es war alles, alles gut«) entgegen.

Von Berlin, aber auch von Breslau und Königsberg ging beim Ausbruch des Freiheitskampfes gegen Napoleon eine Welle nationaler Begeisterung aus. Es geschah eine gewaltige Steigerung jenes **Leier und Schwert** regressiven Deutschbewußtseins, das die Heidelberger Romantik erweckt und das in den Jahren der französischen Besatzung und der Staatsreformen Steins und Hardenbergs gerade die romantischen Kreise Preußens erfaßt hatte. Der idealistische Geist der Romantik konnte sich hier in dem Ruf nach nationaler Freiheit am ungestümsten auswirken. Es gab kaum einen romantischen Dichter, der sich von dieser Begeisterung ausschloß. Während König Friedrich Wilhelm III. im März 1813 mit dem »Aufruf an mein Volk« das Zeichen zur Erhebung gab, sammelten sich die Freiheitssänger, unter ihnen **Ernst Moritz Arndt** (1769–1860) und **Theodor Körner** (1791–1813).

Arndt, auf der Insel Rügen geboren, hatte schon 1806 in seiner Flugschrift *Geist der Zeit* die Deutschen zur nationalen Besinnung aufgerufen. In Königsberg, im Gefolge des Freiherrn vom Stein, dichtete er seine ersten *Lieder für Deutsche*. Kampfschriften, Kampflieder sollten das Volk und das Heer mit heiliger Leidenschaft beseelen: *Wir sind vereint zu guter Stunde; Der Gott, der Eisen wachsen ließ; Was ist des Deutschen Vaterland?; Was blasen die Trompeten?; Wer ist ein Mann?; Deutsches Herz, verzage nicht!*

Körner, Sohn des Dresdener Freundes von Schiller, trat aus feurigem Drang »für die Sache der Menschheit, des Vaterlandes und der Religion« in die Lützower Freischar ein und fand in einem Gefecht bei Gadebusch in Mecklenburg den Tod. Er schrieb seine Lieder aus der patriotischen Begeisterung der Soldaten: Schlachtengesänge, Sturmlieder, Dankgebete für den Sieg. Sein Vater gab sie unter dem Titel *Leier und Schwert* 1814 heraus.

> »Hör uns, Allmächtiger!
> Hör uns, Allgütiger!
> Himmlischer Führer der Schlachten!
> Vater, Dich preisen wir!
> Vater, Dir danken wir,
> Daß wir zur Freiheit erwachten.«

Allmählich griff der nationale Enthusiasmus, begründet im Willen zu einer neuen Gemeinschaft des Volkes und in der Verbindung von Vaterländischem und Christlichem, auch auf die literarischen Kreise West- und Süddeutschlands über. Gleichwohl blieb die süddeutsche Romantik wesensmäßig begrenzter, bodenständiger, geruhsamer. War für die norddeutschen Romantiker ihr König Friedrich Wilhelm IV., »der Romantiker auf dem Thron«, das Sinnbild einer hoffnungsvollen Zukunft, so erstarb in Österreich unter dem Druck der »Restauration« Metternichs jedes in die Weite und Zukunft schauende Staatsgefühl. Das München Ludwigs I. war in seinem Ausbau zur Stadt der bildenden Künste vorerst noch mit sich selbst beschäftigt. Lediglich in der Schwäbischen Romantik, im Dichterkreis Uhlands und Kerners, entwickelte sich eine bedeutsame Nachblüte der Romantik. Trotz aller Enge der Bürgerlichkeit, Stammesgebundenheit, Verwurzelung in der Landschaft und betonten Abneigung gegen die romantische Boheme bewahrte sie sich das Bewußtsein gesamt-deutscher Kultur, wie es bei den Heidelbergern vorhanden war. Uhland z. B., der im Politischen auf ein deutsches Parlament hinarbeitete und reichsdeutsch dachte, ließ in seiner Dichtung die deutsche Reichsgeschichte und Kaiserherrlichkeit wieder aufklingen.

Ludwig Uhland (1787–1862), Jurist in Stuttgart, Professor in seiner

Geburtsstadt Tübingen, 1848 Abgeordneter in der Frankfurter National-
versammlung, war der Begründer und das Haupt des schwäbischen
Dichterkreises. Am nächsten stand er der Heidelberger Schule und den
Gebrüdern Grimm. Entsprechend befaßte er sich in seinen Vorlesungen
mit der Poesie des Mittelalters. In Straßburg, München und
Poesie der Wien sammelte er alte Volkslieder. Außer einigen dramati-
Historie schen Versuchen (darunter ein *Ernst, Herzog von Schwaben,*
1818) war Uhland im eigentlichen Lyriker und Balladendichter. Seine Balladen durchweht ein Hauch der fernen Zeiten und
Länder, ein Nachklang der alten Ideale und Tugenden, eine wehmütige
Erinnerung an eine versunkene Welt. Nie verfiel Uhland dem Phantastischen und Paradoxen; seine Romantik ist innig, aber (sowohl inhaltlich als auch formal) beherrscht. Ausgaben u. a.: *Vaterländische Gedichte*
(1817), *Gedichte und Dramen* (3 Bde. postum 1863).

Vom Ruhme Karls des Großen und seiner Ritter handeln die drei Balladen *Jung
Roland, Rolands Schildträger* und *König Karls Meerfahrt;* aus dem Nibelungenlied
entstanden *Siegfrieds Schwert,* aus der nordischen Sage *Der blinde König, Das Schloß
am Meer,* aus der Kyffhäusersage *Kaiser Rotbart,* aus der schwäbischen Geschichte
Graf Eberhard Rauschebart.

Obgleich häufig nachgeahmt, sind mit ihnen nur die Balladen des Grafen *Moritz von
Strachwitz* vergleichbar, eines in Wien früh verstorbenen Schlesiers (1822–47). Auch
in ihnen finden sich – neben anderen Themen – Geschichts- und Sagenstoffe Skan-
dinaviens und des deutschen Mittelalters, nicht immer so überzeugend gestaltet wie
bei Uhland, aber von einer faszinierenden Sprachkraft: z. B. die Kreuzzugsballade
Das Herz von Douglas (das Thema griff sodann Fontane in einer Ballade auf), und
die orientalische (sehr exotisch verbrämte) Ballade *Jagd des Moguls* (»Von dem
persischen Pfühl in dem Purpurgezelt / Sprang säbelumgürtet der Herr der Welt . . .«).

Als Lyriker liebte Uhland (abgesehen von seinen Soldatenliedern, z. B.
Ich hatt' einen Kameraden) den Ton Eichendorffs: die Stimmung unter
den Abendwolken, in der Frühlingslaube, im nächtlichen Garten, zwischen Lilien und Rosen, beim Ruf der Nachtigall, beim Klang des Wald-
horns, beim Ton der Morgenglocke und die traumschwere Ahnung des
nahenden Todes; diese Diktion war gerade bei den schwäbischen
Romantikern verbreitet. Das Absinken ins Dekorative, in die bieder-
meierlich-bürgerliche Idyllik, macht allerdings den Abstand zu Eichendorff sichtbar.

Der Partner Uhlands in der Prosadichtung war der junge **Wilhelm
Hauff** (1802–27) aus Stuttgart, der seines Erzählertalents wegen auch
außerhalb Schwabens geschätzt wurde. Bis heute blieben bekannt mehrere Novellen (1826 ff.), die zumeist in Künstlerkreisen spielen *(Othello;
Die letzten Ritter von Marienburg; Die Sängerin; Die Bettlerin vom
Pont des Arts; Jud Süß)*, der Roman *Lichtenstein* (1826), die *Phantasien im Bremer Ratskeller* (1827) und zahlreiche Märchen.

Der Roman enthält ein historisches Geschehen um die württembergische Burg Lichtenstein zu Beginn des 16. Jahrhunderts, die siegreiche Fehde des schwäbischen Städtebundes gegen den Herzog von Württemberg, und am Schluß den Traum vom Idealstaat, eine Lösung wie in Arnims »Kronenwächtern«: die Verurteilung von Gewalt und Krieg. Grundlagen staatlichen Gedeihens seien geistige Kraft, Kunst, Religiosität und Humanität.

In den Bremer »Phantasien« gewahrt der Zecher nach reichlichen Weinproben in den Gewölben des Ratskellers um Mitternacht einen Geisteraufzug von zwölf Herren in der Tracht des Rokoko. Es wird eine Geschichte aus dem Dreißigjährigen Krieg erzählt, aber vom hereinpolternden Steinernen Roland unterbrochen. Am Morgen weckt der Kellermeister den zwischen den Fässern Schlummernden auf. – Das Traumerlebnis ist humoristisch verkleidet.

Märchenromantik in den buntesten und belebtesten Farben bieten das Wald- und Räuberidyll vom *Wirtshaus im Spessart* und die orientalische Szenerie der beiden Sammlungen *Die Karawane* (mit den Geschichten vom Kalifen Storch und und dem kleinen Muck) und *Der Scheich von Alessandria und seine Sklaven* (mit dem Zwerg Nase).

Bereits in der Anfangszeit des schwäbischen Dichterkreises war – der um eine Generation ältere – **Johann Peter Hebel** (1760 in Basel geb., 1826 in Schwetzingen gest.) mit einem Buch kleiner Volks-

Schwäbische geschichten, *Schatzkästlein des Rheinischen Hausfreunds*
Bürgeridylle (1811), hervorgetreten. Mit volkstümlicher Einfalt und mit anekdotischer Behäbigkeit verstand er es, nach dem Herzen des einfachen Bauern und Bürgers zu reden, wie auch seine *Alemannischen Gedichte* (1803) mit der Lebenswelt des Volkes verknüpft sind.

In der Geschichte *Kannitverstan* wird von der rührenden Täuschung eines braven Wandergesellen erzählt, der in Holland den Dialekt nicht versteht und meint, das Wort sei der Name eines reichen Kaufherrn, den man schließlich zu Grabe trägt. Im *Seltsamen Spazierritt* findet sich die Fabel vom Immerbesserwissen der anderen, so daß Vater und Sohn am Schluß den Esel tragen. Die *Drei Wünsche* zeigen die Narretei eines Ehepaares, das sein günstiges Geschick, drei Wünsche erfüllt zu bekommen, nicht zu nützen weiß. Späße lustiger Taugenichtse, Schwabenstreiche, Soldatenerlebnisse, mysteriöse Geschehnisse und empfindsame Geschichten von ewig junger Liebe mischen sich zu einem bunten Kalendarium. Die Gedichte besingen die heimatliche Landschaft und die fromme, brave Lebensweise der einfachen Menschen: *Die Wiese; Das Spinnlein; Das Habermus.*

Ein Schüler Uhlands war **Gustav Schwab** (1792–1850), Herausgeber der *Deutschen Volksbücher* (1836/37) und *Schönsten Sagen des klassischen Altertums* (1838/40). Als Balladendichter erreichte er trotz einiger gelungener Stücke *(Der Reiter am Bodensee; Das Gewitter)* nicht sein Vorbild Uhland.

Uhland, Schwab und Hauff, aber auch Tieck, Arnim, W. Müller, Lenau und Mörike verkehrten in dem gastlichen Haus des Arztes und Psychologen **Justinus Kerner** (1786–1862) in Weinsberg. Um die Geheimnisse menschlichen Seelenlebens (bis zu Fragen der Stigmatisation) zu ergründen, folgte er den romantischen Dichtern in die Welt des Geisterhaften und Visionären (*Die Seherin von Prevorst,* 1829). Nebenher versuchte er sich als weltfroher und beschwingter Lyriker (*Wohlauf noch getrunken*).

Schließlich ist **Wolfgang Menzel** (1798–1873) zu nennen, Verfasser eines Rübezahl-Schauspiels und Wortführer der schwäbischen Schule im Kampf gegen Heinrich Heine, der in seinem »Schwabenspiegel« den schwäbischen Dichtern manches Bösartige nachgesagt hatte. Gerade durch den Spott Heines auf den »Philisterstolz«, den »falschen Patriotismus« und die »erlogene Moral« der schwäbischen Romantik ist sie mancher abwertenden Kritik verfallen. Die Ursache lag nicht so sehr in ihrem provinziellen Charakter als vielmehr darin, daß sie den romantischen Geist in eine Zeit hinein fortsetzte, in der längst neue Orientierungen entstanden waren. Diese leiteten sich zwar verschiedentlich aus romantischen Wesenszügen her, machten aber sehr autarke Ansprüche geltend.

IM UMKREIS VON KLASSIK UND ROMANTIK

Zeitlich gesehen, gehen Klassik und Romantik nebeneinander her. In den Jahren der Freundschaft Goethes und Schillers formte sich durch die Gebrüder Schlegel, durch Novalis, Tieck und Wackenroder der Geist der Jenaer Romantik heraus; kurz nach Schillers Tod setzte die Heidelberger Romantik ein; die Spätwerke Eichendorffs und Uhlands laufen parallel mit den Alterswerken Goethes. Die Romantik bedeutete also ihrer zeitlichen Stellung nach nicht etwa einen Abbruch und eine Ablösung der Klassik.

Gerade das Nebeneinander war eine natürliche Voraussetzung dazu, beide Richtungen miteinander zu verbinden. Die Ansatzpunkte hierfür lassen sich weit in den Beginn der Romantik zurückverfolgen, zumal ja die Jenaer Schule ursprünglich von dem Gedanken ausgegangen war, die Klassik lediglich zu ergänzen, d. h. das klassische Menschenbild durch Entdeckung der menschlichen Nachtseiten, des »Abnormen«, zu vervollkommnen. Besonders in den Anfängen der Romantik ergaben sich Berührungen mit der Klassik, wofür die Jenaer Zeitschrift »Athenäum« ein Beispiel ist.

Die radikale Hinwendung der Jenaer Romantik zur Exzessivität des Gefühls vollzog allerdings die Trennung. Obwohl Goethe an der Heidelberger Volkspoesie lebhaftes Interesse zeigte, so war doch auch zur Heidelberger Romantik, zu der romantischen Geschichtsbetrachtung und der romantischen Taugenichts-Stimmung, ein Gegensatz aufgetan. Das Menschenbild Winckelmanns, Goethes und Schillers war dem Fichtes, Schellings, Schleiermachers durchaus fremd, die reine, erhabene Sachlichkeit eines in sich gefestigten oder wenigstens nach Festigung strebenden Menschentums ließ sich nicht mit dem Paradoxie-Menschen, dem Ich-Menschen, Träumer und Phantasten, vereinbaren. Und die Kräfte der Romantik, die nach seelischer Festigung strebten, richteten sich nicht nach dem klassischen, sondern nach dem mittelalterlichen (Görres) und christlichen Ideal aus (Eichendorff).

Da die extremen Wesenszüge der Klassik und Romantik nicht vereinbar waren und sich zu einem geschlossenen Menschenbild und zu einem einheitlichen Kunstwerk auch nicht vereinen ließen, war eine Synthese nur möglich durch einen Abstrich der gegensätzlichsten – und das hieß auch häufig: der grundsätzlichen – Ideengehalte. Eine romantische »Iphigenie« Goethes war unvorstellbar; sie mußte ihre jenseits alles Allzumenschlichen liegende »reine Menschlichkeit« verlieren, um in den Bereich abgründiger, den menschlichen Ordnungsfähigkeiten entzogener Problematik einzutreten und eine »Sappho« Grillparzers zu werden.

Andererseits durfte der Durchbruch der seelischen Nachtseite nicht so ausschließlich sein, daß das klassische Ebenmaß gänzlich zerstört wurde. Die einzelnen Komponenten mußten gegeneinander ausgewogen werden. Die ins ästhetisch Helle und Klare strebende Geistigkeit der Klassik war ebenso ins menschlich Elementare hinabzulenken, wie sich der maßlose Subjektivismus der Romantik und die gesamte romantische Gefühlsdynamik eine Mäßigung und Läuterung gefallen lassen mußten.

Beide Kräfte, das Romantische wie das Klassische, wirkten ausgleichend aufeinander ein. Der Wille zur Formung und Durchformung des Kunstwerks (Drama, Lyrik) verdrängte das aphoristisch Skizzenhafte des romantischen Fragment-Romans. Formung verlangte vor allem auch das Menschenbild: Das romantische Stimmungsmosaik, aus dem heraus der Mensch sich charakterlich gar nicht festlegen ließ, wird auf wesentliche, von verstandesmäßigen Beweggründen durchwirkte Charaktermerkmale eingeengt; der Mensch verliert seine Abnormität, er wird damit übersichtlich und gewinnt auch Übersicht über sich selbst. Wie in der Klassik ist das Ziel der Durchblick durch die eigene Seele als Voraussetzung zur Ordnung der seelischen Kräfte. Das bedeutet, daß auch die romantischen Kräfte des Gefühls durchschaubar und zu beherrschen sein müssen. Der Verlust der Übersicht hingegen kommt – ganz im Gegensatz zur Schlegelschen Romantik – einer Schwächung des Menschen gleich, die in ihm Bitternis und Scham hervorruft (daher das häufig wiederkehrende Motiv der Scham bei Kleist, Hölderlin, Jean Paul und Grillparzer). Das Ideal besteht nicht darin, die Geheimnisse des Menschen zu erleben, sondern die ihm eigenen bewußten Kräfte zu erkennen und zu ordnen.

Eigentlich erst in dieser Art einer Durchformung des Romantischen konnte sich die romantische Musik voll entfalten, die – infolge der kompositorischen Anforderung – einer normativen Gestaltung noch dringender bedurfte als die womöglich nur emotional bedingte Poesie. Die romantische Musik mußte sich – wie in den Werken *Franz Schuberts* (1797–1828) und *Ludwig Spohrs* (1794–1859) – dem gleichsam »klassischen« Formprinzip verpflichten. Bemerkenswert ist, daß sowohl *Robert Schumann* (1810–56) als auch *Felix Mendelssohn-Bartholdy* (1809–47) durch das Studium Johann Sebastian Bachs auf eine größere formale Schulung Wert legten. Einer noch stärkeren Betonung des Formalen als in der symphonischen und liedhaften Komposition bedurfte die romantische Ballade (*Karl Loewe,* 1796–1869) und vor allem die Oper *(Carl Maria von Weber,* 1786–1826, und *Albert Lortzing,* 1801–51). Eine Musik, nur »der Dissonanzen mächtig«, wie sie E. T. A. Hoffmann vorschwebte (»Musik! mit geheimnisvollem Schauer, ja mit Grausen nenne ich dich!«), ließ sich von der ästhetischen Anschauung wie auch von den kompositorischen Formelementen her seinerzeit noch nicht verwirklichen. Die romantische Epoche der Musikgeschichte mag man daher am besten mit der dichterischen Epoche der Synthese von Klassik und Romantik vergleichen.

Die Philosophie **Georg Wilhelm Friedrich Hegels** (1770–1831), die wesentlich von Kant, Fichte und Schelling beeinflußt war, greift zwar über die klassischen und romantischen Anschauungen weit hinaus und wird inhaltlich erst für den poetischen Realismus wirksam, aber in dem Vollzug seines Denkprozesses, in seiner »dialektischen Methode«, spricht Hegel für diese Epoche etwas Entscheidendes aus: Wie ein Satz (eine These) einen Gegensatz (eine Antithese) erfordert und sich daraus schließlich eine neue Verbindung ergibt, so löse zwangsläufig jede geistige Bewegung eine Gegenbewegung aus, und aus beiden Bewegungen gehe ein versöhnender Ausgleich, eine »Synthese«, hervor. Diese philosophische Methode war gleichsam die Rechtfertigung und Beweisführung einer Zusammenfügung von klassischem und romantischem Geist.

Allerdings ließ es sich nicht berechnen, auf welche Weise im einzelnen diese Synthese zustande kommen sollte; es konnte für sie kein Programm geben; folglich konnte sich auch keine literarische »Schule« entwickeln. Der Dichter war auf seine eigene Anlage und Anschauung angewiesen. Und der geistesgeschichtliche Vollzug einer Synthese war ihm häufig nicht bewußt. Somit ergab sich eine Vielfalt von Ergebnissen, die untereinander nur in einem losen Zusammenhang stehen und nicht die Homogenität einer Epoche aufweisen.

Zwischen Klassik und Romantik

In einer früheren Gruppe lassen sich diejenigen Dichter zusammenfassen, deren Werke noch in der Zeit von Klassik und Romantik, etwa in den Jahren 1795 bis 1825, erschienen. Sie bilden gewissermaßen eine dritte literarische Richtung und kennzeichnen um so mehr den literarischen Reichtum dieses Zeitraumes. Etwas Gemeinsames besitzen sie in der Hinsicht, daß sie Klassik und Romantik im unmittelbaren Erlebnis kennenlernten, daß sie die Werke Goethes, Schillers und der Romantiker in ihrer ersten Wirkung verspürten und in die Widersprüche mitten hineingestellt waren. Im Gegensatz zu der literarisch zurückschauenden Position der späteren Dichter haben sie an der Gestaltung und an den Entwicklungen des Klassischen und Romantischen selbst teilgenommen und sich den Kritiken Goethes und Schillers ausgeliefert, weil sie sich dem klassischen Maß, den Empfindungen der Harmonie und der starren formalen Enge nicht beugen wollten. Ähnliches gilt für ihre Annäherung an die Romantik, der sie sich verwandter zeigten, die aber ihrer ernsthaften Beschäftigung mit den Fragen menschlicher Existenz und künstlerischer Gestaltung sowie ihrem eigenen Dichterwillen und Genius ebensowenig Genüge tun konnte wie die Klassik.

Vor allem war es **Heinrich von Kleist** (1777–1811), der sich mit
den geistigen Bewegungen seiner Zeit – sogar noch mit der französischen
Aufklärung – auseinandersetzte. Der Drang nach Orientie-
Ringen um rung und Klarheit kam aus seiner inneren Unruhe, aus dem
Synthese Bewußtsein der Unfertigkeit, das ihn zeitlebens nach seelischer Reifung und Festigung suchen ließ. Romantik, Klassik und Aufklärung waren für ihn nicht nur literarische Komponenten,
sondern real wirkende Kräfte eigener Charaktergestaltung; er erlebte sie
in sich, er versuchte, sich nach ihnen zu formen, seine Person und sein
Leben auf sie festzulegen, mit allen Konsequenzen und Widersprüchen,
die sich daraus ergaben. Wohl gelang ihm, der Wechsel vom einen ins
andere Extrem, aber nie die wirkliche Verbindung. Die Suche nach der
Synthese blieb ohne Ergebnis, sein früher Tod durch Selbstmord war das
Eingeständnis seines Scheiterns.

Die Offizierstradition seiner Familie (aus Frankfurt a. O.) hatte ihn für den Sol-
datenberuf bestimmt, dessen Anforderungen seinem künstlerischen Temperament
nicht entsprechen konnten; mit 22 Jahren quittierte er den Dienst. Sein Ziel, durch
Theologie und Philosophie »das Glück der höheren Vernunft« zu erreichen, wurde
durch sein Studium Immanuel Kants erschüttert, das ihm die Gewißheit gab, die
menschliche Erkenntnis könne nie zu dem wesentlichen Hintergrund der Dinge, zur
Wahrheit, vordringen. Dieses Eingeständnis rationaler Unvollkommenheit löste in ihm
eine gänzliche Verzichtstimmung aus; von da ab sind seine Lebensjahre ein ruheloses
und immer wieder verzweifelndes Suchen nach dem wahren Lebensgehalt.

In Würzburg (1800) wandte er sich mit romantischer Begeisterung dem Katholizis-
mus zu. In Paris entdeckte er die französische Aufklärung, im besonderen Rousseau.
Rousseaus Lehre von der Flucht in die Natur veranlaßte seine Reise in die Schweiz,
auf eine einsame Insel in der Aare, wo er sich ein Landgut gründen wollte. Durch
Vermittlung von Wielands Sohn hielt er sich zwei Monate bei Wieland in Weimar auf;
die Verbindung zur Klassik bahnte sich an, aber in Dresden kam er durch Fouqué,
Tieck und den Kulturphilosophen Adam Müller unter den Einfluß der Romantik.
Seine Monatsschrift *Phöbus* (1808), an der u. a. Müller teilnahm, sollte eine Beziehung zwischen Romantik und Klassik herstellen, doch verweigerte Goethe die Mitarbeit. In Prag regte sich unter dem Eindruck der österreichischen Erhebung 1809
romantische Freiheitsstimmung: Kleist plante als »ersten Atemzug der deutschen Freiheit« ein Wochenblatt *Germania*, für das er mehrere patriotische Skizzen und Kriegs-
lieder schrieb.

Schließlich ging er in Berlin (1810/11) zusammen mit Adam Müller an die Herausgabe der *Berliner Abendblätter*. Zwischen Kant, Aufklärung, klassischer und romantischer Kunstbetrachtung konnten wohl theoretische Beziehungen geknüpft werden, die
sich wiederum in der Dichtung verwirklichen ließen, aber im Entscheidenden seiner
Wesensgestaltung haben die Berliner Jahre – auch der Verkehr in den romantischen
Salons und mit Fouqué – keine Klärung gebracht. Er verzweifelte an dem Unvermögen, sein Inneres in einen Ausgleich zu bringen. »Die Wahrheit ist, daß mir auf
Erden nicht zu helfen war«, schrieb er im Abschiedsbrief an seine Schwester; im
November 1811 erschoß er sich auf einem Hügel am Wannsee.

Gemäß seinem inneren Schwanken zeigte sich auch in den Werken

kein annähernd einheitlicher Charakterzug. Die dichterische Gestaltung
beruhte auf dem leidenschaftlichen Drang nach Klärung sei-
Ich nes eigenen Wesens. Im Gegensatz zu Schillers verstandes-
und Gesetz mäßigem Kalkül resultierte das dramatische Element Kleists
aus seinem seelischen Spannungsverhältnis. Die Dramatik
beruht nicht so sehr auf methodischer Konstruktion als auf dem Ich-
Erlebnis. Die Personen, zwischen denen sich auf der Bühne die Spannung herstellt, sind der Ausdruck seiner eigenen seelischen Kräfte. Daraus
ergibt sich der lebenswirkliche Charakter, die individuelle Kraft, der
psychische Impuls der Kleistschen Personen. Ihre Handlungsweise ist –
im Vergleich zu den Personen des klassischen und romantischen Schauspiels – wirklichkeitsgerechter, »realistischer«. Ebenso wie Kleists leidenschaftliche Suche nach Festigkeit und ausgeglichenem Menschentum
erscheinen auch seine Personen und ihre Schicksale glaubhaft und menschlich wahr. Wie der Dichter selbst mühen sie sich um die rechte Erkenntnis, wobei Sinne, Verstand und Gefühl gleichermaßen um die verläßliche Führung zur Wahrheit ringen. Dementsprechend kreist das Drama – bei erheblichem Aufwand an Szenerie und Staffage – um die tragische Situation des Menschen, der die Wahrheit verfehlt, unsicher wird
und scheitert, wenn er sich seiner Gefühle nicht bemächtigt und sich auf
den Sinneneindruck oder den Verstand verläßt. (Vgl. dazu Kleists Aus-
führungen *Über das Marionettentheater*!)

Penthesilea (1808) ist ein Drama über die Amazonenkönigin der griechischen Sage.
Kleist bekannte: »Mein innerstes Wesen liegt in der Amazone, der ganze Schmerz
zugleich und Glanz meiner Seele.« Penthesilea, die »rätselhafte Sphinx«, liebt Achill,
den Helden der Griechen vor Troja, liebt ihn ebenso leidenschaftlich, wie sie ihn haßt,
da sie ihn nicht besiegen kann. Sie gesteht ihre Liebe, liefert sich ihm aus, ist aber
gleichzeitig über den Verlust ihrer Kraft und ihrer Selbstbeherrschung von Haß und
Scham erfüllt. Nachdem sie Achill in rasender Wut getötet hat, löst sie sich von ihrem
allzumenschlich triebhaften Sein, das sie nicht bewältigen konnte; in einer Todestrance
träumt sie sich in die reine Welt der Götter zurück. Die Frage nach dem Ausgleich
zwischen der klassischen, dem Auftrag der Götter folgenden, innerlich beherrschten
und der romantisch verzückten Penthesilea blieb ungelöst. Ihr Konflikt wird beendet
durch Entäußerung ihrer Liebe und durch Rückkehr zum Olymp.

Die gleiche Frage mit gleichem Ergebnis liegt dem Drama *Prinz Friedrich von Homburg* (1821) zugrunde. Der Prinz, brandenburgischer Offizier in der Schlacht bei Fehrbellin, ist der von Nacht und Traum um-
fangene Romantiker. Die Zuneigung zur Nichte des Kurfürsten (Natalie) lenkt ihn von seiner soldatischen Pflicht ab; er überhört die Anord-
nungen im Kriegsrat, verhält sich in der Schlacht befehlswidrig; er handelt ganz nach seinem Gefühl und soll daher dem Kriegsrecht verfallen.
In der Erwartung des Todes setzt sein Konflikt ein: zwischen seiner

romantischen Icheinstellung, die ihm die Freizügigkeit des Handelns zugesteht, und dem Bewußtsein der Unterordnung unter das Gesetz, den Maßstab des Allgemeingültigen. Erst als er sich zur Erkenntnis der ordnenden Gerechtigkeit durchringt, vom Ich- zum Wir-Bewußtsein gelangt, ist sein Konflikt gelöst: durch Befreiung vom Romantischen. Zu Recht schenkt ihm der Kurfürst das Leben wieder.

Eine absolut gegensätzliche Einschätzung des Romantischen äußert sich im *Käthchen von Heilbronn* (1810), das Kleist als das Gegenstück zur »Penthesilea« bezeichnete. Schon die Szenerie ist ganz ins Romantische gelegt: deutsches Mittelalter, Burg und Rittertum, eine Waffenschmiede im altstädtischen Heilbronn, Waldeinsamkeit und das – gleichsam verzauberte – Zusammensein der Liebenden unter dem Holunderbusch. Käthchen ist ein romantisch verzaubertes Gretchen aus Goethes »Faust«, einfach, züchtig, von kindlichem Reiz, aber ganz ihrer Vision hingegeben, dem im Traum geschauten Bilde eines Ritters. Als sie ihm wirklich begegnet, folgt sie ihm verzückt, sich erniedrigend, selbstvergessend, und diese in die wunderbare Nacht des Träumens gehüllte, liebestrunkene, willenlose Hingabe ist höchste Beglückung. Es ist ein Drama ohne tiefgreifende Konflikte, eine Verklärung des romantisch Zauberhaften.

Aus der romantischen Befreiungsstimmung entstand das Schauspiel von der *Hermannsschlacht* (1821), von Hermann dem Cherusker, dem Menschen, der von patriotischer Leidenschaft, von der Forderung seiner Zeit, erfüllt ist. Die gleiche Vorstellung liegt dem Charakter des *Robert Guiskard* (Dramenfragment, 1808) zugrunde, des Normannenherzogs, der, um seinem Volk die Einigkeit und den Sieg zu gewährleisten, seine tödliche Krankheit verheimlicht. Er ist – vergleichbar mit dem geläuterten Friedrich von Homburg – der einsichtige Mensch, der sich in den Dienst der Gemeinschaft stellt und sich ihr unterordnet. (Vergl. das Schlußerlebnis des Goetheschen Faust!) Im übrigen war es Kleists Absicht, mit diesem Stück den attischen Dramatikern und Shakespeare ein gleichwertiges deutsches Schauspiel zur Seite zu stellen und damit eine dichterische Emanzipation zu erreichen.

Auch die Lustspiele lassen manches aus Kleists innerer Problematik durchblicken. Der Humor, der zwischen bewußt volkstümlicher Einfältigkeit und subtilster Empfindung oszilliert und zumeist **Verhängnis** ins Zwielichtige und Groteske ausschlägt, verrät eine sehr **als Komik** differenzierte seelische Vielschichtigkeit. Aus ihr heraus entstehen Anzeichen des Tragischen. Zudem ergeben sich tragische Motive aus der (gelegentlich in der Romantik auftretenden) fatalistischen Schicksalsvorstellung. Amphitryon, der seine Gemahlin an den allmächtigen Jupiter verliert, Alkmene, die von dem Gott gezwungen wird, unwissentlich ihren Gemahl zu betrügen, auch der klumpfüßige Dorfrichter Adam, der sich in den selbstgelegten Schlingen verstrickt,

sind geradezu allegorische Figuren der Ohnmächtigkeit gegenüber der
Gewalt des Fatums; sie sträuben sich mit ihren menschlich unzuläng-
lichen Mitteln gegen das Verhängnis, während zu ahnen ist, daß ihre
Anstrengungen umsonst sind. Die Nichtigkeit allen Widerstandes erzeugt den Eindruck des Komischen, eigentlich des Grotesken.

Im *Amphitryon* (1807) schuf Kleist gegenüber Molières heiterer Ehebruchskomödie
eine vertiefte Liebesallegorie der Verwechslung von Ideal und Mensch. Alkmene
vermag ihren Gemahl Amphitryon von Jupiter, der Amphitryons Gestalt angenommen
hat, nicht zu unterscheiden. Des Gemahls Beteuerungen, der echte Amphitryon zu
sein, sind der Frau und den Freunden gegenüber umsonst. Gott ist der Stärkere. Als
der Irrtum aufgedeckt wird, endet das Stück mit Alkmenes zwiespältigem, wenn man
so deuten will: enttäuschtem »Ach!« Zahlreiche Einzelmotive tragen zur Vertiefung
der Komödie bei: die Vereinsamung des Menschen (des vordem gefeierten Helden und
Herrschers), die Situation absoluten Alleinseins gegenüber dem Volk, den Freunden,
der eigenen Frau und gegenüber der Gottheit, – das Gewahren des Doppelgängers,
eines Gegen-Ichs, das nicht das bessere, aber das mächtigere Ich zu sein scheint, –
das Sichauflehnen gegen den unheilvollen Gott, das Vorweisen eines menschlichen
Rechts gegenüber der Kabale des Gottes, – die Ungültigkeit des Beweises, der rechte
und rechtmäßige Mensch zu sein, – schließlich das Infragestellen dieses elementaren
Anspruchs, – die Selbstzweiflung, die Erschütterung auch des Vertrauens zu sich
selbst, – die Unfähigkeit, das Wahre zu erkennen, – die Erfahrung des Leids, das
Gott verursacht, weil er Mensch sein und menschliche Liebe genießen will, – letztlich
die Übermacht des Leids, der auch er nicht Herr wird, sofern er sich nicht als Lügner
entlarvt, – die höchst fragwürdige Lösung des Konflikts durch die Fiktion einer
göttlichen Gnade, dem Menschen dennoch zuteil werde. Amphitryon willigt in
diesen Lösungsversuch ein, der ihm von Gott angeboten wird, und ist damit der
endgültig Unterlegene und die endgültig tragikomische Figur. Seine Begeisterung, in
Kürze einen Sohn Jupiters im Hause zu haben, ist ebenso doppelwertig wie das
sprachlose Erstaunen Alkmenens, daß Amphitryon ihr gesetzlicher Gemahl ist. –
Das Stück bietet sich dar als eine vielartig tiefsinnige Komödie. Eine weitere
Differenzierung des Stoffes ist kaum vollendbar. Lediglich Vereinfachungen sind
möglich (so etwa beschränkte sich Peter Hacks im *Amphitryon* [1968] auf den Gegensatz von Mann und Frau, Held und Mutter, Krieg und Frieden, und läßt Jupiter
als durchaus ordnende Macht »in die Hantierung der menschlichen Gesellschaft« eingreifen).

Im *Zerbrochenen Krug* (1808) unterliegt Adam seinem Schicksal, Dorfrichter und
Angeklagter zugleich zu sein. Er hat beim Ausstieg aus Evchens Fenster einen alt-
ehrwürdigen Krug zerschlagen, muß die polizeiliche Untersuchung durchführen und
demzufolge den Verdacht von sich ablenken; dabei verhaspelt er sich so sehr, daß
seine Schuld zutage tritt. Die Blamage, als Klumpfüßiger dem Mädchen nachgestiegen
zu sein, als Amtsperson buchstäblich einen Fehltritt begangen und als juristische
Autorität versagt zu haben, richtet ihn zugrunde. Die Sache wäre mit einem schlichten
Geständnis abgetan gewesen, wenn nicht sein Alter und das körperliche Gebrechen die
Gefahr der Lächerlichkeit provoziert hätten. Zudem ist ihm der würdevolle und
tarnende Kopfschmuck, die Perücke, abhanden gekommen. Die somit vollzogene
Demaskierung enthüllt vorerst nichts anderes als eine schuldlose Häßlichkeit und einen
sehr kreatürlichen Liebesdrang, muß aber – in Anbetracht der Maskenhaftigkeit des
Amtes – Verdacht auslösen und eine schwierige Aktion der Rechtfertigung notwendig
machen. Gerade durch den spannungsgeladenen Zweikampf zwischen dem Schicksal

(in der Person des plötzlich erscheinenden Gerichtsvisitators) und dem seine Hinter-
sinnigkeit und Bauernschläue ausspielenden Adam, d. h. durch die groteske Verzweiflung seines Kampfes, der doch sinnlos ist, ergibt sich eine dramatische Komik,
wie sie selten in einem Lustspiel unserer Literatur gelungen ist.

Das Gemeinsame der Kleistschen Werke als Ausdruck seiner persönlichen Problematik zeigt sich vor allem im Mitspiel der Prosawerke,
namentlich der Novellen *(Erzählungen,* 1810/11), in denen
Leidenschaft gleichermaßen Elemente des Klassischen und Romantischen
und Recht vorhanden sind, und zwar abermals als Wirkenskräfte des
dargestellten Menschen. Die Unvereinbarkeit bewirkt die
tragische Situation.

Michael Kohlhaas ist das Seitenstück zum »Prinzen Friedrich von
Homburg«. Aus dem Gefühl, aus dem Ichbewußtsein, versucht Kohlhaas,
sein Recht durchzusetzen. In unbändiger Leidenschaft übersieht er die
Forderung des allgemeingültigen Rechts. Weil ihm, dem Roßhändler,
von einem sächsischen Junker zwei Rappen unrechtmäßig beschlagnahmt
wurden, zieht er mit seinen Knechten brennend und mordend durchs
Land. Er träumt von uneingeschränkter Freiheit, er will in den Orient
auswandern, kommt aber – wie Homburg – zur Erkenntnis, daß er
für seinen Ausbruch aus der Gemeinschaft, seine maßlose Eigenwilligkeit,
die den Sinn für Ordnung und Gesetz zerstörte, mit dem Tode büßen
müsse.

Im *Erdbeben in Chile* scheitert ein romantisches Liebesverhältnis an dem Urteil
und sittlichen Maßstab der Geistlichkeit und des Volkes. Während das Naturereignis
das Mädchen vor der Hinrichtung bewahrt, die Liebenden wieder zusammenführt und
ihnen die Freiheit gibt, werden sie vom Volk, das bei seinen Moralanschauungen
bleibt, getötet.

Mit romantischer Seelenanalyse vereinbaren sich die beiden Novellen *Der Findling*
und *Die Marquise von O . . .* Der Findling, von einem Genueser Kaufmann an Kindes
Statt angenommen, ist gänzlich seinen triebhaften Regungen, verworrensten Vorstellungen und Begierden ausgeliefert, so daß er den Wohlstand und die Ehre seiner
Pflegeeltern zerstört. Die Marquise von O. begegnet dem Manne, der auf Grund
mysteriöser Umstände der Vater ihres Kindes ist, willigt im Zwiespalt zwischen
Abneigung und dem Willen, ihre Ehre wiederherzustellen, in die Ehe ein und findet
erst allmählich die rechte liebende Einstellung zu ihrem Gemahl.

Während die Novelle *Der Zweikampf* in der mittelalterlichen Ritterwelt spielt, aus
der Ermordung eines Herzogs verschlungene Intrigen und schließlich ein Gottesurteil
hervorgehen läßt, entstammt die Legende von der *Heiligen Cäcilie* der romantisch
katholischen Stimmung des Würzburger Kleist. Für die im Sterben liegende Kapell-
meisterin des Cäcilienklosters leitet die heilige Cäcilia selbst die Aufführung eines
Oratoriums, und von der Macht der Musik sind die Wittenbergischen Studenten, die
das Hochamt stören wollten, so ergriffen, daß sie vor dem Altar niederknien. Zu jeder
Mitternacht singen sie fortan, einem seligen Wahn verfallen, das Gloria. – In der
Novelle *Das Bettelweib von Locarno* erzählte Kleist – mit kunstvoll verschachtelter
Satzgestaltung – die Gespenstergeschichte von einer im Elend verkommenen Bettle-

rin, die sich an einem Marchese für die erlittenen Mißhandlungen durch ihr spukhaftes Erscheinen rächt, bis er im Wahnsinn sein Schloß anzündet.

Jedoch grenzte sich Kleist (ausgenommen das »Käthchen von Heilbronn« und »Die heilige Cäcilie«) sowohl von der Romantik als auch der Klassik sehr entschieden ab durch das – bereits auf den **Der distan-** konsequenten »Realismus« – vorausdeutende Eingeständ-**zierte Stil** nis, daß der Mensch ganz und gar der irdischen Wirklichkeit ausgesetzt ist, sich dem Hier und Jetzt neu zu stellen hat und dabei nicht auf die Hilfe einer tröstenden Idee und nicht auf Zuflucht im Transzendenten rechnen kann. Zu dieser über seine Zeit weit hinausgreifenden Interpretation menschlichen Daseins kommt eine für die gesamte Epoche typische, aber gerade bei Kleist intensiv ausgeprägte, neuartige realistische Sprach- und Stilform. Die romantisch weitgreifende und glühende Bildhaftigkeit, deren Stimmungsgehalt vom romantischen Wortschatz noch unterstützt wird, ist hier einer klaren und strengen, von grammatikalischer Ordnung durchwirkten Gedrängtheit und Sachlichkeit gewichen. Die Sprache fügt sich nicht der Vorstellung, der Phantasie, den Gedanken, sie unterliegt nicht dem Inhalt, sondern sie beherrscht ihn hart und streng (man vergleiche auch den Aufsatz *Über die allmähliche Verfertigung der Gedanken beim Reden*). Sie beschneidet den Inhalt und drängt ihn auf kürzeste, oft lakonische Aussage zusammen (vgl. Kleists Kurzgeschichten, z. B. die *Anekdote aus dem letzten preußischen Kriege!*). Sie filtriert das Geschehen, so daß es klarer, durchschaubarer, rationaler wirkt. Vor allem daraus erklärt sich die faszinierende Wirkung der Kleistschen Stilkunst.

Als Beispiel, das geradezu die eigene sachlich-kritische Arbeitsweise widerspiegelt, mag die Stelle aus »Prinz Friedrich von Homburg« stehen, da Natalie im Auftrag des Kurfürsten dem Geliebten die Freiheit bringt für den Fall, daß er in einem Brief seine Gefangensetzung als Unrecht und sein Handeln als richtig bezeichne:
Der Prinz von Homburg: Papier und Feder, Wachs und Petschaft mir!
(. . . Der Prinz schreibt. – Pause. Der Prinz von Homburg, indem er den Brief, den er angefangen hat, zerreißt und unter den Tisch wirft).
Ein dummer Anfang.
(Er nimmt ein anderes Blatt.)
Natalie hebt den Brief auf: Wie? Was sagtet Ihr? – Mein Gott, das ist ja gut; das ist vortrefflich!
Der Prinz von Homburg in den Bart: Pah! – Eines Schuftes Fassung, keines Prinzen. – Ich denk mir eine andre Wendung aus.
(Pause. – Er greift nach des Kurfürsten Brief, den die Prinzessin in der Hand hält.) Was sagt er eigentlich im Briefe denn?
Natalie ihn verweigernd: Nichts, gar nichts!
Der Prinz: Gebt!
Natalie: Ihr last ihn ja!

Der Prinz erhascht ihn: Wenngleich! Ich will nur seh'n, wie ich mich fassen soll.
(Er entfaltet und überliest ihn.)
Natalie für sich: O Gott der Welt! Jetzt ist's um ihn gescheh'n!
Der Prinz betroffen: Sieh da! Höchst wunderbar, so wahr ich lebe! Du übersahst
die Stelle wohl?
Natalie: Nein! – Welche?
Der Prinz: Mich selber ruft er zur Entscheidung auf!«

Während das klassisch-romantische Problem bei Kleist eine Frage der
psychologischen Gestaltung des Menschen war, wurde es für **Friedrich
Hölderlin** (1770–1843) zum religiösen Problem. Lag die
Die Ein- Spannung des Kleistschen Menschen zwischen der Ichfor-
geschränkt- derung, Ichfreiheit, dem Gefühl, der Leidenschaft und dem
heit des Maß, der Beschränkung, der Fügung unter das Allgemein-
Menschen gültige, so bestand die Tragik des Hölderlinschen Menschen
in der Gegensätzlichkeit seiner irrationalen, visionären Gotteserlebnisse
und seiner rationalen, intellektuellen Einsicht in die allem Irdischen
immanenten »Begrenzungen«. Zwischen dem »Feuer des Himmels«, dem
Aufblick des Gefühls zu Gott, dem Innewerden des Überirdischen und
der »Eingeschränktheit des Menschen«, aber auch dem Verlangen des
klassischen Menschen, Maß und Form zu bewahren, vollzog sich der
seelische, im Ursprung religiöse Konflikt. Zwar löste sich Hölderlin von
der Klassik durch seine irrationale Intension: »Eins zu sein mit allem, was
lebt, in seliger Selbstvergessenheit wiederzukehren ins All der Natur, das
ist der Gipfel der Gedanken und Freuden, das ist die heilige Bergeshöh,
der Ort der ewigen Ruhe.« Die Gegenwirkung aber kam aus dem Bewußtsein der irdischen, menschlichen Realität und dem damit verbundenen Anspruch des Denkens wie auch aus der ästhetischen Vorstellung
vom klassisch schönen Menschen, die er von Winckelmann übernommen
hatte.

Wie Kleist erlebte Hölderlin die Gegensätze im Innersten. In Lauffen am Neckar
geboren, auf der Klosterschule zu Maulbronn erzogen, für die theologische Laufbahn
bestimmt, lernte er während seines Studiums am Tübinger Stift den jungen Schelling
und Hegel kennen. Mit ihnen zusammen schwärmte er, vor allem in Begeisterung für
Rousseau, den großen Menschheitsidealen nach. Im Schillerschen Jugendpathos verherrlichten seine ersten Hymnen Freiheit, Jugend, Freundschaft, Wahrheit und
Schönheit; aber das Pathos verdeckte nicht den Zwiespalt der inneren Kräfte, der
gerade von der Gegensätzlichkeit der Philosophien Platons, Spinozas, Rousseaus und
Kants bestärkt wurde. Hölderlin verzichtete auf das geistliche Amt, über seine Lebensgestaltung ebenso unschlüssig wie Kleist. In Jena konnte er sich weder an Fichte
noch an die Klassik anschließen, die Freundschaft mit Schiller zerbrach. 1796 allerdings trat für ihn eine glückliche, wenn auch kurzfristige Wendung ein, als er eine
Stelle als Hauslehrer in Frankfurt, in der Familie des Bankiers Gontard, annahm; die
Freundschaft zu dessen Gemahlin Susette stillte wenigstens für die zwei Jahre seines
Aufenthalts sein unstetes Suchen.

In der Gestalt der Susette Gontard, durch seine Liebe verklärt, fand Hölderlin die Synthese, nach der er sich gesehnt: die Harmonie von menschlicher Vollkommenheit (im klassischen Sinne) und romantischer Religiosität wie überhaupt romantischer Gefühlskraft. In der »Griechin« Susette sah er menschlich-seelische und göttliche Schönheit vereint. Sie war ihm »Diotima«, die Frauengestalt aus Platons »Gastmahl«, und »Madonna« zugleich. So formte sich in ihm ein neues Ideal des Griechen, des harmonischen Menschen. Zu dem Griechenbild Winckelmanns, das die Harmonie in einer kühlen und geklärten Leidenschaftslosigkeit verwirklicht sah, tritt jetzt die Kraft des romantischen Gefühls. In seinem Briefroman *Hyperion* (1797/99) und in den Dramenfragmenten *Empedokles* (1797 beg.) ist diese neue Seite des Griechentums dargestellt. Hyperion und Empedokles sind frei von tragischer Spaltung; ihre Tragik beruht lediglich darauf, daß sie inmitten einer unverständigen und ungebildeten Menschenmasse einsam sind mit ihrem grenzenlosen Verlangen, die göttliche Ordnung der Welt als persönliche, psychische Macht zu erfahren.

Der romantische Grieche

Der junge Grieche Hyperion legt in den Briefen an seinen deutschen Freund seine Entwicklung zur höchsten Bildung und Vollkommenheit dar. Von seinem Lehrer Adamas ist er in der Weisheit der Antike unterrichtet worden. Von seinem Freund Alabanda, dem Freiheitskämpfer gegen die Türken, kehrt er sich ab, als dieser sein schwärmerisches Gefühl verachtet. Hyperion kann nicht ohne die Unendlichkeit des Gefühls leben, sie gehört zu der Harmonie, die er erstrebt und die ihm gegeben wird von Diotima, der reinsten und vollkommensten Gestalt von Hellas. Sie führt ihn zur Synthese von Gottesgefühl und Menschsein. Als Hyperion sie durch den Tod verliert und von den Menschen immer wieder enttäuscht wird, geht er in die Einsamkeit, um dort im Einklang mit der Natur Diotima nachzuleben: ein klassisch-romantischer Eremit.

Empedokles, der griechische Philosoph aus dem 5. vorchristlichen Jahrhundert, der Verkünder der Allbeseeltheit der Natur, der großen Harmonie von Gottheit und Menschheit, wendet sich wie Hyperion vom Unverstand und von der Trägheit des Volkes ab, geht in die einsame Höhe des Ätna und opfert sich in seinem Tod dem göttlichen All auf, sich hingebend an die Weltharmonie. Vor allem in dieser Dichtung schwingt ein elitäres Bewußtsein mit, gleichsam zum Erschauen der Geheimnisse, zum Erahnen der hinter den Rätseln liegenden Wahrheit, berufen zu sein.

Beide Werke, lyrisch in der Form, sind eine inhaltliche Vorwegnahme der Hymnen, dieser aus mythischer Tiefe und durchseelter Sprachkunst visionär wirkenden Gedichte, – antike Schönheit und religiöse Offenbarungsschau, das Göttlich-Menschliche als Einheit (*Diotima*-Gedichte) und die Einheit von Naturerlebnis und Frömmigkeit (*Des Morgens* und *Die Eichbäume*) widerspiegelnd. Vor der mythischen Gestaltung weicht das Persönliche der früheren Gedichte zurück.

Aber diese Harmonie gerade in ihrer Umfassung des Überirdischen war doch mehr eine Idealvorstellung als eine wirkliche Erfahrung. Auch **Sturz ins** im Glauben an die Harmonisierung empfand Hölderlin die **Ungewisse** Spannung zwischen Gotteserlebnis und Menschsein. Im Gedicht *An die Parzen* spricht er von der »Seele, der im Leben ihr göttlich Recht nicht ward«, und in *Hyperions Schicksalslied* tut sich eine unüberbrückbare Kluft zwischen dem Göttlichen und Menschlichen auf. Das mythische Bild ist kaum noch vereinbar mit demjenigen der Goetheschen »Iphigenie«, sondern deutet bereits voraus auf die gegenteilige Interpretation in Gerhart Hauptmanns Atriden-Tetralogie.

> »Schicksallos, wie der schlafende
> Säugling, atmen die Himmlischen;
> Keusch bewahrt
> In bescheidener Knospe,
> Blühet ewig
> Ihnen der Geist,
> Und die seligen Augen
> Blicken in stiller
> Ewiger Klarheit.
>
> Doch uns ist gegeben,
> Auf keiner Stätte zu ruhn,
> Es schwinden, es fallen
> Die leidenden Menschen
> Blindlings von einer
> Stunde zur andern,
> Wie Wasser von Klippe
> Zu Klippe geworfen,
> Jahr lang ins Ungewisse hinab.«

Sein Abschied von Susette Gontard (1798), ihr Tod und die unsteten Lebensgeschicke haben zu seiner verzweifelten Abkehr vom Leben wesentlich beigetragen. Der Hölderlin der letzten Jahre vor dem Ausbruch der geistigen Umnachtung (1804) löste sich vollends von den Bindungen ans wirkliche Sein. Noch in den *Heidelberg*- und *Main*-Gedichten und im *Archipelagus* (1800) feierte er die Schönheit der deutschen Landschaft und der Ionischen Inselwelt, doch die späteren Hymnen steigern sich ins mythische Übersinnliche, sind nur noch »sphärische Konzentrationen«, ins Unfaßbare gesteigerte Spannung zwischen der Idee Gottes (und zwar eines durchaus christlich gesehenen Gottes) und der Idee vom Menschen: *Brot und Wein; Patmos; Die Titanen; Madonna.*

Als Hölderlin 1802 von einer Hauslehrerstelle aus Bordeaux zurückkehrte, waren die ersten Zeichen geistiger Erkrankung spürbar. Seit 1807 lebte er in Tübingen im Hause eines Schreiners, der ihn betreute, noch 36 Jahre lang in stiller Umnachtung. 1826 erschienen gesammelte *Gedichte*, 1846 *Sämtliche Werke.*

Im Gegensatz zu Kleist und Hölderlin, die im Klassischen und Romantischen lebensgestaltende Kräfte, Menschheitsideen, Wesensprägungen der Seele, d. h. philosophische Werte sahen und die demnach auch den Konflikt zwischen ihnen konsequent durchlebten, ist **Jean Paul** (Johann Paul Friedrich Richter, 1763–1825) der Frage nach dem Eigentlichen und den Tiefen des Daseins bewußt ausgewichen. Die Angst vor ihrer Abgründigkeit, wie sie die in seine Romane eingestreuten

Traumvisionen erkennen lassen, verursachte ein Arrangement von Undurchsichtigem und Nebensächlichem, eine geradezu hektische Evasion ins Rhetorische. Das sich Freischreiben bedeutete häufig **Das Spiel der** ein Sichfortschreiben von den inneren Nöten, ein Sich-**Stimmungen** wegwenden ins Artistische und Emotionell-Spielerische. Bei aller Splitterhaftigkeit der Gedanken und Einfälle, bei aller schnörkelnden und ins Maßlose anschwellenden Eloquenz sind die Werke insofern gelungen, als sie die Fertigkeit aussprechen, das zutiefst Tragische zu verkleiden, ins Amüsante, zumindest ins Skurrile zu wenden. Bewiesen wird geradezu das Prinzip der Aufklärung und der Klassik, daß der Künstler Herr der Dinge sei und sie gestalten könne nach seinem Sinn. Ebenso verrät sich das romantische Prinzip, daß der Künstler nichts anderem als seinem Genius verantwortlich und demnach auch unabhängig sei von gedanklicher Konsequenz. Der Dichter erweist sich als vollendeter Beherrscher seiner Stimmungen, indem er das ihm sichtbar Abgründige überspielt und durch die Unbegrenztheit seiner Kunst einkapselt. Somit ist letztlich alles der Macht der poetischen Manipulation unterworfen, wenigstens insofern, als auch das Erlebnis des Chaos und die totale Existenzangst noch von einer höheren Position der Ironie und Selbstironie überflügelt und verharmlost werden können.

Die Skala der Stimmungen war unermeßlich. Der Mensch gibt sich aufklärerisch, rational, materialistisch, kleinbürgerlich, humanistisch gelehrt, adlig höfisch, pietistisch fromm, klassizistisch oder romantisch. Aus diesen vielartigen Sentiments entsteht ein Übermaß an Handlungen, Situationen, Verwicklungen, Phantasien und Beobachtungen, gegen die sich eine formale Gestaltung nicht durchsetzen konnte. »Goethe faßte alles bestimmt auf, bei mir ist alles romantisch zerflossen.« Vor allem die Romane *Hesperus* (1795), *Titan* (1800/03) und *Flegeljahre* (1804/05) sind überfüllt mit Schilderungen, Betrachtungen, Randszenen und Episoden, die sich mit den einzelnen Stimmungen des Menschen vereinbaren, sie erklären, an Beispielen und Symbolen erläutern und sie gegeneinander abwägen und ausspielen.

Im »Hesperus« verlaufen viele Handlungslinien bruchstückhaft nebeneinander, mit verwirrenden Erlebnissen verwirrend vieler Gestalten in einem kleinen Hofstaat; ein englischer Lord, der geheime Verstrickungen der Hofgesellschaft enthüllt, ein indischer Weiser, der dunkel geheimnisvolle Lebensregeln ausspricht, ein revolutionärer Umstürzler, der eine demokratische Staatsform plant, und immer wieder Hofleute und Hofdamen in schwärmerischen Liebesbegegnungen.

Auch im »Titan« findet sich der Gegensatz von der Entartung der Hofwelt und der aus echter Empfindung lebenden Menschen in vielen Parabeln dargelegt. Der Höfling Roquairol gibt sich der Stimmung der romantischen Paradoxie hin und zeigt die

Abgründigkeit und Gefahr des Romantischen. »Er stürzt sich in gute und böse Zerstreuungen und Liebeshändel und stellte hinterher alles auf dem Papier und Theater wieder dar, was er bereute oder segnete, und jede Darstellung höhlte ihn tiefer aus.« Roquairol ist in seinem geradezu ohnmächtigen Ausgeliefertsein an die Kunst, dem Zwang, sein Inneres unmittelbar auszusprechen, der Gegentypus des eigenmächtigen und über sich selbst verfügenden Jean Paul-Künstlers.

In den »Flegeljahren« werden die Zwillingsbrüder Vult und Walt, romantisch und realistisch gestimmt, in Verbindung gebracht zu den verschiedenartigen Lebensweisen ihrer Verwandten, denen sie eine Erbschaft abgewinnen wollen. In diesem Roman hat sich wenigstens der grundlegende Handlungsgang behauptet, wenn freilich auch hier die Ausmalung der Einzelepisoden das eigentliche Geschehen überwuchert.

Der Jean Paulsche Humor unterscheidet sich sehr wesentlich von der Ironie. Die Situation des Komischen entsteht durch die Dissonanz zwischen Charakteranlage und Stimmung (etwa wenn der sitt- **Die komische** same Schulmeister Wuz sich romantisch verliebt oder der **Situation** besinnliche Siebenkäs sich heiter frivol gibt). Dabei wird derartige Widersprüchlichkeit zwischen Echtheit und Spiel mit sehr viel Mitverständnis und Mitleid dargelegt, so daß satirische Ansätze kaum zur Wirkung kommen und auf ein unprononciertes Wollen des Witzes beschränkt bleiben. Im Humor drückt sich tiefe Zuneigung aus. Die Ironie hingegen betrifft nicht so sehr die dargestellten Personen, sie steht vielmehr im Hintergrund des Ganzen und verweist auf einen schicksalhaften Nonsens, an dem der einzelne keine Schuld hat. Demgegenüber befaßt sich der Humor mit dem spezifischen Zustand des Menschen und spricht geradezu das Bedauern aus über dessen Tragik und Ringen.

Der schon in der Jugend etwas verschrobene Wuz (in *Leben des vergnügten Schulmeisterlein Maria Wuz in Auenthal*, 1793) schreibt in der Stimmung des Bücherenthusiasten nach einem Bücherkatalog sich eine eigene Bibliothek zusammen. Er ist romantischer Liebhaber, kleinbürgerlicher Biedermeier, und im Krankenbett suggeriert er sich den Glauben, ein Kind zu sein. Dies alles sind Versuche, in dem großen »Hatzhause« der Welt ein paar stille Winkel des Glücks zu finden und sich dort zu beheimaten. Indem der Humorist mit der kleinen Welt die unendliche ausmesse und verknüpfe, meinte Jean Paul, entstehe »jenes Lachen, worin noch ein Schmerz und eine Größe ist«. – Humorvoll in diesem Sinne verläuft auch das *Leben des Quintus Fixlein* (1796), des abgedankten Schulmeisters von Flachsenfingen, der in eine fromm pietistische Stimmung überwechselt, in seinem Heimatdorf Hukelum Pfarrer werden möchte und schließlich beinahe dem romantischen Schicksalsglauben verfällt, er werde mit 32 Jahren sterben. Aus seinen Fieberträumen rettet ihn seine Mutter, die ihm aufbewahrtes Kinderspielzeug ans Bett bringt.

Ehestand, Tod und Hochzeit des Armenadvokaten Firmian St. Siebenkäs im Reichsmarktflecken Kuhschnappel (1796/7) vollziehen sich tatsächlich in dieser Reihenfolge; denn Siebenkäs kann es nicht mehr bei seiner Frau aushalten, stirbt zum Schein, läßt den leeren Sarg begraben und heiratet die schon lange geliebte Natalie. Es äußert sich die Doppelseitigkeit seines stillen, besinnlichen Charakters und der Stimmungen, die an ihn von außen herangetragen werden: Bürgerlichkeit und Materialismus durch seine erste Frau, Leichtlebigkeit und Frivolität durch seinen Freund, Idealismus und Romantik durch Natalie. – Hier findet sich auch die Traumvision der »Rede des toten Christus vom Weltgebäude herab, daß kein Gott sei«, die – zusammen mit den »Nachtwachen« von E. A. F. Klingemann (S. 197) – den aufkommenden Nihilismus des 19. Jahrhunderts vorwegnimmt. »Wenn der Jammervolle sich mit wundem Rücken in die Erde legt, um einem schönern Morgen voll Wahrheit, voll Tugend und Freude entgegenzuschlummern: so erwacht er im stürmischen Chaos, in der ewigen Mitternacht – und es kommt kein Morgen und keine heilende Hand und kein unendlicher Vater!«

Vor allem in den humorvollen Schilderungen zeigt sich Jean Pauls Vorliebe für das kleine, begrenzte Leben, für Kleinstadtgeschehnisse, das Idyllische und Skurrile in Bürgerstuben. Gerade im Aus-

Furchen-dasein

malen des abseits liegenden, von der großen Welt zurückgezogenen, engen, verhangenen, versponnenen Lebens konnte er seine Fabulierlust entfalten. »Ich konnte nie mehr als drei Wege, glücklicher (nicht glücklich) zu werden, auskundschaften. Der erste, der in die Höhe geht, ist: so weit über das Gewölke des Lebens hinauszudringen, daß man die ganze äußere Welt mit ihren Wolfsgruben, Beinhäusern und Gewitterableitern von weitem unter seinen Füßen nur wie ein eingeschrumpftes Kindergärtchen liegen sieht. – Der zweite ist: gerade herabzufallen ins Gärtchen und da sich so einheimisch in eine Furche einzunisten, daß, wenn man aus seinem warmen Lerchennest heraussieht, man ebenfalls keine Wolfsgruben, Beinhäuser und Stangen, sondern nur Ähren erblickt, deren jede für den Nestvogel ein Baum und ein Sonnen- und Regenschirm ist. Der dritte endlich – den ich für den schwersten und klügsten halte – ist der: mit den beiden andern zu wechseln ... Die Absicht ist eben, der ganzen Welt zu entdecken, daß man kleine sinnliche Freuden höher achten müsse als große, den Schlafrock höher als den Bratenrock ... Man sieht, ich dringe darauf, daß der Mensch ein Schneidervogel werde, der nicht zwischen den schlagenden Ästen des brausenden, von Stürmen hin und her gebogenen, unermeßlichen Lebensbaumes, sondern auf eines seiner Blätter sich ein Nest aufnäht und sich darin warm macht. – Die nötigste Predigt, die man unserem Jahrhundert halten kann, ist die, zu Hause zu bleiben.« (Vorrede zu »Quintus Fixlein«.) Die Kunst der Kleinmalerei war noch für Gotthelf, Stifter, Keller und Raabe vorbildhaft. Es ist, als male Jean Paul die Welt seines eigenen Lebens: der Beschränkung und Ärmlichkeit, der verborgenen Träume und Hoffnungen.

Jean Paul hat sich aus der engen Welt, die er haßte, aber doch auch liebte, weil er in sie hineingeboren war und weil er sie dichterisch gestalten konnte, nicht loslösen können. Die Armut seines Elternhauses (in Wunsiedel im Fichtelgebirge) zwang ihn als Theologiestudenten in Leipzig und später als Hauslehrer in der Gegend von Hof zu größter Dürftigkeit. Der Erfolg seiner Romane verschaffte ihm zwar manche freundschaftlichen Beziehungen, die ihn ausgedehnte Reisen nach Berlin und Weimar unternehmen ließen, aber die bescheidenen Kanzleiämter, die er in Meiningen, Coburg und Bayreuth annehmen mußte, führten ihn wieder in die beengten Verhältnisse zurück. So blieb er auch innerlich isoliert. Es gelang ihm weder der Anschluß an Goethe und Schiller noch an die romantischen Kreise Berlins.

Insgesamt neigte Jean Paul mehr zur romantischen als zur klassischen Dichtung hin. Mochte er ein Erbe klassischer Poesie von der antikisierenden Erzählkunst Wielands mit sich tragen, weit stärker war in ihm das Romantische ausgeprägt: in dem Reichtum seiner Empfindungen, dem Phantastischen und Irrealen, das alle seine Werke durchzieht, in der Unmäßigkeit des Inhaltlichen und nicht zuletzt auch in der häufig ans Romantische anklingenden Sprachkunst, die zu den größten sprachschöpferischen Leistungen unserer Literatur gehört.

»Und ich ging ohne Ziel durch Wälder, durch Täler und über Bäche und durch schlafende Dörfer, um die große Nacht zu genießen wie einen Tag ... Weiße Nachtschmetterlinge zogen, weiße Blüten flatterten, weiße Sterne fielen, und das lichte Schneegestöber stäubte silbern in dem hohen Schatten der Erde, der über den Mond steigt und der unsere Nacht ist. Da fing die Äols-Harfe der Schöpfung an zu zittern und zu klingen, von oben herunter angeweht, und meine unsterbliche Seele war eine Saite auf dieser Laute. Das Herz des verwandten ewigen Menschen schwoll unter dem ewigen Himmel, wie die Meere schwellen unter der Sonne und unter dem Mond. Die fernen Dorfglocken schlugen um Mitternacht gleichsam in das fortsummende Geläute der alten Ewigkeit.« (aus »Quintus Fixlein«)

Nach Klassik und Romantik

Gegenüber Kleist, Hölderlin und Jean Paul heben sich die späteren Dichter, die klassisches mit romantischem Dichtungsgut vereinigten, insofern ab, als bei ihnen die intensive Auseinandersetzung mit dem Geistesgehalt der Klassik und der Romantik weitgehend fehlt. Sie waren schon zeitlich dem Kampf beider Strömungen entrückt und bescheideten sich zumeist mit dem Nachvollzug, häufig nur mit bloßer Nachahmung der vorgegebenen poetischen Gehalte und Sujets. Von der Seite der Spätromantik her, die – wie etwa in der Schwäbischen Schule – allmählich zu einer still träumerischen, idyllischen und sentimentalen Stimmung abgeklungen war (in der Malerei etwa Spitzweg), kam der Einfluß des sogenannten »Biedermeier«, des geruhsam dahinlebenden Bürgertums, dessen Gefühlswelt der behaglichen Stube und der köstlichen Gartenlaube ihrer Enge und Sterilität wegen von den Romantikern und von Heinrich Heine so oft als »Philisterromantik« verspottet wurde. Sie mied alles Ringende und Erregende, ihr Bereich war die eigene beschränkte Häuslichkeit mit ihrer kleinstädtisch-provinziellen Sittsamkeit.

Aber gerade darin, daß sie sich auf den häuslichen Bereich begrenzte, eignete sie sich Züge des aufkommenden Realismus an, der sich zunehmend mit der bürgerlichen Alltagswelt (ihren familiären Zwistigkeiten und beruflichen Sorgen) beschäftigte und seine Aufmerksamkeit auf die Wirklichkeit des Lebens richtete.

Hinzu kam der politische Liberalismus des sogenannten »Vormärz«, der auf die Revolution hinarbeitete und Pläne für eine neue staatliche und soziale Ordnung vorlegte. Er und die politische Gegenseite, die Reaktion, die Metternichsche »Restauration«, forderten auch von der Dichtung eine Entscheidung.

Der Hinwendung zum Realen widersprach andererseits gerade das in der engen Welt des Biedermeier sich regende Gefühl des Unbefriedigtseins, des Verzichtenmüssens. Der dunkle Hintergrund der scheinbar so wohlbestellten Welt ist die Stimmung der Wehmut und des Weltschmerzes, wie sie in der Philosophie **Arthur Schopenhauers** (1788–1860) definiert ist als eine gesamte »Verneinung des Willens zum Leben«. Diese Seite des Weltschmerzes prägte sich am deutlichsten in dem Kreis der österreichischen Dichter aus. Es ist aber typisch für die Haltung der Nachklassik und -romantik, daß sie im Gegensatz zur erregenden Dynamik der vorangegangenen Epoche die seelischen Konflikte nur selten im dichterischen Werk offen ausspricht und auslebt, daß das eigentliche existentielle Ringen sich nicht in direkter Aussage enthüllt, sondern sich in der abgeschlossenen Tiefe des eigenen Wesens vollzieht und nur sublimiert zum Vorschein kommt. Man sucht das Titanische des Ich (das auch bei Grillparzer, Raimund und Lenau vorhanden ist) zu verbergen; es äußert sich nur in der poetischen Verbrämung einzelner bildhafter Situationen und in einer die gesamte Dichtung durchziehenden müden Schwermut und Resignation. Das explosive Bekenntnis des Ich wird unterdrückt und vermieden, wie es noch Adalbert Stifter in seinem Bildsymbol vom Waldsee ausspricht, dessen Tiefe zwar erregt, dessen Oberfläche aber unbewegt ist. Dieses Nichtäußern und Verbergenwollen des eigenen Konflikts ist ein Zug des bürgerlichen Biedermeier und war besonders in Österreich zur Zeit Metternichs das beherrschende Lebensgefühl. »Einer meiner Hauptfehler ist«, sagte Grillparzer über sich, »daß ich nicht den Mut habe, meine Individualität durchzusetzen«.

Franz Grillparzer (1791–1872) läßt sich geradezu als symptomatische Dichtergestalt der Metternichschen Ära begreifen. Als österreichischer Staatsbeamter zu unbedingter Loyalität gezwungen, als
Das Ich Schauspieldichter überdies verpflichtet den Normen und
unterliegt dem Urteil der bürgerlichen und aristokratischen Mehrheit, eingegrenzt in einen geistig unfruchtbaren Konservativis-

mus, war es ihm unsäglich schwer, seine dichterische Elementarität zu verwirklichen und durchzusetzen. Seine Dramen, die historische und politische Themen berührten, wurden von der Zensur korrigiert. Weit schmerzlicher als das Einschreiten war für ihn das Gespenst der Zensur, vor allem aber das Gespenst des Publikums. Jene innere Macht und Selbstsicherheit, die der in Paris lebende Heinrich Heine aufbrachte, sich der konformierten Mehrheit zu stellen, brachte der in Wien lebende Grillparzer nicht auf: nicht nur weil die Mehrheit überwältigend und politisch sanktioniert war, sondern auch weil er selber sich mit ihr verknüpft und von ihr abhängig fühlte. Ein unterschwelliges Verhältnis bestand zwischen der Furcht vor der Vereinzelung, dem Verbanntsein in die Abgründigkeit des Ich, und der Hoffnung, einen von der Masse legalisierten Ausweg zu finden. Die Sehnsucht nach Einfachheit, nach bürgerlicher Gesundung, künstlerischer Beschränkung, Bewährung im wirklichen Leben (vergl. die Novelle vom »Armen Spielmann«) schwingt ebenso mit wie die Einsicht eines österreichischen, wienerischen Zuhause, einer unaufhebbaren Bindung an die vorgegebene Umwelt (daher entstand eine Reihe österreichischer Dramen trotz der Widrigkeiten der Zensur). Die tiefste Erschütterung verursachte nicht die Zensur, sondern das Wiener Publikum, als es 1838 das Schauspiel »Weh dem, der lügt!« ablehnte. Von da ab hielt Grillparzer jedes Stück verborgen und schrieb nur noch für sich selbst. Dies war keine Geste des Stolzes, sondern das verzweiflungsvolle Eingeständnis, den Zusammenhang mit der Mehrheit, die innerst erhoffte »Heimat«, verloren zu haben. Ergreifend ist das Resümee der späten Lebensjahre: »Als Mensch unverstanden, als Beamter übersehen, als Poet höchstens geduldet, schlepp ich mein einförmiges Dasein fort.«

»Sollte ich die Geschichte meines inneren Zustandes einmal niederschreiben, so wird man glauben, die Geschichte eines Wahnsinnigen zu lesen.« Von seiten seiner Mutter, die im religiösen Irrsinn und im Selbstmord geendet hatte, empfand er ein lastendes Erbe in sich, eine chaotische, zerstörende Macht. »Ich denke oft an einen Selbstmord.«

Der Gegensatz von innerem Willen und äußerer Forderung ist die grundlegende Thematik seiner Dramen. Ein Vergleich mit den Dramen Kleists (»Penthesilea«, »Prinz Friedrich von Homburg«) liegt nahe, nur

Das humanitäre Prinzip fehlte bei Grillparzer das Ringen um die Lebenssynthese (von Klassischem und Romantischem); eine Synthese erschien ihm von vornherein nicht möglich. Das Ich, die romantische Nachtseite, sein dunkler, triebhafter Drang, und das Gesetz der Gemeinschaft (bei Grillparzer durchaus im Sinne Goethes und Schillers auf humanitärer Grundlage gesehen) stehen sich als gänzlich getrennte Welten gegenüber. Daß das Ich unterliegt, ist die Tragik der Gestalten; aber die Rettung der unbedingt erforderlichen Prinzipien und Wahrheiten der Gemeinschaft ist notwendig. Das Ich zerstört, die Gemeinschaft bewahrt und schützt die Humanität.

Nach seinen ersten dramatischen Versuchen, einem Historiendrama nach der Vorlage von Schillers »Don Carlos«, *Blanka von Kastilien* (1809), und einem romantischen Schicksals- und Geisterdrama *Die Ahnfrau* (1817), klingt in seiner *Sappho* (1818) zum erstenmal das Thema seiner großen Dramengestaltungen auf. Sappho, die griechische Dichterin, die alternde Frau, liebt den jungen Phaon, sie fordert seine Gegenliebe; ihre Leidenschaft ist zügellos und entwürdigend; sie sucht die Liebe Phaons zu ihrer Sklavin Melitta zu zerstören, will die Sklavin töten und will sie nach der Insel Chios entführen. Ihr Wandel zur Humanität, entstanden aus der Einsicht der Verpflichtung gegenüber ihrer Würde als Frau und als Dichterin, und ihre Scham über die Erniedrigung führen zu ihrem Selbstmord, zur Katharsis. Unverkennbar ist die Beziehung dieses Stückes zu Goethes »Iphigenie« und Kleists »Penthesilea«; andererseits werden aus der Gegenüberstellung mit der »Iphigenie« aber auch der Abstand und die Wandlungen deutlich, die Grillparzer von Goethe trennen.

Zugleich spricht sich die Seite des Humanitären, Gesetzlichen als klassische Lebensform im Liebesdrama *Des Meeres und der Liebe Wellen* (1831) aus: Hero, die griechische Priesterin, verfällt in ihrer Zuneigung zu Leander dem Liebesrausch. Sie gibt den Besitz des stillen Glücks und ihren edlen, höchsten Dienst auf zugunsten des großen romantischen Liebestraums. Sie überhört die Warnung des Oberpriesters. Dieser löscht eines Nachts die Leuchte, die sie angesteckt hatte, um Leander den Weg über die Meeresbucht zu weisen. Als sein Leichnam angeschwemmt wird, bricht sie auf den Tempelstufen tot zusammen.

Das Gesetzhafte als Normativ der Gemeinschaft tritt noch deutlicher hervor in der Trilogie *Das goldene Vlies* (1818/20 in Italien geschrieben, 1821 aufgef.). Die ersten Teile *Der Gastfreund* und *Die Argonauten* haben darin nur die Funktion einer Vorbedeutung, indem sie die beiden Welten des Klassischen (die Griechen und ihren Führer Jason) und des Romantischen (das Barbarenvolk der Kolcher und ihre Königstochter Medea) einander gegenüberstellen. Jason will das dem Gotte Apollo geweihte goldene Vlies, das sich die Kolcher widerrechtlich angeeignet haben, für die Griechen zurückgewinnen. Er begegnet Medea, der Zauberin, die aus Steinen und Kräutern geheime Tränke bereitet und den Mond bespricht. Sie ist eine Art Penthesilea; Jason überwältigt und verwundet sie, sie reicht ihm den Giftbecher, schreit aber warnend auf; sie folgt ihm nach Griechenland. Im dritten Teil, *Medea*, entbrennt der Konflikt zwischen ihr und Jason: Der Grieche wendet sich von der Barbarin, dem gespenstischen Zauberweib, ab, er liebt die ihm innerlich verwandte Kreusa, Tochter des Königs von Korinth. Wie Sappho bittet Medea um Liebe und sodann wenigstens um den Besitz der Kinder; aber auch sie entfernen sich von ihr. Ihr Haß, der aus der ganzen Triebhaftigkeit ihres Wesens aufbricht, ist besinnungslos, ekstatisch. Mit Hilfe ihrer Zauberkraft tötet sie Kreusa, brennt das Schloß nieder und erdolcht in wahnsinnigem Taumel die beiden Kinder. Das goldene Vlies, das Zeichen der tragischen

Schuld, nimmt sie mit sich. In einsamer Waldgegend begegnet sie Jason, wo beide endgültig voneinander scheiden.

Medeas wie auch Sapphos Tragik entstammt einem destruktiven Ich, das sich nicht in die Norm der kultivierten Gemeinschaft einordnen kann. Erst am Schluß, im »Büße! Trage! Dulde!«, beginnt der Weg zur Humanität.

Das gleiche Thema mit gleicher Schlußfolgerung kehrt im letzten Schauspiel Grillparzers, *Die Jüdin von Toledo* (gedr. 1872), wieder, verknüpft mit der Person des Königs Alfons von Kastilien. Die Begegnung mit der naturhaft sinnlichen, schönen Jüdin Rahel weckt in ihm eine glühende, bisher verborgen gebliebene Leidenschaft, die ihn alle Rücksicht auf seine Gemahlin, auf seine Würde und Pflicht als König vergessen läßt. Seine Wandlung aus Selbsterkenntnis heraus, noch bestärkt durch den Widerstand der Königin und der Granden, die Rahel töten lassen, führt ihn in den Bereich der Gemeinschaft, der staatlichen und familiären Verpflichtung, zurück. Seine Schuld wird er im Kampfe gegen die Heiden sühnen. Das Stück kreist nicht wie Hebbels »Agnes Bernauer« um den Gedanken der Staatsräson, sondern um die endothyme Auseinandersetzung zwischen der dunklen Triebseite des Ich und dem Gesetz, das die Gemeinschaft bildet und zusammenhält. Es zeigt freilich auch, mit welcher Grausamkeit das Menschliche den Ordnungsmächten geopfert wird.

Das Ich unterliegt, es muß unterliegen, wenn die sittlichen Bindungen der Gesellschaft Bestand haben sollen. Die Überwältigung der Individualität wird einerseits zum tragischen, tief pessimistischen Zug in Grillparzers Dramen (wie auch in seinem persönlichen Lebensgefühl), andererseits aber doch zur positiven Aussage, indem das gemeinschaftserhaltende Prinzip einer selbstlosen Humanität gewahrt bleibt. Grillparzer hat diesen Gedanken, der ihm primär als psychologisches Problem erschien, auch auf den geschichtlichen Raum der Menschheitsentwicklung übertragen: Der geschichtliche Urzustand des Individuellen wendet sich zu dem Gemeinschaftszustand der gesetzlichen und geregelten Organisation.

Menschlichkeit und geschichtlicher Auftrag

Libussa (1872), Drama von der Gründung Prags, ist die Allegorie dieses Entwicklungsgedankens. Libussa, Tochter des mythischen Slawenfürsten Krokus, Zauberin, Seherin, unternimmt den Versuch, die Menschen zu einigen, nicht mit Gesetz und Recht, sondern nur durch Anruf ihrer Gefühle für das Gute und Schöne. Sie muß darin enttäuscht werden, denn gerade aus dem Gefühlsbereich der Menschen kann keine Einigung zustande kommen. Die Menschen verlangen selber nach einer eindeutigen, erzieherischen Gesetzesverordnung, die ihre verschiedenen Individualitäten zusammenfügt; sie wollen »wie Glieder wirken eines einzigen Leibes«. Damit muß Libussa das Zepter an ihren Gemahl Primislaus, der der Forderung des Volkes zustimmt, abtreten. Ausdruck des neuen geregelten Gemeindelebens ist die Gründung Prags. Libussa unterwirft sich der Vernunft. Es bleiben freilich die Zweifel, ob die neue Gesetzhaftigkeit den Menschen ganz erfüllen kann, ob sie auch in das Innere seines Herzens dringt und tatsächlich eine humanitäre Haltung garantiert.

Der Gedanke der Humanität hat Grillparzer unentwegt beschäftigt: nicht nur weil er in ihr den Gegenpol zum destruktiven romantischen Ich sah, sondern weil er sie – wie in der »Libussa« – auch als einen geschichtlichen Auftrag betrachtete. Obgleich seine drei weiteren geschichtlichen Dramen sehr stark an das rein Stoffliche gebunden sind und zudem noch mit der habsburgischen Tendenz dem Geschmack des österreichischen Publikums dienen wollten, klingt doch auch in ihnen immer wieder die Frage nach der Verwirklichung der Humanität auf.

In *König Ottokars Glück und Ende* (1825) beruht die Tragödie des Böhmenkönigs – im Kampf gegen Rudolf von Habsburg – auf der Abkehr von der Humanität. Er löst widerrechtlich seine Ehe mit Margareta, der Babenbergerin, er liefert sich dem Einfluß seiner zweiten Gemahlin und ebenso niederträchtiger Ratgeber aus, die ihn ins Verderben, in die Schlacht gegen Rudolf, führen. Letztlich geht er zugrunde an seiner machtpolitischen Hybris.

In der Historie vom ungarischen Reichsverweser Bancban, *Ein treuer Diener seines Herrn* (1828), hat Grillparzer die Forderung nach Humanität bis zur letzten und beinahe schon unglaublich erscheinenden Konsequenz verfolgt: Bancban rächt nicht die Erniedrigung und den hieraus folgenden Selbstmord seiner Frau; er verhilft dem Übeltäter, dessen Burg belagert wird, sogar zur Flucht; ihm widerstrebt jedes gewalttätige Vorgehen, und er ist darin sogar bereit, sich als Verräter an der Sache der Gerechtigkeit anklagen zu lassen.

Verglichen mit seinem ehrgeizigen, unbesonnenen und gewissenlos handelnden Bruder Matthias, ist in dem Drama *Ein Bruderzwist in Habsburg* (1872) der greise Rudolf II. der schwächere, schlaffere, aber weitaus edlere Charakter. Er liebt die Menschen, auch wenn er sie flieht, er fühlt ihr Unglück. Gegenüber seinem Neffen Ferdinand besteht er auf konfessionelle Toleranz; er gründet einen Orden der Friedensritter, in den alle Menschen eintreten sollen, die gegen Gewalt und Unrecht sind. Freilich kann Rudolf die Revolution und den drohenden Krieg nicht aufhalten. Im letzten Akt erscheinen Ferdinand und Wallenstein. Das Drama war eine Allegorie auf die Gegenwart, von der Grillparzer meinte: »Der Weg der neueren Bildung geht von der Humanität durch Nationalität zur Bestialität.«

Selbst in seinen beiden Lustspielen zielt die Handlung auf die Erfüllung des Humanitären, die nur geschehen kann auf dem Weg des Entsagens, des »Trage! Dulde! Büße!«. Die Absage an das Ich **Des Innern** (etwa im Sinne von Eichendorffs Antagonismus gegen das **stiller Friede** »Dämonische«) führt hin zum wahren Menschentum, zu »des Innern stillem Frieden«. Humanität, die Grundordnung gesellschaftlichen und individuellen Seins, kann allein auf Enthaltsamkeit und Beschränkung des Ich beruhen.

>»Eines nur ist Glück hienieden,
Eins: des Innern stiller Frieden
Und die schuldbefreite Brust!
Und die Größe ist gefährlich,
Und der Ruhm ein leeres Spiel;
Was er gibt, sind nicht'ge Schatten,
Was er nimmt, es ist so viel!«

Dies sind die Leitverse aus *Der Traum ein Leben* (1834), dem orientalisch-romantischen Märchenspiel vom Jäger Rustan, dem nicht mehr das geruhsame Leben bei Massud und dessen Tochter Mirza genügt, der von großen Abenteuern träumt und in die Welt hinausziehen will. Beim Harfenklang des Derwisch schlummert er ein, und auf der Traumbühne vollzieht sich sein Leben: Er sieht sich als Sieger in der Schlacht, in Ruhm und Glück, in Maßlosigkeit und Verbrechen. Die Wolkenschleier zerreißen, und Rustan erwacht: »Eine Nacht! und war ein Leben.« Der Traum hat ihn geheilt, er entsagt seiner Sehnsucht, heiratet Mirza und bescheidet sich mit der friedlichen und ehrsamen Häuslichkeit.

Im Lustspiel *Weh dem, der lügt!* (1838) ist dem Barbarentum der heidnischen Germanen das christlich Fromme und Humanitäre des fränkischen Bischofs Gregor entgegengestellt, der seinen Diener Leon ausschickt, um seinen Neffen aus der Gefangenschaft der Germanen loszukaufen, und ihm hierbei ausdrücklich befiehlt, nicht eine Lüge auszusprechen. Leon, ein gewitzter und gescheiter Kerl, hält sich an das Gebot, so gut er es vermag. Gerade weil er die Wahrheit offen ausspricht, glauben ihm die Barbaren nicht; ihm gelingt die Befreiung des Neffen mit Hilfe Edritas, der Tochter des Germanenfürsten; sie folgt ihm in das Land der Christen, um deren Religion und edles Menschentum zu erlernen.

Namentlich in »Der Traum ein Leben« äußern sich Haltung und Maxime des Biedermeier. Grundlegend ist der Glaube, durch Selbsteinengung, durch Verzicht auf das große Abenteuer des Ich, zur Humanität zu gelangen. Das zugleich auch untergründig Tragische des Sichbescheidens hat Grillparzer in der Novelle *Der arme Spielmann* (1848) zu verdrängen versucht. Die Lebens- und Seelengeschichte eines Wiener Pfenniggeigers, der sein beschränktes und einfaches Leben erträgt, sein stilles Leid in seiner Musik ausdrückt und sich schließlich (während eines Hochwassers) als tatkräftiger Bürger bewährt, ist ein – freilich vereinfachtes – autobiographisches Spiegelbild des innerlichen Schlichtens und Bezwingens der Resignation.

Noch stärker im spezifisch österreichischen Biedermeier wurzeln die Märchen- und Zauberdramen **Ferdinand Raimunds** (1790–1836). In ihnen vor allem spricht sich die spätromantische Welt der Wiener Vorstadttheater, die Kunstwelt des Kleinbürgertums, aus. Der Anspruch auf Wiedergabe der Wirklichkeit wird von der poetischen Forderung nach einer zauberhaft irrealen Dimension weit übertroffen. Der Ausblick geht ins Reich der Feen und der Geisterwesen, weckt die Illusion gütiger Schicksalsmächte, die (geradezu als schützende Hausgeister) ins irdische Leben eingreifen

Zauberbühne

und dem Dasein einen Sinn geben. Das Ziel ist nicht die Ableugnung, vielmehr die idyllische Verkleidung des realen Lebens, – Verbrämung der Wirklichkeiten, an denen Raimund immer wieder gescheitert war. Von einer unbändigen Theaterleidenschaft beseelt, fehlte es ihm doch an der Kraft, sich in seinem Beruf als Schauspieler durchzusetzen. Die unglücklichen Verhältnisse seiner Ehe und eine spätere, ebenso ausweglose Liebe vertieften noch seine Schwermut; er setzte seinem Leben selbst ein Ende. Die Zauberbühne, die er in seinen Schauspielen schuf, war die illusorische Ersatzwelt, auch insofern, als den Erwartungen des Publikums entsprochen und (ähnlich wie bei Grillparzer) eine kollektive Gemeinsamkeit erhofft wurde. So auch enthalten die Dramen nichts eigentlich Exzentrisches; sie setzen als echt Wiener Volksstücke die alte Theatertradition der Barockbühne, der Commedia dell'arte, der Stücke von Lope de Vega und Goldoni, fort. Mimus und Sprache gehen dabei eine enge Verbindung ein, was den Stücken über ihre zeitverhaftete moralische Erziehungsabsicht hinaus bis heute eine starke Bühnenwirksamkeit erhielt.

Das tatsächliche, von bürgerlichen Charakteren getragene Geschehen ist mit einer märchenhaften Handlung von Feen und Geistern umkleidet. Das besinnliche Volksstück *Der Bauer als Millionär* (1826), ein Spiel vom einfachen Mann, der zu großem Reichtum gelangt und schließlich, während er die Leiden des Alters zu fühlen bekommt, den Wunsch hat, wieder arm zu sein, ist in ein Rahmenstück von der Fee Lacrimosa hineingestellt, die von der Königin der Geister den Auftrag erhält, ihr Kind auf die Erde auszusetzen, damit es sich mit einem armen Mann vermähle und das Glück der echten Liebe erfahre. – *Der Alpenkönig und der Menschenfeind* (1828), das meistgespielte Stück Raimunds, schildert den innerlich verhärteten, mit der Welt zerfallenen Menschenhasser Rappelkopf und seine Läuterung, als in einer märchenhaften Spiegelhandlung der Alpenkönig seine Gestalt annimmt und ihm sein absonderliches Verhalten zu Bewußtsein bringt. – Im letzten Stück, *Der Verschwender* (1834), spielt sich, umgeben von einer zauberischen Feenwelt, eine gemütstiefe Handlung ab. Der Verschwender, der sein Vermögen ausgibt, weil er jeden Menschen zufrieden und heiter sehen möchte, und sein alter Diener, der ihm, nachdem er von den Freunden verlassen wurde, in der Armut beisteht, der treuherzige Tischlermeister Valentin, der sein Hobellied singt »Da streiten sich die Leut' herum«: diese Charaktere gehören zu den reizvollsten Figuren des Wiener Volkstheaters.

Im Gegensatz zu Raimund, der die biedermeierliche Lebenswelt mit dem zauberischen Hauch der Märchenpoesie umkleidete, hat der andere jüngere Wiener Vorstadtkomödiant, **Johann Nepomuk Nestroy** (1802–62), das Biedermeiertum bereits mit realistischen Zügen auf die Bühne gestellt. Seine Spiele sind ironische, oft derb possenhafte Bürgerkomödien, die sich mit zum Teil zynischer Kritik realen Lebensfragen (Berufstüchtigkeit, Geldgewinn, sozialer Schichtung) zuwenden, allerdings auch das biedermeierlich Idyllische (u. a. in den Gesangeinlagen) nicht verleugnen.

Die Realitätenposse

War Nestroy in seinem *Lumpazivagabundus* (1833), der Landstreicherkomödie vom frohgemuten Schuster, Schneider und Tischler, die den beträchtlichen Gewinn eines Lotterieloses durchbringen, noch mit der romantischen Taugenichtssehnsucht verknüpft, so hat er in der »Lokalposse« *Zu ebener Erde und erster Stock* (1835) in die sozialen Verhältnisse des Bürgertums hineingeschaut: Im ersten Stock wohnen die Reichen, der Spekulant und Millionär Goldfuchs und seine Tochter, die den Sohn der Armen im Parterre liebt. Der Bankrott des Reichen, der Aufstieg der Armen bewirkt, daß schließlich diese oben und jene unten wohnen.

Blieb Raimund – zeitlebens ein Bewunderer Grillparzers – dem Glauben an das Gute und den Sieg der Humanität, trotz aller Bitternis in der Welt, treu, so trägt Nestroy als unbarmherziger Parodist, der bald auch sein einstiges Vorbild Raimund verspottete, progressiv-aufklärerische Züge. Er weiß um die Realität des Bösen und Dummen und setzt dagegen die Klugheit des Lachens – auch noch über sich selbst. Bezeichnende Titel: *Das Mädl aus der Vorstadt, Der Zerrissene, Freiheit in Krähwinkel, Der Unbedeutende.*

Während sich im Theater, das sich dem Geschmack des breiten Publikums anpassen mußte, allmählich ein bürgerlicher Realismus durchsetzte,

Resignation und Weltschmerz
offenbarte sich in der intimen Aussage der Lyrik auch weiterhin der dunkle Hintergrund des Biedermeier, wie er sich schon bei Grillparzer und Raimund zeigte: die düstere Schwermut und der Weltschmerz des eigenen, eingeengten, unbefriedigten und unerlösten Ich. **Nikolaus Lenau** (1802–50) war darin der bezeichnende Lyriker gerade der österreichischen Nachklassik und -romantik. Die Unfähigkeit, sich im Leben zurechtzufinden, das dauernde Gefühl, der Individualität entsagen zu müssen, die Unrast, die ihn in die Ferne hinaustrieb und doch wieder in die altgewohnten Verhältnisse zurückzwang: insgesamt das Eingeständnis, daß das Leben ein »verfehltes Rechenexempel« sei, mündet in die Groteske romantischer Ichverspottung aus. (*Gesammelte Gedichte,* 1844)

Wie Grillparzer und Raimund litt Lenau, in sehr unglückliche Familienverhältnisse hineingestellt, schon von den Jugendjahren her an Schwermut und Lebensüberdruß. Geboren auf einem Landgut bei Temesvár (Ungarn), schickte ihn sein Großvater zum Studium nach Wien, wo er im Kreise von Kaffeehausliteraten zu dichten begann. Schon hier faßte er im Gefühl des Ungenügens den Entschluß, in die Einöde Amerikas auszuwandern. Nachdem ihn auch seine Beziehungen zu den schwäbischen Romantikern aus seiner Düsternis nicht befreien konnten, mietete er sich 1832 bei einem Auswandererunternehmen ein, das die Waldgebiete am Missouri kolonisieren wollte. Die abenteuerliche Fahrt endete mit Enttäuschungen. 1833 nach Wien zurückgekehrt, versunken in »trostlos nächtliche Grübeleien« und erschüttert von seiner zwiespältigen Liebe zu einer Wiener Sängerin und zu Charlotte Schwab, der Frau des schwäbischen Dichters, verfiel er allmählich der geistigen Umnachtung.

Lebensmüdigkeit, Weltschmerz, Todesahnung sind der dumpfe Klang seiner Lyrik. Es ist kein dramatisches Aufbegehren gegen die Last des Schicksals, sondern ein apathisches, ohnmächtiges Hinnehmen, ein Sichausliefern an die Qual. Das Düsterste sind seine *Schilflieder* (»Quill, o

Träne, quill hervor ...«). In den Zigeunerliedern liegt die unendliche Monotonie seiner ungarischen Heimat, in den Herbstliedern die Stimmung des Vergehens und Sterbens; selbst die Frühlingslieder tragen den Hauch des Todes (»Warum, o Lüfte, flüstert ihr so bang?«). Auch die in eine heitere romantische Szenerie gelegten balladenhaften Gedichte, wie etwa *Der Postillon* (»Lieblich war die Maiennacht«), sind vom Schatten herbstlicher Vergänglichkeit gestreift. Es kehren wieder die Bilder der Ermüdung und Erschlaffung (»Schläfrig hangen die sommermüden Blätter« – »Zu träge ist die Luft, ein Blatt zu neigen« – »Ich liebe dieses milde Sterben«), und wo die große Weite winkt, versagt die Kraft, sie zu erreichen.

> »Stille! Jedes Lüftchen schweiget,
> Jede Welle sank in Ruh,
> Und die matte Sonne neiget
> Sich dem Untergange zu.
>
> Ob die Wolke ihn belüde,
> Allzu trübe, allzu schwer,
> Leget sich der Himmel müde
> Nieder auf das weiche Meer.
>
> Und vergessend seiner Bahnen,
> Seines Zieles noch so weit!
> Ruht das Schiff mit schlaffen Fahnen
> In der tiefen Einsamkeit.«

Gegenüber den Österreichern zeigte der Kreis der süddeutschen Dichter eine im Grundton unbeschwerte und unbefangene Epigonenromantik.

Ästhetische Sehnsucht

Einzig **August Graf von Platen** (1796–1835) war in seinem Wesen dunkler, gequälter, wie er sich auch in seiner Verachtung des Bürgertums und der deutschen Lebensverhältnisse von der Mehrzahl der Süddeutschen unterschied. In Ansbach geboren, in München zum Offizier ausgebildet, in jungen Jahren schon unbefriedigt, suchte er eine menschliche (auch homoerotische) und künstlerische Erfüllung in Italien. Es war nicht nur die Antike, die ihn nach Italien zog, sondern ebenso die mediterrane Landschaft, das Kolorit südländischen Lebens und der Wohllaut der italienischen Sprache, die seinen so ausgeprägt ästhetischen Sinn faszinierten. Die ästhetische Sehnsucht, die Flucht in eine Alltags- und Wirklichkeitsferne, die ihn mit Lenau und Rückert verbindet, waren Motive seines Dichtens. Mit sensibelstem Gefühl ist das Schöne aufgenommen: das »Tor mit dem gotischen Bogen«, die »herrlichen Arkaden«, die »Grotte mit Kristallen«, der »Mond in ruhiger Pracht«, der »erste goldene Stern«, die »Purpurnelkenblüte«, der »Saum des Weltenblumenrandes«, der »topasne Kelch der

Tulpe«. In kunstvoll ziselierten Vers- und Strophenformen (Ghaselen, Sonetten, Oden) und in einer kunstvoll durchgestalteten Sprache ist ein ebenso romantisches wie klassisches Schönheitserlebnis ausgesprochen. In der Intensität des Erlebens liegt das Bewußtsein des Unirdischen, das Gefühl schönheitstrunkenen Versinkens und Sterbens: »Wenn ich sterbe, sterb' ich für das Schöne« – »Wer die Schönheit angeschaut mit Augen / Ist dem Tode schon anheimgegeben.«

Antike, orientalische Stoffe, Natur- und Jahreszeitlieder, Oden an seine Freunde, namentlich an den Balladendichter August Kopisch (1799 bis 1853), mit dem er in Neapel bekannt wurde, wechseln mit Schilderungen der italienischen Landschaft und der italienischen Städte. Zum Eindrucksvollsten gehören die *Sonette aus Venedig* (1825).

> »Mein Auge ließ das hohe Meer zurücke,
> Als aus der Flut Palladios Tempel stiegen,
> An deren Staffeln sich die Wellen schmiegen,
> Die uns getragen ohne Falsch und Tücke.
>
> Wir landen an, wir danken es dem Glücke,
> Und die Lagune scheint zurück zu fliegen,
> Der Dogen alte Säulengänge liegen
> Vor uns gigantisch mit der Seufzerbrücke.
>
> Venedigs Löwen, sonst Venedigs Wonne,
> Mir ehrnen Flügeln sehen wir ihn ragen
> Auf seiner kolossalischen Kolonne.
>
> Ich steig ans Land, nicht ohne Furcht und Zagen,
> Da glänzt der Markusplatz im Licht der Sonne:
> Soll ich ihn wirklich zu betreten wagen?«

Auch seine Balladen wirken vornehmlich aus der künstlerischen bildhaften und sprachlichen Gestaltung: *Das Grab im Busento*, die Totenklage über den jungen Westgotenkönig Alarich; *Wittekind*, die Versöhnungsfeier der Taufe des Sachsenherzogs; das *Klagelied Kaiser Ottos des Dritten*, des »Lebensmüden«, »der hier im fernen Süden / beschließt den Pilgerlauf«; *Der Pilger vor St. Just*, der Sterbemonolog Kaiser Karls V., und eine Reihe Balladen aus der orientalischen, römischen und italienischen Geschichte. (Letzte Sammlg. *Gedichte* 1834.)

In der Wertschätzung der lyrischen Form und Sprache stand **Friedrich Rückert** (aus Schweinfurt, 1788–1866) Platen am nächsten. Auf seiner Italienreise ging ihm das »Geheimnis der inneren Form« auf, und als Professor in Erlangen wandte er sich der orientalischen Dichtung zu, der er einen Großteil seiner lyrischen Themen verdankt. Daneben aber war Rückert auch ein rechter Hausdichter des **Innig, sinnig,** Biedermeier. In den *Haus- und Jahresliedern* (1838) hat **minnig** er dem gefühlsseligen Bürgertum Kalendergedichte geschenkt; sein *Märlein zum Einschläfern; Aus der Jugendzeit, aus der Ju-*

gendzeit und die Parabel *Es ging ein Mann im Syrerland* waren volkstümliche Stimmungskunst. Bezeichnend ist die Liebe zum Kleinen, Alltäglichen: die Grabschrift auf das tote Vögelchen, die Klage um die Schnecke am Wegrand, das Lob auf den Steinklopfer, der mühevoll den Weg ausbessert.

»Innig, sinnig, minnig!« rief **Emanuel Geibel** (geb. in Lübeck, 1815 bis 1884) aus, der den Münchener Dichterkreis anführte. Auch bei ihm gibt es ein fleißiges Formstreben, südländische, antike und orientalische Studien, aber dann wieder die Biedermeierlyrik, das Stübchen- und Naturidyll *(Der Mai ist gekommen; Wer recht in Freuden wandern will; Und dräut der Winter noch so sehr)* und das fromme Vaterlandsgefühl im Krieg gegen Frankreich *(Heroldsrufe,* 1871).

»Wohlauf, die Luft geht frisch und rein!« sang **Victor von Scheffel** (1826–86) im weinlaunigen Liederbuch *Gaudeamus!* (1868). Der minniglichen *Frau Aventiure* widmete er 1863 eine Nachdichtung mittelalterlicher Poesie. Seine Versgeschichte *Der Trompeter von Säckingen* (1854), von einem armen Studenten, der schließlich doch das Schloßfräulein heiraten darf, war ebenso aufs rührsame Gemüt abgestimmt wie sein Roman über den St. Gallener Mönch *Ekkehard* (1855), den Verfasser des Waltharliedes, der heimlich und entsagend die Schwabenherzogin Hadwig liebt.

Der Geschichtsromantizismus gerade des süddeutschen Kreises, unterstützt von den kunst- und geschichtsbegeisterten Bayernkönigen, kam auch den Opernschöpfungen *Richard Wagners* (1813–83) zugute, die in Münschen und schließlich in Bayreuth ihre ersten Triumphe feierten. Der Beifall galt nicht nur dem Musiker, sondern auch dem Dichter, der das gewaltige musikalische Pathos vom Wort her zu stützen verstand. *Tannhäuser, Lohengrin, Tristan und Isolde, Der Ring des Nibelungen* und der *Parsifal* waren noch einmal, am Ende der Epoche, ein seltsamer Aufbruch der mittelalterlichen Romantik, der sich im Versuch einer modernen Mythenbildung verstrickte. Das Bürgertum des Biedermeier und Realismus mochte über diese ins Titanische gehobene Kunst gleichviel erschüttert und erschreckt sein.

Am Schluß der nachklassischen und nachromantischen Dichtung steht der in München beheimatete Berliner **Paul Heyse** (1830–1914), der in seiner Jugend noch Eichendorff kennengelernt hatte, in sei-

Gegen die Zollstöcke der Moral

nen italienischen Gedichten von Platen beeinflußt wurde, mit Geibel zusammen spanische Volkslieder übersetzte, aber in seiner hauptsächlichen Dichtung, in der Novellistik, aus der Tradition des Klassischen und Romantischen schon heraustrat. In seiner Abkehr von der Tradition verband er sich mit den Forderungen des »Jungen Deutschland«.

In dem Willen nach strenger, formaler Gestaltung hing er mit der klassizistischen Formsuche der süddeutschen Dichtergruppe zusammen. Für die Novelle fordert er eine gesetzmäßige Struktur, z. B. die Wiederkehr des Grundmotivs; aber in der inhaltlichen Gestaltung, in der Anschauung über die dichterische Aussage, widersprach er dem Prinzip der »Ordnung«. Wie bei Kleist soll die Novelle Darstellung von etwas Einmaligem, Außergewöhnlichem sein, das auf einen Bruch mit dem gewöhnlichen Sittengesetz hinauslaufe. Im Unterschied zu Kleist ist dieser Ausbruch aus der Gemeinschaft nach Heyses Überzeugung eine notwendige, gutzuheißende Reaktion auf die mißlichen und mangelhaften Verhältnisse des bürgerlichen Lebens. Der Dichter müsse demnach gerade das schildern, was in »die üblichen Zollstöcke der Moral« nicht passe. Unmoral sei die Stärke des freien Menschen: Der Gedanke von Schlegels »Lucinde« tauchte wieder auf. – In den Romanen *(Kinder der Welt; Im Paradiese;* 1873/5) und in den 120 Novellen (1855ff.) werden die sittlichen und religiösen Maßstäbe vom Freiheitsideal einer jungen Generation übertrumpft (freilich oftmals im Kolportagestil).

Das Junge Deutschland

»Die Freiheit ist eine neue Religion unserer Zeit.« »Die Revolution tritt in die Literatur!« Mit diesen Worten Heinrich Heines sind die Bemühungen einer Reihe junger Schriftsteller formuliert, die – etwa im Zeitraum zwischen der französischen Julirevolution 1830 und der deutschen Märzrevolution 1848 – ihre Unzufriedenheit über die zeitgemäße Literatur, aber auch über die Gegenwartsverhältnisse insgesamt in z. T. geharnischten Protesten zum Ausdruck brachten und ein fortschrittliches politisches und gesellschaftliches Engagement forderten. Der Kieler Privatdozent **Ludolf Wienbarg** (1802–72) prägte für sie die Bezeichnung »Junges Deutschland«. Gegen diese Gruppe beantragte 1835 der österreichische Gesandte im Zusammenwirken mit dem preußischen ein Vorgehen des deutschen Bundestages, weil sie »antichristlich, gotteslästerlich« sei und »alle Sitte, Scham und Ehrbarkeit« verachte.

Vergleichbar mit der Unterwerfung des Sturm und Drang durch die Klassik, war der Geniegeist der Jenaer Romantik, vor allem Friedrich Schlegels Manifest der Emanzipation des Ich, von der Heidelberger Romantik überflügelt worden. Der nationale Freiheitsdrang in den Jahren 1812–15 war der folgenden Restauration Metternichs und dem Konformismus des Bürgertums zum Opfer gefallen. In den dreißiger Jahren aber brachen die freiheitlichen Forderungen wieder auf, und zwar jetzt das Individuelle und Politische vereinigend: als eine gesammelte und entschiedene Stoßkraft gegen alles Prinzipienhafte, gegen die Tradition insgesamt. Das auf den Idealen der Humanität begründete harmonische Menschentum der Klassik wurde dabei ebenso als abgetan betrachtet wie der mittelalterliche und christliche Idealismus der Heidelberger Romantik, die bürgerliche Gemütsamkeit des Biedermeier und vor allem die monarchistisch kleinstaatliche Ordnung. Es sollte ein Umbruch der gesamten Lebensverhältnisse vollzogen werden, eine Revolution des Persönlichen und Staatlichen. Das jedenfalls war das gemeinsame Programm der radikalen Bestrebungen eines Heine, Börne, Gutzkow und Laube.

An die Stelle der abgelehnten Tradition setzte man das Recht auf Freiheit, auf Beseitigung der autoritär moralischen, religiösen und politischen Bindungen und den Glauben an die Zukunft. Rationalismus, Sozialismus, Fortschrittsglaube und Weltbürgertum waren die neuen Ideen, als deren Träger und leidenschaftliche Verfechter sich die Jungdeutschen fühlten.

Neben dem durchaus programmatischen und konstruktiven Vorhaben zeigte sich aber auch ein äußerst emotionaler Negativismus, der sich in pauschaler Verneinung der bestehenden Autoritäten und in der Propagierung des radikalen Umsturzes erschöpfte. Nicht unwesentlich war daran das (jetzt aus Frankreich zuströmende) Künstlergefühl der »Boheme« beteiligt, das ein schrankenloses und gänzlich emotionelles Libertätsprinzip ausdrückte. Vor allem in theoretischen Abhandlungen (in Zeitungsartikeln, Broschüren, Traktaten) äußerten sich mitunter anarchistische Tendenzen, wenngleich dies notwendig zu sein schien, um das in der Restauration erstarrte Bürgertum zur Besinnung zu bringen. Andererseits konnten sich auch die Jungdeutschen – als Dichter – nicht von den Traditionen trennen. Ein poetisches Programm (wie es etwa ein halbes Jahrhundert später die Naturalisten hatten) besaßen sie nicht. Ihre Dichtungen waren weitgehend auf das Überkommene und Gegebene angewiesen. Eine Art von »Boheme«-Lyrik, die sich bei Heinrich Heine ansagt, war noch in den verschiedensten Diktionen der Romantik verstrickt (wie schwer das Sichlossagen war, zeigt noch die Lyrik eines Liliencron, Bierbaum und Morgenstern an der Jahrhundertwende). Man kam ohne eine Anleihe bei der Tradition nicht aus. Romantische Naturstimmung, romantischer Wortschatz, alte romantische Motive und längst ausgesagte Themen der klassischen Dichtung wurden wieder aufgegriffen. So ergab sich ein genereller Zwiespalt zwischen überwiegend traditionsgebundener dichterischer und traditionsverneinender feuilletonistischer Aussage.

Diese Zweiheit zeigte sich gerade bei **Heinrich Heine** (1797–1856), dem Lyriker romantischen und klassischen Erbes und traditionsfeindlichen, revolutionären Feuilletonisten. »Weil er oft noch etwas anderes sein will als ein Dichter, verliert er sich oft«, urteilte Börne über ihn. Der Zwiespalt zwischen

**Der große
Weltriß**

Bejahung und Verneinung, Gestaltung und Zerstörung war Heines innere Tragik (»Ein großer Weltriß geht durch meine Seele«). Aus diesem Zwiespalt, aber noch mehr aus dem Gegensatz zur »bürgerlichen Ordnung«, deren Fassadenhaftigkeit er erkannte und bekämpfte, der er aber doch (noch) in vielem angehörte, erklären sich seine Unausgeglichenheit, »Zerrissenheit«, und seine Selbstironie. Sein ganzes Leben war angefüllt mit Bitternis, Ärger und Verzweiflung, die seine seelische Kraft verzehrten. »Ich bin matt, traurig, leidend«, schrieb er in der Neujahrsnacht 1856.

Einer jüdischen Familie aus Düsseldorf entstammend, waren schon seine Schuljahre für ihn eine Qual gewesen. In seiner Studentenzeit und in den späteren Jahren seines unschlüssigen Wanderlebens erfolgten harte Auseinandersetzungen mit seinen Verwandten, die für seinen Unterhalt sorgten. Im Berliner Romantikerkreis Varnhagens fand er nur kurze Zeit eine Heimstatt, in Weimar enttäuschte ihn die abweisende Haltung Goethes, in Stuttgart kam es bald zum Bruch mit Wolfgang Menzel und der schwäbischen Romantik, in München blieb ihm die erhoffte Professur an der Universität versagt; verbittert wandte er sich von Deutschland ab (1831), ging nach Paris, setzte aber von dort aus seinen Kampf gegen die deutsche Reaktion fort, verstrickte sich in immer neue Händel (sogar mit seinen Parteigängern Börne und Lassalle) und starb dort nach jahrelangem Siechtum. »Ich werde den lieben Gott, der so grausam an mir handelt, bei der Tierquälergesellschaft verklagen«, schrieb er kurz vor seinem Tod.

Aus seiner tief leidenden Verbitterung kam die unerhört starke Vehemenz seiner Feuilletons. Sie sollten die alte Welt niederreißen. Die immer wiederkehrenden Grundgedanken der Zeitungsartikel, gedruckten Briefe und Pamphlete hat er in den beiden Abhandlungen *Die romantische Schule* (1836) und *Zur Geschichte der Religion und Philosophie in Deutschland* (Ausg. *Der Salon*, 1834/40) zusammenfassend ausgedrückt:

»Der Versuch, die Idee des Christentums zur Ausführung zu bringen, ist jedoch, wie wir endlich sehen, aufs kläglichste verunglückt, und dieser unglückliche Versuch hat der Menschheit Opfer gekostet, die unberechenbar sind, und trübselige Folge derselben ist unser jetziges soziales Unwohlsein in Europa ... alle privilegierten Priester haben sich verbündet mit Cäsar und Konsorten zur Unterdrückung der Völker.« – »Was war aber die romantische Schule? Sie war nichts anders als die Wiedererweckung der Poesie des Mittelalters. Diese Poesie aber war aus dem Christentum hervorgegangen.« – Und über die Klassik: Während Heine »jene hochgerühmten, hochidealischen Gestalten, jene Altarbilder der Tugend und der Sittlichkeit, die Schiller aufstellt«, von vornherein abtut, vollführt er bei Goethe eine eigentümliche Scheidung: »Zu meinem Lobe muß ich nochmals erwähnen, daß ich in Goethe nie den Dichter angegriffen, sondern nur den Menschen.« – Der Frankfurter Feuilletonist *Ludwig Börne* (1786–1837), lange Zeit der Freund Heines, hat sich hingegen eindeutig über Goethe, den »kleinsten Menschen«, einen feigen Philister und Kleinstädter und Fürstendiener« ausgesprochen: »Ich hasse ihn, seitdem ich seinen Namen kenne.«

Heines Ablehnung gerade der Romantik war ein Widerspruch zu seiner eigenen Poesie. Noch 1843 beklagte er als Rechtfertigung seines Versmärchens *Atta Troll* die »alte Romantik, die man jetzt mit Knüppeln totschlägt«. In seinen ersten *Gedichten* (1822) hatte er die romantisch-mittelalterliche Minnedichtung nachgeahmt, in der Ballade **Illusion und** *Die Wallfahrt nach Kevlaar* das romantisch Fromme und **Desillusion** in *Belsazer* die religiöse Ehrfurcht zum Thema gewählt; seine *Loreley* ist romantische Volkslyrik, sein fünfaktiges Tanzpoem *Der Doktor Faust* (1851) ist ebenso klassizistisch (Auftritt von Helena) wie romantisch (gotische Kathedrale, Glocken- und Orgeltöne, fromme Gebete als Apotheose Faustens), und in seinem späten Liederzyklus *Romanzero* (1851) finden sich immer noch mittelalterliche, orientalische Stoffe und romantische Naturstimmungen.

Seinem *Buch der Lieder* (1827) folgten 1844 die *Neuen Gedichte*. Politische Aufrufe, geschichtliche Bilder, mythische Beschwörung der großen Landschaften des Meeres (*Nordsee*-Zyklus) und des Gebirges (*Harzreise*) stehen neben Einfachem, Schlichtem, im Ton des Volkslieds Gehaltenem, das in Schubert, Schumann und Mendelssohn kongeniale Vertoner gefunden hat und bis heute zum unvergänglichen deutschen Liedschatz zählt. Von da geht Heines Einfluß zu vielen nachkommenden Dichtern Europas.

> »Leise zieht durch mein Gemüt
> Liebliches Geläute.
> Klinge, kleines Frühlingslied,
> Kling hinaus ins Weite.
>
> Kling hinaus, bis an das Haus,
> Wo die Blumen sprießen.
> Wenn du eine Rose schaust,
> Sag, ich laß' sie grüßen.«

Als Realist, Rationalist, der um die Gefahr, das Verhängnis des Romantischen weiß, glossierte Heine immer wieder sich selbst, zerstörte die eigene Illusion, wenngleich der Verlust ihm schmerzlich klar wurde. Innerhalb der romantischen und gegenromantischen Erwägungen offenbart sich ein unterschwellig schizoides Spiel zwischen Selbstbehauptung und Selbstverleugnung.

»Trotz meiner exterminatorischen Feldzüge gegen die Romantik blieb ich doch selbst immer ein Romantiker, und ich war es in einem höheren Grade, als ich selbst ahnte. Nachdem ich dem Sinn für romantische Poesie in Deutschland die tödlichsten Schläge beigebracht, beschlich mich selbst wieder eine unendliche Sehnsucht nach der blauen Blume im Traumland der Romantik, und ich ergriff die bezauberte Laute und sang ein Lied, worin ich mich allen holdseligen Übertreibungen, aller Mondscheintrunkenheit, allem blühenden Nachtigallenwahnsinn der einst so geliebten Weise hingab. Ich weiß, es war ›das letzte frei Waldlied der Romantik‹, und ich bin ihr letzter Dichter.«

Die Desillusion setzt zuweilen erst am Schluß des Gedichtes ein: Ein Biedermeier-idyll entsteht während der Winternacht am warmen Kamin, neben sich das Kätzchen: »Kochend summt der Wasserkessel / Längst verklungne Melodien«; die Bilder der Vergangenheit entfalten sich: »Märchenblumen, deren Blätter / In dem Mondenlichte wehn«, – »Ach, da kocht der Kessel über / Und das nasse Kätzchen heult.«

Oft wechseln Stimmung und Zerstörung der Stimmung: Schilderung des Winters, die Klage über die Unbill der Kälte: »O bittere Winterhärte« – mit der plötzlichen Wendung »Und die Klavierkonzerte zerreißen uns die Ohren«. Hoffnung auf den Sommer: »Da kann ich im Walde spazieren / Allein mit meinem Kummer«, und erneute Wendung: »Und Liebeslieder skandieren«. Schließlich kann das Ironische kompositorisch so auf das Stimmungselement ausgerichtet sein, daß sich eine dauernde Kontrastwirkung ergibt und eigentlich erst der Schluß das gesamte Gedicht als Ironie enthüllt:

Die Fensterschau

»Der bleiche Heinrich ging vorbei,
Schön Hedwig lag am Fenster.
Sie sprach halblaut: ›Gott steh' mir bei,
Der unten schaut bleich wie Gespenster!‹

Der unten erhob sein Aug' in die Höh',
Hinschmachtend nach Hedewigs Fenster.
Schön Hedwig ergriff es wie Liebesweh,
Auch sie ward bleich wie Gespenster.

Schön Hedwig stand nun mit Liebesharm
Tagtäglich lauernd am Fenster.
Bald aber lag sie in Heinrichs Arm,
Allnächtlich zur Zeit der Gespenster.«

Derartige Zwieschichtigkeit fügte sich letztlich zusammen in der Einheit eines Avantgardismus, der das Sujet der Epoche benutzt, um es zu **Ideal** überwinden. Das ferne Ziel war das Auffinden einer neuen **und Welt** existentiellen Norm, in der sich Ideal und Wirklichkeitsbewußtsein vereinen.

Ein spezifisch jüdisches Element der Erwartung (angedeutet in dem novellistischen Fragment *Der Rabbi von Bacharach,* 1840) verbindet sich mit dem revolutionären Element der »Aufklärung« (gleichsam vorausgeschaut in Lessings »Nathan der Weise«). Die Symbiose von Judentum und antiaristokratischem und antibürgerlichem Fortschrittsgeist war sehr elementar. Überall rückte Heine der konservativen Bürgerlichkeit und Obrigkeit, den Instanzen der Unterdrückung, der Heuchelei und Lüge, dem Philister (als Widersacher der Kultur) und dem »Teutschen« zu Leibe (Gedichtzyklus *Deutschland. Ein Wintermärchen,* 1844). Im Kampf um geistigen und moralischen Fortschritt lebte und litt er für das Gute und den Glauben an die Wahrheit: »Die Poesie, wie sehr ich sie auch liebte, war mir immer nur heiliges Spielzeug oder geweihtes Mittel

für himmlische Zwecke. Aber ein Schwert sollt ihr mir auf den Sarg
legen, denn ich war ein braver Soldat im Befreiungskriege der Menschheit.«

> »Verlorner Posten in dem Freiheitskriege,
> Hielt ich seit dreißig Jahren treulich aus.
> Ich kämpfte ohne Hoffnung, daß ich siege,
> Ich wußte, nie komm' ich gesund nach Haus ...
>
> Ein Posten ist vakant! – die Wunden klaffen –
> Der eine fällt, die andern rücken nach –
> Doch fall ich unbesiegt, und meine Waffen
> Sind nicht gebrochen – nur mein Herze brach.«
> *(Enfant Perdu)*

Epigonen und Rebellen Sehr vordergründig war hingegen das Engagement jener
Liberalisten, die nebenbei die Romantik im Sinne poeti-
scher Gepflogenheit und Reputation mitführten und sich
ebenso als traditionell legitimierte Dichter wie als progressive Feuilletonisten auswiesen.

Ferdinand Freiligrath (aus Detmold, 1810–76) widersprach sich in
seinen Forderungen: »Der Dichter steht auf einer höheren Warte als auf
den Zinnen der Partei« und »Wir sind die Kraft! Wir hämmern jung/
das alte morsche Ding, den Staat.« In seinen orientalischen Gedichten und
Naturidyllen hat er in die Nachromantik eingestimmt. Andererseits rebel-
lierte er in den – bereits für das Proletariat eintretenden – »Zeitgedichten«
(*Ein Glaubensbekenntnis, Ça ira!,* 1844 u. 46) gegen die Krone und den
alten Staat und mußte daher nach England emigrieren.

August Heinrich Hoffmann (nach seinem Geburtsort bei Lüneburg *von Fallersleben*
genannt; 1798–1874), Verfasser scharf kritisierender politischer Gedichte, war ein
eifriger romantischer Altertumsforscher und Sammler alter Volkspoesie. Gerade seine
Kinderlieder verraten seine Nähe zur romantischen Stimmung (*Ein Männlein steht im
Walde; Kuckuck, kuckuck ruft's aus dem Wald; Alle Vögel sind schon da; Im
Walde möcht' ich leben*). Auf den englischen Helgoland schrieb er 1841 *Deutschland,
Deutschland über alles* (gedr. in *Unpolitische Lieder,* 2 Bde. 1840/41).

Selbst der sehr linksorientierte *Georg Herwegh* (aus Stuttgart, 1817–75) hat einige
seiner Gedichte der Romantik nachgestaltet (*Ich möchte hingeh'n, wo das Abendrot*),
wenn freilich der größte Teil seiner Lyrik politisch war, und zwar schon mit einer
ausgesprochen sozialen Tendenz. Für seinen Freund, den Sozialisten Ferdinand Lassalle, und für dessen Arbeiterbataillone schrieb er die *Arbeitermarseillaise* (»Mann der
Arbeit, aufgewacht / Und erkenne deine Macht!«), wie er insgesamt den Weg zur
Revolution wies (*Gedichte eines Lebendigen,* 2 Bde. 1841/43).

Im jungdeutschen Roman wie auch im Drama tritt der Gegensatz
von romantischer und revolutionärer Stimmung weit geringer hervor.
Vorherrschend war die feuilletonistische Absicht. Aber auch hier wirkte

sich ein romantisches Erbe aus, nämlich jene geniehafte, extentrische Boheme der frühen deutschen und der späten französischen Romantik.

Jungdeutscher Sturm und Drang
Dies ist ein entscheidender Charakterzug der Gestalten Laubes und Gutzkows. Viel romantisch Dunkles und Hintergründiges liegt in ihnen, ihr Wesen ist oft »Paradoxie«, Widerspruch und Zerrissenheit, und erst aus diesem ihrem Sturm und Drang entstehen die Fragen nach der weltanschaulichen, politischen und sozialen Gestaltung.

In dem dreiteiligen Roman *Das junge Europa* (1833–37) hat **Heinrich Laube** (aus Sprottau/Schles., 1806–84) seine Betrachtungen über Monarchie und Republik, über Christentum und Theologie, über Individualismus und Sozialismus, über den Sinn der Geschichte, über Liebe, Dichtkunst und Gelehrsamkeit aus einem Kreis junger, stürmischer und zwiespältig erregter Dichter hervorgehen lassen, deren Fragen ein selbstquälerisches Suchen nach der eigenen Lebensformung sind. Bezeichnend ist der resignierende Schluß des Romans: die Abkehr von den großen Träumen und Hoffnungen. Valerius zieht sich in ein einsames Tal zurück und wird sich hier seine eigene kleine Welt bauen.

Sturm-und-Drang-Menschen finden sich auch in den Dramen: etwa der junge Friedrich Schiller in den *Karlsschülern* (1846), ebenso gegen seinen Herzog aufbegehrend wie der junge *Prinz Friedrich* (1848) gegen seinen Vater, den unduldsamen preußischen Soldatenkönig. Gleichartige Stücke sind *Struensee* (über den aufgeklärten und gescheiterten dänischen Staatsmann; 1847) und *Graf Essex* (über den rebellischen Favoriten Elisabeths I.; 1856).

Romantische Paradoxiemenschen voll schwelender Triebhaftigkeit, im Widerstreit zwischen Religiosität und Skeptizismus schildern die Romane **Karl Gutzkows** (aus Berlin, 1811–78). *Wally, die Zweiflerin* (1835) ist einerseits die moralisch emanzipierte Weltdame, andererseits die religiöse Grüblerin, die unter dem Einfluß Cäsars, ihres Verehrers, der sie mit seinen atheistischen Einwänden bestürmt, den Glauben an Gott verliert. Da ihr aber ein Leben ohne Religion unerträglich ist, begeht sie Selbstmord. Es ist der Genietaumel einer neuen Welt, der allerdings daran scheitert, daß er sich von der Tradition nicht gänzlich zu lösen vermag.

Im *Zauberer von Rom* (1858–61) erinnert schon die einzelne Namengebung an die Romantik: Lucinde, die Freundin der Liebe, Dienstmädchen, Gesellschafterin und schließlich Gräfin; Klingsor, der treueste ihrer Verehrer, der Franziskaner wird und die Kirche erneuern will, und Bonaventura, von Lucinde geliebt, Domherr in Köln, schließlich Kardinal in Rom, der zusammen mit dem Papst durch eine entscheidende Kirchenreform ein neues Zeitalter religiöser Freiheit durchsetzen will. Auch dieser Roman nähert sich atheistischen Anschauungen.

In dem Trauerspiel *Uriel Acosta* (1846) legte Gutzkow den Untergang eines religiös zwiespältigen und wahrheitssuchenden Priesters (eines jüdischen Rabbi) durch die

Macht der Dogmatiker dar, während er in der Komödie *Das Urbild des Tartüffe* (1844) durch die Gestalt Molières (der um die Aufführung seines »Tartuffe« kämpft) eine schier unvergängliche Pseudomoral bloßzustellen versuchte.

Wesentlich bescheidener in Anspruch und Aussage war eine Reihe weiterer Schriftsteller, denen das Geniehafte und Sturm-und-Drang-Bewegte abging. Ihr Lebensgefühl wurzelte entweder im Biedermeier oder neigte schon dem aufkommenden Realismus zu: die politischen und sozialen Interessen entstammten jetzt weit mehr dem Bewußtsein ethischer Verantwortung als revolutionären Emotionen. In der Neubesinnung auf Ideale, die sich als brauchbare Lebensprinzipien zu erweisen hatten und dementsprechend in die »realistische« Erprobung gestellt wurden, und in der Selbstbeschränkung auf eine neu erfahrene Wirklichkeit, die in ihrem So-Sein hingenommen wurde, fand die jungdeutsche Bewegung ein vorzeitiges Ende.

DER REALISMUS

Aus den vorangegangenen Kapiteln wird bereits ersichtlich, daß das 19. Jahrhundert kein einheitliches Bild bietet, es fehlt ihm eine geschlossene Weltanschauung ebenso wie ein alle verpflichtendes künstlerisches Ideal. Während zu seinem Beginn Weimar noch das geistige Zentrum der unter dem Bund Goethes mit Schiller auf dem Höhepunkt stehenden deutschen Klassik darstellte, bildeten sich bald in Jena und später in Heidelberg neue Kristallisationspunkte (für die frühere und spätere Romantik). Unter den Schlägen der französischen Revolutionsheere und den Kriegen Napoleons war das alte Heilige Römische Reich Deutscher Nation zusammengebrochen. Die Befreiungskriege hatten das romantische Ideal eines neuen Reiches und freien Volkes nicht verwirklichen können. Die Karlsbader Beschlüsse, die Wiener Schlußakte und die Demagogenverfolgung versuchten – gleichfalls erfolglos –, die Geschichte um ein halbes Jahrhundert zurückzuschrauben und reaktionär und restaurativ die Verhältnisse vor der Französischen Revolution wiederherzustellen; die Revolutionen von 1830 und 1848 zeigen das endgültige Scheitern dieser Bemühungen. Der Tod Hegels, Steins und Goethes binnen Jahresfrist setzt eine entscheidende und endgültige Zäsur.

Die neuen Mächte der aufstrebenden Technik und Industrie, des Geldes, der Wirtschaft, des Nationalismus und Sozialismus schaffen an einem neuen Weltbild. Ein auf die Wirklichkeit und Praxis ausgerichtetes wissenschaftliches Denken tritt neben neue Auffassungen über Staat und Gesellschaft, über Religion und den Menschen. An **Georg Wilhelm Friedrich Hegels** (1770–1831) großartigem Versuch, das Erbe klassisch-romantischen Denkens in einem System der Vernunft zusammenzufassen, können gleichzeitig konservative, sozialistische und realistische Denker anknüpfen, indem sie sein dialektisches Denkschema vom Fortschritt aus These-Antithese-Synthese auf ihre Bedürfnisse übertragen. Die Anerkennung des Irdischen als des einzig Realen und die Abkehr von jeder Art Metaphysik führen zu einer Entgötterung der Welt, die auch vor dem Christentum nicht haltmacht und damit jahrhundertealte Grundlagen abendländischen Denkens zum Wanken bringt. Zum Materialismus eines **Ludwig Feuerbach** (1804–72), **David Friedrich Strauss** (1808–74), **Charles Darwin** (1809–82), **Ernst Haeckel** (1834–1919) gesellt sich der Pessimismus **Arthur Schopenhauers** (1788–1860), der diese unter dem Zwang blinder Kräfte stehende Welt und ihre Leiden nur im Willen zum Leben und einer wunschlosen Wendung zum Nichts zu überwinden lehrt. Resignation und Entsagung bestimmen von daher das Werk vieler Realisten, die sich zu einem Aushalten im Kampf gegen die Lebensmächte ohne Hilfe aus dem Jenseits bekennen. Man rettet sich zuweilen in den Humor, der nach Fontane »das Darüberstehen, das heiter souveräne Spiel mit den Erscheinungen des Lebens zur Voraussetzung hat«. Die alten Ordnungen und Bindungen werden aber keineswegs preisgegeben: die Familie steht dem einzelnen näher als der Staat (vgl. Biedermeier!), der Stamm näher als das Volk, das nach der Verklärung durch die Romantik und der imposanten Demonstration der Napoleonischen Volksheere bei Büchner zum »animalischen dumpfen Gewimmel« herabsinkt; es wird erst bei Keller wieder als neue Wirklichkeit und bei Gotthelf in seinen übernatürlichen Kräften aufgespürt. Eine besondere Bedeutung gewinnen die Dinge der Natur, aus der Gesetz und Ordnung nicht nur abgelesen, sondern auf den in sie einbezogenen Menschen übertragen werden.

Aus solchem Mit- und Gegeneinander schält sich – neben dem Sentimentalismus eines Scheffel, dem Sensationalismus eines Gutzkow und Formalismus eines Heyse – der literarische Realismus als eine neue Erkenntnisweise und geistig-künstlerische Haltung heraus, der es auf »das Denken im Fühlen und Schauen, das Sprechen im Handeln und Bilden, das Unterrichten im Zeigen und Hinweisen« ankommt. Die Welt wird als sinnvoll, als »unendliche Aufgabe oder als letzte Sinneinheit« anerkannt. Otto Ludwig spricht von der »objektiven Wahrheit in den Dingen«; diesen aber kommt nicht nur ihre Wahrheit, sondern darüber hinaus eine allgemeine Wahrheit zu. Sie wird auch für die Erkenntnis des Menschen wichtig. Der Mensch wird in einer sozialen und gesellschaftlichen Bindung gesehen – nicht zuletzt unter dem Einfluß der Gesellschaftslehre von **Karl Marx** (1818–83) und **Friedrich Engels** (1820–1895), die in England das Elend des modernen Proletariats kennengelernt hatten. Aber im Gegensatz zu ihnen kommt es den Dichtern doch mehr auf den ganzen Menschen an.

Eine Art »realistisches Manifest« gibt Büchner im Tischgespräch seines Lenz mit dem Freund Kaufmann, der noch idealistischen Vorstellungen anhängt. Dort fordert er, daß der Dichter das Leben als »Möglichkeit des *Da*seins« gestalte. Von den Idealisten sagt er, daß sie »auch keinen Hundsstall« zeichnen könnten. Sie lehnt er ebenso ab wie die sogenannten Naturalisten: »Die Dichter, von denen man sage, sie geben die Wirklichkeit, haben auch keine Ahnung davon«; doch seien sie immer noch erträglicher als diejenigen, welche die Wirklichkeit verklären wollten.

Auch Keller fordert in seiner Gotthelf-Kritik über das bloße Abschildern und die gegenständliche Genauigkeit hinaus »höhere und allgemeinere Bedeutung« der Kunst: »Ewig sich gleich bleibt nur das, was rein menschlich ist, und dies zur Geltung zu bringen, ist bekanntlich die Aufgabe aller Poesie . . .«

Neben dem »Griff ins volle Menschenleben« verlangt Fontane Gegenwart statt Vergangenheit, Wirklichkeit – nicht Schein, Prosa – nicht Vers. Diese Forderung erfüllt vor allem der Roman, der als bevorzugte Gattung dem Bedürfnis nach Wirklichkeitsnähe, psychologischer Analyse und soziologischer Betrachtung am weitesten entgegenkommt. Der traditionelle deutsche Entwicklungsroman mit der Einzelpersönlichkeit im Mittelpunkt wandelt sich langsam zum Zeitroman. Die großen Gesellschaftsromanciers der Franzosen, **Stendhal, Flaubert, Balzac,** sind die Vorbilder. Freilich eine eigentlich soziale Analyse erreicht erst der deutsche Roman des Naturalismus. Aber statt – wie die Franzosen – die Menschen in ihren politischen und ökonomischen Verhältnissen zu beobachten, »gehen die deutschen Erzähler viel stärker von der subjektiven Erfahrung aus und durchforschen den Raum der Erinnerung«. Der Anschluß an die Weltliteratur geht mehr und mehr verloren.

Insgesamt versteht sich Realismus als eine Art »Gegenidealismus«, d. h. als »Versuch, die Motive und Formen weitgehendst im wirklichen Leben aufzusuchen«. Da das Idealische nicht der Wirklichkeit entspreche, dürfe es auch keine Regeln und Formeln idealischer Schönheit geben. Es geht um eine neue »Intensität des Lebens und Erlebens«, die das Einfache ebenso einbezieht wie das Häßliche; das Alltägliche, »Feld und Stall, Stube und Küche und Speicher«, tritt an die Stelle des Hohen und Erhabenen, das nunmehr gewollt und künstlich erscheint und die Wahrheit verfehlt. Die häßliche Brigitte bei Stifter erweist sich als wirklich schöne Seele, den verkommenen Friedrich Mergel macht die Droste zur Mittelpunktsfigur der »Judenbuche«.

»Das Realistische in den Dichtungen des Realismus besteht nicht allein darin, daß die Realität der Zeit, vorwiegend die gesellschaftliche Realität, in ihnen zur Darstellung kommt, sondern das Realistische besteht noch mehr darin, daß die Kunstmittel und Kunstformen nun ihres formelhaften Charakters entkleidet werden und aus der natürlichen Sprechlage, aus der Anschauung der Natur, aus der Wirklichkeit der damaligen Gesellschaft neugeboren und wiedergeschaffen werden.« (Cl. Heselhaus).

Der frühe Realismus

Dem frühen Realismus ist neben einer ausgesprochenen Epigonenstimmung, in der Nachklänge des Weltschmerzes eines Byron, Lenau und Heine hörbar werden, das Bedürfnis nach Entschleierung, Desillusionierung eigen. Die Welt wird voll Bestialität, als Wüste oder ewig sich drehendes Karussell gesehen. Die Dichter behalten mehr das Abgründige von Mensch und Welt, das Chaotische, im Auge. Die Mächte der Wirklichkeit, die der Mensch in seinen Erschütterungen gewahr wird, schreiten über ihn hinweg, ohne Sinn und Gefühl für das Menschliche, »aorgisch«, erhaben, gleichgültig. Neben dieser dämonischen Weltschau kommt es zu einer Art Besessensein der Dichter von den Dingen, die schon bei Immermann stärker hervortreten und an Eigengewicht gewinnen. Eine neue Anschauungslyrik verdrängt die bisherige Empfindungs- und Gedankenlyrik. Mörike schließlich möchte den von chaotischen Schicksalsmächten bedrohten Menschen die Wirklichkeit in Gestalt des Schönen geben: »Das Schöne der Natur, der Liebe, der Kunst gibt echtes Dasein in uranfänglicher Einheit des Lebens.«

»Wir sind, um mit einem Wort das ganze Elend auszusprechen, Epigonen und tragen an der Last, die jeder Erb- und Nach-

Last des Erbes geborenschaft anzukleben pflegt.« Mit diesem Satz kennzeichnet **Karl Leberecht Immermann** (1796–1840) in seinem Roman *Die Epigonen* das Gefühl seiner Zeitgenossen: belastet und schier erdrückt von dem gewaltigen Erbe der Klassik und Romantik, hilflos ausgeliefert der Auflösung und Skepsis ihrer Tage und bei aller Nüchternheit und Illusionslosigkeit ohnmächtig gegenüber dem Neuen einer mit tiefen Krisenerscheinungen sich anmeldenden Zukunft.

Zu Magdeburg geboren, studierte Immermann in Halle Jurisprudenz, Philosophie und Geschichte und wird schließlich 1829 Landgerichtsdirektor in Düsseldorf, wo er 1835 bis 1838 als Leiter des Stadttheaters die von Goethes Weimarer Schauspieltruppe bei ihren Aufführungen im Lauchstädter Theater empfangenen Anregungen in die Tat umzusetzen versucht und außer Goethe noch Shakespeare und Kleist auf die Bühne bringt.

Immermann steht zwischen den Zeiten. Seine *Epigonen* (1836) sind der erste große Zeitroman, der über die Versuche Laubes hinaus ein umfassendes Zeitbild gibt. Aber das realistische Abbilden wird immer wieder vermengt mit romanhaft Herkömmlichem und bleibt in der Anlage und lockeren Form (Einschiebsel von Erzählungen, Briefen, Tagebuchblättern) dem Vorbild Goethes und der Romantik verhaftet. (Die Gestalt des Flämmchen z. B. ist eine Kopie Mignons.)

In seinem Drama *Merlin – Eine Mythe* (1832) freilich nimmt er Stellung gegen Goethe, der als Klingsor den Vorwurf Merlins, des aus der keltischen Sage entliehenen Sohnes Satans und einer reinen **Wendung zur** Jungfrau, entgegennehmen muß: »Dir galt die Erde, See, **Wirklichkeit** das Firmament / Für eine Leiter einzig, dich zu steigern.« Merlin scheitert an dem Versuch, die sinnliche Welt Satans und die übersinnliche Gottes in Einklang miteinander zu bringen. Das Zukunftweisende Immermanns, der sich zu Merlin bekennt, liegt in der Wendung zur Wirklichkeit und im Genügen an ihr unter Verzicht auf

christliche und idealistische Transzendenz. Das hat sich schon in seinen *Chiliastischen Sonetten* (1832) angekündigt.

Diese neue Weltfrömmigkeit zeigt sich als Andacht zu oder Schrecken vor den übergewaltigen Kräften der Wirklichkeit, die in den »Epigonen« im Bild des Ozeans beschworen werden. »Eine Feder auf dem Ozean« sind alle Menschen; aber während der Ozean für die einen nur eine gewalttätige, sinnlose Macht ist, erscheint er für den anderen in unfaßlicher Erhabenheit und Größe. Und das scheidet sie in bloße Epigonen (für die das Wort gilt: »Wir armen Menschen! Wir Frühgeburten! Wir haben keine Knospen mehr, keine Blüten; mit dem Schnee auf dem Haupte werden wir schon geboren«) und in die Kommenden, die der neuen Wirklichkeit Aufgeschlossenen.

Der Roman *Münchhausen – Eine Geschichte in Arabesken* (1838/39) nimmt die Zeitkritik erneut auf. In die Handlung, die auf Schloß Schnick-Schnack-Schnurr spielt, wo der Lügenbaron Münchhausen seine Geschichten erzählt, ist als Gegenstück die dörfliche Liebesgeschichte vom Oberhof eingeschoben.

Von der Gestalt Münchhausens, den man einen »pervertierten Kreißler«, also eine Parodie des romantischen Sonderlings genannt hat, sagt Immermann: »In diesen Erzwindbeutel hat Gott der Herr einmal alle Winde des Zeitalters, den Spott ohne Gesinnung, die kalte Ironie, die gemütlose Phantasterei, den schwärmenden Verstand einfangen wollen, um sie, wenn der Kerl krepiert, auf eine Zeitlang für seine Welt stille gemacht zu haben.«

Der Lügenbaron tritt als Verkörperung des Zeitgeistes, besser des Ungeistes der Zeit auf und soll die vielen Scheindichter (Fürst Pückler-Muskau, Raupach, Platen u. a.) brandmarken. Dieser Zeitgeist ist aber nach dem Willen des Dichters »nicht der Geist der Zeit oder richtiger gesagt der Ewigkeit, der in stillen Klüften tief unten sein geheimes Wesen treibt, sondern der bunte Pickelhäring, den der schlaue Alte unter die unruhige Menge emporgeschickt hat und daß sie, abgezogen durch Fastnachtspossen und Sykophantendeklamation von ihm und seiner unergründlichen Arbeit, nicht die Geburt der Zukunft durch ihr dumm-dreistes Zugucken und Zupatschen stört«. Damit erweist sich Immermanns Kritik nicht als bloß negativ, sondern offenbart einen hintergründigen und oft gutmütigen Humor, der sich über das eigene Epigonentum ein schmerzliches Lächeln abringt.

Das Neue liegt aber vor allem in der Besinnung auf die Welt des gesunden, tüchtigen, einfältigen bäuerlichen Lebens. Dieses wird sinnhaft erlebt, ohne romantische Poetisierung und idyllische Verniedlichung. Der alte Hofschulze, sicher und fest im Überkommenen wurzelnd, aber zuweilen auch recht starrköpfig, lebt da, und Lisbeth und Oswald, die sich – allem romantischen Überschwang abhold – lieben. Die Arbeit wird unter einem neuen Aspekt gesehen und gewinnt Bezug zum Zeitalter der Maschine. An die Stelle einer bürgerlich-aristokratischen Moral tritt die Sittlichkeit des Herzens: »In das Schiff der Zeit muß die Bussole getan werden, das Herz.« So findet der Einzelgänger zur Gemeinschaft. Die

Darstellung von Typen weicht sorgfältig beobachteten und nachgezeich-
neten Porträts und Lebensbildern, die unverkennbar Ansätze zum realistischen und psychologisierenden Roman tragen. Inhalt und Gehalt
dieser Dorfgeschichte mit ihrer Besinnung auf die Kräfte des Bauerntums,
der Heimat und des Volkes knüpfen Fäden, die zu Auerbach und Gotthelf, der Droste und Keller laufen, freilich auch in die Niederungen der
sog. Heimatliteratur.

Bereits 1840 stirbt Immermann in Düsseldorf, ohne vollendet zu haben, was er anbahnte. Nicht zu Unrecht hat man ihn den »vielarmigsten
Kreuzweg des Jahrhunderts« genannt.

»So will ich Ihnen denn sagen, daß dieser Inbegriff des Alls, den Sie
mit dem Namen Welt beehren, weiter nichts ist als ein mittelmäßiges
Lustspiel, welches ein unbärtiger, gelbschnabeliger Engel,
's ist ja alles der in der ordentlichen, den Menschen unbegreiflichen Welt
Komödie lebt, und wenn ich mich nicht irre, noch in Prima sitzt,
während seiner Schulferien zusammengeschmiert hat ...
Die Hölle ist die ironische Partie des Stücks und ist dem Primaner, wie
das so zu gehen pflegt, besser geraten als der Himmel, welches der rein
heitere Teil desselben sein soll.« So kennzeichnet **Christian Dietrich
Grabbe** (1801–36) das Anliegen seines Lustspiels *Scherz, Satire, Ironie
und tiefere Bedeutung* (1827).

Ein Lustspiel, das unser Lächeln herausfordert – das ist die Welt für den 1801 zu
Detmold geborenen Sohn eines Zuchthausverwalters, der nach abgebrochenen juristischen Studien in Leipzig und Berlin Schauspieler werden will, dann aber doch Advokat
wird, bis er der Trunksucht verfällt, seinen Abschied nehmen muß und nach kurzer
Aufnahme bei Immermann 1836 in seiner Geburtsstadt an Rückenmarkschwindsucht
stirbt.

Wie Immermann geht es auch Grabbe um eine Entschleierung, Desillusionierung seiner Zeit. Die Welt läuft seiner Meinung nach im Kreise,
ihre Ordnung ist ein Karussell mit steter Wiederkehr und Umkehr im
Wechsel der Staatsformen, der Geschichte und der Stimmung im Volke:
»Wahrhaftig, wie ich vermutete, der alte Brei in neuen Schüsseln.« Das
schließt ein realistisches Lebensgefühl nicht aus: »Ja, aus der Welt werden
wir nicht fallen. Wir sind einmal darin.«

Was Immermann für seine Zeitbilder im Roman angestrebt hat, sucht
Grabbe als Geschichtsbild in seinen Dramen, von denen vor allem
Napoleon oder die Hundert Tage (1831), *Hannibal* (1835) und *Die Her-
mannsschlacht* (1838) Bedeutung erlangten, zu verwirklichen.

Grabbe zerbricht die klassische Tradition: Nicht mehr ein oder zwei
Helden tragen das Geschehen, sondern der Lauf der Welt wird selbst
zum Helden; kaleidoskopähnlich reihen sich Augenblicksbilder der Ge-

schichte anekdotisch aneinander, lösen den Bau von Szenen und Akten auf und werden – ohne durchgehende sinnvolle Idee – allein zusammengehalten durch den geschichtlichen Raum; die Prosa ersetzt den Vers und benennt alltägliche Dinge und Vorgänge oft unter recht banalem Aspekt, vermischt mit grotesken Übertreibungen. Echte Gespräche (Dialoge) gibt es immer seltener in diesen Dramen: der einzelne bleibt isoliert – er verstummt, er steht in der Masse, läßt sich von ihr treiben, sucht Zerstreuung, scheitert an ihr oder nasführt sie. Damit werden wesentliche Züge der Dramen Hebbels und der Moderne vorweggenommen. Kein Wunder, wenn erst die Bühne des 20. Jahrhunderts Grabbe für sich entdeckt.

In der »Hermannsschlacht« ist die bloße Geringschätzung der Menge, die im »Napoleon« lediglich Pöbel war, überwunden. Das Wort »Welch ein Dummbart wär' ich, wollt' ich was sein ohne mein Volk!« oder der Ausruf eines Chatten: »Wer ist glücklicher als ich?« mit Hermanns Antwort: »Vielleicht ein Fürst, dem solche Bauern dienen«, lassen aufhorchen. Hier klingt inmitten der Welt als Wüste, wie sie der junge Grabbe beklagt, etwas von der Werthaftigkeit des Oberhofes an. Aber auch Grabbe gelingt noch nicht der Neubau, er bleibt im Programmatischen stecken. Typisch dafür ist seine eigene Rezension: »Dem Verfasser indes ist zu raten, nicht im Zerstören, sondern im Aufbauen des Edlen seinen Ruhm zu suchen.« Er kommt trotz krampfhafter Bemühungen nicht über das hinaus, was der Faust-Monolog aus *Don Juan und Faust* (1829) aussagt:

> »Aus Nichts schafft Gott, wir schaffen aus
> Ruinen! Erst zu Stücken müssen wir
> Uns schlagen, eh' wir wissen, was wir sind
> Und was wir können! – Schrecklich Los! – Doch sei's!
> Es fiel auch mir und folg ich meinen Sternen.«

Immermanns und Grabbes Bemühungen um eine künstlerische Gestaltung der Geschichte der Zeit und Vergangenheit müssen im Zusammenhang mit der Entwicklung der historischen Wissenschaft gesehen werden. Die Geschichtswissenschaft des 19. Jahrhunderts setzt gegen die idealistische Geschichtsbetrachtung Herders und Schellings eine **Die Dinge** betont realistische Forschung, die es in ihrer Wissenschaft-**reden lassen** lichkeit, gestützt auf Quellenbelege und Fakten, den Fortschritten der Naturwissenschaften gleichtun will. **Leopold von Ranke** (1795–1886), der 1854 vor Maximilian von Bayern Vorträge über die Epochen der neuen Geschichte hält, prägt das Wort: »Jede Epoche ist unmittelbar zu Gott«, und gibt damit die Lösung, von der romantischen subjektiven Schau der Geschichte weg zu ihrer wissenschaftlichen Erforschung durchzustoßen, die allem Geschichtlichen objektiv zu begegnen hat: »Ich wünschte, mein Selbst gleichsam auszulöschen und die Dinge reden, die mächtigen Kräfte erscheinen zu lassen.«

Gustav Droysen, Heinrich Sybel, Theodor Mommsen und *Jacob Burckhardt* schreiben in diesen Jahren ihre Hauptwerke. Das bleibt nicht ohne Wirkung auf die Literatur. Man besinnt sich auf den Altmeister *Walter Scott* (1771–1832), der als Begründer des historischen Romans (mit viel kulturhistorischem Wissen, lebendigen Charakteren und Heimatliebe) Weltruhm erlangte, wenn er auch noch einer romantischen Verklärung der Vergangenheit huldigte. Sein Einfluß auf die Franzosen Victor Hugo, Balzac, den Italiener Manzoni, die Engländer Thackeray und Stevenson sowie die Deutschen Hauff, Scheffel und Alexis ist unverkennbar.

Wilhelm Meinhold (1797–1851) legt seiner im Chronikstil des 17. Jahrhunderts verfaßten *Bernsteinhexe* (1843) den vermeintlichen Fund einer alten Prozeßakte zugrunde und schafft somit die für einen sachlichen Bericht notwendige Distanz des Erzählers. Gleichzeitig gewinnen Zeitumstände, Lebensgewohnheiten, Sprache und Atmosphäre der betreffenden Epoche eine erschreckende Unmittelbarkeit, indem der Verfasser auf alle subjektiven Zutaten, wie sie bei den Jungdeutschen üblich waren, verzichtet. Das schafft für den kulturhistorischen Roman einen ganz neuen Stil.

»Preußens Scott« wollte **Willibald Alexis** (Wilhelm Häring, lat. alex = Hering; aus Breslau, 1798–1871) werden. In acht großen Romanen, unter denen *Die Hosen des Herrn von Bredow* (1846/48) bis heute als humor- und lebensvolle Darstellung geschätzt sind, entwirft er ein Bild der märkischen Landschaft und brandenburgisch-preußischen Geschichte. Ähnlich wie bei Grabbe verlagern sich die Schwerpunkte von den einzelnen Menschen und ihren Städten auf das Volk und die Landschaft (bes. in *Ruhe ist die erste Bürgerpflicht*; 1852). Fontane wird später auf diese Pionierarbeit sachlicher Detailwiedergabe zurückgreifen können.

Im Banne der Geschichte und noch unter dem Anruf seiner revolutionsdurstigen Zeit steht auch das erste Drama des am Tag der Völkerschlacht zu Leipzig, am 18. Oktober 1813, geborenen **Georg Büchner** (gest. 1837): *Dantons Tod* (1835).

Aus seiner Zugehörigkeit zu einem Gießener Geheimbund war das Flugblatt *Der hessische Landbote* entsprungen, ein im Stil dieses beliebten revolutionären Publikationsmittel geharnischter Aufruf an die Bauern, nicht länger auf die ihnen zustehenden Rechte zu verzichten: »Friede den Hütten! Krieg den Palästen!« (»Dieses Blatt soll dem hessischen Lande die Wahrheit melden, aber wer die Wahrheit sagt, wird gehenkt; ja sogar der, welcher die Wahrheit liest, wird durch meineidige Richter vielleicht gestraft.«)

Unter Gefahr für Leib und Leben vertraut Büchner dem Drama über den »satt gewordenen Revolutionär« Danton die Gedanken und Gefühle seiner aufbegehrenden Zeit an. – Den zuviel wissenden Danton ergreift der Ekel vor dem Treiben der Welt, nachdem er allen Glauben an eine sinnvolle Ordnung durch den Geist verloren hat; er verzichtet auf jedes Handeln. Seinem sinkenden Stern steht der aufgehende Robespierres gegenüber, des »Dogmatikers und Erlösungsgläubigen«. In tierischer Wildheit wird die zerstörerische und schaffende Kraft der **Lebensekel** Französischen Revolution gezeigt, der Mensch erscheint ohne »Lorbeerblätter, Rosenkränze und Weinlaub«. »Puppen sind wir, von unbekannten Gewalten am Draht gezogen; nichts, nichts wir selbst; die Schwerter, mit denen Geister kämpfen – man sieht nur die Hände nicht, wie im Märchen.«

»Der einzelne nur Schaum auf der Welle, die Größe ein bloßer Zufall, die Herr-schaft des Genies ein Puppenspiel, ein lächerliches Ringen gegen ein ehernes Gesetz, es zu erkennen das Höchste, es zu beherrschen unmöglich« (Büchner an seine Braut). Das Herrentum des Grabbeschen Napoleon, Hannibal oder Hermann ist abgestreift, der Mensch steht in seiner Nacktheit vor uns, es gibt keinen Trost und keine Illusion mehr: »Die Welt ist das Chaos. Das Nichts ist der zu gebärende Weltgott.« Der tiefe Ernst, mit dem das in einem neuen (nicht der Klassik entlehnten) Pathos gesagt wird, ist noch verstärkt durch die besessene historische Treue, die wirklich gehaltene Reden wörtlich übernimmt. In dem Ineinander von »verzweifeltem Ekel vor dem Leben« und der »wilden Lust an ihm« erkennen wir die Weltschau des Dichters.

Aus der Krankheitsgeschichte, die der Pfarrer Oberlin über den un-glücklichen Dichter Reinhold Michael Lenz geschrieben hat, entsteht in Straßburg die Bruchstücke gebliebene Novelle *Lenz* (1839).

Das Interesse an dem wachsenden Wahnsinn Lenzens, die wie mit scharfen Linsen aufgenommenen Einzelheiten und Naturbilder, die Wie-dergabe der Seelenzustände sind von einer illusionslosen **Rätselhaftes** Wahrheitsschau und machen Büchner zu einem der Väter **Weltwesen** des Realismus. Dabei wird hinter allen Dingen das Wesen gesucht, in dem alles aufgehoben und dem alles ausgesetzt ist. In Gelassenheit geht dieses rätselhafte Weltwesen über das Einzel-schicksal dahin, ohne Sinnesorgan dafür: »aorgisch« nannte dies Höl-derlin.

»Der Vollmond stand am Himmel; die Locken fielen ihm [Lenz] über die Schläfe und das Gesicht, die Tränen hingen ihm an den Wimpern und trockneten auf den Wangen. So lag er nun da allein, und alles war ruhig und still und kalt, und der Mond schien die ganze Nacht und stand über den Bergen.«
In »Dantons Tod« stand diese Macht noch unter dem Bild der sich amüsierenden Götter:
Camille: »Ist denn der Äther mit seinen Goldaugen eine Schüssel mit goldenen Karpfen, die am Tisch der seligen Götter steht, und die seligen Götter lachen ewig, und die Fische sterben ewig, und die Götter erfreuen sich ewig am Farbenspiel des Todeskampfes?«

Und noch einmal findet sich das gleiche in seinem Lustspiel *Leonce und Lena,* das ein Jahr vor seinem Tod entstand und erst 1879 aus seinem Nachlaß erschien:
»Die Erde und das Wasser da unten sind wie ein Tisch, auf dem Wein verschüttet ist, und wir liegen darauf wie Spielkarten, mit denen Gott und der Teufel aus Langeweile eine Partie machen ...«

Der Mensch ist den über- oder unmenschlichen Mächten preisgegeben; aber er kann auch nicht herausfallen aus dieser Ordnung (man vgl. den entsprechenden Ausspruch Grabbes): sie ist Gefährdung und Geborgenheit zugleich. Es gibt kein Einswerden mit ihr (wie es Mörike versucht).

Wenn wir in der »Lenz«-Novelle lesen: »Aber ich, wär' ich allmächtig, sehen Sie, wenn ich so wäre, ich könnte das Leid nicht er-
Schmerz der tragen, ich würde retten, retten ...«, dann wird hiermit
Kreatur der Hintergrund alles Dichtens bei Büchner deutlich: die Schmerzen der Kreatur. »Man kann das Böse leugnen, aber nicht den Schmerz ... Warum leide ich? Das ist der Fels des Atheismus. Das leiseste Zucken des Schmerzes, und rege es sich nur in einem Atom, macht einen Riß in der Schöpfung von oben bis unten.« »Wir wissen wenig voneinander«, heißt es in der ersten Szene von »Dantons Tod«, »wir sind Dickhäuter, wir strecken die Hände nacheinander aus, aber es ist vergebliche Mühe, wir reiben nur das grobe Leder aneinander ab – wir sind sehr einsam.« Ob solcher Einsamkeit muß der Dichter die Menschheit lieben, »um ganz in sie einzudringen« (»Lenz«), weil ihr sonst nur das Weinen bleibt wie den Kindern im Märchen der Großmutter aus dem »Woyzeck«.

Was in seinen anderen Werken angelegt war, wurde in seinem Drama *Woyzeck* (1879 aus dem Nachlaß) konsequent zu Ende geführt. Der ganz in primitiver Kreatürlichkeit befangene, von seinen Vorgesetzten geschundene Bartscherer und Soldat Woyzeck wird unbewußt zum Mörder an seiner Braut und sich selber. Drastische Einzelbilder, ohne zwingende Folge aneinandergereiht, bringen zum erstenmal im deutschen Drama einen durch und durch negativen Helden auf die Bühne. »Jeder Mensch ist ein Abgrund, es schwindelt einem, wenn man hinabsieht.«

Obwohl Büchner seinen »Woyzeck«, von dem Friedrich Gundolf sagte, daß kein zweiter deutsche Dichter »etwas ursprünglicher Geniales« geschaffen hat, im gleichen Jahr schrieb, in dem der alte Goethe in seinen Gesprächen mit Eckermann seine Auffassung vom Dämonischen zusammenfaßte und damit die Grunderfahrung des Schaffens Büchners (und des frühen Realismus) ansprach, wurde das Drama erst 1913 aufgeführt; es bildet die Grundlage von Alban Bergs Oper »Wozzeck«. Das ist nicht von ungefähr; denn abgesehen von der zeitverwandten Problematik (die ihn gern zum sozialen Dichter abstempeln ließ), greift Büchners Dichten weit über seine Zeit hinaus und macht ihn auch zu einem der Ahnherren des Surrealismus.
Bei aller Dingnähe seines seelen- und gesellschaftskundigen Berichtens, bei geradezu naturalistischer Wortwahl begnügt er sich nicht mit einem bloßen Abschildern, sondern

gibt Ausschnitte der Wirklichkeit in so starker Verdichtung, daß hinter dem Gegebe-
nen Verborgenes offenbar wird und über die vordergründige Wirklichkeit hinausweist.
Und das spricht er aus »ohne Umweg über die Prothesen der äußeren Erscheinung«.
Prägungen wie »Die Erde hat sich ängstlich zusammengeschmiegt wie ein Kind, und
über ihre Wiegen schreiten die Gespenster«, »Nimm diese Glocke, diese Taucher-
glocke, und senke dich in das Meer des Weins, daß es Perlen über dir schlägt«,
»Danton, deine Lippen haben Augen«, »Hören Sie denn nicht die entsetzliche Stille,
die um den ganzen Horizont schreit?« zeigen, wie in unmittelbarer Nähe zu den
Gegenständen expressive Dynamik und Kraft der Vision ineinander über-, ja auseinander hervorgehen.

Das macht Büchner, der nach seiner Flucht in Straßburg sein medizini-
sches Studium wieder aufnahm, in Zürich zum Dr. med. promovierte,
aber noch vor seiner Habilitation einer tückischen Krankheit erlag, zum
»Schöpfer eines neuen tragischen Weltgefühls«. In endgültiger Abwen-
dung vom Idealismus gelte es, sich damit abzufinden, daß man in einer
Welt ohne Gott leben und bestehen müsse, ja dieses Leben sogar lieben
könne, sei es, wie es wolle. Dieser »heroische Pessimismus« wurde erst in
der Moderne richtig verstanden.

Dem Geschichtlichen nicht ganz, wohl aber dem Zeitgeschehen entrückt
ist die Dichtung der **Annette von Droste-Hülshoff** (1797–1848).

Einer westfälischen aristokratischen Familie auf Schloß Hülshoff entstammend, die
von den Auflösungserscheinungen adeliger Lebensordnung tief beunruhigt wird, zeigt
die junge Annette schon früh ein leidenschaftliches Herz und nach einer unglücklichen
Doppelliebe ausgesprochene Zuneigung zu exzentrischen Naturen, aus deren Kreis für
sie vor allem die Freundschaft zu dem Schriftsteller Levin Schücking bedeutsam wird.
Trotz ihrer betont schriftstellerischen Existenz aber bleibt sie »das adelige Fräulein,
das im einsamen Rüschhaus, bei den Verwandten im Paderbornschen und am Rhein,
bei der Schwester in Eppichhausen und auf der alten Meersburg ihr vom Stand und
von der Sitte vorgeschriebenes Leben führt«.

Selbst aus der Romantik kommend, will die Droste romantisches Weiterleben mit wirklichkeitsbezogenem Verantwortungsbewußtsein verbinden. Aber während Grillparzer, Heine und Eichendorff die Versöhnung
zwischen Natur und Geist, zwischen Anspruch des Herzens und der Gesellschaft in der seligen Scheinwelt der Kunst suchen, in der sie das Vorbild eines hohen Menschentums errichten, bemüht sich die Droste, die
»Spannung zwischen Anspruch und Hingabe« auszuleben

Ringen und den Anforderungen von Natur und Geist standzuhal-
um Gott ten. Sie ist verzweifelt über die Kluft zwischen Irdischem
und Himmlischem in ihrer zerrissenen Zeit und will die
Einheit von beiden: »Sei ein Ganzes – ob nur ein Traum, ein halbver-
standenes Märchen – es ist immer mehr wert als die nüchterne Frucht
vom Baum der Erkenntnis.« Die Kraft dazu schöpft sie aus ihrer Religiosität; die Bibel bereichert ihre Sprache, Klopstock und Goethe werden zu

ihren stärksten Jugendeindrücken, und im Umgang mit den Brüdern Grimm lernt sie aus der Quelle des Volkstums schöpfen.

Ihre ersten lyrischen Versuche gelten geistlichen Dichtungen, denen der Plan zum *Geistlichen Jahr in Liedern auf alle Sonn- und Festtage* entwächst. »Ich habe ihm die Spuren eines vielfach gepreßten und geteilten Gemüts mitgeben müssen, und ein kindliches, in Einfalt frommes wird es nicht einmal verstehen«, sagt die Dichterin von den erst 1838 wiederaufgenommenen und zum Abschluß gebrachten Gedichten. Das ganze 19. Jahrhundert hat nichts Tieferes an religiöser Lyrik hervorgebracht als gerade die letzten Gedichte dieses Zyklus. Bezeichnenderweise stehen auch am Ende ihres Schaffens bedeutsame geistliche Gedichte: *Gethsemane; Die ächzende Kreatur* u. a.

Nach langem Bemühen um lyrische Verserzählungen wendet sich ihr Dichten vor allem der westfälischen Heimat zu. Bruch und Wald, Heide und Moor des Münsterlandes gewinnen in der Beschränkung auf Selbstgesehenes und Selbsterlebtes eine unmittelbare sinnliche Gegenständlichkeit. In dem Epos *Die Schlacht am Loener Bruch* (1842) breitet sich über allen menschlichen Schicksalen eine erhabene Gleichgültigkeit des Alls aus. Die Mächte der Wirklichkeit sind völlig teilnahmslos gegenüber Leid und Lust der Menschen. Ihr Darüberhingehen, von dem schon Büchner wußte, gewinnt erneut dichterische Gestalt im Sinne von Immermanns Wort, daß sie »mit heiliger Grausamkeit« sein Ich verzehrten. Bezeichnend dafür ist die Stelle des Krähen-Gedichts aus den *Heidebildern* der Droste, als nach der Schlacht die Totenvögel kommen:

Unbegreif-lichkeit der Mächte

> »Noch lange haben sie getobt, geknallt,
> Ich hatte mich geflüchtet in den Wald;
> Doch als die Sonne färbt' der Föhren Spalten,
> Ha, welch ein köstlich Mahl war da gehalten!
> Kein Geier schmaust', kein Weihe je so reich!
> In achtzehn Schwärmen fuhren wir herunter,
> Das gab ein Hacken, Picken, Leich' auf Leich' –
> Allein der Halberstadt war nicht darunter:
> Nicht kam er heut', noch sonst mir zu Gesicht,
> Wer ihn gefressen hat, ich weiß es nicht.«

Einen Markstein in der realistischen Erzählkunst setzte die Dichterin mit ihrer Novelle *Die Judenbuche* (1842). Das Schuldigwerden eines Menschen (Friedrich Mergel) – von den Erlebnissen im Elternhaus und Heimatdorf bis zur Mordtat an einem Juden und dem späten Selbstgericht an dem von dessen Glaubensgenossen gekennzeichneten Blutbaum – wird unerbittlich

Mitleidlose Gerechtigkeit

sachlich und in dramatisch sich aneinanderreihenden Geschehnisgipfeln nachgezeichnet.

Neben breiten Zustandsschilderungen, die die Milieuzeichnung des Naturalismus vorwegnehmen, gewinnt die Buche an Symbolmächtigkeit und verkörpert die Wiederherstellung der gestörten sittlichen Ordnung im unverrückbaren, mitleidlosen Gang der Gerechtigkeit. In satanisch verführerischer Magie erhält das Böse im Tod des Vaters, im Treiben der Blaukittel und ihrem Waldfrevel und in der dunklen Gestalt des Oheims eine unheimliche Anziehungskraft. Dem Gang der Geschehnisse überläßt die Dichterin das Urteil: »Es würde in einer erdichteten Geschichte unrecht sein, die Neugier des Lesers so zu täuschen. Aber dies alles hat sich wirklich zugetragen; ich kann nichts davon oder dazu tun.«

Die eigentliche Aussagekraft der Droste freilich fand sich in ihrer Lyrik; sie war angeregt dazu einmal durch ihre Auseinandersetzung mit Freiligrath, zum andern durch die Freundschaft mit Levin Schücking. Weltaufgeschlossenheit, Offenheit der Sinne und Besessenheit für die Wiedergabe der Dinge befähigen sie, das Wirkliche in seiner Einmaligkeit sichtbar, hörbar und spürbar zu machen. Das unterscheidet ihre Verse von denen Eichendorffs, der aus gefühlsstarken allgemeinen Bildern seine Welt der Sehnsucht aufbaut, und von denen Mörikes, der aus dem Ganzen Einzelheiten ausgliedert. Sie reiht Beobachtungen von erstmaliger Eindringlichkeit aneinander, bringt Unverbundenes in Beziehung zueinander und schafft so erst ein Ganzes. Herb, männlich-streng, verhalten, oft düster in ihrer Sprache, opfert sie das Schöne dem Charakteristischen und spürt sie den Naturlauten nach, sinnliche Eindrücke geradezu suggerierend. Ständig der Natur auf der Spur, ohne ihr Erleben in sie hineinzutragen, erfährt sie die Bedrohung des Unheimlichen und wird zur ausgeprägten Balladendichterin (vgl. *Die Schwestern*).

Offenheit der Sinne

Leidenschaftlich beschwingt in ihrer Hingabe, von starkem Rhythmus und doch wieder herb verhalten ist ihre seelenvolle Liebespoesie. »Mich dünkt, könnte ich Dich alle Tage nur zwei Minuten seh'n – o Gott, nur einen Augenblick! –, dann würde ich jetzt singen, daß die Lachse aus dem Bodensee sprängen und die Möwen sich mir auf die Schulter setzten!«

In der Verserzählung *Der spiritus familiaris des Roßtäuschers* (1842) siegt nach düsterem Beginn die Liebe über die Kraft der höllischen Phiole, die den Hausgeist umschließt. Die Magie schwindet, und in dieser Aussage spüren wir das persönliche Erleben der Dichterin durch, die eben die Zerstörung ihrer Liebe zu Levin hinnehmen mußte.

In ihren reifsten Gedichten (aus dem zweiten Meersburger Aufenthalt) wird sie zur »Seherin ihres Geschlechts«, die schonungslos entlarvt, was ohne Seele ist. Sie weiß sich krank und einsam, und nur die Natur vermag ihr neue Lebenshoffnung zu geben. Ihr berühmtes Gedicht *Mondes-aufgang* schließt mit den bezeichnenden Versen:

> »O Mond, du bist mir wie ein später Freund,
> Der seine Jugend dem Verarmten eint,
> Um seine sterbenden Erinnerungen
> Des Lebens zarten Widerschein geschlungen,
> Bist keine Sonne, die entzückt und blendet,
> In Feuerströmen lebt, im Blute endet –
> Bist, was dem kranken Sänger sein Gedicht,
> Ein fremdes, aber o! ein mildes Licht.«

Noch einmal taucht sie nach der Rückkehr ins Rüschhaus in beglük-kende Erinnerung ein (*Im Grase*). Erlebtes gewinnt bleibenden Ausdruck mit traumhaftem Klang und erregendem Laut, bis sie in den letzten geistlichen Gedichten, ihr Ende vor Augen, nur noch ihrem Leiden lebt.

Eduard Mörike (1804–75), dessen Dichtungen – wie die der Droste – fern vom Zeit- und Weltgeschehen aufblühten, galt lange Zeit gerade-zu als Verkörperung des Biedermeier. Man wollte in ihm **Abseits vom** nur den musischen Pfarrer von Cleversulzbach sehen, der **Zeit-** in idyllischer Abgeschiedenheit seine Blumentöpfe begoß, **geschehen** schnupfte, Kaffee trank, den alten Turmhahn betrachtete, im Grase lag und in den Himmel und die Wolken hinein-dichtete. Aber auch die Versuche, einen tragischen Dichter aus ihm zu ma-chen, der Zerrissenheit, Gefährdung und drohende Abstürze des Lebens nicht nur besungen, sondern auch erlebt hat, blieben nicht aus. Beides ver-fehlt ein wahres Bild von ihm.

Mörike wird zu Ludwigsburg geboren, zu einer Zeit, da die deutsche Klassik im Bunde Goethes mit Schiller auf ihrem Höhepunkt stand. Sein Leben spannt sich von den Jugendbeziehungen zu den großen schwäbischen Realisten Friedrich Theodor Vischer und David Friedrich Strauß, den Studienjahren im berühmten Tübinger Stift bis zur Pfarre in Cleversulzbach und zu seinem von den Seelsorgepflichten freien Schaffen in Mergentheim, Schwäbisch Hall und Stuttgart, wo er am Katharinenstift über Literatur las. Nach Jahren des Ruhestandes in Lorch und Nürtingen stirbt er in Stuttgart.

Mörikes Dichten reicht also bis in die zweite Hälfte des 19. Jahrhunderts, und seine Werke entstehen gleichzeitig mit den Gedichten eines *Baudelaire*, den er um acht Jahre überlebte und eines *Verlaine*, die beide mit ihrem revolutionären Schaffen zu den großen Anregern der modernen Lyrik wurden. In seinem Todesjahr wurden Rainer Maria Rilke und Thomas Mann geboren.

Bereits Mörikes Jugendwerk *Maler Nolten*, als Novelle gedacht, 1832 als Roman erschienen, trägt bei aller Verwandtschaft mit dem Vorbild Goethe (»Wilhelm Meister«) und der romantischen Romantradition un-verkennbare Züge eines auf Wirklichkeit und Psychologie bedachten Er-zählens.

Theobald Nolten, ein aufstrebender junger Maler, trennt sich von seiner Verlobten Agnes, die ihm angeblich untreu geworden war, und verliebt sich in die Gräfin Constanze. Der Schauspieler Larkens sucht seinen Freund vor unglücklichen Verstrickungen zu bewahren und schreibt weiter für Nolten Briefe an Agnes; die treibende Kraft ist die verführerische Zigeunerin Elsbeth, die Nolten liebt und Agnes verdächtigt. Zu spät will Nolten seinen Irrtum wiedergutmachen; Agnes hat die Untreue ihres Verlobten nicht überlebt, und auch der Freund Larkens stirbt aus Ekel am Leben. Nach einer letzten Begegnung mit Elsbeth folgt ihnen der Maler nach.

Wie bei Goethes »Werther« stehen hinter diesem schmerzlich-leidenschaftlichen Werk persönliche Erlebnisse Mörikes von seiner Jugendliebe zu der Landstreicherin Peregrina (Maria Meyer). Dichterisch bedeutsam ist dabei die Stimmung, ein besonderes Kennzeichen des deutschen Romans von Goethe und der Romantik her, die sich vor allem in den eingestreuten Gedichten findet. Eine neue Weltfrömmigkeit –
Welt- wie wir sie schon von den anderen Frührealisten her ken-
frömmigkeit nen – wird auch hier spürbar, wenn z. B. in dem Gedicht
Er ist's der Frühling als persönliches Wesen auftritt und ohne Deutung auf einen Sinn hin einfach Dasein und Mächtigkeit gewinnt. Der Unterschied zur Droste liegt in dem Versuch, den Frühling geradezu mythisch anzusprechen. Dabei haben die lichten, hellen Seiten der Natur aber auch eine Kehrseite, vor denen den Dichter ein Grauen überkommt, weil wir ihnen ausgeliefert sind. Peregrina als eine Art Mignon wird leibhaftiger Ausdruck dieser dämonisch gesehenen Mächte des Seins, die uns unbegreiflich bleiben und, jenseits von Gut und Böse stehend, anziehen und abstoßen zugleich:

> »Oft in den Träumen zog sich ein Vorhang
> Finster und groß ins Unendliche
> Zwischen mich und die dunkle Welt ...
> Gleich einer Ahnung strich es dahinten ...
> Siehe! da kam's.
> Aus einer Spalte des Vorhangs guckte
> Plötzlich der Kopf des Zaubermädchens,
> Lieblich war er und doch so beängstigend.«

Der Blick in die Abgründe und die leidenschaftliche Erschütterung finden sich in den *Peregrina-Liedern*. In seinen Gedichten, deren erste Ausgabe – wie die der Droste – 1838 erscheint, wechseln romantisches Träumen und leidenschaftlich sinnliche Kraft mit Sinn für Harmonie und Ausgeglichenheit oder mit liebevollem Humor und der Schlichtheit des Volkslieds. Vor Mörikes ausgeprägter Musikalität der Sprache tritt das inhaltlich Erlebnismäßige zurück, und Bild, Rhythmus und Klang gewinnen unmittelbare Aussagekraft. Alles einzelne wird wesenhaft und mit Hilfe der neuen Wahrnehmungsschärfe und einer starken Phantasie vollendet gestaltet:

> »Es träumt der Tag, nun sei die Nacht entflohn;
> Die Purpurlippe, die geschlossen lag,
> Haucht halb geöffnet, süße Atemzüge:
> Auf einmal blitzt das Aug', und wie ein Gott, der Tag
> Beginnt im Sprung die königlichen Flüge.«

Im Gegensatz zu Hölderlin freilich bleibt es lediglich bei einem mythischen Ansprechen der Naturerscheinungen, zu einer Vergottung kommt es nicht mehr.

> »Gelassen stieg die Nacht ans Land,
> Lehnt träumend an der Berge Wand,
> Ihr Auge sieht die goldne Waage nun
> Der Zeit in gleichen Schalen stille ruhn;
> Und kecker rauschen die Quellen hervor,
> Sie singen der Mutter, der Nacht, ins Ohr
> Vom Tage,
> Vom heute gewesenen Tage.«

In den späteren Gedichten verliert sich die bedrohliche Nähe zum Abgründigen, in beseelter Hingabe gewinnen die Dinge ihr Eigenleben. »Was aber schön ist, selig scheint es in ihm selbst«, so hatte schon der letzte Vers seines Gedichts *Auf eine Lampe* gelautet.

Das Bedrohliche in die Gewalt zu bekommen, einen Schutz vor den Gefährdungen des Realen zu schaffen, bedient sich Mörike häufig des Märchengewands. Im Spiel und Fabulieren (vgl. *Die Idylle vom Bodensee,* die Märchen *Der Bauer und sein Sohn* und *Die Hand der Jezerte*) löst sich die Härte des Wirklichen, wird die Idylle zur Schutzschicht. Hierher gehört die Geschichte vom *Stuttgarter Hutzelmännlein* mit der eingeschobenen Historie von der schönen Lau. Angesiedelt zwischen Sinn und Unsinn, blühen hier aus dem meisterhaft beherrschten Spiel mit der Sprache Mörikes Humor und Heiterkeit auf. Sie finden sich, stark pointiert, auch in seinen Nonsens-Versen und stimmen Töne an, die sich erst nach einem Jahrhundert bei Christian Morgenstern wiederfinden:

Wissendes Lächeln

> »Es schlägt eine Nachtigall
> Am Wasserfall,
> Und ein Vogel ebenfalls,
> Der schreibt sich Wendehals,
> Johann Jakob Wendehals;
> Der tut tanzen
> Bei den Pflanzen
> Obbemeldten Wasserfalls –«

Mörike desillusioniert – wie Grabbe und Büchner – das Pathos eines erhöhten Stils und entlarvt den künstlichen Zauber romantischer Mond-

scheinserenaden. Ja, sein naives Lächeln hebt auch noch die biedermeierliche Idylle (*Der alte Turmhahn*) auf. Höhepunkt von Mörikes Erzählkunst ist so seine Novelle *Mozart auf der Reise nach Prag* (1856).

Auf dem Weg nach Prag, wo sein »Don Juan« erstaufgeführt werden soll, gerät
Mozart in einen Schloßgarten und wird dort gefeiert. Auf der Höhe seines Ruhms und
im Vollbesitz seiner künstlerischen Kraft streifen ihn Todesahnungen, wie sie in der
erschütternden Szene mit dem Choral-Spiel »Dein Leben endet vor der Morgenröte«
als dunkle Schatten im lichten Spiel der adligen Gesellschaft spürbar werden.

Sicherlich hat bei dieser Novelle die vom Dichter ein Leben lang empfundene
Wesensverwandtschaft mit Mozart Pate gestanden:

> »Ich folgte dir zu schwarzen Gründen hin,
> Wo der Gesang versteckter Quellen klang
> Gleich Kinderstimmen, die der Wind verschlang.«

Die Welt im Gleichgewicht
Die zwei Seiten des Mozart-Mörike-Wesens geben der nach musikalischem Kompositionsschema gebauten Novelle ihre Span-
nungskraft: das glückliche Geborgensein in der Liebe und
das Ausgeliefertsein an die Welt und das Schicksal, die
Seligkeit der Kunst in heiterem Spiel und aus der Fülle des
Humors und das Gezeichnetsein durch den Tod, der die Seele berührt und
verwandelt. Beide Seiten treffen sich in der Einmaligkeit des Augenblicks,
der das Kunstwerk gebiert und das Schöne vollendet. Die Kunst bannt
die Gefährdungen einer dämonisch begriffenen Welt (beim frühen
Mörike, bei Büchner und der Droste). Die Schlußmelodie des angeblich
böhmischen Volksliedes zeigt ein stilles, wissendes Ja zum Leben, in das
der Tod als zugehörig mit hineingenommen wird. Damit aber ist der Bereich des frühen Realismus schon verlassen.

> »Ein Tännlein grünet wo,
> Wer weiß, im Walde,
> Ein Rosenstrauß, wer sagt,
> In welchem Garten?
> Sie sind erlesen schon –
> Denk es, o Seele! –
> Auf deinem Grab zu wurzeln
> Und zu wachsen.
>
> Zwei schwarze Rößlein weiden
> Auf der Wiese,
> Sie kehren heim zur Stadt
> In muntern Sprüngen.
> Sie werden schrittweis gehn
> Mit deiner Leiche,
> Vielleicht, vielleicht noch eh'
> An ihren Hufen
> Das Eisen los wird,
> Das ich blitzen sehe.«

Höhe des Realismus

Im hohen Realismus wird die Kluft zwischen dem Göttlichen und Menschlichen, die in den Anfängen des Realismus sich gähnend auftat, überbrückt durch den neuen Glauben an die Wirklichkeit als einen Wert und Teil der göttlichen Ordnung. Mensch und Natur bilden eine Einheit; die abweisende Strenge des Aorgischen ist überwunden durch eine neue Weltgläubigkeit. Die Dichter bejahen das Diesseitige, ob es nun im ursprünglich-lebenskräftigen Bauerntum eines Gotthelf erscheint, in der Gediegenheit eines soliden Bürgertums bei Keller oder in der Rechtlichkeit und Güte der Menschen Stifters. Vor der Größe der erhabenen Natur ist der Mensch zwar immer noch unbedeutend klein; sie gibt ihm aber auch Geborgenheit und hat somit neben dem Niederdrückenden etwas Tröstliches. Auch der Tod gehört mit zum Leben, zur Wirklichkeit, die weiter grünt und wächst. Das ergibt eine neue Transzendenz, die aber innerweltlich, immanent bleibt; die erfahrene Wirklichkeit weitet sich ins Kosmische. Gut und Böse werden als kosmische Mächte angesehen und liegen z. B. in der »Schwarzen Spinne« als solche im Kampf miteinander. Die Immanenz des Göttlichen und die gläubige Unterordnung unter das Weltgesetz vertrat schon Goethe. Eine Autonomie des menschlichen Geistes kennt der Realismus aber nicht mehr. Dieses klassische Weltbild erschüttert vor allem Hebbel: Die Sicherheit, auf der Wesen und Leistung einer Iphigenie und Jungfrau von Orleans gründeten, ist bei einer Judith nicht mehr vorhanden. Sie schwankt, ob ihre innere Stimme göttlicher Auftrag oder bloßes Gefühl sei. Die Psychologie ist an die Stelle der Überzeugung getreten.

Der im gleichen Jahr wie Heinrich Heine, 1797, zu Murten in der Schweiz geborene **Jeremias Gotthelf** (gest. 1854) hieß eigentlich Albert Bitzius und wählte seinen Schriftstellernamen nach der Titelgestalt seines ersten Buches aus dem Jahre 1837: *Der Bauernspiegel oder Lebensgeschichte des Jeremias Gotthelf.* Diesem ersten europäischen Bauernroman folgte eine lange Reihe weiterer, meist im Emmentaler Raum spielend:

Ehrbarkeit des Bäuerlichen *Leiden und Freuden eines Schulmeisters* (1838/39); *Uli der Knecht* (1841); *Uli der Pächter* (1848); *Geld und Geist* (1843); dazu die Erzählungen *Elsi die seltsame Magd* und *Das Erdbeer-Mareili.* Sie erfassen bald mahnend, liebend ratend oder anklagend, bald polternd, grollend hassend die ganze Wirklichkeit menschlichen Lebens und stellen sie unter das Gebot Gottes. Wie Mörike war Bitzius Pfarrer (in Lützelflüh). Aber die Kanzel genügte ihm nicht für seine erzieherischen Absichten; so wurde er zum sprachgewaltigen, eifernden, phantasiebegabten, ja genialischen Erzähler, der sich nicht selten einer mundartlich gefärbten, seinen Bauern abgelauschten Sprache bediente.

Im »Bauernspiegel« erzählt Gotthelf die Geschichte eines Bauernjungen, der arm und ohne Eltern seinen Weg macht vom Elend und Leid der Heimatlosigkeit bis zum Lehrer und Ratgeber der Unterdrückten.

Mittellose Waise ist auch »Uli der Knecht«, der sich unter der Anleitung des ehrenhaften Meisters Johannes von einem leichtfertigen, rauflustigen Trinker zum Meisterknecht beim Glunggenbauer Joggeli entwickelt, dessen heruntergekommenen Hof in Ordnung bringt und die Liebe der verzogenen Tochter des Großbauern gewinnt. Statt dieser herzlosen Person heiratet er aber das verständige und gemütstiefe Vreneli, eine arme Verwandte Joggelis, die ihn auch vor dem aufkommenden Geiz und geldgierigen Streben bewahrt, einen rechten Mann aus ihm macht und ihm schließlich als Pächter und Besitzer des Glunggenhofes eine unentbehrliche treue Seele ist.

Sein erstes Werk steht in der Nähe von Büchners Desillusionierung der Welt, die beide mit Abscheu erfüllt. Wo Büchner den Sinn im Leben vermißt, sucht Bitzius vergeblich nach sittlichen Werten. So zieht er mit einem urwüchsigen Erzählertalent und mit großer Sprachgebärde gegen das Teuflische in der Welt zu Felde: »Mein Schreiben ist ein Bahnbrechen, ein wildes Umsichschlagen nach allen Seiten hin gewesen.« Er eifert gegen den Zeitgeist mit seiner Gottlosigkeit und Verstädterung und setzt dem Verfall des Menschlichen ein naturhaft einfaches, den Erdkräften verbundenes Leben, gerecht vor Gott und den Menschen, entgegen. In diesem Kampf sind häufig die Gotthelfschen Frauengestalten engelgleiche Helfer, die – wie der Dichter – wissen, »was die Welt und das Unglück aus einem Herzen machen, wenn nicht wahres Christentum es gesund erhält«.

In der Darstellung des bäuerlichen Alltags fehlt es nicht an geradezu naturalistischer Derbheit, wie wir sie schon bei Büchner kennengelernt haben, an strotzendem Leben und eigenwüchsiger Kraft. Uli z. B. nimmt aus solcher Welt seinen menschlich-sittlichen Aufstieg zu »adeliger Ehrbarkeit«, welche auch die bäuerliche Welt von Gotthelfs Roman »Geld und Geist« regiert, bis das Geld die Ehegatten entzweit. Da erschüttert die sonntägliche Predigt die Frau, und am Nachmittag »sah sie, soweit das Auge reichte, den Himmel rundum sich senken den Spitzen der Berge zu, sah ihn umranden den Kreis, welchen ihr Auge ermaß, sah, wie da eins ward der Himmel und die Erde, und von dieser Einigung kam der reiche Segen, kam der Sonne Licht, kam der Regen, kam der geheimnisreiche Tau, kam die wunderbare Kraft, welche Leben schafft im Schoße der Erde«. Damit findet die Frau vom Geld zum Gebot des Geistes zurück, das Liebe und Eintracht heischt, und die Ehegatten versöhnen sich.

Gotthelfs Realismus ist ein ethischer, bei dem Gut und Böse nicht bloße Worte darstellen, sondern Säulen und Träger der Welt darstellen.

Ethischer Realismus Besonders deutlich wird das in seiner Meisternovelle *Die schwarze Spinne* (1842); teuflisches Ungetier bricht über die Menschen immer dann herein, wenn sie den Pakt mit dem Bösen eingehen, lieblos und hoffärtig werden; es wird durch Ehrbarkeit und Glaube gebannt (lauert aber im Haus in einer durch Pfropfen verschlossenen Höhle weiter). Die Novelle erscheint gleichzeitig mit Drostes »Judenbuche« und teilt mit ihr den Naturalismus und Symbolismus. Aber wo die Droste dämonisch-tragisch bleibt und somit den frühen Realisten verpflichtet ist, ist das Weltbild Gotthelfs ein sittliches: Gut und Böse, Göttliches und Teuflisches sind bei Gotthelf Wirklichkeiten einer großen, christlich erlebten Ordnung. Das urtümlich Naturhafte umfaßt auch noch das Heidnische und verbindet es mit dem Christlich-Sittlichen.

Die Neuentdeckung der heilenden Kräfte im unversehrt erhaltenen Bauerntum, auf die neben Gotthelf schon Immermann verwiesen hatte, führte zur Mode der Dorfgeschichte, die einer Reihe zweit- und drittrangiger Dichter Ruhm und Ansehen einbrachte.
Berthold Auerbach (1812–82) traf mit seinen vier Bänden *Schwarzwälder Dorfgeschichten* (1843ff.) den Geschmack der städtischen Leser, indem er die unverfälschten derben und eckigen Dorfgestalten, wie sie noch sein Vorbild Johann Peter Hebel hingestellt hatte, auf den Zeitgeschmack zuschnitzte und versüßlichte. Trotzdem verehrten ihn Männer wie Schelling, Uhland und Jacob Grimm, und Gervinus sagte von ihm, daß ein Erzähler von dieser Weltgeltung nicht mehr dagewesen sei seit Walter Scott. Tatsächlich ging sein Einfluß bis nach Frankreich (Georg Sand), England, Skandinavien und Rußland (Turgenjew, Tolstoj). Mit zum Bekanntesten zählen seine Geschichten um *Barfüßele*. In seiner Nachfolge gibt es bald aus allen deutschen Gauen Heimaterzählungen. Der Zug zum Regionalen gehört zum Realismus und findet sich außer bei Gotthelf auch bei Stifter, Keller und der Ebner. Heimat und Stamm werden als nächstliegende Gegebenheiten erfaßt.

In einem geradezu übermenschlichen Kampf gegen seine Zeit mit ihrem Ungeist, ihren Leidenschaften und mit den einem radikalen Nihilismus zutreibenden Mächten steht **Adalbert Stifter** (1805–68), neben Grillparzer, dem größten österreichischen Dramatiker, der bedeutendste österreichische Epiker. Wie bei Gotthelf bedurfte es freilich noch vieler Jahrzehnte, bis – nach einem ersten Hinweis Nietzsches – das Klassische in Stifters Prosa und die Zeitlosigkeit seiner Werkgehalte richtig gewürdigt wurden.

In der Weltabgeschiedenheit des Böhmerwaldes als Sohn eines Leinwebers in Oberplan geboren, kam Stifter vom Stift Kremsmünster, wo er die Schule besuchte, nach Wien, um dort zunächst Jurisprudenz, dann aber Philosophie, Geschichte, Mathematik und Naturwissenschaften zu studieren. Als Lehrer und Erzieher völlig zurückgezogen lebend, widmete er sich der Malerei und Schriftstellerei. 1848 siedelte er nach Linz über. Inmitten einer revolutionären Zeit, die alle Ordnung zu zerstören drohte, übernahm er die Stelle eines Schulrats (Landesschulinspektors), ging aber nach vielfachen Enttäuschungen und harten Schicksalsschlägen 1865 frühzeitig in Pension und schied drei Jahre später freiwillig aus dem Leben.

Wie bei Gottfried Keller, dem größten Schweizer Erzähler dieser Jahre, führt die künstlerische Entwicklung Stifters vom Pinsel zur Feder, wie jener beginnt er, in der Nachfolge Jean Pauls zu schreiben, und findet seinen Meister in Goethe.

Verloren- und Geborgensein
Kannte seine erste Erzählung *Der Condor* noch das schmerzliche Gefühl, daß der Mensch in der Unendlichkeit des Alls verloren sei, so brachten schon die *Feldblumen* das für Stifter bleibende Erlebnis der Größe und Güte Gottes im Frieden und in der Reinheit des Gemüts.

Der Heideknabe Felix meint, wenn es ihm »tief im Innersten so fromm wurde, er sähe weit in der Öde draußen Gott selbst stehen, eine ruhige silberne Gestalt: dann wurde es ihm unendlich groß im Herzen, er wurde selig ... und es war ihm, daß es nun gut sei, wie es sei«.

»Das ist der Inhalt meines Gebetes: ›Herr, was von dir kömmt, ist gut, ich bete es an, wenn es mich auch schmerzet!‹« lesen wir in einem Brief des Dichters an seinen Verleger Heckenast aus dem Jahre 1856. Radikaler kann der Gegensatz zu Büchners »Die Welt ist das Chaos« nicht ausgedrückt werden. Diese Wendung nach innen unter dem Zauber der eingefangenen Landschaftsstimmung und in stetem Kampf gegen leidenschaftliche Ausbrüche und Bedrohungen aus dem eigenen Innern bleibt bestimmend für das epische Werk Stifters, ihr entwächst eine neue, das Wesen des hohen Realismus mitbestimmende Seinsfrömmigkeit.

Es ist eine neue edle Einfalt und stille Größe, der Stifter Sittlichkeit und Güte beifügt. Sie geben den Grundtenor ab für die beiden Erzähl-

Einfalt und Güte
bände *Studien* (1844–50) (mit *Condor; Feldblumen; Heidedorf; Der Hochwald; Die Mappe meines Urgroßvaters; Die Narrenburg; Abdias; Brigitta* u. a.) sowie *Bunte Steine* (1853) (mit *Granit; Kalkstein; Turmalin; Bergkristall* u. a.).

Im »Heidehof« ist Felix, der Hirtenknabe, Tag für Tag mit seinen Ziegen allein, und spielt in seiner Phantasie die großen Gestalten der biblischen Geschichten nach. Schließlich nimmt er vom Dorf, dessen Bewohner schon immer ahnten, daß er für Großes bestimmt sei, Abschied und zieht in die weite Welt. Nach vielen Jahren und Erlebnissen kehrt er ernst und gereift aus dem Orient zurück, um trotz Reichtum und Gelehrsamkeit wieder einer der Heidebewohner zu werden. Zwar folgt ihm die Geliebte nicht in die Einsamkeit nach, wie sie versprochen hatte, aber für ihn ist die Natur der reine Quell seiner Jugend, und so überwindet er den Schmerz. Seine gealterte Mutter aber ist dankbar und glücklich darüber.

Der »Hochwald« führt uns in den unberührten Zauber des böhmischen Waldes, in dem zwei Schwestern mit Hilfe eines alten Waldgängers Schutz vor den Wirren des Dreißigjährigen Krieges suchen. Als sie endlich zurückkehren, finden sie die heimatliche Burg zerstört, den Vater und die Seinen tot. »Die Schwestern lebten fortan dort, beide unvermählt ... Die Burg hatte nach ihnen keine Bewohner mehr.«

In »Abdias« erzählt Stifter von einem Juden aus dem Orient, der seine Schätze, sein gutes Aussehen und damit die Liebe seiner Frau verliert und mit seinem blinden Töchterchen nach Europa auswandert. Hier wird das Kind durch einen Blitzschlag sehend und die einzige Freude des Vaters. Als es ein Blitzschlag tötet, versinkt der alte Vater in Wahnsinn.

In »Bergkristall« verirren sich zwei Kinder im Schneetreiben der Christnacht, werden aber in ihrem kindlich-gläubigen Ausharren vor dem sicheren Tod gerettet.

> »Wißt ihr, warum euch die Käfer, die Butterblumen so glücken?
> Weil ihr die Menschen nicht kennt, weil ihr die Sterne nicht seht! ...
> Aber das mußte so sein; damit ihr das Kleine vortrefflich
> Liefertet, hat die Natur klug euch das Große entrückt.«

Sanftes Gesetz

Mit diesen Worten griff der ganz anders geartete Hebbel Stifter an. Stifter antwortet mit einem programmatischen Bekenntnis in der Vorrede zu den *Bunten Steinen*:

> »Ein ganzes Leben voll Gerechtigkeit, Einfachheit, Bezwingung seiner selbst, Verstandesgemäßheit, Wirksamkeit in seinem Kreise, Bewunderung des Schönen, verbunden mit einem heiteren gelassenen Sterben, halte ich für groß ... Wir wollen das sanfte Gesetz zu erblicken suchen, wodurch das menschliche Geschlecht geleitet wird.«

Dieses Gesetz, das in den Dingen der Erde schlummert, befähigt den Dichter einmal zum Glauben an eine neue Ordnung, die auf diese Dinge gegründet ist und der auch der Mensch unterliegt, zum andern zu einem Sprachstil, der sich immer mehr der Ausdrucksweise des alten Goethe annähert und des Dichters Herz spürbar macht im Jubeln und Klagen der Natur. Da gibt es keine biedermeierlich bedrückende Enge, sondern eher Vergilsche Töne:

> »Wie schön und ursprünglich, dachte ich, ist die Bestimmung des Landmanns, wenn er sie versteht und veredelt. In ihrer Einfalt und Mannigfaltigkeit, in dem ersten Zusammenleben mit der Natur, die leidenschaftlos ist, grenzt sie zunächst an die Sage von dem Paradiese.« Das ist ein anderer Ton als in den Dorfgeschichten.

In Stifters Naturbildern findet aber gerade auch die heroische Landschaft in ihrer Abgründigkeit und Bedrohlichkeit einen Platz: der Urwald, das Hochgebirge, die Wüste, die Pußta, die Steppe. Neben dem lieblichen Idyll steht die betont unorganische Welt, und menschliche Größe entwächst überall der Möglichkeit zum Guten und Bösen. Was Stifter in seiner Vorrede zu den »Bunten Steinen« aussprach, war der mutige Kampf gegen die Versuchungen, denen er in seinem Innern ständig selbst ausgesetzt war. Sie finden in seinem Werk in den Gestaltungen des Elementar-Katastrophalen ihren Niederschlag, so im Hagelschlag und der Feuersbrunst in der Geschichte vom braunen Mädchen, im ungeheuren Schneefall und Eisbruch, in der Dürre im »Heidedorf«, in der Gewitterverwandtschaft des Mädchens aus dem »Abdias«, im Kampf mit den Wölfen aus »Brigitta«.

Vor der lächelnden Ruhe des Firmaments schrumpft das irdische und menschliche Geschehen zusammen. Die kosmischen Naturmächte gehen in unberührt erhabener Gleichgültigkeit darüber hin, wie es im »Hochwald« an der Stelle geschildert ist, wo die zwei Mädchen, die vor den Wirren des Krieges von der väterlichen Burg in eine Hütte am Waldsee geflüchtet waren, auf die Ruine des Vaterhauses mit einem Fernrohr schauen:

**Gleich-
gültigkeit
der Natur**

»Es war ein unheimlicher Gedanke, daß in diesem Augenblicke dort vielleicht ein gewaltiges Kriegsgetümmel sei und Taten geschähen, die ein Menschenherz zerreißen können; aber in der Größe der Welt und des Waldes war der Turm nur ein Punkt. Von Kriegsgetümmel ward man gar nichts inne, und nur die lächelnd schöne Ruhe stand am Himmel und über der ganzen Einöde.«

Wir werden an das Lächeln der Götter bei Büchner erinnert. Aber war dort zwischen dem Menschlichen und den Mächten eine tiefe Kluft aufgerissen, so wird sie hier überbrückt durch das tröstlich Beruhigende: Der Wald, eigentlicher Held der Novelle, wird zum Bleibenden, Ewigen, einzig Wirklichen, das alle irdische Flüchtigkeit überdauert. Deswegen zündet der Jäger Gregor nach der Rückkehr der Mädchen das Waldhaus an und streut Baumsamen auf die Stelle, »so daß wieder die tiefe, jungfräuliche Wildnis entstand wie sonst, und wie sie noch heute ist«.

Gerade aus dem Wissen Stifters vom Abgründigen im Menschen, von seiner »tigerartigen Anlage«, bemühte er sich zuversichtlich, ein Bild vom Menschen, der an die Möglichkeit einer Ordnung glaubt, zu entwerfen. In seiner Novelle *Brigitta* (mit dem Thema der Liebe zur häßlichen Frau) tritt an die Stelle der lächelnden Ruhe des Himmels der heitere Grund der Seele:

**Um echte
Schönheit**

Die schöne Gabriele hat es vermocht, Stephan Murai seiner Gattin Brigitta untreu werden zu lassen. Diese zieht von ihm fort und baut sich mit ihrem Kinde ein neues Leben auf einem Gutshof auf. Nach anderthalb Jahrzehnten sehen sich die Ehegatten wieder, und Stephan entdeckt die Schönheit von Brigittas Seele. Am Krankenbett ihres Sohnes finden sie erneut zueinander. Den Leidenschaften enthoben, innerlich gereift und ausgeglichen, empfangen sie Sinn und Richtung ihres Daseins aus der Natur.

Im Versuch, Gesetz, Ding und Mensch, göttliches Natur- und Menschenleben in eins zu fassen, geht Stifter weit über die realistischen Dichter seiner Zeit hinaus. Das wird besonders in seinen Romanen deutlich.

Im *Nachsommer* (1857) kommt der junge Heinrich Drendorf auf einer Studienfahrt zum rosenbewachsenen Asperhof im Alpenvorland und wird von dessen Besitzer, dem Freiherrn von Risach, zum Verbleiben eingeladen. Er begegnet im Haus einer erlesenen Reihe von Kunstgegenständen, Möbeln, Büchern, Sammlungen und architektonischen Feinheiten, aber auch Menschen, die, wie die Gräfin Mathilde (dazu ihre Tochter Natalie und der Pflegesohn des Freiherrn), in völliger Übereinstimmung mit ihrer Umwelt Bildung, Kultur und reife Menschlichkeit verkörpern. Nach langen Jahren der Weiterbildung entdecken Heinrich und Natalie ihre Liebe zueinander, und die beiden Alten, der Freiherr und die Gräfin, finden in der Liebe der Jungen ein spätes Glück, das sie in der eigenen Jugend nicht gefunden hatten.

Hebbel hatte die auf jeden Effekt verzichtenden, breiten Detailschilderungen dieses Romans, in dem auch die Handlung auf ein Mindestmaß beschränkt bleibt, so langweilig gefunden, daß er die **Christliche** Krone Polens dem versprach, der ihn zu Ende lese. Stifter **Humanitas** aber ging es darum, auch im Alltäglichen und Unscheinbaren das Bedeutende zu zeigen. Einfachheit, Güte und Größe gehen auseinander hervor und bewirken jene Humanitas, die über die vollkommen gebildete Persönlichkeit hinaus eine sittliche Welt schafft. Die Nachfolge Goethes ist unverkennbar; aber dem antikischen Humanitätsideal der deutschen Klassik ist das christliche Element der Güte, der Agape, beigefügt. Hierin liegt die Möglichkeit des Menschen, sich zum Göttlichen emporzuläutern.

Der Titel des Romans erhält symbolische Bedeutung für die zeitlose Ruhe zwischen der erlebten Fülle hochsommerlicher Reife und der Schwermut herbstlichen Abschiednehmens. So sind Güte und Sanftmut nicht Attribute des Alters oder Resignierens, sondern Erhöhung der Lebenskraft, die alle Leidenschaft gebändigt und ihre tödliche Bedrohung überwunden hat. Die bewahrte Lebensfülle schafft jene Schönheit, die aus der Seele und dem Herzen stammt und ihr Symbol in der Rose findet. Sie darzustellen ist Aufgabe der Kunst. Auch die Liebe blüht erst dort zur schönsten Blüte auf, wo die Leidenschaft erloschen und die Verehrung für das Wesenhafte im Du, für das Eigenwesen des Geliebten geblieben ist: »Die Güte aber als ehrfürchtig distanzhaltende Liebe gibt dem menschlichen Dasein in Sicherheit und Ruhe die Glückseligkeit des Nachsommers.«

Mit *Witiko* (1865/67) schreibt Stifter einen geschichtlichen Roman aus den Anfängen der Stauferzeit. Der junge Titelheld kommt aus Passau in die böhmischen Wälder und beteiligt sich dort an den Kämpfen um die Nachfolge des Herzogs Sobeslaw. Tapfer, treu, redlich und selbstlos wird er zum Führer der Ordnungspartei, verhilft dem jungen Wladislaw zum Siege und damit Böhmen zu Macht und Ansehen.

Auch Witiko ist ein leidenschaftsloser Mensch. Die Rolle der Güte im Bildungsroman »Nachsommer« übernimmt in dem Geschichtsroman die Rechtlichkeit. Beide gründen, wie Witiko sagt, in der Ehrfurcht vor dem, was die Dinge an sich sind. Im privaten Bereich entwickelt sich diese Ehrfurcht zur Güte, im politischen Raum wird sie zum Grundsatz des Rechts. Demgemäß entscheidet sich Witiko, der seinen Leuten gegenüber der immer gerechte, sachliche und treue Vorgesetzte war, im Kampf um die Thronfolge einzig nach dem Rechtsanspruch der beiden Bewerber.

Das Ineinander von sittlicher Humanität, idealistischer Philosophie und katholischer Gläubigkeit bestimmt die dichterische Darstellung des einfachen Lebens beim alten Stifter. In steter Offenheit für das Wesen der Dinge und das Wirkliche werden Grundformen menschlichen und kreatürlichen Seins ausgebildet und in Bezug zur Wahrheit gesetzt, die ebenfalls den Dingen entstammt. Und alles das wird in einer Sprache geschrieben, die die moralische Lauterkeit und edle Absicht des christlichen Humanisten geradezu sinnlich faßbar macht. Inmitten einer Welt, in der die menschlichen Grundordnungen aufs tiefste bedroht waren, hielt Stifter an ihrer Unzerstörbarkeit fest.

Urlandschaft Neben Stifters »Hochwald« wäre das *Kajütenbuch* (1841) von **Charles Sealsfield** (1793–1864) zu stellen, in dem die erhabene Weite der Prärie (das gelungenste Kapitel: Die Prärie am Jacinto) und die ungebrochene Kraft des Urwaldes den Menschen unbedeutend und klein erscheinen lassen.

Hinter dem Schriftstellernamen Charles Sealsfield verbirgt sich der in Mähren geborene Karl Anton Postl, der in Prag als Ordenspriester wirkte und von einer Kur in Karlsbad nach Amerika flüchtete. In seinen Büchern fanden seine Erlebnisse im amerikanischen Urwald und der Steppe, den Pionieren, Farmern, Sklavenhändlern und Indianern ihren Niederschlag. Dabei hielt er in seinen fesselnden Berichten und farbigen Schilderungen, welche die Dinge und Menschen unmittelbar in eine wirklichkeitsgesättigte Sprache umsetzen, dem alten kranken Europa das Vorbild des jungen demokratischen Amerika vor Augen. Seit 1831 lebte er in der Schweiz. Erst 1864 erfuhr man aus dem Testament eines dort verstorbenen vermeintlichen Amerikaners, wer er war.

Weniger bedeutsam, dafür aber weit mehr gelesen, waren die Abenteuerromane seiner Nachahmer. Lediglich *Friedrich Gerstäcker* (1816–72), der sich in vielerlei Stellungen, zuletzt als Begleiter des Herzogs von Coburg, durch die halbe Welt geschlagen hatte, kommt mit seinen *Flußpiraten des Mississippi* einige literarische Bedeutung zu. Seither hat sich – bis zu *Karl May* (1842–1912) und weiter – die Indianerliteratur als Bestandteil unserer Jugendlektüre gehalten.

Erreichte die Erzählkunst des Realismus in Stifter einen ersten Höhepunkt, dem eine Reihe weiterer folgten, so gipfelte die dramatische Dichtung eindeutig in dem Werk **Friedrich Hebbels** (1813–63).

Hebbel, wie Büchner und Wagner 1813 geboren, entstammte ärmlichsten Verhältnissen. Sein Vater war Maurer in dem dithmarsischen Marktflecken Wesselburen. Dürstend nach Geist und Leben, muß er sich seine Bildung mühevoll erringen. Auf die fronvolle Schreibertätigkeit im Hause des Kirchspielvogts folgt nach einem kurzen Aufenthalt in Hamburg (1835–36) das Studium in Heidelberg und München, das die Näherin Elise Lensing aus Hamburg mitfinanziert. Aber bald gibt er sein Jurastudium auf und verliert dadurch sein Stipendium, so daß er, als auch noch die Mutter gestorben ist, zu Fuß nach Hamburg zurückkehren muß. Dank einem Stipendium des Dänenkönigs kann er nach Paris und Italien reisen. Schließlich gelangt er erneut mittellos nach Wien, wo er in der Schauspielerin des Burgtheaters Christine Enghaus 1846 die verständnisvolle Freundin seines Schaffens und Gefährtin für sein Leben findet. 1863 geht sein erst in den letzten 15 Jahren zu gesicherter Häuslichkeit und künstlerischem Ruhm gekommenes Leben zu Ende.

Hebbel beginnt sein dichterisches Schaffen mit Gedichten, die zu Recht neben die gleichzeitig erscheinende Lyrik Mörikes und der Droste gestellt werden können, weil sie einem echten, in die Tiefe metaphysischer Deutung reichenden, wenn auch dunkel umschatteten Daseinsgefühl entspringen. Sein *Nachtlied* (»Steigendes, neigendes Leben, / Riesenhaft fühle ichs

Immanente Transzendenz
weben, / Welches das meine verdrängt . . .«) zeigt eine zu Goethes »Wanderers Nachtlied« ganz verschiedene Sicht: So gegensätzlich individuelles Sein und Welt – vor allem angesichts der Übermacht des Alls – erscheinen, der Dichter sucht noch nach einer Einheit der beiden. Hebbel weitet ins Kosmische, was Mörike mythisch zu deuten, die Droste balladesk anzusprechen versucht hatte. Wo Eichendorff Sehnsucht nach einem jenseitigen Zuhause spüren ließ, sucht Hebbel eine »immanente Transzendenz«, die Kennzeichen des hohen Realismus ist. Das Dämonische der Sicht Büchners ist überwunden in der All-Einheit von »Wagentanz und Sternentanz«, indem der Dichter in seine Finsternisse ein »leuchtend Bild der Welt« zurücknimmt.

Anfang der vierziger Jahre legt Hebbel in den theoretischen Schriften *Ein Wort über das Drama,* erweitert zu *Mein Wort über das Drama*

Schuldig-werden des einzelnen – Fortgang des Weltganzen
(1843), und vor allem in dem *Vorwort zu Maria Magdalene* seine Ansichten über das Drama dar, die sich zu einem gedanklichen System tragischer Weltanschauung zusammenfügen. Das Leben der Welt verläuft in tragisch-dialektischer Spannung zwischen dem Ich und dem All. In der Vereinzelung wird das Individuum gleichsam metaphysisch – also nicht moralisch – schuldig und ermöglicht durch sein Aufbegehren und sein sühnendes Opfer den Fortgang des Weltganzen. Immer wieder treten besondere Einzelne aus der Vielheit heraus, wecken die Welt aus ihrem herkömmlichen Trott und Schlaf und ermöglichen somit eine Fortentwicklung, den Beginn einer neuen Zeit. Sie selber aber sühnen ihren Frevel mit tragischem Untergang. Die Denkart Hegels und Schopenhauers Pessimismus werden spürbar, jedoch fehlt bei Hebbel der Glaube an den Primat des Geistes. Die Welt wird rigoros entgöttert und entzaubert; aber der tragische Opfertod bleibt doch irgendwie sinnvoll, Hebbels Drama steht der jungdeutschen Auseinandersetzung mit dem Tagesgeschäft ebenso fern wie einem bloß »ästhetisch-illusionären Selbstzweck«.

In *Gyges und sein Ring* (1856) verstößt der freiheitlich gesinnte, aufklärerische Lyderkönig Kandaules gegen das Recht der Persönlichkeit und die herrschende Sitte. Trotz Schleierzwang für die Frau soll sich der griechische Gastfreund Gyges, durch einen Ring unsichtbar bleibend, von der Schönheit der Rhodope überzeugen. Rhodope entdeckt das Vergehen und zwingt Gyges, der in Liebe zu ihr die Sühne auf sich nehmen will, Kandaules zu töten. Darauf vermählt sie sich ihm, tötet sich aber noch am Traualtar. »Als Frevler gegen das Herkommen und als Opfer für den Fortschritt« muß Kandaules fallen. Gyges, der den Thron besteigt, wird ein neues Zeitalter heraufführen.

Mit der *Nibelungen*-Trilogie (1862) (*Der gehörnte Siegfried; Siegfrieds Tod* und *Kriemhilds Rache*) bemühte sich Hebbel in sieben Jahre langer Arbeit um eine Dramatisierung des durch die Romantik wieder zur Geltung gekommenen Nibelungen-Stoffes, den sich auch Geibel und Raupach vornahmen. Die Tragik entwickelt sich aus dem unversöhnlichen Widerstreit zwischen der Treue Hagens zu den Königen und der Treue Kriemhilds zu ihrem toten Gatten. So kommt es zu dem fürchterlichen gegenseitigen Morden, bis mit Dietrich von Bern, der »im Namen dessen, der am Kreuz erblich«, das Reich Etzels übernimmt, ein neues Zeitalter anbricht.

Dieses letzte vollendete Werk Hebbels konnte sich trotz der Weimarer Aufführung durch Franz Dingelstedt die Bühne nicht erobern. Es blieb zu sehr »eine epische Folge szenischer Fresken« mit viel Aufwand an Pathos, hinter denen die archaische Ursprünglichkeit germanischen Reckentums verblaßte.

»Die Gottheit selbst, wenn sie zur Erreichung großer Zwecke auf ein Individuum unmittelbar einwirkt und sich dadurch einen willkürlichen Eingriff ins Weltgetriebe erlaubt, kann ihr Werkzeug vor Zermalmung durch dasselbe Rad, das es einen Augenblick aufhielt und anders lenkte, nicht schützen.«

Diese Worte hatte Hebbel bereits 1838 gegen Schillers Idealismus in dessen »Jungfrau von Orleans« geschrieben und damit den Grundgedanken seines ersten Dramas *Judith* (1841) ausgesprochen. Judith mordet, um ihr Volk zu retten, Holofernes; aber sie tut es auch, um an ihm Rache zu nehmen dafür, daß sie ihm als Frau erlag.

Wie in Büchners Weltauffassung sind Gut und Böse ineinander verflochten, aber wie bei der Droste wird auch die Unbedingtheit des sittlichen Gesetzes anerkannt. Die als Weib unterlegene Heldin muß fallen. In schneidender Psychologie und straffem Aufbau mit bühnenwirksamen Szenen und dramatischer Übersteigerung wird das Problem auf die Spitze getrieben.

Mit der gleichen realistischen Psychologie gestaltet Hebbel in seiner *Genoveva* (1843) Golos Entwicklung zum teuflischen Bösewicht und gibt damit ein Spiegelbild seiner selbst in seinem Verhalten zu Elise Lensing.

Golo, dem der ins Heilige Land ziehende Siegfried seine Gattin Genoveva anvertraut hat, entbrennt in Liebe zu ihr, wird aber zurückgewiesen. Um sich an ihr zu rächen, klagt er sie des Ehebruchs an. Die zum Tod Verurteilte wird gerettet und lebt mit ihrem Kind in der Waldeinsamkeit, während sich Golo tötet.

Wiederum sind Gut und Böse miteinander da, geht das Sündhafte gleichsam aus dem Heiligen hervor und wird das ethische Verhalten absolut gesetzt. (Neben Wagners »Fliegendem Holländer«, »Tannhäuser« und »Lohengrin« zollt Hebbel mit diesem Drama einer neuen Romantik seinen Tribut.)

Mit *Maria Magdalene* (1844) schenkt uns der Dichter das erste moderne bürgerliche Trauerspiel. Ging es bei Lessing und Schiller noch um

Tragische bürgerliche Welt
die unüberbrückbare Kluft zwischen der Adels- und Bürgerwelt mit allen Folgen eines ungleichen Zusammenstoßes, so wendet sich Hebbel ausschließlich der dumpfen, prüden Welt des Kleinbürgertums zu, die er aus eigener schmerzlicher Erfahrung kannte, und deren Vorurteile, Ehrbegriffe und unmenschliche Moral er brandmarkt. In solch sozialer Anklage nimmt Hebbel das Anliegen Ibsens und Hauptmanns vorweg. Allem Niederdrückenden in diesem Drama zum Trotz geht es ihm aber um eine neue menschliche Sittlichkeit, mit der man dem Untergang der bürgerlichen Welt begegnen könnte.

Klara, die Tochter des Tischlermeisters Anton, hat sich aus Verzweiflung über den in die Ferne gezogenen Jugendgeliebten dem Schreiber Leonhard, ihrem ungeliebten Verlobten, hingegeben. Dieser aber verläßt sie trotz aufkeimender Mutterschaft, als ihr Bruder des Diebstahls angeklagt wird. Da kehrt ihr Geliebter zurück, ersticht Leonhard im Duell, kann sich aber auch nicht für Klara entscheiden: »Darüber kann kein Mann weg!« Klara springt verzweifelt in den Brunnen; sie will dem Vater die Schande ersparen, will nicht »Vatermörderin« werden (die Mutter ist inzwischen verstorben). In erschütternder Einsamkeit bleibt Meister Anton zurück und klagt, nachdem er seiner bedingungslosen Moral alle Opfer gebracht hat: »Ich verstehe die Welt nicht mehr.«

Was Johanna, Penthesilea und Sappho als Seelenspiegel für Schiller, Kleist und Grillparzer bedeuten, ist Mariamne in ihrem verletzten Ehrgefühl und Persönlichkeitsbewußtsein für Hebbel.

In dem Drama *Herodes und Mariamne* (1850) vergeht sich der König Herodes am Recht der Persönlichkeit seiner Gattin: »Ich war ihm

Recht der Persönlichkeit
nur ein Ding und weiter nichts.« Von dem zweimaligen Gebot ihres ausziehenden Gatten, sich im Falle seines Todes ebenfalls zu töten, ist Mariamne tiefinnerlich verletzt. Sie läßt sich mit Soemus ein und nimmt Herodes' Todesurteil entgegen, ohne sich zu wehren. Erst nach ihrer Hinrichtung erfährt er, wie er gegen sie gefrevelt. Freiwillig wäre sie jederzeit bereit gewesen, mit ihm zu sterben, nicht aber auf entehrende Befehle hin.

Wert und Würde des Menschlichen entwachsen dem ureigenen Bezirk des Persönlichen; er hinwiederum macht erst tragische Verstrickungen möglich. Der Problemgeladenheit des Stückes entspricht seine mathematische Architektur, der jede sinnenhafte Anschaulichkeit fehlt.

Staatsidee und Recht des Individuums läßt Hebbel in seiner *Agnes Bernauer* (1855) aufeinanderprallen (vgl. damit Kleists »Prinz Friedrich von Homburg«).

Der »Engel von Augsburg« bringt durch seine Liebe zum Thronfolger das Erbe des bayerischen Staates in Gefahr. Aber so sehr sich der weise Herzog Ernst bemüht, die Vollstreckung des Todesurteils an der Badertochter zu verhindern, weigert sich Agnes entschieden, ihre Ehe mit Albrecht als Unrecht anzuerkennen. Damit bleibt nur noch der Weg der Gewalt. Im Bürgerkrieg zwischen Vater und Sohn beugt sich Albrecht der Staatsräson, während der Vater auf den Thron verzichtet, »um im Kloster als Mensch zu büßen, was er als Herrscher um der Staatsnotwendigkeit willen tat«.

Wieder einmal macht erst die Selbstbestimmung den Menschen zum Menschen, wenn sie harter, notwendiger Entscheidung entspringt. Aber auch dem Vertreter staatspolitischer Notwendigkeit werden Verständnis und Gerechtigkeit zuteil, wie sie Goethe und Schiller Alba und König Philipp gegenüber walten lassen: »Nie habe ich das Verhältnis, worin das Individuum zum Staat steht, so deutlich erkannt.« Auf Grund des Erlebnisses von 1848 war Hebbel ein entschiedener Gegner revolutionärer Gewaltanwendung.

Über der Arbeit an einem *Demetrius*-Drama ereilte Hebbel (wie Schiller) der Tod. In seinen *Tagebüchern* hat er uns ein wichtiges Vermächtnis hinterlassen, das von seiner unablässigen Auseinandersetzung mit der Welt, der Kunst und der eigenen Existenz kündet.

Zeitlebens im Schatten Hebbels blieb das Schaffen des Thüringers **Otto Ludwig** (1813–1865).

Nach wenig lichtvoller Jugend und immer kränkelnd, wollte Ludwig zunächst Musiker werden. Als Dramatiker stand er unter dem bannenden Einfluß Shakespeares, dem er ausführliche Studien widmete, um in ihnen immer wieder gegen Schiller und auch Hebbel anzukämpfen. In diesen kritischen Untersuchungen bemühte er sich um die Gesetze, Prinzipien und Technik einer neuen Dramatik, verlor aber über dem Theoretisieren das an sich wenig geniale Vermögen eigenen Gestaltens: er hinterließ eine Fülle von Fragmenten.

Sein 1850 in Dresden uraufgeführter *Erbförster* stand in der Nachfolge des bürgerlichen Trauerspiels Hebbels, entwickelte aber die Handlung zwingend aus der Rechtsbesessenheit des seinen Wald **Wirklichkeit** verteidigenden Försters, wobei Milieu, Verwechslung und **des Zufalls** Zufall eine große Rolle spielen. Aus Zufall trifft die Kugel des Försters schließlich die eigene Tochter, die für ihren Bräutigam, den Sohn seines Feindes, bestimmt war. Zufall und Mißverständnisse treten an die Stelle des Schicksals, ein tieferes Welt- und Menschenbild fehlen.

Die Forderung des Realismus, daß die Kunst der Wirklichkeit entsprechen müsse, hat vor allem *Friedrich Theodor Vischer* (1807–87) in seinen kunsttheoretischen Schriften zu Ende gedacht. Ausgehend von Hegel, in dessen Geist das Schöne als die »Idee in der begrenzten Wirklichkeit« gesehen wird, kommt er zu einer immer tiefer werdenden Kluft zwischen der Wirklichkeit und Wahrheit und bezeichnet als reinste Wirklichkeit den Zufall: »Wenn ein edler Krieger nicht von der Hand eines Tapferen fällt, sondern weil der Regen seine Waffe unbrauchbar gemacht hat, so ist das Zufall des Zufalls.« Von hier war nur noch ein Schritt zur Formulierung von der »Tücke des Objekts«: sie allein bleibt, wo ein Sinn nicht mehr aufleuchtet. Das Erhabene und das Komische entspringen der gleichen Wurzel. Das Komische ist der ertappte Mensch – könnte als Motto über Vischers Roman *Auch Einer* (1879) stehen, in dem der Mensch hin- und hergerissen ist zwischen geistiger Freiheit und den ständigen Fußangeln der Tücke des Objekts.

Zeugnis seines kritischen Humors mit stark satirischem Einschlag ist seine Parodie *Faust, der Tragödie dritter Teil* (1862).

Schicksal aus Anlage und Charakter   Was im »Erbförster« aus dem Charakter des Titelhelden kam, soll in Ludwigs Geschichtsdrama *Die Makkabäer* (1854) aus dem Wesen des jüdischen Volkes folgen.

Am Sabbat verweigern die bis dahin siegreichen Juden den Kampf und lassen sich wehrlos abschlachten. Aber gerade darin erblicken die Syrer deren Unbesiegbarkeit und geben den Kampf auf mit einem Feind, »den solch furchtbar gewaltiger Gott erfüllt, daß er, was menschlich im Menschen ist, den Sinn für Schmerz verzehrt«.

Um den einmaligen Charakter des Dachdeckers Apollonius geht es in dem Handwerkerroman *Zwischen Himmel und Erde* (1856).

Sein leichtfertiger Bruder Fritz hatte ihn um die Braut betrogen und nach Aufdecken dieses Betruges vom Kirchturm zu werfen versucht. Während aber Fritz selber zu Tode stürzt, verfällt Apollonius in »sittlicher Hypochondrie« völliger Resignation gegenüber allem Lebensglück.

Der Dichter leuchtet in tragische Abgründe der Seele hinab. Menschen und Geschehen sind in diesem »poetischen Realismus« (von Ludwig stammt diese Bezeichnung für die beabsichtigte Synthese von Naturalismus und Idealismus in der Dichtung) so haarscharf beobachtet und psychologisch analysiert, wie es erst viel später in der deutschen Literatur wieder möglich wird. Nicht zu Unrecht bezeichnet man einen solchen Realismus als »unerlöste Wirklichkeitsnachahmung«.

Daß Otto Ludwig im Grunde über eine epische (und weniger dramatische) Begabung verfügte, zeigen auch seine beiden Erzählungen, die humorvolle Dorfgeschichte *Heiterethei* und ihr Widerspiel *Aus dem Regen in die Traufe* (1855). In diesen Geschichten, u. a. von der Zähmung einer ländlichen Schönen zu Liebe und Ehe, wird das heimatliche Thüringer Leben in Episoden und Charakteren liebevoll und in treffender realistischer Beobachtung geschildert.

Wirklichkeitsnachahmung, die letztlich »unerlöst« bleiben mußte, Steigerung der anfänglichen Dingnähe bis zur Verkehrung des Schicksalhaften in das Spiel des Zufalls und die Tücken des Objekts

Materialismus   waren die bisherigen Ergebnisse realistischer Kunsttheorie. Dazu gesellt sich in der Reihe Feuerbach – Moleschott – Vogt – Ludwig Büchner eine mechanistisch-materialistische Weltanschauung.

Bereits 1841 hatte *Ludwig Feuerbach* (1804–72) in seinem Hauptwerk *Das Wesen des Christentums* Gott als Schöpfer des Menschen zu entthronen versucht, da in Wirklichkeit der Mensch es sei, der Gott nach seinem Bilde schaffe. 1852 behauptete *Jacob Moleschott* (1822–93) in seinem *Kreislauf des Lebens*: »So ist der Mensch die Summe von Eltern und Amme, von Ort und Zeit, von Luft und Wetter, von Schall und Licht, von Kost und Kleidung. Sein Wille ist die notwendige Folge aller jener Ursachen.« *Carl Vogt* (1817–95) geht noch einen Schritt weiter mit dem berüchtigten Satz seines 1854 erschienenen Buches *Köhlerglaube und Wissenschaft*, daß »die Gedanken etwa in demselben Verhältnis zum Gehirn stehen, wie die Galle zu der Leber oder der Urin zu den Nieren«. Ein Jahr später verkündet *Ludwig Büchner* (1824–99) in *Kraft und Stoff*, der »Bibel des deutschen Materialismus«, die These, daß es ohne Stoff keine Kraft, ohne Materie keinen Geist gebe. Schöpfer und unsterbliche Seele werden der Unsterblichkeit der Materie geopfert. Der Abbau der Transzendenz, der schon bei Georg Büchner angeklungen war, ist also vollkommen. Aber während Danton noch Ekel empfand vor solcher Wirklichkeit, begnügt man sich jetzt mit diesem Dasein, in dem es »Freiheit, Bildung und Wohlstand für alle« zu erkämpfen gelte.

Neben der antichristlichen, besser: antikirchlichen Tendenz, die sich aus der empiristischen (J. St. Mill), positivistischen (A. Comte) und biologistischen (Ch. Darwin) Betrachtungsweise herleitet, wird bereits eine starke soziale Kritik an den erschreckenden Folgen der industriellen Entwicklung für das Fabrikproletariat deutlich, die in eine harte Auseinandersetzung mit dem Kapitalismus mündet (Histomat und Diamat).

In solch materialistischer Weltschau gewinnt auch der Tod einen neuen Aspekt, der den Hochrealismus von den Frührealisten Immermann, Büchner und Stifter abhebt.

»Wenn den Menschen alles verlassen hat, so umschlingt noch die Erde liebevoll mit ihren Gewächsen das steinerne Haus«, heißt es in der Selbstbiographie **Johann Jacob Bachofens** (1815–87), der mit **Das Chthonische** seinen Untersuchungen über das Mutterrecht (*Gynaikokratie der alten Welt*) und die *Gräbersymbolik der Alten* das Chaotische bei Büchner ins Chthonische wandelt. Was er als chthonisch anspricht, ist nicht mehr die heilige Grausamkeit, die (bei Immermann und Büchner) unser Ich verzehrt, sondern (wie es bei Stifter im gleichgültigen Darüberhingehen der Mächte schon anklang) eine den Menschen mit umschließende, bergende Macht. Die Zeit kennt nicht mehr das romantische Erlebnis, das in Ekstase nach einer höheren, schöneren Wirklichkeit greift, sondern nur noch diese wirkliche Welt und dieses unser Leben, und beide schließen den Tod als wesenhaft dazugehörig mit ein. Bleibt er auch ein unumgängliches Ende des Individuums, das Leben der Natur geht dennoch weiter. Und dieses Wissen vermag Trost und Erhebung zu schenken. Solchen Weg, dessen Richtung schon Stifter eingeschlagen hatte, geht nun vor allem **Gottfried Keller** (1819–90).

Der zu Zürich geborene Keller verliert bereits mit fünf Jahren seinen Vater, der Drechslermeister war, und wächst zusammen mit seiner Schwester Regula in bescheidenen Verhältnissen auf. Nach Verweisung von der kantonalen Industrieschule gehen seine Jugendjahre mit Selbststudien dahin, bis er 1840 nach München kommt, um Landschaftsmaler zu werden. Aber auch dabei erleidet er Schiffbruch; um sich notdürftig am Leben zu erhalten, malt er für die Hochzeit des Kronprinzen Max die Fahnenstangen weiß-blau. Nach weiteren sechs in der Heimat verbummelten Jahren führt ihn ein Reisestipendium der Zürcher Regierung nach Heidelberg, wo er Vorlesungen des Literarhistorikers Hermann Hettner und des Philosophen Ludwig Feuerbach hört.

Feuerbachs Atheismus wird sein entscheidendes Bildungserlebnis: Da Gott nur das vom Menschen errichtete Wunschbild ist, gilt es, statt an die Unsterblichkeit zu glauben, die Wirklichkeit hinzunehmen und in ihr eine soziale Ethik zu begründen. Das bedeutet Kellers Wendung von einer subjektiven Romantik zur sinnhaft erhellten Wirklichkeit: »Die Welt ist mir unendlich schöner und tiefer geworden, das Leben ist wertvoller und intensiver, der Tod ernster, bedenklicher und fordert mich nun erst mit aller Macht auf, meine Aufgabe zu erfüllen und mein Bewußtsein zu reinigen und zu befriedigen, da ich keine Aussicht habe, das Versäumte in irgendeinem Winkel der Welt nachzuholen.«

Von 1850 bis 1855 ist Keller in Berlin und schreibt verbissen an seinem Roman »Der grüne Heinrich«. Wieder gerät er in äußerste Not, trotzdem lehnt er eine Berufung als Professor für Literaturgeschichte in Zürich ab. 1861 wird er Staatsschreiber des Kantons Zürich und versieht mit Verantwortungsbewußtsein sein Amt. Nach seiner Pensionierung 1876 nimmt er seine Schriftstellerei bis zum Tode im Jahre 1890 wieder auf. Neben die zweite Fassung des Grünen Heinrich treten die Novellen-Bände »Leute von Seldwyla«, »Züricher Novellen«, »Das Sinngedicht«, der Roman »Martin Salander« sowie Gedichte.

Kellers *Grüner Heinrich* (1854–55) gehört in die lange Reihe des deutschen Bildungsromans, wie er in Goethes »Wilhelm Meister« kulminierte. Er steht aber auch als Künstlerroman in der Nach-
Weg zum folge Jean Pauls (»Titan«), Hölderlins (»Hyperion«), No-
tätigen Leben valis' (»Heinrich von Ofterdingen«). Im Letzten bleibt er die große Abrechnung Kellers mit sich selbst als künstlerisch gestaltete Autobiographie. Aus subjektivistisch-romantischen Fernträumen findet der Held zum tätigen Leben, vor allem in der zweiten, in Ich-Form geschriebenen Fassung.

Dem früh halbverwaisten Heinrich Lee, der wegen der Farbe seiner Joppe und seiner Unreife der »grüne Heinrich« genannt wird, gelingt es nicht, sich als Landschaftsmaler durchzusetzen. Zwischen der frommen Anna und der sinnlich reizenden Judith schwankend, geht er nach München, um an der Kunstschule zu studieren. Da muß er zurück, um der in Not geratenen Mutter zu helfen. Mit dem unterwegs erstandenen Geld für seine Bilder ist sein Leben auf Jahre hinaus gesichert. Nach dem Tod der Mutter findet er an der gleichfalls zurückgekehrten Judith eine treue Lebensgefährtin und damit die Kraft zu tätigem Leben.

In der ersten Fassung war der völlig haltlos Gewordene gerade zum Begräbnis der Mutter zurückgekommen und kurz darauf selbst gestorben: »Es war ein schöner, freundlicher Sommerabend, als man ihn mit Verwunderung und Teilnahme begrub, und es ist auf seinem Grab ein recht frisches und grünes Gras gewachsen.«

Wir fühlen uns beim Ende dieser 1. Fassung an den Schluß von Stifters »Hochwald« und an den oben zitierten Bachofen-Satz erinnert. Die Auffassung des Hochrealismus liegt darin beschlossen: Der Mensch mag zugrunde gehen, da er die Wirklichkeit verfehlt; aber die Wirklichkeit der Welt selbst besteht und grünt weiter in ungerührter Erhabenheit über dem Menschlichen. Endstimmung und Zuversicht liegen darin beschlossen. Der gleiche Gedanke findet sich in **Walt Whitmans** (1819–92) *Leaves of grass,* die im Jahr des »Grünen Heinrich« erscheinen: »Was ist das Gras? – Ich glaube, es ist eine einzige große Hieroglyphe und bedeutet: Trieb und Wachstum sind die gleichen überall . . ., das schöne unverschnittene Haar von Gräbern . . . beweist, daß es in Wahrheit keinen Tod gibt.« Diese chthonische Sicht macht vor allem Kellers Realismus aus, der sich auch in seinem Gedicht *Am fließenden Wasser* ausdrückt:

> »Da kommt es gefahren
> Mit lächelndem Munde,
> Vorüber im klaren
> Kristallenen Grunde,
> Das alte vertraute,
> Das Weltangesicht!«

Keller resigniert nicht über dieser Einsicht: das Leben recht zu gestalten, ehrlich jeden sein zu lassen, was er ist, und die Welt zu nehmen, wie sie ist, bleibt sein dichterisches Anliegen.

In den *Leuten von Seldwyla* (1856, 1873/74) verlieren sich Traum und allzu kluge Berechnung im Komischen und werden wie alle vagen romantischen Stimmungen dem Lächeln preisgegeben.

Pankraz der Schmoller, Frau Regel Amrain und ihr Jüngster, Die drei gerechten Kammacher, Spiegel das Kätzchen und *Kleider machen Leute*

Solidität sind mit ihren menschlich echten Gestalten prächtige Satiren auf den Fortschrittsgeist dieser auf die »Gründerjahre« sich hinbewegenden Jahrzehnte. Das Kleinbürgerliche mit seinen sozialen Mißständen und Alltagsverschrobenheiten wird belächelt, und hinter dem Humor des Dichters wird das oft Unterschwellige und Groteske des Lebens sichtbar. Dazu kommen eine warme Leiblichkeit, die Kellers Welt atmen und blühen läßt, und eine unerschöpfliche Kraft der Seele, die auch seine Sprache auszeichnet.

»Pankraz der Schmoller« wandelt sich nach einem fürchterlichen Kriegserlebnis in der Wüste vom Tunichtgut zum einsichtigen und hilfsbereiten Menschen. – »Die drei gerechten Kammacher« laufen um ein recht verschrobenes Mädchen um die Wette.

Schließlich geht es Dietrich, der Meister wird und das herrschsüchtige, egoistische Mädchen zur Frau erhält, schlechter als seinen beiden Kameraden, deren einer sich erhängt, während der andere zum Lumpen wird. – In »Kleider machen Leute« kommt ein armes, gut aussehendes Schneiderlein trotz gräflichen Betrugsspieles und mancherlei Mißverständnissen zu Glück und Ansehen.

Das Ideal ist der solide Mensch, die Solidität des Charakters, die nach einem Wort Hugo von Hofmannsthals im Leben weiterhilft. Das »Hupschi«-Niesen des Schusters gleich zu Beginn der Novelle »Pankraz der Schmoller« zerreißt die zauberhafte Stimmung und setzt die Wirklichkeit des bürgerlichen Alltags in ihr Recht. Selbst der Tod bleibt irdischwirklich ohne dämonische Erhöhung, wenn Vrenchen und Sali (in *Romeo und Julia auf dem Dorfe*) nach den schlimmen Enttäuschungen ihres jugendlichen Lebens aus dem unseligen Streit ihrer feindlichen Väter sich noch einen glücklichen Tag gönnen und dann gemeinsam in die dunklen Fluten gleiten:

> »Der untergehende Mond, rot wie Gold, legte eine glänzende Bahn den Strom hinauf, und auf dieser kam das Schiff langsam überquer gefahren. Als es sich der Stadt näherte, glitten im Froste des Herbstmorgens zwei bleiche Gestalten, die sich fest umwanden, von der dunklen Masse herunter in die kalten Fluten.«

Ganzheit des Lebens   Die Ganzheit des Lebens umschließt beides: Tag und Nacht, Liebe und Haß, Leben und Tod. Sie sind nicht Gegensätze, sondern Teile des Ganzen. Deswegen empfinden wir »das Leben nie so stark wie beim Untergang eines Helden« (Paul Ernst). Nachdem sich die Wellen geglättet haben, ist wieder Ruhe und Stille in der Welt, das Leben geht weiter.

Auch unter seinen Gedichten, deren Anfänge in die Nach-Münchener Zeit zurückreichen, als sich Keller »dem Kampfe für völlige Unabhängigkeit und Freiheit des Geistes und der religiösen Ansichten« in die Arme geworfen hatte, finden sich – neben vielen Anleihen bei Eichendorff, Mörike, Hebbel und Goethe – immer wieder eigene Töne der Weltfrömmigkeit, die Tiefe und Gesamtheit alles Seienden anzusprechen suchen, so z. B. in dem Gedicht *Gott ist ein großes stilles Haus* oder in seinem *Abendlied*, das dem Wissen um Nacht und Tod ein frohes Ja zum Leben abringt.

> »Augen, meine lieben Fensterlein,
> Gebt mir schon so lange holden Schein,
> Lasset freundlich Bild um Bild herein:
> Einmal werdet ihr verdunkelt sein!
>
> Fallen einst die müden Lider zu,
> Löscht ihr aus, dann hat die Seele Ruh;
> Tastend streift sie ab die Wanderschuh,
> Legt sich auch in ihre finstre Truh.

> Noch zwei Fünklein sieht sie glimmend stehn
> Wie zwei Sternlein, innerlich zu sehn,
> Bis sie schwanken und dann auch vergehn,
> Wie von eines Falters Flügelwehn.
>
> Doch noch wandl' ich auf dem Abendfeld,
> Nur dem sinkenden Gestirn gesellt;
> Trinkt, o Augen, was die Wimper hält,
> Von dem goldnen Überfluß der Welt!«

Daneben gelingen Keller nur wenige Gedichte so eindrucksvoll wie seine *Winternacht* mit der geheimnisvollen Nixe unter dem Eis, die vielleicht Symbol ist seiner Flucht vor der Verzauberung der romantischen Stimmung und Schönheit:

> »Mit ersticktem Jammer tastet' sie
> An der harten Decke her und hin,
> Ich vergess' das dunkle Antlitz nie,
> Immer, immer liegt es mir im Sinn!«

In Kellers *Züricher Novellen* (1878) ist die aus den Seldwyla-Geschichten bekannte Liebe zum Gewordenen und Bestehenden noch gewachsen, mit ihr aber auch die Skepsis des Dichters. Bürger- und Heimatsinn werden besungen, aber auch in ihrer Begrenztheit gezeigt (»Fähnlein der sieben Aufrechten«), und auf dem Grund spürbarer Bitterkeit wird so etwas wie die Einheit von humanitärem und demokratischem Geist, von Sittlichkeit und Sitte, Personsein und Gemeinschaft angestrebt.

Ums rechte Maß

Der gelehrte Bauernsohn *Hadlaub* schreibt die Manessische Liederhandschrift ab, wird Dichter und vermählt sich mit der schönen Fides. – *Der Narr auf Manegg* hat die manessische Burg erworben und führt ein Sonderleben, bis er nach einem Überfall für seine Vergehen bestraft wird. – *Der Landvogt von Greifensee* bleibt trotz fünfmaligen Brautstandes unvermählt. – Im *Fähnlein der sieben Aufrechten* steht die Tüchtigkeit der Jugend gegen die Verhärtung der Alten. Schließlich müssen doch der begüterte Frymann und der einfache Hediger vor der Liebe ihrer Kinder Hermine und Karl kapitulieren, freilich ohne ihre gesetzte Würde zu verlieren.

Das satirische Element steigert sich zuweilen bis zum Grotesken und Grausamen, Ziel jedoch bleibt das rechte Maß im Leben. Das bestimmt auch Form und Ausdruck. »Wenn wir so ein ›Fähnlein der sieben Aufrechten‹ oder so eine ›Frau Regel Amrain‹ zuschlagen«, schreibt Hugo von Hofmannsthal, »so wissen wir, daß wir das Ganze eines Lebens hier in der Hand haben, und sind zufrieden wie die Hausfrau, wenn sie ein Paar Rebhühner in der Hand wiegt und weiß, daß sie nicht betrogen worden ist.«

In seinen *Sieben Legenden* (1872) gelangen Keller liebenswürdige poetische Stücke, die den ganzen Reichtum seiner Phantasie und Erzählkunst zur Entfaltung bringen. Christliches und Antikes gehen ineinander, und ihr frohes Spiel wird besonders im *Tanzlegendchen* gefeiert, wo sich die neun Musen aus der Hölle einmal mit den Englein aus dem Himmel treffen.

Logaus rokokohaften Scherzvers:

> »Wie willst du weiße Lilien zu roten Rosen machen?
> Küß eine weiße Galatee: Sie wird errötend lachen.«

nimmt Keller zum Motto seines *Sinngedichts* (1881). Ihn will ein dem Laboratorium entflohener junger Naturforscher in der Wirklichkeit erproben. In kunstvollem Rahmen behandeln sieben Novellen das ewige Thema der Begegnung zwischen Mann und Frau. Trotz dichterischer Erhöhung bleibt das irdisch Wirkliche entscheidend, dessen Fährnisse mit süßer Reife überwunden werden. Nach den Vorbildern Boccaccio (»Decameron«) und Goethe (»Unterhaltungen deutscher Ausgewanderter«) entstehen formal vollendete Novellen.

Den Abschluß des dichterischen Schaffens bei Keller bildet der Roman *Martin Salander* (1886), den er aus der Sorge um den Fortbestand bürgerlichen Geistes schrieb und mit viel Lehrhaftem belud. Ähnlich wie Gotthelfs »Berner Geist« stößt er, als reaktionär verrufen, auf den Widerstand seiner Zeitgenossen, obwohl er zu den bedeutenden politischen Romanen des Jahrhunderts zählt und Stifters großer Leistung in dessen historischem Roman »Witiko« vergleichbar ist. Höhe und Reife dieses Werkes werden sichtbar, zieht man zum Vergleich ähnliche Versuche bei Alexis und den Jungdeutschen heran.

Enger und flacher als Keller in der Erfahrungsbreite und Seelentiefe des Humors, aber echter und saftvoller als Auerbach, stellt sich uns **Fritz Reuter** (1810–74) mit seinem plattdeutsch geschriebenen literarischen Werk dar.

Im Zuge der Demagogen-Verfolgungen als Burschenschaftler 1833 verhaftet, wurde der völlig Schuldlose 1836 zum Tode verurteilt und nach sieben Festungsjahren, zu denen man ihn begnadigte, gesundheitlich und beruflich schwer geschädigt, wieder entlassen.

Mit seinen Gedichten *Läuschen un Rimels* und der autobiographischen Trilogie *Ut de Franzosentid; Ut mine Festungstid; Ut mine Stromtid* (1859 bis 1864) gewann er Auskommen und Ansehen. In **Kraftvolles** geglückter Mischung von Ernst und Heiterkeit zeigen diese **Volkstum** behäbig breiten Zeitgemälde eine Reihe plastisch gerundeter niederdeutscher Gestalten (Entspekter Zacharias Bräsig, Rittergutsbesitzer Pomuchelskopp), kraftvolles Volkstum und – trotz aller bitterer Erfahrung – ein versöhnliches Weltbild, nach dem »die »Leichtsinnigen gebessert, die Guten belohnt, die Herzlosen ausgelacht werden«.

Angeregt zu seinen plattdeutschen Dichtungen wurde Reuter von der Gedichtsammlung *Quickborn* des Holsteiners *Klaus Groth* (1819–99). Unweit von Hebbels Heimatdorf geboren, wurde aus dem armen Müllersohn ein Lehrer, schließlich ein Professor in Kiel. Das innige Verhältnis zum Leben des Volkes und der Dithmarscher Heimat, die in gemütvollen Bildern eingefangen wird, gab sich im Platt die adäquate Sprache und machte es literaturfähig. (Vgl. dazu die verwandten Versuche mit der Mundart bei J. H. Voß und J. P. Hebel!) War Reuter mehr der humorvolle Plauderer, so ist Groths eigentliches Gebiet die liedhafte Lyrik:

> »Dar wahn en Mann int gröne Gras,
> De harr keen Schüttel, harr keen Taß,
> De drunk dat Water, wo he't funn,
> De plück de Kirschen, wo se stunn' ...
>
> De Sünn, dat weer sin Taschenuhr,
> Dat Holt, dat weer sin Vagelbur,
> De sungn em abends äwern Kopp,
> De wecken em des Morgens op.
>
> De Mann, dat weer en narrschen Mann,
> De Mann, de fung dat Gruweln an:
> Nu möt wi all in Hüser wahn'. –
> Kumm mit, wi wüllt int Gröne gan!«

John Brinckman (1814–70) aus Rostock gesellt mit seiner abenteuerlichen Seefahrergeschichte *Kaspar Ohm un ick* zur bäuerlichen Welt der Groth und Reuter die Weite des Seefahrer- und Kaufmannslebens. – Innerhalb der Grenzen seiner niederdeutschen Heimat bleibt auch das Werk *Timm Krögers* (1844–1918); aber überall »klopft« er »mit den unlösbaren Fragen des Warum und Wie und Wohin an die Tore des Ewigen«.

Neben Gotthelf, dem Dichter des Bauerntums, dessen naturgemäßes, gottverbundenes Leben er als Vorbild hinstellt, und neben Keller, dessen Denken und Dichten einem weltoffenen, soliden Bürgertum gilt, steht **Conrad Ferdinand Meyer** (1825–98), der dritte große Schweizer Dichter dieser Jahre, ganz im Banne der Geschichte und der bildenden Kunst.

Meyer, geboren in Zürich, entstammt einem alten patrizischen Geschlecht. Sein Vater war Staatsmann und Historiker. Schon der Schulbesuch in Lausanne bringt den Jungen in engen Kontakt mit der romanischen Kultur und Literatur, der ihm zeit seines Lebens bleibt – ebenso wie seine Anfälligkeit für Schwermut und seelische Krankheiten, denen er 1891 ganz verfällt. Der deutsch-französische Krieg bringt bei ihm nach ausgiebiger Übersetzer-Tätigkeit auch eine Hinwendung zur deutschen Literatur. Daneben vertiefen große Bildungsreisen seine Freundschaft mit der französischen und italienischen Kunst, vor allem der Michelangelos. Seine letzte Ruhestätte fand Meyer auf dem Bergfriedhof in Kilchberg bei Zürich, auf dem – ein halbes Jahrhundert später – auch die sterblichen Überreste von Thomas Mann beigesetzt wurden.

Meyers Dichtungen zeigen eine starke Neigung zum Verhüllen und Verheimlichen. So drängt sein episches Schaffen vor allem zur Novelle, die oft mit Hilfe der Rahmentechnik Schreiber und Leser noch weiter

von den seelischen Vorgängen distanziert, als es schon durch das Medium
der Geschichte geschieht. Den gesundheitlich gefährdeten Dichter zieht
Flucht in die die Macht- und Sinnenwelt der Renaissance besonders an,
Geschichte aber auch das Mittelalter und die Zeit des Barock liefern
Stoffe und Gestalten für seine zwischen 1872 und 1891
(also sehr spät) entstandenen bedeutsamen Novellen:

Das Amulett (Wundersame Errettung aus den blutigen Wirren der Bartholomäus-
Nacht); *Der Schuß von der Kanzel* (Die Jagdlust des Pfarrers muß herhalten, ihm das
Jawort zur Heirat seines Kindes abzulisten); *Der Heilige* (Das tragische Geschick des
Kanzlers Thomas Becket); *Plautus im Nonnenkloster* (Poggio, ein Florentiner Hu-
manist, erzählt aus dem Klosterleben); *Gustav Adolfs Page* (Als Page Leubelfing
verkleidet, stirbt ein Mädchen für seinen König); *Die Leiden eines Knaben* (Die
Jesuiten quälen einen Zögling zu Tode, weil sie seinen Vater nicht treffen können);
Die Hochzeit des Mönchs (Dante erzählt die Geschichte von einem Mönch, der am
Sterbebett des Vaters verspricht, die Mönchskutte abzulegen, und dann allen sittlichen
Halt verliert); *Die Versuchung des Pescara* (Der Feldherr Pescara hat eben für seinen
Kaiser die Schlacht von Pavia gewonnen, als ihm gegen das Versprechen des Abfalls
vom Kaiser die Krone von Neapel in Aussicht gestellt wird. Pescara, an geheimer
Wunde dahinsiechend, widersteht der Versuchung und stirbt nach der Eroberung
Mailands.)

»Am liebsten vertiefe ich mich in vergangene Zeiten«, schreibt Meyer,
»deren Irrtümer ich leicht ironisiere und die mir erlauben, das Ewig-
Menschliche künstlerischer zu behandeln, als die brutale Aktivität zeitgenössischer Stoffe mir gestatten würde.« Immer stilisiert der Dichter die
Wirklichkeit, oder er monumentalisiert sie, so daß sie als kühle Schönheit
erscheint, nach außen hin statuarisch und plastisch, geschickt komponiert
mittels psychologisch sorgfältig gebauter Handlung, die in geradezu dramatischer Geradlinigkeit verläuft. Freilich nicht immer wird eine solche
Kunstprosa den lebendigen Gestalten gerecht. Alle Novellen zeigen einen
ausgeprägten Kunstwillen mit distanzierendem Stil – ohne die unmittelbare Lebenswärme eines Gotthelf oder Keller. Aber hinter der geschliffenen, klaren Sprache mit ihrem Reichtum an Symbolen und Gebärden, die
gerade an inneren Höhepunkten die Rede ersetzen, bleibt ebenso wie
hinter der gleißenden Fassade der von Meyer dargestellten Schauplätze
und Zeiten ein Gefühl des Getroffenseins und der Weltangst, der Ver-
wundbarkeit und Gefährdung (Pescara = Meyer!) unverkennbar. Auch
die Umsetzung seiner Gedanken in Anschauung und die menschliche Charakterisierung durch Mimik und Gebärde, die seine Novellen zu epischen
Dramen machen, sowie die meisterhafte Spiegeltechnik sind Versuche,
die eigene bebende Ergriffenheit zu verstecken. Die Sehnsucht nach
Schönheit, menschlicher Größe und Vollkommenheit inmitten einer ringsum als materialistisch und mechanistisch erfahrenen Wirklichkeit ist letzt-

lich nicht nur ein ästethisches, sondern auch ein ethisches Anliegen. Wie bei Baudelaire und Flaubert setzt bei ihm die Kunst Entsagung und Verzicht auf das volle Leben voraus. Auch diese Seite gehört zur Höhe des Realismus.

Im Widerstreit von Vermögen und Gefährdung, Aufstieg und Sturz, Leidenschaft und Tugend, im Blick auf den Tod, der Meyers Verhältnis zum Leben klärt und läutert, verharren seine Gestalten in

Wider-
sprüchlich-
keit des
Lebens

tragischer Einsamkeit, ist er selbst – trotz aller Unterschiede – ein Verwandter Kellers, Storms und Raabes. Gerade darin aber trägt Meyers Dichtung viele moderne Züge: er weiß um den Unterschied zwischen der »konventionellen Aufuffassung eines Menschenlebens und seiner grausamen Wirklichkeit«.

Im gleichen Jahr von Meyers »Heiligen« schreibt Nietzsche in »Menschliches, Allzumenschliches«: »Nicht das, was der Heilige ist, sondern das, was er in den Augen des Nicht-Heiligen bedeutet, gibt ihm seinen welthistorischen Wert.« In diesem Sinne desillusioniert Meyer die Gestalt des Heiligen mit psychologischem Schnitt. Die schöne Welt des Äußeren bleibt nur verbergende Hülle für die »Innenwelt des Gewissens und Leidens«. Häufig (in den Novellen *Die Richterin; Angela Borgia; Gustav Adolfs Page*) wird der Blitz zum sichtbaren Symbol für den Moment der Spannung und Entladung. Im Requisit verdichten sich die Zusammenhänge und werden ablesbar – so, z. B. in *Jürg Jenatsch* (1876), dem Roman über den streitbaren protestantischen Pfarrer, der im Dienste der Freiheit Graubündens vor Verrat und Mord nicht zurückschreckt, den Vater der Geliebten erschlägt, seine Religion wechselt und schließlich mit dem Mordbeil von der Geliebten getötet wird. Im Requisit des Beils macht sich (wie im Amulett oder in den Entsprechungen von Handlung und Wandbild) eine dunkle Schicksalsmacht vernehmbar, unter deren Walten Meyer um das richtige Verhältnis zu den skrupellos Handelnden der Geschichte und der Machtfülle ihres Renaissance-Lebens ringt. Dabei stand die Gestalt eines Bismarck ebenso vor ihm wie die kulturphilosophische Weisheit seines Zeitgenossen Jacob Burckhardt. Aus dem Konflikt von Recht und Macht gibt es für Meyer keinen Rückzug mehr auf den ordo-Gedanken eines Stifter-Witiko; er leidet spürbar unter dem, was Nietzsche die »Bestie« nennt. Davon ist auch Jürg Jenatsch nicht frei.

Um das Innere, das sich nach außen hin zu statuarischer Gestalt und strenger Gesetzmäßigkeit der Bewegung verfestigt, geht es auch in

Zucht
der Form

Meyers Lyrik. Sie deutet damit – wie die des späten Mörike – auf George und Rilke hin und beendet sowohl die Epoche des lyrischen Gefühlsmonologs Goethes wie die des romantischen Liedes. Meyer kennt keine unmittelbare Aussage im Verströmen des erlebenden dichterischen Ich, sondern nur die mittelbare in bildhafter Gestaltung, für die ihn die plastische Kunst Michelangelos hohes Vorbild war: »In der Poesie muß jeder Gedanke sich als sichtbare Gestalt bewegen.«

>»Aufsteigt der Strahl und fallend gießt
Er voll der Marmorschale Rund,
Die, sich verschleiernd, überfließt
In einer zweiten Schale Grund;
Die zweite gibt, sie wird zu reich,
Der dritten wallend ihre Flut,
Und jede nimmt und gibt zugleich
Und strömt und ruht.«

(Römischer Brunnen)

Schon die Verserzählung *Huttens letzte Tage* (1871) hebt ihn von den beliebten poetischen Schönfärbereien seiner Zeitgenossen (etwa des Münchener Dichterkreises) ab durch die Knappheit und ungezwungene Erlesenheit seiner Sprache.

Mit der Darstellung des Zwiespaltes »zwischen der in den Weltlauf eingreifenden Tatenfülle der Kampfjahre Huttens und der traumartigen Stille seiner letzten Zufluchtsstätte«, also zwischen dem Kämpfer und Künstler, wendet sich Meyer der deutschen Geistesgeschichte zu: »Der große Krieg, der bei uns in der Schweiz die Gemüter zwiespältig aufgeregt, entschied auch einen Krieg in meiner Seele. Von einem unmerklich gereiften Stammesgefühl jetzt mächtig ergriffen, tat ich bei diesem weltgeschichtlichen Anlasse das französische Wesen ab, und, innerlich genötigt, dieser Sinnesänderung Ausdruck zu geben, dichtete ich ›Huttens letzte Tage‹«.

In seinen Gedichten treten an die Stelle von Sangbarkeit und Musikalität das Bildhafte und Tektonische. Neben Landschaftsszenen sind es vor allem Werke der bildenden Kunst, die ihn immer wieder inspirieren. Sein »Römischer Brunnen« zeigt ihn auf der Höhe der Meisterschaft. Bild und Gefühl tragen sich gegenseitig und empfangen Leben und Kontur voneinander (vgl. sein Gedicht *Lethe*). Meyers Balladen sind von dramatischer Wucht und Spannung. In immer neuen Ansätzen versucht er, seinen Gedichten ein Höchstmaß von Verdichtung, Bildstärke und Profilierung abzuringen. Dieser Stilwille mit strenger Maßgebung und Gesetzlichkeit läßt das bürgerliche Epigonentum ebenso weit hinter sich, wie es auf die moderne Lyrik vorausweist. Als »erster Symbolist« bleibt er mit seinen Gedichten als vollendeten Wortkunstwerken ohne Nachfolge im Umkreis des Realismus, wie er auch keine Vorläufer hat.

Während es den großen Erzählern des Realismus nur schwer – manchen überhaupt nicht – gelang, in ihrer dichterischen Bedeutung von den Zeitgenossen erfaßt zu werden, brauchte sich der Schlesier **Gustav Freytag** (1816–95) nicht über mangelnde Gunst des Publikums zu beklagen. Seiner journalistisch gewandten Feder lagen kulturgeschichtliche Themen mit sozialem und nationalem Einschlag besonders. In seinem Kaufmannsroman *Soll und Haben* (1855) verfolgte er den Lebensweg des tugendhaften Anton Wohlfart durch die einzelnen Schichten der Gesellschaft hin zu Ansehen und Reichtum und traf damit die unverhüllte Sehnsucht der Menschen seiner Zeit.

Bürgerliche Tüchtigkeit

Der Kaufmann Schröter und sein fleißiger, intelligenter und redlicher Lehrling Anton Wohlfart sind allem Träumerisch-Romantischen abgeneigt. Berufliches Können, Vorankommen und gesellschaftliche Vervollkommnung sind die Bildungsideale des jungen Menschen. Erfüllung gibt es nur im Alltag der Arbeit, eine Haltung, hinter der preußisches Pflichtgefühl und protestantische Werkheiligung stehen. So ist es verständlich, daß Anton nicht Leonore, die entzückende Tochter des Freiherrn von Rothsattel, sondern Sabine, die tüchtige Schwester des Kaufmanns, heiratet.

Daneben fanden seine *Bilder aus der deutschen Vergangenheit* (1859–62) mit ihren bestechenden kulturhistorischen Szenen und die historischen Erzählungen *Die Ahnen* (1873–81), aufgereiht am Werdegang einer langen Generationsreihe durch alle Epochen der deutschen Geschichte, einen freudigen Zuspruch des literaturbeflissenen Bürgertums.

»Immer hatte mich das Leben des Volkes, welches unter seiner politischen Geschichte in dunkler, unabläßlicher Strömung dahinflutet, besonders angezogen, die Zustände, Leiden und Freuden der Millionen kleiner Leute«, schrieb Freytag, und das Motto zu seinem zweiten Roman »Soll und Haben« lautet: »Der Roman soll das deutsche Volk da suchen, wo es in seiner Tüchtigkeit zu finden ist, nämlich bei seiner Arbeit.«

Damit kam sein Realismus einer »gemütvollen Verklärung des bürgerlichen Alltags« gleich, abgehoben zwar von Scheffels Rührseligkeit und Heyses Formalismus, in vielem gut beobachtend, humoristisch und auch satirisch; für unser Gefühl aber doch zu poetisierend und künstlich.

Freytags Lustspiel *Die Journalisten* (1852) zählte lange zu den wenigen gelungenen deutschen Komödien; aber seine Bühnenwirksamkeit gründet wohl auch mehr in der Befolgung handwerklicher Regeln.

Der politische Wahlkampf, vor allem geführt durch die beiden Zeitungen »Union« und »Coriolan«, entzweit die ehemaligen Freunde Oberst Berg und Professor Oldendorf, die gegeneinander kandidieren. Der Professor siegt, nicht zuletzt, weil der Philister Piepenbrink auf seine Seite gebracht wird. Der Oberst ist durch die Schande völlig geknickt, bis er erfährt, daß er eigentlich mißbraucht wurde. Nun kehrt der Friede zwischen den beiden wieder ein: Oldendorf bekommt Ida, des Obersten Tochter.

Ein bleibendes dichterisches Meisterwerk hingegen gelang **Luise von François** (1817–93), die von Freytag entdeckt und gefördert worden war. Neben einigen Novellen erhebt sich ihr historischer Roman *Die letzte Reckenburgerin* (1871) zur dichterischen Höhe der Droste. In ihm findet sich die Stelle:

Entseelung der Welt

»Gen Morgen stieg die Sonne in die Höhe; heute nicht wie damals in der Reckenburg nur ein Gottesauge: ein leuchtender Ball, der über Verzweiflung und Wonne, Verrat und Liebe mechanisch dahingleitet, klar und seelenlos.«

Die Erinnerung an ähnliche Bilder bei Büchner und Stifter kommt auf; aber was dort als Gefühllosigkeit bzw. Gleichgültigkeit das Lebensgefühl des frühen und hohen Realismus bestimmte, ist hier dem neuen

Begriff des Mechanischen gewichen. Damit nimmt die Briefpartnerin Meyers Bestrebungen des späten Realismus vorweg. – In *Frau Erdmuthens Zwillingssöhne* (1873) erzählte sie kursächsische Ereignisse der Befreiungskriege.

Wesentliche Förderung verdankte – ebenso wie Luise von François – **Marie von Ebner-Eschenbach** (1830–1916), eine mährische Grafentochter, der von Julius Rodenberg herausgegebenen Zeitschrift »Deutsche Rundschau«. Zu deren Mitarbeiter zählten u. a. auch Keller, Meyer und Storm.

Die Geschehnisse in den Erzählungen dieser Dichterin spielen in der Welt des Wiener Hochadels, der Landadligen, aber auch des kleinen Bauern und Bürgers. In fraulich gütigem Verstehen läßt sie die sozial Armen und Geknechteten zu ihrem Recht kommen, das Gute über das Böse siegen, getreu ihrem Ausspruch: »Die Güte, die nicht grenzenlos ist, verdient den Namen nicht.« Getragen von einer versöhnlich-heiteren, oft auch ironischen Lebensschau, bringen ihre Novellen, in den *Erzählungen; Dorf- und Schloßgeschichten; Neue Dorf- und Schloßgeschichten* gebündelt (1883, 86), neben fesselnder Handlung prächtig getroffene Charakter- und Tierbilder *(Krambambuli; Die Spitzin)*.

Menschenfreundlichkeit

Der Hund Krambambuli steht zwischen dem Förster, seinem neuen Herrn, und dem Wilddieb, seinem alten Besitzer, der ihn verschachert hat. Er büßt seine Treue zum alten Herrn mit dem Leben. –
Die Spitzin, der man schon drei Junge weggenommen hat und die von einem rohen Zigeunerfindling halb erschlagen wird, schleppt sterbend ihr letztes Junges herbei und erweicht damit den Bösewicht. Er lernt des Tierleins wegen, was er in seinem Trotz nie gelernt hätte, das Bitten.

Die Erzählungen wenden sich in Abscheu gegen die »blöde, grausame, freche Gleichgültigkeit« und in Liebe dem lächelnden Menschenfreund zu. Davon werden auch ihre seelisch empfindsamen und geistig geschliffenen *Aphorismen* getragen. Noch im Einfältigen und Verworfenen (Roman *Das Gemeindekind,* 1887) wird der menschliche Bruder gesucht und eine Humanität der Tat gezeigt, die fern von seelenfremder Theorie und salbadernder Sentimentalität ist. Indem sich eine solche humane Gesittung mit künstlerischem Reichtum paart, entsteht eine bleibende Dichtung.

Ausklang des Realismus

Der Realismus will in der Dichtung Wirklichkeit. Die Wirklichkeit, wie sie ist, wie sie war, soll ohne romantische Erhöhung dem Leser durch getreue Wiedergabe des Zeit- und Lokalkolorits und eine genau beobachtende Psychologie nahegebracht werden. Dabei strebt auch der Hochrealismus noch immer die Errichtung eines verbindlichen Menschen- und Weltbildes an; das zeigt der Blick auf Büchner und die Droste einerseits und auf Stifter und Keller andererseits. Was im frühen Realismus als Weltwesen dämonisch oder aorgisch-fremd gesehen wurde, wird im Hochrealismus zu einer Weltfrömmigkeit, die alles Seiende in seiner Tiefe und Ganzheit, aber nur dieses – ohne Transzendenz – zu erfassen sucht. Gilt auch für Keller noch der Satz: »Unser Gott ist ein immanenter Gott«, im späten Realismus geht diese immanente Transzendenz verloren. Der späte Realismus gelangt zu ernsten Zweifeln an der menschlichen Freiheit und zum Bewußtsein einer heillosen Schicksalhaftigkeit des Seins. Storm flüchtet in ein begnügsames Abseits oder männliches Trotzdem, Raabe lehrt ein geduldiges, entsagungsvolles Sich-Bescheiden, und Fontane empfiehlt ein tapferes Aushalten und Haltung-Bewahren ohne jede Hoffnung. Religion bedeutet ihnen nur noch ein allgemeines sittliches Empfinden und wird besser mit »moralischer Sozialismus« umschrieben. Damit freilich ist die Schwelle zum Naturalismus schon überschritten.

Der Abbau aller Transzendenz, auch der immanenten, deutete sich schon bei Otto Ludwig an, zeigt sich nun aber vor allem im Werk **Theodor Storms** (1817–88).

Storm, geboren in Husum, mußte nach der Einverleibung Holsteins an Dänemark die Advokatenstelle in seiner Geburtsstadt aufgeben, kam an das Kreisgericht Potsdam und erlebte schließlich als Kreisrichter in Heiligenstadt auf dem Eichsfeld (1856–64) die seelische Härte eines Exil-Daseins, verschärft durch eine ungestillte Sehnsucht nach der friesischen Heimat. 1864 konnte er endlich nach Husum zurückkehren.

Stimmungs-zauber aus Erinnerung und Ent-sagung Storms Ruhm als Dichter begann mit seiner Novelle *Immensee* (1851), die freilich noch sehr aus dem Duft der Vergangenheit, bürgerlicher Gefühlswelt und bloßem Stimmungszauber lebte und dabei in bedrohliche Nähe zur sentimentalen Poesie rückte, die mit ihrem Sprachrohr »Die Gartenlaube« ein weites Zeitschriftenpublikum fand.

Aber schon die Novelle *Auf dem Staatshof* (1858) zeigte das Eigene Storms: die eindrucksvollen, anschaulichen Naturbilder sind bei aller Sachlichkeit voller Stimmung und ruhen in sich ohne jede Spekulation auf Transzendenz, ohne Symbolik, reine »impressionistische« Wiedergabe:

»Der Mond schien auf Anne Lenes kleine Hand ... Ich hatte nie das Mondlicht auf einer Mädchenhand gesehen, und mich überschlich jener Schauer, der aus dem Verlangen nach Erdenlust und dem schmerzlichen Gefühl ihrer Vergänglichkeit so wunderbar gemischt ist.«

Von Stifter, bei dem sich eine ähnliche Szene findet, unterscheidet sich Storm durch diese neue Mischung von Sinnlichkeit und Todesahnung, die bar jeder metaphysischen Tiefe ist, weil sie auch das Tröstliche im Weiterleben der Natur fallen läßt.

In der Novelle, die nach Storms Worten »die strengste und geschlossenste Form der Prosadichtung, die Schwester des Dramas«, darstellt und bei der Autor das »Höchste der Poesie« zu leisten hat, findet der träumerisch abseitige und herbe Friese die ihm gemäße Gattung. Fast alle seine Novellen behandeln den Kampf des einsamen, verschlossenen Menschen mit Verhängnis und Schicksal, die oft aus dem eigenen Innern aufsteigen. Fast alle spielen sie unter dem düster verhangenen Himmel seiner friesischen Heimat mit Geest und Marsch und Meer. Ein Hauch von Vergänglichkeit weht uns an, wenn unter der Feder des Dichters Spuk und Sage, Haus und Hof, Möbelstücke und Bilder, alte Chroniken und Inschriften oder menschliche Zeugen wieder lebendig werden und den Rahmen für das von ihnen berichtete Novellengeschehen abgeben. Der Dämmerung und dem lastenden Himmel entsprechen Abwarten und Entsagen seiner Gestalten, bei denen nur selten die alte Lebensglut aufleuchtet, um die lähmende Schwermut zu durchbrechen.

Seine Prosa will Storm »wie Verse arbeiten«, unter Verzicht auf Reflexion und Deutung. Keller nannte ihn den »stillen Goldschmied und Silber-Filigranarbeiter«.

In *Pole Poppenspäler* (1875) erzählt Storm die Geschichte des alten Puppenspielers Josef Tendler aus München, dessen Tochter Lisei den Kunstdrechsler Paul Paulsen schließlich heiratet. Die beiden jungen Leute hatten sich kennengelernt, als der Wanderkarren des Schauspielers in Schleswig gastierte, und waren einander in einer mitteldeutschen Stadt erneut begegnet, wo man Vater Trendler eines Diebstahls verdächtigte. Obwohl die Dorfbewohner Paul verspotten, weil er mit fahrenden Komödianten zusammenlebe, erfüllt er den Wunsch des Alten, noch einmal spielen zu dürfen. Das Fiasko der Vorstellung überwindet der alte Tendler nicht mehr; nach seinem Begräbnis wirft man die Figur des verlorengegangenen Kasperl über die Kirchhofsmauer. Aber all dieser grausame Haß kann das Glück von Lisei und Paul nicht trüben.

Aquis submersus (1877) ist Storms erste historische Novelle im Chronikstil. Das Zerfließend-Stimmungshafte weicht einer herben Straffung, die Themen werden realistischer, die Probleme psychologischer. Storm dichtet »aus dem Gefühl der schwindenden Zeit«. Sein starkes

Gefühl für Vergänglichkeit mündet in einen resignierenden Pessimismus, für den es keine Hoffnung und Tröstung des Glaubens mehr gibt, es bleibt nur »die leise Furcht, daß im letzten Grund doch nichts Bestand hat, worauf unser Herz baut; die Ahnung, daß man am Ende einsam verweht und verlorengeht; die Angst vor der Nacht des Vergessen-Werdens, dem nicht zu entrinnen ist«. Hier ist auch nicht mehr Platz für den Optimismus des Materialismus, von dem im hohen Realismus die Rede war.

Ein starkes sinnliches Verlangen, das Verrinnende zu genießen, und die herbe Trauer, es nicht genügend ausgeschöpft zu haben, schaffen eine ganz andere Stimmung als in Mörikes Mozart-Novelle. Auch darin zeigt sich der Unterschied der Zeiten.

In den späten Novellen *Die Söhne des Senators* (1881); Die Chronik von *Grieshuus* (1883/84); *Ein Fest auf Haderslevhuus* (1885) erscheint die Wirklichkeit immer unverbrämter, das Zergliedern seelischer Vorgänge noch intensiver. Am deutlichsten wird die Entwicklung Storms, stellt man neben »Immensee« seine letzte Novelle *Der Schimmelreiter* (1888).

Der Deichgraf Hauke Haien steht im Kampf mit Mensch und Meer, dem er Weib und Kind opfert, bis er sich selbst zu Roß ins Meer stürzt, dem Unverstand und der Bosheit seiner Mitmenschen ebenso unterlegen wie den Elementen und Gewalten der Natur.

Titanischer Kampf ist an die Stelle wehmütiger Entsagung getreten, männlich harter Trotz steht gegen das Wüten des Unwetters und der Menschen; der Kämpfer bleibt allein auf sich gestellt, mutterseelen-allein; von einem Jenseits ist nicht die Rede.

Auch als Lyriker ist Storm ein bedeutender Dichter. Knapp, schlicht, innig, zart, ganz Bild und Anschauung, leben seine Gedichte aus sinn-

Friedliches Abseits

licher Vergegenwärtigung und reiner Stimmung. Die Töne seiner Erzählkunst finden sich wieder, nur noch verdichte-ter, beseelter, reiner:

> »Über die Heide hallet mein Schritt;
> Dumpf aus der Erde wandert es mit.
> Herbst ist gekommen, Frühling ist weit –
> Gab es denn einmal selige Zeit?
> Brauende Nebel geistern umher;
> Schwarz ist das Kraut und der Himmel so leer.
> Wär' ich hier nur nicht gegangen im Mai!
> Leben und Liebe, – wie flog es vorbei!«

Vergleicht man Goethes »Über allen Gipfeln ist Ruh« mit Storms »Abseits«, wird der Unterschied der Zeiten deutlich. Beide Male greift die Stimmung von der Natur auf das menschliche Herz über. »Dabei gestaltet Storm die Szene reicher und farbiger, realistischer als Goethe. Im Augenschließen aber erschließt sich ihm ein Traum von

Honigernten; den Gegensatz zur aufgeregten Zeit bildet nicht die Ewigkeit, sondern
ein friedliches Abseits. Das Ganze ist letztlich Ausdruck der Sentimentalität des
Städters auf dem Lande. Goethe dagegen spricht ein letztes Grundgefühl menschlichen
Daseins aus. Ihm erschließt die Stimmung im Wissen um den Einklang des Menschen
mit dem All. Das nachmärzliche Gefühl eines großen Verlustes geht deshalb als
irgendein wehmütiges ›Es war einmal‹ besonders durch die Dichtungen Storms.« (H.
O. Burger.)

Sieh nach   Betont abseits von dem Lärm der wachsenden Groß-
den Sternen – städte, ihrer Wirtschaft und von der geistigen und see-
gib acht auf lischen Enge des Klein- und Großbürgertums stand auch
die Gassen   der Niedersachse **Wilhelm Raabe** (1831–1910).

Als Sohn eines kleinen Justizbeamten geboren, wird er zunächst Buchhändlerlehrling
in Magdeburg und studiert dann in Berlin, wo er zu schreiben beginnt. Nach dem
Erfolg seiner liebenswerten *Chronik der Sperlingsgasse* (1856), die in realistischer
Schilderung das wechselvolle Geschehen einer Altberliner Gasse aus der Sicht eines
einsamen Alten um das Schicksal seiner Jugendgeliebten rankt, lebt er als freier
Schriftsteller in Wolfenbüttel, Stuttgart und Braunschweig.

Die Suche nach dem »anderen Deutschland«, dessen Seele »voll
Glaube, Güte, Bescheidenheit und Geduld« ist, und der Blick von der
Macht des Bösen in der Welt aufs Gute und Schöne im Leben bestim-
men auch seinen Roman *Der Hungerpastor* (1864).

Den Schusterssohn Hans Unwirrsch führt der »Hunger nach dem Maß der Dinge,
den so wenige Menschen begreifen und welcher so schwer zu befriedigen ist«, nach
vielen Hindernissen schließlich auf die Hungerpfarre von Grunzenow, wo er unendlich
frei und froh wird, ganz im Gegensatz zu Moses Freudenstein, den die Gier nach
Geld und Ansehen drängt, bis er als Spitzel der preußischen Regierung endet.

Die Nachfolge der deutschen Entwicklungs- und Bildungsromane
wird spürbar. In Abständen von drei Jahren folgen die bedeutenden
Romane *Abu Telfan oder Die Heimkehr vom Mondgebirge* (1868)
und *Schüdderump* (1870). Die drei Romane zeigen eine wachsende Ver-
düsterung im Weltbild des Dichters.

Der aus Afrika (Abu Telfan am Mondgebirge) heimkehrende Leonhard Hagebucher
findet nicht mehr in die verspießerte Enge der Heimat zurück: »Das germanische
Spießbürgertum fühlte sich dieser fabelhaften, zerfahrenen, aus Rand und Band
gekommenen, dieser entgleisten, entwurzelten, quer über den Weg geworfenen Existenz gegenüber in seiner ganzen Staats- und Kommunalsteuer zahlenden, Kirchen-
stuhl gemietet habenden, von der Polizei bewachten und von sämtlichen fürstlichen
Behörden überwachten, gloriosen Sicherheit und sprach sich demgemäß aus.« Vor dem
zerstörten Leben sucht er Zuflucht bei Unserer Lieben Frau von der Geduld, um im
eigenen gläubigen Herzen Schutz vor der Zivilisation zu finden.

Bei aller Angst, die von dem Pestkarren im »Schüdderump« ausgeht,
der wahllos jung und alt, hoch und niedrig, edel und gemein der Ver-
wesungsstätte zuführt, bleibt letztlich ein Lachen als der »einzige

Gewinn« für Tonie, die Heldin des Romans, als Lebenserfahrung zurück.

»Das ist das Schrecknis in der Welt, daß die Canaille Herr ist und der Herr bleibt. Ein Hundeleben und ein Hundetod.« – Diese Worte Raabes gelten nicht nur für die von ihm dargestellte Pestzeit, in **Lächeln unter** der der Pestkarren reiche Beute hält. Die Leidenschaften **Tränen** und der Tod haben auch sonst Macht über die Menschen; aber beider Grausamkeit hält sich im Gleichgewicht, so daß der Mensch das Grauen verliert und die Freiheit des Lachens gewinnt. Das ist zwar ein herber, bitterer Humor, aus der Defensive gegenüber dem schrecklichen Leben heraus; er läßt aber das Gefühl eines Doch-nicht-Verlorenseins zu, wenn wir uns den wahren sittlichen Werten verschreiben, gegen die die Welt frech und unverschämt anrennt. Humor ist Raabe die unter Schmerzen und Tränen errungene Freiheit von den Widrigkeiten der Welt; er hilft und erzieht und versöhnt, und darin besteht sein Realismus.

Pessimistische Züge sind freilich auch in seinen weiteren Werken *Alte Nester* (1880); *Stopfkuchen* (1891); *Die Akten des Vogelsangs* (1895) unverkennbar; sie sind – im Widerspruch zum Optimismus der Materialisten, aber auch Stifters – der pessimistischen Haltung des frühen Realismus angenähert, wie sie sich bei Immermann, Büchner und der Droste fand. Es blieb die »lastende Erkenntnis der Unerbittlichkeit des dunklen Daseins«. Nur im gelassenen Durchhalten kann der vereinzelte Mensch – geduldig und entsagungsvoll, mit Liebe und humorvoller Güte – bestehen.

Das Grauen und der Zweifel stammen aus der rätselhaften Doppeldeutigkeit des Seins. Sie bestimmen auch die lockere Bauform seiner Romane, ihre altmodisch wirkende Verspieltheit und ihre Symbolkraft, die ihn als realistischen Poeten vom nahenden Naturalismus abhebt. Alles bloß Vordergründige deutet auf ein Inneres, Bleibendes. Aus dem gleichen Grunde haften seinen Novellen stark balladeske Züge an. Von ihnen bleiben die frühen, wie *Die Schwarze Galeere* (1865) oder *Else von der Tanne* (1869), dem Romantisch-Abenteuerlichen, zu dem sich das Geschichtliche weitet, oder dem Märchenhaften verbunden.

Die Novelle »Die Schwarze Galeere« führt uns mitten in den Freiheitskampf der Niederländer gegen Spanien am Ende des 16. Jahrhunderts. Die Antwerpenerin Myga van Bergen ist mit dem Steuermann Jan Norris von der ›Schwarzen Galeere‹ verlobt. Aber auch der Spanier Antonio Vallani, Kapitän der ›Andrea Doria‹, liebt sie und will sie entführen. Jan erfährt in einer Antwerpener Taverne von dem Anschlag, wird jedoch als Geuse erkannt und verfolgt. Er entkommt in die Wohnung seiner Verlobten, wo er von Antonio ertappt und mit Myga auf das spanische Schiff gebracht wird. Nachdem er sich mühselig befreit hat, stellt er mit der ›Schwarzen Galeere‹ die

›Andrea Doria‹, holt sich seine Myga und entkommt mit dem Schiff durch das feindliche Feuer aufs freie Meer.

»Else von der Tanne« ist die Geschichte eines mit seinem Vater den Wirren des Dreißigjährigen Krieges in eine Waldhütte entflohenen Mädchens. Nach dem Empfang des Abendmahles, das ihm zusammen mit dem Vater der aufgeschlossene Pfarrer gewährt, fällt es dem Hexenwahn des Kirchdorfes zum Opfer. Mit seinem sinnlosen Hinsterben ist aber auch für den Pfarrer der Schein Gottes aus der Welt gewichen. Von der Hütte irrt er in den Wald und findet, auf einem Felsblock ermattet niedersinkend, den Tod. Der Vater verläßt ebenfalls die Waldhütte und kehrt nie wieder.

Die späten Novellen, z. B. *Des Reiches Krone* oder *Höxter und Corvey* (1879), kreisen um das Bleibende im deutschen Wesen, um das »innere Reich«, von dem sich die konjunkturgetriebene Zeit nach der Reichsgründung immer mehr entfernte. »Des deutschen Reiches Krone liegt noch in Nürnberg – wer wird sie wieder zu Ehren bringen in der Welt?« Raabes Geschichtsbewußtsein mündet ins Moralische und Politische, weil ihm Geschichte nicht nur Heimat bedeutet, in die man sich von der bedrängenden Gegenwart weg zurückziehen kann, sondern immer zugleich »Gefangenschaft im Zeitlichen«, dessen Aktualität man hoffend, fürchtend und segnend verbunden bleibt. Von da stammt sein zwar nicht strahlend-gläubiges, aber immerhin trotzig-tapferes Ja zum Leben.

»Was das Wort oder die Phrase vom Pessimismus in meinen Schriften anbetrifft, so meine ich gerade, überall und immer die Unverwüstlichkeit der Welt und des Menschendaseins auf Erden zur Darstellung gebracht zu haben. Daß es manchmal auf eine ›gut‹ Miene zum bösen Spiel machen‹ hinausläuft, dafür kann ich nicht. Ich halte das ›Never say die‹ der Engländer für ein wackeres Wort, und ich denke, wir bleiben dabei bis zum Ende.«

Bitterer noch und damit den liebevoll verstehenden, versöhnlichen Humor um die schärfer zielende Satire und Parodie aus ironischer Überlegenheit heraus erweiternd, klingt uns das Lachen aus dem

Humor und Karikatur als Waffe

Werk von **Wilhelm Busch** (1832–1908) entgegen. Auch er ist Niedersachse, auch er steht unter dem Bann der pessimistischen Philosophie, auch ihn ekelt das geschäftige und habgierige Treiben seiner Zeit an; es erfüllt ihn mit tiefer Skepsis und hintergründigem Spott. Das spricht aus seinen, mit eigenen Zeichnungen – er war in München lange Zeit Maler – versehenen Werken wie *Max und Moritz* (1858) oder *Die fromme Helene* 1872). Wie Nestroy spießt er die Schwächen und Fehler, das Absurde und Böse der bürgerlichen Welt auf seine spitze Feder und gibt es in pointierter, lakonischer, ja oft primitiv kurzer Reimform dem Gespött seiner Leser preis.

Busch macht sich über die Schrullen des deutschen Spießers lustig und schafft unvergängliche Gestalten, wie einen Tobias Knopp, Balduin Bählamm, Vetter Franz, Pater Filucius. Der Dichter karikiert, ohne zu verzerren, und er öffnet sich dem

Humor des wirklichen Lebens, ohne selbst etwas dazuzutun bei der Wiedergabe, welche die Dinge und Wesen belebt und in meisterhafter Laut- und Sprachkunst verlebendigt:

>Heut bleibt der Herr mal wieder lang.
Still wartet sein Amöblemang.
Da kommt er endlich angestoppelt,
Die Möbel haben sich verdoppelt.<

Das Schlagkräftige, Phantastisch-Groteske seiner mitunter skurrilen Welt gehört in die Lebensauffassung des späten Realismus und berührt sich mit Ähnlichem des frühen Naturalismus, so etwa, wenn schließlich die fromme Helene an der Petroleumfunzel verbrennt:

>Hier sieht man ihre Trümmer rauchen.
Der Rest ist nicht mehr zu gebrauchen.<

Zeit- und Gesellschaftskritik   Einen Übergang vom Realismus der Dramen Hebbels und Ludwigs zum Naturalismus stellen die dramatischen Werke **Ludwig Anzengrubers** (1839–89) aus Wien dar.

Im *Pfarrer von Kirchfeld* (1870) spielen Probleme des Kulturkampfes eine Rolle, wobei liberale Tendenzen gegen die Enge der Kleinbürgerlichkeit und die Unduldsamkeit der Kirche ausgespielt werden.

Im *Meineidbauer* (1872), den man ein bäuerliches Seitenstück zu Shakespeares »Richard III.« genannt hat, entwickelt sich die Handlung – wie bei Otto Ludwig – ganz aus der Anlage und Wesensart des ländlichen Helden.

Der G'wissenswurm (1874) hat sich wegen seiner bäuerlichen Derbheit und seines echten Humors bei lebhaftem Handlungsgang bis heute als zugkräftiges Lustspiel auf den Bühnen gehalten und Schule gemacht.

Anzengruber kann seine Herkunft vom Altwiener Volkstheater nicht verleugnen. Seine Stücke bleiben mit eingefügtem Dialekt und Liedgut sowie außerordentlich malerischen Szenen bühnenwirksam und publikumssicher. Er bereicherte aber das Volksstück um sorgfältige psychologische Beobachtungen und gab ihm eine stark pädagogische Tendenz, mit der er – weit stärker als Raimund und Nestroy – die Zuschauer aufrütteln und zum Nachdenken über die Mängel der Zeit bringen wollte. Damit gerät er schon ins Programm des naturalistischen Dramas, dem sein Stück *Das Vierte Gebot* (1877) in der »Schärfe seiner Gesellschaftskritik« und der »Kraft seiner dumpfen Atmosphäre« bereits weitgehend zugehört.

Diesen Weg zum Naturalismus geht Anzengruber auch als Erzähler. *Der Schandfleck* (1876) und *Der Sternsteinhof* (1884) sind Dorfgeschichten, die den ursprünglichen Menschen gegen die Verderbtheit der Zeit herausstellen. Anzengruber will es nicht nötig haben, »die Kulturschminke des modernen Menschen erst abzutragen«, um den eigentlichen Menschen zu zeigen.

Im »Sternsteinhof« setzt es ein armes Mädchen mit eisernem Willen und ohne Rücksichtnahme durch, auf dem reichen Sternsteinhof Bäuerin zu werden. Als wirklich vorbildliche Bäuerin bemüht sie sich dann, ihre Vergehen aus Härte und Rücksichtslosigkeit zu sühnen und Buße zu tun.

Die Dorfgeschichte hat in diesem anschaulichen und packenden Realismus alles Sentimentale eines Auerbach abgestoßen. Zusammen mit Fontane gilt Anzengruber den jungen Dichtern des Naturalismus als nachahmenswertes Vorbild.

Volksnähe und Erziehung Anzengruber, der nach einem Wort Hermann Bahrs »kein Artist, sondern ein Lehrer, Prediger und Erzieher« war, verhilft auch dem »steierischen Waldbauernbuben, Hütejungen und Schneiderlehrling« **Peter Rosegger** (1843–1918) zu seinem Start in der erzählenden Literatur. Mit seinem Protektor teilt er die Volksnähe, Güte und Heiterkeit sowie die erzieherischen Absichten:

»Die Welt ist reich an Niedertracht, und sie ist reich an Größe und Schönheit. Nur darauf kommt es an, was wir Poeten liegenlassen oder aufheben.«

Aus solchem Bekenntnis, verbunden mit überzeugter Treue zum Glauben und Mißtrauen gegen den aufklärerischen Liberalismus seiner Zeit, speisen sich seine Werke: *Die Schriften des Waldschulmeisters* (1875), ein Roman aus der Abgeschiedenheit der steierischen Berge mit vielen Briefen, Tagebucheinträgen und Gesprächen, *Der Gottsucher* (1883); *Das ewige Licht* (1896) und die Selbstbiographie *Waldheimat* (1877).

Kann man Raabes Thematik von den Nöten und Leiden des einfachen Menschen und ihre dichterische Gestaltung als moralisch-sozialen Realismus bezeichnen, mit dem er innerlich, dem Gehalte, keineswegs aber der dichterischen Form seiner Romane nach, in die Nähe des Naturalismus gehört, dann wird der alte **Theodor Fontane** (1819–98) von den jungen Naturalisten, deren dramatische Erstlinge er als Theaterkritiker wohlwollend bespricht, schon ganz zu den Ihren gerechnet und neben die außerdeutschen, die französischen, russischen und skandinavischen Vorbilder gestellt.

Fontanes Eltern kamen aus Südfrankreich. Nach seiner Kindheit in Neuruppin und Swinemünde und dem Studium der Pharmazie wird er wie sein Vater Apotheker und verlebt dürftige Jahre. Dann lockt ihn die Journalistik als Berichterstatter nach London und als Reporter auf die Kriegsschauplätze der Bismarckzeit. Nachdem er schon als Apotheker mit den literarischen Kreisen Berlins Fühlung genommen hat und Mitglied des berühmten »Tunnels über der Spree« geworden ist, wird er Theaterkritiker der »Vossischen Zeitung« und schließlich 1876 Sekretär der Akademie der Künste in Berlin. Erst im Alter beginnt er als freier Schriftsteller zu schreiben, um von Werk zu Werk höher zu steigen in seiner ganz der Wirklichkeit und zeitgenössischen Gesellschaft zugekehrten, geist- und stilvollen, aber jeder Poetisierung abholden Erzählkunst.

Fontane beginnt mit lyrischen Dichtungen. Sein Englandaufenthalt brachte ihn auf Percy und Scott und damit auf die Ballade, in der er einen neuen, eigenen Ton erklingen ließ. Stellvertretend für alle kann *Archibald Douglas* stehen (der auf sein Vorbild Strachwitz: »Das Herz von Douglas« verweist). In knappem, impressionistischem Stil, mit wenig Aufwand und kurzen, schlaglichtartigen Szenen, in denen alles Handlung und Bewegung ist, entsteht eine äußerst dichte Atmosphäre,

Reiz des Anekdotischen
die durch ihre Stimmungsgeladenheit gefangennimmt. Das pulsierende Leben des nur skizzenhaft angedeuteten äußeren Geschehens wird auf ein inneres bezogen und mit psychologischem Zugriff enthüllt. Allen Balladen, wie *John Maynard; Die Brücke am Tay; Schloß Eger; Gorm Grymme,* ist das Interesse am Anekdotischen der Vergangenheit und Gegenwart gemeinsam. Als künstlerische Grundform gibt die Anekdote nur einen bestimmten Zug, der »wenn er genial erfaßt wird, den dargestellten Charakter oder Vorgang fast erschöpft, zumindest leuchtend reliefiert«. Dazu kommen – ebenfalls Grundtöne der Anekdote – Humor, Ironie, lächelnde Überlegenheit und Abstimmung auf die »oft unterirdische« Pointe. Darin unterscheiden sich Fontanes Balladen von den »dämonisch-numinosen« eines Goethe und der Droste und den »moralisch-symbolischen« Schillers ebenso wie von der »Gespenster- oder Schicksalsballade« eines Bürger oder C. F. Meyer.

»Meine ganze Produktion ist Psychologie und Kritik«, erklärt Fontane zu seinem epischen Schaffen, das der 59jährige mit dem Roman *Vor dem Sturm* (1878) beginnen läßt.

Es ist ein in der Nachfolge Scotts und Alexis stehender Geschichtsroman aus der Mark der Jahre 1812–13. (Ihrer Schönheit hatte er bereits in den vier Bänden seiner *Wanderungen durch die Mark Brandenburg* ein literarisches Denkmal gesetzt.)

In lockerer Reihung vieler Einzelbilder, in denen die Natur lediglich als Kulisse dient, führen sich die handelnden Personen durch ihr Reden und Sprechen ein und charakterisieren sich ausschließlich damit. Das Sprechen – häufig »ohne inhaltliches Gewicht« – schafft Atmosphäre und gibt dem jeweiligen Alter, Beruf, Stand eine charakteristische Note. Das ist eine neue Romantechnik, die nachwirkt (vor allem auf Thomas Mann).

Fontanes Welt kennt keine Transzendenz, nicht einmal »Sonderfälle und Grenzsituationen«. Es kommt im Leben nur darauf an, daß man

Skepsis und Sitte
die einem zugewiesene Spanne Zeit und Örtlichkeit ausfüllt und darin »seine Rolle« spielt. Hier ist nicht Platz für Pathos oder metaphysische Spekulation, ja nicht einmal mehr zum Erziehen- oder Bessern-Wollen: »Die Sitte gilt und

muß gelten. Und weil es so ist, wie es ist, ist es am besten, man bleibt davon und rührt nicht daran.« An die Stelle des Absoluten und Idealen treten Relativismus und Resignation, das Gefühl, irgendwie am Ende zu stehen, das dem späten Realismus eigen ist. Weise Menschlichkeit gebietet dem Dichter, Abstand zu halten und die Dinge aus der Distanz zu betrachten, Milde und Güte walten zu lassen, wo die Fragwürdigkeit der Gesellschaft eigentlich ein hartes Verdammungsurteil verdiente.

Die lange Reihe seiner bedeutsamen Altersromane gestaltet in meisterhafter Stilkunst – eine leichte »lichte Prosa« mit einer »heimlichen Neigung zum Balladesken« (Thomas Mann) – die zeitgenössische Berliner Gesellschaft. Ihre Träger präsentieren sich vor uns als Offiziere, Beamte, märkische Adlige oder Bürger; in den Gesprächen und in ihren Konflikten um Liebe, Ehe, Besitz, Ehre, Spießertum und Konvention wird die Sinnlosigkeit der alten Gesellschaftsformen, zugleich aber auch die Vereinsamung ihrer Menschen deutlich.

Der realistische Stil der Romane *(Irrungen, Wirrungen,* 1888; *Frau Jenny Treibel,* 1892; *Effi Briest,* 1895), die Wirklichkeitsnähe der auf Nuancierung streng bedachten Gesprächstechnik, die »Entromantisierung des alten Romans« verpflichteten dem alten Fontane die junge Generation und verschafften dem deutschen Roman europäische Bedeutung.

»Irrungen, Wirrungen« bringt ohne Aufwand die Tragik herben Verzichts eines bürgerlichen Mädchens (Lene Nimptsch), dem mit seinem Geliebten (Botho von Rienäcker) nur ein glücklicher Sommer gegönnt war. Da er über die Standesgrenzen nicht hinwegkommt, verläßt der Adlige Lene: »Sie lehnte sich an ihn und sagte ruhig und herzlich: ... und das ist nun das letztemal, daß ich deine Hand in meiner halte.« Botho heiratet eine Dame seines Standes, Lene einen ordentlichen Mann aus dem Volke. Und alles vollzieht sich ohne Aufsehen, ohne romantische Verklärung oder Sentimentalisierung. Jeder ist mit sich ganz allein – »viel Freud, viel Leid. Irrungen, Wirrungen. Das alte Lied«.

Effi Briest, die deutsche Madame Bovary, lebt in einer sehr jung geschlossenen, alltäglichen Ehe mit dem korrekten Instetten, der sie genau wie ihre Eltern wie ein Kind nimmt. Nach Jahren erfährt Instetten von einer kurzen leidenschaftlichen Zuneigung Effis zu einem Offizier, den Effi längst wieder vergessen hat. Da glaubt Instetten, sich den Forderungen der Gesellschaft nicht entziehen zu dürfen: er erschießt den Offizier in einem Duell. Effi wird geschieden und verliert ihr Kind. Ihr Leben zerrinnt, auch als sie später bei den Eltern wieder Aufnahme findet.

Nur das Abrechnen, die soziale Anklage fehlen noch; es bleibt bei resignierendem Humor, der beiden Seiten gerecht zu werden versucht. Es gibt noch keinen programmatischen »Aufbruch zum neuen Menschen«, sondern eher eine unverkennbare Neigung zum Adel, den die Bourgeoisie überrundet hat, ein Sich-Fügen ins Unabänderliche und Sich-treu-Bleiben in Herz und Gesinnung: »Halte dich still, halte dich stumm – nur nicht fragen: warum?, warum?« Solche Altersweisheit verbreitet vor allem Fontanes letzter Roman *Der Stechlin* (1898); sie gibt dem alten Dubslav seine innere Souveränität und Freiheit.

Der Stechlin gehört zu einer Reihe von Seen in der Mark, an dem das Gutshaus des Majors Dubslav von Stechlin liegt. Sein Leben ist der Inhalt dieses Romans; es liegt in dem spürbaren Umbruch der Zeiten, und mit ihm endet auch die alte Zeit.

Lauter, wahrhaftig und illusionslos stellt sich uns Fontanes Werk als ein spätes Kapitel des deutschen Humanismus dar; Thomas Mann wird seine Nachfolge antreten.

DIE MODERNE

Mit dem Ende des 19. Jahrhunderts bahnt sich die Entwicklung einer neuen Epoche der Literatur- und Kulturgeschichte an. Seit der Mitte des Jahrhunderts entfalteten sich der technische Fortschritt und die Industrialisierung mit steigender Geschwindigkeit. Schon Goethe hatte davon gesprochen, daß das »überhandnehmende Maschinenwesen« ihn quäle und ängstige: »Es wälzt sich heran wie ein Gewitter; es wird kommen und treffen.« Und Heinrich Heine war, als er während seines Aufenthaltes in England die ersten Industriewerke besichtigte, von tiefer Angst vor dem heraufziehenden Zeitalter der Mechanisierung erfüllt.

Der Kulturphilosoph **Oswald Spengler** (1880–1936) hat in seinem Werk *Der Untergang des Abendlandes* (1918ff.) im 20. Jahrhundert den Höhepunkt des »faustischen Strebens« des abendländischen Menschen gesehen; der homo faber – von den Banden kirchlicher und fürstlicher Bevormundung und von dem wirtschaftlichen Zwang des Merkantilismus befreit – treibe sich selbst zum Gipfel seiner Leistungsfähigkeit, damit aber auch zur Peripetie, zum Untergang. – Die »Industrielle Revolution« des 19. Jahrhunderts ging über in ein Zeitalter der Automation und Kybernetik. Der Mensch steht mehr denn je vor der Entscheidung, den naturwissenschaftlichen Fortschritt zum Wohl der Menschheit einzusetzen oder in den Dienst neoimperialistischer Machtpolitik zu stellen. Die Lösung dieses Problems und der durch die Verseuchung der Naturwelt aufgeworfenen Fragen bedingt die Erfüllung gewaltiger moralischer, erzieherischer und politischer Aufgaben.

Der einzelne Mensch wurde zunehmend in den Apparat der Technik eingezwängt und in seinem individuellen Wirkungskreis beschnitten. Die in der zweiten Hälfte des 19. Jahrhunderts rasch zunehmende Bevölkerungszahl führte zu einem Zeitalter der Massenbewegungen. Der kollektivierte Mensch mit der ihm eigenen Psyche der Unterordnung und Verdumpfung unterliegt als genormtes Wesen (Menschenmaterial) leicht der Beeinflussung durch Massenführer, die sich mit Hilfe technischer Propagandamittel und psychologisch ausgeklügelter Demagogien der Völker zu bemächtigen suchen. Durch totalitäre Ideologien und Staatssysteme geraten Demokratie, Liberalismus und Individualismus in gefährliche Krisen. Der Marxismus ist zum starken Widersacher der westlichen Welt geworden, die ihrerseits durch Weiterentwicklung demokratischer und liberal-ökonomischer Prinzipien eine innere Festigung anstrebt. Die Welt bleibt durch wirtschaftliche und ideologische Doktrinen gespalten.

Die Physik ist in die Dimensionen des Makrokosmos und Mikrokos-

mos vorgestoßen. Atom- und Quantenphysik haben revolutionäre Umwälzungen hervorgerufen, wie überhaupt die Naturwissenschaften, vor
allem auch die Chemie, Biologie und Medizin, in rapide Bewegung
geraten sind. Die Tiefenpsychologie hat die Bereiche des Unbewußten
erschlossen und die Seelenkunde auf wissenschaftliche Basis gestellt.

Vergleichbar mit den vielfältigen Veränderungen innerhalb der Wissenschaft sind die experimentellen Bewegungen der Künste (die zahlreichen Stiltendenzen der Musik, Malerei, Plastik und Architektur seit
dem sogenannten »Impressionismus« zu Beginn unseres Jahrhunderts)
und der ständige unruhige Wandel der Literatur.

Der Naturalismus vollzieht den Bruch mit der Vergangenheit, indem
er sich dem verbreiteten Materialismus angleicht und damit dem »deutschen Idealismus« ein Ende setzt. Die Wahrheit des Menschen sucht er
nicht mehr in ideellen Werten oder im Transzendenten, sondern in der
Nüchternheit, der nackten Realität des materiellen Lebens. Er verzichtet oftmals auf die alten moralischen und ästhetischen Normen. Er
will »modern« sein, indem er sich den dringlichen Fragen der Industrialisierung, Mechanisierung und den sozialen Problemen widmet.

Gegnerschaft zum »Modernismus« prägt die um Tradition und konservative Erneuerung sich mühenden Kräfte; man greift auf die Zeit
vor Naturalismus und Realismus zurück (Neuklassik, Neuromantik),
wendet sich vor allem den geistigen Werten der Vergangenheit zu. Individualismus, aristokratische Haltung, abendländisches Bewußtsein, eine
Orient und Okzident umfassende Menschheitsidee, Christentum und
Verwurzelung in Volks- und Heimattum sind die Wege, auf denen man
dem drohenden Chaos entgegenzutreten hofft.

Anders der Expressionismus. Er schließt sich dem Kampf der Naturalisten gegen die Tradition an und steht in Gegnerschaft zu oberfläch-
lichem Fortschrittsoptimismus und satter Bürgerlichkeit. Man sieht die
Katastrophe eines erbarmungslosen Krieges, die Zerstörung der Menschheit. Zugleich bemüht sich der Expressionismus um ein neues Menschenbild, das von sozialem Mitgefühl bestimmt ist. Angesichts der düsteren
Realität, welche die Expressionisten mit Pessimismus erfüllt, erträumt
man sich eine grundlegend neue Weltordnung, ein Weltbild nach humanitären und ideellen Maßstäben – wodurch man sich bewußt vom
Naturalismus, der alles Spirituelle und Utopische ablehnt, abgrenzt;
die Überwindung des Naturalismus wird freilich auch von den ehemaligen Naturalisten selbst (von Hauptmann etwa) vollzogen.

Die Dichter, deren Kompositionstechnik und Sprachstil mit dem Begriff Surrealismus umschrieben werden kann, empfinden und deuten die
moderne Weltkrise als metaphysische Entfremdung des Menschen; die

Frage nach der Transzendenz wird von ihnen mit bohrender, existentieller Aufrichtigkeit gestellt. Das Sein scheint unenträtselbar; die Dichtung ist chiffrenhaft – voll »tönender Dunkelheit«. Pessimismus und Nihilismus herrschen vor, wenngleich man verzweifelt versucht, aus deren Dickicht herauszukommen.

Im jetzigen Jahrzehnt unseres Jahrhunderts ist – soweit es sich bei dem geringen Abstand überhaupt geschichtlich feststellen läßt – ein geschlossenes Weltbild nicht erreicht. Die einzelnen Richtungen stehen nebeneinander oder sich gegenüber. Gemeinsam ist ihnen – und das ist es, was der Begriff Moderne besagen will – die bewußte Auseinandersetzung mit dem Neuen, mit dem Unmittelbar-Gegenwärtigen, und zwar auf allen Gebieten unseres Lebens. Das konsequente Eingeständnis und der Wille zur Bewältigung der krisenhaften Situation unserer Zeit kennzeichnen das künstlerische Bemühen, das dem Erlebten und seiner seelischen Resonanz einen gemäßen gestalterischen Ausdruck im schriftstellerischen Werk zu verschaffen sucht.

Naturalismus und Avantgarde der Jahrhundertwende

Der in den achtziger Jahren beginnende deutsche Naturalismus schloß sich – nicht nur zeitlich, sondern auch in seiner entscheidenden Blickrichtung auf die konkrete Tatsächlichkeit des menschlichen Seins – an den späten Realismus an. Noch konsequenter als dort betrachtete und schilderte er die Realien des Lebens, das Dingliche und sinnlich Wirkliche, die sichtbaren Erfahrungstatsachen. Was sich bei Otto Ludwig und Theodor Storm anbahnte und bei Raabe und Fontane fortsetzte, der Verzicht auf jegliche Transzendenz, endet beim materialistischen Menschen- und Weltbild. Längst hatten Ludwig Feuerbach und David Friedrich Strauß gegen das Christentum – gegen Religion und Idealismus insgesamt – einen philosophischen Materialismus gesetzt, der allein das Wahrnehmbare als Wahrheit und das Leben als eine Funktion der Materie ansah. Natur bedeutete Materie, ohne göttlichen Schöpfungsakt, und der Mensch galt nur als ein Glied dieser Natur. Die Erforschung des Menschen lief demnach allein auf eine Untersuchung seines materiellen Bestandes, seiner soziologischen Stellung, vornehmlich seiner Umwelt, hinaus. Die Psychologie, die das Metaphysische der Seele ergründen wollte, wurde durch eine Physiologie der tatsächlichen Lebensumstände ersetzt, die dichterische Erkundung wurde zu einer Statistik des menschlichen realen Verhaltens, das vorwiegend erklärt wurde aus den sichtbaren Gegebenheiten der Umwelt, des »Milieus«.

Zu dieser, aus dem Realismus entsprungenen Forderung nach der Erfassung des tatsächlich Erkennbaren und Wirkenden trat der soziale und technische Materialismus, der sich aus der seit den vierziger Jahren gewaltig ansteigenden Industrialisierung herleitete. Der Glaube an die Allmacht der Maschine, der technischen Arbeitsleistung und des Industriepotentials führte die gesamte Lebenseinstellung in eine »positivistische«, materialistische Anschauung hinein, durch die die Gefühlswelt des Biedermeier, die sich trotz des »Jungen Deutschland« und des Realismus in die Bismarcksche Ära fortgesetzt hatte, ein endgültiges Ende fand. Gleichzeitig aber entstand die Frage nach der Stellung des Menschen zur Technik. Es war eine ernste und bittere Frage, die im Bewußtsein der Unterlegenheit des freien Geistes gegenüber dem Mechanismus schon Heinrich Heine gestellt hatte. Es war aber auch eine ebenso verzweifelte soziale Frage, entstanden aus der Not der industriellen Arbeitermassen. Der Armut, der sozialen Not, dem Anwachsen des Proletariats, der gesamten soziologischen Umschichtung konnte die bisherige Form des Staates nicht mehr gerecht werden; seit der Märzrevolution 1848 ist der von **Karl Marx** (1818–83) und **Friedrich Engels** (1820 bis 95) begründete, auf Umsturz der gesellschaftlich-politischen Zustände ausgerichtete radikale Sozialismus (»Kommunistisches Manifest«) in stetem Vordringen begriffen, während **Ferdinand Lassalle** (1825–64) sein soziales Programm im Rahmen des bestehenden Staatswesens zu verwirklichen suchte. Der Kampf für die soziale Ordnung reichte zurück bis in die Kreise des »Jungen Deutschland«, und von ihnen übernahmen die Sozialisten die Tendenz wider den alten Staat und die alte Gesellschaftsform: die Idee der Revolution gegen das Bisherige.

Entscheidend für die dichterische Gestaltung waren schließlich die Einwirkungen von seiten der französischen, skandinavischen und russischen Literatur, wo die Idee einer gesellschaftlichen Neuordnung bereits ihren programmatischen Niederschlag gefunden hatte. In Frankreich hatte **Emile Zola** (1840–1902) in den Schriften *Le roman expérimental* und *Les romanciers naturalistes* eine theoretische Grundlage geschaffen, nach der er in seinen Romanen photographisch schonungslose Darstellungen des Proletariermilieus, des zerlumpten und zermarterten Lebens in Mietskasernen, Hinterhöfen, Gruben und Fabriken gab. Das Dasein wird demaskiert, und als Wirklichkeit, als Natur, treten die Not, die Angst, der Schrei nach Existenzmöglichkeit zutage. Vor allem der Norweger **Henrik Ibsen** (1828–1906) suchte nach den Schuldigen der sozialen und moralischen Krise und enthüllte in seinen Dramen *Stützen der Gesellschaft* (1877); *Nora* (1879); *Gespenster* (1881) die bigotte Gesellschaftsmoral des höheren Bürgertums. Dichten sei »Gerichtstag halten«, und zwar auch über das eigene Ich, sei die rücksichts- und illusionslose Zerstörung aller pseudo-moralischen und -ideellen Verbrämungen. Der russische Graf **Leo Tolstoi** (1828–1910) legte in seiner literarischen *Beichte* ein Bekenntnis seiner eigenen zwieschichtigen Moral ab und entlarvte in den Romanen *Krieg und Frieden* (1869); *Anna Karenina* (1876); *Auferstehung* (1898) die herkömmlichen Sittlichkeits- und Bildungsideale, die ihm nichts anderes als eine Bemäntelung der Ichsucht, Lüge und Gleichgültigkeit waren; er wollte sie durch die Lehren eines erneuerten, einfachen Christentums ersetzt sehen. Aus dem Willen nach Wahrhaftigkeit, nach Erkenntnis der menschlichen Natur, drang **Fedor Dostojewskij** (1821–81), einer der großen Psychoanalytiker der Weltliteratur, danach, die Scheinschicht des Seelischen zu zerstören, das darunterliegende Dämonische bloßzulegen und es mit minuziöser Genauigkeit zu analysieren. Seine Romane *Schuld und Sühne* (Raskolnikow) (1866); *Der Idiot* (1868); *Die Gebrüder Karamasow* (1880) entdeckten das Abgründige der zerrissenen und leidenschaftlichen Seele, und zwar aus der Sehnsucht nach Erlösung. Die Erlösung verwirklicht sich dort, wo der große Kraftstrom der Liebe einsetzt. Mit diesem Endziel, das nach einer Bewältigung der Krisis von innen heraus verlangte und zu einer neuen Wesensform des Urchristentums hinstrebte, gingen Tolstoi und Dostojewskij allerdings über den Naturalismus weit hinaus.

Bei den jungen deutschen Schriftstellern, die unter dem Einfluß der Franzosen, Skandinavier und Russen auf eine naturalistische Dichtung hinarbeiteten, bildeten sich zu Beginn der achtziger Jahre zwei maßgebliche Kreise heraus: der Berliner Kreis um die Gebrüder Hart und die Münchner »Gesellschaft« um Michael Georg Conrad.

Die beiden Westfalen **Heinrich** (1855–1906) und **Julius Hart** (1859 bis 1930), Studenten und Zeitungsliteraten in Berlin, proklamierten 1882 in ihren Kampfschriften *Kritische Waffengänge* zum erstenmal den Naturalismus Zolas. Es ging ihnen um eine »Gesamtabrechnung« mit den alten staatlichen und sozialen Verhältnissen, mit den alten Moralbegriffen, vor allem aber auch mit der herkömmlichen Dichtung. Es war eine durchaus revolutionäre Tendenz, die »ganze Schwärme von Stürmern und Drängern« erfaßte, um die autoritären Positionen des Konservativismus zu beseitigen und den Weg für ein neues Zeitalter freizulegen. Anstelle von »klassisch« setzte man »modern«.

Die Gesamtabrechnung

Es sollte der Mensch zu den »tausend Brunnen des realen Lebens« hingeführt und dadurch eine Dichtung geschaffen werden, »welche die gesamte Entwicklung der Menschheit bis zur tausendfarbigen Gegenwart herauf und damit die gesamte Natur, alle Typen und Charaktere des Menschentums« umspannte. Fehlte es diesen Gedanken noch an einer klaren dichterischen Verwirklichung, so war das Entscheidende doch, daß der Bruch mit der Vergangenheit, den schon das »Junge Deutschland« gewünscht hatte, endgültig ausgesprochen wurde.

In München propagierte der aus Unterfranken stammende **Michael Georg Conrad** (1846–1927) in zahlreichen Artikeln die Romane Zolas, die er während seines fünfjährigen Aufenthalts in Paris kennengelernt hatte, und gründete 1885, von zahlreichen jungen Autoren unterstützt, eine eigene Zeitschrift, *Die Gesellschaft.* »Die Gesellschaft als Organisation aller freien, bislang gebundenen Kräfte! Die Gesellschaft als Antipode des kulturhemmenden Staates und aller reaktionär verankerten Vergangenheitsgewalten!« Opposition gegen die Tradition im Sinne Zolas war das Anliegen der neuen Romane. In loser und nur selten miteinander inhaltlich verbundener Anreihung von Einzelszenen und Situationen versuchte Conrad – als Gegenstück zu Zolas Pariser Romanen – in einem dreiteiligen Zyklus *Was die Isar rauscht* (1888/93) ein wirklichkeitsgerechtes Charakterbild Münchens zu entwerfen.

Die neuen Zielpunkte der Dichtung, die den wahrhaften, wenn auch chaotischen Hintergrund des Lebens aufzeigen sollen, und die neue ungebundene Formlosigkeit von Prosa und Drama, die der zwanglosen und breit ausladenden Schilderung und feuilletonistischen Erörterung politischer, sozialer und psychologischer Fragen entsprach, führten zu sehr eingehenden und detaillierten Beschreibungen amoralischen Verhaltens. Dies war ein wesentlicher Auftakt zur gesamten neueren Literatur.

Mit dem Mute einer jungen, von der Vergangenheit befreiten Generation gingen die Naturalisten den Weg einer entidealisierten, allein von dem »Glauben« an die Materie beherrschten Weltbetrachtung, die zwangsläufig zu einer Betrachtung des nackten, häßlichen, kranken und in jeder Weise dem Sinnlichen und Materiellen ohnmächtig ausgelieferten Daseins hinführen mußte. Die wahrhafte, naturhafte Existenz des Menschen erkannte man gerade dort, wo die »Tünche« der Kultur und Zivilisation fehlte. Die Elendsquartiere der Großstadt, der in ihnen dahinsiechende Mensch enthüllten den Naturalisten die entscheidende Wahrheit über die menschliche Seele und ihre Bedürfnisse.

Das Elendsmilieu

Karl Bleibtreu (1859–1928) aus Berlin, in München der engste Freund Conrads, hat in seinen novellistischen Skizzen *Schlechte Gesellschaft* (1885) und im Roman *Größenwahn* (1888) mit aller Freizügigkeit und Drastik dunkelstes Großstadt-Milieu wiedergegeben. An Stelle idealer lebensgestaltender Kräfte tritt die Macht einer gänzlich animalischen Sphäre von Spelunken und Bordellen, gegen die jeder moralische Widerstand vergeblich ist. In Berlin schrieb der aus Posen stammende *Max Kretzer* (1854–1941) die von düsterem Pessimismus zerquälten Sittenromane *Die Betrogenen* (1882) und *Die Verkommenen* (1883). Das Berliner Proletariat, das verarmte Kleinbürgertum, Lärm, Trubel und Verbrechen in den Mietskasernen, die Kellerwelt alkoholischen und sexuellen Lasters: Derartige Wirklichkeit menschlichen Seins sollte erbarmungslos und ungeschminkt zum Vorschein kommen. Gegen die

Anarchie vermag sich weder der brave, arbeitstüchtige Bürgergeist (*Meister Timpe*, 1888) noch das Christentum (*Das Gesicht Christi*, 1897) durchzusetzen; es bleibt die Ausweglosigkeit des Elends. Der Glaube an die Allmacht des Milieus, ausgehend von Zola, führte zu einer bewußten Resignation.

»Die Vererbung hat ihre Gesetze wie die Schwere«, sagte Zola. Das unabänderliche Milieu und das Stigma der Vererbung waren den Naturalisten die beiden wesentlichen Bestandteile der Charakter-bildung. Aus diesen »materiell« gesehenen Gegebenheiten **Materialisti-** heraus suchten sie die seelischen Antriebe und Verhaltens-**sche Psycho-** weisen zu klären. Unter Verzicht auf die »Maske« der Bil-**logie** dung und der Konvention sahen sie in ihnen die realen Wirklichkeiten. Unheimliche Szenenreihen amoralischen Verhaltens, schrankenloser Dämonie und abseitiger Empfindungen sollten die Wahrheit über den Menschen aufdecken. Dabei waren die deutschen Naturalisten weit radikaler als Ibsen und Dostojewskij. Nietzsches Wort vom »Jenseits von Gut und Böse« und seine Forderung nach dem seelischen Chaos (»Ich aber sage Euch, man muß noch Chaos in sich haben, um einen tanzenden Stern gebären zu können«) wirkten dabei sehr stark in den deutschen Naturalismus hinein.

Der in Anhalt geborene *Hermann Conradi* (1862–90) verfaßte während seiner Münchener Studienzeit – beeinflußt von Nietzsche und Dostojewskij – die psychologischen Studien *Brutalitäten* (1886) und den Roman *Adam Mensch* (1889). Der Prototyp des Menschen, wie er sich in den vor allem erotischen Situationen zeigt, ist ein flackerndes Inferno von Trieben und Leidenschaften; er ist eitel, faul und genießerisch, und seine einzigen geistigen Regungen liegen im Skeptizismus.

Gemäßigter und daher auch ernsthafter waren die psychologischen Studien der Dramatiker, die in Ibsens »Nora« und »Gespenstern« eine Vorlage hatten. Der Westpreuße *Max Halbe* (1865–1944) stellte in den beiden Dramen *Jugend* (1893) und *Mutter Erde* (1897) die tragische Bindung an das mit der Geburt gegebene Schicksal dar. Das uneheliche Ännchen vermag sich nicht von seiner unehrenhaften Abkunft zu lösen, die reine Liebe zu einem Studenten bezahlt es mit dem Tode. Und der Bauer Paul Warketins, der seinen väterlichen Hof verließ und in der Großstadt heiratete, wird von der Bindung an seine Heimat und von der Liebe zu seiner Jugendgespielin jäh und leidenschaftlich erfaßt; als Ausweg bleibt nur der Tod, die Rückkehr in die Mutter Erde. Zolas These von der Verkettung an das Erbe war als Gleichnis dargestellt.

Johannes Schlaf (1862–1941), aus der Gegend von Merseburg, hatte sich die psychologische Analyse Dostojewskijs zu eigen gemacht und in seinem Drama *Meister Oelze* (1892), einem der technisch ausgefeiltesten Dramen des Naturalismus, die Psychologie eines Mordes dargelegt. Der Tischler Oelze hat zusammen mit seiner Mutter seinen Stiefvater umgebracht, um seine Stiefschwester zu enterben. Da er seinem jungen und anständigen Sohn die erhaltene Erbschaft bewahren will, verschweigt er den Mord, ständig von der mißtrauischen Stiefschwester umlauert; er verschweigt ihn auch in den Fieberträumen auf dem Krankenbett und stirbt in Hast und Angst, das Geheimnis etwa im Todeskampf zu verraten.

Die Darstellung des Milieus und vor allem die Erkenntnisse der

Psychologie verlangten von der Dichtung, namentlich vom Drama, eine

Das Eindrin-gen in den Augenblick
neue Technik und Sprachform. Dem Willen, die Umwelt, die Gegenstände und Menschen, wirklichkeitsgerecht und präzise wiederzugeben und das menschliche Verhalten, den Denkprozeß, die Empfindungen und Reaktionen festzuhalten, mußten sich die dichterische Form und Sprache angleichen. Zusammen mit Johannes Schlaf arbeitete der aus Ostpreußen stammende **Arno Holz** (1863–1929) eine Reihe von Studien und Skizzen aus, die den technischen und stilistischen Erfordernissen genauester photographischer Beobachtung Rechnung trugen. Es galt, jedes Detail eines Vorgangs, auch das scheinbar Unwichtigste und Banalste, objektiv festzuhalten, jeden Moment eines Geschehnisses, die kleinste Bewegung und den nebensächlichsten Gedanken einzufangen und das Ästhetisch-Sprachliche diesem Wollen gänzlich unterzuordnen. Das Ticken der Uhr, das Knistern des Dochts, das leise Knacken des Holzes, Gähnen, bewußte Schludrigkeit der Aussprache (häufig in Mundart), Ausbreitung primitivster Gedanken: das alles diente als »Sekundenstil« einer protokollarischen Feststellung, der Fixierung der Realität. »Die alte Kunst hat von dem fallenden Blatt weiter nichts zu melden gewußt, als daß es im Wirbel sich drehend zu Boden senkt. Die neue Kunst schildert diesen Vorgang von Sekunde zu Sekunde; sie schildert, wie das Blatt jetzt auf dieser Seite vom Licht beglänzt, rötlich aufleuchtet, auf der anderen schattengrau erscheint; in der nächsten Sekunde ist die Sache umgekehrt, sie schildert, wie das Blatt erst senkrecht fällt, dann zur Seite getrieben wird, dann wieder lotrecht sinkt . . .«

In dem Skizzenbuch *Papa Hamlet* (1889) werden das närrische Elend eines heruntergekommenen Schauspielers, der dem Alkohol verfallen ist und in seiner Stube den Hamlet spielt, die gähnende Langeweile eines Rektors am ersten Schultag (er reinigt sich die Fingernägel und spielt mit dem Siegelring) und die quälende Nachtwache zweier Freunde am Sterbebett eines im Duell Verwundeten mit sekundengenauer Exaktheit wiedergegeben. In der *Familie Selicke* (1890) ist schließlich das Beispiel eines »konsequenten« naturalistischen Dramas gegeben: ohne jede Handlungsführung wird lediglich der armselige Tod eines Kindes dargestellt, an dessen Sterbelager der betrunkene Vater tritt. Aber eben dieses Geschehnis wird in seiner naturgetreuen Länge von achtzig Minuten bis ins kleinste nachgezeichnet, ohne Rücksicht auf dramatische Gesetze und dialogische Sprachkunst. »Hier scheiden sich die Wege, hier trennt sich alt und neu«, schrieb Fontane.

Das Versbuch *Phantasus* (erste Ansätze dazu 1885; Gesamtausgabe 1916) sollte die naturalistische Lyriktheorie (*Revolution der Lyrik,* 1899) in die Tat umsetzen: der Rhythmus wurde zum Seismographen der inhaltlichen Aussage. Dem lyrischen Wort soll eine möglichst eindringliche Kraft verliehen werden, indem es als Bruchstück hingesetzt und aus dem logischen Zusammenhang gelöst wird. Um eine Langsachse geordnet, einem »lyrischen Telegrammstil« vergleichbar, werden die Worte zu Elementen einer neuen Wortmagie. Motive der Dichtung (Erinnerung und Traum, Talent

und Welt, Liebe und Schaffen, Künstler und Wirklichkeit, Verwandlung und Ereignis-
losigkeit) rücken das Werk in die Nähe des Expressionismus.

>>Draußen die Düne.
Einsam das Haus
eintönig,
ans Fenster,
der Regen.
Hinter mir,
tictac,
eine Uhr,
meine Stirn
gegen die Scheibe.
Nichts.
Alles vorbei.
Grau der Himmel,
grau die See
und grau
das Herz.<<

Holz hatte selber erkannt, daß mit dem Sekundenstil der Naturalismus sich eine Grenze gesetzt hatte. Denn die ausschließliche Darstellung
von Milieu und psychischer Reaktion war doch ein dichterisch sehr enger
und inhaltsarmer Raum; und der Naturalismus wäre ohne Zweifel eine
Episode geblieben, wenn ihn nicht seine beiden bedeutendsten Dichter
(Sudermann und insbesondere Hauptmann) aus einem individuellen
poetischen Vermögen heraus mit neuen Inhalten und Motiven bereichert
hätten.

Der trotz seiner damaligen Erfolge von dem einflußreichen Theaterkritiker Alfred Kerr heftig befehdete **Hermann Sudermann** (1857 bis
1928) hat den Naturalismus mit Hilfe einer geschickten, aufwendig
zurechtgemachten Handlungsgebung wesentlich aktiviert. Seine Dramen sind Konversationsstücke nach gutem Publikumsgeschmack, allerdings in naturalistischer Szenerie. Die Ansätze zu rückhaltloser Zeitkritik und radikal-veristischer Wirklichkeitsschilderung sind
Spiel mit   ins Theatralisch-Konventionelle und Effektvolle übertragen
dem Effekt   und somit erheblich abgeschwächt. Das Arrangement ver-
hinderte die totale Erschütterung und machte die Stücke
gesellschaftsfähig.

Der in Matziken (Ostpreußen) geborene Schriftsteller hatte sich in Berlin zunächst
recht mühsam durchsetzen müssen, zumal seine Novellen und sein Roman *Frau Sorge*
(1887; die Geschichte eines mißhandelten Bauernsohnes, der schließlich, um ein Verbrechen seines Vaters zu verhindern, den Hof anzündet) keine Beachtung fanden. Erst
sein Drama *Die Ehre* (1889) verschaffte ihm einen Vorrang, der sich mit demjenigen
Gerhart Hauptmann vergleichen ließ. – Der Kommerzienrat wohnt im Vorderhaus,
der Invalide Heinecke im Hinterhaus; der Sohn des Vorderhauses verführt die eitle

Tochter des Hinterhauses; die verlorene Ehre des Hinterhauses wird mit 40 000 Mark beglichen, während andererseits ein reicher Graf dem Sohn des Invaliden ein Millionenvermögen schenkt, damit dieser endlich die Tochter des Kommerzienrats heiraten darf. Durch ein vordergründiges Spiel mit der Relativität des Ehrbegriffes sind die Gegensätze ausgeglichen. Zu leicht ist auch die Lösung des Problems im Drama *Heimat* (1893), in dem sich die junge Magda von der Moralität ihres Vaterhauses lossagt, sich emanzipiert, Sängerin wird, auf einer Tournee in der Heimatstadt den Vater trifft, der vor Erregung tot zusammenbricht. Damit ist sie wieder und endgültig frei. – Eine gute Leistung ist Sudermann mit seinen *Litauischen Geschichten* (1917) gelungen, unter denen vor allem *Die Reise nach Tilsit* bekannt wurde: der junge Bauer, der auf der Bootsfahrt seine Frau umbringen wollte, findet zu ihr zurück, rettet sie aus dem Wasser und ertrinkt selbst.

Aus einem grundanderen Vermögen schöpften die Dramen **Gerhart Hauptmanns** (1862–1946). Sie reiften aus den Spannungen seiner Persönlichkeit, aus einer selbst durchlebten Problematik, der **Leiden am** es um Lebensgestaltung, um den Kampf der inneren **Leben** Mächte, um das Leiden, Mitleiden und Sicherlösen ging. Aus dem Innenraum erfahrener, durchstandener und durchlittener Schicksale geht eine dichterische Schöpfung hervor, die nicht unbedingt getreu naturalistisch sein, wohl aber das Elend und Leiden erniedrigten Menschseins aussprechen wollte. Hauptmann gestaltete nicht der objektiven Feststellung und nicht allein des sozialen Mahnrufs wegen, sondern in ihm wirkte die Erfahrung menschlicher Abgründigkeit und chthonischer Schicksalhaftigkeit, das Erlebnis einer tragischen Allmacht: »Dichten ist ein großes Erleiden.«

Seine Wurzeln – gerade als Schlesier – reichen zurück bis ins Barock. Die Unbegreiflichbeit des menschlichen Mysteriums, überhaupt die Suche nach dem Mysterium, die quälerische Innerlichkeit und schöpferische Dämonie sind seine stärksten Wesenszüge. Er ist nicht mit Goethe zu messen, mit dem man ihn immer wieder verglich; sondern er war der stets Ungeformte, immer Unvollendete, der Magier seiner eigenen Seele, der eruptiv, zerquält und verzückt hervorbrechende Elementargestalter, ebenso realistisch wie visionär, ebenso sinnlich wie phantastisch, immer voll Genialität des Betrachtens und Erfassens und voll Bereitschaft des Erlebens und Miterlebens. Sein Werk läßt sich nicht allein unter dem Begriff des Naturalismus und auch nicht unter späteren literarischen Kategorien zusammenfassen. Hauptmann war in einen verzweiflungsvollen Mystizismus verstrickt (der sich etwa mit dem theosophischen Erschrecken der frühen Expressionisten, namentlich Georg Heyms, vergleichen läßt). Erkennbar sind Übereinstimmungen mit der Mystik Jakob Böhmes und dem realistischen Skeptizismus Georg Büchners. Das zentrale Motiv ist das Gewahren der »schwarzen« Gottheit, das Erahnen furchtbarer Naturgesetze, – ein religiöser Pessimismus, der sich mit wesentlichen Tendenzen der modernen Literatur vereinbart. Der Ausgangspunkt war der literarische Umbruch, den der Naturalismus vollzog.

Der Mensch – als Einzelwesen und in der Masse – steht in einem Ringen um Existenz, um einen festen Standort der Werte, um das Bewußtsein eines erfüllten Lebens und dessen materielle **Ringen um** Sicherheit, in einem Ringen nicht nur um soziale, sondern **Existenz** mehr noch um geistige, ethische, religiöse, geschichtliche Daseinsgehalte. Die Betrachtung des Milieus und der Vererbung allein genügten nicht, um ihn und sein Verhalten zu rechtfertigen.

Die Rechtfertigung beginnt erst da, wo die innere Auseinandersetzung eintritt, wo die Fragen nach Recht, Schuld, Pflicht und Gewissen, nach Gott und Gutsein durchgerungen werden. Und in dem Miterleben dieses Ringens – des inneren Kampfes einer im Elend versinkenden Menschenkreatur – entsteht das Mitleid, das für den Dichter und den Zuschauer im echten Sinne ein Mitleiden ist, weil die Ausweglosigkeit des Kampfes auch ihn selbst betrifft.

1889 erschien auf der zensurfreien Bühne des Berliner Lessingtheaters sein erstes Schauspiel: *Vor Sonnenaufgang.* Inmitten einer durch Schnaps und Sexualität gänzlich verlotterten Bauernfamilie bewahrt sich allein die Tochter Helene, die bei den Herrnhutern aufgewachsen ist, die innere Reinheit. Sie kämpft vergebens gegen die Niedertracht und Entartung ihres »Milieus«. Loth (Parabelgestalt des vom Unheil sich abkehrenden biblischen Loth), ein sozialistischer Schwärmer, der den Ausblick zu einem neuen Leben öffnet, wird zum Ideal des Mädchens. Doch als er sie, über die wahren Verhältnisse der Familie unterrichtet, verläßt, bleibt ihr nur der Tod als einzige Ausflucht vor der Verkommenheit. Sie stirbt vor Sonnenaufgang, als der Vater betrunken nach Hause kommt und mit »roher, näselnder Trinkerstimme« krächzt: »Hoa' iich nee a poar hibsche Tächter?«

Aus der Familienüberlieferung (sein Vater war Gasthofbesitzer in Bad Salzbrunn im Waldenburger Bergland) erfuhr der junge Hauptmann vom Hungeraufstand der schlesischen Leinwandweber im Jahre 1844. *Die Weber* (1892) sind – in einem naturalistischen Reportagestil, der das Geschehen ohne Helden, ohne Pathos und ohne eine vorher konzipierte Menschheitsidee auf die Bühne stellt – die Tragödie der zerstörten Humanität.

Der gewinngierige Fabrikant Dreißiger liefert die von ihm abhängigen Weber skrupellos der Verelendung aus. Sieche, abgemagerte Menschen stehen in seinem Kontor, um die Leinwandballen gegen einen Hungerlohn abzuliefern. Die Not ist der »Held« des Dramas, und die Betroffenen sind die Masse, eine ganze Volksschicht. Ihre Rebellion gegen die Ausbeuter ist sinnlos und führt in die Versklavung zurück. Eine Kreisbewegung vollzieht sich zur ersten Szene hin. Zaghaft gehen die Weber in den Aufstand, aber auch sie brechen mit der Menschlichkeit, die sie vom Dreißiger forderten: »Nimmst du m'r mei Häusl, nehm' ich d'r dei Häusl. Immer druf!« Jedoch nicht alle! Der alte Hilse klagt sie an: »Ich nich! Und wenn ihr alle vollens drehnig werd!

Hie hat mich mei himmlischer Vater hergesetzt. Gell Mutter? Hie bleiben mer sitzen und tun, was mer schuldig sein, und wenn d'r ganze Schnee verbrennt.« Aber gerade ihn trifft eine tödliche Kugel der heranrückenden Soldaten. Die Heilsgewißheit endet in einer fatalistischen Groteske.

Ähnliches geschieht im Schauspiel *Florian Geyer* (1896): Der Schwarze Ritter des deutschen Bauernkrieges beschwört vergebens seine Rebellenhaufen, Einheit und Mäßigung zu bewahren. Er ist der Idealist für die Sache des Rechts, aber ihn tötet ein Schuß aus dem Hinterhalt. – Der *Fuhrmann Henschel* (1898) zerbricht an seiner eigenen Gutmütigkeit, die der Niedertracht seiner Frau, seiner ehemaligen Magd, nicht gewachsen ist; die tiefste Erschütterung kommt aus der Einsicht, daß er das Unheil, das ihn (schon zuvor) überfallen hat, nicht entwirren kann. Obwohl er seiner Frau verzeiht und sich alles einrenken könnte, begeht er Selbstmord. »Aber nee: ane Schlinge ward mir gelegt, und in die Schlinge da trat ich halt nein ... Kann sein, der Teifel, kann sein, a andrer. Erwirgen muß ich, das is gewiß ... Ich bin halt bloß immer gradaus gegangen.« – *Michael Kramer* (1900), ein Maler, scheitert trotz seines ganzen Einsatzes an Liebe an der Nichtswürdigkeit und an der künstlerischen Überlegenheit seines Sohnes. – *Rose Bernd* (1903), die Kindsmörderin, ist ohne eigentliche Schuld vergewaltigt, erpreßt, gedemütigt worden. »Se han sich an mich wie de Klett'n gehang'n ... ich konnte nich über de Straße laufen! Alle Männer war'n hinter mer her! Ich hab mich versteckt ... Ich hab mich gefircht ... Ich hab solche Angst vor a Männern gehabt.« – In dem Mietskasernen-Drama *Die Ratten* (1911) kämpft das Dienstmädchen Piperkarcka vergebens um die Liebe ihres Verführers und um den Besitz ihres heimlich geborenen Kindes, das sie der Mutter John, der Frau eines Maurers, anvertraut hat. Der alte John: »Bin ick denn hier von Jespenster umjeben? ... De Sonn scheint! et is hellichter Tag! ick weeß nich: sehen kann ick nich! det kichert, det wispert, det kommt jeschlichen! und wenn ick nach jreife, denn is et nischt ...« In der Novelle *Bahnwärter Thiel* (1888) wird der gutherzige, besinnliche Mann zum Mörder an seiner Frau, als durch ihre bewußte Unachtsamkeit sein Sohn aus erster Ehe vom Schnellzug überfahren wird. Auch hier ist der Widerstand gegen das – unbegreifliche, wesenlose – Schicksal sinnlos. »Er strengte seine Augen an und beschattete sie mit der Hand, wie um noch einmal in weiter Ferne das Wesenlose zu entdecken. Schließlich sank die Hand, und der gespannte Ausdruck seines Gesichts verkehrte sich in dumpfe Ausdruckslosigkeit.«

Erlösung durch Christus

Barocke Vanitas-Stimmung und die Hoffnung mittelalterlicher Christus-Mystik schwingen mit in der Suche nach Erlösung. Es ist die reine Legendenwelt bewahrter Frömmigkeit, die im Bilde Christi und in der Musik der Engel sich über die Nichtigkeit des Irdischen legt. Am Schluß steht allerdings das Eingeständnis der Undurchsichtigkeit des Todes.

In *Hanneles Himmelfahrt* (1893) erleben wir den Fiebertraum des kleinen mißhandelten Mädchens, das Selbstmord begehen wollte und nun todkrank auf einer Pritsche im Armenhaus liegt. In der Agonie entfaltet sich ein visionäres Himmelsreich; die Gestalt des geliebten Lehrers Gottwald vereinigt sich mit Christus; Hannele erschaut mit kindlicher Vorstellung das Paradies, sieht sich als Heilige und Auserwählte. Christus: »So beschenke ich deine Augen mit ewigem Licht ... (Er berührt ihr Ohr.) So beschenke ich dein Ohr, zu hören allen Jubel aller Millionen Engel ... (Er berührt ihren Mund.) So löse ich deine stammelnde Zunge und lege deine Seele darauf und meine Seele und die Seele Gottes ...« Am Schluß jedoch wird ins Armenhaus zurückgeblendet. Die letzte Feststellung trifft der Arzt: »Dr. Wachler (sich aufrichtend, sagt): Sie haben recht. Schwester Martha (fragt): Tot? Der Doktor (nickt trübe): Tot.«

**Die über-
wundene
Tragödie**

Aus der Verinnerlichung des naturalistischen Menschenbildes sind auch Hauptmanns Komödien zu verstehen, deren Personen – wie in den tragischen Dramen – die Umstände von Erbschicksal und Milieu nicht nur hinnehmen, sondern sich mit ihnen auseinandersetzen, sie zu überwinden trachten. Das Element der Überwindung ist hier der Humor, der groteske Humor des menschlichen Widerstandes gegen das Schicksal. Aus Ernstem und Tragischem geht das Heitere hervor, die Komödie ist gleichsam eine »überwundene Tragödie«. Die Art, wie sich der Mensch gegen seine Armseligkeit auflehnt, sein Einsatz an List und Verschlagenheit, sein gegen das Schicksal sich anstemmendes verwegenes Dennoch schaffen eine komische Situation, die hart an der Grenze der Tragik steht. Eine vergleichbare Auffassung des Tragikomischen zeigte sich bereits bei Kleist.

Aus den Erlebnissen seiner Studienzeit an der Breslauer Kunstschule (Hauptmann wollte zunächst Bildhauer werden) schuf er die Figur des *Kollegen Crampton* (1892), eines durch den Alkohol heruntergekommenen Künstlers, der, als ihm der Verlobte seiner Tochter wieder ein Atelier einrichtet, zumindest das Versprechen abgibt, ernsthaft ans Werk zu gehen. Wirkungsvoller ist die Gestalt der Mutter Wolffen im *Biberpelz* (1893), denn ihr Kampf gegen die Macht der Verwahrlosung ist ebenso heroisch wie komisch, ebenso ehrlich wie listig, in jeder Hinsicht aber von zäher, unbändiger Vitalität. Während ihr Mann, der Schiffer Julius, das Geschick der Armut apathisch über sich ergehen läßt, strebt sie mit Energie und Fleiß nach Geld und Wohlstand; sie verdingt sich als Waschfrau, hält den Haushalt zusammen, betreibt heimliche Handelsgeschäfte, stiehlt dem Rentier Krüger des Nachts eine Fuhre Holz und eignet sich auch dessen wertvollen Biberpelz an, den sie für 70 Taler dem Schiffer Wulkow verkauft. Die Untersuchungen scheitern daran, daß der Amtsvorsteher Wehrhahn, Prototyp des wilhelminischen Beamten, prinzipiell dem freimütig auftretenden Krüger und dem liberal gesinnten Dr. Fleischer widerspricht, daß das Faktum des Diebstahls in ein unzuständiges Politikum entrückt wird. Die Handlung geht ohne Ergebnis in den Vorgeschehenszustand zurück. Der Dieb wird nicht ermittelt, Krüger kommt nicht zu seinem Recht, Fleischer ist nach wie vor den Anfeindungen ausgesetzt, Wehrhahn herrscht weiterhin absolut. Lediglich daß die Wolffen die Hypothek ihres Hauses abzahlen kann. – Dieses (gleichsam archetypische) Motiv des Hausbesitzes wird in der Tragikomödie *Der rote Hahn* (1901) zu einem zwielichtigen Ende gebracht. Mit Hilfe von Brandstiftung und Versicherungspolice gelingt es der Wolffen (die durch ihren zweiten Mann, den Schuster Filitz, in die kleinbürgerliche Schicht aufgerückt ist), ein neues, fünfstöckiges Haus zu bauen. Sie verliert jedoch ihre letzten Ersparnisse an ihren Schwiegersohn Schmarowski; beim Richtfest, kurz vor der Vollendung ihres Zieles, sinkt sie tot zusammen: »Ma langt ... ma langt nach was ...« (In den »Webern« sagte der alte Hornig: »A jeder Mensch hat halt 'ne Sehnsucht.«)

Trotz der Einsicht menschlicher Ohnmacht stellte Hauptmann an seine Menschen die Forderung, den Zwang des Schicksals, Armut, Elend,

Verkommenheit, aus sich selbst heraus zu bewältigen: sei es durch reales Handeln oder durch Weckung einer illusionären Traumwelt. In der Komödie *Schluck und Jau* (1900) träumen sich zwei Landstreicher in die fürstliche Sphäre eines Schlosses hinein und nehmen, am Straßenrand aufwachend, einen Rest Illusion mit auf den Weg (Jau: »Ich bin a Ferscht – und ich bin halt o Jau«). Derartige Parallelität von Wirklichkeit und Traum (vergleichbar mit dem Doppelspiel in »Hanneles Himmelfahrt«) war Ausdruck einer allmählichen Trennung vom Naturalismus. Die entscheidende Kraft war für Hauptmann die Mächtigkeit des Gefühls. Es ging ihm weit weniger um die negative Darstellung des nichtswürdigen Menschendaseins als um die Aufspürung untergründiger, schicksalhafter, letztlich theonomer Gewalten, der Ursprungsgewalten des Tragischen überhaupt (deshalb seine intensive Beschäftigung mit der attischen Tragödie, die er als »Opferhandlung«, als »schaudernde Anerkennung unbeirrbarer Blutbeschlüsse der Schicksalsmächte«, begriff, seine Neigung zur Orphik und frühchristlichen Gnosis – ausgedrückt vor allem in den epischen Gesängen *Der große Traum* [1914–42] – und sein inniges Verhältnis zum Sektierertum). Die Gesamtheit eines elementaren Emotionalismus überwand jedwede programmatische Vordergründigkeit.

(Marginalie: Überwindung des Naturalismus)

Mystische und mythische Legenden- und Märchenwelt, ganz verhaftet sinnierender und chiffrenhafter Dunkelgründigkeit (im Drama *Und Pippa tanzt!*, 1906) berührt sich mit der leidenschaftlichen Frage nach der Wahrheit des Christentums (der Schwärmer und Gottesstreiter Quint – im Roman *Der Narr in Christo Emanuel Quint*, 1910 –, der die christliche Heilswelt und göttliche Segensmacht predigt, wird von einer Schneelawine verschüttet). Die Suche nach Gott in der Natur führte andererseits ins Romantische, in eine panpsychistische Urgott-Vorstellung, und offenbarte inmitten alpiner Bergwelt und arkadischer Erdhaftigkeit die Allmacht des Eros, aus der sich die Keime der Weltschöpfung entfalten (Erzählung *Der Ketzer von Soana*, 1918). Aus der Versenkung in den Buddhismus erwächst die welträumige Erlösungssehnsucht nach dem Reiche des Nichts: »O reine Priesterin, nimm weg die Welt, / Und schenke mir das Nichts, das mir gebührt!« (Drama *Indipohdi*, verwandt dem Hölderlinschen »Empedokles«; 1920). Der Sieg der Naturgesetze, der Liebe, des Sexus, der Dämonie und der Tötung über die humanitäre Gesetzlichkeit und Pflicht (Drama *Kaiser Karls Geisel*, 1908) spricht den gleichen Pessimismus aus, das ruhende, beständige Heil nicht zu finden, wie die faustisch-dämonische Weltgründung des modernen zerrissenen Menschen, der als Landstreicher, als Kriegsflieger, als Gaukler und Magier durch Deutschland zieht (Hexameter-Epos *Till Eulenspiegel*, 1928).

Es herrscht die panische Erkenntnis gleichviel menschlicher Schuld wie schicksalhafter Chaotik. »Angst ... Und es gibt kein Entfliehen, was das Schlimmste ist«, heißt es in *Magnus Garbe,* der Tragödie einer Hexenverfolgung (1942; bereits 1915 verf.).

Tiefe Resignation überschattete die späten Jahre Hauptmanns, das Bewußtsein ergebnisloser Suche, ergebnislosen, unfruchtbaren Alterns (Drama *Vor Sonnenuntergang,* 1932). Zwar hatte Hauptmann auf seinen Reisen nach Italien und Griechenland immer wieder neue Kräfte aus der Antike geschöpft (Tagebuch *Griechischer Frühling,* 1908), aber auch sie erschien ihm in zunehmendem Maße als Ausdruck des Mythisch-Dämonischen, des »Dionysischen«, das sich – wie es Nietzsche und Jacob Burckhardt gesehen hatten – hinter dem heiteren »apollinischen« Schein der klassischen Auffassung verberge. Das triebhaft Titanische der Griechenwelt, die unheimliche Tragik imaginärer, tellurischer Kräfte wurden ihm schließlich zum Paradigma der modernen Welt (Atriden-Tetralogie: *Iphigenie in Delphi; Iphigenie in Aulis; Agamemnons Tod* und *Elektra,* 1941–47). Von da aus suchte er in den letzten Monaten vor seinem Tode eine Brücke zu Winckelmanns Lehre zu schlagen. Der Versuch *Winckelmann* blieb ein Fragment.

Unverzeihlich war das paradoxe Bündnis dieses Dichters mit dem Nationalsozialismus. Alfred Kerr schrieb 1934 im Pariser Exil: »Es gibt seit gestern keine Gemeinschaft zwischen mir und ihm ... das Bewußtsein der Schande soll ihn würgen in jedem Augenblick.« Unter bitteren Schmerzen erlebte Hauptmann den Zusammenbruch Deutschlands. Er starb ein Jahr nach der russischen und polnischen Besetzung in seinem Hause Wiesenstein im Riesengebirge. »Ich stehe mit einem Vermächtnis vor Gott, das leider machtlos ist und nur aus dem Herzen kommt: es ist die Bitte, Gott möge die Menschen mehr lieben, läutern und klären zu ihrem Heil als bisher.« Nach seinem Wunsche ist er auf dem Friedhof in Kloster auf der Ostseeinsel Hiddensee begraben.

Der Naturalismus wurde ebenso von den übrigen Dichtern, die zusammen mit Hauptmann begonnen hatten, überwunden. Aus dem eigenen Verlangen nach autogen poetischer und unprogrammatischer Aussage drängte man auf »seelische Verinnerlichung«. Der ältere Bruder Gerhart Hauptmanns, **Carl Hauptmann** (1858–1921), der mit naturalistischen Stücken begonnen hatte, wandte sich in späterer Zeit einem äußerst versponnenen Mystizismus zu (Künstlerroman *Einhart der Lächler,* 1907). Der Österreicher **Hermann Bahr** (1863–1934) schrieb schon 1891 über *Die Überwindung des Naturalismus* und legte schließlich in seinem autobiographischen Roman *Himmelfahrt* (1916) seine Wandlung zum Katholizismus dar.

Rasch vollzog sich auch die Trennung vom Naturalismus bei der jüngeren Schriftstellergeneration. Der aus Fürth stammende **Jakob Wassermann** (1873–1934) hatte sich an die Romane Dostojewskijs angeschlossen, aber zugleich ging er mit Dostojewskij über den Naturalismus hinaus.

Schon sein erster Roman, *Die Juden von Zirndorf* (1897), in der Darstellung eines jüdischen Gettos naturalistisch, weist in die Welt des Religiösen, der Prophetie und Erlösung. In der *Geschichte der jungen Renate Fuchs* (1900) ist das romantisch traumhafte Erleben eines jungen Mädchens dargestellt, das aus seinem zerrissenen und tief gesunkenen Leben durch die Begegnung mit dem edlen und religiös verinnerlichten Juden Agathon herausgeführt wird. Der Künstlerroman *Das Gänsemännchen* (1915) stellt an den mit der Welt zerfallenen und vereinsamten Einzelnen die Forderung, den eigenen Ansprüchen zu entsagen und sich in Gemeinschaft mit anderen der Entfaltung und Vollendung des Menschen zu widmen. Der an der Gesellschaft gescheiterte Musiker Daniel gibt seine persönlichen Ziele auf und will fortan seinen ihm treu gebliebenen Schülern nur noch Lehrer und Vermittler der ewig menschlichen Werte sein: »Es geht nicht ums Können, es geht ums Sein.« In seinem Hauptwerk *Christian Wahnschaffe* (1919) ließ Wassermann aus der Resignation über die Verwahrlosung und das Chaos der Welt eine christlich-soziale Haltung von der Art Tolstois aufsteigen, mit deren Hilfe es gelingen könnte, das Leben sinnvoll zu bestehen und die Menschheit zu erlösen. Christian, bisher Genießer und Nichtstuer, wendet sich durch Bekanntschaft mit einem russischen Revolutionär dem sozialen Gedanken zu, der sich in ihm zu höchstem Idealismus steigert. Er verkauft seinen Besitz, quält sich durchs Elend, leidet mit den anderen. Aber erst als er es über sich bringt, dem Mörder eines fünfzehnjährigen Mädchens versöhnend die Hand zu reichen, hat er die Vollendung seiner Kraft des Mitleidens und der Liebe erreicht; aus dieser Kraft heraus wird das Übel der Welt gebannt.

Es geschah eine Proklamation des Glaubens an die Auferstehung des Ideellen, gleichviel christliche Liebesfähigkeit wie jüdische Leidensfähigkeit enthaltend, ein Bekenntnis zu der überirdischen Kraft des Menschen. Damit aber war die geistesgeschichtliche Gegenseite des dem Naturalismus zugrunde liegenden Materialismus heraufbeschworen, eine neue Wertsicherheit geschaffen, zumindest aber der Anstoß zu einer neuen Wertsuche gegeben.

Entgegen einem derartigen Streben nach Festigung und seelischem »Behaustsein« (rigorose Bemühungen äußerten sich in der seinerzeit mächtig aufsprießenden »Heimatkunst«-Bewegung) verstärkte sich der Trend zur experimentellen, wagnishaft traditionslosen und absolut provokatorischen Gestaltung. Es ging ·geradezu um eine Demonstrierung der »Anomalie«, der von Heilsgewißheiten unverschleierten Fragwürdigkeiten, Ängste und Verfallssymptome. Ein Ausweg aus der Resignation war das Spiel mit der Abnormität, der Versuch, das Gefährliche artistisch in den Griff zu bekommen und neue faszinierende Ergebnisse hervorzubringen. Der Weg in den Expressionismus bahnte sich hier an. Das wesentliche Agens war das Prinzip grenzenloser, künstlerisch-elitärer Freiheit (erste Ansätze lassen sich im Emanzipations-Kult der Romantik, etwa im Kreise Friedrich Schlegels, entdecken).

Otto Julius Bierbaum (1865–1910), Initiator des deutschen Kabaretts, Lyriker (*Erlebte Gedichte*, 1892) und Romanautor (*Stilpe*, 1897; *Prinz Kuckuck*, 1906/08), Verfechter einer frivolen und makabren Lebewelt der »Boheme«, spielte sich vom Naturalismus in den frühen Expressionismus hinein und stellte sich in die Nähe von Liliencron und Wedekind. Es ist geradezu der Vorläufer des Georg Heym und der Chaos-Dichtung der beginnenden zwanziger Jahre.

Stilpe, Student, Bohemien, Akteur in einem Kabarett der »Zukunft«, Exponent einer »grotesk-realistischen Tingeltangelkunst«, tötet sich vor dem Publikum (»Aber nicht wahr: Meine Nummer ist gut?«). Henry Felix Hauart, der Prinz Kuckuck, in fremden Nestern aufgezogen, zusammenhanglos ins Leben geworfen, vergeblich nach dem Ursprung seines Daseins suchend, endet in der Erkenntnis einer satanischen Naturgesetzlichkeit, begeht Selbstmord, als er einsieht, daß er den »Fangfängen« des Schicksals ausgeliefert ist (»Das lauschleimige Gestrudel dehnt sich aus und saß ihm nun mit tausend Sauglippen am Nacken«). In den Gedichten entsteht das Bild der Baals-Gottheit, der »Spinne«:

> »Meine Augen waren nächten aufgetan,
> Starr im tiefen Traume, einem Riesenplan.
>
> Eine Ebene war es unermeßlich weit,
> Und mein Auge sahe die Unendlichkeit.
>
> War wie Blei so grau, war wie Blei so schwer,
> Eine Riesenspinne lief darüber her.
>
> Schwarze Klebefäden wob sie her und hin,
> Blind, so schien mir, war die graue Weberin.
>
> In der Spinnewebe Maschen eingenetzt
> Hingen Menschenherzen blutig und zerfetzt.«

Detlev von Liliencron (1844–1909), in Kiel geboren, war in den Kriegen von 1866 und 1870/71 Offizier, mußte aber wegen seiner Schulden den Dienst ebenso quittieren wie später eine Stellung als Kirchspielvogt. Dazwischen hatte er erfolglos sein Glück in Amerika versucht. Schließlich lebte er seiner Schriftstellerei in München, Berlin, Altona und Alt-Rahlstedt, wo er starb. Liliencron ließ dank seiner männlich-ritterlichen Natürlichkeit, seines kraftvollen Temperaments und einer gesund-vitalen Sinnlichkeit das blasse Epigonentum der Platen-, Scheffel- und Geibel-Nachahmer weit hinter sich und brachte eine frische Brise in das lyrische Schaffen der Zeit. Bereits seine *Adjutantenritte und andere Gedichte* (1883) zeigen – neben manch Herkömmlichem – das Element seiner Lyrik: den malerisch, impressionistisch wiedergegebenen Augenblickseindruck, der die Technik des Sekundenstils nützt, ohne sich freilich in eine umständliche Detailschilderung zu verlieren. Der sinnliche Eindruck wird unmittelbar in Worte umgesetzt, ungeniert um saloppe Wendung oder Alltagsausdrücke. »So habt doch endlich Courage, euch den Eindrücken hinzugeben!« fordert Liliencron und verzichtet auf Reflexion

**Pleinair-
Dichtung**

und Idee sowie auf Moralisieren und Ästhetisieren. Auch in seinen späteren Bänden (*Gedichte*, 1889; *Neue Gedichte*, 1893; *Bunte Beute*, 1905) bleibt er der unbeschwerte Reitersmann, der erotische Abenteurer, und der frohe Jäger, der das Hier und Jetzt, Natur, Mensch und Tier im Stil der impressionistischen Freiluft-Maler als Pleinair-Dichter einfängt und unbekümmert um Konvention gestaltet:

> »Die Feder am Sturmhut in Spiel und Gefahren,
> Halli.
> Nie lernt' ich im Leben fasten noch sparen,
> Hallo.
> Der Dirne laß ich die Wege nicht frei;
> Wo Männer sich raufen, da bin ich dabei,
> Und wo sie saufen, da sauf' ich für drei.
> Halli und Hallo.«　　　　　　　　　　*(Bruder Liederlich)*

Der Unterschied zu C. F. Meyers plastischer wie gemeißelter Formkunst wird am deutlichsten, stellt man dem »Römischen Brunnen« Liliencrons *Die Musik kommt* gegenüber.

Aus seinen harten Lebenserfahrungen kam viel Schwermütiges in seine Lyrik, das ihn zu Melancholie, zur Flucht in die Phantasie (vgl. sein groteskes Epos *Poggfred*, 1896) oder zu Gedanken um den immer nahen Tod trieb. Hierher gehören auch seine ernsthaften Bemühungen gerade um formstrenge lyrische Gattungen sowie sein unerbittliches Ringen um das einzelne, der jeweiligen Impression gemäße Wort:

> »Schon nascht der Star die rote Vogelbeere,
> Zum Erntekranz juchheiten die Geigen,
> Und warte nur, bald nimmt der Herbst die Schere
> Und schneidet sich die Blätter von den Zweigen,
> Dann ängstet in den Wäldern eine Leere,
> Durch kahle Äste wird ein Fluß sich zeigen,
> Der schläfrig an mein Ufer treibt die Fähre,
> Die mich hinüberholt ins kalte Schweigen.«
>
> 　　　　　*(Acherontisches Frösteln* aus: *Sicilianen)*

Seine Kriegsnovellen neigen zum Effekthaften, seine Erzählungen und Romane kreisen um eigene Erlebnisse, Heimat und Geschichte und sind Versuche, der bürgerlichen Enge die Träume von einem freien, ungebundenen Leben entgegenzuhalten.

»Ich wurzele zwischen Nietzsche und Liliencron«, hat **Richard Dehmel** (1863–1920) von sich behauptet, und Rilke sagte von ihm, daß er die Abscheu vor dem Schreibtischliteraten mit seinem Freund Liliencron geteilt habe.

Geboren als Sohn eines Försters in der Lausitz, lebte er nach geisteswissenschaftlichen Studien in Berlin und Leipzig als Versicherungssekretär. Im Ersten Weltkrieg war er Soldat und starb in Blankenese, wo er seit 1901 wohnte.

Dehmel war ein ständig ringender Grübler, dem das Gedankliche, das Hintergründig-Symbolische und die metaphysische Spekulation in seiner Lyrik näherstanden als der gefühlsgeladene gegenständ-

Zwischen Sucht und Zucht

liche Eindruck. Der Eros, wichtiges Thema auch für ihn, wird nicht zu naivem Genuß wie bei Liliencron, sondern zum quälenden Problem, das – mit dem Ziel einer Erneuerung des Menschenbildes überhaupt – von rauschhafter Triebhingabe bis zur Steigerung ins Transzendente hin und her gewendet wird. Die Spannung zwischen Sucht und Zucht, in der der Geist Herr des Wahns der Seele bleibt, findet selten eine Lösung, und die Ekstase und das Pathos (besonders für die religiöse Verklärung des Eros) lassen sprachlich und künstlerisch vieles in seinen Sammlungen als mißlungen erscheinen. Von ihnen seien erwähnt: *Erlösungen* (1891); *Aber die Liebe* (1893); *Lebensblätter* (1895) und *Weib und Welt* (1896). 1920 erschienen *Hundert ausgewählte Gedichte,* die das Beste von Dehmel enthalten. Unter seinen, von sozialem Mitleid getragenen Gedichten *(Vierter Klasse; Zu eng; Der Arbeitsmann)* gibt es reine, echte Lyrik mit persönlicher Sprachkunst, eigenem Rhythmus und melodischem Ton. Richard Schaukal, der Dehmel »den sicherlich seit Goethe geistreichsten aller deutschen Lyriker« nennt, schreibt über ihn:

»Dehmels vielfältig sich windender Weg als Lyriker führt vom schmalen Pfad einer sich selbst innig belauschenden Seele ins Dickicht der ›Süchte‹, ins trübe Moor der Sinnlichkeit, durch den Wald der Zweifel an Abhängen der Lästerung vorbei zu kurzen, hochaufatmenden Ausblicken ins Freie, bis er endlich über den Wolken auf Höhen hinwandelt, die die dunkelstrahlende Weisheit des Himmels überwölbt.«

Das originellste, erregendste und einflußreichste »Wagnis der Sprache« wurde von **Friedrich Nietzsche** (1844–1900) unter-

Wagnis der Sprache

nommen.

Nietzsche stammt aus Röcken bei Leipzig, erhielt 25jährig eine Professur in Basel, die er aber nur ein Jahrzehnt innehatte. Seit 1889 war er unheilbar geisteskrank.

Nietzsches Erstling *Die Geburt der Tragödie aus dem Geiste der Musik* (1872) setzt Winckelmanns einseitig »apollinischem« Bild der Antike eine »dionysische« Sicht entgegen. Er versteht darunter eine rauschhaft erlebte, überquellende Lebenskraft, die in der Kunst auch noch aus dem Leid (Einfluß Schopenhauers) Schönheit und Adel schafft. Dieses Dionysische findet er in den Opern Richard Wagners, von dessen Idee eines Gesamtkunstwerkes (das Bühnenweihspiel sollte alle Künste vereinigen!) er eine notwendige Erneuerung der abendländischen Kultur erwartet. Die schwärmerische Freundschaft zwischen beiden kehrte sich allerdings nach Wagners »Parsifal«, in dem Nietzsche einen Rückfall Wagners ins Christentum erblickte, in unversöhnliche Gegnerschaft. – In seinen *Unzeitgemäßen Betrachtungen* (1873–76) lehnt sich Nietzsche gegen alles Bürger- und Bildungsphilistertum, den Sozialismus und Historismus sowie jede systematische Philosophie auf und stellt ihnen in *Also sprach*

Zarathustra (1883 ff.) am Ideal des »Übermenschen« das echte, wirkliche Leben gegenüber. Für dessen »Willen zur Macht« (Titel eines unvollendet gebliebenen Werkes) gibt es keine Moral der Schwachen, keine Herrschaft der »Vielzuvielen« wie in Demokratie und Christentum, sondern eine »Umwertung aller Werte«, ein »Jenseits von Gut und Böse« (Titel der Schrift von 1886) mit der einfachen Ethik: Gut ist gleich stark.

Diese neue Lebensphilosophie, die als »ein Verstehen des geistigen Kosmos im historischen Erlebnis«, in ganz anderer Weise also, von *Wilhelm Dilthey* (1833 bis 1911) vorbereitet worden war, sollte noch vielfach Nachahmer finden, die sich gegen jede Überbetonung des Intellekts wandten und an seine Stelle das Emotionale oder Irrationale setzten (von Henri Bergson über Ludwig Klages bis zu den Pseudophilosophen des Nationalsozialismus).

Bezeichnend auch für den Philosophen Nietzsche war, daß er seine Lehre in einer ganz neuen, brillanten Wortkunst des Aphorismus verkündete. In *Menschliches Allzumenschliches* gibt er unter dem Thema »Das Unvollständige als das Wirksame« eine Selbstdeutung seiner Stiltechnik:

»Wie Relieffiguren dadurch so stark auf die Phantasie wirken, daß sie gleichsam auf dem Wege sind, aus der Wand herauszutreten und plötzlich, irgend wodurch gehemmt, haltmachen: so ist mitunter die reliefartig unvollständige Darstellung eines Gedankens, einer ganzen Philosophie wirksamer als die erschöpfende Ausführung: man überläßt der Arbeit des Beschauers mehr, er wird aufgeregt, das, was in so starkem Licht und Dunkel vor ihm sich abhebt, fortzubilden, zu Ende zu denken und jenes Hemmnis selber zu überwinden, welches ihrem völligen Heraustreten bis dahin hinderlich war.«

Nietzsches rhythmische Prosa knüpft ans Deutsch der Lutherbibel und an die Technik der Psalmen an und steigert die Spielfähigkeit des Instrumentes der Sprache zu erregender Perfektion. Das Wort wird zur magischen Beschwörung, und die Form verselbständigt sich zu freischwebendem Spiel. »Das Rhythmisch-Vitale als Ausdruck des Lebens, das Didaktische als Lehre des Lebens, das Ästhetische als Form des Lebens und das Mimisch-Rhetorische als seine Tatwerdung müssen in ihr zur Einheit zusammenwachsen.« (Fr. Martini.) Satzbau, Bewegung, Wortwahl, Pausen, Antithetik, Bild und Symbol, Gebärde und ein hochdramatisches Pathos sind einige der Register, die gezogen werden, um eine Intensität des Ausdrucks (und damit der Beeindruckung) zu erreichen, wie sie seither selten gekannt wurde.

Diese sprachschöpferische und bildnerische Kraft bestimmt auch seine Lyrik, die damit in die Nähe derjenigen Hölderlins rückt. Dabei bleibt Nietzsche Impressionist und als solcher einem außerordentlich feinen Gefühl für das Spiel der Lichter, Farben und Klänge bis in ihre feinsten Schwingungen geöffnet. (Vgl. dazu seine Gedichte *Der Herbst; Pinie und Blitz; Sils Maria; An den Mistral; Ecce Homo* u. a.)

> »An der Brücke stand
> Jüngst ich in brauner Nacht
> Fernher kam Gesang:
> Goldener Tropfen quoll's
> Über die zitternde Fläche weg.
> Gondeln, Lichter, Musik –

Trunken schwamm's in die Dämmrung hinaus ...
Meine Seele, ein Saitenspiel,
Sang sich, unsichtbar berührt,
Heimlich ein Gondellied dazu,
Zitternd vor bunter Seligkeit.
– Hörte jemand ihr zu? ...«   *(Venedig)*

Daß eine solche Sprachgewalt auf die Zeitgenossen und vor allem die jüngere Dichtergeneration von nachhaltigem Eindruck gewesen war, ließe sich an vielen Beispielen nachweisen. Dazu wirkte Nietzsche aber auch weit über die deutschen Sprachgrenzen hinaus und beschäftigt als erratischer Block am Ende des 19. Jahrhunderts auch noch unsere Zeit.

Neben Nietzsche verblaßt **Carl Spitteler** (1845–1924) um einen »hohen Ton« bemühtes, gedankenüberladenes Epos *Prometheus und Epimetheus* (1880/81) mit seinem mythisch-allegorischen

Die Mythen- Inhalt ebenso wie sein *Olympischer Frühling* (1900 ff.), mit
künder dem er die antike Götterwelt wiederzubeleben und der modernen Zeit einen Mythos zu schaffen suchte.

Vor dem hohen Ziel, »visionäre Mythenkünder« zu werden, versagen auch die jüngeren Nietzsche-Epigonen **Alfred Mombert** (1872–1942), **Otto zur Linde** (1873–1938) und **Theodor Däubler** (1876–1934). Mombert steigerte sich im Sprachrausch seiner Gedichte, die ein »symphonisches Sprachwerk« abgeben sollten, wie z. B. *Die Blüte des Chaos,* 1905; *Der himmlische Zecher,* 1909, in visionäre Ekstasen, die seine Verse »in das Reich der Sinnbilder, in den Äther metaphysischer Wahr-Bilder und in den Gesang« zu erheben gedachten. Wagner und Nietzsche vergleichbar, scheitert er an dem Versuch, »die Einheit von Dichtung, Philosophie und Religion ... in das Musikalische der Sprache« zu binden.

Otto zur Linde war der Herausgeber der Zeitschrift *Charon,* die sich vor allem mit religiös-mythischen Fragen beschäftigte. Diese bestimmen auch Lindes philosophische Dichtungen (*Die Kugel; Thule Traumland* u. a.). Aufbegehren gegen den Naturalismus kennzeichnet Lindes Sprache:

>»Sind nicht die Gipfel rot?
>Sind nicht die Himmel gelb?
>Purpurflossige Nacht!
>
>Das blaue Maul
>Sterne würgt!
>
>Rast nicht der Baum,
>Baum im Rausch? ...«

Ein Weltschöpfungsepos *Das Nordlicht* (1910) dichtete Däubler. Neben diesem kosmischen Mythos in 30 000 Versen stehen zarte lyrische Gebilde

(*Der sternhelle Weg,* 1915) und eindrucksvolle Landschaftsschilderungen aus dem Süden. Sein Sprachstil benützte die Ausdrucksmittel des Impressionismus; auf der Höhe seines Schaffens kann er zu den Meistern des Expressionismus gezählt werden.

Christian Morgenstern (1871–1914) ist ebenfalls in diesem Kreis zu nennen. Einmal widmet er sein erstes Buch »dem Geiste Nietzsches«, zum andern bleibt er dem Charon-Kreis geistig verbunden, der vom Dichter »Kontakt der Sprachseele mit dem Objekt, Eigenbewegung der Vorstellung, Form von innen heraus« fordert. Wenn Morgenstern auch in erster Linie berühmt geworden ist durch seine grotesken, phantastischen, humoristischen, häufig mit Wortspielen arbeitenden *Galgenlieder* (1905) und die Sammlungen *Palmström* (1910), *Palma Kunkel* (1916) und *Der Gingganz* (1919), so blieb er doch im Innersten ein Grübler und Gottsucher, der in oft schwermütigen Tönen um ein mystisches Gotterleben ringt (*Einkehr,* 1910; *Ich und Du,* 1911; *Wir fanden einen Pfad,* 1914):

> »Nun wohne *Du* darin,
> In diesem leeren Hause,
> Aus dem der Welt Gebrause
> Herausfloh und dahin.
>
> Was ist nun noch mein Sinn, –
> Als daß auf eine Pause
> Ich einzig *Deine* Klause,
> Mein Grund und Ursprung, bin!«

Bildfülle, Farbglanz und Klangfarbe bestimmen schließlich auch die impressionistische Sprachkunst des Franken **Max Dauthendey** (1867 bis 1918). Dehmel nennt ihn einen »Rhapsoden des seligen

Exotischer Zauber

Überflusses«, weil er jeden sinnlichen Reiz mit seinen verträumten Landschaftsdichtungen einzufangen wußte. Er hat eine ganze Reihe von Gedichtbänden (*Ausgewählte Lieder,* 1914) veröffentlich; dazu treten autobiographische Schriften (*Der Geist meines Vaters; Erlebnisse auf Java; Letzte Reise*) sowie Erzählungen und Novellen (*Lingam – 12 asiatische Novellen,* 1909; *Die acht Gesichter am Biwasee,* 1911; *Geschichten aus den vier Winden,* 1915), deren Schauplätze von den Weltreisen des Dichters nach Südamerika, Ägypten, Indien, China und Japan bestimmt werden und nicht selten exotischen Zauber ausstrahlen. Oskar Loerke spricht von »seinem schicksalhaft notwendigen Drang, über den Planeten zu ziehen«. In der Südsee überraschte den Bohemien der Ausbruch des ersten Weltkrieges; dort starb er dann an der Malaria, »müde vom Sehnen, müde vom Warten, müde vom Heimweh«, wie er seiner Frau schrieb.

Tradition und konservative Erneuerung

Der Naturalismus markiert den Beginn einer künstlerischen Revolution. Im Strom der Zeit verbleibt jedoch der Bereich traditionsbetonter Dichtung – vom Neuen umspült, überschwemmt, unterhöhlt und auch in Teilen hinweggerissen, oder aber diesem Neuen Widerstand leistend, sich ihm entgegenstemmend.

Der Begriff »Tradition« ist dabei vieldeutig, vielschichtig und schillernd. Viele Dichter und Denker glauben, aus geschichtlichem Rückblick Kraft und Mut für die Bewältigung der Gegenwartsaufgaben ziehen zu können; andere wenden sich zurück zum Bürgertum als dem Hort des »alten« Wertkosmos, dessen Verlust im Rahmen der sich vollziehenden Wertrelativierung mit Wehmut oder Sarkasmus registriert wird; man bekennt sich zu einer aristokratischen Welthaltung – gepaart mit dem Bemühen um klassische Formenstrenge und Formenzucht und mit einem durch Nietzsche geprägten Herrenmenschenbewußtsein, will durch Bekräftigung des Elitegedankens der Not entgegentreten. Wir finden Dichter, die ihre Kräfte vorwiegend der Pflege vergangener, häufig vergessener Kunstwerke und Epochen widmen; der Rückblick, der zu einer eindrucksvollen Bestandsaufnahme des europäischen Kulturschaffens wird, soll der »geschichtslosen Zeit der Moderne« Halt verleihen und über die Anerkennung nationaler Eigenständigkeit das abendländische Gesamtbewußtsein stärken helfen. Diese »bewahrende und hütende Tätigkeit« im Dienste der Humaniora verbindet sich oft mit der »milden Religiosität« christlicher Dichter, die – stilistischen Experimenten abhold, von aufwühlenden Zweifeln meist verschont – im demütigen Vermitteln der Heilswahrheit ihre eigentliche Bestimmung sehen. Der Rückgriff auf die Natur, auf die bergenden Kräfte der Erde und Heimat, macht schließlich die vierte Komponente dieser tradionsverbundenen Dichtung aus: das Gleichbleibende des natürlichen Geschehens, in dem sich Mensch und Kreatur eingebettet fühlen, wird zum Trost inmitten der Erschütterungen der Zeit.

Die im großen Umfang erst von der Romantik begründete und seitdem (auch im Realismus) weit verbreitete geschichtliche Dichtung hatte sich trotz des Einschnitts im Naturalismus in einer Vielzahl von Werken erhalten, die entweder als eine wissenschaftliche positivistische »Professorenliteratur« oder als monumentale Geschichtsbilder in der Art **Felix Dahns** (1834–1912; *Ein Kampf um Rom,* 4 Bde. 1876) zum Bücherschatz des national orientierten Bürgertums gehörten. Unter dem Eindruck der politischen und geistigen Wende zu Beginn des Jahrhunderts erhielt das geschichtliche Werk die Funktion des Widerstandes gegen die insgesamt modernen Strömungen und damit – ähnlich wie in der Romantik – einen ausgesprochen »ideologischen« Zeitbezug. Den revolutionären und sogenannten »destruktiven« Kräften tritt man mit dem Bekenntnis zur national-deutschen oder christlich-abendländischen Haltung und dem Bewußtsein eines festgefügten, »unumstößlichen« Wertbestands entgegen. **Walter von Molo** (1880–1959), **Thassilo von Scheffer** (1873 bis 1951), **Wilhelm Schäfer** (1868–1952), **Lulu von Strauss und Torney** (1873–1956) und **Jochen Klepper** (1903–42) sind die führenden Schriftsteller dieser historischen Bewegung, die (wie das Beispiel Jochen Kleppers zeigt, der von dem NS-Terror in den Tod getrieben wurde) nicht unbedingt für die nationalsozialistischen Geschichtsumdeutungen empfänglich waren.

Geschichte als Programm

Es geht vor allem um die sittlichen Ideale der Vergangenheit, *Ums Menschentum*, wie Molo den ersten Band seiner Schiller-Tetralogie (1912–16) nannte, um Gestalten wie Pestalozzi in Schäfers Roman *Lebenstag eines Menschenfreundes* (1915), um historische Gestalten wie *Fridericus* und die Königin *Luise* (1918 und 1919 von Molo) oder um die als christlich treu und menschlich warm interpretierte Gestalt des preußischen Soldatenkönigs Friedrich Wilhelm I. in Kleppers Roman *Der Vater* (1937).
Religiöse Ereignisse werden als Wegweisungen für die Gegenwart wachgerufen, z. B. in Molos *Mensch Luther* (1928) und Kleppers Romanfragment *Die Flucht der Katharina von Bora* (postum 1951). Ganze Kulturepochen werden dichterisch verklärt, etwa von Strauß und Torney die »goldenen« Jahrzehnte *Vom Biedermeier zur Bismarckzeit* (1932). Auch der Zauber der Antike wird beschworen, u. a. in Scheffers *Ilias*- und *Odyssee*-Übersetzung (1913 und 1918), seinen Ausgaben *Griechische Heldensagen* (1924), *Römische Götter- und Heldensagen* (1926) und seinem Epos in zwölf Gesängen *Die Kyprien* (1934).

Im Grunde war das alles Ausdruck gutgemeinter »kulturbewußter« Bürgerlichkeit; nur war diese Welt, die von allen Seiten, gerade auch von innen heraus, erschüttert und gefährdet war, häufig anachronistisch, unter einer Glasur »hohen Stils« konserviert, ohne lebendige Kraft. Allein ein »ironischer Mythenbewahrer« konnte eine wahrhafte Bilanz »bürgerlicher Wertbestände« ziehen; als solchen kann man Thomas Mann bezeichnen.

Thomas Mann (1875–1955) stammte aus einem großbürgerlichen Haus in Lübeck und blieb der Patrizier unter den modernen Dichtern. Sein Sohn **Klaus Mann** (1906–49) – ebenfalls Schriftsteller, aber eine zerrissene, problematische Natur, die im Selbstmord endete – schrieb einmal von ihm:

Bürgerliche Tugend

»Vater, das ist die kitzelnde Berührung eines Schnurrbarts; der Duft von Zigarren, Eau de Cologne und frischer Wäsche; ein sinnendes, zerstreutes Lächeln, ein trockenes Räuspern, ein zugleich abwesender und durchdringender Blick. Vater bedeutet eine freundliche, sonore Stimme; die langen Bücherreihen im Arbeitszimmer – feierliches

Tableau voll geheimnisvoller Lockung; der wohlgeordnete Schreibtisch mit dem stattlichen Tintenfaß, dem leichten Korkfederhalter, der ägyptischen Statuette, dem Miniaturporträt Savonarolas auf dunklem Grund; gedämpfte Klaviermusik, die aus dem halbdunklen Wohnzimmer kommt.«

Thomas Mann verkörperte großbürgerliche Atmosphäre, Gepflegtheit, das Wissen um Herkunft, um den Wert der Tradition, um bewahrte wie zu bewahrende Werte. Sein Leben lang hat er – trotz vielfacher Anfechtung durch Realität, Zynismus und Morbidität (man vgl. besonders die Erzählung *Die Betrogene*) – einen schützenden Schild inmitten einer Zeit des Chaos und der Zerstörung vor seine Überzeugung halten können. Dazu trugen natürlich auch die Erfolge des Dichters bei, der schon nach seinem ersten Roman (»Buddenbrooks«, 1901) wirtschaftlich unabhängig war und diese Unabhängigkeit auch bewahren konnte, als er 1933 in die Schweiz und später in die USA emigrieren mußte; das alles konnte für den Glücklichen »ein gesittetes Abenteuer« bleiben. Nach dem Zweiten Weltkrieg kehrte er in die Schweiz zurück und starb in Kilchberg bei Zürich.

Thomas Mann sah Werte des »bürgerlichen Zeitalters« auch noch dort, wo sie längst im Chauvinismus und übersteigerten Nationalismus untergegangen waren (*Betrachtungen eines Unpolitischen*, 1918). Das Bürgertum erschien ihm als Träger einer langen, beglückenden Tradition geistiger Werte, die aus der Aufklärung emporwuchsen, in der Klassik gipfelten, im 19. Jahrhundert ausklangen. Goethe würdigte er in einem Vortrag zu dessen 100. Todestag (1932) als den großen »Repräsentanten des bürgerlichen Zeitalters«; Schiller setzte er am Ende seines Lebens ein ergreifendes Denkmal (*Versuch über Schiller*, 1955).

Sein Roman *Königliche Hoheit* (1909) preist die »edle Zweisamkeit« zwischen dem Prinzen eines deutschen Kleinstaates und einer amerikanischen Millionärstochter: aristokratische, stets um Haltung, Korrektheit und sachliche Distanz bemühte »Hoheit« (Klaus Heinrich, der Held des Romans, hat von Geburt an einen verkrüppelten Arm, der ihm auch physisch Beherrschung und Selbstüberwindung auferlegt) verbindet sich mit jugendlich »amerikanischer« Natürlichkeit (in den Adern Immas, der Geliebten, fließt indianisches Blut). Auf »bürgerlicher Höhe« soll sich fortan beider Leben gestalten und vollenden: »Weiß der gar nichts vom Leben, der von der Liebe weiß? Das soll fortan unsre Sache sein: beides, Hoheit und Liebe – ein strenges Glück.«

Lotte in Weimar (1939) handelt vom Besuch der gealterten Charlotte Kestner (der Heldin im »Werther«) bei Goethe im Jahre 1816. Verklungen ist die Leidenschaft der Jugend; Lotte ist eingesponnen geblieben in die Gewohnheiten des alltäglichen Lebens. Auch die Gestalt Goethes tritt mit sehr einfach-menschlichen Zügen, ohne emphatische Überhöhungen, hervor. Es offenbart sich geradezu ein »bürgerlicher Goethe«, wobei diese Typisierung – durchaus kennzeichnend für Thomas Mann – auch unterschwellige Elemente dämonischer Leidenschaft und Destruktion einschließt.

Manns Tetralogie *Joseph und seine Brüder* (1933–43) ist im gleichen Geist geschrieben. Auch hier finden sich »bürgerliche Urbanität« und Aufgeklärtheit, verbunden mit Anflügen von Skeptizismus. »Urvorkommnisse des Menschenlebens«, Liebe, Haß, Segen, Fluch, Bruderzwist und Vaterleid, Hoffart und Buße, Sturz und Erhebung werden an Hand der biblischen Erzählung demonstriert. Aus dem mythischen Dunkel führt der Weg in die Vernünftigkeit des Lebens; es ist der Gedanke Lessings von dem Aufstieg und der Erziehung des menschlichen Geschlechts zur sittlichen Höhe. »Joseph wird wachsen wie ein Baum an der Quelle, daß die Zweige emporsteigen über die Mauer.«

Bürgerliche Gefährdung Thomas Mann hat freilich auch immer einen scharfen Blick für die Gefährdung des Bürgertums wie des bürgerlichen Geistes behalten. Der Roman *Buddenbrooks* (1901) zeigt den Verfall einer Lübecker Kaufmannsfamilie im Verlauf von drei Generationen, eine schier unaufhaltsame Zerstörung solider Lebensbasis und vitaler Geschäftigkeit. Es vollzieht sich ein Prozeß physischer Erschlaffung, der verborgene künstlerische Kräfte freilegt und ihnen eine durchaus destruktive Hegemonie einräumt. Das ungemein Zarte wie Exzentrische musischer Intuition zersetzen den robusten Lebenswillen vollends. (Bereits hier erörterte Thomas Mann die Diskrepanz zwischen Bürger und Künstler.) Aber auch die moralische Lauterkeit kommt ins Wanken. »Mein Sohn«, hatte der alte Buddenbrook noch gesagt, und es war lange Zeit der Wahlspruch des Hauses gewesen, »sei mit Lust bei den Geschäften bei Tage, aber mache nur solche Geschäfte, daß du bei Nacht ruhig schlafen kannst.« Der Niedergang des Hauses zeigt sich vor allem darin, daß diese Maxime vergessen wird.

Im Roman *Der Zauberberg* (1924) schildert Mann die Situation europäischen Großbürgertums am Vorabend des Ersten Weltkrieges in symbolhafter Darstellung. Die Katastrophe scheint unabwendbar zu sein. Körperlich und seelisch kranke Menschen finden sich in einem Inselbereich zusammen. Ein Lungensanatorium in der Schweiz (der Zauberberg) ist der Ort ihres makabren Rendezvous. Ein phrenetischer, von Schwindsucht und Erotik aufgepeitschter, zynisch-grausiger Mummenschanz rollt ab; das Leben, das Flachland, liegt fern. Es führt kein Weg zurück; nur der Weg in den Tod bleibt. Über allen Gestalten des »Zauberbergs« liegt die Abendröte des alten, versinkenden Europa: Der Zerfall der Werte ist in vollem Gange.

In *Doktor Faustus – Das Leben des deutschen Tonsetzers Adrian Leverkühn, erzählt von einem Freunde* (1947) unternimmt es Thomas Mann, in der Gestalt des Tonsetzers (dessen Geschichte sein Freund, der humanistisch gebildete Studienrat Serenus Zeitblom erzählt), die Gefährdung der deutschen Seele, ihre Vergewaltigung und endgültige Vernichtung durch den Nationalsozialismus allegorisch darzustellen.

Die historischen und psychogenen Erscheinungen sollen ergründet werden, aus denen das deutsche Verhängnis erwuchs. Adrian trägt in sich die Anlage des Barbarisch-Chaotischen, die Kälte des Intellekts – zugleich sehnt er sich nach Liebe, Wärme und Geborgenheit; die Zwiespältigkeit drückt sich in seinen Kompositionen aus (einer Zwölf-Ton-Musik). »Der Durst eines stolzen und von Sterilität bedrohten Geistes nach Enthemmung um jeden Preis« sei ihm – so berichtet der Dichter selbst zu seinem Roman – als Parallele erschienen zu der verderblichen deutschen, »in den Kollaps mündenden Euphorie mit dem faschistischen Völkerrausch«. Zugleich ist kontrapunktisch in das Werk eine Auseinandersetzung mit der »Liebe in unserer Zeit« verwoben: Es offenbart sich eine totale Perversion der Gefühlskräfte (Leverkühn wird von einer Dirne verführt, die als Esmeralda seine Wahnvorstellungen und als Tonfolge h-e-a-e-es seine Kompositionen durchgaukelt); so weitet sich der Roman zu einer Diagnose der modernen Welt überhaupt, als deren Prototyp Nietzsche (dessen Werk und Leben ebenfalls implicite »verarbeitet« sind) erkannt wird.

Unbelastet von politisch-geschichtlicher Enttäuschung sind die mit jugendlichem Schwung begonnenen, im späten Alter neu gefaßten und erweiterten *Bekenntnisse des Hochstaplers Felix Krull* (1954, I. Teil).

Sie sind getragen von einer heiteren, überlegen spielenden, manchmal ins Zynische tendierenden Ironie und stellen im Gehalt eine scharfe und scharfsinnige Abrechnung mit dem Bourgeois dar. Denn daß gerade der Gauner, der Hochstapler, die pervertierte Inkarnation des Bürgers ist, des Bürgers nämlich, der zu kurz gekommen ist, der nun auf allerlei krummen Wegen Anschluß an die Gesellschaft zu finden hofft, unter Anrufung sämtlicher bürgerlicher Schutzheiliger (Ehre, Vaterland, Eleganz, Lebensgenuß), ohne Skrupel und Gewissensbisse – all das hat Mann großartig erkannt und gestaltet. Und die bürgerliche Welt geht dem kleinbürgerlichen Hochstapler auf den Leim, da er unwiderstehlich »mit dem Schmelz seiner blauen Augen, dem bescheidenen Lächeln seines Mundes, dem verschleierten Reiz seiner Stimme, dem seidigen Glanz seiner links gescheitelten, in einem anständigen Hügel aus der Stirn gekämmten Haare« alle in Bann schlägt.

Für Thomas Mann ist der Künstler der absolute Gegentyp zum Bürger, und zwar nicht nur in den vordergründigen Bereichen des Biedermanns und Bohemien. Bürgertum bedeutet ein geordnetes System der Werte, Leistung, positive Arbeit, Tradition, Gesittung, Halt und Haltung (elegisch beklagt Mann ihren Verlust, satirisch prangert er ihre Entartung an). Auf der anderen Seite finden sich das Ästhetische, die absolute Schönheit, die Genußseligkeit, auch der Nihilismus und das Gezeichnetsein vom Tode (vgl. die Novelle *Der Tod in Venedig*, 1913). Gerade die Seite des Lebens, die dem Bürger verschlossen ist, bedeutet ihm eine Verlockung. »Es gibt zuletzt nur zwei Gesinnungen und innere Haltungen: die ästhetische und die moralische«, heißt es in einer Rede über Nietz-

Bürger und Künstler

sche, der neben Wagner von besonderem Einfluß auf den Dichter gewesen ist. Es wird geradezu eine kontradiktorische Programmatik entwickelt:

>Wo der Begriff der Schönheit obwaltet, da büßt der Lebensbefehl seine Unbedingtheit ein. Das Prinzip der Schönheit und Form entsprang nicht der Sphäre des Lebens; seine Beziehung zu ihr ist höchstens streng kritischer und korrektiver Natur. Es steht dem Leben in stolzer Melancholie entgegen und ist im Tiefsten mit der Idee des Todes und der Unfruchtbarkeit verbunden.«

Der Gegensatz Bürger–Künstler taucht als Leitmotiv in Manns Schaffen immer wieder auf, besonders in seinen Novellen. Der Held in *Tonio Kröger* (1903) stammt aus einem reichen Bürgerhaus und ist Künstler geworden. Er besitzt eine feinnervige, empfindsame Seele, die nach Schönheit dürstet, aber auch Leidenschaft, Zerrissenheit und Dämonie kennt. Solche Wesensart ist dem bürgerlichen Hans Hansen, dem ganz andersgearteten Freunde, fremd. Er ist »keck und wohlgestaltet, breit in den Schultern und schmal in den Hüften«, von jener »lichten, stahlblauäugigen und blondhaarigen Art, die eine Vorstellung von Reinheit, Ungetrübtheit, Heiterkeit und einer zugleich stolzen und lichten, unbeirrbaren Sprödigkeit hervorruft«. Tonio Kröger empfindet sein Künstlertum als Makel: »Er ist ein Bürger, der sich in die Kunst verirrte.«

In der Novelle *Tristan* (1903) handelt Mann elegisch-ironisch das Motiv des Gegensatzes von künstlerischer, in musikalischem Gefühl versponnener Dekadenz und robustem, gesundem Bürgertum ab. Herr Klöterjahn bringt seine Frau ins Sanatorium »Einfried«; er ist der Typ des im Dasein feststehenden, nüchternen, realen und vitalen Bürgers, ganz Gegensatz zu seiner Frau, deren Vater, wie sie sagt, mehr Künstler als Kaufmann gewesen sei. Sie ist angeweht von dem Genius der Schönheit, selig dahinwelkend. »Da ist ein wunderbares Geschöpf, eine Sylphe, ein Duftbild, ein Märchentraum von einem Wesen. Was tut sie? Sie geht hin und ergibt sich einem Jahrmarktsherkules oder Schlächterburschen«, meint Spinell, ein Schriftsteller mit dem Gesicht eines »verwesten Säuglings«, ein Spieler mit den Imaginationen des Künstlerischen, verliebt in müde, schmerzlerische, winterlich morbide Stimmungen. Er vermag sie durch sein musikalisches Einfühlungsvermögen in Wagners »Tristan« zu faszinieren. Doch bei ihr ist das Gefühl schönheitstrunkenen Dahinsterbens echt. Ihr Tod erfolgt kurz darauf; sie hat – durch das Unverständnis ihres Mannes und durch die leichtfertige Provokation Spinells – jede Bindung an das tatsächliche und gesunde Leben verloren.

Die Sensibilität im Fühlen und Denken, vor allem beim Künstler, gerät in die Gefahr, den realen Ansprüchen und dem Ordnungsprinzip der bürgerlichen Gesellschaft zu unterliegen. Dieser Aspekt steht im Widerspruch zu der vom Künstlertum mitbewirkten Tragik der Buddenbrooks. Eine Kampfsituation wird dargestellt, um das gegenseitige Sich-

zerstören, den Verschleiß der Kräfte, die Auflösung der bisher mächtigen
Tendenzen, aufzuzeigen.

Bürgerliches Zeitalter am Ende
Der Ausklang einer überschaubaren Epoche, der Verlust genormter Einsichten, das Gefühl der Verlassenheit: Das ist das zentrale Thema der aus wertbewußten Traditionen hervorgegangenen Literatur. Die Absicht, das Neue und Fremde aufzugreifen, führt nicht selten zur Rückkehr ins Vertraute und Bewährte; die Besinnung wird zur wehmütigen Erinnerung.

Ricarda Huch (1864–1947) stammte aus einer wohlhabenden Patrizierfamilie. Getragen von einem konservativen Glauben an das »Unwandelbare«, an die Urphänomene, die Werte, »die nicht umgewertet werden können«, richtete sich ihr Denken und Dichten – trotz erstrebter Zeitbezogenheit – ins Romantische, ins bessere, zumindest analysierbare Dasein der Vergangenheit.

Wichtige Werke ihres umfangreichen Schaffens sind elegisch gehaltene Erzählungen vom Untergang bürgerlicher Menschen und bürgerlich-liberaler Gesinnung in der anbrechenden Welt ohne Tradition: *Erinnerungen von Ludolf Ursleu dem Jüngeren* (1893), *Aus der Triumphgasse* (1902), *Michael Unger* (1903).

Dazu gesellt sich eine Reihe historischer Werke, die packend gestaltete heroische Bilder großer Krisenzeiten und revolutionärer Menschen geben: *Die Verteidigung Roms* (1906), *Der Kampf um Rom* (1907), Szenen aus dem Freiheitskampf Garibaldis, *Das Leben des Grafen Federigo Confalonieri* (1910), die Biographie eines Verschwörers gegen die österreichische Fremdherrschaft, *Wallenstein* (1915) und ein Monumentalgemälde des Dreißigjährigen Krieges, *Der große Krieg in Deutschland* (3 Bde. 1912–14), ein Querschnitt durch alle Schichten und Schicksale des damaligen Zeitalters in düsterer Vorahnung des kurz nach Erscheinen des Buches ausbrechenden Weltenbrandes.

Ebenso war die Schwäbin **Isolde Kurz** (1853–1944) in Gedichten (u. a. *Aus dem Reigen des Lebens*, 1933) und in novellistischer Prosa (*Florentiner Novellen*, 1890; *Italienische Erzählungen*, 1895) um einen Rückblick ins Vergangene (namentlich ins Zeitalter der Renaissance) bemüht. Das Leitbild war Conrad Ferdinand Meyer. Ihr Roman *Vanadis* (1931) ist ein autobiographisch gefärbter Entwicklungsroman, jenem edlen Bürgertum verpflichtet, das noch Goethe mitgeprägt hatte.

Annette Kolb (1875–1967) kannte aus der Kindheit den »vornehmen Salon« und das preziöse Leben der »höheren Gesellschaft« (Romane: *Daphne Herbst*, 1928; *Die Schaukel*, 1934). Ihre Liebe zur Musik (ihre Mutter war eine französische Pianistin) offenbarte sie in den dichterischen Biographien *Mozart* (1937) und *Franz Schubert* (1941). Gerade aus dem mütterlichen Erbe fühlte sie sich als Europäerin und bemühte sie sich in feinsinnig kritischen Essays um eine deutsch-französische Verständigung, überhaupt um eine abendländische Konkordanz (u. a.

Briefe einer Deutschfranzösin, 1916; *Zarastro – Westliche Tage,* 1921; *Versuch über Briand,* 1929). 1933 emigrierte sie nach Paris.

Das Haus bürgerlicher Geborgenheit zerfällt; was nützt es, wenn es nach außen hin noch fest und dauerhaft dazustehen scheint, als werde es von »lauter Anmut und Lebensgenügsamkeit« bewohnt? So fragt **Robert Walser** (1878–1956), der Schweizer Dichtervagant, in seinem Roman *Der Gehülfe* (1908).

> »Nun besteht ja allerdings ein Haus aus zwei Seiten, aus einer sichtbaren und einer unsichtbaren, aus einem äußeren Gefüge und aus einem inneren Halt, und der innere Bau ist vielleicht ebenso wichtig, ja manchmal vielleicht noch wichtiger zum Tragen des Ganzen wie der äußere. Was nützt es, wenn ein Haus schmuck und gefällig steht, wenn die Menschen, die es bewohnen, es nicht zu stützen und zu tragen vermögen?«

Der Verfall eines Hauses, einer Familie, wird beschrieben; es entsteht ein »unheimliches Idyll«, das die beginnende Unbehaustheit des bürgerlichen Menschen wehmutsvoll, mit Einblendungen skurrilen Humors, allegorisiert. Walser war ein Meister poetisch-subtiler Prosa, empfindsamen Schilderns, lyrischen Ausmalens und dennoch scharfen **Süße** Konturierens. Seine Domäne waren eigentlich die Skizze **Bitternis** und die Kurzgeschichte. Bekannt wurden die Sammlungen *Geschichten* (1914), *Kleine Dichtungen* (1914), *Kleine Prosa* (1917), *Seeland* (1919) und der Auswahlband *Große kleine Welt* (1937). Episoden, Randereignisse und wiederum sehr exemplarische Geschehnisse sind in ein Zwielicht von Humor und Resignation eingefangen; und nicht selten geschieht eine Entrückung ins Traum- und Märchenhafte.

> »Aus golden dunklen, dämonisch blitzenden Abgründen duftete edle wilde Romantik herauf, und Zaubergärten schienen rechts und links von der Landstraße zu liegen, lockend mit reifen, süßen, schönfarbenen Früchten, lockend mit geheimnisvollen unbeschreiblichen Genüssen, die die Seele schon schmelzen und schwelgen machen im bloßen flüchtigen Gedanken.« Walser weiß um die Schönheit der Welt, auch wenn sie vom Dunklen bedroht ist (der Dichter starb in geistiger Umnachtung); dies und die sowohl träumerische wie kernige Idyllik weisen auf Jean Paul: »Wunderbar war das Einkehren im Gasthaus und das Schlafen im sauberen, nach frischem Bettzeug duftenden Gasthausbett. Das Zimmer roch zum Entzücken nach reifen Äpfeln. Ach, und wie schmeckt ihm Käs' und Brot und die zwiebelbelegte, köstlich ländlich zubereitete Bratwurst.«

Abseits vom lautstarken Weltgetriebe gedeihen die »anmutigen Sprachkringel« der »kleinen Form«. **Ernst Penzoldts** (1892–1955) *Causerien* (Bd. I der Ges. Schriften, 1949) sind liebenswürdige Plaudereien um die kleinen und kleinsten Dinge des Lebens, in heiterer Tonart, mit Mollklängen grundiert. Als »Sohn eines Arztes und Universitätsprofessors von gutbürgerlicher, weltoffener Familientradition« der »kulturellen

Sphäre« verpflichtet (Essays *Episteln,* u. a. über Carossa und Binding, 1942; *Tröstung,* 1946), evozierte Penzoldt – resistiv – zugleich einen antibürgerlichen Spielraum; *Die Powenzbande* (1930) und die »Powenziade« *Der Kartoffelroman* (1948) sind Schilderungen einer Landstreicherfamilie, eines freien Vagantentums, Parodien auf die biedermeierliche Häuslichkeit, Bekenntnisse zu einem wagnishaften Leben, das »fruchtlos, fruchtbar, fröhlich« dahinfließt. Freilich war auch dies nur ein zeitweiliges Votum.

Mit Walser verbindet Penzoldt die »süße Bitternis« (Titel der *Gesammelten Erzählungen,* 1951, darunter *Korporal Mombour; Die Leute aus der Mohren-Apotheke; Etienne und Luise),* das Wissen, daß diese Welt aus »Schönheit und Schmerz« besteht, der Mensch in stiller Tätigkeit ums »Menschliche« sich zu mühen habe; in beiden Weltkriegen war Penzoldt als Sanitäter eingesetzt (Novelle *Zugänge,* 1947).

Hierher gehört auch eine Reihe von Feuilletonisten; sie stehen dem Naturidyll fern, sind aber in der Struktur ihrer Prosa und in dem dichterischen Wollen »bürgerlicher Idyllik« verpflichtet – wenn auch der Existenz nach »bürgerlich entwurzelt«; sie geben impressionistische Stimmungsbilder voll elegischer Rückerinnerung und entwickeln ein tiefgreifendes und echtes Kulturbewußtsein, das sich bescheiden und zurückhaltend gibt. In dieser Weise schaffen *Sigismund von Radecki* (1891–1970, geb. in Riga; *Nebenbei bemerkt; Was ich sagen wollte; Im Vorübergehen), Peter Altenberg* (eigentlich Richard Engländer, geb. 1859 in Wien, dort 1919 gestorben; *Wie ich es sehe; Was der Tag mir zuträgt; Bilderbögen des kleinen Lebens; Neues Altes), Egon Friedell* (geb. 1878 in Wien, 1938 Selbstmord nach dem deutschen Einmarsch in Österreich; vor allem Schöpfer einer geistreichen *Kulturgeschichte der Neuzeit), Alfred Polgar* (1873–1955, geb. in Wien; *An den Rand geschrieben; Bei dieser Gelegenheit; Ansichten; Standpunkte).* Zugleich sind die »Kaffeehausliteraten« – von den »Völkischen« so beschimpft – in ihrer Skepsis und Ironie standhafte und auch aggressive Verkünder und Verfechter menschlicher Freiheit und Würde (man vergleiche Friedells Schicksal, Polgars jahrelange Emigration): »Die auf dem Balkon waren nicht taub für den Jammer heutiger Welt, und wenn ihr Herz auch zuweilen, müde des Gefühls, in harten Schlaf sank – die Natur fordert ihre Rechte, sagt man in solchem Fall –, so war es doch ein Schlaf, der sich mit qualifizierten Träumen ausweisen konnte, Träumen von Gutsein oder zumindest von Gutseinwollen« (A. Polgar: *Auf dem Balkon).* Das rückt diese Feuilletonisten in die Nähe der Kästner und Tucholsky, zumal ihr Schicksal (»Emigrantenschicksal: Die Fremde ist nicht Heimat geworden. Aber die Heimat Fremde«, A. Polgar) zugleich stellvertretend die Zerstörung wahrer Bürgerlichkeit durch den Mob der Straße dokumentiert.

»Wenn ich versuche, für die Zeit vor dem Ersten Weltkriege, in der ich aufgewachsen bin, eine handliche Formel zu finden«, schreibt **Stefan Zweig** (1881–1942) in den Erinnerungen *Die Welt von*

Die Welt von gestern

gestern (1942), »so hoffe ich am prägnantesten zu sein, wenn ich sage: Es war das goldene Zeitalter der Sicherheit. Alles in unserer fast tausendjährigen österreichischen Monarchie schien auf Dauer gegründet und der Staat selbst der oberste Garant dieser Beständigkeit.«

Zweig wurde als Sohn wohlhabender Eltern in Wien geboren. Der Erste Weltkrieg riß ihn aus er bürgerlichen Geborgenheit und Sicherheit, dem Dorado seiner großbürgerlichen Geistigkeit. Nach der Eingliederung Österreichs 1938 mußte er ins Ausland fliehen. In Brasilien schied er, von nicht zu bewältigendem Heimweh getrieben, zusammen mit seiner Frau freiwillig aus dem Leben.

Als feinfühliger Psychologe analysierte er in Novellen außergewöhnliche, namentlich erotische Probleme (*Erstes Erlebnis*, 1911; *Amok*, 1922; *Verwirrung der Gefühle*, 1927; *Schachnovelle*, 1941) und befaßte sich in Essays mit Größen der europäischen Literatur (mit Balzac, Dickens und Dostojewskij in *Drei Meister*, 1920; mit Hölderlin, Kleist und Nietzsche in *Der Kampf mit dem Dämon*, 1925; mit Casanova, Stendhal und Tolstoi in *Drei Dichter ihres Lebens*, 1928). Intensive Charakterzeichnung und lebhaftes historisches Kolorit sind die Vorzüge seiner zahlreichen Biographien (u. a. *Marie Antoinette*, 1932; *Erasmus von Rotterdam*, 1935; *Maria Stuart*, 1935). In *Sternstunden der Menschheit* (1927), seinem populärsten Buch, gab er zwölf skizzenhafte, äußerst spannende Beschreibungen bedeutender Ereignisse der Weltgeschichte.

Die Absicht geschichtlicher Deutung beherrscht auch den Roman *Ungeduld des Herzens* (1938), der im Jahr 1914 in einer kleinen österreichischen Garnison spielt und die morbide Atmosphäre des alten Österreichs einfängt. Ein Leutnant macht die Bekanntschaft eines Schloßherrn und dessen Tochter, die gelähmt ist; er verstrickt sich in die Liebe des Mädchens, ohne die wirkliche Kraft zum Mitleiden aufzubringen; da er das Verlöbnis vor den Offizieren abstreitet, treibt er das Mädchen in den Tod; die Einsicht der Schuld geschieht zu spät. Der Kriegsausbruch platzt alarmierend in diese Welt der Lethargie, Unschlüssigkeit und widersprüchlichen Sentiments hinein. – Ein kennzeichnendes Beispiel aus den Novellen ist *Der Brief einer Unbekannten*, eine Selbstanklage durch ein fiktives Geständnis: Am Sterbebett ihres Kindes und zugleich in der Ahnung ihres eigenen Todes legt eine Frau ihre Liebe dar; sie hat sich dem fashionablen Schriftsteller einst als Dirne angeboten; das tote Kind ist sein Kind. Er selbst kann sich nur undeutlich erinnern. – In der *Schachnovelle* wird beim Ablauf eines Schachspiels die Erinnerung an die Gestapo-Haft evoziert. Das Spiel (im sicheren Salon eines nach Südamerika fahrenden Dampfers) verknüpft sich mit einer unaufhebbaren Wirklichkeit.

Gerade im Bereich der österreichischen Kultur mit ihrer ausgeprägten geschichtlichen Verankerung wurde der Bruch mit der Tradition sehr empfindlich vermerkt (man denke auch an Musil, Roth, Doderer); Resignation, Weltendstimmung, Lethargie und seelische Verwirrung stellten sich ein. Die Auflösung der bisherigen Werte spiegelt sich besonders in der Entartung der Liebe, des Familienlebens, der Beziehungen der Geschlechter zueinander. Dieser Grundzug der Literatur der Zeit stand nicht zuletzt unter der Einwirkung von **Sigmund Freuds** (1856–1939) Psychoanalyse und wirkte auf sie zurück.

In diesem Sinne schreibt **Arthur Schnitzler** (1862–1931), auch unter dem Einfluß Flauberts und Maupassants, impressionistisch hingetupfte

Skizzen über das schale, dekadente gesellschaftliche Leben im alten k.u.k. Österreich. Seine Menschen treiben im leeren Liebesgenuß dahin und sind voller Verzweiflung, innerer Öde und Schwäche. Charmante Spötteleien und lockere Dialoge »breiten einen Schleier dekadenter Kultiviertheit über die Eindeutigkeit der Situationen« in seinen Dramen: *Liebelei* (1895), *Reigen* (1903) – und seiner Novelle *Leutnant Gustl* (1901).

Die »Liebelei« mit einer Modistin ist für Lobheimer der tragische Ausweg aus seinem Verhältnis mit einer verheirateten Frau. Im »Reigen« ist in einer Kette von Paarungen die nackte, rohe Geschlechtlichkeit gezeigt (die Dirne mit einem Soldaten, dieser mit einem Stubenmädchen, diese mit einem jungen Herrn, dieser mit einer jungen Frau und so fort, bis sich durch einen Grafen mit der Dirne der Reigen schließt). In dem novellistischen Monolog »Leutnant Gustl« spielt, weil er sich von einem Bäckermeister beleidigt fühlt, der standesbewußte Leutnant mit Selbstmordgedanken, sinniert auf seinem nächtlichen Gang über sein inhaltsloses Dasein, kann jedoch, als er am Morgen erfährt, daß den Bäcker der Schlag getroffen habe, wieder beruhigt weiterleben. Hierin persiflierte Schnitzler die Hohlheit des Ehrbegriffs und Standesdünkels ebenso wie in den Liebesdramen die innere Leere des Liebesschwurs.

Die Rettung aus Dekadenz, Kulturkrise und Zerfall der Werte sollte nach Nietzsches Meinung der »Übermensch« bringen, der Herrenmensch jenseits des Mitleids im Sinne christlicher Ethik, jenseits von Gut und Böse. Der Mensch sollte Herr sein, Herr der Erde, und als **Für einen** Herr sich zeigen. Nietzsche, der sich selbst in »azurne Ein- **neuen Adel** samkeit« begab, glaubte, Zukunftsphilosophie zu betrei- ben: »Die Zukunft gebe unserem Heute die Regel.« Doch sein Aristokratismus war letztlich Rückkehr zur Tradition des aus der Renaissance in die deutsche Dichtung übernommenen, im Sturm und Drang emanzipierten, in der Klassik veredelten und nun wieder neu geforderten Kults des großen, erhabenen und schönen Lebens. Damit wirkte er besonders stark auf einen Kreis geistiger Aristokraten, die in ihrer Dichtung wie in ihrem Leben den Bruch mit der zeitgenössischen Gesellschaft als höchste Aufgabe ansahen. Man leidet an diesem Bruch, ist aber zugleich stolz darauf und unterstreicht das Anderssein auf jede Weise – auch in der Kleidung, in der Schrift, in der Interpunktion.

Stefan George (1868–1933) legte auf diese Äußerlichkeiten, die ihm jedoch Innerliches bedeuteten, großen Wert. Sie galten als Ausdruck des neuen Adels, den er anstrebte und in einem Bund Gleichgesinnter zu verwirklichen trachtete. Das Streben nach Schönheit und ästhetisch-vollendeter Form sollte den Grundzug einer neuen Erziehungslehre abgeben, die George sich einer Welt der Vermassung, Mechanisierung und Verhäßlichung hineingestellt dachte. »Nur niedre herrschen noch / die edlen starben: / Verschwemmt ist glaube und verdorrt ist liebe. / Wie flüchten wir aus dem verwesten ball?«

»Ich sah die nun jahrtausendalten augen
Der könige aus stein von unsren träumen
Von unsren tränen schwer . . . sie wie wir wußten:
Mit wüsten wechseln gärten frost mit glut ·
Nacht kommt für helle – buße für das glück.
Und schlingt das dunkel uns und unsre trauer:
Eins das von je war – keiner kennt es –, währet
Und blum und jugend lacht und sang erklingt.«

(Das Zeitgedicht)

Der Dichter will »eingreifen«: »Und schmetternd fährt er wieder ins gedräng«; er lehnt es für sich ab, als »salbentrunkener Prinz« zu gelten, »der sanft geschaukelt seine takte zählte«. Als Fackelträger will er den wenigen, den Edlen, die der Untergang bedroht, voranschreiten. Der Menge wird vorgeworfen, daß sie sich selbst aufgegeben habe: »Ihr wandtet so das haupt bis ihr die schönen / die großen nicht mehr saht.« Das »alte Königsbild« will George erneuern; es sei unvergänglich, wenn auch verborgen, und offenbare sich in Blume, Jugend und Gedicht.

Freilich war Georges Ziel einer ästhetischen Erziehung – in der Nachfolge Nietzsches und im Gegensatz zu Schillers Auffassung – weitgehend befreit von ethischer Bindung, ja dem Moralischen sogar entgegengesetzt. Das zeigt sich etwa im Gedichtband *Algabal* (1892), in dem die Ehrenrettung eines der berüchtigsten Herrscher der Geschichte versucht wird, was zur Verherrlichung des Amoralischen, Satanischen führt. Die »Schwarze Blume in verwunschenen Gärten« ist Ausdruck exotischer Schönheit und Allegorie eines elitären Gefühls, das in Verachtung und Mißachtung der Menschenmenge und des Allzu-Gewöhnlichen ausschlägt.

Das Jahr der Seele (1897) besingt den Wandel der Liebe im Wechsel des Jahres und den Gleichklang der Natur mit dem Empfinden. *Der Teppich des Lebens und die Lieder von Traum und Tod* (1900) suchen die Ganzheit des Lebens in Symbolen eigenartiger Struktur zu versinnbildlichen. »Hier schlingen menschen mit gewächsen tieren / sich fremd zum bund umrahmt von seidner franze / und blaue sicheln weiße sterne zieren / und queren sie in dem erstarrten tanze.« Die Weltwesen und Lebenselemente verschließen sich in ihrer Verflechtung der Enträtselung; das »Kunstgebilde« jedoch, die figurative Nachzeichnung durch den Dichter, der nicht das Leben, aber sein Erlebnis des Lebens gestaltet, bleibt von aller Verstrickung frei. Damit ist auch das Wesen der Kunst im Georgeschen Sinne umrissen.

Der siebente Ring (1907) stellt dem »Stroh der Welt« große Gestalten der Geschichte entgegen. Der Band enthält auch Liebesgedichte an Maximin, den verstorbenen jugendlichen Freund, den George als Inbegriff einer neuen Jugend vergötterte. Sie werden zur Apotheose des Lebens und Leibes, der Kraft und Schönheit in einer Zeit, an der George zweifelte und verzweifelte: »Schön wie kein bild und greifbar wie kein traum.«

George baute streng geformte Verse (mit genauen Entsprechungen der einzelnen Gedichte in symmetrisch komponierten Bändchen); die Sprache ist angereichert mit kostbaren Schmuckwörtern; der erlesene Gegenstand bestimmt den Inhalt. Der Park ist die ihm entsprechende Seelenlandschaft:

>Komm in den totgesagten park und schau:
Der schimmer ferner lächelnder gestade ·
Der reinen wolken unverhofftes blau
Erhellt die weiher und die bunten pfade.

Dort nimm das tiefe gelb · das weiche grau
Von birken und von buchs · der wind ist lau ·
Die späten rosen welkten noch nicht ganz ·
Erlese küsse sie und flicht den kranz.

Vergiß auch diese letzten astern nicht.
Den purpur um die ranken wilder reben
Und auch was übrig blieb von grünem leben
Verwinde leicht im herbstlichen gesicht.«

George verdeutschte bis dahin kaum bekannte Dichtungen von Baude-
laire, Verlaine, Swinburne (wodurch er großen Einfluß auf eine neue
Dichtergeneration gewann); er übersetzte die Sonette von Shakespeare,
Teile aus Dantes »Göttlicher Komödie« und wollte die Tradition eines
Klopstock und Hölderlin erneuern. Von jenem fehlte ihm jedoch die
seherische Tiefe, von diesem die dichterische Leidenschaft.

Die Beurteilung des Dichters schwankt; sie reicht von der extremsten
Bejahung (besonders in den Büchern seiner Verehrer, Freunde und
»Jünger«) bis zu entschiedenster Ablehnung. Es wird eingewendet, daß
gerade die Zuneigung zur Antike die Fehlentwicklung seines Dichtertums
dokumentiere (ein auf Winckelmann gegründetes Mißverständnis sei); das Ideal der »edlen Einfalt und stillen

Heroisches
Dandytum
Größe« sei in Hochmut gegenüber dem »Pöbel«, in die
Gestaltung poetischer Pretiosen und den Führerkult einer
exklusiven Jüngerschaft ausgeartet. Es zeige sich ein
»Alexandrinismus«, entsprechend der Vorliebe für die späte Antike. Das
bäuerliche Land (George stammte aus einer rheinischen Gastwirts- und
Weinhändlerfamilie) werde nur noch von der Veranda aus gesehen. Das
Naive erscheine als Spiel des Sentiments; man ergehe sich in der reinen
Form. Der Dichter werde zum »Dandy« (»nach oben deklassierten Intellektuellen«), zum Dandy in der Pseudogestalt des Priesters. Baudelaire hatte den Typus hochzuspielen versucht: »Der Dandyismus«, heißt
es in den von George übersetzten *Blumen des Bösen*, »ist die letzte Verwirklichung des Heroischen in Zeiten des Verfalls.«

George – meinte Bertolt Brecht – biete »den Anblick eines Müßiggängers, statt den
vielleicht erstrebten eines Schauenden. Die Säule, die sich dieser Heilige ausgesucht
hat, ist mit zuviel Schlauheit ausgesucht, sie steht an einer zu volkreichen Stelle, sie
bietet einen zu malerischen Anblick«. »Die Form, die er bildet«, schrieb *Eugen Gottlob
Winkler* (1912–1936) über die Gestalt Stefan Georges in unserer Zeit, »ist leer und
tot, sein Ideal, selbst in seiner Verwirklichung, ein Phantasiegebilde, und seine Er-

scheinung, bei aller Großartigkeit ihrer Konsequenz, eine ungeheuerliche Pose.« Dabei ist Winklers Anspruch der Georgeschen Position verwandt: »Künstler sind heute die einzigen Menschen, die noch mit Bewußtsein Menschen sind. Bei ihnen allein ist das Leben noch etwas Angeschautes und etwas Mitgetanes: ein im höheren Sinne gemeintes Spiel.« Winklers Werk sucht die von ihm verfochtene Kunstauffassung der »Reinheit der Form« – der Heillosigkeit der Zeit in einer Art ästhetischer Theologie entgegengesetzt – zu verwirklichen. (U. a. *Gestalten und Probleme*, 1937)

Zum George-Kreis zählte eine Reihe bedeutsamer Gelehrter und Dichter, wie **Friedrich Gundolf** (1880–1931, als Literarhistoriker hervorgetreten) und **Karl Wolfskehl** (1869–1948); kongenial übertrug er alte deutsche Dichtung, Verse aus dem Arabischen, Persischen, Griechischen, Lateinischen, Französischen, Englischen; seine Übersetzung des »Ulenspiegel« von Charles de Coster erschloß diesem Werk einen breiten Leserkreis. Bemerkenswert sind auch die lyrischen Werke, vor allem die Verse aus dem Exil (*An die Deutschen*, 1947; *Hiob*, postum 1950). Sein hebräisches Wort »Kalon bekawod namir« bedeutete angesichts der Judenverfolgung ein Bekenntnis zur eigenen Herkunft; zugleich fühlte sich Wolfskehl als »Mithüter des deutschen Geistes«. **Rudolf Borchardt** (1877–1945), ebenfalls aus rassischen Gründen verfolgt, anfangs dem George-Kreis angehörend, gab eine Anthologie *Ewiger Vorrat deutscher Poesie* (1926) heraus. Auch er war ein hervorragender Übersetzer (von Platon, Pindar, Tacitus, Vergil, Dante und Swinburne), zudem ein geistvoller Kultur- und Literaturkritiker. Der Zugang zur »Moderne« blieb ihm freilich versperrt: »Sie haßt jede Notwendigkeit, die Form, jede Strenge, die Gattung, jede Reinheit, den Typus. Sie schafft verwischte Form und nennt sie ›Nuance‹, zerrissene Form und nennt sie ›Skizzen‹, Gedichte in Prosa, Freie Rhythmen – Zwittergattungen, und nennt sie ›Dokumente‹, ›Impressionen‹, ›Phantasien‹, ›Stimmungen‹, ›Tragikomödie‹.« Der eigenen Dichtung stand der Literarhistoriker im Weg; am gelungensten erscheinen die vier Novellen unter dem Titel *Das hoffnungslose Geschlecht* (1929).

Ewiger Vorrat der Poesie

In der am Prosastil Kleists geformten Novelle *Der unwürdige Liebhaber* zerstört Konstantin von Schenius die Familie seines Schwagers, indem er dessen Frau verführt, die sich freilich ihm auch entgegenwirft, da sie der Gleichgültigkeit und Monotonie ihrer »schönen« Ehe zu entfliehen hofft; sie bleibt genauso auf der Strecke wie viele vor ihr. Von ihrem Tode erfährt Schenius, als er eben im Begriffe ist, neue galante Abenteuer einzugehen. »Nun saß er weinend ... und er fühlte sich in dieser Erweichung unfähig – ja, er wäre sich unwürdig vorgekommen –, der wartenden Verabredung Folge zu leisten. Nach einer weiteren Stunde schon und immer noch mit gelegentlich wiederkehrenden Tränen fand er die Form der Absage schwierig und hatte sich nach einer weiteren halben darein gefunden, wenigstens nicht gerade abzusagen, sondern einen Mittelweg zu versuchen, welcher ihn schließlich aufnahm und in halber Wehmut zum glücklichen Ziele führte.« In der Form zwar klassischer Tradition verpflichtet, zeigt das Werk doch die Problematik der modernen Gesellschaft auf: die Zersetzung und Dekadenz einer großbürgerlichen und aristokratischen Welt und ihrer Prinzipien.

Um den hohen Menschen Georges Rückkehr zu »antiker Form und antikem Geist« fand eine Reihe von Nachahmern; es waren »Neuklassiker« – auf dem »Weg zur Form«, wie **Paul Ernst** (1866 bis 1933) in einer Schrift über die Erneuerung der Tragödie sie nannte.

Paul Ernst kann als interessanter Theoretiker eines vom Naturalismus über die Neuromantik zu einer neuen klassizistischen Form sich entwickelnden Dramas gelten. *Der Weg zur Form* (1906) ist seine wichtigste programmatische Schrift. Ins Kulturgeschichtliche und Zeitkritische extendieren die Essays *Der Zusammenbruch des Idealismus* (1919) und *Grundlagen der neuen Gesellschaft* (1930). »Der schlimmste Feind alles Tragischen ... ist die Ansicht von der Bedingtheit aller Sittlichkeit ... dann gibt es keinen sittlichen Kampf mehr; dann gibt es eben nur noch ein Verstehen ...« Die Kulturwelt, die Dichtung, vor allem die Tragödie, sollen sich um den »hohen« Menschen bemühen, der sich sittlich entscheidet und über dessen Untergang noch der sittliche Wert aufleuchtet, nicht um den »gemeinen«, der die Werte und ihre Rangordnung nicht kennt und somit nur bedauert werden kann.

Die Dramenversuche Ernsts, die alte Stoffe erneuernden Tragödien *Demetrios* (1905), *Canossa* (1908), *Brunhild* (1909), *Ariadne auf Naxos* (1912), *Kassandra* (1915), *Chriemhild* (1918) und einige Komödien (*Der heilige Crispin, Pantalon und seine Söhne*, 1912 und 1916), haben ihre Zeit kaum überdauert. Sie knüpfen bei Hebbel an und bringen immer wieder ohne viel Handlung erstarrte Typen, die in endlosen Monologen dozieren. Damit bleibt das dramatische Werk stofflich, sprachlich und gestalterisch Epigonentum.

In seiner Autobiographie *Erlebtes Leben* (1928) erzählt **Rudolf G. Binding** (1867–1938), wie er auf einer Griechenlandreise der Antike und ihrem Menschenbild mit seiner schlichten, klaren Größe für immer verfiel. Aber es blieb bei einem Bekenntnis zur Aristokratie des Geistes, die eng verbunden mit den Idealen des Soldaten, des ritterlichen Menschen und Gentleman gesehen wurde. Große Dichtung entstand nicht. Strenge Haltung, Herbheit und Betonung des Formalen kennzeichnen seine Novellen *Der Opfergang, Die Waffenbrüder* (in der Sammlung *Die Geige*, 1911) und *Wir fordern Reims zur Übergabe auf* (1935). Die Abneigung gegen christliche Frömmigkeit äußert sich in den ironischen, das Irdische verklärenden *Legenden der Zeit* (1909; *Coelestina, Die Keuschheitslegende*). Lebensfreude schäumt auf in der Novelle *Moselfahrt aus Liebeskummer* (1932). Der sehr vitale Dichter war dann bereit, den Manneskult des Dritten Reiches mitzumachen.

Seine bekannteste Novelle, »Der Opfergang«, zeigt die heroische Haltung einer Frau, die, als ihr Gatte todkrank ins Spital eingeliefert ist, sich in den Kleidern des Mannes vor dem Fenster ihrer gleichfalls schwer erkrankten Nachbarin sehen läßt, weil sie weiß, daß diese ihren Mann liebt. Die »Waffenbrüder« sind zwei Kriegskameraden von 1870/71, von denen der eine aus Liebe zu einem Mädchen seinen Freund verrät und daher von dessen Sohn, der die Ehre des Vaters schützt, getötet wird. In der im ersten Kriegsjahr 1914 spielenden Erzählung »Wir fordern Reims zur Übergabe auf« geht es um die soldatische Ritterlichkeit: zwei deutsche Parlamentäre werden als Spione verdächtigt, schließlich aber doch ehrenvoll behandelt und zu den deutschen Linien zurückgebracht. In »Moselfahrt aus Liebeskummer« nimmt eine junge Dame den Dichter, der von dem Reiz der Mosellandschaft berauscht ist, zum Begleiter; sie erscheint ihm als die Verkörperung der Landschaft, er beginnt sie zu lieben; doch in Trier scheidet sie von ihm; sie scheut nach einer vorigen Enttäuschung eine neue Liebesbeziehung.

Der Einzelgänger Dem aristokratischen Ideal huldigt in betont eigener Weise **Ernst Jünger** (geb. 1895). Distanz, Zurückhaltung, Sinn für das Kostbare bestimmen seinen Stil, der dadurch recht artifiziell wirkt. Die noble Kühle seiner Diktion vermag zu bestechen. »Fischschuppen glänzten, ein Möwenflügel durchschnitt die Salzluft, Medusen spannten und lockerten die Schirme, die Wedel einer Kokospalme wellten sich im Wind. Perlmuscheln öffneten sich dem Licht. In Meeresgärten fluteten die braunen und grünen Tange, die Pupurgeschöpfe der Seerosen. Der feine Kristallsand von Dünen stäubte auf.«

Das Zitat stammt aus dem Roman *Heliopolis* (1949), der in besonders charakteristischer Form Jüngers Weltbild spiegelt. Heliopolis ist eine fiktive Hafenstadt in südlichen Bereichen. Die politischen Mächte der Gegenwart sind hier allegorisch dargestellt. Da ist der Prokonsul, die Verkörperung militanter Aristokratie, der Landvogt, Repräsentant des Volkes und der Pöbeltyrannei. Dazwischen stehen – gewissermaßen als Prügelknaben – die Parsen, die ein Schicksal wie die Juden im Hitlerreich zu erleiden haben. Die technische Perfektion dieser Welt zeigt sich in Erfindungen wie dem Schwebepanzer, dem Raumschiff, dem Sicherungsschutz des Strahlengitters, dem Phonophor, einem Empfangs- und Sendegerät in Westentaschenformat, mit dem jeder zu jedem jederzeit sprechen kann. Die beiden Machthaber verkörpern die zwei Staatsformen, zwischen denen wir uns nach Jüngers Ansicht zu entscheiden haben: die Volksherrschaft, in der die Instinkte der dumpfen Masse regieren (»Die Herrschaft der vielen erhebt die Niedertracht in Permanenz«), und den aufgeklärten Staatsabsolutismus, der getragen wird von einer Elite geistig wie charakterlich hochstehender Menschen. »Wir stehen vor der Wahl, in die Dämonenreiche einzutreten oder uns auf die geschwächte Domäne des Menschlichen zurückzuziehen.« Der konservativen, aristokratischen Erneuerung wird Hilfe aus dem »Burgenland« erstehen; resignierend schließt der Dichter den Roman: »Uns aber liegen diese Tage fern.«

Jüngers Weltbild zielt auf die tragische, einsame Bewährung. Dabei tauchen Reminiszenzen an den germanischen Schicksalsbegriff auf und werden transponiert in eine technisierte, vom Arbeiter und von »totaler Mobilmachung« bestimmte Welt. In der »Werkstätten-Landschaft« (Begriff aus *Der Arbeiter – Herrschaft und Gestalt*, 1932) stehen aristokratische Menschen »auf verlorenem Posten«. Das gemahnt an Kleist, Hebbel und Heidegger, auch an ausgesprochen preußisch-soldatische

Autoren, die erst »im Scheitern die Chiffre des Seins« zu lesen glauben. Immer stehen Einzelgänger, auserwählte, vornehme Gestalten, im Mittelpunkt des Jüngerschen Schaffens. Im Roman *Auf den Marmorklippen* (1939) leben sie in einer südlichen Landschaft esoterischen Glanzes: »Die wilden Schroffen und Gletscher funkelten weiß und rot, und zitternd formten sich die hohen Ufer im grünen Spiegel der Marina ab.« Da bricht der »Oberförster«, eine Gestalt voll dunkler, schrecklicher, pöbelhafter Machtgier und brutaler Willkür, aus der dämonischen Tiefe des »Waldes« in die Welt der blauen Heiterkeit ein. Nur mit knapper Not kann der Held dem Grauen entfliehen: »So schwur ich mir zu, in aller Zukunft lieber mit den Freien einsam zu fallen, als mit den Knechten im Triumph zu gehen.«

Jünger stammt aus Heidelberg, ging als Abiturient an die Front, wurde vierzehnmal verwundet und mit dem Pour le mérite ausgezeichnet. Über die »heroische Zeit« des Weltkrieges berichtete er in seinem Erinnerungsbuch *In Stahlgewittern* (1920). Nach dem Krieg war er zunächst bei der Reichswehr, dann freier Schriftsteller. Im Nationalsozialismus sah er die aufsteigende Herrschaft des Pöbels. Er unternahm größere Reisen und widmete sich naturwissenschaftlichen und botanischen Studien (*Blätter und Steine*, 1934). Überdies entwickelte er die Kunstform des Essays zu großer Vollendung – reflektierend, aphoristisch zugespitzt, mit betonter Akribie arbeitend, die bisweilen in Pedanterie bzw. sprachlichen Snobismus ausartet. Hierher gehören seine Kriegstagebücher *Gärten und Straßen* (1942) und *Strahlungen* (1949) sowie seine kulturkritischen und politischen Schriften *Über die Linie* (1950), *Der Waldgang* (1951), *Der gordische Knoten* (1953), *Das Sanduhrbuch* (1954), *An der Zeitmauer* (1959) und *Annäherungen* (1971).

In dem Entwurf eines Menschentums, das fähig ist, alle Destruktionen der Zeit zu überwinden, berührt sich mit Jünger der Elsaß-Lothringer **Otto Flake** (1880–1963), wie jener häufig aus philosophischer, weltanschaulicher Perspektive heraus zu einer grundsätzlichen und umfassenden »Welthaltung« vorstoßend. Dadurch gelangt der Roman in die Abstraktion hinein, sein Schwerpunkt liegt im Gedanklichen und bei Personen, welche die gedankliche Zielsetzung verkörpern. Es entsteht eine Art »Ideen-Roman«, der dem Menschen wieder eine Mitte geben soll. Im Roman *Nein und Ja* (1920) ist an dem Beispiel vieler Menschen, die aus unterschiedlichsten Motiven heraus während des Weltkrieges in die Schweiz geflüchtet sind, die Frage nach einer künftigen Zivilisation gestellt, die »Absolutes und Zeitliches, Bejahung und Verneinung, Idee und Tat, Geistigkeit und Materialität, klare, weise, unpathetische, unsentimentale, durchdachte, bindende Vorstellungen hat«. In dem Romanzyklus *Ruland* (1913–28) werden im wesentlichen an der autobiographisch geformten Gestalt eines jungen Studenten die politischen und

Vom Sieg geistiger Ordnung

kulturellen Strukturen und Entwicklungsstufen der Vorkriegszeit untersucht, wobei der feste Glaube an den Sieg der geistigen Ordnung ausgesprochen wird. *Der gute Weg* (1924), ein Roman dieses Zyklus, erstellt mit der Charakteristik eines Auslandsdeutschen ein Vorbild für eine neue deutsche und europäische Generation, die frei von aller Dunkelheit und Erblast ist und den drohenden Katastrophen mit Sachlichkeit und innerer Zucht begegnet. Im Vordergrund dieser Werke steht das Streben nach einer neuen, übernationalen und innerlich gefestigten Gesellschaft.

Viel Selbsterlebtes liegt in Flakes Werken, vor allem die quälende Erfahrung des deutsch-französischen Gegensatzes, die ihn – wie er es schon 1921 in seinem *Kleinen Logbuch* sagte – zum Europäer werden ließ: »Man wird Europäer nicht aus Wahl, man wird es aus Not.« Bezeichnend sind dafür auch seine Romantitel *Freund aller Welt* (1928; der letzte Band des »Ruland«-Zyklus) und *Ein Mann von Welt* (1947; der letzte Teil des kulturhistorischen *Fortunat*-Zyklus). So spannte sich ein weiter Bogen bis hinüber zur »Weltfreund«-Haltung der Expressionisten, wobei allerdings Flake stets der kulturellen Tradition, der abendländischen Vergangenheit, verhaftet blieb, ja mit aller Entschiedenheit für die Erhaltung des geistigen Erbes eintrat.

Im Umbruch der Zeit, inmitten einer Welt, die sich ziel- und richtungslos darbietet, bedrängt von neuen Mächten und Gewalten, im Zeitalter der Massen, der totalitären, wertfreien Staatssysteme, der Geheimpolizei, Lager und Funktionärstypen sucht der Dichter nach Markierungen, die Richtung und Halt zu geben vermögen. Ganz gleich, ob der Kulturpessimismus der Zeit berechtigt oder übertrieben erscheint, er fördert die Hinwendung zur Tradition, zur Wahrung des Erbes, zur tiefgreifenden geistigen Durchdringung und Wiederaufnahme des Überkommenen.

Hugo von Hofmannsthal (1874–1929) schrieb im *Brief des Lord Chandos* (im Band *Das Märchen der 672. Nacht,* 1905), das Betroffensein vom allgemeinen Wertzerfall kennzeichnend: »Die Worte
Erhaltung zerfielen mir im Munde wie modrige Pilze.« Aus dem tie**des Erbes** fen Erlebnis der Gefährdung heraus ist er zum Wahrer traditionellen Erbes und beredten Mahner geworden. Freilich konnte er sich nie vollständig der bürgerlichen »Spätzeitstimmung« mit ihrem elegisch-ästhetischen Schmelz entziehen. Die Versponnenheit ins Dekadent-Spielerische, die sich bereits in den frühesten Werken, vor allem den Schauspielen *Gestern* (1891), *Der Tod des Tizian* (1892) und *Die Frau am Fenster* (1899), ausdrückte, blieb ein ebenso mißbilligtes wie geliebtes Fatum. Es ist die Atmosphäre halbdunkler Zimmer mit offenen Fenstern, wehenden Vorhängen, hereinflutendem hellem Mondlicht, dem Schatten wilder Weinranken und wandelnder tizian-hafter Gestalten, die mit vollendeter Sprachgebärde dem Leben nachsinnen, ohne es zu meistern. »Ganz vergessener Völker Müdigkeiten / kann ich nicht abtun von

meinen Lidern, / noch weghalten von der erschrockenen Seele / stummes Niederfallen ferner Sterne.« Vom Künstler sagte Hofmannsthal: »Er leidet an allen Dingen, und indem er an ihnen leidet, genießt er sie.«

In seinem Lustspiel *Der Schwierige* (1921) kehrt ein Spätling der österreichischen Aristokratie aus dem Weltkrieg in die alte Gesellschaft heim und wird von ihren Allüren wieder eingefangen. Er läßt sich treiben, ohne viel Entscheidungskraft aufzubringen, ein Mann ohne die Eigenschaft des Willens, des zielbewußten Handelns. In allem spürt man die Dekadenz und Melancholie des Fin de siècle, die Leere, die sich mit rein ästhetischen, subtil-spielerischen, aber »müden« Reizen drapiert.

Den Grundton der Resignation, der gelegentlich ins Renaissancehaft-Monumentale und in eine euphorische Überhöhung des Gefühls ausbrach, setzte – aus innerer Verwandtschaft – Richard Strauss in Musik. Hofmannsthal schrieb die Libretti zu den Opern *Der Rosenkavalier, Ariadne auf Naxos, Die Frau ohne Schatten* und *Arabella.*

Das Gefühl desperater Tragik steigerte sich – und hier zeigen sich ausgesprochen barocke Motive – durch die Einsicht der Unwiderruflichkeit des vertanen Lebens. Das Drama *Der Tor und der Tod* (1906) war eine Vorstufe zum großen »Jedermann«-Spiel. Claudio, ein junger Edelmann, überkultiviert, das Leben nur als Schauspiel betrachtend, das man zu genießen hat, wird vom Tod seiner Torheit überführt; da er nicht aktiv in dieses Leben eingreift, sich zu keiner Verpflichtung bereit findet, hat er es vertan. Die Mutter vergaß er, die Liebe des Mädchens erkannte er nicht, den Freund bedachte er mit Gleichgültigkeit. Doch nun ist es zu spät:

> »Wenn einer träumt, so kann ein Übermaß
> Geträumten Fühlens ihn erwachen machen.
> So wach ich jetzt in Fühlens Übermaß
> Vom Lebenstraum wohl auf im Todeswachen.«

Im *Jedermann* (1911) vollzieht sich – im Gewande mittelalterlicher und barocker Vanitas-Stücke – der unaufhaltsame Abstieg des reichen Mannes zum Tod. Vorspiel im Himmel, Dialog zwischen Gott und Tod, entkräften den Glanz des Irdischen; die Hybris des Reichen erhält Züge des Wahnwitzes; die abgeleugnete höhere Ordnung bricht apokalyptisch herein. Das vertane Leben des Genießers (einer überzeichneten, aber stereotypen Gestalt Hofmannsthals) ist nicht zu widerrufen; es enthüllt sich lediglich ein neuer Sinn des Glaubens, ein Begreifen göttlicher Gnade, im Zustand des Sterbens.

Als Wiener, von der Mutter her italienischer Abstammung, erwies er sich als Exponent spezifisch österreichischer Kultur, als »der letzte und verspätete Träger und Nachfahre des gesamteuropäischen Rokoko der Goldoni, Watteau, Mozart, Bewunderer aller vollkommenen, ganz abgeschliffenen Form« (Friedrich Gundolf). »Er war der letzte große Barockdichter«, meint sein Freund Harry Graf Kessler.

Hofmannsthals Schaffen galt nicht zuletzt der Bewahrung abendländischen Dichtungsgutes und dessen Instauration. Mit wahrer Besessenheit und genialer Souveränität umfaßte sein Geist die Fülle poetischer Traditionen, etwa die Dramenkunst der Franzosen, Spanier und Engländer, den Bereich der attischen Tragödie, überdies auch die Märchenwelt des Orients. »Es ist das wahrhaft Großartige an der Gegenwart, daß so viele

Vergangenheiten in ihr als lebendige magische Existenzen drinliegen, und das scheint mir das eigentliche Schicksal der Künstler: sich selber als den Ausdruck einer in weite Vergangenheit zurückführenden Pluralität zu fühlen . . .« Dieses Bewußtsein der Integration bestimmte sehr wesentlich Hofmannsthals Lyrik *(Ausgewählte Gedichte,* 1903; *Gedichte,* 1922; *Nachlese der Gedichte,* 1934). Das Sich-Anlehnen ans Gültige der Vergangenheit bewirkte ungemein formvollendete, kultivierte, sensitive Gedichte, gewährte gleichsam eine schöpferische Sicherheit inmitten ausufernden Gefühls, leidenschaftlicher Impressionen und asthenischer Düsternis. Eine artifiziell sublimierte Klangfarbe wurde gefunden. Wehmütiges Schönheitsverlangen und sehnsüchtige Musikalität sind in eine ästhetisch-ornamentale Konvention gebracht.

> »Es läuft der Frühlingswind
> Durch kahle Alleen,
> Seltsame Dinge sind
> In seinem Wehn.
>
> Er hat sich gewiegt,
> Wo Weinen war,
> Und hat sich geschmiegt
> In zerrüttetes Haar.
>
> Er schüttelte nieder
> Akazienblüten
> Und kühlte die Glieder,
> Die atmend glühten . . .
>
> Er glitt durch die Flöte
> Als schluchzender Schrei,
> An dämmernder Röte
> Flog er vorbei . . .«

Die *Terzinen über Vergänglichkeit* (in der Ausg. 1903), denen das Gedicht entnommen ist, machen eines der Grundthemen Hofmannsthals besonders deutlich: das »ganze unsäglich Entwürdigende, grauenvoll Erniedrigende des Sterbens« – Klage über den Tod und die Vergänglichkeit des Geistes. »Die Verzweiflung über die Vergänglichkeit treibt die Verherrlichung der menschlichen Traumexistenz hervor . . . Zwischen der Wirklichkeitserfahrung und der Kunsterfahrung vermittelt das Naturschöne, das Erlebnis der Allverbundenheit. So versuchte Hofmannsthal damals den ›etwas leeren Ästhetismus ins Menschlich-Sittliche hinüberzuziehen‹.« (Clemens Heselhaus)

Hofmannsthals bewahrende und sammelnde Tätigkeit äußert sich am deutlichsten in seinem umfangreichen Briefwechsel, etwa mit Richard Strauss (hsg. 1925 u. 1964), Rudolf Borchardt (hsg. 1954), in den Anthologien *Deutsches Lesebuch* (1922/23) und *Wert und Ehre deutscher Sprache* (1927) sowie in zahlreichen Essays und Reden, z. B. *Der Dichter und diese Zeit* (Bd. I der *Prosaischen Schriften,* 1907) und *Das Schrifttum als geistiger Raum der Nation* (1927).

Durch die Gründung der Salzburger Festspiele (1920) wollte Hofmannsthal ein Zentrum musischen Schaffens und Erlebens im Sinne abendländischer Kultur errichten. Die Universalität des einstigen habsburgischen Reiches schwebte ihm vor. In Anlehnung an Calderóns »Großes Welttheater« schrieb er für die Festspiele *Das Salzburger große Welttheater* (1922), ein allegorisches Drama von der göttlichen Ordnung und Sinnhaftigkeit des Daseins. Das irdische Leid erscheint als planvolle Gegebenheit kosmischer Harmonie. Der »Widersacher«, der sich gegen die Ungleichheit der Schicksale auflehnt, befindet sich im Irrtum und kann den einsichtigen »Bettler« nicht für eine soziale Revolution gewinnen.

Festspiel und »Welttheater«, die sich gegen den »kulturellen Anarchismus« wenden sollten, hatten letztlich auch einen politischen Auftrag. Aber schon 1924 bekannte Hofmannsthal: »Wir können kaum noch ahnen, wie tief diese Krise in alles Geistige eingegriffen, fast alles als Illusion enthüllt hat.« Depressive Stimmungen mehrten sich bei ihm, bis er in seinem Schloß Rodaun bei Wien nach dem Selbstmord seines ältesten Sohnes einem Herzanfall erlag.

Der Turm (1925) war sein letztes Drama – sein Vermächtnis. Der Turm ist das Symbol der Macht. In ihm liegt Prinz Sigismund, der Sohn des Königs Basilius, gefangen, weil er sich nach einem Sternorakel bei seiner Geburt eines Tages gegen den Vater erheben werde. Die Prophetie erfüllt sich: Der Sohn reißt die Macht an sich und stürzt das alte Regime, das überheblich, gottfern und grausam war. Aber das Recht wird wieder geopfert. Eine von dem skrupellosen Oliver entfachte Volksbewegung überzieht das Land mit Krieg und Vernichtung. (Hofmannsthal, so berichtet sein Freund Rudolf Alexander Schröder, habe in seinen letzten Jahren oft vom »oliverischen« Weltwesen gesprochen. Er meinte die Ankündigung unterweltlichen Hasses, gemeiner Zerstörungs- und Verfolgungswut, die das Schicksal Europas besiegeln werde.)

Adel und Untergang hatte der in Wien geborene **Josef Weinheber** (1892–1945) seinen Gedichtband des Jahres 1934 überschrieben. Wie Hofmannsthal sah er die Gefahren der Zeit und suchte ihnen mit dem Adel der dichterischen Sendung entgegenzutreten, und zwar im Bekenntnis zum Schönen, zum bewahrten Erbe. Wie dieser klagte er um den Hingang der Werte. Auch ihn umfing das Gefühl der Einsamkeit. Innere Unsicherheit führte ihn in die Nachbarschaft zum Nationalsozialismus. Im April 1945 setzte er seinem Leben selbst ein Ende.

> »Wer behütet den Sinn und wagt das Unzeitgemäße,
> Haben die Dichter nicht Mut: Klage und Trauer und Traum?
> Sie, doch ewig im Abschied, um ewig Heimat zu finden,
> Müßten sie, friedlicher Vers, Deines nicht leidvoll erneu'n?
> Ach, versuch's, ersterbender Klang! Vielleicht, daß der Götter
> Segen noch einmal dir schenkt: Zukunft, Lebendigkeit, Glück.«

»Schon ist der halbe Osten Europas auf dem Weg zum Chaos, fährt betrunken im heiligen Wahn am Abgrund entlang.« Diese Worte von **Herman Hesse** (1877–1962) aus der Zeit nach dem Ersten Weltkrieg charakterisieren den Dichter als überzeugten Mahner und leidenschaftlich bewegten Ankläger, der nach neuen Ordnungen strebt. Und diese neue Ordnung wird zur Renaissance der alten. In seinem Roman »Das Glasperlenspiel« tastet sich der Dichter in die Vergangen-

**Morgenland-
fahrer und
Steppenwolf**

heit zurück, weil dort wahrhaftes Bildungsstreben ge-
herrscht habe, das heute von den Wogen des Nihilismus,
Perfektionismus und Feuilletonismus überschwemmt sei.
Hesse erweitert den Kosmos der herkömmlichen Werte, indem er über die Grenzen des abendländischen Bereiches hinausgreift und in seine Hoffnung auf Errettung die morgenländischen Kulturen mit einbezieht (vgl. z. B. *Siddhartha. Eine indische Dichtung,* 1922). Der Morgenland-
fahrer wird zur Symbolfigur dieser westöstlichen Wiedergeburt (ihm ist das »Glasperlenspiel« gewidmet). Auf der anderen Seite trägt Hesses Dichtung typisch deutsche – romantische, neuromantische – Züge. Eine Mischung von Melancholie und abgeklärter Heiterkeit bestimmt seine Lyrik (Auswahl-Band *Stufen,* 1961). »Nichts von Auflösung, von Zer-
stückelung der Form, gefügt, kernig, zart, unverwechselbar, voll Rück-
blick, voll Sehnsucht nach endlicher Ruhe. So mag manch einem der Glockenton vom heimatlichen Kirchturm Bilder der Erinnerung auf Goldgrund hervorzaubern, wehmütig und beglückend zugleich.« (E. Pfeiffer-Belli)

Hesse, in Calw geboren, sollte Theologie studieren, floh aber aus dem Seminar im Kloster Maulbronn. Im Roman *Unterm Rad* (1906) übertrug er das Trauma seines Kindheitserlebnisses in die Geschichte eines Knaben, der an den Forderungen der Schule und des ehrgeizigen Vaters zugrunde geht, einem erbarmungslosen Erzie-
hungsprozeß ausgeliefert ist, durch Angstpsychosen vollends untüchtig wird und in hoffnungslose Vereinsamung gerät. – Die inneren Gegensätze der Jugendzeit sind im Roman *Narziß und Goldmund* (1930) dargestellt: hektische Sinnenfreude dissoniert mit spiritueller Verinnerlichung; der dem Abenteuer, dem großen Wagnis des Erlebens, sich hingebende Goldmund, der eigentlich vitale Künstler und Schöpfer, steht dem in eine wissenschaftliche Eremitage sich eingrenzenden Narziß, dem Typus solider Gelehrsamkeit, gegenüber; es scheint, daß Narziß den besseren, den nützlicheren Weg gewählt hat.

Schon 1912 zog sich Hesse in die Schweiz zurück – als Einsamer, fern vom Weltengetriebe, lebte er seit 1921 im Tessin. »Für den Augenblick schmeckt es wundervoll, das Gefühl der Seßhaftigkeit, des Heimathabens, das Gefühl der Freundschaft mit Blumen, Bäumen, Erde, Quelle, das Gefühl der Verantwortlichkeit für ein Stückchen Erde, für fünfzig Bäume, für ein paar Beete Blumen, für Feigen und Pfirsiche.« Doch sein Herz blieb den Problemen der Zeit mitfühlend und mitleidend verbunden, wie unzählige Briefe aus seiner Hand beweisen. »Wir Dichter suchen unsere Zeit nicht zu erklären, nicht zu bessern, nicht zu belehren, sondern wir suchen ihr – indem wir unser eigenes Leid und unsere eigenen Träume enthüllen – die Welt der Bilder, die Welt der Seele, die Welt des Erlebens immer wieder zu öffnen. Diese Träume sind zum Teil grausige Schreckbilder – wir dürfen sie nicht verschönern, wir dürfen nichts weglügen. Wir dürfen aber auch nicht verhehlen, daß die Seele der Menschen in Gefahr und nahe am Abgrund ist. Wir dürfen aber auch nicht verhehlen, daß wir an ihre Unsterblichkeit glauben.«

Seelenbiographien will Hesse geben. In seinen großen Entwicklungsromanen *Peter Camenzind* (1904) und *Demian* (1919) beschrieb er das Suchen nach innerer Formung und Reifung, das allmähliche Sichdurchsetzen bewährter Gewißheiten, verläßlicher Normativen. Letztlich geht es um eine Vervollkommnung im Dienste der Humanität.

Peter Camenzind wächst in einem abgelegenen Schweizer Seedörfchen auf, ein Kind gegensätzlich veranlagter Eltern, leicht zum Träumen und Phantasieren geneigt. Seine Studienjahre in Zürich bescheren ihm eine lang ersehnte Freundschaft mit dem Studenten Richard, während seine Liebe zu einer Malerin unerwidert bleibt und in ihm eine ironische Weltverachtung auslöst. Erst seine Bekanntschaft mit der heiteren italienischen Landschaft und mit der Heiligengestalt des Franz von Assisi läßt sein Wesen ausreifen. Doch fällt er immer wieder in Lebensüberdruß und Zweifel an sich selbst zurück. Als er lernt, daß die Liebe zu den Menschen und zu seinem heimatlichen Volk eine Lebenserfüllung sein kann, fühlt er sich von allen Schwächen befreit. Tätige Liebe im Kreise des häuslichen Daseins ist das Ziel seines weiteren Lebens.

Demian, ein reifer, selbständig denkender junger Mensch, ist die Rettung für den in einem gepflegten Elternhaus aufgewachsenen und doch den Lockungen einer bösen Kinderwelt verfallenen Emil Sinclair. Demian öffnet Sinclair in Gesprächen über die Religion eine neue Welt; dennoch wendet sich Sinclair von ihm ab und liefert sich damit erneut der inneren Zerrissenheit aus. Auch seine Bekanntschaft mit der Abraxas-Mythe (nichts für verboten halten, was die Seele wünscht) kann ihn aus seinen Verstrickungen nicht erretten, bis er auf der Universität wieder Demian begegnet, der in ihm den Willen zur Neugeburt auslöst. Der Krieg reißt zwar die Freunde auseinander, aber in Sinclair ist das Bild Demians fest begründet, und es bedeutet ihm, »das eigene Schicksal finden und es in sich ausleben«.

Im *Steppenwolf* (1927) ist Harry Haller ein Ausgestoßener, Einsamer, der wölfisch in der Steppenlandschaft des modernen Lebens umhergetrieben wird. Er steht außerhalb der bürgerlichen Welt, deren Fassadenhaftigkeit erkannt und bloßgestellt wird. Zugleich aber trägt Harry Haller die »Sehnsucht nach einer neuen Sinngebung für das sinnlos gewordene Menschenleben« in sich.

In seinen Aufzeichnungen (als solche gibt sich der Roman) treten Hallers Unschlüssigkeit, das Ungebärdige und Exzentrische seines Charakters hervor; er findet in der nächtlichen Straße ein kleines Buch, den »Traktat vom Steppenwolf«. Der Steppenwolf, halb menschlicher, halb tierischer Natur, wird ihm zum Sinnbild seiner eigenen Existenz, die von tausendfältigen, sich widersprechenden Seelenkräften getragen ist. Der Versuch, sich in die Bürgerlichkeit zu retten, mißlingt. In einem Restaurant begegnet er – im Gedanken an Selbstmord – Hermine, die ihn von seiner Vereinsamung erlösen will, indem sie ihn in die primitive Sphäre der Tanz- und Jazzmusik einführt. Doch im Schein des Freiwerdens und der Beglückung entsteht in ihm die Sehnsucht nach dem Leiden. Hermines Freund, der Musiker Pablo, zeigt Haller schließlich durch das Vorspielen eines »Magischen Theaters« eine Welt ohne Zeit und ohne Realität, die Welt der vielen Lebensmöglichkeiten, in der auch Mozart auf dem Bild erscheint und heitere Gelassenheit verkündet. Dieser Blick hinter die Erscheinungen weckt in ihm das Verlangen, das Lebensspiel mit seinen Qualen und seinem Widersinn immer wieder von neuem zu betreiben – »das Spiel nochmals zu beginnen, seine Qualen nochmals zu kosten ... die Hölle seines Innern nochmals und noch oft zu durchwandern«. – Diese Aufzeichnungen, so läßt der Dichter seinen Helden sagen, sollen dazu dienen, »die große Zeitkrankheit nicht durch Umgehen und Beschönigen zu überwinden, sondern durch den Versuch, die Krankheit selber zum Gegenstand der Darstellung zu machen. Sie bedeuten, ganz wörtlich, einen Gang durch die Hölle, einen bald angstvollen, bald mutigen Gang durch das Chaos einer verfinsterten Seelenwelt, gegangen mit dem Willen, die Hölle zu durchqueren ... dem Chaos die Stirn zu bieten, das Böse bis zu Ende zu erleiden.«

Am Ende der Ergründungen steht das aus fernöstlicher Weisheit aufstrahlende Wissen um das Gleichbleibende im Wandel, um das Wesenhafte, das nicht zerstört werden kann. Hesses »Kastalien«, **Glasperlen-** die geistige Provinz seines *Glasperlenspiels* (1943), ist nicht **spiel** in eine »heile Welt« eingebettet. Sein Wertbewußtsein bedeutet nie ein Sich-Verschließen vor der Wirklichkeit; aber es entsteht der Glaube an eine Welt, in der es das Unveräußerliche gibt und in der das Wissen darum von Generation zu Generation weitergereicht wird.

Inmitten des nivellierten und desorientierten 20. Jahrhunderts haben sich einige Gruppen gehalten, die dem Geist treu geblieben sind. Diese schließen sich in Kastalien zusammen, einem Land hinter Zeit und Raum, einem Gelehrtenstaat, einer Provinz des Geistes. Das Glasperlenspiel ist das einigende Band dieses Staates, sozusagen die Liturgie eines neuen Glaubens: »Das Spiel, wie ich es meine, umschließt nach absolvierter Meditation den Spieler so, wie die Oberfläche einer Kugel ihren Mittelpunkt umschließt und entläßt ihn mit dem Gefühl, eine restlos symmetrische und harmonische Welt aus der zufälligen und wirren gelöst und in sich aufgenommen zu haben.« Es ist ein Spiel, in das der gesamte Kosmos der abendländischen wie fernöstlichen kulturellen Tradition mit verwoben ist, – ein Stein der Weisen, der die Welt, ursprünglich voller Zufall, Tücke und Wirrnis, als eine esoterische Harmonie aufleuchten läßt, da der Geist des Menschen über alle Widrigkeiten zu triumphieren vermag. Und doch muß eingestanden werden, daß das verlockende Land eine allzu spirituelle, geradezu utopische Region darstellt. Josef Knecht, der große Glasperlenspielmeister, wendet sich selber von Kastalien ab, er kehrt in die alte Welt zurück. Er erkennt, daß seine Flucht nur Ausflucht war, daß er sich vor den konkreten Pflichten des Menschseins nicht in den Elfenbeinturm des Geistes, nicht in kastalische Ferne zurückziehen darf. Er muß mit-leben und mit-leiden; Knecht sieht, nachdem er durch das Glasperlenspiel sich selbst gefunden hat, seine Lebensaufgabe im wirkungsvollen Tätigsein: er will einen jungen Menschen erziehen und so die Botschaft vom neuen, aus der Tradition erneuerten Menschen weitergeben. Im Vorgefühl der auf ihn wartenden Aufgabe folgt er seinem Schüler zum Wettschwimmen. Er springt in das eisige Wasser eines Gebirgssees und versinkt. In ratloser Trauer bleibt der Jüngling zurück, da aber überkommt ihn das Bewußtsein, daß der Tod des Lehrers ihn und sein Leben umgestalten und »viel Größeres von ihm fordern wird, als er bisher von sich verlangt hat«.

Das 19. Jahrhundert hatte eine Krise des kirchlichen Lebens mit sich gebracht; Selbstsicherheit und Begriffsspielerei sowie Phrasenhaftigkeit herrschten vor. Dostojewskij, Tolstoi, Kierkegaard, van Gogh, Léon Bloy und viele andere kritische Autoren und Künstler konstatierten den Verfallsprozeß und suchten nach Ansätzen einer Wiedergeburt **Milde** elementaren Christentums. Namentlich in Frankreich, **Religiosität** Skandinavien und Rußland wurden äußerst revolutionäre Vorstellungen entwickelt, während die deutsche Erneuerungs-Bewegung sich sehr zaghaft, traditionsbewußt, »idealistisch« im herkömmlichen Stil, introvertiert-poetisch verhielt. Zwar »verinnerlicht«, aber untätig stand man daher den Katastrophen gegenüber, pflegte die Integrität des guten Willens und der schuldlosen Ohnmacht. Die religiöse Literatur blieb unanfechtbar und »seriös«. Immerhin stellte sie in dem zunehmenden Chaos politischer Agitationen einen Festpunkt der Lauterkeit dar.

Betont abendländisch, mit christlichen, germanischen und antiken Zügen, erscheint uns das dichterische Werk **Rudolf Alexander Schröders** (1878–1962). »Eigenes, Übertragenes, Voraussage, Nachklang, uranfängliches Verwandtsein mit entlegen scheinender Kunstübung und scharfsichtiges Erkennen und Erklären ergänzen sich in ihm; sie sind nicht zu trennen, so wenig wie bei ihm Dichtung, Übertragung und großartiger Kommentar zu trennen sind«, sagt von ihm Rudolf Borchardt, der selbst als Essayist und vielseitiger Übersetzer abendländischer Dichtung hervorgetreten ist.

Bürger – Weltmann – Christ – Mittler – Dichter; unter diesen bezeichnenden Begriffen steht eine Auswahl aus Schröders Werken, die unter dem Titel *Fülle des Daseins* 1958 herausgekommen ist. Schröder verfügt über die Urbanität des gebildeten Bürgers, der um die Werte der abendländischen Tradition weiß und sie zum Nutzen religiöser Erziehung vermittelt (*Die Aufsätze und Reden* 1939). Er übersetzte die *Ilias*, die *Odyssee*, die *Äneis*, dazu Werke von Horaz, Shakespeare, Pope, Racine und Molière. Er ist Christ, der in seinen Liedern um die Anfechtung, den Zweifel, die Angst weiß, jedoch eingestimmt ist auf den Grundton der Demut vor dem Unausweichlichen und darüber hinaus das Glück der in Christus geborenen Existenz besingt: »Wär's für den Klugen da wohl klug zu weinen?« Der Rettung bedürftig, wird der Dichter selbst zum Rettenden; Glaube, Liebe, Hoffnung sind ihm der Gipfel der Begnadung: »Du hast ihn erflogen, den Berg, den niemand ersteigt.«

Schröder sieht seine Aufgabe darin, den »alten Schatz der Verkündigung, der Lehre, der Ermahnung und des Trostes zu verwalten«. So ist sein Werk überpersönlich (dabei oft allerdings »nur erbaulich«) und steht in der Nähe zu Bibelspruch, Sprichwort, Volksweisheit:

> »Ach, Welt, bist ohne Schranke,
> Läßt alles aus und ein!
> Kein Mensch und kein Gedanke
> Darf einsam sein.«

Hans Carossas (1878–1956) dichterische Berufung ging aus schwerer innerer Krise hervor. Als Arzt – in der unmittelbaren Begegnung mit Krankheit und Tod – gelangte er schließlich zu einem vertieften Glauben an das dennoch Sinnvolle des Weltganzen, das ewig Gute des Daseins und an die Macht edlen Menschentums. Goethe war das Vorbild. Abgesehen von der verzweiflungsvollen Arzt-Novelle der Frühzeit, *Dr. Bürgers Ende* (1913), strahlen die Werke Gelassenheit und Weistum aus, mit einem unverkennbaren Zug ins Idyllische. Die Lyrik *(Gesammelte Gedichte,* 1949) schwebt in sphärischen Harmonien, wegweisenden Urerlebnissen und orientiert sich an werträchtigen Aussagen der Vergangenheit.

> »Ja, wir sind Widerhall ewigen Halls,
> Was man das Nichts nennt, ist Wurzel des Alls,
> Aber das wollen wir mutig vergessen,
> Wollen die Kreise des Da-Seins durchmessen!«

Mit dem Bewußtsein elitärer Fähigkeit wird die Befugnis der Führung und Hinweisung ausgesprochen. Bezeichnend sind die Titel *Führung und Geleit* (1933), einer autobiographischen Studie über den inneren Festigungsprozeß und das Erlebnis großer Dichtungen, *Geheimnisse des reifen Lebens* (1936), einer novellistischen Skizze von der Gefährdung und Bewährung hochherzigen Mannestums, oder *Abendländische Elegie* (1946), eines Versuches, die nicht immer korrekte Haltung des Dichters während der NS-Zeit vergessen zu lassen. – Didaktische Absichten verraten auch die zahlreichen Erinnerungsbücher aus nahezu allen Epochen des Lebens: *Eine Kindheit* (1922), *Rumänisches Tagebuch* (1924; über Kriegsereignisse), *Das Jahr der schönen Täuschungen* (1941), *Aufzeichnungen aus Italien* (1948).

Das Werk **Ina Seidels** (1885–1974) wurzelt in dem Gefühl der Geborgenheit im christlichen Glauben, in dem Bewußtsein von der Unwandelbarkeit des Wesentlichen, des Mütterlichen vor allem, in
Das   der natürlichen Wahrheit, die den Menschen auch in seiner
Mütterliche   tragischen Vereinzelung im Zusammenhang eines von Gott durchdrungenen Ganzen sieht. Mag der einzelne auch vergehen, die Natur bleibt das ewig sich Erneuernde, Unsterbliche. Damit klingen Gedanken Stifters und Kellers an:

> »Unsterblich duften die Linden. –
> Was bangst du nur?
> Du wirst vergehn, und deiner Füße Spur
> Wird bald kein Auge mehr im Staube finden.
> Doch blau und leuchtend wird der Sommer stehn
> Und wird mit seinem süßen Atemwehn
> Gelind die arme Menschenbrust entbinden.
> Wo kommst du her? Wie lang bist du noch hier?
> Was liegt an dir?
> Unsterblich duften die Linden.«
>
> *(Trost)*

Ina Seidels groß angelegte Familienromane spiegeln das Leid der Zeit, das ihr, der männlich Schreibenden und fraulich Fühlenden, so sehr am Herzen lag.

Im Roman *Das Wunschkind* (1930) wird auf dem Hintergrund der Napoleonischen Kriege das Schicksal einer Frau beschrieben, deren Mann fällt. In tiefer Angst versucht sie, den nachgeborenen Sohn vor dem väterlichen Schicksal zu bewahren, bis auch dieser im Kampf stirbt. »Der Tag wird kommen – und er muß kommen, da die Tränen der Frauen stark genug sein werden, um gleich einer Flut das Feuer des Kriegs für ewig zu löschen.«

In *Lennacker* (1938) und *Das unverwesliche Erbe* (1954) ist am Beispiel einer sächsischen Pastorenfamilie und ihrer Vorfahren ein abgründiges religiöses Ringen, ein Kampf zwischen Angst, Zweifel und Sinngebung durch den Glauben, vergegenwärtigt und eine Ausmittelung zwischen Protestantismus und Katholizismus angespielt. In *Michaela* (1959) wird – als Fortsetzung der Erzählung *Unser Freund Peregrin* (1940) – das tragische Schicksal einer Familie im Dritten Reich geschildert.

Anfechtung und Glaube   Auseinandersetzung mit dem Unglauben und mit tief verborgenen Zweifeln, ein stetes Verlangen nach Gewißheit und Geborgenheit und die Bereitschaft zum Opfer sind die wesentlichen Themen der Romane und Novellen von **Gertrud von Le Fort** (1876–1971), die 1925 zum Katholizismus übertrat.

Die Heldin des Romans *Das Schweißtuch der Veronika* (2 Bde., 1928 u. 1946) ist in Rom aufgewachsen und erlebt den Konflikt zwischen Glaube und Unglaube in nächster, persönlicher Umgebung. Sie kommt nach Deutschland, muß aber in ihrem Verlobten die Verkörperung glaubensloser Verzweiflung erkennen. Sie sucht kraft ihrer Liebe – sogar unter Verzicht auf eine kirchliche Trauung – die Kluft, die beide trennt, zu überwinden. Aber das übersteigt ihre Kräfte, sie bricht körperlich zusammen.

Aus den Erzählungen ragt die Novelle *Die Letzte am Schafott* (1931) hervor, die Georges Bernanos dramatisiert hat: Karmeliterinnen sind in der Französischen Revolution zum Tode verurteilt worden, den sie tapfer auf sich nehmen. Auch eine Abtrünnige kehrt zurück; sie ist die Letzte am Schafott, die nun auch die Gnade Gottes im Tode erleben darf.

Wie kann der Mensch inmitten des Grauens, der Wirklichkeit des Schreckens, der leiblichen wie seelischen Anfechtung, inmitten von Qual und Martern bestehen? Es ist die Zentralfrage der modernen christlichen Dichtung (vgl. die Gedichtsammlung *Kyrie* und die *Tagebücher* von Jochen Klepper). Die Antwort wird hier aus einem humanitär-gläubigen und christlichen Weltgefühl heraus gegeben. Ihre Sprache bestimmt eine an Goethe gemahnende distanzierte Weisheit.

Von Grenzsituationen geht **Werner Bergengruen** (1892–1964) aus. Geschichtliche, folkloristische Stoffe, Sagen und seltsame Begebnisse wer-

den ihm zu Beispielen für das Wirken der göttlichen Gnade und des göttlichen Heils. »Wir wollen ja die befleckten Seelen lieb-
Die meta- haben; liebhaben nach dem Vorgang Gottes«, heißt es in
physische der Novelle *Die Ostergnade* (1933). In seinen Erzählungen
Pointe *(Die Feuerprobe,* 1933; *Die drei Falken,* 1937; *Der spa-*
nische Rosenstock, 1941; *Das Feuerzeichen,* 1949; *Die Flamme im Säulen-*
holz, 1955) und in seinem Roman *Am Himmel wie auf Erden* (1940), der
die Auswirkungen einer apokalyptischen Prophetie des Jahres 1524 wiedergibt, erfahren die in Ängste und traumatische Qualen verstrickten
Menschen eine Erlösung und Läuterung. Das Befreitwerden ist das Wunderbare, das Unfaßliche, aber Wirkliche. Bergengruen geht es um die
metaphysische Pointe, »daß sich nämlich auch im abenteuerlichsten und
scheinbar isoliertesten Einzelfall ewige und verbindliche und schlechthin
gültige Gesetze manifestieren«.

Im Roman *Der Großtyrann und das Gericht* (1935) befiehlt der Herrscher eines
italienischen Stadtstaates der Renaissance, einen Mord aufzuklären und den Täter zu
stellen. In Wirklichkeit hat er selbst den Mord begangen und die Suche nach dem
vermeintlichen Verbrecher in die Wege geleitet, um seine Untertanen in ihren Handlungen und Reaktionen studieren zu können. Als Untertanen kennen sie nur die Macht
des Staates; sie gehorchen, auch wenn sie die Wahrheit dabei verfälschen müssen. Der
Tyrann ist vielfach schuldig: er hat sich in seinem Machtrausch göttliche Befugnisse
angeeignet, nämlich das Recht, die Menschen in Versuchung zu führen, zu prüfen, zu
richten und zu verdammen. So berichtet Bergengruens Buch – nach seinen eigenen
Worten – »von den Versuchungen der Mächtigen und von der Leichtverführbarkeit
der Unmächtigen und Bedrohten ... Und es soll davon auf eine solche Art berichtet
werden, daß unser Glaube an die menschliche Vollkommenheit eine Einbuße erfahre.
Vielleicht, daß an seine Stelle ein Glaube an des Menschen Unvollkommenheit tritt,
denn in nichts anderem kann ja unsere Vollkommenheit bestehen als in eben diesem
Glauben.«

Die wichtigsten Romane von **Edzard Schaper** (geb. 1908) sind im bal-
tisch-finnischen Raum beheimatet. Das entspricht der Herkunft und dem
bewegten Leben des Dichters, der in Ostrowo (Posen) ge-
Die Macht boren wurde, 1930 nach Estland übersiedelte, 1940 nach
der Ohn- Finnland und dann nach Schweden fliehen mußte. 1952
mächtigen konvertierte er zum Katholizismus.
Schaper stellt der Willkür der staatlich-atheistischen Macht die Gläubigkeit gottverbundenen Menschentums gegenüber. In der Gefangenschaft erweist sich die innere Freiheit des Glaubens als mächtig, sie ist die
eigentliche Kraft der – äußerlich – Ohnmächtigen; *Die Freiheit des Ge-*
fangenen (1950) und *Die Macht der Ohnmächtigen* (1951) lauten die
Titel zweier Romane.

Die sterbende Kirche (1936) und *Der letzte Advent* (1949) haben das Schicksal von
russisch-orthodoxen Priestern im sowjetrussischen Machtbereich zum Thema. Über

den Verfolgten und Geplagten steht das wunderwirkende Credo: man kann niemals tiefer fallen als in Gottes Hand. In diesem Glauben überwinden die Verfolgten Gewalt, Terror, Schrecken und Angst und werden zu Blutzeugen für die Kirche, die äußerlich zu sterben scheint, innerlich aber aus dem Leid der Unschuldigen neue Kraft gewinnt.

Frank Thiess (geb. 1890 in Livland) veröffentlichte eine große Anzahl von Romanen und Essays, in denen er um die Bewahrung der europäischen Kulturwerte gegen den Ungeist der Zeit kämpfte. Sein Roman *Der Tod von Falern* (1921) ist ein Schreckensgemälde sittlichen Verfalls und politischen Terrors, eine entschiedene Verneinung eines rigorosen Entwertungsprozesses und einer daraus resultierenden Diktatur. In dem Essay-Roman *Das Reich der Dämonen* (1941; von der NS-Zensur verboten), einer Zusammenschau hellenischer, römischer und byzantinischer Geschichte, heidnischer und christlicher Wesenszüge ist der verhängnisvolle Weg zur Destruktion und Tyrannei nachgezeichnet.

Eine philosophisch vertiefte Geschichtsdeutung geschah in den *Ideen zur Natur- und Leidensgeschichte der Völker* (1949), um »die Gründe des Untergangs aufzudecken und die furchtbare Gefahr der Entpersönlichung zu zeigen«. Stets gegenwärtig ist die Angst vor der Vermassung, dem Mitgetriebenwerden ins Undurchsichtige, aber auch die Angst vor der Abgründigkeit des Ichs. In Romanen aus den baltischen Adelskreisen (*Die Verdammten*, 1923) und der bürgerlichen Gesellschaftsschicht (*Der Zentaur*, 1931) ist das Unheil extremer Haltungen aufgezeigt. Eigentlich wird eine psychologische Erörterung angestrebt (namentlich in dem um einen Kriminalfall kreisenden Gegenwartsroman *Die Straßen des Labyrinths*, 1951).

Fritz Hochwälder (geb. 1911) gibt im Schauspiel *Die Herberge* (1956) mit psychologischen Analysen eine Allegorie menschlicher Verworfenheit und Trägheit, aber auch Selbstbesinnung und Sehnsucht nach Gnade. Es entstand ein überzeitliches, mysterienhaftes Spiel vom »Jedermann«.

In einem Wirtshaus, des Nachts, versammeln sich Holzfäller, Fuhrmann, Wucherer, Amtmann, Sargmann und Wanderer. Der Ort des Verweilens und der Durchreise ist ein Abbild der Welt, in der Schuld angehäuft und Sünde durch göttliche Gnade gelöst wird. Es geht um die Aufklärung eines Mordes. Der Täter bereut und sühnt. Gerechtigkeit wollen alle und belasten sich dadurch selbst; wenigstens für kurze Zeit erwacht daraus ein Gefühl der mitmenschlichen Liebe. – Hochwälder schrieb außerdem ein Drama über die von sozialen Ideen inspirierte Kolonisation der Jesuiten in Südamerika (*Das heilige Experiment*, 1943), ein Stück über die Unmenschlichkeit und Widersinnigkeit totalitärer Justiz, das groteske Verfahren eines französischen Revolutionstribunals (*Der öffentliche Ankläger*, 1948), und schließlich eine Komödie vom Weiterleben der NS-Vergangenheit (*Der Himbeerpflücker*, 1964).

Die Heimsuchung des Menschen gipfelt für **Albrecht Goes** (geb. 1908) im Krieg und seinen Schreckenstaten. Mit der düsteren Wirklichkeit verflechten sich seelische Depressionen; nur hintergründig deutet sich der Kairos des Leids an. (Gedichte *Der Hirte, Heimat ist gut*, 1934/35)

»Kein Himmel. Nur Gewölk ringsum,
Schwarzblau und wetterschwer.
Gefahr und Angst. Sag: Angst – wovor?
Gefahr: Und sprich – woher?
Rissig der Weg. Das ganze Feld
Ein golden-goldner Brand.
Mein Herz, die Hungerkrähe, fährt
Kreischend über das Land.«

(Landschaft der Seele)

Gerade dem bedrohten Menschen begegnet das Heil, und zwar in der Situation des Mitleidens und der Bereitschaft zur Buße. In der Erzählung *Unruhige Nacht* (1950) wird an Einzelschicksalen – vor allem an dem zum Tode verurteilten Soldaten – die schreckliche Vereinzelung des Menschen, die Not seiner leiblichen Existenz, deutlich, aus der heraus nur die Klarheit der Liebe Rettung verheißt.

In der Novelle *Das Brandopfer* (1954) schildert der Dichter die Judenverfolgung des Dritten Reiches an dem Beispiel einer »Judenmetzig«, einer deutschen Metzgerei, in der die mit einem Davidstern gekennzeichneten Juden jeweils am Freitagnachmittag ihre dürftigen Fleischportionen holen müssen. Die Metzgersfrau, erschüttert von dem Leid, das sie mit ansehen muß, will sich zur Sühne des Unrechts in einem Bombenangriff als »Brandopfer« darbieten; sie fühlt sich mitverantwortlich in einem höheren Sinn. Sie ist bereit, sich selbst aufzugeben, um die Welt wieder ins Gleichgewicht zu bringen.

»Allein den Betern kann es noch gelingen, / Das Schwert ob unsern Häuptern aufzuheben«, heißt es in einem Gedicht von **Reinhold Schneider** (1903–58). Als leidenschaftlicher Gegner des Nationalsozialismus sah sich Schneider zu Mahnung und Trost verpflichtet. »Ich war in gewissem Sinne einberufen, endgültig abberufen vom literarischen Leben in die religiös-geschichtliche Existenz.«

»Der christliche Dichter«, schreibt Schneider, »ist einfach Zeuge, nicht aus Absicht, sondern aus seiner Existenz. Er ist, wenn er in die Geschichte hinabsteigt, wie er nicht anders kann, der Unerträgliche, der den Protest Jesu Christi in die Zeit zu werfen sucht, der Unruhestifter, der Ankläger, der Wurm im Gewissen.« Früh verbraucht, von schwerer Krankheit heimgesucht, starb der Dichter nach einem Besuch Österreichs: *Winter in Wien* (1958) ist das ergreifende Schlußwerk seines Schaffens, von dem der Lebensbericht *Verhüllter Tag* (1954) Zeugnis ablegt. Sein Weg führte vom »tragischen Nihilismus zum Glauben, von der Bindungslosigkeit zur Bindung, von der subjektiven Verlorenheit in das Geschichtliche«, es war ein Weg zur Tradition, die zuerst als Fessel, später als befreiende Form und Gestalt, als Überwindung der Not und des Zweifels empfunden wurde. Schneiders meist geschichtlichen Stoffen zugewandte Erzählungen, Dramen und Biographien (darunter *Las Casas vor Karl V.*, 1938) kreisen um das Verhältnis Christentum – Welt, Gnade – Macht, Geschichte im Zeichen des Kreuzes oder des Antichrist. Die Frage nach Gewalt und Ge-

wissen wird immer wieder aufgeworfen und im christlichen Sinne beantwortet.

Stefan Andres (1906–70) stellte in der Novelle *Wir sind Utopia*
(1943; dramatisiert u. d. T. *Gottes Utopia*, 1950) den im Zustand der
Notwehr befindlichen Menschen vor die Entscheidung, der Gesetzlosigkeit
mit gesetzlosen Mitteln zu begegnen oder die Ohnmacht in Kauf zu nehmen, um die Normative der Humanitas zu bewahren. Damit ist vor
allem die Frage der Haltung des Christentums im totalitären Staat ange-
schnitten.

Im Spanischen Bürgerkrieg wird ein ehemaliger Priester als Gefangener in das
Kloster eingeliefert, aus dem er einst entflohen ist. Es bietet sich ihm die Möglichkeit,
den befehlshabenden Leutnant der Gegenseite, der ihn – von Gewissensängsten und
Todesahnungen getrieben – zur Abnahme der Beichte bewegen will, umzubringen und
damit sich und die Mitgefangenen vor der Erschießung zu retten. Das Messer, das er
bereithält, wird im letzten Augenblick entdeckt, gleichsam durch einen Eingriff göttlicher Gnade. »Da kam ein Engel zwischen uns.« Der Gefangene bleibt frei von
Schuld und stellt sich dem Tod als letztlich siegender Christ. Das Wort »Utopia« hat
– zumindest was die irdische Wirklichkeit betrifft – zwiespältige Bedeutung.

Im Roman *Der Knabe im Brunnen* (1953) berichtete Andres von seiner Jugend, die
behütet und geborgen im Glauben, in Sitte, Herkommen und in enger Verbundenheit
mit der Natur verlief.

Die Novelle *El Greco malt den Großinquisitor* (1936) machte Andres als Dichter
bekannt. Lange Zeit lebte er in Positano, im Süden Italiens; seine Werke versuchen
des öftern, südliche Erlebnisse, Stimmungen und Menschen einzufangen (*Die Reise
nach Portiuncula*, 1954; *Die Liebesschaukel*, 1951; *Positano*, 1957).

In seiner Romantrilogie *Die Sintflut* mit den Bänden *Das Tier aus der Tiefe*
(1949), *Die Arche* (1951) und *Der graue Regenbogen* (1959) gibt Andres in Form einer
satirisch-parabelhaften Darstellung ein Konterfei des totalitären Staates. Er zeigt, wie
der Staat, die allgemeine Vermassung für sich nützend, den Menschen seiner Individualität und Freiheit beraubt, um ihn nackt und bloß zum Ding, zur Maschine, zum
Roboter umzuformen. »Von der Wiege bis zum Grabe: staatliche Herstellung des
Bedarfsartikels Mensch.«

Atem der Erde

Die Tradition der Naturdichtung, die von der Romantik und dem
Poetischen Realismus ausging, durch die Milieukunst des Naturalismus
und die großstädtisch orientierte Dichtung des Expressionismus unterbrochen wurde, findet neuen Anklang. Inmitten der zerstörenden Kräfte, die Technik und Zivilisation
vorgebracht haben, wendet man sich zurück zu den Urwer-
ten der Natur, zum ewig gleichbleibenden Geheimnis des natürlichen
Werdens und Vergehens. Dabei entsteht freilich eine Natursicht, die das
Abgründige und Chaotische einschließt und kaum noch etwas von
Schwärmerei und Idyllik an sich hat.

Leid bestimmt die Verse **Oskar Loerkes** (1884–1941), »Urleid« – wie
eines seiner Gedichte heißt –, das denjenigen überfällt, der unser Sein

auslotet, vor allem das Leid an der Zeit. Beklagt wird der »Einbruch der bestialischen Mächte, der allgemeine Zusammenbruch von Kultur und Menschlichkeit«.

> »Der Felsen saust davon wie Laub, zerkräuselt.
> Du fällst im Raum. Die letzten Schrecken kamen.
> Nicht Erde hast du in der Hand, nicht Samen,
> Und füllst das Herz mit ihren Namen.«

(Schöpfung)

Loerke gewinnt Trost aus dem *Atem der Erde* (Titel einer Gedicht-sammlung, 1930). Auch in den anderen Gedichtbänden (*Die heimliche Stadt*, 1921; *Der Silberdistelwald*, 1934; *Der Wald der Welt*, 1936) ist eine letztlich heilsame Elementarität veranschaulicht. Immer kehrt das Symbol des Baumes wieder, dessen Stärke in seiner Verwurzelung beruht: Bild und Sinnbild für die Halt gewährende Natur. – Die Jugendein-drücke von der westpreußischen Heimat bestimmen das Gefühl tiefer Ge-borgenheit und Harmonie.

> »Alles hat seinen Ort: hier bin ich!
> Im Garten blühn Pantoffelblumen.
> Ach! Und die Sterne steigen
> In die verlassenen Wassertröge.«

(Weichbild)

Die Qualen der Welt können das »blaue Herz der Welt« nicht treffen: »Sieh, über uns das blaue Herz ist offen. / Sind alle Qualen darin eingetroffen, / das blaue Herz bleibt qualenleer«, heißt es in dem Jesus-Gedicht *Steinpfad*.

Wilhelm Lehmann (1882–1968) berührt in seiner Lyrik historische, mythologische, philosophische Zonen; auch er geht von der besonderen Gefährdung des modernen Menschen aus. In der Krise sucht der Dichter nach Ausweg, Zuflucht und Rettung, indem er sich der Natur zuwendet. »Mit Fingern sensitiv«, wie mit einem Silberstift, zeichnet er die Natur, das Detail, das Kleinste, ohne sich jedoch im Kleinlichen zu verlieren. Augenblick und Dauer vereinen sich im Wort, das punktueller Vorstoß zum Wesenhaften des Seins ist. »Die Schwierigkeit des menschlichen Le-bens erlöst sich in der Empfindung von Licht, Farbe, Dasein, des Spieles von Dunkel und Hell, Wärme und Kälte, Keimung und Vergehen: ›Zauber, ich leide dich! Leide dich gern‹. Wirklichkeit birgt den Traum, besteht aber nur im Vertrauen auf die fünf Sinne: sie lassen mich den Kommentar lesen, den die Welt sich selbst schreibt, mit ihrer Gestalt nämlich.« Die Sammlungen *Antwort des Schweigens* (1935), *Der grüne Gott* (1942), *Entzückter Staub* (1946), *Noch nicht genug* (1950), *Überle-bender Tag* (1954), *Abschiedslust* (1962) sind Antworten auf die Rätsel-haftigkeit der Welt.

»Bestehen ist nur ein Sehen
Und ein Hören ist darin:
Im Ohr mir Dompfaffen zirken –
Und ich halte die Augen hin.«

Die bange Frage, ob der Mensch, so fern jeder kreatürlichen Geborgenheit, in seinem Dasein »verloren« und verworfen sei, löst sich für Lehmann in der Gewißheit, daß auf gleiche Weise wie das Tier der Mensch
in der Natur seine Ruhe finde, seinen Sinn, seine Signatur. Dadurch entstehen freilich Verharmlosungen.

»Die Vogelkreatur
Kann ich hören, sehn,
Brauch ich nicht mehr zu flehn
Um meine Signatur.«

Das Zusammenspiel von Mensch und Natur ist das Grundthema der
Lyrik von **Georg Britting** (1891–1964). »Die schwarzen Krähen auf
dem weißen Feld: / Der Anblick macht mein Herz erregt.« In seinen Gedichten (u. a. *Der irdische Tag,* 1935; *Rabe, Roß und Hahn,* 1939; *Unter
hohen Bäumen,* 1951), seinen Novellen und dem Roman *Lebenslauf eines
dicken Mannes, der Hamlet hieß* (1932), einer skurrilen und bewußt tri-
vialisierenden Ausdeutung des Hamlet-Schicksals, zeigte sich Britting als
äußerst scharfsinniger, ins Kleine und Verborgene eindringender Schil-
derer. Das Bildhafte ist zuweilen mit pastosen Tönungen versehen, Impressionen des Ineinanderwirkens von Wachstum und Verfall, Leben und
Tod. Doch bricht stets die Daseinsfreude des »Waldgängers« durch, die
Ergriffenheit von der Natur, die Bewunderung ihrer Schönheit (*Lob des
Weines,* 1950). Letztlich bleibt der Ausweg offen, sich abzuwenden.

»Sie sei ihm süß,
Die bittere Wacholderbeere,
Die sich der Vogel pickt,
Und jeder lebe so mit seinem Schmerz
Im guten Einvernehmen.«

(Der große Herbst)

»Leere den Weinkrug!
Schau der Flamme goldnes Gesicht!
Weißt du es nicht?
Kein Bild ist Betrug.
Hör, was das Windlicht spricht:
Unter der Sterne Gang –
Falterflug, Adlerflug,
Kurz oder lang:
Genug.«

(Das Windlicht)

Ludwig Thoma (1867–1921) aus Oberammergau, Sohn eines Ober-försters, Rechtsanwalt in Dachau, sodann Schriftsteller in Tegernsee, wurde bekannt durch die Natur-, Landschafts- und Seelenschilderungen seiner bayerischen Heimat und Mitmenschen. Seine Erzählungen, Romane und Theaterstücke bestimmt eine scharfe und durchaus kri-**Aus den** tische Beobachtungsgabe, die über die häufig humorvollen **Triebkräften** Charakterzeichnungen hinaus zu einem ernsten Ziel vor-**der Heimat** stößt. Thoma kam von der politisch-satirischen Wochen-schrift »Simplicissimus«, deren Mitarbeiter er war; und mit der Satire sind nahezu alle seine Werke verknüpft. Sein Anliegen ist es dabei, in die schadhaften Stellen der Gesellschaft, des Staates und der heimatlichen Bauernwelt hineinzuleuchten, über das Lachen hinaus zur Besinnung auf-zurufen und die gesunden Kräfte des einfachen Volkstums und schlichten Anstands zur Wirkung zu bringen. Der künstliche Anstrich der oberen Gesellschaftsschichten, ihr beruflicher und moralischer Dünkel und der von ihnen geförderte Beamten- und Untertanengeist werden persifliert, der harte Bauernstolz, seine Verschlagenheit und Starrköpfigkeit in ihren tragischen Ergebnissen aufgezeigt. Der einfache, brave Mann, der schlichte Mensch, steht als Vorbild da, und es zählt zu der außergewöhn-lichen Leistung Thomas, daß dieser Mensch jenseits aller sentimentalen Heimatschwärmerei gezeigt wird.

Gesellschaftskritisch und zugleich von Humor gewürzt waren schon seine *Lausbu-bengeschichten* (1905), kulturkritisch und derb urwüchsig die beiden Bände *Brief-wechsel eines bayerischen Landtagsabgeordneten* (1909/12). Im Roman *Andreas Vöst* (1906) geht es um den Gegensatz zwischen Bauerngemeinde und Pfarrer: um die Errichtung eines neuen Kirchturms, der sich die Bauern widersetzen, um die Rache des Pfarrers, der den Bürgermeister Andreas Vöst absetzen läßt, woraufhin Vöst den neuen Bürgermeister erschlägt und sich somit selber zugrunde richtet. Unbeugsamkeit und Haß sind auch die tragischen Motive im Roman *Der Wittiber* (1911), in dem der verwitwete Bauer durch ein Verhältnis zu seiner Magd mit seinen Kinder zerfällt und, nachdem der Sohn die Magd umgebracht hat, den gesamten Hof zerstört. *Der Ruepp* (1922), Thomas letzter großer Bauernroman, behandelt in psychologischer Breite und Eindringlichkeit den Untergang eines verkommenen Bauern.

Unter den Theaterstücken ragt das Drama *Magdalena* (1912) hervor, die Tragödie einer verworfenen Bauerntochter, die von ihrem Vater ermordet wird. Die anderen bekannten Stücke Thomas sind heitere und nicht selten bissig-ironische Komödien: auf den Untertanengeist einer kleinen Gemeinde, die sich dem Bau einer Lokalbahn widersetzen möchte, dann aber aus Angst, die Regierung verstimmt zu haben, das Projekt befürwortet und sehr froh darüber ist, daß ihr Bürgermeister insgeheim mit der Regierung einer Meinung war *(Die Lokalbahn*, 1902), oder auf die Großspurigkeit zweier Bauern in einem Zugabteil und die Ängstlichkeit eines Ministerialbeamten, der ihnen nicht zu widersprechen wagt, da der eine von ihnen ein Abgeordneter ist *(Erster Klasse*, 1910). Spießbürgerliche Prüderie und Tugendphrasen werden attackiert; auch die Mitglieder des Sittlichkeitsvereins frequentieren das galante Haus der Stadt *(Mo-ral*, 1909).

Thoma verwandt ist **Oskar Maria Graf** (1894–1967), Sohn eines Bäckermeisters in Berg am Starnberger See und einer Frau aus »urseßhaftem, echt bayerisch-katholischem Bauerngeschlecht«. Graf hat seine Heimat – auch nach der Emigration in die USA – in autobiographisch gefärbten Werken beschrieben.

Sein schönstes Buch ist *Das Leben meiner Mutter* (1940): »In einer Zeit, da allenthalben versucht wird, durch alte und neue Schlagworte den gesunden Menschenverstand gleichsam epidemisch zu verwirren, spricht dieses Buch nur von jenen unbeachteten, natürlichen Dingen, die – mögen auch noch so scheinbar entscheidende historische Veränderungen dagegen wirken – einzig und allein das menschliche Leben auf der Welt erhalten und fortzeugend befruchten: von der stillen, unentwegten Arbeit, von der standhaften Geduld und der friedfertigen, gelassenen Liebe.«

Das Erbe humorvoller Erzählkunst des 19. Jahrhunderts (der Jean Paul, Keller, Busch, Raabe) wird in dem Roman *Der Herr Kortüm* (1938) von **Kurt Kluge** (1886–1940) wach. Sein Held, »Gastwirt und Weltfahrer ... auf den Thüringer Bergen«, ist ein »Kauz und Weiser, Phantast und Kind«, der »tumbe Tor und Hans im Glück mit leeren Händen«. Auch Kluge gestaltet das Zu-Hause, das sich letztlich einstellt, wenn es einem nur gelingt, zu sich selber zu kommen.

Unter den Dichtern der Heimat und des einfachen Menschen ragt **Hermann Stehr** (1864–1940) heraus, weil er von der bloßen Charakteristik ins Elementare und vom Zeitlichen ins Überzeitliche sich vorzutasten versuchte. Er war ein Feind der »stumpfen Gegenständlichkeit«, ein Nachfahre der schlesischen Mystik, in die auch Gerhart Hauptmann einmündete. Seine Dichtung ist eine leidende und verzweifelte Auseinandersetzung mit den imaginären Triebkräften des Seelischen, ein Versinken ins dunkel Unbewußte und ein Forschen nach Helle und Licht. Sein Mensch »rührt«, wie er selbst sagt, »aus einem geheimnisvollen Urschoß her, aus dem die Sonnen und Monde des Weltalls rollen und in dem wir in jenen gesegneten Augenblicken uns ganz verwurzelt fühlen, wenn wir höher und tiefer als das Leben, unser Werk und unser Denken sinken«.

Das Schicksal erwächst aus den unbewußten Bezirken der Seele und dem unerklärbaren Spiel chthonischer Mächte. Im Roman *Leonore Griebel* (1900) ist die Asthenie einer Frau skizziert, deren physische Schwäche und erotische Schwingungen sich ins Pathologische verästeln und in überirdische Entrückung ausmünden. Die Vielschichtigkeit der Konflikte und die Sensitivität der Wahrnehmungen äußern sich in einer überaus flexiblen Symbol- und Gebärdensprache. Im Roman *Der begrabene Gott* (1905) erkennt die zu Tode gepeinigte, den aus der Erde dringenden gespenstischen Gewalten verfallene Bäuerin Exner die Vergeblichkeit religiösen Hoffens. In der Heiligenhof-Trilogie (*Drei Nächte, Der Heiligenhof, Peter Brindeisener*, 1909, 1918, 1924) suchen der von mystischen Intuitionen beherrschte Dorfschullehrer Faber und das blindgeborene Lenlein des Heiligenhofbauern nach einem Ausweg ins endgültige

Sehen. Faber geht ins Ungewisse hinein; Lenlein, durch die Liebe zum Nachbarn Peter Brindeisener sehend geworden, erschüttert von der Sichtbarkeit des irdischen Leids, entflieht ins vollends Abgründige eines tief verzweigten Wasserreichs. Nach Jahren fruchtloser Wanderschaft folgt Brindeisener der gleichen magischen Eingebung; um das Gesetz des Tötens, das Chaos des Naturgeschehens, zu durchbrechen, einem Tier das Leben zu retten, versinkt er in einem Teich, ohne eine befreiende Antwort zu geben.

Das ausgereifteste Werk Stehrs, die *Geschichten aus dem Mandelhause* (1913, endgült. Ausg. postum 1953), sind psychoanalytische Parabeln eines Flickschneiders, der sich zu einem Künstler seines Fachs entwickelt, indem er seinen Traumgespinsten entsagt, und dann wieder in die Untauglichkeit seiner wahren Existenz zurückkehrt. Der Roman durchleuchtet das tragische Verstricktsein in eine von Ängsten, Zweifeln und utopischen Kalkülen heimgesuchte archetypische Welt des »Hauses« und motiviert daraus das ergebnislose Kreisen in die Außenwelt. – Es ist unverständlich, daß Stehr, der durchwegs die Brüchigkeit des Heimatdaseins, namentlich die innere Destruktion des Bauerntums, aufdeckte, sich in die »Blut-und-Boden«-Literatur hineindeuten ließ.

Einen durchaus progressiven Weg innerhalb der Landschaftsliteratur beschritten **August Scholtis** (1901–69), **Hans Lipinsky-Gottersdorf** (geb. 1920) und **Johannes Bobrowski** (1917–65), und zwar aus der Erfahrung slawischen bzw. baltischen Volkstums im östlichen Grenzland. Entgegen patriotischen Tendenzen der »Heimatkunst« ist das Ziel der Aussöhnung gesteckt. Aus regionalen Verhältnissen entsteht eine ergiebige Kraft des Kosmopolitismus.

Scholtis befaßte sich in den ersten Romanen, *Ostwind* (1932), *Baba und ihre Kinder* (1934), mit Volkstumsfragen der polnischen und tschechischen Grenzgebiete Schlesiens und Mährens, schilderte das soziale Elend der Industriearbeiter und Kleinbauern und forderte schließlich – unter dem Eindruck der pangermanischen Ostpolitik – ein konsequentes Bekenntnis zur Toleranz. Seine Autobiographie *Ein Herr aus Bolatitz* (1959) legt den Leidensweg eines Grenzlanddeutschen dar, der dem Anliegen der Verständigung treu blieb. Lipinsky-Gottersdorf beruft sich auf das kosmopolitische Ideal des Preußentums, sieht in der Bismarckschen Reichsgründung die Ursache der völkischen Auseinandersetzung und sucht nach historisch unbelasteten Möglichkeiten der Annäherung. Im Roman *Fremde Gräser* (1955) ist eine Übereinkunft von östlicher und westlicher Hemisphäre postuliert. In mehreren Erzählungen (u. a. *Wanderung im dunklen Wind*, *Wenn es Herbst wird*, 1953, 1961) geht es um die Vereinbarung von Deutschen und Slawen. Der Roman *Die Prosna-Preußen* (1968) vergegenwärtigt ein relikthaftes Inseldasein deutsch-polnischen Zusammenlebens an der Jahrhundertwende, im Schatten der vom Nationalismus heraufbeschworenen Weltkriegspsychose.

Bobrowski schöpfte seine Lyrik und Prosa aus dem eigenständigen Volkstum, der Geschichte und dem Mythenreichtum der ostpreußisch-litauischen Landschaft, verknüpfte die Erinnerungen mit Ausblicken auf eine endgültige nationale Konkordanz. Seine Gedichte *Sarmatische Zeit*, *Schattenland Ströme* (1961/62) und *Wetterzeichen* (1966) spüren die Elementarität des Landes und der Menschen auf und tendieren in die Weite östlicher, geradezu verwandter und innerlich vertrauter Gebiete. Dagegen ist die Fremdheit kolonisatorischen Deutschtums dargestellt. In den Romanen *Lewins Mühle* (1964) und *Litauische Claviere* (1966) werden Vorgänge aus dem deutscherseits provozierten Nationalitätenkampf wiedergegeben und die natürlichen Substanzen eines gänzlich vermischten Volkstums sichtbar gemacht. Nicht zuletzt aus kosmopolitischem Gesichtspunkt bekannte sich Bobrowski zur DDR.

Ein Gutteil der Heimatlitertaur hat sich vom populären Idyllismus gelöst und sucht verläßliche Wege der Berichterstattung, der wahrheitsgetreuen Erörterung und Charakteristik, wenngleich romantizistische Intentionen gelegentlich noch mitgetragen werden.

Von der verlorenen ländlichen Heimat im Baltikum erzählt *Siegfried von Vegesack* (geb. 1888). Im böhmischen Raum spielen die religiöse und soziale Fragen aufgreifenden Romane *Josef Mühlbergers* (geb. 1903). Von dem Prager *Johannes Urzidil* (1896–1970), einem Freunde Kafkas und Werfels, der auch als Lyriker hervortrat, stammt eine Reihe kulturhistorischer Schilderungen aus Böhmen (u. a. *Wenceslaus Hollar*, über einen Kupferstecher des Barock, 1936). Das mitunter romantisch überhöhte Erinnerungsbuch *Die verlorene Geliebte – Begegnungen im goldenen Prag* (1956) berichtet von der Kindheit, dem Elternhaus, dem Geborgensein und der Flucht aus der von deutschen Truppen besetzten Stadt (der Dichter emigrierte in die USA). Österreicher ist *Karl Heinrich Waggerl* (geb. 1897); seine Themen reichen bis in die bäurisch einfache, von Armut und Bescheidenheit gekennzeichnete Welt der Jahrhundertwende zurück und konfrontieren diese mit der Gegenwart *(Fröhliche Armut; Das Jahr des Herrn; Mütter).* *Richard Billingers* (1893–1965) Dramen behandeln einmal den Zwiespalt zwischen Großstadt und Land *(Der Gigant,* unter dem Titel »Die goldene Stadt« verfilmt), zum anderen die Verwurzelung des Landmenschen in uralten, instinktiven, heidnischen Vorstellungen, die häufig mit mächtiger Vitalität aufbrechen *(Das Perchtenspiel; Rauhnacht).* Hingegen stehen bei der Österreicherin *Enrica von Handel-Mazzetti* (1871–1955) die Landschaft und deren Menschen unter dem Signum ausgesprochen katholischer Religiosität (Roman *Jesse und Maria,* 1906). Die religiöse Innigkeit des einfachen Gebirgsmenschen fängt *Max Mells* (1882–1971) *Apostelspiel* (1923) ein: Zwei Verbrecher, die auf Mord und Raub aus sind (Verbrecher aus weltanschaulich-nihilistischem Kalkül), werden – als sie in einer einsamen Gebirgshütte einem schlichten, frommen Mädchen begegnen, das sie für zwei Sendboten Christi hält – erschüttert und geläutert. – *Manfred Hausmanns* (geb. 1898) Werk umspannt von den in der Jugendbewegung stehenden Erstlingswerken bis zu seiner späten, besonders die religiöse wie insgesamt menschliche Existenz erörternden Dichtung eine Vielzahl von Aspekten, die aber immer wieder von einer stark spezifisch volkstümlichen Empfindung der Landschaft der niederdeutschen Küstengebiete geprägt sind *(Lampioon küßt Mädchen und kleine Birken; Abel mit der Mundharmonika; Salut gen Himmel;* Dramen: *Der dunkle Reigen; Worpsweder Hirtenspiel).* Ein ausgesprochener Heimatdichter Niederdeutschlands ist *Hans Leip* (geb. 1893), Sohn eines Hamburger Hafenarbeiters, der Autor des Soldatenliedes von der *Lili Marleen* (1915), des Hamburger Romans aus der Inflationszeit *Der Pfuhl* (1923) und des Familien- und Seefahrerromans *Das Muschelhorn* (1940).

Ein beachtenswerter »Ableger« der Heimatdichtung führte zur Erneuerung der Ballade »aus dem Geist der deutschen Landschaft«, wie sie *Börries von Münchhausen* (1874–1945) mit seinem Göttinger Musenalmanach (ab 1898) und in seinem Umkreis Lulu von Strauss und Torney (S. 313) und vor allem *Agnes Miegel* (1879–1964) beabsichtigten. (Leider ließ sich die sprachlich ungemein gewandte Miegel auch zu Gedichten auf den »Führer« hinreißen.)

Besondere Förderung erfuhr die »arteigene« (d. h. deutschtümelnde und rassistisch orientierte) »Heimatkunst« durch den Nationalsozialismus, der auch in der Literatur nur noch gelten ließ, was seiner pseudoromantischen Vorstellung vom Germanentum entsprach: gute Anatomie, hoher Wuchs, kräftige Muskulatur und eine Seele, die Rasse hieß. »Seele bedeutet Rasse von innen gesehen. Und umgekehrt ist Rasse **Blut und** die Außenseite dieser Seele« (Alfred Rosenberg). Hitler **Boden** wollte die Kunst ausgerichtet wissen auf die »Erhaltung der im Wesen unseres Volkstums lebenden Ewigkeitswerte. Die Kunst wird stets Ausdruck und Spiegel der Sehnsucht und der Wirklichkeit einer Zeit sein. Die weltbürgerliche Beschaulichkeit ist im raschen Entschwinden begriffen. Der Heroismus erhebt sich leidenschaftlich als kommender Gestalter und Führer politischer Schicksale. Es ist Aufgabe der Kunst, Ausdruck dieses bestimmten Zeitgeistes zu sein. Blut und Rasse werden wieder zur Quelle der künstlerischen Intuition werden.« Vorbereitet war die »nordische Renaissance« der Nationalsozialisten durch Publikationen wie die von **Friedrich Lienhard** seit 1900 edierte Zeitschrift *Heimat,* durch **Adolf Bartels'** völkische Literaturgeschichtspropaganda und die breite Flut der im Gefolge der Alldeutschen Bewegung und **Houston Stewart Chamberlains** *Die Grundlagen des 19. Jahrhunderts* sich ergießende weltanschauliche Traktätchenliteratur. »Einen vollen Sieg hat die Heimatkunst als solche nie errungen – sie hatte eben die Judenschaft zur Gegnerin, die in ihr, da sie das deutsche Volkstum stärkte, eine natürliche Feindin erkennen mußte und, die Beherrscherin der deutschen Presse, gegen sie in der üblichen Weise vorging«, so agitierte z. B. Bartels.

In das neue Weltbild fügten sich von der älteren Generation **Erwin Guido Kolbenheyer** (1878–1962), zuvor Verfasser einer *Paracelsus*-Trilogie (Ges.-Ausg. 1927/28), und **Hans Grimm** (1875–1959), dessen Roman *Volk ohne Raum* (1926) eine besondere ideologische Strahl- und Verführkraft bewies (»vor diesem Buche müssen Glocken läuten . . .«). Ansonsten brachte die Blut-und-Boden-Literatur kaum Erwähnenswertes hervor. Man sah in Hitler und der Partei den literarischen »Lebensborn«: »Für Deutschlands Erneuerung durfte ich als SA-Mann kämpfen, der ich heute noch bin. Als Schriftsteller bin ich meiner Heimat Meldegänger.« (H. Menzel)

Die Glorifizierung des Krieges war durch Ernst Jüngers Bekenntnis zum »reinigenden Stahlbad« des Krieges *(In Stahlgewittern; Der Kampf als inneres Erlebnis; Das Wäldchen 125; Feuer und Blut)* eingeleitet worden: »Das war der deutsche Infanterist im Krieg . . . Ein Bild: Der höchste Alpengipfel, ausgehauen zu einem Gesicht unter wuchtendem Stahlhelm, das still und ernst über die deutschen Lande schaut, den Rhein hinunter bis aufs freie Meer.« In seinem Gefolge marschierten die *Beumelburg, Dwinger* und *Schauwecker* mit patriotischer Phraseologie und sentimentalisiertem Kameradschaftskult, welche die blutige, grausige und grausame Wirklichkeit des Krieges zu überdecken suchten. Von besonderer negativer Bedeutung erwies sich *Hans*

Zöberlein. Er war einer der beliebtesten NS-Autoren, konnte auch die breiteste Massenwirkung erzielen, da er die richtige Dosierung für den Ungebildeten und Halbgebildeten in seinen Romanen bereit hielt: Heimatliebe mit trutziger Wehrfreudigkeit, wehmutsschwangere Innerlichkeit, Bergromantik mit bald sexuellem, bald heroischem Einschlag, Blutsang und Sehnsuchtsgeklampfe, Uranfangsstimmung und halsend-küssendes Mädchenglück, Großstadtfeindschaft und populäre Rassenkunde – all das, was dem Buntdruck der NS-Weltanschauung entsprach.

Die Blut-und-Boden-Schriftsteller im engeren Sinne preisen die intakte Idylle des Dorfes und seine prachtvollen, stadtfeindlichen »Zuchtmenschen« (»Starkes, mutigwildes Blut war durch viele Glieder der Familie gebraust«, *J. Berens-Totenohl*); sie aktualisieren und nazifizieren germanische Flursegen, Pflüger-, Säer-, Schnitterlieder. Es geht ihnen um stolze, herrische, blondhaarige Mannen und Maiden, um verschwommene Kulte und mythische Gottesdienste. »Urige« Vergleiche in einer altertümlichen Sprache pervertieren das Dichterische in eine ungeneißbare Kleinbürgerstimmung, in der »völkische Gestalten« der Geschichte neu beschworen wurden. Man glaubte sie in Widukind, Heinrich I., Luther, Hutten, Böhme, Kopernikus, Veit Stoß und manch anderen gefunden zu haben. Entlegene Genitive, Inversionen und Partizipien (nackend, er da lieget) stützten eine archaisierte Sprache, die das neue Bild dieser Heroen glaubhaft machen sollte. Von solch vertrackter Naturfrömmelei und Geschichtsdeutung sind auch manche Dichter der »seriösen« Heimatkunst nicht frei geblieben.

Das Werk des Ostpreußen **Ernst Wiechert** (1887–1950) nimmt eine Zwitterstellung zwischen idyllisch-trivialer und geistig differenzierter Heimatliteratur ein. 1939 erschien der Roman *Das einfache Leben* über den Kapitän von Orla, der, aus dem Krieg heimkehrend, die Stadt flieht und sich auf einer einsamen masurischen Insel niederläßt, **Das einfache** in der Nähe des einfachen Volkes und inmitten der Unbe-**Leben** rührtheit des Landes Rettung und Erlösung findet. Mitunter gerät Wiechert in peinliche Nähe zur Blut-und-Boden-Literatur, wobei sich seine Sprache einer bewußt elementaren Diktion mit Bibelanklängen (und mondänem Einschlag) befleißigt. »Wer einmal die Phrase hinter sich gelassen hat, für den ist der Pflug oder das Ruder oder die Büchse oder der Spaten kein Ersatz, sondern die Wahrheit, eine einfache, unverdorbene und große Wahrheit.«

Andererseits hat Wiechert eine mannhafte Haltung gegenüber dem Nationalsozialismus bewiesen, mutige Ansprachen besonders an die studierende Jugend gerichtet und die Inhaftierung ins KZ-Lager auf sich genommen (vergl. den Bericht *Der Totenwald*, 1946).

In zahlreichen Werken (*Hirtennovelle*, 1935; *Die Magd des Jürgen Doskocil*, 1932; *Die Majorin*, 1934; *Die Jerominkinder*, 1945/47) äußerten sich Widerstände gegen den populären, um jeden Preis idyllischen und politisch programmierten Heimat- und Naturkult, Wahrnehmungen des wirklichen, chaotischen Naturgeschehens und Hoffnungen auf ein ewig ringendes Menschentum. »Die Menschen meiner Bücher sind Fanatiker. Ich bin es auch. Sie gehen durch Wandlungen und werden niemals fertig. Ich auch. Sie lieben die Erde und haben die Trauer, die niemals endet. Ich auch.« Mit Hermann Stehr verbindet ihn der Zweifel am Wertgehalt und an der Beständigkeit des Zuhause. »Wir hatten ein Haus, und das Haus verdarb«, heißt es mit schlichter Konsequenz im Gedicht *Die Ausgewiesenen*.

Im Roman *Missa sine nomine* (1950) kommt der Freiherr Amadeus aus dem Konzentrationslager in die Heimat zurück. Sein Schloß ist von den Besatzungstruppen beschlagnahmt, so haust er zusammen mit seinem Kutscher in einem Stall. Der Knecht hat die abgründige Bosheit der Menschen auf der Flucht aus dem Osten kennengelernt. Beider Gedanken kreisen um die Frage: Wie kann Gott die Herrschaft des Bösen zulassen? Der einfältige Knecht weiß die Antwort, die aber nicht aus dem Verstand kommt, sondern mystische Einsicht ist – hervorgegangen aus durchstandenen Zweifeln und Ängsten: »Wir bedürfen des Bösen, um gut zu sein.« Damit endet das Werk Wiecherts. Sein Leben hat er in den Büchern *Wälder und Menschen* und *Jahre und Zeiten* (1936 und 1948) beschrieben – mit der Auffassung von der Welt als Theodizee.

Expressionismus und zeitgeschichtliches Engagement

Das Jahr 1871 – so schreibt Friedrich Nietzsche in den *Unzeitgemäßen Betrachtungen* (1873–75) – bedeute die »Exstirpation des deutschen Geistes zugunsten des deutschen Reiches«: »Von allen schlimmen Folgen aber, die der letzte mit Frankreich geführte Krieg hinter sich drein zieht, ist vielleicht die schlimmste ein weitverbreiteter, ja allgemeiner Irrtum: der Irrtum der öffentlichen Meinung und aller öffentlich Meinenden, daß auch die deutsche Kultur in jenem Kampfe gesiegt habe und deshalb jetzt mit den Kränzen geschmückt werden müsse, die so außerordentlichen Begebnissen und Erfolgen gemäß seien.« Angesichts chauvinistischer Überheblichkeit versiege, was bislang die deutsche Kultur gespeist habe: Wahrheit, Tiefe, Innerlichkeit. Es bleibe Saturiertheit, Glücksgefühl und Taumel. Die Dichtung werde nun betrieben von »Roman-, Tragödien-, Lied- und Historienfabrikanten«. Der Zeitgeist gefalle sich in altdeutschen und alldeutschen Sujets sowie in Gartenlaubenromantik. Positivistischer Materialismus und genießerisches Ästhetentum machten sich breit.

Inmitten dieser Welt selbstgefälliger Spießbürgerlichkeit, imperialistischen Hurra-Patriotismus, religiöser Verflachung, künstlerischen Epigonentums stellt der Expressionismus – noch vor der großen Zäsur, die der Erste Weltkrieg darstellt – die Frage nach dem wirklichen Zustand der Welt und des Menschen. Was im Naturalismus begonnen wurde – der Abbau der Fassade, falscher Geltungen und Ansprüche, die Zuwendung zu technisch-sozialer Welt und revolutionärer Stimmung, die kritische und feindselige Haltung dem Bürgertum gegenüber, die Hinwendung zum Elendsmilieu – findet seine Weiterführung und Vertiefung. Zugleich vollzieht sich die Überwindung des naturalistischen Welt- und Menschenbildes (von den Naturalisten oder in ihrem Umkreis stellenweise schon selbst vorweggenommen) durch die Bejahung geistiger Lebensprinzipien und einer, bei aller Realistik im Detail, ideell und ideal orientierten Kunst.

Programmatisch kreist das expressionistische Schaffen um das soziologische Wesen des Menschen, um seine Stellung inmitten einer modernen Umwelt, die durch technische, wirtschaftliche und soziale Fragen bestimmt ist. Eine Epoche des »Brudergefühls« sei im Anbruch. Auf der anderen Seite ist der Expressionismus von tiefem Pessimismus überschattet – eine Zwiespältigkeit, die sich bis in die einzelne Dichterexistenz und das einzelne Werk verfolgen läßt. Angesichts der Furchtbarkeit des Krieges, der drohenden Vereinsamung in gigantisch aufstrebenden Städten mit ihren antlitzlosen Menschenmassen und in einer als dämonisch empfundenen, perfektionierten technischen Umwelt erstehen Alptraumbilder von Zerstörung und Untergang.

Gerade die widerspruchsvolle, dialektische Zerrissenheit läßt den Expressionismus als typisch deutsche Erscheinung erkennen: Realismus und Idealismus, Weltschmerz und romantischer Höhenflug, Weltekel und Weltglaube stehen sich gegenüber, werden aber zu Einem zusammengezwungen – was sich nicht zuletzt in einer sprunghaften, komprimierten, »expressiv-explosiven« Ausdrucksweise manifestiert.

Das Jahr 1933 setzt dem Expressionismus im engeren Sinne ein Ende, da der Nationalsozialismus mit seiner, auf die Verherrlichung äußerer, rassisch-biologischer Merkmale aufbauenden Weltanschauung für das geistige Bemühen des expressionistischen Dichters, für seinen Weltschmerz und Menschheitsglauben nur Mißachtung, Verhöhnung, Verbot und Verfolgung übrig haben konnte. Nach 1945 hatte sich die Situation verwandelt; die Dichtung war auf neuen Wegen. Und doch steigt aus dem totalen Zusammenbruch des Zweiten Weltkrieges eine zweite Welle expressionistischen Schaffens empor – zumindest im gehaltlichen Anliegen der ersten sehr ähnlich, wenn auch im Stil sachlicher, nüchterner, vom understatement geprägt; aber selbst dies war schon in der satirischen Richtung der zwanziger Jahre vorgeprägt gewesen. Am Ende des Dritten Reiches sieht man sich wieder dem Nullpunkt gegenüber und sucht erneut aus der Erfahrung des Nichts Kräfte für den sozialen und menschlichen »Aufbau« zu gewinnen; der Pessimismus ist tiefer, der Fortschrittsglaube schwächer, das gesellschaftskritische Element, stärker geworden.

»Menschheitsdämmerung« und »Menschheitswerdung« sind die beiden Pole, zwischen denen die Dichter dieser aufgewühlten Zeit sich hin und her gerissen fühlen. »Unsere Stimme konnte die Wüste wecken – der Mensch ertaubte vor ihr« – »Ich habe den neuen Menschen gesehen« sind beides für den Expressionismus bezeichnende Worte Georg Kaisers. Darüber hinaus aber kennzeichnet »humanitärer Zorn« die expressionistische Strömung: Auflehnung gegen all jene, die sich dem sozialen und menschlichen Fortschritt in den Weg zu stellen suchen. Im Dreischritt vollzieht sich so das dichterische Schaffen: Sturz und Schrei – Erweckung des Herzens – Aufruf und Empörung.

Schwarze Der Expressionismus hebt an mit der Vision drohenden
Vision Untergangs, bevorstehender furchtbarer Prüfung.

>»Die Menschen stehen vorwärts in den Straßen
>Und sehen auf die großen Himmelszeichen,
>Wo die Kometen mit den Feuernasen
>Um die gezackten Türme drohend schleichen.«

heißt es in **Georg Heyms** (1887–1912) Gedicht *Umbra vitae*; es sollte zum Titelträger der Sammlung aus dem Nachlaß werden. Weltendstimmung kennzeichnet das Werk des Dichters, der kaum 25jährig beim Schlittschuhlaufen auf dem Wannsee bei Berlin tödlich verunglückte. Schon die Titel seiner Novellen und novellistischen Fragmente kennzeichnen die düstere Welthaltung: *Der Irre; Die Sektion; Die Pest; Die Bleistadt; Die Särge.* Auch Heyms *Tagebücher* sind Spiegel eines »an der Zeit Erstickenden«:

>»Wäre es nun nicht völlig gleich gewesen, ob ich überhaupt nicht gelebt hätte oder ob ich dies inhaltlose Dasein mit mir herumgeschleppt hätte. Ich weiß auch gewiß nicht, warum ich noch lebe; ich meine, keine Zeit war bis auf den Tag so inhaltlos wie diese ... Ach nein, lieber Herr, ich bin von dem grauen Elend zerfressen, als wäre ich ein Tropfstein, in den die Bienen ihre Nester bauen. Ich bin zerblasen wie ein taubes Ei, ich bin wie alter Lumpen, den die Maden und Motten fressen. Was Sie sehen, ist nur die Maske, die ich mit soviel Geschick trage. Ich bin schlecht aus Unlust, feige aus Mangel an Gefahr. Könnte ich nur einmal den Strick abschneiden, der an meinen Füßen hängt.«

Auf Melancholie und Ekel, aber auch auf Empörung und Auflehnung sind Heyms Gedichte gestimmt – Abgesang auf die Epoche des Wilhelminismus, der vorgetäuschten Ausgeglichenheit und Harmonie:

>»Unsere Krankheit ist, in dem Ende eines Welttages zu leben, in einem Abend, der so stickig ward, daß man den Dunst seiner Fäulnis kaum noch ertragen kann.«

Der Dichter weiß in seinen Gedichten um die Dämonie der Städte (*Berlin; Der Gott der Stadt*) und um die Furchtbarkeit zerstörerischer Gewalt (*Der Krieg*). Auch der Tod wird immer wieder in seiner ganzen Erbarmungslosigkeit beschworen (*Ophelia*), und selbst die Bilder der Landschaft (*Mitte des Winters*) sind Ausdruck der öden Seelenlandschaft, aus der heraus der Dichter gestaltet:

>»Weglos ist jedes Leben. Und verworren
>Ein jeder Pfad. Und keiner weiß das Ende,
>Und wer da suchet, daß er Einen fände,
>Der sieht ihn stumm und schüttelnd leere Hände.«

Heyms Generation sollte den Umschwung der düsteren Ahnung in die grauenhafte Wirklichkeit erleben. Mit dem Jahr 1914 wird wahr, was viele fürchteten, aber auch als »Befreiung« mißverstanden (wie Heym selbst: »Geschähe doch einmal etwas ... Dieser Frieden ist so faul, ölig und schmierig wie eine Leimpolitur auf alten Möbeln«). Nun zieht der Krieg ins Land.

> »Der Sommer hat das Korn verbrannt.
> Die Hirten sind fortgezogen ...
> Die Mühlen und Bäume gehen leer im Abendwind.
> In der zerstörten Stadt richtet die Nacht
> Schwarze Zelte auf.«

So heißt es in dem Gedicht *Psalm* von **Georg Trakl** (1887–1914).

Alle Straßen münden in schwarze Verwesung Schwermut und Lebensangst hatten den in Salzburg geborenen Dichter schon in der Jugend heimgesucht und gequält. Als Apotheker war er bei Kriegsausbruch eingezogen und mit einer Sanitätseinheit nach Galizien gebracht worden. Nach dem Rückzug von Gródek (»Alle Straßen münden in schwarze Verwesung ...«) wurde er – von geistiger Umnachtung bedroht – ins Lazarett nach Krakau gebracht, wo er wahrscheinlich durch Selbstmord mittels einer Überdosis Schlaftabletten starb.

Trakls Lyrik und Prosadichtungen sind traumhafte Variationen über die Vergänglichkeit, die der Dichter auf Schritt und Tritt spürt: in den Rissen des moosig überzogenen Gemäuers, im Spinngewebe verlassener Kammern, im dumpfen Moderduft lichtloser Keller, im naßkalten Hinterhof, im Schrei der Ratten, im Zusammenbruch »weißer Tiere« im grünschwarzen Dunkel des Waldes.

Der traumhaften Sprache und Bildsymbolik tritt eine expressive Verwendung der Farben zur Seite, die mit den aus dem Unterbewußtsein aufsteigenden Worten und Sätzen zu Chiffren des Grauens werden:

> ». . . Sterbeklänge von Metall;
> Und ein weißes Tier bricht nieder.
> Brauner Mädchen rauhe Lieder
> Sind verweht im Blätterfall.«   *(In den Nachmittag geflüstert)*

Selbst die seligen Erinnerungen an die Jugend (*Aus goldenem Kelch*) und glühende Bekenntnisse zur Schönheit der Welt und Natur werden überschattet von dem Wissen um Untergang, das auch der Christ Trakl nicht zu verwinden weiß. Was der Dichter über Tolstoi schrieb: »Unter dem Kreuz zusammengebrochener Pan« – das gilt für ihn selbst. Seine Naturgedichte (*Die Sonne; Im Frühling; Sommer; Verklärter Herbst; Ein Winterabend; Der Herbst des Einsamen*) durchzieht die gleiche Grundstimmung, die er in *De Profundis* ergreifend gestaltet hat:

»Auf meine Stirne tritt kaltes Metall.
Spinnen suchen mein Herz.
Es ist ein Licht, das in meinem Mund erlöscht.«

Ratten tauchen immer wieder auf in den Impressionen **Friedo Lampes** (1899–1945); sie fallen alles Schöne und Gute erbarmungslos an; sie wirken im Untergrund, unheimlich-dämonisch. Allem Leben steht der Tod unmittelbar nahe. Lampes Erzählungen *(Am Rande der Nacht,* 1934; *Septembergewitter,* 1937) sind »unheimliche Idyllen«, Blicke durch die fließende und schwebende Welt der Erscheinungen aufs Sein, voller Wehmut, voller Schaudern, schwankend zwischen den Polen des schwülen Dunkels (der Nacht, dem Motor, den Ratten) und des kühlen Lichts (dem Schwan, der Flöte, dem Leuchtturm, dem aufschwebenden Ballon).

Es ist die Tageszeit der späten Nachmittage, des anbrechenden Abends und die Jahreszeit des Herbstes, des Septembers, die Zeit zwischen Frucht und Verwesung, die den Dichter lockt: »Verrostete Kreuze, schief angelehnt an die Friedhofsmauer, und die Kränze auf dem frischen Grab, halb verfault schon in der brütenden Sonne, und die Bienen, saugend an den Blüten den Todesseim. Das Schwarzbrot eingebrockt in die dicke Milch, die Brummer über Schinken und Wurst in der Speisekammer, der Fleischerhund, die große gefleckte Dogge, die das rote Fleisch zerreißt, das Philipp, der Schlachtergesell, ihr zuwirft, und der Mond, weich und groß überm Apfelgarten, die Küsse, das Umfangen, der Erntewagen, der am Abend langsam einfährt, Heuduft und die Purpurträume in der schwülen Kammer, der sanfte Schein der Lampe in der dickbeblätterten Laube – September, so voll im Leben, so nah am Tod.«

**Sturz
und Schrei**

Die Stimmen der »verlorenen Generation« hat **Kurt Pinthus** 1920 in der Anthologie *Menschheitsdämmerung* zu Wort kommen lassen als das lyrische Orchester seiner Zeit und Generation:

».. . die herbstlich-klagende Melancholie der Celli ... die Paukenschläge des Zusammensturzes ... das tiefe, dunkle Raunen der Oboen ... Kann eine Dichtung, die Leid und Leidenschaft, Willen und Sehnsucht dieser Jahre zu Gestalt werden läßt und die aus einer ideenlosen, ideallosen Menschheit, aus Gleichgültigkeit, Verkommenheit, Mord und Ansturm hervorbrach – kann diese Dichtung ein reines und klares Antlitz haben? Muß sie nicht chaotisch sein wie die Zeit, aus deren zerrissenem, blutigem Boden sie erwuchs?«

Chaotisch zerrissen, zerfetzt ist auch die Sprache der hier versammelten Dichter; die leidvolle Wirklichkeit gebiert »Wortwunden«; »Sturz und Schrei« ist der erste Teil der Anthologie überschrieben. Charakteristisch sind die Gedichttitel der hier vertretenen Dichter, so z. B. *Umbra vitae; Der Gott der Stadt; Der Krieg; Die Morgue* (= Leichenschaustätte unbekannter Toter in Paris) von **Georg Heym;** *Berlin* von **Johannes R. Becher** (1891–1958); *Abendschluß* von **Ernst Stadler** (1883–1914); *Fabrikstraße* von **Paul Zech** (1881–1946); *De Profundis; Schmerz* von

Georg Trakl; *Fremde sind wir auf der Erde alle* von **Franz Werfel**; *Gethsemane* von **Kurt Heynicke** (geb. 1891).

Weltende hieß eine Gedichtsammlung des in der Anthologie vertretenen *Jakob van Hoddis* (geb. 1887; 1942, dem Wahnsinn verfallen, von den Nationalsozialisten ermordet).

> »Ein starker Wind sprang empor.
> Öffnet des eisernen Himmels blutende Tore.
> Schlägt an die Türme.
> Hellklingend laut geschmeidig über die eherne Ebene der Stadt.
> Die Morgensonne rußig. Auf Dämmen donnern Züge.
> Durch Wolken pflügen goldne Engelpflüge.
> Starker Wind über der bleichen Stadt . . .«   *(Morgens)*

Von *Gottfried Benn* (1886–1956) findet man in der Pinthus-Anthologie die klinische Poesie seiner Frühzeit: unbarmherzige Diagnose, erbarmungslose Bloßlegung des Zerfalls mit eruptiver Sprachkraft. »Jeder seiner Verse ein Leopardenbiß, ein Wildtiersprung« (Else Lasker-Schüler).

Benn schildert die Sektion eines »ersoffenen Bierfahrers«, dem eine Aster im Munde steckt, die bei der Leichenöffnung ins »nebenliegende Gehirn« rutscht. »Trinke dich satt in deiner Vase, / ruhe sanft / kleine Aster.« – Er gibt das pathologische Bild der Selbstmörderin, die lange »im Schilfe gelegen hatte«; in »einer Laube unter dem Zwerchfelle fand man ein Nest von jungen Ratten«, sie nährten sich »von Leber und Niere, / tranken das kalte Blut und hatten / hier eine schöne Jugend verlebt«. –

Mann und Frau gehn durch die Krebsbaracke faßt in Worte, was Verfaulen und Verwesen bei lebendigem Leibe bedeutet: »Bett stinkt bei Bett. Die Schwestern wechseln stündlich.«

Die Dichter fühlen sich totaler Sinnlosigkeit und unabwendbarem Zerfall ausgeliefert. Ihr Werk ist Aufschrei über Leid und Not der Welt. Schlacht- und Leichenfeld, die Morgue, das Krankenhaus, die Straßenschluchten der Großstädte sind Stätten angstvollen, verzweifelten Lebens (das auch der expressionistische Film beschwört): »Wir Namenlose, arme Unbekannte, in leeren Kellern starben wir allein« (Heym). Und immer wieder findet sich das Erlebnis des Krieges:

> »Die Steine feinden
> Fenster grinst Verrat
> Äste würgen
> Berge Sträucher blättern raschlig
> Gellen
> Tod.«   *(August Stramm;* 1874–1915)

Einer der seinerzeit bekanntesten, wenn auch heute kaum noch gelesenen Schriftsteller aus diesem Kreis der »chaotischen« Dichter war der **Klabund** sich nennende Alfred Henschke (1890–1928). »Mein Name Klabund, das heißt Wandlung« – mit dieser Bezeichnung hat der Dichter nicht nur sich und seinen ziellos zerrissenen, von Angst und Anklage zerquälten Lebenslauf, sondern auch insgesamt sein vielfältiges und widersprüchliches literarisches Schaffen charakterisiert (gegen das Bürgertum: *Klabunds Karussell*, 1914; *Die Krankheit*, 1916; aus dem inneren Drang nach Neugestaltung mit dem Blick nach Ostasien: die Lyrik der *Geisha Osen* und die dramatische Nachdichtung *Der Kreidekreis*). Klabund hat sich in vielen Stilarten und gedanklichen Bereichen der vorangegangenen Jahrhunderte und der Gegenwart versucht; er konnte volksliedhaft schlicht, romantisch, sentimental, nüchtern und sachlich, desillusorisch und vor allem auch grotesk sein. Die Groteske mit ihren grellen, disharmonischen Wortfetzen zerstörte schließlich jeden Versuch harmonischer Beständigkeit und hinterließ das Eingeständnis des Fragmentarischen, in dem der Blick in das Nichts, das Wesenlose und Ausweglose offenkundig wird. »Es hat ein Gott mich ausgekotzt, / nun lieg ich da im Dreck . . .« (Vgl. seine Gedichtbände *Morgenrot! Klabund! Die Tage dämmern!*, 1913; *Die Himmelsleiter*, 1916; *Dreiklang – Verheißung und Erfüllung*, 1920.)

»Mich hat niemand lieb«, heißt es in einem charakteristischen Gedicht der **Else Lasker-Schüler** (1869–1945). Die Dichterin stammt aus Wuppertal-Elberfeld. In dem Schauspiel *Die Wupper* (1909) hat sie in naturalistischer Weise ihre Heimat geschildert, zugleich aber auch symbolistisch überhöht: der Fluß erscheint als Styx, Lethe, als **Einsam und** Phrat (hebr. Euphrat) des Paradieses. – Nach einem un- **verloren** steten Leben mußte die jüdische Dichterin 1933 nach Jerusalem emigrieren, wo sie 1945 starb. In den *Hebräischen Balladen* (1913) und in den Gedichten *Mein blaues Klavier* (1943) brechen immer wieder Todesahnungen und das Bewußtsein der Verlassenheit hervor.

> ». . . Wo soll ich hin, wenn kalt der Nordsturm brüllt?
> Die scheuen Tiere aus der Landschaft wagen sich
> Und ich vor deine Tür, ein Bündel Wegerich
>
> Bald haben Tränen alle Himmel weggespült,
> An deren Kelchen Dichter ihren Durst gestillt –
> Auch du und ich.«

»Dies war die größte Lyrikerin, die Deutschland je hatte«, schrieb Benn über die Freundin. »Immer unbeirrbar sie selbst, fanatisch sich selbst verschworen, feindlich allem Satten, Sicheren, Netten, vermochte sie in dieser Sprache ihre leidenschaftlichen Gefühle auszudrücken, ohne das Geheimnisvolle zu entschleiern und zu vergeben, was ihr Wesen war.«

Aus dem Mitleiden mit den jüdischen Menschen schrieb *Nelly Sachs* (1891–1970) Aufrufe und Mahnungen, Bekenntnisse brüderlicher und humanitärer Gesinnung, und stellte die zweifelnde Frage nach der Bereitschaft der Menschheit, Gutes zu tun.

> »Wenn die Propheten aufständen
> In der Nacht der Menschheit,

> Wie Liebende, die das Herz des Geliebten suchen,
> Nacht der Menschheit,
> Würdest du ein Herz zu vergeben haben?«

Gertrud Kolmar (eigentlich Gertrud Chodziesner; geb. 1894; 1943 von den Nationalsozialisten deportiert und ermordet) hat zu Lebzeiten nur wenige Gedichte veröffentlicht; die Kraft ihrer erschütternden Aussage erwächst aus dem Wissen ständiger Bedrohung und der Ahnung bevorstehender Schrecknis –

> »Ich werde sterben, wie die Vielen sterben;
> Durch dieses Leben wird die Harke gehn
> Und meinen Namen in die Scholle kerben.
> Ich werde leicht und still und ohne Erben
> Mit müden Augen kahle Wolken sehn,
> Den Kopf so neigen, so die Arme strecken
> Und tot sein, ganz vergangen sein, ein Nichts . . .«

Die Erkenntnis des Verlorenseins, des unheilbaren Zwiespalts zwischen Ich und Umwelt bei *Max Herrmann* (1886–1941; nach seinem Geburtsort Herrmann-Neiße genannt) ist nicht erst aus der Situation des Emigranten entstanden. Schon lange vor seiner Flucht aus dem Deutschland der Nationalsozialisten durchzog seine Gedichte die Klage über das Alleinsein; über den Verlust der Beziehung zum Mitmenschen.

> »Wir ohne Heimat irren so verloren
> Und sinnlos durch der Fremde Labyrinth.
> Die Eingebornen plaudern vor den Toren
> Vertraut im abendlichen Sommerwind.
> Er macht den Fenstervorhang flüchtig wehen
> Und läßt uns in die lang entbehrte Ruh
> Des sichren Friedens einer Stube sehen
> Und schließt sie vor uns grausam wieder zu . . .«

Von der Position des Einsamen und Einzelgängers aus vollzieht der expressionistische Dichter jedoch den dialektischen Schritt nach vorn zum Du – »Erweckung des Herzens und Liebe den Menschen!« **Erweckung des Herzens** Pessimismus und Resignation über eine entmenschlichte Welt werden aufgehoben im glückhaften Bewußtsein, daß das Menschliche auch im »schlammigsten Antlitz« noch zu erkennen sei, das Brudergefühl im Aufstieg sich befinde.

»Die aufschwebende Sehnsucht der Violinen . . . die purpurnen Posaunen der Erweckung . . . das zukunftlockende Marciale der Trompeten . . . das rapide Triangelgeklingel . . . Man versuchte, das Menschliche im Menschen zu erkennen, zu retten und zu erwecken. Die einfachsten Gefühle des Herzens, die Freuden, die das Gute dem Menschen schafft, wurden gepriesen. Und man ließ das Gefühl sich verströmen in alle irdische Kreatur über die Erdoberfläche hin; der Geist entrang sich der Verschüttung und durchschwebte alles Geschehen des Kosmos – oder tauchte tief in die Erscheinungen hinab, um in ihnen ihr göttliches Wesen zu finden« (K. Pinthus).

> »Fluchen hüllt die Erde
> Wehe schellt den Stab,
> Morde keimen Werde

Liebe klaffen Grab
Niemals bären Ende
Immer zeugen Jetzt
Wahnsinn wäscht die Hände
Ewig unverletzt.«

– hatte August Stramm in seiner Verzweiflung hinausgestammelt. Zugleich aber finden sich die Stimmen, die die Aufgabe des Dichters darin sehen, den verlorenen und verworfenen »alten Menschen« herauszureißen aus der Verhaftung an die Mächte der Finsternis.

»Noch im schlammigsten Antlitz
Harret das Gott-Licht seiner Entfaltung.
Die gierigen Herzen greifen nach Kot –
Aber in jedem
Geborenen Menschen
Ist mir die Herkunft des Heilands verheißen«

heißt es bei Franz Werfel.

Hierher gehört auch Stramms Sammlung von Liebesgedichten *Du*, in denen die Zertrümmerung der Form fast ebensoweit gediehen ist wie in seinem Band Kriegsgedichte *Tropfblut* und das einzelne Gedicht, völlig. subjektbezogen, zum »Psychogramm« (F. Martini) wird. Alles aber bleibt noch echtes seelisches Verlangen nach einer Bewältigung der Wirklichkeit, während man späterhin (bes. in der Zeitschrift »Sturm«) häufig nur noch inhaltslose Sprachexperimente anstellt, deren Höhepunkt und Endpunkt im Dadaismus liegen (**Hans Arp** [1887–1966] und sein Zürcher Kabarett »Voltaire«).

Der Dichter wird als Priester empfunden, als Erlöser. Etwas Brünstig-Religiöses, Ekstatisch-Verzücktes kennzeichnet dann den expressionistischen Stil. »Anbruch der neuen Zeit: das humanozentrische Bewußtsein. Epoche des Brudergefühls; Gemeinschaftsidee; Simultanismus; Allgegenwarts-Sinn. Erdballgesinnung, oder: der Mensch ist um des Menschen willen da« (**Ludwig Rubiner**). Wiederum deuten einige Gedichttitel aus Pinthus' Anthologie auf diese Seite und Haltung des Expressionismus: *Der schöne strahlende Mensch; Der gute Mensch* (Franz Werfel); *Ein Lied der Liebe; Mein Liebeslied* (Lasker-Schüler); *Millionen Nachtigallen schlagen* (Theodor Däubler).

Die »Erdballgesinnung« und »Bruderschaftsekstase« finden auch ihren Niederschlag in den vielen und umfangreichen expressionistischen Manifesten – von Zeitschriften wie *Die Aktion; Sturm; Anbruch; Neues Pathos; Revolution* verkündet.

»Rededelirien! Überall stehen Menschen, kleben Plakate an, drücken sich Aufrufe in die Hand, die der andere befolgen soll«, meinte Alfred Döblin kritisch; die Zeitschriften würden sich alle wie ein Ei dem anderen gleichen, trügen nur verschiedene Namen.

»Es kamen die Künstler der neuen Bewegung . . . Ihnen entfaltete das Gefühl sich maßlos. Sie sahen nicht. Sie schauten. Sie photographierten nicht. Sie hatten Gesichte. Statt der Raketen schufen sie die dauernde Erregung. Statt dem Moment die Wirkung in die Zeit. Sie wissen nicht die glänzende Parade eines Zirkus. Sie wollten das Erlebnis, das anhält«, heißt es in **Kasimir Edschmids** (1890–1966) Manifest *Über den dichterischen Expressionismus;* der Dichter galt seit 1915 als Wortführer der neuen Bewegung, u. a. mit den Erzählungen *Die sechs Mündungen;* später ist er zu einem der erfolgreichsten und bewandertsten Reiseschriftsteller geworden – gewissermaßen als »Flucht ins Abenteuer«. Die Expressionisten sähen »das Menschliche in den Huren, das Göttliche in den Fabriken«. Sie wirkten »die große Erscheinung in das Große ein, das die Welt ausmacht«. »Die Welt ist da. Es wäre sinnlos, sie zu wiederholen. Sie im letzten Zucken, im eigentlichsten Kern aufzusuchen und neu zu schaffen, das ist die größte Aufgabe der Kunst. Jeder Mensch ist nicht mehr Individuum, gebunden an Pflicht, Moral, Gesellschaft, Familie. Er wird in dieser Kunst nichts als das Erhebendste und Kläglichste: er wird Mensch.«

»Und du, Dichter, schäme dich nicht, in die verlachte Tuba zu stoßen. Komm mit Sturm. Zerdonnere die Wölklein romantischer Träumerei, wirf den Blitz des Geistes in die Menge. Laß ab von den zarten Verirrungen und leichten Verzweiflungen des Regenwetters und der Dämmerungsblumen. Licht brauchen wir: Licht, Wahrheit, Idee, Liebe, Güte, Geist! Sing Hymnen, schrei Manifeste, mach Programme für den Himmel und die Erde. Für den Geist!« – so richtete **Yvan Goll** 1917 seinen *Appell an die Kunst.*

1912 hatte der in Frankreich 1891 geborene Dichter (gest. 1950) seinen ersten Gedichtband mit einem Bekenntnis zu Apollinaire veröffentlicht; »Überdramen« und weitere Gedichtbände folgten. Aus Deutschland ging Goll bei Ausbruch des Ersten Weltkrieges als überzeugter Pazifist in die Schweiz, wo er mit Werfel, Romains und Joyce zusammentraf. In Paris, seiner späteren Heimat, wertete er den Expressionismus ab: ein »Lunapark aus Pappe und Stuck, mit Illusionspalästen und Menschenmenagerien . . . Pathos ist um 80% und Bruderliebe um 130% gesunken.« Nach Golls Flucht in die USA vor den deutschen Truppen dringt wieder die Sprache der Jugend nach vorn *(Traumkraut);* doch greift Resignation um sich. »Der Ich-Lyriker lügt, der sich von der Menschheit abtrennt, und seinen imaginären Schmerz mit Rosenöl beträuft«, hieß es im »Appell an die Kunst«; nun finden sich die Verse:

> »Die Sage unserer Liebe laß ich in Quarz verwahren
> Das Gold unserer Träume in einer Wüste vergraben
> Der Staubwald wird immer dunkler
> Weh! Rühr diese Staubrose nicht an!«

Das humanozentrische Bewußtsein der Expressionisten war auch vorbereitet und eingeleitet worden durch die Reihe der »kosmischen« Dichter, d. h. solcher, die in ihren Liedern an die Natur und den Menschen einem ausströmenden Optimismus (ihrer Qual und Zerrissenheit abgerungen) und einer mystischen Naturfrömmigkeit bis zum Pantheismus hin huldigten. Hierher gehörten u. a. Richard Dehmel, Karl Spitteler, Alfred Mombert. Daneben lief noch – dem Expressionismus in Grundhaltung und Stileigenart verwandt – eine zukunftsfreudige, technikbegeisterte, sozialfortschrittlich gesinnte »Arbeiter-Dichtung«, deren wichtigste Vertreter **Heinrich Lersch** (1889–1936), **Gerrit Engelke** (1890–1918) und **Karl Bröger** (1886–1944) waren.

Lersch war Kesselschmied und bemüht, in seinen Gedichtsammlungen *Abglanz des Lebens* (1914); *Herz, aufglühe dein Blut – Kriegsgedichte eines Arbeiters* (1916); *Mensch im Eisen* (1924); *Mit brüderlicher Stimme* (1934) der Welt der Arbeit und Maschine dichterischen Ausdruck und der Arbeiterschaft einen menschlich zumutbaren Platz in der Gemeinschaft zu verschaffen. – Um ähnliche Ziele geht es dem Nürnberger Bröger, auf dessen Kriegsgedichte *Kamerad, als wir marschiert* (1916) und *Soldaten der Erde* (1918) die Sammlung *Flamme* mit glühendem Glauben an die Friedenssehnsucht und Liebesbedürftigkeit der Menschheit folgte. Bei aller Verbundenheit mit der Heimat ist es Bröger darum zu tun, die Liebe aufzurichten »aus ihrem tiefsten Fall« und zu menschlicher Versöhnung zu gelangen. – Dichterisch am bedeutsamsten ist das Werk des Malergesellen Engelke, den auch Dehmel förderte. In hymnischer Sprache versuchen seine Gedichte *(Rhythmus des neuen Europa,* 1921; darin *Welttrunkenheit; Seele – erhebe dich; All-Eins; Stadt; Ich will heraus aus dieser Stadt),* das Problem Technik und Zivilisation künstlerisch zu gestalten und beide im Geistigen anzusiedeln.

»Ich habe den neuen Menschen gesehen« – schrieb **Georg Kaiser** (1878 bis 1945) und umriß damit sein dichterisches Programm. Der in Magdeburg geborene Dichter mußte während des Dritten Reiches

Der neue Mensch

in die Schweiz flüchten, wo er einsam und vergessen starb. Zeitumstände und persönliche Schicksalsschläge bewirkten, daß er immer wieder von einem tiefen Pessimismus heimgesucht wurde. Kaisers Dramen *König Hahnrei* (1913); *Rektor Kleist* (1918); *Nebeneinander* (1923); *Der Soldat Tanaka* (1940); *Das Floß der Medusa* (aus dem Nachlaß), besonders *Die Bürger von Calais* (1914) und die Trilogie *Gas* (1917ff.), die des Dichters Ruhm begründeten, stellen sich eine aktuelle und ideelle Aufgabe. Sie wollen den Menschen aus Verzweiflung und Angst, aus der Erschütterung des Weltkrieges herausholen, ihn mit einem neuen Welt- und Menschenbild tätiger Liebe versehen.

Die aktuelle Aufgabe spiegelt sich nicht zuletzt in der Bewegtheit und Weite der Schauplätze, durch die Kaiser in seinen Stücken ein Panorama des modernen Lebens entwirft: Hotelhalle, Fabrikhof, Filmbüro, Kirche, Kaschemme, Pfandleihe, Volkstribunal, Zeitungsredaktion, Sportpalast, Opernrang, Polizeiwache, Schule, Luxusjacht, Anwaltsbüro, Industrieunternehmen – »in allen Winkeln und Zentren realer und phantastischer Geographie läßt er die Wortgefechte und Handlungskämpfe, das Pathos und die Innerlichkeit, das Lachen und die Verzweiflung, Arroganz und Einsicht, Gewalt und Opfergang, Untergang und Triumph sich entscheiden. Eine Welt-Geschichte und Weltkunde scheinen dienlich, ›aus den Zufälligkeiten der Erscheinungen‹, aus dem ›Nacheinander von Vorfällen‹, die sinn- und zwecklos keinem zunutze sind, das Haus des Menschen zu bauen, gütig, ›mit beflissenen Händen‹« (Walther Huder).

Der aktuelle und realistische Rahmen ist aber nur Äußerlichkeit; das Wirkliche, Stoffliche, Vordergründige ist Mittel zu dem einzigen Zweck, die Idee zu versinnbildlichen. Die Handlung wird dem-**Denkspiele** entsprechend auf das Wesentliche hin abstrahiert und redu- ziert, auf das Skelett eines hektisch und dialektisch sich entwickelnden Gedankengangs. Kaiser bezeichnete sich selbst als »Denk-spieler«. Die Gestalten des Dichters, der sich dabei auf Platos Dialoge berief, sind Träger von Ideen. Das gibt – trotz aller Realistik der Schauplätze – den Figuren seiner Dramen das Unpsychologische, Un-wirkliche, Sprunghafte: »Ein Drama schreiben heißt: einen Gedanken zu Ende denken.«

In den »Bürgern von Calais« ist in Eustache de Saint Pierre und dessen Opferbereitschaft, Hingabe, Liebe die Idee des »neuen Menschen« ver-körpert. Als die Stadt Calais nach langer Belagerung im Jahre 1347 dem König von England erliegt, sollen sechs der vornehmsten Bürger auf Forderung des englischen Königs dem Henker überantwortet werden. Es melden sich jedoch sieben freiwillig zum Opfergang. Einer wird übrig-bleiben; wer soll es sein? Aus der Urne ziehen sie alle ein Todeslos. Eu-stache, der »dieses Spiel spielt«, will damit verhindern, daß Zwietracht und Neid in die Reihe der Opferwilligen eindringen. Die Entscheidung wird auf den nächsten Morgen verschoben. Der soll frei sein, der dann – ein Glockenzeichen gibt den gemeinsamen Aufbruch an – als letzter auf dem Marktplatz ankommt. Der letzte ist Saint Pierre. Alle sind schon versammelt, da kommt er. Er hat in der Nacht seinem Leben selbst ein Ende gesetzt, um die Tat der anderen von Mißgunst und Versuchung freizuhalten. Auf der Bahre bringen sie den Toten. Der blinde Vater schreitet neben ihm her: »Schreitet hinaus in das Licht – aus der Nacht. Die hohe Helle ist angebrochen. Das Dunkel ist zerstreut . . . Ich komme aus dieser Nacht und gehe in keine Nacht mehr. Meine Augen sind offen, ich schließe sie nicht mehr. Meine blinden Augen sind gut, um es nicht mehr zu verlieren. Ich habe den neuen Menschen gesehen – in dieser Nacht ist er geboren.«

In der Trilogie »Gas« werden der Aufstieg und Untergang des »neuen Menschen«, seine Herkunft, seine Heilsbotschaft, sein Scheitern in dieser Zeit an Hand einer

Familiengeschichte aufgezeigt, die sich zur sozialen Tragödie wie zur Tragödie des technischen Zeitalters weitet.

Der Milliardär hat sich mit brutaler Ellenbogen-Gewalt nach oben gearbeitet, ohne Mitleid für die »da drunten«, die schuftenden, leidenden Proletarier. Aber sein Sohn und seine Tochter, die er fern von der Welt des Klassengegensatzes »an sonnigen Gestaden« erziehen ließ, verlassen ihn, um sich dem Bruderdienst zu widmen. (1. Teil: *Die Koralle)*

Im zweiten Teil *(Gas I)* will der Milliardärsohn eine neue Welt schaffen. In den großen Fabrikanlagen gibt es nun keine Lohnlisten, keinen Klassengegensatz mehr. »Wir arbeiten für uns – nicht mehr in andere Taschen. Keine Trägheit – kein Streik. Ununterbrochen treibt das Werk. Das Gas wird nie fehlen.« Gas wird in ungeheuren Mengen produziert, ein neuer, geheimnisvoller Stoff, Antriebsmittel für die Maschinen der Erde. Eine furchtbare Explosion zerstört jedoch das Werk. Die Technik ist dem Menschen über den Kopf gewachsen.

In *Gas II* verkörpert der Milliardärarbeiter, ein Urenkel des reichen Egoisten der »Koralle«, den »neuen Menschen«. Er ist zum Arbeiter herabgesunken; seine brüderliche Mission ist vergessen. Krieg ist ausgebrochen. Unbarmherzig kämpfen die »Blaufiguren« gegen die »Gelbfiguren«; die Besiegung der einen soll wettgemacht werden durch die Vernichtung der anderen: der Ingenieur der Unterlegenen hat als Vergeltungswaffe das Giftgas entwickelt. Da greift der Milliardärarbeiter ein; er appelliert an die Vernunft und Menschlichkeit: »Kehrt ins Werk um . . . Gründet das Reich!« Seine Stimme geht unter im Gebrüll der Massen: »Errichtet die Herrschaft! Zündet das Giftgas!« In zornig humanitärer Verzweiflung wirft der Milliardärarbeiter selbst die tödliche Phiole über sich und die andern. Sie fällt zurück und zerbricht: »Unsere Stimme konnte die Wüste wecken – der Mensch ertaubte vor ihr!! Ich bin gerechtfertigt!! Ich kann vollenden!!!« »In der dunstgrauen Ferne sausen die Garben von Feuerbällen gegeneinander – deutlich in Selbstvernichtung.«

Ernst Toller (1893–1939) bringt in seinen Stücken *Masse Mensch* (1921); *Die Maschinenstürmer* (1922) und *Der deutsche Hinkemann* (1923) in realistischen Szenen und sozialistischen Visionen die herbe Enttäuschung am Menschen der Zeit, der nur Masse ist und sich der All-Liebe und menschlichen Vollendung entgegenstemmt, zum Ausdruck. Im »Maschinenstürmer« wollen die Arbeiter die Maschinen zerstören, weil sie glauben, durch sie brotlos zu werden, bis einer sie überzeugt, daß man statt dessen versuchen sollte, sie dem Menschen dienstbar zu machen. Das zynisch-grausame Spiel um Hinkemann, einen entmannten Kriegsinvaliden, der an seinem Schicksal, dem Hohn der Menschen und der vermeintlichen Untreue seiner Frau zerbricht, nimmt Borchertsche Anklagen um den leidgequälten Vereinzelten vorweg, »dem kein Staat, keine Gesellschaft, keine Gemeinschaft Glück bringen kann«.

Toller war eine der zwiespältigsten und zerrissensten Erscheinungen des Expressionismus; nach seinem Studium gehörte er 1918 dem Arbeiter- und Soldatenrat in München an und wurde 1919 zu fünf Jahren Festung verurteilt; 1933 emigrierte er in die USA, wo er 1939 Selbstmord beging. Im Naturell ihm verwandt – wenn auch zunächst extremer Nationalist (später Kommunist) – *Arnolt Bronnen* (1895–1959), der mit seinem Schauspiel *Vatermord* den im Expressionismus beliebten Vater-Sohn-Konflikt aufgreift.

Zwischen Hoffnung und Verzweiflung steht das Suchen nach dem neuen Menschen, das **Alfred Döblins** (1878–1957) Romanschaffen kennzeichnet. *Unsere Sorge: der Mensch* heißt eine kleine

Unsere Sorge: der Mensch

Schrift, die der Dichter 1948 nach den Erschütterungen des Zweiten Weltkrieges schrieb. »Handlungen sind nicht die Hauptsache. Voran steht die Haltung. Die innere Abstimmung geht allem voraus.« Döblin spricht hier als Christ, als Katholik: Leidensbereitschaft, Demut und Gebet seien die Mittel, durch die der Brückenschlag gelinge zu Gott, »dem Quellgrund, welcher schafft, aber nicht in das Geschaffene eingeht«.

Döblins Leben gleicht einer langen, leidensreichen Odyssee. In Stettin geboren, studierte er Medizin und wurde Facharzt für Nervenkrankheiten im Berliner Osten. 1933 emigrierte er als Jude zunächst nach Frankreich, dann nach den USA; nach dem Krieg kehrte er nach Frankreich, zuletzt nach Deutschland zurück.

Von früher Jugend an beherrschte den Dichter eine leidenschaftliche Humanität; Kleist und Hölderlin waren seine liebsten Begleiter: »Ich stand mit ihnen gegen das Ruhende, das Bürgerliche, Gesättigte und Mäßige.« Die expressionistische Zeitschrift »Der Sturm« zählte ihn zu ihren Mitarbeitern. Aus einer Fülle von Romanen ragen die scharfen Auseinandersetzungen mit der eigenen Zeit hervor. Sie sind gekennzeichnet durch unermüdliche Sprach- und Stilexperimente: »Wang Lun« ist der Versuch, den Roman der Massen zu schreiben; »Berge, Meere und Giganten« will eine utopische Geschichtsreportage bei Verzicht auf individuelle Akteure geben; »Wadzek« und »Die Ermordung einer Butterblume« (1913) sind bestrebt, einen expressionistischen Stil zu schaffen; von »Berlin Alexanderplatz« meinte Walter Benjamin: »So hat der Gischt der Sprache den Leser noch nie bis auf die Knochen durchnäßt.«

Wadzeks Kampf mit der Dampfturbine (1918) erzählt von dem Fabrikanten Wadzek, der durch seine Konkurrenten auf die Seite gedrückt und darüber fast wahnsinnig wird, schließlich auf der Flucht nach Amerika wieder Halt zu finden scheint. –
Die furchtbaren Folgen hochgezüchteter Technik schildert Döblin in seinem Buch *Berge, Meere und Giganten* (1924). Die staatliche Ordnung hat sich aufgelöst, wilde Horden ziehen durchs Land, die mit Hilfe von Apparaten unglaublicher Vernichtskraft die Welt dem Untergang nahebringen. »Es war so geworden: niemand war vor Erfindungen sicher, die aus dem Hinterhalt auf die Menschen fielen. Wie früher Epidemien die Menschen verheerten, Städte ausrotteten, so jetzt das ruckweise Anwogen neuer Erfindungen.« –

Hinter dem Zerrbild des Menschlichen sucht Döblin das reine Antlitz des Menschen, den Geist, die Liebe. »Die Welt durch Handeln erobern zu wollen mißlingt; sie ist von geistiger Art.« Das ist die Erkenntnis des Romans *Die drei Sprünge des Wang-Lun* (1915). Im Wesen ähnlich erweist sich Döblins letzter Roman *Hamlet oder Die lange Nacht nimmt ein*

Ende (1956). Eine zerrüttete Familie steht im Mittelpunkt. Der Sohn, ein Kriegsheimkehrer, findet das Haus verödet; doch führt das Gebet die Familienangehörigen wieder zusammen: sie finden sich, weil sie Gott suchen.

Mit dem Roman *Berlin Alexanderplatz – Die Geschichte vom Franz Biberkopf* (1929) hat Döblin das große Epos der sturmbewegten zwanziger Jahre, das Epos des expressionistischen Zeitalters ge-
Ramponiert, aber zurechtgebogen
schrieben. Die Großstadt erscheint in diesem Roman als modernes Babylon, als Heimat der Gauner, Huren, Hehler und Zuhälter. Die Handlung kreist um Prostitution, Krankheit, Hunger und Not. In den Häusern ist der Unrat der Welt zusammengeschwemmt. Der Mensch wird in seinen animalischen Funktionen gezeigt, als Bestie Mensch, als Bündel von Trieben und Instinkten.

In einer solchen Welt lebt der Zement- und Transportarbeiter Franz Biberkopf. Wegen Mordes ist er im Gefängnis gesessen. Nun hat man ihn entlassen; er will ein neues Leben beginnen. Aber bald läuft er sich fest, er wird erneut Zuhälter und Einbrecher, verliert sein Mädchen, das ein Kumpan ermordet, und landet schließlich im Irrenhaus. Da erfährt er seine Wandlung: im Traum erscheinen ihm die Gestalten seines verpfuschten Lebens; aber es ist noch nicht zu spät.

Döblin sieht den Menschen auch im »Dreck dieser Welt«; ein neuer Mensch verläßt die Anstalt. »Das furchtbare Ding, das sein Leben war, bekommt einen Sinn. Es ist eine Gewaltkur mit Franz Biberkopf vollzogen.« Am Schluß sehen wir den Mann wieder am Alexanderplatz stehen, »sehr verändert, ramponiert, aber doch zurechtgebogen«.

»Es geht in die Freiheit, die Freiheit hinein, die alte Welt muß stürzen, wach auf, die Morgenluft. Und Schritt gefaßt und rechts und links und rechts und links, marschieren, marschieren, wir ziehen in den Krieg, es ziehen mit uns hundert Spielleute mit, sie trommeln und pfeifen, widebum, widebum, dem einen gehts grade, dem andern gehts krumm, der eine bleibt stehen, der andere fällt um, der eine rennt weiter, der andere liegt stumm, widebum, widebum.«

Stilistisch geht der Döblinsche Roman neue Wege. In der Nachfolge von **James Joyce** (1882–1941) wird Dichtung weitgehend zum »Monologue intérieur«, zur erlebten Rede, zur Wiedergabe des Bewußtseinsstroms, der aufsteigenden Gedanken, Gefühle, Instinkte, des Halbgewußten. Sie ist Registrierung von Assoziationen, eingebaut in die Erlebniswelt der modernen Großstadt. An die Stelle einer ruhig dahingleitenden Erzählung ist ein Stil getreten, der dem Schnitt im Film vergleichbar ist. Die Bewegung der Lichter, Geräusche, Gesprächs- und Wortfetzen werden eingefügt in den »Gleich-Schnitt der Lebensmontage«.

Die Menschlichkeit freigraben aus dem Schutt und Unrat der Welt will

auch **Franz Werfel** (1890–1945). »Mein einziger Wunsch ist, Dir, o
Mensch, verwandt zu sein!« heißt es in Werfels erster Ly-
Der   riksammlung *Der Weltfreund* (1911). Unter dem Einfluß
Weltfreund der Psalmen, Klopstocks, Schillers, Walt Whitmans ruft er
zur Menschlichkeit auf inmitten der »alten, elenden Zeit«:

> »Daß wir dereinst uns finden
> In den Gefühlen ohne Sprung,
> Durch uns in uns verschwinden,
> Und Schwung sind, nichts als Schwung
> Und Lieb' und jagende Begeisterung.«
>
> *(Ein geistliches Lied)*

Freilich ist Werfels sprachkünstlerische Gestaltung – wie auch die vieler anderer expressionistischer Dichter – mitunter wenig überzeugend; es
bleibt ein überwogendes moralisches Pathos. In den Romanen jedoch ließ
sich, in Handlung umgesetzt, das humanitäre Wollen des Dichters überzeugender verwirklichen.

Die Novelle *Nicht der Mörder, der Ermordete ist schuldig* (1920) legt das im
Expressionismus beliebte Motiv vom Sohn-Vater-Konflikt, der auch als Gegensatz
zwischen dem »alten und neuen Menschen« empfunden wird, in eine österreichische
Offiziersfamilie.

In dem Roman *Die Geschwister von Neapel* (1931 schildert Werfel an einem
süditalienischen Beispiel eine strenge und starre väterliche Familienherrschaft und ihre
Brechung. – *Der veruntreute Himmel* (1939) zeigt das »trügerisch glückhafte
Tauschgeschäft, das die Herrschaftsköchin Linek mit der ewigen Seligkeit abzuschließen vermeint, indem sie ihrem Tunichtgut von Neffen die Priesterlaufbahn finanziert«.
Sie wird betrogen, ihrer Hoffnung beraubt. Aber nachdem sie erkannt hat, daß man
den Himmel nicht durch Berechnung erobern, die Gnade nicht erzwingen kann, findet
auch sie Erlösung. Der Papst betet für die arme Magd, die bei einer Pilgerfahrt
während der Audienz ohnmächtig zusammenbricht.

Werfel wollte hier und in seinen anderen Werken die »höchstmögliche
Form moderner Epik« erreichen: »Die mystischen Grundtatsachen des
Geisterreiches (Weltschöpfung, Sündenfall, Inkarnation, Auferstehung
usw.) – dargestellt mittels des verschlagen-bescheidensten Realismus in
unauffälligen Geschehnissen und Figuren des gegenwärtigen Alltags.«

Werfel wurde als Sohn eines wohlhabenden Kaufmanns in Prag geboren. Nach dem
Studium und der Soldatenzeit im Ersten Weltkrieg ließ sich der Dichter in Wien
nieder, wo er 1938 beim »Anschluß« nur mit knapper Not dem nationalsozialistischen
Terrorregime entfliehen konnte. Ähnlich ergin̈g es ihm beim Einmarsch der Deutschen
in Frankreich. Auch hier gelang die Flucht nach den USA im letzten Augenblick. Auf
Grund eines Gelübdes schrieb Werfel zum Dank für seine Errettung die Chronik des
Wunders von Lourdes, *Das Lied von Bernadette* (1941). – Werfel erweist sich als
ungemein produktiver Dichter. Unter seinen Dramen ragen hervor: *Die Troerinnen*,
eine freie Übertragung nach Euripides (1915); *Jakobowsky und der Oberst* (1944).
Unter seinen weiteren Romanen gibt *Der Abituriententag* (1928) die Geschichte einer

Jugendschuld; *Die vierzig Tage des Musa Dagh* (1933) bieten eine ergreifende Schilderung des heldenhaften Kampfes der Armenier gegen die jungtürkische Ausrottungspolitik.

Der letzte Roman Werfels, *Stern der Ungeborenen* (1946), malt das pessimistische Zukunftsbild einer ganz der Technik verfallenen Menschheit, die in ihrem Streben nach Perfektion und Zivilisation die eigentlich menschlichen Werte und Aufgaben vergißt.

Um »mystische Grundtatsachen« kreist auch das Werk **Ernst Barlachs** (1870–1938). Im Gegensatz zu Werfel, der im konventionellen, gelegentlich sogar klischeehaften Sprachbereich verbleibt, zeigt der Dichter in einer eigenwilligen, »metapherngeladenen« expressiven Sprache die »menschliche Situation in ihrer Blöße zwischen Himmel und Erde« auf. Barlachs Schaffen ist christlich-protestantisch orientiert; es ist hervorgegangen aus dem Ringen zwischen Glaube und Unglaube, Angst und Hoffnung. »Es war immer noch übervoll von Schwäche, Irren, Maßlosigkeit und Verlorengehen an alles durchsichtig Ungestaltbare, voll Ungegorenheit und doch immer lauterster Hingabe an strömendes Geschehen und schwankende Weile«, sagt Barlach einmal über einen Abschnitt seines Lebens – das Wort ist für sein ganzes Leben und Werk kennzeichnend geblieben: ein Ahnen und Suchen, ein Fragen ohne sichere Antwort, Gottsehnsucht und Nachtverzweiflung: die Qual des Lebens, jedoch vom »Hauch der Unendlichkeit durchweht«.

Zwischen Himmel und Erde

»Es donnert aus tiefer Ferne, als ob die Himmelsbrust einen verkrochenen Husten aus einem endlos fernen Winkel ihrer Unergründlichkeit als zähes Wirbelchen und Balsamstrom der Zeit mitzöge – hört ihr nicht?« heißt es in Barlachs Drama *Der Graf von Ratzeburg* (Nachlaß), dem bedeutendsten Werk des Dichters neben *Der tote Tag* (1912); *Der arme Vetter* (1918); *Die Sündflut* (1924).

»Ich habe keinen Gott, aber Gott hat mich!« sind die letzten Worte des Grafen Heinrich von Ratzeburg, der sich von dem angestammten Bereich, der Heimat, den »Geltungen«, dem irdischen Genügen losreißt, um in der Suche nach Gott sein einziges Genügen zu finden. »Iß das herrliche Brot der nie ermattenden Unzufriedenheit.« Heinrich gelangt bis ins Heilige Land, er trifft Adam und Eva, den gefallenen Engel Marut, Moses auf dem Berge Sinai, den Asketen Hilarion – immer auf der Suche nach der Wahrheit, nach der Antwort auf sein beständiges Fragen. Hilarion öffnet ihm den Sinn für Demut; Heinrich kehrt ins mecklenburgische Land zurück und opfert sich für seinen Sohn; er endet auf der Richtstätte von Mölln.

Expressionistisches Schaffen und Dichten ergeben einen Dreischritt: Erlebnis des Abgründigen – Menschheitsglaube als Ausweg und Hoffnung – Aufruf zu Aufruhr und Empörung gegen die alte Welt, gegen die Mächte der Vergangenheit, die den Aufstieg des neuen Menschen zu verhindern suchen.

Aufruf und Empörung

».. . Verflucht sei, wer beherrschen will.
Die Sklaven befreien sich!
Es sind Könige genug in ihrer Mitte,
Sehnsüchtige Schönheit, Glauben, Sitte
Und die Gerechtigkeit, die unsre Kränze flicht . . .«

Im Gedicht *Prolog zu jeder kommenden Revolution* von **Rudolf Leonhard** (1889–1953) heißt es: »Wir stöhnten, wie die Menschheit in uns schreit, / Jubelten: Menschen! Liebe! und das Donnerwort: Gerechtigkeit!« Der Aufruf (gleichsam eine »Neue Bergpredigt«) richtete sich nicht zuletzt an die Arbeiter, die gegen Imperialismus und Kapitalismus kämpfenden »Kameraden«. Der Weg in die marxistische Ideologie bot sich an. Leonhard, der in den *Spartakus-Sonetten* (1921) eine neue Daseinsordnung herbeisehnte, bekannte sich im Buch »*Unsere Republik, Aufsätze und Gedichte* (1951) zur DDR.

In der Pinthus-Anthologie stritt **Johannes R. Becher** (1891–1958) für »Menschheit! Freiheit! Liebe!« und proklamierte den Umsturz. »Noch noch ist's Zeit! / Zur Sammlung! Zum Aufbruch! Zum Marsch! / Zum Schritt zum Flug zum Sprung aus kananitischer Nacht!!! / Noch ist's Zeit – / Mensch Mensch Mensch stehe auf stehe auf!!!« Seine frühe Gedichtsammlung kennzeichnet sich durch den Titel *Verfall und Triumph* (1914); in den Versen *An alle* (1919) feierte er die Russische Oktoberrevolution; im Romanversuch *Lewisite* (1926) wandte er sich gegen imperialistische Arrangements eines neuen Krieges; 1935–45 leitete er in Rußland die antifaschistische Zeitschrift *Internationale Literatur – Deutsche Blätter*. Als Ausdruck dialektischen Denkens verwendete er zunehmend die strenge Form des Sonetts (u. a. *Gesammelte Sonette 1935 bis 1938,* 1939), womit sich ein allgemeines Prinzip der Disziplinierung durchsetzte. Das Hineinfinden in die Normen des Sozialismus-Kommunismus war die wesentliche Forderung seiner theoretischen Schriften (u. a. *Poetische Konfession; Macht der Poesie,* 1954/55), so daß er ein maßgeblicher Mentor der DDR-Literatur wurde. Das Kämpferische der Frühzeit setzte sich in ideologischen Bahnen fort und äußerte sich vor allem in der Aversion gegen das konservative Bürgertum.

Ein elementarer Zusammenhang bestand mit der revolutionären »Arbeiterdichtung«. Die oftmals geringe gestalterische Qualität erschien belanglos in Anbetracht des gemeinsamen politischen Zieles. Der Kreis J. R. Bechers konspirierte mit zahlreichen – literarisch peripheren – Autoren der Arbeiterschaft. Die größte Geltung erlangte nachträglich *Hans Marchwitza* (1890–1965), der in den Romanen *Sturm auf Essen* (1930), *Schlacht vor Kohle* (1931) und *Walzwerk* (1932) den Arbeiterkampf im Ruhrgebiet schilderte und in einer Romantrilogie (*Die Kumiaks, Die Heimkehr der Kumiaks, Die Kumiaks und ihre Kinder,* 1934, 1952 u. 1959) von der Not und dem Elend der aus dem Osten zugezogenen Wanderarbeiter berichtete und schließlich Hoffnungen setzte auf den sozialistischen Staat der DDR. Der Roman *Roheisen* (1959) über die

Errichtung eines Hüttenkombinats entspricht dem Typus sozialistischer »Aufbau-Literatur«. Der stark akzentuierte Optimismus gründet sich auf der Erfahrung des kapitalistischen Systems und dem Vergleich zwischen Einst und Jetzt.

Soziale Aspekte spielten auch bei denjenigen Autoren mit, die ihre politische Eigenständigkeit behaupteten. Die Idee des Umsturzes lief auf eine Neuordnung im Geiste des Liberalismus und Pazifismus hinaus. Auch hier entwickelten sich starke Widerstände gegen das rückschrittliche Bürgertum und dessen nationalistische Tendenzen. Ein Beipiel ist **René Schickele** (1883–1940), der im Essay-Roman *Die Flaschenpost* (1937), in einem Memoire aus dem französischen Exil, noch einmal und nun resignierend das Ideal humaner Menschheitsgesinnung aufleuchten ließ, zuvor (als gebürtiger Elsässer) für eine deutsch-französische Konkordanz eingetreten war und anfangs in der Anthologie von Pinthus zur Revolution aufgerufen hatte.

In seinem frühen Schauspiel *Hans im Schnakenloch* (1916) fällt der aus seinem Konflikt zwischen Deutschtum und Franzosentum ins französische Heer geflüchtete Elsässer in der Schlacht. Um eine friedliche, gewaltlose Lösung geht es auch in seiner Romantrilogie *Das Erbe am Rhein* mit den Teilen *Maria Capponi* (1925; der Erzähler steht zwischen einer deutschen und französischen Frau), *Blick auf die Vogesen* (1927; der Konflikt spaltet die Familie) und *Der Wolf in der Hürde* (1931; im Glauben an das Wirken des Völkerbundes wird eine Lösung erhofft). »Ich weiß: Der Mensch, bisher das traurigste der Tiere, hat seine Lage erkannt, und nichts wird ihn hindern, für seine Befreiung einen Ruck zu tun, wie die Geschichte noch keinen vermerkt hat.«

Ein erster Verfechter der aus dem Naturalismus aufsteigenden literarischen Revolutionsstimmung ist **Frank Wedekind** (1864–1918) gewesen. Wie alle späteren Expressionisten gibt er sich satirisch, ironisch, aggressiv und antibürgerlich. Er war Mitglied der »Elf Scharfrichter«, eines der ersten literarischen Kabaretts in Deutschland neben Ernst von Wolzogens »Überbrettl«. In seinen Dramen zeigt der Dichter ein ungeschminktes Bild menschlicher Niedertracht, Grausamkeit und Gemeinheit. Dabei überzeichnet er den Menschen bis zur Fratze. Auf der anderen Seite preist er den »großen Kraftmenschen«, den Intuition und Instinkt leiten.

Die jungen, revolutionär und oppositionell eingestellten Künstler, die von der Saturiertheit und Oberflächlichkeit der bürgerlichen Gesellschaft sich lösten, sahen im Zustand des Bohemien die eigentliche Freiheit des neuen Menschen. In Schwabing, dem Künstlerviertel Münchens, ließ sich Frank Wedekind 1908 als Schriftsteller und Schauspieler nieder. Bald wirkte er zusammen mit seinen Gesinnungsgenossen als Kabarettist, Satiriker (am »Simplizissimus«) und Dramatiker; ein ausgesprochener Bürgerschreck, immer wieder bemüht, den verlogenen, prüden und

heuchlerischen Zustand der Gesellschaft (die Lebenslüge) anzuprangern
und die Freiheit des ungebundenen Lebens dagegen auszu-
Verherr- spielen. Sie lief für ihn in der Dichtung (nicht im Privaten,
lichung wo er ein vorbildliches Familienleben führte) auf sexuelle
des Eros Freizügigkeit und Verherrlichung des Eros hinaus. Das
»neue Ethos« von Schönheit, Gesundheit, »gewissenloser Lebenskraft«
weist deutlich auf die Revolutionäre des Sturm und Drang hin, im besonderen auf Heinse: »Das Fleisch hat seinen eigenen Geist!« – »Das wahre
Tier, das wilde, schöne Tier, / Das – meine Damen! – seh'n Sie
nur bei mir«: diese Worte setzte Wedekind seinen Dramen voraus.

Frühlings Erwachen (1891), dem »vermummten Herrn« (dem geheimnisvollen Le-
ben) gewidmet, prangert die verlogene und verbogene Erziehung an, die den jungen
Menschen die »Aufklärung« schuldig bleibt. Der eine der beiden Gymnasiasten, deren
Pubertätswirren im Mittelpunkt des Stückes stehen, erschießt sich. Der andere kommt
wegen sittlicher Verfehlung in eine Erziehungsanstalt. Wendla, die Freundin, die ein
Kind erwartet, wird auf Anstiften der Mutter von einer Frau »auf Bleichsucht«
behandelt und stirbt an der versuchten Abtreibung.
Erdgeist (*Lulu* und *Die Büchse der Pandora* umfassend, 1893/94) kreist um die
Gestalt einer Dirne mit der »Kindereinfalt des Lasters«, der ein Mann nach dem
andern verfällt, bis sie selbst das Opfer eines Lustmörders wird. »In meiner Lulu
suchte ich ein Prachtexemplar von Weib zu zeichnen, wie es entsteht, wenn ein von
der Natur reich begabtes Geschöpf, sei es auch aus der Hefe entsprungen, in einer
Umgebung von Männern, denen es an Mutterwitz weit überlegen ist, zu schranken-
loser Entfaltung gelangt.« Darüber hinaus ist »Lulu« in metaphysischem Sinne die
Geschichte einer Verlorenen und Dahingetriebenen, die (nach einem Wort von Karl
Kraus) erst im Jenseits die Augen aufschlagen wird.
Der Marquis von Keith (1901) zeigt das Leben als »Rutschbahn«. Der Spekulant und
Hochstapler, Genußmensch und Verführer Keith weiß das Leben zu genießen; aber
er macht bankrott. Die Freundin ertränkt sich in der Isar; er, der oben war, ist jetzt
unten. Doch er legt den Revolver, den er schon in der Hand hält, grinsend wieder weg
und beschließt weiterzuleben.

Hier wie in den anderen Dramen überwiegt die Schilderung des Bösen,
dem der Dichter, verführt von der Strahlkraft des gewissenlosen, freien,
lustbetonten starken Lebens, stellenweise verfällt, freilich immer im
Kampf mit dem moralischen Gebot, das ihn im Innersten bewegt.
Im Gefolge Wedekinds, zugleich aber im allgemeinen Zeitsinne (unter
dem Einfluß der Freudschen Psychoanalyse und der französischen, russischen, skandinavischen, englischen zeitgenössischen Litera-
Deutung tur – Strindbergs und Joycens im besonderen), macht sich
des Eros eine zunehmende Beschäftigung mit Fragen des Sexus und
Eros, der Beziehung von Mann und Frau, der Ehe und
Familie bemerkbar. Das Interesse an sexuellen Problemen wie ihre Einschätzung als wesentliche und entscheidende Triebkräfte menschlicher Entscheidung und damit des Lebens schlechthin sind Kennzeichen der Mo-

derne überhaupt, finden sich gleich stark in allen Strömungen und Richtungen (in den Romanen Heinrich Manns wie denen seines Bruders Thomas, bei Zweig, Schnitzler, Musil, Broch, Brecht, bei Jahnn, Kafka – vor allem auch bei Benn und als Thema moderner Lyrik).

Dem Expressionismus nahestehend erweist sich **Ferdinand Bruckner** (1891–1960; eigentlich Theodor Tagger). Er gibt Sexualpathologie in den Dramen *Krankheit der Jugend* (1926); *Die Kreatur* (1930); in seinem Welterfolgsstück *Elisabeth von England* (1930; Simultanbühne mit zwei Schauplätzen) werden die Beziehungen der englischen Königin zu Essex und ihre Kämpfe mit Philipp II. im Sinne einer »dramatischen Psychoanalyse« interpretiert.

Der Eros, meinte **Eduard Graf von Keyserling** (1855–1918), beherrscht »alle Verhältnisse des menschlichen Daseins, gibt ihm Farbe, kompliziert sie, legt in sie sein beglückendes oder vernichtendes Fieber, wird zur treibenden Kraft des gesellschaftlichen Lebens«. Darin sind seine Erzählungen und Romane häufig eine Parallele zu den Dramen Wedekinds, allerdings in verhaltener und gemilderter Form. Das Erotische verzehrt und zerstört, zugleich aber vermittelt die Kraft des Triebes das erschütternde, »grandiose« Erlebnis, das aus der Beengtheit der Konvention (Keyserlings Schaffen spiegelt die Adelsschicht, der er selbst entstammte, mit ihren Standesgeboten und Privilegien wider) hinausführt: ins faszinierende Reich der Schönheit und Freiheit.

Im Roman *Beate und Mareile* (1903) verlangt der Mann, der zwischen der konventionell vornehmen Beate und der triebstarken Künstlerin Mareile steht, nach dem großen Erlebnis der Liebe. In *Dumala* (1908) gibt eine junge Frau aus triebhafter Sehnsucht ihren alternden und schwächlichen Gemahl zugunsten eines Weiberhelden auf. Im Roman *Am Südhang* (1916) bietet sich die exzentrisch veranlagte Daniela, obgleich sie von dem Hauslehrer geliebt wird, dem jungen Gutsherrn an, damit er vor dem bevorstehenden Duell »das Glück«, die Liebe, erfahre.

Dieser Drang zum Eros kennzeichnet zugleich die typisch expressionistische Haltung der Konvention gegenüber. Die Adelswelt der Romane ist oft mit starken negativen Farben gezeichnet. Unfreiheit, müde Resignation und Langeweile lasten auf den Menschen. In den *Fürstinnen* (1917) kommt es zwischen den Liebenden nie zum offenen, erlösenden Wort, die Sehnsucht wird von der Etikette erstickt, und in den *Bunten Herzen* (1909) steht den gesunden, ungezügelt lebenden Bauernburschen das Bild der adligen Fräulein gegenüber, »die vor Verlangen zittern, draußen umzugehen, und wenn sie hinauskommen, nicht atmen können«. Keyserling hat die Morbidität seiner Welt erkannt, und viele Striche seiner Lebensbilder ähneln der expressionistischen Gesellschaftskritik, die freilich vor allem gegen das Bürgertum gerichtet war.

Der revolutionäre Affekt des Expressionismus wie der ihm nahestehenden Schriftsteller, die oft genug nur der Tendenz ihrer Werkinhalte nach zu den Expressionisten gezählt werden können, ist verdichtet im Haß auf das Bürgertum. Dieses wird in seiner Heuchelei, Borniertheit,

Rückständigkeit, doppelten Moral und Geschäftstüchtigkeit als das eigentliche Hindernis auf dem Weg zur politischen, sozialen und letztlich menschlichen Freiheit empfunden. Die **Spießer-** Satire, hinter der die Klage um den verratenen, unter- **spiegel** drückten »neuen Menschen« steht, wird zum Angriffs- mittel gegen den Spießer, Dichtung zum »Spießerspiegel«.

In diesem Sinne ist das ganze Werk von **Heinrich Mann** (1871–1950) zu verstehen, von seinem ersten Roman *Im Schlaraffenland* (1900), der unter dem Einfluß Zolas ein Sittenbild der bürgerlichen Verfallszeit gibt, bis zum *Empfang bei der Welt* (1956), einer »geisterhaften Gesellschaftssatire aus dem Nachlaß, deren Schauplatz überall und nirgends ist« (Thomas Mann).

Heinrich Mann stammte selbst aus einer großbürgerlichen Familie, hat aber – im Gegensatz zu seinem Bruder Thomas – diese Bande früh durchtrennt und sich zu einem kämpferischen sozialen Avantgardismus bekannt. Er wurde in Lübeck als Sohn eines Senators und Großkaufmanns geboren und ließ sich nach langen Wanderjahren und einem Aufenthalt in Italien in München nieder. Die Machtergreifung Hitlers zwang ihn zur Emigration, zuerst in die Tschechoslowakei, dann nach Frankreich und schließlich in die USA.

Im Wilhelminischen Kaiserreich sah Mann die Wurzel des nachfolgenden Unheils: Von »bequemen Anfängen schritten wir zur katastrophalen Vollendung«, heißt es in dem autobiographischen Buch *Ein Zeitalter wird besichtigt* (1945).

Schon sein früher Roman *Professor Unrat* (1905) ist eine Abrechnung mit der leeren Bildungsfassade des Zweiten Reiches. Mann gestaltet die Koketterie des Bildungsphilisters mit dem amoralischen Zustand der Boheme und zeigt den Zerfall der Werte am Beispiel eines Schultyrannen, der einer Kleinstadtkurtisane verfällt. Die »ethischen Prinzipien« halten dem Tingeltangel nicht stand.

Mit der Trilogie *Das Kaiserreich* (1925 hat er »die Romane der deutschen Gesellschaft im Zeitalter Wilhelms II.« geschrieben: *Der Untertan* (1918) als Roman des Bürgertums; *Die Armen* (1917) als Roman des Proletariats; *Der Kopf* (1925) als Roman der Führer (um Wilhelm II. kreisend).

Das erste Buch ist das gelungenste. Diederich Heßling arbeitet sich aus einfachen Verhältnissen empor. Er ist autoritätsgläubig, ein Anbeter der Macht, national, patriotisch, chauvinistisch, eine rechte Untertanenseele; so kann er Karriere machen. Nach seiner Studentenzeit, in der er ein Mädchen verführt, aber nicht heiratet, »da er als Mutter seiner Kinder eine jungfräuliche Person wünscht«, wird er Fabrikdirektor. Er hält auf deutsche Zucht, ist unsozial und tobt über die liberalen Konkurrenten, »die sich nicht entblöden, die Arbeiter am Gewinn zu beteiligen«. Höchstes Idol ist ihm der geliebte Kaiser, besonders wohl fühlt er sich bei Richard Wagner: »Schilder und Schwerter, viel rasselndes Blech, kaisertreue Gesinnung! Ha und Heil und hochgehaltenes Banner und die deutsche Eiche: man hätte mitspielen können!«

Wie ein Staat und seine Führung aussehen sollten – die Utopie als Pendant zur Kritik –, gibt Mann in einem anderen Werke.

Die Romane *Die Jugend des Königs Henri Quatre* (1935) und *Die Vollendung des König Henri Quatre* (1938) preisen einen wahrhaftigen Volkskönig, dessen »Tatkraft Güte wollte«; es ist der Traumwunsch nach einem Reich der Toleranz, Freiheit und Schönheit: »Sehnsucht nach dem neuen Menschen«, verkleidet ins Gewand des historischen Romans.

»Wer überschwenglich haßt, zerstört sein Leben«, hat Mann am Ende seines Lebens einmal geschrieben. Innerhalb seines eigenen Schaffensprozesses und lebenslangen Kampfes mit dem Falschen und Bösartigen, dem Verlogenen und Gemeinen finden sich immer wieder Werke heiterlebensfreudiger oder leidenschaftlich-lebensgieriger Art. So bekundet *Die kleine Stadt* (1909) – eine Schauspielertruppe stiftet in einem italienischen Ort Verwirrung – das Sehnen des Dichters nach südlicher Harmonie und Sinnenfreude.

Einander sich ohne Scham angehören, die Wollust bejahen, die Verzückungen des Triebes genießen – das kennzeichnet (trotz des tragischen Endes) diesen Roman. Manns »sexuelle Revolution« (man vergleiche auch *Die Jagd nach Liebe; Zwischen den Rassen*) wendet sich gegen die bigotte Prüderie, schwüle »Plüsch-Sittlichkeit« und »Keuschheitsideologie« des Spießbürgertums; von der Hochzeitsnacht des »Untertans« heißt es etwa: »Als sie aber schon hinglitt und die Augen schloß, richtete Diederich sich nochmals auf. Eisern stand er vor ihr, ordenbehangen, eisern und blitzend: ›Bevor wir zur Sache selbst schreiten‹, sagte er abgehackt, ›gedenken wir seiner Majestät unseres allergnädigsten Kaisers. Denn die Sache hat den höheren Zweck, daß wir Seiner Majestät Ehre machen und tüchtige Soldaten liefern.‹« Ute, der Heldin in »Die Jagd nach Liebe«, wird entgegengehalten: »Ihr macht aus euch selbst, aus eurem Körper und eurer Seele, ein Kunstwerk, zusammengesetzt aus Brusttönen und Gekreisch, aus Schminke, Atlas auf Pappe gefüttert, aus tragisch wankenden Schritten, aus – ich weiß nicht. Deine Arbeit, deine geliebte Arbeit ist darauf gerichtet, daß du deine gut gewachsenen Glieder der Reihe nach unterbindest und eine echte Empfindung nach der anderen erstickst, bis sie alle absterben. Dafür schraubst du dir Kunstglieder ein und verstellst deine Lunge, dein Hirn und deine Augen zu Kunstempfindungen.«

Auf der anderen Seite verherrlicht Mann die Lebenskraft und Leidenschaft renaissancehafter Vollblutmenschen. Violante von Assy (*Die Göttinnen oder Die drei Romane der Herzogin von Assy*, 1903) ist eine solche Gestalt. Im Geiste einer von moralischen Hemmungen freien Weltanschauung erzogen, widmete sie ihr Leben – nachdem sie sich erst in der Politik (1. Band: »Diana«), dann in den Wissenschaften (2. Band: »Minerva«) zu erfüllen suchte – ungestümen Liebesgenuß (3. Band: »Venus«).

Naturalistische, impressionistische und expressionistische Stilelemente – »gesteigert durch den südlichen Sprachrausch d'Annunzios« – sind in einer kolportagehaften Erzählung »des prickelnden Reizes und der nervösen Sensation« (H. Schwerte) miteinander verbunden.

Heinrich Manns Generationsgefährte **Carl Sternheim** (1878–1942) stammte wie jener aus großbürgerlichen Verhältnissen (Sohn eines Leipziger Bankiers); in seiner Abneigung, die sich ebenfalls vornehmlich gegen das Zweite Reich richtete, läßt er versöhnliche Züge vollends ver-

Aus dem   missen. Er fühlt sich als »Arzt der Zeit«; doch ist ihm die
bürgerlichen Diagnose wichtiger als die Therapie; er seziert mit un-
Heldenleben barmherziger Sprache.

»In meinen Stücken«, schreibt er über die Komödie *Die Hose* (1911), »verliert ein
Bürgerweib die Hose, und von nichts als dieser banalen Szene spricht man in kahlem
Deutsch auf der Bühne.« Aber da es die Frau eines Staatsbeamten ist, das diskrete
Kleidungsstück zudem verlorengeht, als Seine Majestät über den Marktplatz fährt,
droht eine »bürgerliche Tragödie«. Sie wird im letzten Augenblick abgewendet. Auch
über die Nebenbuhler, die werbenden Untermieter, triumphiert schließlich der Gatte.
Die bürgerliche Welt bleibt weiter intakt – nach außen.

Diese Komödie leitete eine Reihe von gesellschaftskritischen Dramen ein, die
Sternheim später unter dem Sammeltitel *Aus dem bürgerlichen Heldenleben* zusammenfaßte *(Bürger Schippel*, 1913; *Der Snob*, 1914).

Der Weltkrieg macht deutlich, was die Einsichtigen schon längst wußten: die Brüchigkeit einer entleerten Kultur. Nun seien *Die letzten Tage
der Menschheit* angebrochen, verkündet **Karl Kraus** (1874–1936) in
seinem gleichnamigen Drama. In diesem überdimensionalen Werk hat er
die Wirklichkeit »beim Wort genommen« und als Chronist wortwörtlich
aufgeschrieben, was ihm die Bürger, die Hofräte, Schieber, Kriegs-
berichterstatter, Dichter, der hohe Adel, das Offizierskorps und Franz
Joseph selbst an Lüge, Heuchelei, Pharisäertum und Gemeinheit dar-
boten. Kraus sieht den Untergang der Humanität sich vollziehen, er
findet die Zeichen dafür in der Entartung der Sprache. So wurde er zu
einem der schärfsten Sprachkritiker (besonders der Presse und des Alltags) in seiner Zeitschrift *Die Fackel*. Thema war ihm:

> »Geschlecht und Lüge, Dummheit, Übelstände,
> Tonfall und Phrase, Tinte, Technik, Tod,
> Krieg und Gesellschaft, Wucher, Politik,
> Der Übermut der Ämter und die Schmach,
> Die Unwert schweigendem Verdienst erweist,
> Kunst und Natur, die Liebe und der Traum –
> Vielfacher Antrieb, sei 's woher es sei,
> Der Schöpfung ihre Ehre zu erstatten!
> Und hinter allem der entsühnte Mensch,
> Der magisch seine Sprache wiederfindet ...«

Karl Kraus sah in einem Volk der »Dichter und Denker« die Ära der
»Richter und Henker« anbrechen; ihren Aufstieg und Triumph in
Deutschland mußte er noch erleben (*Die Dritte Walpurgisnacht*, 1933).

Robert Musil (1880–1942) wurde in Klagenfurt geboren und starb
in der Emigration in Genf. Fast dreißig Jahre arbeitete er an seinem
           großen Roman *Der Mann ohne Eigenschaften* (1930–43),
Der Sturz   der dennoch unbeendet blieb. Das bedeutete für ihn wirt-
in die Leere schaftliche Not, Entbehrung, seelische Verzweiflung und
           fast völliges Vergessensein zu Lebzeiten.

Musil hatte, dem Wunsch der Eltern folgend, als k. u. k. Offizier begonnen, war dann zum Ingenieurberuf übergewechselt und hatte schließlich Philosophie studiert. *Die Verwirrungen des Zöglings Törless* (1906) sind die psychologische Studie über einen sensiblen jungen Menschen, der fern von den Eltern in einem halb militärischen Internat aufwächst, inmitten brutaler, teilweise sadistisch-pervers veranlagter Kameraden seelisch langsam zugrunde geht, bis er sich durch seinen Weggang von dem lastenden Druck zu befreien sucht, ohne jedoch jemals die Unbekümmertheit der Kindheit und Jugend zurückgewinnen zu können.

Wie eine Skizze zu seinem groß angelegten Roman mutet diese Erzählung an. Die hier andeutungsweise vorgetragene Kritik an einer schal gewordenen bürgerlichen Tradition, an falschen Werten, sollte sich zur gewaltigen Analyse steigern, zur Sektion einer Gesellschaft, die im leeren Formalismus erstarrt war. »Ich frage mich oft, welchen Sturz wir erleben werden, da wir ja eigentlich auf Wolken segeln und nicht das geringste Recht auf die Festigkeit dieser angenehmen Lage haben«, heißt es in einem Brief Musils.

Ulrich, der »Mann ohne Eigenschaften«, entstammt einer Offiziersfamilie. Er lebt in guten wirtschaftlichen Verhältnissen, die es ihm erlauben, sich verschiedenen Studien hinzugeben, ohne sie je zum offiziellen Abschluß zu bringen. Trotz seines Höchstmaßes an schöpferischer Potenz kann er sich für keine Sache voll und ganz entscheiden, da keine Sache für ihn mehr voll und ganz ist. Er ist ein Mann ohne die »zusammenfassende Eigenschaft, seine Talente zweckvoll zu nützen«: »Seit langem blieb ein Hauch von Abneigung über allem liegen, was er trieb und erlebte, ein Schatten von Ohnmacht und Einsamkeit, eine universale Abneigung, zu der er die ergänzende Neigung nicht finden konnte. Es war ihm zuweilen geradeso zumute, als wäre er mit einer Begabung geboren, für die es gegenwärtig kein Ziel gab.« Damit ist seine Situation zugleich die des Staates, in dem er lebt: Österreichs, das in der Dichtung als Kakanien (*k*aiserlich-*k*öniglich) erscheint. Es ist die Sinnlosigkeit eines Staates, der nur noch in abgestorbenen Traditionen lebt und seinem Untergang zutreibt.

Schwanen-gesang der Donau-monarchie Denselben Zustand beschreiben **Joseph Roth** (1894–1939) in seinem *Radetzkymarsch* (1932) und **Heimito von Doderer** (1896–1966) in *Die Strudlhofstiege* (1951) und *Die Dämonen* (1958).

Joseph Roth, geboren im österreichischen Schwabendorf, gestorben in Paris, hinterließ neben mehreren Bänden Essays, Feuilletons, Kritiken und Erzählungen 13 Romane, von denen sein »Radetzkymarsch« am bekanntesten wurde. Heinrich Böll nennt ihn den großen »Schwanengesang auf das alte Österreich: in dunklem Grenzgebiet Rußland-Österreich fristet der Enkel des ›Helden von Solferino‹ ein Leben liebenswürdiger Resignation und zugleich bedrückender Verstrickung«. Mit einer Sprache »wie Glas gesponnen« schildert Roth »Polens Zauber, Austrias Trauer und Galiziens Schwermut, Wolhyniens Sümpfe«. Er nennt sich mit Recht einen Europäer, einen Sohn des 19. Jahrhunderts, »des humanen Jahrhunderts, das aus dem Schoß der Aufklärung im 18. Jahrhundert entsprungen ist«. So bleibt sein großes Anliegen die Freiheit und Gleichheit, die er ständig predigt, ganz gleich, ob er es in seinem Werk mit »Kaisern und Obdachlosen, von Schwermut trunkenen k. u. k. Offizieren, Korallenhändlern, Schmugglern, Wirten und Kaufleuten« oder mit der Welt des Ostjudentums (*Hiob*, 1930) zu tun hat. (Vgl. ferner seine Romane *Die Kapuzinergruft; Beichte eines Mörders; Die Legende vom heiligen Trinker!* Im *Antichrist* steigert sich Roths »konsequenter Haß gegen Hitler ins Apokalyptische«.)

Doderer, geboren in Wien, schildert in seinem Roman »Die Strudlhofstiege oder Melzer und die Tiefe der Jahre« gleichfalls Blüte und Verfall der österreichischen Gesellschaft. Dabei lehnt er den Zeitroman ebenso ab und den historischen Roman: »Die Gegenwart des Schriftstellers ist seine wiedergekehrte Vergangenheit; er ist ein Aug', dem erst sehenswert erscheint, was in die wirkliche Distanz rückt.« Von seinem Roman *Ein Mord, den jeder begeht* (1938) sagt er: Die Lebensgemäßheit »kann zweifellos nur der naturalistische Roman leisten, der sich jener Ingredienzien bedient, die unser Alltag bietet: den ganzen Schrecken oder Klimbim gewichtlos zu machen, ihn zum Schweben zu bringen und schließlich die immer gleichen Wände, welche uns da umschließen, in Fenster umzuschaffen, durch die wir hinausschauen, während die Transzendenz – erweislich, wegen des ganz trivialen Rahmens – hereinscheint«. – Der Roman *Ein Umweg* nimmt seinen Stoff aus dem österreichischen Barock, und die Erzählung *Das letzte Abenteuer* lädt »zum Ritt ins romantische Land« ein. – Sein Roman *Die Dämonen* (1956) greift erneut das Thema Altösterreich auf, das in seinen abgestorbenen Traditionen dem Untergang zutreibt.

Bei Musil, Roth und Doderer werden Einzelschicksale in episch-barocker Fülle dargeboten; sie stehen in einer Art »seelischer Parallelität zwischen oben und unten« für den Zustand einer sterbenden Stadt (Wien), einer sterbenden Kultur (Donaumonarchie), darüber hinaus aber überhaupt für das im Menschen unterirdisch schwelende Böse. Die Gesellschaft hat kein Ziel mehr, »man hat innerlich nichts mehr zu tun«. Die Flucht vor der Leere führt bei ihr zu Surrogaten, besonders zu einer künstlich hochgezüchteten Sexualität, die von der Geschwisterliebe bis zum Lustmord eine differenzierte Stufenfolge abgibt. Es findet sich keine Liebe mehr, nur noch die Liaison, das Verhältnis, die Liebelei – die Krise in den Liebesbeziehungen ist für Musil (wie im Wedekind-Umkreis, bei Zweig, Schnitzler) deutlichster Ausdruck der allgemeinen Zeit- und Weltenkrise.

Österreicher war auch **Hermann Broch** (1886–1951). Der geborene Wiener wirkte zunächst als leitender Direktor eines Textilkonzerns, wandte sich aber 1928 der Schriftstellerei zu. 1938 floh er vor den Nationalsozialisten nach den USA, wo er auch starb.

Wie bei Musil steht bei Broch die Agonie der bürgerlichen Gesellschaft, der Zerfall der Tradition und des damit verbundenen Wertsystems im Mittelpunkt seines Schaffens. In der Trilogie *Die Schlaf-* **Zerfall** *wandler* (1931/32) will er an einem Schicksal von »mittle- **der Werte** rer Allgemeinheit« die geistige Struktur der Gesellschaft wie der allgemeinen Weltlage aufzeigen. Unbekümmert um ästhetische Prinzipien – l'art pour l'art war ihm gleichbedeutend mit

Kitsch! – wird seine an James Joyce geschulte Darstellung (vgl. *Der Tod des Vergil*, 1945) im 3. Band durch die Einschiebung psychologischer oder philosophischer Essays unterbrochen. Gerade dadurch soll das Individuelle und Zufällige ins Typische und Allgemeingültige erhoben werden.

In drei Bänden wird eine »dichterische wie philosophische Bestandsaufnahme des Zeitalters« versucht: *Pasenow oder Die Romantik; Esch oder Die Anarchie* und *Huguenau oder Die Sachlichkeit*. An drei Personen bzw. drei Zeitabschnitten (dem Dreikaiserjahr 1888, dem Höhepunkt der Wilhelminischen Ära 1903 und dem Revolutionsjahr 1918) wird der Niedergang der Gesellschaft deutlich. Mit »schlafwandlerischer« Sicherheit eilt die Zeit dem Verderben zu. Die Entwicklung führt von der nationalistisch bestimmten Pseudoromantik des 19. Jahrhunderts über die durch den technisch-materialistischen Fortschritt heraufbeschworene Entmenschlichung in die als »Sachlichkeit« drapierte, völlig wertfreie Zone der Nachkriegszeit. Der Held des letzten Romans begeht einen Mord: Ein Gegenspieler war ihm im Wege, die Sachlage zeigte sich günstig für dessen Beseitigung. »Jetzt fühlt sich Huguenau wohl ... Daß er jemand umgebracht hatte, fiel zwar nicht in den kaufmännischen Pflichtenkreis, widersprach aber auch nicht dessen Usancen.« Nun bringt er das väterliche Geschäft hoch, heiratet eine ehrliche Frau und hat Kinder. »Seine elastische Rundlichkeit wölbte sich und wurde mit der Zeit ein wenig weichlich, auch sein strammer Gang geriet mit der Zeit zusehends ins Watscheln. Er war mit seinen Kunden höflich, war seinen Untergebenen ein strenger Chef vor vorbildlichem Arbeitseifer ... Er stieg zu städtischen Würden auf, er wandelte wieder auf dem Pfad der Pflicht. Sahen sie doch alle gleich aus, die Huguenaus, feist und satt zwischen ihren Wangen.«

Gegen die Kasernen der Macht

Gegen den Adel und seine Vorherrschaft in der Gesellschaft wendet sich **Fritz von Unruh** (1885–1970). Ihm fehlt die kalte, sezierende Art der Sternheim, Musil, Broch; er ist expressiv bewegt, ekstatisch, zerrissen. Selbst aus einer altpreußischen Offiziersfamilie stammend, hat er die preußische Aristokratie, den Militäradel wie sein dynastisch-konservatives Weltbild und die ihm anhängenden bürgerlichen Schichten als »Gespenster« angeprangert und ihren verderblichen Einfluß aufgezeigt. Seine Tragödie *Ein Geschlecht* (1917) greift besonders den Militarismus an. In der Gestalt der Mutter werden die Kräfte des Mütterlichen gegen die zerstörenden Kräfte des Krieges beschworen. Unruh verkündet den Kampf gegen die »Kasernen der Macht«; er hofft auf eine Wiedergeburt der »Brüderschaft der Liebenden«. In vielen anderen Dramen, Vorträgen und Artikeln (mit oft wechselnder dichterischer Qualität) folgt Unruh dem expressionistischen Programm von »Aufruf und Empörung« gegen den Krieg, der »sinnlos zerschlägt und in die Gräber schleift«.

Die Antikriegs-Literatur ging im wesentlichen aus der Schlußphase des Ersten Weltkrieges hervor. *Reinhard Goering* (1887–1936) zeigte in dem Drama *Seeschlacht* (1917) das hoffnungslose Eingereihtsein des Soldaten in die Kriegsmaschinerie; weder Pflichterfüllung noch Meuterei versprechen einen Ausweg; die Matrosen sehen als machtloses Kollektiv dem Verhängnis entgegen. *Walter Hasenclever* (1890–1940; gestorben in der Emigration) proklamierte in seiner Bearbeitung der Sophokleischen *Antigone* (1917) den Widerstand gegen den Krieg, nachdem er schon in den ersten Gedichten, *Der Jüngling* (1913), und im Schauspiel *Der Sohn* (1914) die Jugend zum eigenwilligen und revolutionären Handeln aufgerufen hatte. *Leonhard Frank* (1882–1961) schrieb als »direkt wirkendes Manifest gegen den Kriegsgeist« fünf Novellen, *Der Mensch ist gut* (1917), in denen er Beispiele der Einsicht und Friedensbereitschaft gab. Später trat er mit antibürgerlichen, zuweilen klassenkämpferischen Romanen und Dramen hervor (*Der Bürger*, 1924; *Das Ochsenfurter Männerquartett*, 1927; *Karl und Anna*, 1927).

Bekannt wurden die Weltkriegs-Romane *Im Westen nichts Neues* (1929) von *Erich Maria Remarque* (1898–1970) und *Krieg* (1928) von *Ludwig Renn* (geb. 1889), veristische Schilderungen aus der Sicht der Frontsoldaten, und *Der Streit um den Sergeanten Grischa* (1927) von *Arnold Zweig* (1887–1968), eine Parabel militaristischer Brutalität. Der russische Kriegsgefangene Grischa, ein einfacher Mann, der sich zu den eigenen Linien durchschlagen will, wird gefaßt und trotz Einspruchs rechtlich denkender Offiziere vom Generalmajor Schieffenzahn (Ludendorff) zum Tode verurteilt, um »ein Exempel zu statuieren«. Der Roman ist das Kernstück einer achtbändigen Zeitkritik unter dem Titel *Der große Krieg der weißen Männer* (mit den Romanen *Junge Frau von 1914*, 1931; *Erziehung vor Verdun*, 1935; *Die Feuerpause*, 1954). Nach seiner Emigration ließ sich Zweig in der DDR nieder und setzte sich für eine Liberalisierung des Kulturlebens ein.

Satirische Waffengänge

Der nach 1918 durch die Weimarer Republik eingeleitete Demokratisierung, Humanisierung und Sozialisierung des öffentlichen und politischen Lebens war keine lange Dauer beschieden. Die um Konsolidierung Deutschlands und internationale Verständigung sich mühenden Politiker wurden vom Gros des Volks, besonders vom Bürgertum, nicht gestützt und unterstützt – wie dieses auch weitgehend allen Bestrebungen von Literatur und Kunst, soweit sie avantgardistisch und dem Neuen offen waren, ablehnend gegenüberstand und damit an den »goldenen zwanziger Jahren« des deutschen Geistes keinen Anteil hatte. Aus provinzieller und nationalistischer Enge heraus feierte das Gestrige, Reaktionäre fröhliche Urständ; das deutsche Bürgertum rutschte wieder nach rechts, schickte sich an »zu erwachen«, dem Untergang entgegen. Die Satiriker, die sich mit den Mitteln des Geistes der Entwicklung entgegenzustellen suchten (unter dem Motto: »Links, wo das Herz schlägt!«), hatten einen schwachen Stand, schwach wie die Demokratie, in der sie wirkten.

Zu seinem Gemälde »Deutschland, ein Wintermärchen« (1919) schreibt George Grosz in seiner Autobiographie: »In der Mitte setzte ich den ewigen deutschen Bürger, dick und ängstlich, an ein leicht schwankendes Tischchen mit Zigarre und Morgenzeitung darauf. Unten stellte ich die drei Stützen der Gesellschaft dar: Militär, Kirche, Schule ... Der Bürger hielt sich krampfhaft an Messer und Gabel fest; die Welt schwankte um ihn; ein Matrose als Symbol der Revolution und eine Prostituierte vervollständigten mein damaliges Bild der Zeit.«

Das München der zwanziger Jahre hielt **Lion Feuchtwanger** (1884 bis 1958) mit seinem Roman *Erfolg* (1930) fest: »Weißblau mit Hakenkreuz«. Seine ironischen Hiebe treffen nicht nur Zivilisations- und Großstadtdekadenz, sondern auch die »kleinbürgerlichen Schändlichkeiten des flachen Landes«, wobei sich seine Satire noch als wesentlich aggressiver als die Ludwig Thomas gibt.

»Ignaz Mooshuber, Ökonom in Rainmochingen, wurde geboren ebenda als Sohn der Ökonomenseheleute Michael und Maria Mooshuber. Er besuchte 7 Jahre die Schule in Rainmochingen, lernte Lesen, auch einiges Schreiben. Er diente beim Militär, übernahm dann den kleinen väterlichen Bauernhof. Er besaß in der Blütezeit seiner Jahre 4 Pferde, 2 Pflüge, 1 Frau, 4 eheliche, 3 uneheliche Kinder, 1 Bibel, 1 Katechismus, 1 Christkatholischen Bauernkalender, 3 Heiligenbilder, 1 Öldruck, darstellend König Ludwig II., 1 Photographie, darstellend ihn selber beim Militär, 1 Zentrifuge zur Butterbereitung, 7 Schweine, einige Schlingen und Fallen fürs Wild, 1 Sparkassenbuch, 3 Truhen, gefüllt mit Inflationsbanknoten, 23 Nähmaschinen, die er erworben hatte, um einiges von diesem Inflationsgeld in Sachwerten anzulegen, 2 Fahrräder, 1 Grammophon. Insgesamt 204mal stieg er durchs Fenster in eine Mädchenkammer. Es ließen sich im Zusammenhang mit ihm 14mal Mädchen beziehungsweise Frauen die keimende Frucht abtreiben. Er wurde 9mal verwundet, davon 3mal durch Messer in Privathäusern, 2mal durch Kugeln im Krieg, 4mal durch zerbrochene Bierkrüge im Wirtshaus. Er nahm 9mal im Jahr ein Fußbad, 2mal ein Vollbad. Er trank 2137 Liter Wasser und 47 812 Liter Bier. Er schwor 17 Eide, darunter 9 bewußt falsche, wobei er 3 Finger der linken Hand einbog, was ihn der landläufigen Meinung zufolge der Verantwortung Gott und den Menschen gegenüber enthob.«

Hermann Kestens (geb. 1900) bissig-zeitkritische Werke (darunter *Josef sucht die Freiheit*, 1927; *Glückliche Menschen*, 1931; *Der Scharlatan*, 1932; *Die Kinder von Guernika*, 1939; *Die Zwillinge von Nürnberg*, 1947) wurden von jenen, die sich getroffen fühlen mußten, als »Asphaltliteratur« verschrien. Er löckte wider den Stachel, weil er die »rücksichtslosen Apostel der Freiheit, die Bekenner der Wahrheit, die Feinde der Konventionen, die Schöpfer neuer Verfassungen, die Freunde der Menschheit, besonders die lachenden Spötter, aber auch die Gerechten und die großen Geschichtenerzähler, die in die Menschen verliebt sind«, schätzt (*Meine Freunde, die Poeten*, 1953).

Kestens satirische Begabung zeigt sich besonders in seinem aphoristisch zugespitzten Stil: »Laß die Erde zu neun Zehntel versinken, die Überlebenden werden sich bald beruhigen«. »Die Roß' waren gute Menschen, man nennt diese Menschen ganz gut, in der richtigen Erkenntnis, daß es schlimmere gibt.« »Sie zahlen ihre Steuern pünktlich und etwas zu niedrig.« »Ich will ein mittelmäßiger Mensch sein, ein mittelmäßiges Leben führen, ein Auskommen haben statt eines Vermögens, einen Verkehr statt Liebe, einen Stammtisch statt einer Familie, einen guten Ruf statt eines Ruhms, eine Stellung statt einer Position, mein Leben darf würdelos werden, nur nicht unglücklich.«

Erich Kästner (aus Dresden, 1899–1974) lebte nach Studium und Promotion in Berlin; dort sah und beschrieb er das Tohuwabohu der Nachkriegszeit. Die Großstadt wird ihm zum Sinnbild des menschlichen Amoklaufs. In seinem Roman *Fabian* (1931) heißt es von Berlin:

>»Hinsichtlich ihrer Bewohner gleicht die Stadt einem Irrenhaus. Im Osten residiert das Verbrechen, im Zentrum die Gaunerei, im Norden das Elend, im Westen die Unzucht, und in allen Himmelsrichtungen wohnt der Untergang.«

In seinen satirischen Versbüchern *(Herz auf Taille,* 1928; *Lärm im Spiegel,* 1929; *Ein Mann gibt Auskunft,* 1930; *Gesang zwischen den Stühlen,* 1932) wirkt Kästner als Moralist, der die Schäden aufzeigt, um auf Heilung hinzuwirken. Aber seine Diagnose war umsonst gestellt: »Immer wieder kommen Staatsmänner mit großen Farbtöpfen des Wegs und erklären, sie seien die neuen Baumeister. Und immer wieder sind es nur Anstreicher. Die Farben wechseln, und die Dummheit bleibt. Ja, wenn man der Trompeter von Jericho wäre!«

Aus Enttäuschung über die Ohnmacht des Satirikers »emigrierte« Kästner in die Welt des Kindes, wo einem an der Welt leidenden Moralisten »das Herz vor Freude laut im Halse schlägt«, da hier alles »märchenhaft« lösbar und alles gut ist und die Bösen ihre Bestrafung finden *(Emil und die Detektive,* 1928; *Pünktchen und Anton,* 1931; *Das fliegende Klassenzimmer,* 1933; *Das doppelte Lottchen,* 1949).

Hans Fallada (eigentlich Rudolf Ditzen, 1893–1947) mußte sich in verschiedenen Berufen – als Landwirtschaftseleve, Buchhalter, Nachtwächter, Getreidehändler, Anzeigenwerber – durch die Wirtschaftsnot der Nachkriegsjahre schlagen, stieg allerdings wenig später ins »literarische Großgeschäft« ein. In zeitkritischen, mit viel Persönlichem durchsetzten Büchern *(Bauern, Bonzen und Bomben,* 1930; *Wer einmal aus dem Blechnapf frißt,* 1934; *Der Trinker,* 1950) gibt er – trotz gelegentlicher kolportagehafter und sentimentaler Zugeständnisse – meisterhafte Zeitgemälde, leistet freilich auch damit den ideologisch begründeten Parolen (der extremen Rechten wie Linken) gegen das »System« Vorschub.

Kleiner Mann – was nun? (1932) handelt von dem kleinen Angestellten Pinneberg in der Arbeitslosenzeit. Der harte Lebenskampf setzt ihm sehr zu; aber Pinneberg geht nicht unter, er hält stand, erweist sich stärker als die widrigen Umstände, hat er doch »Lämmchen«, sein Weib, und »Murkel«, sein Kind. Die Empörung über die schlimmen sozialen Zustände schlägt bei Fallada um in das stille Glück der Entsagung, in den Rückzug auf den häuslichen Herd. Das schloß freilich den Verzicht auf jede politische Aktivität ein; vom unpolitischen und a-politischen Verhalten weiter Kreise des Volkes konnten sowohl Kommunisten wie Nationalsozialisten profitieren.

Satirisches und Lyrisches birgt auch das Werk von **Joachim Ringelnatz** (1883–1934) und **Kurt Tucholsky** (1890–1935). Hans Bötticher, der sich später Ringelnatz nannte, fuhr erst zur See (vgl. auch seine autobiographischen Werke *Mein Leben bis zum Kriege; Als Mariner im Krieg*), ging dann in der Schwabinger Boheme »unter« – führte ein »tolldreistes« Leben mit erheblichem Branntweinkonsum. Der schon von seiner Existenz her ausgesprochene Bürgerschreck provozierte mit seinen schnoddrig-skurrilen Versen und Sprachspielereien den Philister; daneben war er ein rührend-empfindsamer Lyriker, den Kindern besonders zugetan; das understatement der Aussage läßt keine Sentimentalität aufkommen (*Schnupftabakdose*, 1912; *Janmaate*, 1922; *103 Gedichte*, 1933; *Gedichte, Gedichte*, 1934).

»Hier ruht ein goldenes Herz und eine eiserne Schnauze, gute Nacht!« wollte Tucholsky auf seinen Grabstein geschrieben haben, unverwüstlicher Berliner, der er war. Unter verschiedenen Pseudonymen schrieb er in der von **Siegfried Jacobsohn** geleiteten *Schaubühne* und späteren *Weltbühne,* dort zusammen mit **Carl von Ossietzky** (dem im KZ umgebrachten Pazifisten und Friedensnobelpreisträger von 1935). Jeder Beitrag war ein »Spießerspiegel«, von scharfem, oft allerdings auch weichherzigem, gutmütigem Humor; (vgl. *Rheinberg*). Es waren Angriffe gegen die Herzensverfettung des Bürgers, der nur an seine Brieftasche, Karriere, Liebschaften denkt, auch wenn die Welt darüber zugrunde geht: *Deutschland, Deutschland, über alles* (1929).

> »Verfolgt das kleine Unrecht nicht zu sehr, in Bälde
> Erfriert es schon von selbst, denn es ist kalt:
> Bedenkt das Dunkel und die große Kälte
> In diesem Tale, das von Jammer schallt.
> Zieht gen die großen Räuber jetzt zu Felde
> Und fällt sie allesamt, und fällt sie bald:
> Von ihnen rührt das Dunkel und die Kälte,
> Sie machen, daß dies Tal von Jammer schallt.«

In **Bert Brecht** (1898–1956), von dem diese Verse stammen, gipfelt expressionistische Aufrufs- und Empörungsdichtung. Hier ist ein Dichter, der gegen die »großen Räuber« unbeirrt zu Felde zog und dabei zu künstlerischer Vollendung gelangte wie wenig andere Dramatiker des 20. Jahrhunderts. Die politische Haltung seiner letzten Lebensjahre freilich muß umstritten bleiben.

Der geborene Augsburger wendet sich früh dem Theater zu und sammelt als Spielleiter Erfahrungen. 1933 flieht er aus Deutschland und kommt nach langer Irrfahrt in die USA. In Ostberlin, wohin er nach dem Krieg zurückkehrt, stirbt er als Leiter des »Berliner Ensembles« im Theater am Schiffbauerdamm.

Drama und Dramaturgie sind für Brecht etwas anderes als ehedem; er wendet sich gegen den (wie er sagt) »Seelenkäse« des bürgerlichen Thea-

ters. Die »neue« Bühne soll zu intellektueller, moralischer und sittlich-
sozialer Entscheidung aufrufen. Unter Verwendung des-
Aufruf illusionierender Mittel (offene, rampenlose Bühne, Zwi-
zur schentexte und -songs, kommentierende Sprecher, Plakate,
Aktion Anachronismen u. a.) soll der Eindruck von der »Wirklichkeit des Spiels« zerstört werden (»Glotzt nicht so romantisch!«). Das Stück wird zur Parabel, zur Fabel, aus der der Verstand
seine Nutzanwendung zu ziehen hat. Die Absicht bestimmt den Dichter,
den Zuschauer gefühlsmäßig vom Geschehenen zu distanzieren und ihn
von jeder voreiligen Mit-Leidenschaft zu befreien, so daß er um so
gründlicher über das Erlebte nachdenken kann. »Da das Publikum ja
nicht eingeladen wird, sich in die Fabel wie in einen Fluß zu werfen, um
sich hierhin und dorthin unbestimmt treiben zu lassen, müssen die einzelnen Geschehnisse so verknüpft sein, daß die Knoten auffällig werden:
die Geschehnisse dürfen sich nicht unmerklich folgen, sondern man muß
mit dem Urteil dazwischen kommen können ... Die Teile der Fabel sind
also sorgfältig gegeneinanderzusetzen, indem ihnen ihre Struktur, eines
Stückchens im Stück, gegeben wird.« (*Kleines Organon für das Theater,*
1948.) Der »dramatischen« Form des Theaters stellt Brecht die »epische«
gegenüber. Während jene den Zuschauer in die Bühnenaktion verwickle,
seine Aktivität verbrauche, ihm Gefühle ermögliche, ihm zum Erlebnis
werde, mache diese den Zuschauer zum Betrachter. Seine moralische Aktivität werde geweckt, Entscheidungen würden von ihm erzwungen, er müsse
argumentieren und sich um Erkenntnisse bemühen, seinen Verstand in
die Waagschale werfen. Diese geistig-moralische Reaktion des Zuschauers
soll die Folge des »Verfremdungseffektes« sein, unter dem das Geschehen
auf der Bühne zu stehen habe. Der Schauspieler hat sich so weit von
seiner Rolle zu distanzieren, daß er das Pädagogische seines Tuns nicht
überspiele. Die Bühne, nun nicht mehr die Welt bedeutend, sondern nur
abbildend, verliert ihren Illusionscharakter.

Die Kritik an der bürgerlichen Gesellschaft ist der Grundton von
Brechts Dramen. »Was hilft da Freiheit? Es ist nicht bequem. / Nur
wer im Wohlstand lebt, lebt angenehm«, heißt es ironisch
Soziale in einem Song der *Dreigroschenoper* (1928), die durch die
Pädagogik Gleichung: Der Räuber als Bürger, der Bürger als Räuber
bestimmt ist. Die Frage nach Gut und Böse wird zusammen
mit der sozialen Frage aufgeworfen. Der Dichter wollte Volksstücke
für eine »soziale Pädagogik« schaffen.

Dabei greift er auch alte Dramen auf, die er mit sicherem Griff für Aktualität und
Effekt neu bearbeitet (neben der »Dreigroschenoper« nach John Gay z. B. *Antigone;
Coriolan; Der Hofmeister* von Lenz, *Pauken und Trompeten* von Farquhar). Nach

dem Motto »Nehm' jeder sich heraus, was er grad braucht! Ich selber hab' mir was herausgenommen« (*Sonett zur Neuausgabe des François Villon*, 1930) übernimmt Brecht auch gern Motive und Einzelteile aus anderer Dichtung, was ihm den »bürgerlichen Vorwurf« des Plagiats einbrachte. Mit ironischen Zitaten und Parodien rückt er der »bürgerlichen Klassik« zu Leibe, wobei er sich zum Beispiel in der »Heiligen Johanna der Schlachthöfe« auch an Hölderlin (»Hyperions Schicksalslied«) »vergreift«:

> »Den Preisen nämlich
> War es gegeben, von Notierung zu Notierung zu fallen
> Wie Wasser von Klippe zu Klippe geworfen
> Tief ins Unendliche hinab. Bei Dreißig erst hielten sie.«

Antibürgerlich gemeint ist auch die unverhüllte Aussprache sexueller Dinge, die »beim Namen genannt werden«, sowie die Fülle makabrer Motive (während der Bürger sich immer das »Hohe«, »Schöne«, »Gute« in der Kunst wünsche). Die Brechtsche *Hauspostille* hat man des »Teufels Gebetbuch« genannt. »Alle Vorgänge, Tages- und Jahreszeiten, Ströme des Regens und Wuchern der Wälder, Geburt, Begattung und Tod sind in der penetranten Terminologie der Verwesung geschildert. Da ist nichts fest, hart, spröd, frisch, unversehrt, alles verschwimmt und verschlammt, zerfließt und zerquillt in Brackwasser, Lauge und fauligem Cocktail.« (H. Lüthy).

Der Satz »Die Wahrheit ist konkret« (jahrelang – auf ein Stück Pappe geschrieben – über seinem Schreibtisch hängend) bestimmte Brecht beim Schreiben; »konkret sein« hieß für ihn »historisieren« – das Theater sollte den Sinn geschichtlicher, sozialgeschichtlicher Vorgänge und Veränderungen enthüllen, im Sinne marxistischer Konzeption durchschauen lehren. Darüber hinaus aber ist Brecht, der eine Schwarz-Weiß-Darstellung zu vermeiden wußte, der Vorstoß zum Allgemein-Menschlichen gelungen (wenn er auch nicht seiner programmatischen Zielsetzung entsprach): in seiner Lyrik (mit der großartigen Ballade *Legende von der Entstehung des Buches Taoteking auf dem Weg des Laotse in die Emigration*) und in seinen *Stücken*.

Brecht beginnt mit kraß-zynischen Versuchen von agitatorischer Wirksamkeit. »Jeder Mann ist der Beste in seiner Haut« heißt es in *Trommeln in der Nacht* (1922). Zu *Im Dickicht der Städte* schreibt der Dichter selbst: »Sie befinden sich im Jahre 1912 in der Stadt Chikago. Sie betrachten den unerklärlichen Ringkampf zweier Menschen und wohnen bei dem Untergang einer Familie, die aus den Savannen in das Dickicht der großen Städte gekommen ist. Zerbrechen Sie sich nicht den Kopf über die Motive des Kampfes, sondern beteiligen Sie sich an den menschlichen Einsätzen, beurteilen Sie unparteiisch die Kampfform der Gegner und lenken Sie Ihr Interesse auf das Finish.«

Dann geht Brecht zu Parabeln über, welche die Niedertracht der Gesellschaft schildern und die immer wiederkehrende Tatsache, daß der einfache, einfältige Mensch unter die Räder gerät. *Mann ist Mann* (1926) zeigt die »Verwandlung des Packers Galy Gay in den Militärbaracken von Kilkoa im Jahre 1925«, d. h. die Entindividualisierung eines Menschen und seine Umnormung für das Kollektiv. In *Die heilige Johanna der Schlachthöfe* (1930) wird die moderne Johanna durch ein Mädchen der Heilsarmee verkörpert, deren Güte und Menschlichkeit man ausnützt, bis sie im Ausbeutermilieu von Chikago zugrunde geht. »In solchen Städten, die von unten brennen / und oben schon gefrieren, reden immer / noch einige von dem und jenem, das / nicht ganz in Ordnung ist.« Das Stück »lehrt«, daß idealistische Humanität ein ungeeignetes Mittel für politisches Handeln darstellt, der Klassenkampf an ihre Stelle zu treten habe.

In der Komödie *Herr Puntila und sein Knecht Matti* (1940), einem in Finnland spielenden Volksstück, ist der Knecht der Proletarier, der Getretene, Geschundene, der Herr Puntila aber der Ausbund des Bourgeois:

> »Wir zeigen nämlich heute abend hier
> Euch ein gewisses vorzeitliches Tier
> Estatium possessor, auf deutsch Gutsbesitzer genannt
> Welches Tier, als sehr verfressen und ganz unnützlich bekannt
> Wo es noch existiert und sich hartnäckig hält
> Eine arge Landplage darstellt.«

Allerdings ist Puntila nur ein Leuteschinder, wenn er nüchtern ist; wenn er betrunken ist, erweist er sich als kraftstrotzender Kerl, der das Herz auf dem richtigen Fleck hat.

Mit eisiger Schärfe diagnostiziert Brecht die gesellschaftliche Misere: »Denn wie man sich bettet, so liegt man / es deckt einen keiner da zu / und wenn einer tritt, dann bin ich es / und wird einer getreten, dann bist's du!« »Erstens, vergeßt nicht, kommt das Fressen / zweitens kommt der Liebesakt. / Drittens das Boxen nicht vergessen, / viertens Saufen, laut Kontrakt. / Vor allem aber achtet scharf / daß man hier alles dürfen darf.« (*Aufstieg und Fall der Stadt Mahagonny*, 1930). Im *Verhör des Lukullus* (1939) klagen die Kleinen die Großen an – die Soldaten, die Mutter, die Braut treten auf. Lediglich damals tat der Feldherr Gutes, als er die Kirsche nach Europa brachte.

Das *Leben des Galilei* (1938) macht an historischem Beispiel das Dilemma und Schicksal eines Naturwissenschaftlers zwischen Freiheit und Zwang, Wissen und Glaube deutlich. In der ersten Fassung nimmt der Gelehrte bewußt die Schmach des Widerrufs auf sich, um für die Menschheit weiterarbeiten zu können. (Dem Vorwurf: »Wehe der Zeit, die keine Helden hat« entgegnet Galilei: »Wehe der Zeit, die Helden nötig hat«.) In der letzten Fassung, die Brecht nach der Atombombe von Hiroshima schrieb (»Von heute auf morgen las sich die Biographie des Begründers der neuen Physik anders«), wird Galileis Widerruf dahingehend interpretiert, daß bei ihm der Leib über den Geist gesiegt habe: der Wissenschaftler paßte sich an, wo er tapferen Widerstand hätte leisten müssen.

Von einem starken, aber unaufdringlichen Pazifismus wird Brechts Chronik aus dem Dreißigjährigen Krieg (nach Motiven von Grimmelshausen) getragen: *Mutter Courage und ihre Kinder* (1939). Der Krieg nimmt der Marketenderin die Kinder, die Habe, die Freunde. Der Krieg geht weiter, und auch sie muß weiter – Rad im Getriebe, Opfer der

Kräfte, die das Böse wollen, und doch stets ihren Vorteil wahrhabend:

>>Mit seinem Glück, seiner Gefahre,
Der Krieg, er zieht sich etwas hin.
Der Krieg, er dauert hundert Jahre,
Der g'meine Mann hat kein Gewinn.
Ein Dreck sein Fraß, sein Rock ein Plunder!
Sein halben Sold stiehlts Regiment.
Jedoch vielleicht geschehn noch Wunder:
Der Feldzug ist noch nicht zu End!
Das Frühjahr kommt! Wach auf, du Christ!
Der Schnee schmilzt weg! Die Toten ruhn!
Und was noch nicht gestorben ist,
Das macht sich auf die Socken nun.<<

Als die bedeutsamsten Werke Brechts können der *Kaukasische Kreidekreis* (1945) und *Der gute Mensch von Sezuan* (1940) gelten. Zugleich wird hier das Anliegen des Dichters, dem die Bühne moralische Anstalt und politische Arena zugleich war, besonders deutlich.

Im >>Kaukasischen Kreidekreis<< liebt die Magd Grusche mehr als die leibliche Mutter das ihr von der fliehenden Herrin zurückgelassene Kind. Seinetwegen setzt sie sich Verfolgungen aus. Als man ihr das Kind wieder wegnehmen will – die reiche Dame ist zurückgekehrt, der Revolution ist die Restauration gefolgt, der Richter soll bestochen werden –, verkündet dieser als wahrer Volksrichter das Urteil: Das Kind gehöre derjenigen, die es aus einem Kreidekreis herausreißen kann. Die Magd tut es nicht: >>Ich hab's aufgezogen. Soll ich's zerreißen? Ich kann's nicht.<< Sie ist die wahre Mutter, und der Richter spricht ihr das Kind zu.

Soziale Revolutionsstimmung durchzieht das Stück. Im Richter Azdak, der auf seltsame Weise zu seinem Posten kommt (ursprünglich war er ein versoffener Dorfschreiber, der aber nun endlich einmal Recht spricht, so daß ihn das Volk nie vergessen wird), kulminiert die Gesellschaftskritik: >>Immer war der Richter ein Lump, so soll jetzt ein Lump der Richter sein.<< Azdaks Lebensführung ist – wie die aller Brechtschen Protagonisten – >>ein von seinem Schöpfer vorgebrachter Protest gegen den alten idealistischen Heldenbegriff und gegen den als Schwindel begriffenen bürgerlichen Ideenkult überhaupt, ein Protest im Namen des chinesischen Glücksgottes gegen die Dämonie des Tragischen.<< Damit hängt die Überzeugung zusammen, >>daß es die reine Gerechtigkeit nicht gibt, es sei denn als schwindelhafter ideologischer Überbau einer Klassenjustiz, daß also alle Justiz Klassenjustiz sein muß. Darum ist auch der Volksrichter gehalten, parteiische Urteile zu fällen. Urteile zugunsten der Armen und Ausgebeuteten. Es ist deshalb auch nicht erlaubt, den Begriff der Bestechlichkeit im Sinne einer allgemeinen und abstrakten Morallehre zu definieren. Man muß ihn >konkret< verstehen, muß ihn >historisieren<, in seiner geschichtlichen Bedingtheit präzisieren. Bestechlichkeit im Fall Azdak bedeutet: Ausbeutung der Ausbeuter oder Expropriation der Expropriateure und Begünstigung der Ausgebeuteten. Ein Blick genügt ja für diesen Richter, um in einem wohlhabenden Kläger vor allem den Besitzenden, in einem besitzlosen Angeklagten vor allem den Armen zu erkennen.<< (H. E. Holthusen)

In »Der gute Mensch von Sezuan« sind die Götter auf die Erde herabgestiegen, um einen guten Menschen ausfindig zu machen. Sie erkennen ihn in Shen Te, dem Freudenmädchen. Als einzige gewährt sie den Göttern Obdach, und als sie dafür belohnt wird, hilft sie mit ihrem Geld den Armen, wo immer sie kann. Doch Shen Te muß erfahren: »Gute Taten, das bedeutet Ruin. Aber schlechte Taten, das bedeutet gutes Leben.«

Um überhaupt existieren zu können, muß selbst der gute Mensch gelegentlich die Maske des bösen Menschen annehmen. Shen Te verwandelt sich so in ihren Vetter Shui Ta, und in dieser Verkleidung verfolgt sie hart ihre Ziele. »Ja, ich bin es, Shui Ta und Shen Te, ich bin beides. Euer einstiger Befehl, gut zu sein und doch zu leben, zerriß mich wie ein Blitz in zwei Hälften. Ich weiß nicht, wie es kam: gut sein zu andern und zu mir konnte ich nicht zugleich. Andern und mir zu helfen, war mir zu schwer. Ach, eure Welt ist schwierig! Zuviel Not, zuviel Verzweiflung! Die Hand, die dem Elenden gereicht wird, reißt er einem gleich aus! Wer dem Verlorenen hilft, ist selbst verloren!« So redet Shen Te die Götter an; aber diese ziehen sich aus der Affäre, ohne einen Rat zu geben. Brechts Stück endet in der resignierenden Einsicht, daß die Grenze zwischen Gut und Böse schwer zu ziehen ist, da beides im Menschen angelegt sei und die Welt keine eindeutigen moralischen Regeln bereit halte. »Soll es ein anderer Mensch sein? Oder eine andere Welt? / Vielleicht nur andere Götter? Oder keine? . . .« »Den Vorhang zu, und alle Fragen offen.« Der Sprecher wendet sich an das Publikum und fordert es zur »Aktion« auf:

> »Der einzige Ausweg wär aus diesem Ungemach:
> Sie selber dächten auf der Stelle nach
> Auf welche Weis dem guten Menschen man
> Zu einem guten Ende helfen kann.
> Verehrtes Publikum, los, such dir selbst den Schluß!
> Es muß ein guter da sein, muß, muß, muß!«

Im Sinne Brechts muß das dichterische Bemühen *Günther Weisenborns* (1902–1969) verstanden werden, eines ausgesprochen sozialkritischen, revolutionären und daher inhaltlich häufig umstrittenen Dramatikers und Erzählers. Sein Schauspiel *Die Mutter* (1931), gemeinsam mit Brecht geschrieben, zurückgehend auf den gleichnamigen Roman von Maxim Gorki, zeigt bereits die starke antibürgerliche, klassenkämpferische Stimmung, die auch seine anderen Werke bestimmt. In der Tragödie *Babel* (1946) wird gegen das Wirtschaftsmonopol der Kapitalisten (eines südamerikanischen Fleischhändlers) Stellung bezogen, während in dem Stück *Vom Eulenspiegel, vom Federle und von der dicken Pompanne* (1949) ein Vagabund sich als ein Revolutionär für Freiheit und Menschenwürde erweist.

Der zu den erfolgreichsten Schülern Bert Brechts zählende **Peter Hacks** (geb. 1928) nimmt in seinen geschichtskritischen Stücken einen pazifistischen und sozialistischen Standpunkt ein. In der *Eröffnung des indischen Zeitalters* (1954) zeichnet er das Bild der Entdeckung und Eroberung Mittelamerikas; er entwirft eine politische Parabel über Columbus, der ausfährt, um Gerechtigkeit und Wohlstand zu verbreiten, »eine neue Zeit mit der goldenen Angel an Land zu ziehen«, aber an den

Eigenmächtigkeiten der Konquistadoren, der kapitalistischen Ausbeuterklasse, scheitert. Die Szenenfolge *Das Volksbuch vom Herzog Ernst oder der Held und sein Gefolge* (1956) ist eine Karikatur des mittelalterlichen Feudalherrn; (der Herzog vollbringt gänzlich unnötige Abenteuer auf Kosten seiner Gefolgsleute und steht machtlos und untätig da, als diese sich von ihm abwenden). Gegen den Nimbus des preußischen Soldatentums und Friedrichs des Großen richten sich die beiden Schauspiele *Die Schlacht bei Lobositz* und *Der Müller von Sanssouci* (1956 und 1958).

Der rücksichtslose Menschenverschleiß in der Schlacht widerlegt das Gerede von den humanen und vaterländischen Idealen. Der Musketier Ulrich Bräker (der selbst auftretende Verfasser der *Lebensgeschichte und natürlichen Abenteuer des armen Mannes im Toggenburg*, 1789, aus denen die wichtigsten Teile der Handlung stammen), anfangs noch seinem Leutnant hörig, begreift den Verrat der Aristokratie am kleinen Mann und desertiert. Auch der Müller von Sanssouci ist – wenngleich in einem komödiantischen Spiel – eine exemplarische Figur des mißbrauchten Untertanen. Die bekannte Anekdote ist auf den Kopf gestellt: Der König zwingt den absolut friedfertigen Müller, sich gegen ihn aufzulehnen, damit jene Legende entstehe und zum Nutzen landesväterlicher Popularität in Umlauf komme. – Aus der gleichen Absicht historisch-politischer Kritik schrieb Hacks 1963 eine Neufassung des »Sturm-und-Drang«-Dramas *Die Kindermörderin* von Heinrich Leopold Wagner. (»Das moralische Elend war zum politischen geworden und damit abschaffbar. Die Furcht hatte sich in Mißbilligung gewandelt.«)

Neben Brecht erscheinen die Dramen von **Carl Zuckmayer** (1896 bis 1977), trotz seines sicheren Griffs für packende Situationen, interessante Charaktere und spannende Handlungen, wesentlich schwächer in ihrer künstlerischen Gestaltung. Auch ihn bewegen Empörung, Aufruf zur Menschlichkeit, zur sozialen Revolution; aber die Umsetzung in Dichtung ist eher gekonnt, routiniert als erschütternd.

Der Dichter stammt aus Nackenheim am Rhein. Seine ersten dramatischen Erfolge nach dem Weltkrieg 1914/18, an dem er als Kriegsfreiwilliger teilgenommen hatte, sind der Atmosphäre seiner engeren wie weiteren Heimat verpflichtet: *Der fröhliche Weinberg* (1925) ist eine Komödie um die Tochter eines Weingutbesitzers; *Schinderhannes* (1927) ein Schauspiel vom Räuberhauptmann Johann Bückler aus der Napoleonzeit. *Katharina Knie* (1928) gibt das Schicksal einer Zirkusdirektorentochter wieder, die auf ihre Liebe verzichtet, um das väterliche Unternehmen weiterführen zu können. *Ulla Winblad* (1938) ist ein »dramatischer Bilderbogen« von Liebe und Leid des schwedischen Vagantendichters Carl Michael Bellman und seiner Geliebten Ulla Winblad.

1933 emigrierte Zuckmayer nach Österreich, später in die Schweiz und dann in die USA.

Mit dem *Hauptmann von Köpenick* (1931) – gleichfalls im Bilderbogenstil – gelang Zuckmayer sein stärkstes gesellschaftskritisches Stück. Er nennt es ein deutsches Märchen, da die Ereignisse die ihm zugrunde liegen (und sich wirklich ereignet haben), höchst unglaubwürdig erscheinen.

Die Zeitbühne

Ein vorbestrafter Schustergeselle, der sich, um Arbeit zu bekommen, einen Paß besorgen will, ihn aber nicht erhält, verschafft sich sein Recht, indem er die Uniform eines Hauptmanns anzieht, einen Trupp Soldaten zu seiner speziellen Verfügung abkommandiert und sich in der Amtsstube auch gleich der Kasse annimmt. »Wieso man ihn, das Stiefkind aller Amtsstuben, gleich nach seiner Hochzeit (mit der Uniform) als unumschränkten Herrn und Herrscher anschaute, weshalb gerade er, der Wilhelm Voigt, etwas gemerkt hatte, was sechzig Millionen guter Deutscher auch wußten, ohne etwas zu merken, all das versucht das Schauspiel im Ablauf weniger Stunden zu zeigen.«

Des Teufels General (1946) gibt die Tragödie eines Luftwaffengenerals im Dritten Reich, der zwischen vermeintlicher Pflicht und moralischer Überzeugung schwankt und inmitten seiner Freunde von den Funktionären des NS-Regimes zur Strecke gebracht wird.

Das kalte Licht (1955) behandelt den Konflikt eines Atomspions, der den Verrat aus ideellen Gründen begangen hat, während *Der Gesang im Feuerofen* (1949) das Schicksal einer Gruppe von französischen Widerstandskämpfern gestaltet, die, von einem der Ihren verraten, der SS erliegen und niedergemacht werden.

Die verlorene Generation

Brecht und Zuckmayer reichen wie viele ihrer Weggefährten in die nächste, gegenwärtige Dichtergeneration hinein; sie konnten dem Terror und der Verfolgung der Nationalsozialisten entgehen und nach dem Zusammenbruch von 1945 am Neubau des geistigen und kulturellen Lebens in Deutschland mitwirken, Wieder glich die Situation der von 1918, nur daß Niederlage und Zerstörung noch gründlicher, Not und Leiden noch viel furchtbarer waren. Wieder ging es – aus der Empörung über das Geschehene und weiter Geschehende aufsteigend – um den Aufruf zu neuer Menschlichkeit (vgl. **Max Tau**: *Glaube an den Menschen*, 1946).

»Hier ist eine Generation von Umgetriebenen, Ausgetriebenen und Unsteten, von Märtyrern und Duldern, von Kämpfern und Beharrlichen, von Frühverstorbenen und in Leiden Gealterten, wie sie sicherlich niemals und nirgends in einer Weltliteratur vorhanden war« – schreibt Kurt Pinthus über die expressionistischen Weggefährten von 1920 in der Neuauflage seiner Anthologie (1959). Aber auch die nächste Generation kam wieder vom Krieg »heim«, stand vor Trümmern und Chaos, Vernichtung und Zerstörung und griff den Ruf ihrer Vorgänger auf. Eine zweite Welle expressiv-explosiven Schaffens sprang auf, der ersten in Haltung, künstlerischer Aussageweise und -kraft verwandt. »Wir sind die Generation ohne Bindung und ohne Tiefe. Unsere Tiefe ist Abgrund. Wir sind die Generation ohne Glück, ohne Heimat und ohne Abschied. Unsere Sonne ist schmal, unsere Liebe grausam, und unsere Jugend ist ohne Jugend. Und wir sind die Generation ohne Grenze, ohne Hemmung und Behütung«, heißt es bei Wolfgang Borchert.

»Ein Mann kommt nach Deutschland. Er war lange weg, der Mann. Sehr lange. Vielleicht zu lange. Und er kommt ganz anders wieder, als er wegging. Äußerlich ist er ein naher Verwandter jener Gebilde, die auf den Feldern stehen, um die Vögel (und abends manchmal auch die Menschen) zu erschrecken. Innerlich – auch. Er hat tausend Tage draußen in der Kälte gewartet. Und als Eintrittsgeld mußte er mit seiner Kniescheibe bezahlen. Und nachdem er nun tausend Nächte draußen in der Kälte gewartet hat, kommt er endlich doch noch nach Hause. Ein Mann kommt nach Deutschland.« Diese Worte setzt **Wolfgang Borchert** (1921–47) seinem ursprünglich als Hörspiel verfaßten Drama *Draußen vor der Tür* (1947) voraus, einem »Stück, das kein Theater spielen und kein Publikum sehen will«.

Den Kriegsheimkehrer Beckmann hat sogar die eigene Frau vergessen, sie liegt mit einem andern im Bett. Das Söhnchen wurde von einer Bombe zerrissen. Da wirft sich der Heimkehrer in die Elbe; aber diese weist ihn ab. Beckmann humpelt ins Leben zurück. Eine Frau nimmt ihn auf – ihr Mann ist vermißt; doch er kommt in dem Augenblick zurück, als Beckmann sie umarmen will. So wird er unschuldig schuldig. Das Leid, das er selbst erlitt, fügt er jetzt einem andern zu. Nun will er seinem Vorgesetzten aus dem Krieg die Verantwortung zurückgeben, denn seine Seele ist schwer belastet von den furchtbaren Ereignissen. Doch die Verantwortlichen sitzen wieder gemütlich in ihrer Stube bei Frau und Kind und haben Arbeit und Essen. Beckmann steht draußen vor der Tür. Am Ende seines Leidensweges, als er hört, daß auch seine Eltern in ihrer Verzweiflung Selbstmord begangen haben, wird er wohl wieder in die Elbe gehen, die aller Not ein Ende bereiten könnte.

Wie in diesem Drama hat der junge Dichter auch in seinen Kurzgeschichten (*Nachts schlafen die Ratten doch; Das Brot; Die Küchenuhr; Die Hundeblume; Die lange, lange Straße lang* u. a.) stellvertretend für seine Generation die Anklage hinausgeschrien: im zerfetzten Sprachstil eines an der Welt Verzweifelnden.

Borchert stammte aus Hamburg, war zunächst Buchhändler geworden, dann Schauspieler. 1941 kam er als Soldat an die Ostfront und wurde schwer verwundet. Wegen brieflicher Äußerungen »wehrzersetzender Art« zu Haftstrafen verurteilt, fand er Begnadigung und wurde einer Strafkompanie zugeteilt. 1945 kehrte er in die Trümmer seiner Heimatstadt zurück, chronisch fieberkrank, an Körper und Seele gebrochen. Einen Tag vor der Erstaufführung seines Stückes »Draußen vor der Tür« starb er in Basel.

Der ethische, aus Menschenliebe und Humanismus gespeiste Wille einer verlorenen Generation zeigt sich auch in den Situationen des Kriegstagebuchs *Die unsichtbare Flagge* (1952) von **Peter Bamm** (eigentlich Curt Emmrich, 1897–1975), des Dramas *Der Traum von Wassilikowa* (1952) und des Romans *Verlöschende Feuer* (1956) von **Horst Lange** (1904–71), der mit dämonisch verdüsterten, traumhaft dunklen Werken begonnen hatte (u. a. *Schwarze Weide, Ulanenpatrouille,* 1937 und 40). »Dort, wo die tiefsten Niederbrüche, die entsetzlichsten Entartungen und die schlimmsten Verheerungen erlebt und erduldet worden sind, können auch die entschiedensten Konsequenzen gezogen werden« (H. Lange). Aus unmittelbarem Miterleben und zugleich aus dem Abstand des Chronisten gestaltet **Felix Hartlaub** (geb. 1893, bei den Kämpfen um Berlin 1945 verschollen) seine »Aufzeichnungen aus dem Zweiten Weltkrieg« *Im Sperrkreis* (Hartlaub war zeitweise ins Führerhauptquartier abkommandiert).

Luise Rinser (geb. 1911) vermittelt in ihrem *Gefängnistagebuch,* das sie 1944/45 während ihrer Inhaftierung schrieb, und in der Novelle über das Schicksal eines Juden (*Jan Lobel aus Warschau, 1948*) ein realistisch nüchternes, aber vom eigenen Mit-leiden geprägtes Bild völliger Destruktion, in der aufrechte Haltung sich bewährt. **Alfred Andersch** (geb. 1914; der in Opposition zum Dritten Reich stehende Dichter begab sich 1944 in amerikanische Gefangenschaft, vgl. *Die Kirschen der Freiheit*, 1952) gibt im Roman *Sansibar oder der letzte Grund* (1957) einen exemplarischen Einblick in das Deutschland am Vorabend des Zweiten Weltkrieges.

In einer einsamen Hafenstadt an der Ostsee (Rerik) kreuzen sich die Schicksale von fünf Menschen; da sind die fliehende Jüdin, der kommunistische Instrukteur, der protestantische Geistliche, der alte Fischer, der in der Untergrundbewegung mitwirkt; auch der kleine Schiffsjunge sehnt sich nach der Küste der Freiheit (»deren Name Schweden ist oder Sansibar«): »Man mußte Rerik verlassen, erstens, weil in Rerik nichts los war, zweitens, weil Rerik seinen Vater getötet hatte, und drittens, weil es Sansibar gab, Sansibar in der Ferne, Sansibar hinter der offenen See, Sansibar oder den letzten Grund.«

Paul Schallück (1922–1976) ließ in den Familienroman *Ankunft null Uhr zwölf* (1953) Einzelschicksale aus der Kriegs- und Nachkriegszeit hineinspielen und untersuchte im Roman *Engelbert Reineke* (1959) den Fortbestand weltanschaulicher Emotionen des Nationalsozialismus.

Reineke lernt die Unbelehrbaren, die sich jedweden geschichtlichen Einsichten widersetzen, in seiner Heimatstadt kennen und hassen. Er ist Studienrat, wie einst sein Vater, der in ein Konzentrationslager verschleppt und umgebracht wurde. Er wirkt an der gleichen Schule; die Vergangenheit ist unbewältigt, die Ideologie des Ungeistes und der Unmenschlichkeit grassiert noch. Er sucht dem allen zu entfliehen; allein das Opfer des Vaters bestimmt ihn, zu bleiben und sich den jungen Menschen zu widmen.

Anna Seghers (geb. 1900) zeichnete vom Standpunkt des Marxismus in Romanen und Erzählungen das Bild einer verhängnisvollen Entwicklung kapitalistischer und rechtsradikaler Tendenzen. In ihrem thematisch umfassendsten Werk, *Die Toten bleiben jung* (1949), sind die politischen und gesellschaftlichen Verhältnisse in der Zeit 1918–45 skizziert und die geradezu zwanghaften Schritte in die totale Katastrophe gleichnishaft dargestellt. Die Romane beginnen mit dem Kampf des Proletariats in den zwanziger Jahren, durchleuchten mit psychologischer Gründlichkeit den Werdegang des Nationalsozialismus und münden schließlich in die Hoffnung auf den endgültigen Sieg der Arbeiterklasse aus. Die analytisch-klare, an den französischen und russischen Realisten des 19. Jahrhunderts geschulte Sprache verleiht den Werken eine dokumentarische Diktion.

Im Roman *Die Gefährten* (1932) ist der Widerstand der Kommunisten gegen das Anwachsen des Faschismus in verschiedenen Ländern geschildert. Der Roman *Der Kopflohn* (1933) zeigt das Umsichgreifen des Nationalsozialismus in einem deutschen Dorf. *Der Weg durch den Februar* (1935) ist eine Reportage über Arbeiterunruhen in Wien. Im Roman *Die Rettung* (1937) ist die soziale Not im belgischen Kohlenrevier beschrieben. Die eindringlichste Analyse des NS-Staates gab Seghers im Roman *Das siebte Kreuz* (1942), indem sie die Vielschichtigkeit der Einstellungen, die Bejahung brutaler Gewalt, die Indifferenz des Abwartens und die Entschlossenheit zum Widerstand, mit scharfer, nuancierter Charakteristik darlegte. (Von sieben aus dem KZ-Lager entflohenen Häftlingen entkommt einer mit Hilfe seiner Freunde, während die anderen durch das Zutun der fanatisierten Masse in den Tod getrieben werden.) Die ideologische Auseinandersetzung ist im Roman *Transit* (1943) und der Erzählung *Der Ausflug der toten Mädchen* (1946), Reflexionen über das Schicksal der Emigranten, fortgeführt. *Die Entscheidung* (1959) und *Das Vertrauen* (1968), programmatische Romane der DDR, verweisen auf die gegenwärtige und zukünftige Gültigkeit des Sozialismus.

Anna Seghers (in Mainz geb.) schloß sich 1928 der KPD an, emigrierte 1933 nach Frankreich, 1941 nach Mexiko und beteiligte sich nach 1947 maßgeblich an der Konstituierung der DDR-Literatur.

»Eine Weltkatastrophe kann zu manchem dienen. Auch dazu, ein Alibi zu finden vor Gott. Wo warst du, Adam? Ich war im Weltkrieg.« Dieses Wort von Theodor Haecker stellt **Heinrich Böll** (geb. 1917) seinem Roman *Wo warst du, Adam?* voran. Es ist die gleiche Frage, die Borchert stellt, die alle Expressionisten stellen: Wo warst du, Mensch, als die Freiheit zerstört, der Bruder erschlagen, ermordet, liquidiert, als Europa zum Schlachtfeld wurde und man Hekatomben von Menschen hinschlachtete?

Böll, als Sohn eines Bildhauers in Köln geboren, war nach dem Abitur Lehrling in einer Buchhandlung, wurde 1938 zum Reichsarbeitsdienst, 1939 zur Wehrmacht eingezogen und erlebte den Krieg bis zum Ende als Infanterist. (»Es gibt nichts Sinnloseres als Krieg und Militär.«) 1945 kehrte er nach Köln zurück, studierte Germanistik und begann 1947 mit Kurzgeschichten und Hörspielen.

In seinen Erzählungen – ein anderer Erzählband trägt den Titel: *Wanderer, kommst du nach Spa* (1950) – zieht Böll die Folgerung aus dem erlebten Grauen und der Unmenschlichkeit des Krieges. Er fragt weiter: Wo bist du, Adam? Wo bist du, Mensch, heute, in dieser Welt und Gesellschaft? In einer ganzen Reihe von Romanen (man vgl. auch seine Erzählungen, Kurzgeschichten, Satiren und das *Irische Tagebuch*), die er nach dem Kriege schrieb, schildert er schonungslos, aber zugleich mit einem Blick für die Möglichkeiten der Abhilfe, die sich auf Liebe, Verständnis und Toleranz gründen müßte, die bedrohliche Lage von heute: die Krise der Ehen (*Und sagte kein einziges Wort*, 1953), den Nihilismus der Wirtschaftsnot (*Das Brot der frühen Jahre*, 1955), das Los der Kriegerwitwen und -waisen (*Haus ohne Hüter*, 1954), die Oberflächlichkeit der »Wirtschaftswunderkinder«, die unbewältigte Vergangenheit (*Billard um halb zehn*, 1959) wie die Heuchelei und Verlogenheit der Gegenwart (*Ansichten eines Clowns*, 1963; *Ende einer Dienstfahrt*, 1966; *Gruppenbild mit Dame*, 1971).

Als ein DDR-Böll (ihm freilich an Erzählkraft nachstehend) erwies sich **Hermann Kant** (geb. 1926) mit seinem Roman *Die Aula* (1966). Der Dichter studierte nach dem Krieg an der Arbeiter- und Bauernfakultät in Greifswald; in Erinnerung daran werden die Schicksale der »Kumpels« von ehedem ausgebreitet. Trotz der positiv-sozialistischen Einfärbung der Darstellung – aus den ehemaligen Bauern und Arbeitern sind politisch aktive Intellektuelle geworden (nur einer hat die DDR verlassen und sich nach Hamburg abgesetzt) – werden viele realistische und teilweise ironische Schlaglichter auf die Wirklichkeit der Nachkriegszeit geworfen. Robert Iswall, der Erzähler, will dementsprechend auch den Mund auftun, als er zur Festrede anläßlich der Schließung der Fakultät aufgefordert wird; die ganze Wahrheit soll es sein! Aber die Feierlichkeit in der Aula der Fakultät wird in letzter Minute abgesagt.

Dem Problem des gespaltenen Deutschland spürt **Uwe Johnson** (geb. 1934) in seinen Romanen *Mutmaßungen über Jakob* (1959) und *Das zweite Buch über Achim* (1961) nach, wobei die politische Ratlosigkeit im Stil sich widerspiegelt: Mutmaßungen, Konjunktive, Fragezeichen, angeritzte Satzkonstruktionen vermitteln die Ambivalenz des »Nichts-sag-ich-dir-und-doch«. Die Auflösung in einen solchen Schwebezustand verhilft dazu, den gängigen Klischees zu mißtrauen und die Fragwürdigkeit der Lage zu überdenken.

In »Das dritte Buch über Achim« fährt ein Hamburger Journalist, von einer früheren Freundin und jetzigen bekannten Schauspielerin eingeladen, ins »andere Deutschland«. Er lernt dort Achim, den Radrennfahrer, Sporthelden und Abgeordneten der Volkskammer kennen. Er beschließt, ein weiteres Buch über Achim (zwei sind über das Idol schon verfaßt worden!) zu schreiben. Doch gelangt der Plan nicht über die Materialsammlung hinaus. Da sind nämlich einige »dunkle Punkte« – u. a. Achims wahrscheinliche Beteiligung am Aufstand des 17. Juni 1953. Partei- und Staatsstellen mischen sich ein. Das Buch bleibt ungeschrieben; der Roman erweist sich als Bericht über einen nicht geschriebenen Bericht.

Die Kinder des Wirtschaftswunders   In **Gerd Gaisers** (1908–76) Roman *Schlußball* (1958) ist über Neu-Spuhl, eine mittlere Industriestadt, das Wirtschaftswunder »hereingebrochen«. Der Krieg ist überwunden, aber das Menetekel war umsonst.

Mit einem großen Ball soll die Tanzstunde einer Oberprima zum Abschluß kommen. Von diesem Ereignis, das einen wichtigen Lebensabschnitt bedeutet, ausgehend, halten einige Beteiligte (repräsentative Figuren der Nachkriegszeit) Rückblick; der Roman ist eine (künstlerisch unterschiedliche) Montage von Seelenmonologen. Punktuell, an Einzelbeispielen und -personen vorbei, stößt der Dichter auf den Grund der allgemeinen »Glückseligkeit«, und es bleiben Stagnation, Leere, Öde, innere Verzweiflung, seelischer Tod und hektische Vergnügungssucht. »In Neu-Spuhl sprach man unaufhörlich davon, was die Sachen kosten.« Aber man weiß von nichts mehr den Wert.

In **Hans Erich Nossacks** (1901–77) Roman *Spätestens im November* (1955) wird die »typische Geschichte« einer reichen Frau erzählt; dem Fabrikanten- und Manager-Gemahl ist sie, was er braucht: »... für sein Haus, für das Geschäft und für die gesellschaftlichen Verpflichtungen«. Glück kennt sie nicht, bis sie bei einem Empfang einen Schriftsteller kennenlernt, der in allem das Gegenteil dessen ist, was sie in sterilem Glanz umgibt. Am selben Abend verläßt sie Mann und Kind. »Spätestens im November« will der Geliebte ein Stück beendet haben, das seinen künstlerischen Durchbruch mit sich bringen soll; als es aufgeführt wird, ist die Frau zu ihrem Mann zurückgekehrt – verwandelt: »Sie werden es merken, daß ich glücklich gewesen bin ... Wenn ich lache, werden sie es mir nicht glauben und mich beleidigt ansehen.« Am Abend nach der Vorstellung finden die beiden nochmals zusammen – zum gemeinsamen Sterben; im Auto prallen sie gegen einen Brückenpfeiler.

Die »höhere Gesellschaft«, die Nossack abkonterfeit, gleicht »toten Seelen anno 1955«: »hurtige Äuglein, denen nichts entgeht, und spitze mißgünstige Mundwinkel«. »Das geringste Gefühl der Unsauberkeit oder daß irgend etwas an der Kleidung nicht korrekt sei«, raubt diesen Menschen die Sicherheit. Zufrieden sind sie, wenn sie das Oberhemd zweimal am Tag wechseln können. »Bei den Frauen schien es mir, daß ihnen alles viel selbstverständlicher war als mir und daß es ihnen nichts ausmachte, wenn beide Teile für sich lebten. Es nahm ihnen nichts von ihrer Sicherheit; die meisten waren sehr ehrgeizig, nur ihre Stellung war ihnen wichtig, und natürlich die Kinder, die auch zu dieser Stellung gehörten.« In Krisen sind sie »bewundernswert«, wenn nur im Haus alles »a-b-s-o-l-u-t« gut »funktioniert«. – Nossack begann in der Nachfolge Kafkas mit surrealistischen Erzählungen. Das Gefühl der Ausweglosigkeit – »am Rand des unsichtbaren Abgrunds« – bestimmte seinen aus dem Erlebnis der Bombennächte (der Zerstörung Hamburgs), geborenen »Bericht eines Überlebenden« *Nekyia* (1947); (ferner: *Interview mit dem Tode*, 1948; *Spirale – Roman einer schlaflosen Nacht*, 1956; *Der jüngere Bruder*, 1958; *Der Fall d'Arthez*, 1968; *Dem unbekannten Sieger*, 1969). »Hinter dem Grauen vor dem Nichts, dem Entsetzen vor der Zerstörtheit und der Zerstörung, dem Erstaunen über die Beschaffenheit der

Welt, liegt keine kalte Verachtung des Menschen, sondern Mitleiden, ein Mitleiden freilich, das nicht auf dem Grunde des Christentums errichtet ist.« (W. Boehlich)

Die »tonangebende Gesellschaft« ist Objekt der satirischen Gesellschaftsromane von **Martin Walser** (geb. 1927): *Ehen in Philippsburg; Halbzeit; Das Einhorn.* Der Reigen der Eheschicksale und Managerbildnisse ist – wie auch bei **Wolfgang Koeppen** (geb. 1906; *Tauben im Gras; Das Treibhaus; Der Tod in Rom)* – Symptom innerer Zersetzung und menschlichen Niedergangs. Wo das echt Bürgerliche sein Fundament haben soll, in der Ehe, ist es auf Sand gebaut: Keine der geschilderten Philippsburger Ehen ist in Ordnung – sie werden nur noch zusammengehalten durch Ehrgeiz, Gewohnheit und die Furcht vor einem Skandal.

»Jetzt war sie doch seine Geliebte! Nichts anderes als seine Geliebte! Ein Verhältnis! Und er war auch so ein Männchen, das durchs Treppenhaus schleicht, eintritt und gleich aufs Ziel lossteuert. Ein bißchen über die eigene Frau klagen, sich bemitleiden lassen, bis es dann soweit ist. Dann wieder hinausschleichen, heimkommen und feststellen, daß man alles übertrieben hat, daß es sich zu Hause eigentlich ganz gut leben läßt. Aber morgen wird er, der wahre Schizophrene, trotzdem wieder jenen lächerlichen Schleichweg betreten.«

Eine »Komödie der Hochkonjunktur« nannte **Friedrich Dürrenmatt** (geb. 1921) sein Drama *Der Besuch der alten Dame* (1956). Einer antiken Schicksalsgöttin gleich, dabei aber mit allem realen Zubehör (Koffer, Diener, Scheckbuch, Ehegemahl – diesen wechselnd) bricht die »alte Dame« in die Kleinstadt ein; sie fordert Gerechtigkeit – will den Tod des ehemaligen Geliebten, der sie einst verriet; dafür ist sie bereit, eine Milliarde zu zahlen. Den Sarg führt sie schon mit. Die Versuchung hat sich ereignet – der Wohlstand »droht«. Einer nach dem anderen fällt von der Menschlichkeit ab; der Arzt, der Polizist, der Pfarrer, der Bürgermeister, der Lehrer; sie sind bereit, für das Geld die Humanität zu verkaufen. So verurteilen und töten sie ihren Mitmenschen (Herzschlag sagt der Arzt). Während die alte Dame befriedigt abreist, schwingen die Bürger der kleinen Stadt im hektischen Wohlstandsglück den Scheck, den sie hinterlassen hat.

Die Szene wechselt. »Die einst graue Welt hat sich in etwas technisch Blitzblankes, in Reichtum verwandelt, mündet in ein Welt-Happy-End ein. Fahnen, Girlanden, Plakate, Neonlichter umgeben den renovierten Bahnhof, dazu die ... Frauen und Männer in Abendkleidern und Fräcken, zwei Chöre bildend, denen der griechischen Tragödie angenähert, nicht zufällig, sondern als Standortsbestimmung, als gäbe ein havariertes Schiff, weit abgetrieben, die letzten Signale ...

  Ziemende Kleidung umschließt den zierlichen Leib nun
  Es steuert der Bursch den sportlichen Wagen
  Die Limousine des Kaufmanns ...
  Schätze auf Schätze türmt der emsige Industrielle
  Rembrandt auf Rubens ...

> Es berstet an Weihnachten, Ostern und Pfingsten
> Vom Andrang der Christen das Münster ...
> Es bewahre uns aber
> Ein Gott
> In stampfender rollender Zeit
> Den Wohlstand ...«

Souverän verwendet Dürrenmatt in seinen Komödien (darunter *Romulus der Große,* 1948; *Ein Engel kommt nach Babylon,* (1954) die Stilmittel des Anachronismus und des modern verfremdenden Theaters, die Dialogsimultaneität des Hörspiels, die Rückblende des Films. Er mischt Allegorie, Symbol, Witz, Ironie und tiefere Bedeutung; er ist zeitkritisch und archetypisch, der antiken Mythologie verpflichtet, wie er um die Notwendigkeit der Entmythologisierung weiß (so auch in dem Spiel mit dem Tode *Der Meteor,* 1966).

In *Die Ehe des Herrn Mississippi* (1952) beginnt die Handlung in einem genau beschriebenen Zimmer »spätbürgerlicher Pracht«. Saint-Claude, Repräsentant des Deklassierten, des Revolutionärs aus der Gosse, ist erschossen; aber der Tote beginnt das Spiel. In rascher Folge, wobei die Wände der Räume wie die Grenzen der Zeit immer wieder durchbrochen werden, rollt die Handlung ab: Der Richter Mississippi heiratet Anastasia, die ihren Gatten umgebracht hat, um sich – er hat selbst seine Frau getötet – dadurch zu bestrafen. Am Ende stirbt auch er an Gift. Dazwischen spielen herein Graf Bodo von Überlohe-Zabernsee, ein verkrachter Christ und Philanthrop, der Minister Diego, die Verkörperung von Gewalt und Macht.

Auf zwei Ebenen, der realen wie surrealen, läuft das Geschehen ab – die ewige Komödie des Lebens, dessen Sinn in der Dunkelheit verbleibt: »Ob wir sterben an einer weißgetünchten Mauer, auf einen langsam zusammensinkenden Scheiterhaufen, aufs Rad geflochten, zwischen Himmel und Erde ... Immer kehren wir wieder, wie wir immer wiederkamen ... In immer neuen Gestalten, uns sehnend nach immer ferneren Paradiesen ... Ausgestoßen aus eurer Mitte immer aufs neue ... genährt von eurer Gleichgültigkeit ... dürstend nach Brüderlichkeit ... fegen wir hin über eure Städte ... drehen wir keuchend die mächtigen Flügel ... die Mühle treibend, die euch zermalmt ...

> ... Eine ewige Komödie,
> Daß aufleuchtet Seine Herrlichkeit,
> Genährt durch unsere Ohnmacht.«

Inmitten einer entleerten Wohlstandsgesellschaft werden die »Brandstifter« Erfolg haben, die die Welt eines Tages wieder anzünden wollen. **Max Frisch** (geb. 1911), aus Zürich stammend und vom Architekten- zum Dichterberuf wechselnd, zeigt in seiner Parabel *Biedermann und die Brandstifter* (1958), wie die Komödie von heute zur Tragödie von morgen werden kann.

Alle reden in der Stadt von den Brandstiftern; die Feuerwehr wacht, wird aber nie gerufen. Immer wieder gehen Häuser in Flammen auf. Unverblümt kommen die Brandstifter ins Haus des Biedermann und bereiten die Brandstiftung vor. Aber dieser bleibt Biedermann – sich abkapselnd und die Augen vor der Gefahr verschließend. (»Zum Glück ist's nicht bei uns... Zum Glück ist's nicht bei uns... Zum Glück –«, bis es zu spät ist und er selbst Opfer wird.)

Der »Chor« kommentiert das Ende:

> »Sinnvoll ist viel, und nichts
> Sinnloser als diese Geschichte:
> Die nämlich, einmal entfacht,
> Tötete viele, ach, aber nicht alle
> Und änderte gar nichts...
> Was nämlich jeder voraussieht
> Lange genug,
> Dennoch geschieht es am End:
> Blödsinn,
> Der nimmerzulöschende jetzt,
> Schicksal genannt...
> Weh uns! Weh uns! Weh uns!«

Frisch arbeitet mit kabarettistischen, modernistischen Mitteln. Er verfügt über ein reiches Arsenal dramaturgischer Kniffe, unter denen er den Anachronismus, die Zeit- und Raumdurchtrennung, besonders geschickt handhabt. Seine Stücke sind Lehrstücke; indem sie das Vergangene aufs Allegorische hin vereinfachen – besonders den Irrsinn des Krieges –, rufen sie zur Einsicht auf (*Nun singen sie wieder*, 1946; *Als der Krieg zu Ende war*, 1949).

Wie jeder Moralist schwankt auch Frisch zwischen Optimismus und Pessimismus. Die *chinesische Mauer* (1947) ist Symbol des »immer wiederholten Versuchs, die Zeit aufzuhalten«. In einem gespenstigen Maskenfest, zu dem der chinesische Kaiser Hwang Ti geladen hat, treffen sich die Großen der Erde: Napoleon, Columbus, Pontius Pilatus, Brutus, Philipp, Cleopatra, mit den Herren von heute: »ein Herr im Frack, ein Herr im Cut«. Ein Potpourri der Historie wirbelt vorüber in dramatischer Montage. Alles ist gleichgeblieben, die »chinesische Mauer« steht, die Menschen sind voneinander getrennt wie eh und je, Haß, Neid und Krieg finden sich noch immer, »der Rest ist Schweigen – radioaktives Schweigen«.

Mit *Stiller* (1954) und *Homo Faber* (1957) hat Frisch zwei bedeutsame Romane geschrieben. Der erste ist ein Panorama erstarrter gesellschaftlicher Wirklichkeit: der bürgerlich rechtschaffenen Schweiz mit ihrer prüden Enge, ihrem politischen Konservatismus und der »doppelten Moral« der Tüchtigen. Der andere wirft ein Schlaglicht auf den Menschen in einer technisierten, perfektionierten, sich zum Unmenschentum hin entwickelnden Welt.

Stiller, eine Künstlernatur, sucht dem Spießerdasein und der Spießerumwelt dadurch zu entfliehen, daß er ins Ausland geht und mit gefälschtem Namen in die Heimat zurückkehrt. Er hofft so, sich von den Fesseln banaler Alltäglichkeit zu lösen und zu einer neuen Existenz zu gelangen. Aber die Flucht war vergeblich; langsam, aber sicher wird Stiller wieder in die Enge seines früheren Lebens hinabgezogen.

Faber ist ein erfolgreicher Ingenieur im Dienste der UNESCO. »Ich habe mich schon oft gefragt, was die Leute eigentlich meinen, wenn sie von Erlebnis reden. Ich bin Techniker und gewohnt, die Dinge zu sehen, wie sie sind ... Ich sehe den Mond ... eine errechenbare Masse, die um unseren Planeten kreist, eine Sache der Gravitation, interessant, aber wieso ein Erlebnis?« Doch dieser Faber, dessen Glaubensbekenntnis nur auf Perfektion und Zivilisation zielt (»Wozu soll ich mich fürchten?«), erfährt das Schicksal, den Zufall, in furchtbarem Ausmaße: die eigene Tochter, von der er nichts wußte, wird ihm zur Geliebten; er wird mitschuldig an ihrem Tod. Dazu leidet er an Magenkrebs. Als er sich endlich doch entscheidet, seine eigene schwache Natur als sein wahres Ich anzunehmen und nach Möglichkeit zu überwinden, ist es zu spät.

In dem Roman *Mein Name sei Gantenbein* (1964) läßt Frisch das erzählende Ich »Rollen wie Kleider« anprobieren. Die Wirklichkeit wird in eine Reihe von Möglichkeiten umgespiegelt – »ein Werkstattgespräch des Erzählers mit sich selbst über die Möglichkeit des Erzählens«. Diese Erzähltechnik ist der inhaltlichen Absicht des Romans adäquat: es geht um die Pluralität der Freiheit, aus der heraus das Ich erst sein eigenes Dasein setzt; die Gegenwart ist der Kreuzungspunkt vieler fiktiver Entwicklungslinien; Leben ist Auswahl, Entscheidung; (vgl. auch sein Drama *Biografie* 1967).

Ein Fazit der Epoche zwischen den beiden Kriegen und der Welt danach zieht **Günter Grass** (geb. 1927 in Danzig von Eltern teils deutschen, teils polnischen Ursprungs) in seinem Roman *Die*
Ein Fazit *Blechtrommel* (1959). Auf den Spuren der Grimmels-
der Epoche hausen und Christian Reuter, der Rabelais, Fischart und James Joyce und deren Erzählbesessenheit folgend, gibt Grass keine leicht auflösbare allegorische Schilderung; die Handlung ist komplex und vieldeutig, ins Maßlose »hinein«fabuliert und aus Weltekel geboren. Sie spielt erst in Danzig, dann in Düsseldorf – die weltgeschichtlichen Ereignisse der Jahre 1900–1954, die Vorkriegszeit und Kriegszeit, die Trümmer- und Wohlstandswelt gleichermaßen umfassend, sind akzentuiert eingefügt. Es ergibt sich ein Bild der Verkommenheit des Kleinbürgers, der Brutalität der braunen Marschkolonnen, der Allüren, Gemeinheiten und Schändlichkeiten einer Gesellschaft, zu der Oskar Matzerath, der »Held« des Romans (ein Zwerg von einem Meter und dreiundzwanzig Zentimetern), keinen Zugang hat und keinen Zugang wünscht.

Nachdem er das Alter von drei Jahren erreicht hat, wächst Oskar, der in einem Danziger Mietshaus seine Kinder- und Jugendzeit verbringt, nicht weiter; der Teufel spielt herein, aber auch die Opposition gegen die Welt der Erwachsenen. Als »totale Existenzkarikatur«, als Gnom lebt er dahin; auf einer Kinderblechtrommel schlägt er den Takt der Zeit mit, den ein anderer »Trommler« angibt; durch unhörbare Schreie (dies seine seltsame Gabe) zerscherbt er hin und wieder Fenster- und Schaufensterglas. Mit einer skurrilen Freude am ekligen Detail gibt Grass ein poetisches Programm des Nihilismus: die Mutter ist unzüchtig, der Mensch überhaupt ein Produkt aus Gemeinheit, Dumpfheit und Triebhaftigkeit.

In einer Irrenanstalt bringt Oskar, der inzwischen noch um einige Zentimeter größer geworden ist, seine Memoiren zu Papier. »Für mich, Oskar, und meinen Pfleger Bruno möchte ich ... feststellen: Wir beide sind Helden, ganz verschiedene Helden, er hinter dem Guckloch, ich vor dem Guckloch; und wenn er die Tür aufmacht, sind wir beide, bei aller Freundschaft und Einsamkeit, noch immer keine namen- und heldenlose Masse.« Die Helden der Zeit; ein Wahnsinniger und sein Wächter, die durchs Guckloch sich anstarren! – »Dankenswert dickköpfig und dünnhäutig« setzte Günter Grass »die Gestalt seines buckligen Helden in eine wie verrückt trommelnde Welt, die nun ihrerseits mit Oskar, den sie selbst provoziert hat, fertig werden muß«. (W. Höllerer)

Auch der Roman *Hundejahre* (1963) ist eine grandios-barocke Beschreibung der gesamtdeutschen Seelenlandschaft der letzten dreißig Jahre.

Der Titel des Buches geht auf den Hund »Prinz« zurück, den man dem »Führer und Reichskanzler Adolf Hitler« eines Tages zum Geburtstag geschenkt habe, der jedoch seinen Herrn früher als dieser sich selbst verließ – »die letzten deutschen Armeeaktionen, die dazu dienten, den Hund wieder einzufangen, blieben vergeblich.« – Die Erzählung ist auf lange Strecken mit politischer Satire durchsetzt: im Mittelpunkt steht eine Parodie auf die Sprache des deutschen Philosophen Heidegger.

»Oh, ihr linken und rechten Nebenflüsse: / die Barzel fließt in die Wehner«, heißt es in dem Gedicht »Politische Landschaft« (*Ausgefragt*, 1967); »Abwässer speisen das Sein. / Grauwacke, Rehwinkel, laubgesägt Tannen, / Karst, Abs und Kulmbacher Bier, / altfränkische Wolken über dem Heideggerland.« – Das politische Engagement von Grass, der mit seinem Drama *Die Plebejer proben den Aufstand* (1966) ein »deutsches Trauerspiel« schrieb (über den 17. Juni 1953 und die Rolle Bert Brechts dabei), ist gegen all diejenigen gerichtet, die sich »abschirmen« und die »vergessen« wollen; Grass will, daß Gedanken »flügge werden«; (vgl. auch *Aus dem Tagebuch einer Schnecke*, 1972).

In seinem Roman *Örtlich betäubt* (1969) (von dem der mittlere Teil zunächst als Schauspiel: *Davor*, 1967, erschien), versucht der Dichter, die Situation der protestierenden Jugend und des Establishments zu analysieren. Den drei Phasen einer Zahnbehandlung, die mit allem Detail und im Fachjargon von einem redefreudigen Zahnarzt beschrieben und kommentiert werden, sind die Erlebnisse und Bewußtseinszustände des Studienrats Eberhard (»Hardy«) Starusch eingefügt. Erlebtes und Erdachtes sind mit der Beschreibung der dentalen Behandlung im wahrsten Wortsinne »verzahnt«. Grass probiert – auf den Spuren Frischs – Geschichten wie Kleider an (*Der Butt*, 1977).

Der liberale Starusch, dessen Kriegs- und Nachkriegserlebnisse den ersten Teil des Romans bestimmen, wird durch zwei sensible Schüler auf die Probe gestellt: Scherbaum, 17, will durch die Verbrennung eines Dackels vor den Ku-Damm-Cafés gegen den Vietnamkrieg und das Establishment protestieren; Vero Lewand, meist in grünen Strumpfhosen, ist sexy und Mao-besessen. Staruschs Kollegin Irmgard Seifert bemüht sich ständig, ihren früheren denunziatorischen Fanatismus (als BDM-Führerin) aufzuarbeiten, indem sie »ungeheures Verständnis« für die unruhige Jugend mimt; sie sehnt sich nach Aktion, nach einem neuen Opfergang. Schließlich wird, nach vielem frustrierenden Palaver, der Dackel nicht verbrannt. Es bleibt so ziemlich alles beim alten. »Nichts hält vor. Immer neue Schmerzen.«

Ein bedeutender Künstler des Expressionismus (der Maler Nolde) steht im Mittelpunkt des Romans *Die Deutschstunde* (1968) von

Freuden der Pflicht

Siegfried Lenz (geb. 1926, hervorgetreten mit Romanen und Erzählungen: u. a. *Duell mit dem Schatten*, 1953; *Brot und Spiele*, 1959; *So zärtlich war Suleyken*, 1955; *Heimatmuseum* 1978; und Dramen: u. a.: *Zeit der Schuldlosen*, 1961). Er hat von den nationalsozialistischen Machthabern Berufsverbot auferlegt bekommen; der Vater des Ich-Erzählers Siggi Jepsen, der »nördlichste Polizeiposten Deutschlands«, überwacht unnachsichtig die Einhaltung des Verbots. Siggi ist nach 1945 Insasse einer Anstalt für schwer erziehbare Jugendliche. Ein im Arrest nachzuholender Aufsatz (»Die Freuden der Pflicht«) wird ihm zur Generalabrechnung mit dem kleinbürgerlichen Elternhaus – zugleich zum Kaleidoskop einer Epoche, in der sinnloser Heroismus und skrupelloser Patriotismus zur »deutschen Pflicht« gehörten.

Siggis Bruder sucht durch Selbstverstümmelung diesem Wahn zu entkommen; er wird von der Familie ausgestoßen; der Maler nimmt sich seiner an. »Mein Vater zuckte die Achseln. Er streifte die Hosenträger ab, ging zum Ausguß und nahm von einem kleinen Eckbord Pinsel und Seife und begann sich, in leichter Grätschstellung, über dem Ausguß einzuseifen, wobei er mich im Auge behielt. Du hast ja wohl gehört, sagte er plötzlich, Klaas is abgehaun, und es kann sein, daß er hier auftaucht. Ich kleckste mir Rhabarbermus auf die Haferflocken und sagte nichts. Er wird bestimmt hier auftauchen, sagte mein Vater, auf einmal wird er dasein, wird uns um dies bitten und um jenes, wird Lebensmittel verlangen, ein Versteck brauchen: daß du mir ja nix tust, ohne mir Bescheid zu sagen. Jeder, der ihm hilft, macht sich strafbar, auch du, auch du machst dich strafbar. Ich fragte: Was werden sie tun mit Klaas, wenn sie ihn haben? Worauf mein Vater, einen Schaumtropfen wie Rotz vom Finger schlackernd, nichts mehr zu sagen hatte als: Was er verdient hat.«

Lyrisch-expressiv (wobei neben barocker Übersteigerung kristalline Intellektualität steht) ist die Zeitkritik von **Hans Magnus Enzensberger** (geb. 1929). Der Gedichtband *Verteidigung der Wölfe* (1957) zeigt eine für sein dichterisches Werk insgesamt symptomatische Einteilung: Enzensberger faßt hier seine Gedichte in »freundliche Gedichte«, »traurige Gedichte« und »böse Gedichte« zusammen. In einem dieser »bösen Gedichte« – »bös« insofern, als es eine Reaktion darstellen will auf die Verirrungen und Perversionen unserer Welt – heißt es:

»warum war, als ich zur welt kam, der wald schon verteilt?
warum standen fest tarif und kataster?
du hast doch die wahl zwischen dem napf des dressierten affen
und der litze, dem diktaphon des dompteurs.« (»option auf ein grundstück«)

Auf der einen Seite die Hingabe an eine freilich gebrochene Romantik,
Konturen eines Lebens in Schönheit, die Bemühung um ein Heimischsein,
eben »option auf ein grundstück«; auf der anderen Seite das Bewußtsein
(in dem erwähnten Gedicht immer wieder im Sinne der Bennschen
Poetologie als »Querschläger« einmontiert) von der Dominanz einer brutalen und unmenschlichen Welt; Raketen, Börsenblätter, Kontrolluhr,
Konten, Kadavergehorsam, Kreuzverhör, Ratenzahlung, Gaskammer
werden zu Stichworten der Barbarei. (Weitere Gedichtbände: *Landes-*
sprache, 1960; *Blindenschrift*, 1964; Epos: *Der Untergang der Titanic*, 1978.)

Aus Protest gegen den unverbindlichen Ästhetizismus des dichterischen Berufs, der
diese Welt nicht zu verändern vermag, hat sich Enzensberger im Zeichen der APO-
Bewegung aus der Literatur zurückgezogen. Die Schicksalsfragen der Menschen würden nicht zwischen Buchdeckeln, sondern auf der Straße entschieden. »Diese linke
Intelligenz«, so urteilt er über die engagierten Dichter der älteren und eigenen Generation, »war fleißig und fruchtbar, doch politisch im tiefsten Sinn unproduktiv. Sie
bestand in der Hauptsache aus gebrannten Kindern, aus Alt-Sozialdemokraten, Neo-
Liberalen und Spät-Jakobinern ... Mit ihrem Narrenparadies ist es vorbei, die Zeit
der schönen Selbsttäuschungen hat ein Ende.« Solcher Abgesang ist freilich als Stilfigur
und Attitüde dem, was er bekämpft, sehr ähnlich: ein expressives Taedium vitae, dem
sich – zumindest auf Zeit – ein Ekel an den Worten zugesellt.

Blicken wir zurück: Der Expressionismus und das, was hier expressio-
nistisch genannt wurde, konnte während der ganzen ersten Hälfte unseres Jahrhunderts lebendig und von aktueller Bedeutsamkeit bleiben. Das
große Thema der Dichtung war von einer Wirklichkeit abgelesen, durch
die das Chaos immer wieder durchschlug; Sturz und Schrei, Erweckung
des Herzens, Aufruf und Empörung bestimmten das dichterische Werk.
Damit aber steht der Expressionismus »in seiner Zeit als eine hohe und
bewunderungswürdige Bekundung junger Menschen, die in einem Zustand äußerster Gefährdung – weitreichend alle Verhängnisse in sich
selbst verspürend, ja sie oft als ein Tödliches tragend –, doch mit unbedingtem Einsatz, Mensch und Kultur vor dem nahen Chaos und Abgrund zu retten versuchten«. (Otto Mann)

Surrealismus und aleatorische Entwürfe

Seit den Tagen der Romantik, seit Bonaventuras »Nachtwachen« und
Jean Pauls Vision von der »Rede des toten Christus vom Weltgebäude

herab, daß kein Gott sei«, hat der Nihilismus in einem ständig anwachsenden Strome das künstlerische Geschehen bestimmt. »Ich sehe die Fluten des Nihilismus steigen!« (Friedrich Nietzsche). War aber hier das Hintergründige, das Surreale, erklärt worden als das absolute Nichts, als Abgrund und Leere, so ist es Kennzeichen einer bestimmten Strömung moderner Literatur, daß sie an Stelle einer derart negativen Antwort auf die metaphysische Fragestellung im Zwischenbereich von Ja und Nein verhält. Die »Schwebelage« zwischen Angst und Hoffnung, Transzendenz und Immanenz, Gestaltung und Chaos, Lösung und Destruktion, Leben und Tod, Engel und Mensch, dem »Anderen« und dem, was uns im Hier bekannt und vertraut ist, diese Schwebelage wird im dichterischen Werk eingefangen und beschworen. Dies eint die in diesem Abschnitt erwähnten Dichter – bei aller Verschiedenheit der Versuche, über das Frag-würdige und seine Deskription hinaus zu einem Gültig-Festen zu gelangen. Neben dem »Weltinnenraum« Rilkes steht Benns »ästhetischer Nihilismus«, neben der »tönenden Dunkelheit« des modernen Gedichts Kafkas Tunnel-Situation, Jahnns Holzschiff-Gleichnis und die exorbitanten (d. h. aus der Welt der Realität heraustretenden) Versuche der modernen Kurzprosa und des modernen Hörspiels.

Der Pessimismus überwiegt. Wenn Franz Kafka davon spricht, daß der Mensch sich in einer Situation befinde, die der in der Mitte eines langen Tunnels gleiche, ohne Licht von vorn und von hinten, voller Verzweiflung und Angst, nach einem Weg tastend, so umreißt dies die existentielle Situation des Menschen, wie sie der größte Teil der »surrealistischen« Dichter sieht. Das Wissen um die Brüchigkeit der zeitgenössischen Welt, das Naturalismus, Expressionismus und Traditionalismus bestimmt oder mitbestimmt, weitet sich zum Wissen um die Brüchigkeit der Welt überhaupt. Der Blick hinter die Maske vermittelt keine wirkliche Einsicht, keine Erklärung, geschweige denn eine Ordnung oder eine Idee. Durch die Bruchstücke der Wirklichkeit, durch die Fragmente von Zeit und Ort, durch die Absurdität des So-Seins hindurch erscheint das Ungestaltbare, das Nicht-Faßbare, etwas, das nicht mehr erklärt, sondern nur noch erahnt werden kann. Im Sprach- und Metaphernstil dieser Dichter tritt an die Stelle der Allegorie und des Symbols, der dichterischen Verdeutlichung eines festgegründeten, festgefügten Weltsystems, die Chiffre: Anrufung des Rätselhaften.

Aleatorische Entwürfe: damit ist eine Literatur angesprochen, die aus der Verunsicherung und Instabilität heraus zu »Aussagen« zu gelangen sucht. Eine verkrustete, stereotypisierte Welt und Gesellschaft soll durch den »Zufall« aufgelockert werden; im »Spielerischen« ihren Zwängen entgehen. »Zufälliges« und »Spielerisches« öffnen wieder eine Dimension, die Pragmatismus, Profitorientierung, Leistungsdruck versperrten: nämlich die der Kreativität und Kommunikation. Die aleatorischen Entwürfe moderner Literatur sind weniger auf »Inhalte« und »Gehalte« ausgerichtet; sie zielen auf eine neue Ästhetik – und zwar auf die sinnliche Erkenntnis des Nichtsinnlichen.

»Suchen als Heimsuchung« – unter diesem Wort steht das Werk **Rainer Maria Rilkes** (1875–1926). Es ist bestimmt durch das leidenschaftliche, selbstvernichtende Streben, den Bezug zu Gott zu finden, zum

Transzendenten vorzustoßen. »Ich kreise um Gott, um den uralten Turm, /
und ich kreise jahrtausendelang«, heißt es schon im »Stun-

**Ich kreise
um Gott**

denbuch«. Und an anderer Stelle: »Der Weg zu dir ist
furchtbar weit / und, weil ihn lange keiner ging, verweht.«

Rilke wurde in Prag geboren und sollte Offizier werden. Die militärische Ausbil-
dungszeit legte den Grund zu einem tiefen Trauma. Rilke studierte dann Rechtswis-
senschaften in seiner Vaterstadt. 1903 war er in Paris bei dem Bildhauer Rodin als
dessen Privatsekretär. Der Dichter befand sich viel auf Reisen, unter denen vor allem
sein Rußland-Aufenthalt 1899/1900 zum nachhaltigen Erlebnis wurde; er verbrachte
schließlich nach dem Ersten Weltkrieg seine letzen Jahre in Muzot, einem Schlößchen
in der Schweiz (Wallis). In Val-Mont bei Montreux ist er an einem sehr schweren
Leiden (Leukämie) gestorben.

Die Verehrung Rilkes hatte schon sehr früh großes Ausmaß erreicht. Vor allem
fanden sich eine Reihe Gönnerinnen (1901 heiratete er die Bildhauerin Klara West-
hoff), die ihm ein Leben äußerer Sicherheit ermöglichten.

Rilkes Frühlyrik ist preziös, wohlklingend, sentimental, »Mädchenlyrik« –

> »Ihr Mädchen seid wie die Gärten
> Am Abend im April.
> Frühling auf vielen Fährten,
> Aber noch nirgends ein Ziel.«

Balladenhaft und gefühlvoll, voll prächtigen Bilderrausches erwies
sich auch Rilkes größter Erfolg: *Die Weise von Liebe und Tod des Cornets Christoph Rilke* (1906), die Geschichte eines Vorfahren, der auf
einem Ritt gegen die Türken den Tod findet.

Rilke betont in seiner Frühzeit – häufig in manierierter Weise – die
Form, das Ästhetische, Exklusive, die »Gebärde«. Wenn Rilke sich
abends hinsetzt, um einem Besuch etwas Neuentstandenes

**Ästhetische
Gebärde**

vorzulesen, und dabei zwei Kerzen anzündet, während
der ganze Raum im Dunkel bleibt, ist das ebenso Zeremo-
nie, wie wenn er ein Gedicht, ein Prosastück oder einen

Brief abfaßt. Er benützte dabei gern ein altmodisches Stehpult wie die
Mönche, von denen er im »Stundenbuch« berichtet, einem Werk, in dem
sich zum erstenmal sein religiöses Erleben herauszukristallisieren begann.

> »Nichts ist mir zu klein, und ich lieb' es trotzdem
> Und mal' es auf Goldgrund und groß.«

Freilich war für Rilke die Gebärde, die oft genug kunstgewerbliche
Form annahm, letztlich nichts Äußerliches, sondern nur äußerer Ausdruck einer inneren Gestimmtheit, einer seelisch-geistigen Feierlichkeit,
unter der sich ihm die Begegnung mit der Welt, den Menschen und Dingen vollzog. Es war die Sehnsucht nach dem Schönen und Wertvollen in
einer Zeit, in der immer mehr das Unschöne, massenhaft Produzierte und
Standardisierte sich durchsetzte.

»Noch für unsere Großeltern war ein Haus, ein Brunnen, ein ihnen vertrauter Turm, ja ihr eigenes Kleid, ihr Mantel, fast jedes Ding ein Gefäß, in dem sie Menschliches vorfanden und Menschliches hinzusparten. Nun dringen von Amerika her leere gleichgültige Dinge herüber, Scheindinge, Lebensattrappen. Die belebten, erlebten, die uns mitwissenden Dinge gehen zur Neige und können nicht mehr ersetzt werden.«

Der Kern des Rilkeschen Schaffens liegt freilich in einem anderen Bereich. In seiner Dichtung verkörpert sich die religiöse Situation des modernen Menschen. Das Nietzsche-Wort »Gott ist tot« stand drohend vor ihm. Rilke fühlte sich der Grundfrage gegenübergestellt: Wie kann man im Zeitalter des »toten Gottes« menschlich erfüllt leben, ohne zu verzweifeln? Rilkes Haltung schwankte im Laufe seines Lebens immer wieder. Die Reise nach Rußland ließ ihn die tiefe Religiosität einfacher Menschen erleben, die unendliche Weite des Landes, in der das Dunkel Gottes daheim zu sein schien. »Hier fand ich jeden voll von Dunkelheit wie einen Berg, jeden bis zum Halse in seiner Demut stehen, ohne Furcht, sich zu erniedrigen, und deshalb fromm.«

Ungeborgen-
heit

Das Stundenbuch (Vom mönchischen Leben, Von der Pilgerschaft, Von der Armut und dem Tode, 1905) ist so Ausdruck einer demütigen Bescheidung vor der Größe Gottes geworden. Gläubiger Zuversicht (wie etwa in *Werkleute sind wir*) steht aber auch hier schon der Verlust der Orientierung gegenüber, da Welt und Gott nur noch als unfaßbare Chiffren erlebt werden können, der Mensch in Einsamkeit und Angst sich verliert:

>»Du, Nachbar Gott, wenn ich dich manches Mal
>In langer Nacht mit hartem Klopfen störe,
>So ist's, weil ich dich selten atmen höre
>Und weiß: du bist allein im Saal.
>Und wenn du etwas brauchst, ist keiner da,
>Um deinem Tasten einen Trank zu reichen;
>Ich horche immer. Gib ein kleines Zeichen.
>Ich bin ganz nah.«

Bis an ein prometheisches Aufbegehren reichen Rilkes Gedichte in dieser Zeit heran:

>»Was wirst du tun, Gott, wenn ich sterbe?
>Ich bin dein Krug (wenn ich zerscherbe?)
>Ich bin dein Trank (wenn ich verderbe?)
>Bin dein Gewand und dein Gewerbe,
>Mit mir verlierst du deinen Sinn.«

Aus dem Verlust der religiösen Sicherheit ist die Daseinsangst zu verstehen, die nun immer stärker in Rilkes Werk eindringt. Er verliert den Halt und fühlt sich dem Numinosen ausgeliefert. Das Gefühl der Ungeborgenheit ist über Rilke in Paris hereingebrochen. Noch sucht er durch impressionistische Schilderungen, durch bewußte Begrenzung auf Form und Gegenstand, dieser übermächtigen Bedrohung zu entgehen (*Neue Gedichte*, 1908). Er gestaltet die »Dinge« in: *Die Fontäne; Das Karussell; Die Dame vor dem Spiegel; Die Flamingos.* Aber schon *Der Panther* (aus dem Jardin des Plantes) wird über die unübertroffene Wortzeichnung hinaus zum Symbol innerer Ausweglosigkeit:

> »Sein Blick ist vom Vorübergehn der Stäbe
> So müd' geworden, daß er nichts mehr hält.
> Ihm ist, als ob es tausend Stäbe gäbe
> Und hinter tausend Stäben keine Welt . . .«

In den *Aufzeichnungen des Malte Laurids Brigge* (1910), in denen Rilkes verzweiflungsvolle innere Situation erschütternd nach Aussage drängte, ist Malte Laurids Brigge – ein Mann von achtundzwanzig Jahren und von vornehmer dänischer Herkunft, der in Paris unter bedrückenden äußeren Umständen leben muß – ein »Zerdenker«, ein moderner Hamlet. Er nimmt überall das Absurde, »die Existenz des Entsetzlichen in jedem Bestandteil der Luft« wahr. Fiebrige Zwangsvorstellungen suchen ihn heim. Die Angst vor dem Tode läßt ihn nicht zur Ruhe kommen. Hinter allem Sein spürt er das Nichtsein, im Sinn den Wahnsinn. Das Nichts hat ihn ergriffen.

In den Aufzeichnungen sind die Grenzen von Realem und Surrealem aufgehoben. Der Mensch treibt im Netz unerklärbarer Bezüge; die »Dinge« sind Zeichen des Hintergründig-Dämonischen. Nicht Furcht vor etwas Bestimmten, Angst als Urphänomen ist das Zeichen dieses Surrealismus. »Elektrische Bahnen rasen läutend durch meine Stube. Automobile gehen über mich hin. Eine Tür fällt zu. Irgendwo klirrt eine Scheibe herunter, ich höre ihre großen Scherben lachen, die kleinen Splitter kichern.«

Rilke bleibt hier nicht stehen; er schreibt seinen »Werther« und überwindet dadurch dieses Stadium. Zwar behält er den Tod im Mittelpunkt seines Denkens – »Er wußte nur vom Tod, was alle wissen: Daß er uns nimmt und in das Stumme stößt«; aber er versucht, den Tod zu überwinden.

Schatten des Todes

»Ich will nicht sagen«, heißt es in einem Brief, »daß man den Tod lieben soll; aber man soll das Leben so großmütig, so ohne Rechnen und Auswählen lieben, daß man unwillkürlich, ihn (des Lebens abgekehrte Hälfte) immerfort mit einbezieht, ihn mitliebt. Nur weil wir den Tod ausschließen in einer plötzlichen Besinnung, ist er mehr und mehr zum Fremden geworden und, da wir ihn im Fremden hielten, ein Feindliches.«

Diese tragische wie heroische Situation hat Rilke im *Requiem* (1909) eingefangen (»Wer spricht von siegen, überstehn ist alles«), und er ringt um eine Lösung in den *Sonetten an Orpheus* (1923), den *Duineser Elegien* (1923) sowie den *Späten Gedichten* (1934). Die Werke seiner Endstufe sind im einzelnen schwer verständlich, oft vieldeutig – Chiffren des »Unsäglichen und Unsagbaren«.

Die »Sonette an Orpheus« wurde als ein »Grab-Mal« für Wera Knoop geschrieben; sie war unter entsetzlichen Schmerzen an Leukämie gestorben; die Eltern des Mädchens, mit denen Rilke befreundet war, hatten ihm zur Jahreswende 1921/22 darüber berichtet. Der Dichter war zutiefst ergriffen von der Fürchterlichkeit des Todes wie von der reinen Kraft, mit der Wera dem »Unfaßbaren« entgegentrat und es überstand. Die »Sonette« wollen den Tod deuten und den Gesang preisen; das Bewußtsein der »Erde« erwächst aus unmittelbarer Todeserfahrung. Die Zeichen menschlichen Da-seins werden genannt: ... Atmen – Spiegel – Feuer ..., und in Naturgleichnissen eingefangen; die Zeichen des Fort-gehens werden danebengestellt – die Vergänglichkeit, das Sterben und Töten in der Natur und im menschlichen Leben.

Rilke will nicht den Tod aus dem Bewußtsein verdrängen, sich nicht vor ihm flüchten; er fordert seine Hinnahme als grausame, aber notwendige und daher auch zu bejahende Seite des Daseins (»Wolle die Wandlung«, »Sei allem Abschied voran«):

> »Nur wer die Leier schon hob
> Auch unter Schatten,
> Darf das unendliche Lob
> Ahnend erstatten.«

Weltinnen-raum   »Aber dies: den Tod, / den sanften Tod, noch vor dem Leben so / sanft zu enthalten, und nicht bös' zu sein, / ist unbeschreiblich«, heißt es in den »Duineser Elegien«.

Sie heben an mit der Schilderung menschlichen Außer-sich-Seins über den heillosen Zwiespalt, der Diesseitiges und Jenseitiges trennt:

> »Wer, wenn ich schriee, hörte mich denn aus der Engel
> Ordnungen? und gesetzt selbst, es nähme
> Einer mich plötzlich ans Herz: ich verginge von seinem
> Stärkeren Dasein. Denn das Schöne ist nichts
> Als des schrecklichen Anfang, den wir noch grade ertragen,
> Und wir bewundern es so, weil es gelassen verschmäht,
> Uns zu zerstören. Ein jeder Engel ist schrecklich.«

Wo kann es »erfülltes Menschsein« geben – Glück für den Menschen, der auf das Transzendente angelegt, und doch von ihm abgrundtief getrennt, der einsam und ohne die Instinktsicherheit des Tieres ist? Soll er sich von der »Übernatur« abwenden, ins Kreatürliche sich einschließen, um frei von Todesfurcht zu werden? – »Hiersein ist herrlich« – der Auftrag der Erde läßt die Sternbilder des Leids verblassen; der Tod soll seinen Sinn »ohne die Botschaft der Engel« (d. h. ohne transzendente Ableitung) bekommen. Im Tun der einfachen Dinge (»der Seiler in Rom«, »der Töpfer am Nil«), in Haus, Brücke, Brunnen, Tor, Krug, Obstbaum, Fenster, Säule, Turm ersteht »Mitte«.

Die Trennung zwischen Physischem und Metaphysischem ist aufgehoben. Diesseits und Jenseits schließen sich zusammen. Das Da-Sein ist zugleich Sicheinswissen mit dem, was hinter allem steht. »Weltinnenraum« ist schon vor den »Duineser Elegien« die Metapher, unter der Rilke diese unio mystica der Dinge, Seelen und Geister, das Ineinanderschweben von allem und jedem, die Weltverbundenheit und Welteinheit, das Gott-Welt- und Mensch-Gott-Gefühl umkreist:

> »Durch alle Wesen reicht der eine Raum:
> Weltinnenraum. Die Vögel fliegen still
> Durch uns hindurch. Oh, der ich wachsen will,
> Ich seh' hinaus, und in mir wächst der Baum.«

»Erscheinung und Vision kamen gleichsam überall im Gegenstand zusammen, es war in jedem eine ganze Innenwelt herausgestellt, als ob ein Engel, der den Raum umfaßt, blind wäre und in sich schaute« – schrieb Rilke schon in einem Brief 1915, angesichts der spanischen Landschaft.

Aus dem Gefühl des »Weltinnenraums« erwächst Seligkeit. Die Chiffren der Angst haben sich in die Chiffren der Glückseligkeit verwandelt. Freilich ist damit die Grenze des Dichterischen erreicht:

> »Es irren auch die Besten in den Worten,
> Wenn sie Leisestes bedeuten sollen
> Und fast Unsägliches.«
>
> *(Brief an einen jungen Dichter)*

»Fanatismus zur Transzendenz« charakterisiere sein Werk – hat einmal **Gottfried Benn** (1886–1956) gesagt. Er wolle das Leben »übersteigen«, einem Absoluten verpflichtet sehen; die Realität

Realitäts-zerfall und Artistik

aber biete das Bild des Zerfalls – Auflösung alter Bindungen, Zerstörung der Substanz, Nivellierung aller Werte: »Der Mensch hat Nahrungssorgen, Familiensorgen, Fortkommenssorgen, Ehrgeiz, Neurosen. Aber das ist kein Inhalt im metaphysischen Sinne mehr!« »Es ist überhaupt kein Mensch mehr da, nur noch seine Symptome.« »Wer bist du – alle Mythen / zerrinnen . . .«

Das Leben »hat keinen Gehalt mehr, keinen Wert, keinen Sinn. Benns Position ist deutlich ambivalent. Er beklagt den Rangverlust des Lebens, betont ihn aber auch, übertreibt ihn, er besteht darauf, um jeden Geltungsanspruch der Welt, die ihn umgibt, abzuweisen. Er leidet am praktizierten Nihilismus der Zeitgenossen, treibt ihn aber zugleich weiter, verwendet seine ganze Intensität darauf, die nihilistische Situation kenntlich zu machen und zu vollenden, immer wieder zu behaupten, daß der Mensch keinen Inhalt mehr habe. Wenn Gott tot ist, wie Nietzsche verkündet, oder wenn er hinter einen undurchdringlichen Vorhang gerückt und der transzendente Bezug verloren ist, wie Benn es darstellt, dann eben ist nichts mehr da als das naturalistische Chaos, dann gibt es keine allgemein verpflichtenden Inhalte mehr, dann muß man sich dieser Situation bewußt werden und sie nicht mit Ersatz-Ideologien überwölken.« (Dieter Wellershoff.)

Benn, Sohn eines Pfarrers, war Arzt. Die erste Lyrik (*Morgue und andere Gedichte*, 1912) wie seine ersten Prosastücke (*Gehirne*, 1916) spiegeln die Verbitterung und Verzweiflung, auch den Zynismus des Mediziners, der angesichts der unbesiegbaren Macht des Todes der Unzulänglichkeit der menschlichen Mittel gewahr wird, den Glauben aber an eine göttliche Heilsordnung, aus der heraus das Irdische auch im Allzumenschlichen seine Sinndeutung erfährt, verloren hat. »Der Mensch – ein Konglomerat das Ganze – Zähne raus, Mandeln raus, Blinddarm raus, Gebärmutter raus, geprägte Form, die prophylaktisch sich zerstückelt.« Im Rückblick auf diese *Frühe Lyrik* meinte Benn: »Es erschien mir das Ganze als Wurf und Wahnsinn gut. ›Die Krone der Schöpfung, das Schwein, der Mensch‹, schreibt mein Freund Oelze abratend und bedenklich, sei ein entscheidender Vers in diesem Buch. Er ist nicht nur entscheidend, er ist infernalisch, er ist ungoethisch, er schmeckt nach Schwefel und Absinth, aber ich griff ihn während meines Lebens in meinen Arbeiten immer wieder auf ... Laßt doch euer ewiges ideologisches Geschwätz, euer Gebarme um etwas Höheres; der Mensch ist kein höheres Wesen, wir sind nicht das Geschlecht, das aus dem Dunkel ins Helle strebt.«

Der Nihilismus Benns – »Früh streifte der Tod alles von mir ab, woran sich meine Jugend gebunden hatte, es kostete Blut und Tränen, aber dann war ich allein« – fand auch immer wieder seine Nahrung an der Beziehungslosigkeit der naturwissenschaftlichen Erkenntnisse, die dem Dichter Auskunft über eine »absurde Welt« geben, in der das Ich verloren dahintreibt – ohne erkennbaren Ursprung, ohne erkennbares Ziel. *Verlorenes Ich* lautet der Titel eines seiner grundlegenden philosophischen Gedichte. Schließlich zeigt sich der Dichter als Repräsentant der modernen Großstadtwelt: »Ich sehe nicht viel Natur, komme selten an Seen / Gärten nur sporadisch, mit Gittern vor, / oder Laubenkolonien, das ist alles, / ich bin auf Surrogate angewiesen: Radio, Zeitung, Illustrierte.«

Dem Realitätszerfall und Verlust der Transzendenz entspricht als Stilprinzip das »montierte« Gedicht: »konkretistischer Beutezug durch die Singularitäten«; die Komposition ist ersetzt durch die Konjunktion disparater »Weltbruchstücke« (»ein Scherbenhaufen«), die keine »metaphysische Klammer« mehr zusammenhält.

Benns Lyrik ist modernistisch, nihilistisch, a-romantisch, gemütsfern; im Stil scheinbar salopp, mit Jargon und Slang durchsetzt, eine filmartige Flucht von Assoziationsreihen; voller ausschweifender Superlative und Fremdwörter. In seinen Essays (*Ausdruckswelt*, 1949; *Probleme der Lyrik*, 1951) hat der Dichter ausführlich über den neuen Stil der Dichtung in der technischen Welt von heute gehandelt. Der Lyriker bewege sich in einem Laboratorium, einem Laboratorium für Worte. »Hier modelliert, fabriziert er Worte, öffnet sie, sprengt, zertrümmert sie, um sie mit Spannungen zu laden, deren Wesen dann durch einige Jahrzehnte geht ... Das Hirn ist unser Schicksal, unsere Aufgabe und unser Fluch.«

In die metaphysische Leere, angesichts der »zerebralen« Endsituation, versucht Benn eine neue Transzendenz zu setzen: »die Transzendenz der schöpferischen Lust«. Das Nichts sei »formfordernd«; die Kunst solle »innerhalb des allgemeinen Verfalls der Inhalte sich selber als Inhalt« erleben »und aus diesem Erlebnis einen neuen Stil bilden«. »Der Dichter, eingeboren durch Geschick in das Zweideutige des Seins, eingebrochen unter acherontischen Schauern in das Abgründige des Individuellen – indem er es gliedert und bildnerisch klärt, erhebt er es über den brutalen Realismus der Natur und schafft eine Gliederung, der Gesetzmäßigkeit eignet. Das scheint mir die Stellung und Aufgabe des Dichters gegenüber der Welt.« Kunst ist dabei nicht Schmuck und Zutat des Lebens, sondern das »Ja über den Abgründen«. Benns Nihilismus findet seine Überwindung im Kunstwerk, im Gedicht; im Wort verdichtet sich das Nichts der Zeit zum Augenblick des Bestehens: »Nichts, aber darüber Glasur.« »Unsere Ordnung ist der Geist, sein Gesetz heißt Ausdruck, Prägung, Stil.«

> »Ein Wort, ein Satz –: aus Chiffren steigen
> Erkanntes Leben, jäher Sinn,
> Die Sonne steht, die Sphären schweigen
> Und alles ballt sich zu ihm hin.
>
> Ein Wort – ein Glanz, ein Flug, ein Feuer,
> Ein Flammenwurf, ein Sternenstrich –
> Und wieder Dunkel, ungeheuer,
> Im leeren Raum um Welt und Ich.«
>
> *(Ein Wort)*

Benns »Formalismus« hat mit Ästhetizismus nichts zu tun, denn – so sagt er selbst – »eine isolierte Form, eine Form an sich, gibt es ja gar nicht. Sie ist das Sein, der existentielle Auftrag des Künstlers, sein Ziel«. Auch der Rhythmus, der für Benn den allerwesentlichsten Bestandteil der Form darstellt, ist Teil des artistischen »fast religiösen Versuchs, die Kunst aus dem Ästhetischen ins Anthropologische überzuführen«, Teil des letzten »metaphysischen Bastion« in dieser Welt. Die Bennsche »Artistik« erblüht dabei »über einem Grunde von Schwermut. Es ist ein selbstvergessenes Spiel, aus Leid und Musik gemischt: geboren aus Schwermut und Trauer, verwandelt in Rhythmus und Worte, zerlegt in dialektische Chiffren und zusammengeschlossen zum Erlebnis der Identität mit sich und dem Sein. Artistik und Schwermut tauchen als ein neuer dialektischer Gegensatz auf, der in der Faszination durch Kunst aufgehoben wird«. (Cl. Heselhaus)

Zugleich ist die Artistik des »formvollendeten« Gedichts der dialektische Umschlag zur »Verhirnung« der Menschheit: »Das Gehirn ist ein Irrweg. Ein Bluff für den Mittelstand. Wir wollen den Traum. Wir wollen den Rausch. Wir rufen Dionysos und Ithaka.« Und so versenkt sich der Dichter, die Welt wie ihre »Gehirne« fliehend, in die *Trunkene Flut* (Titel einer Gedichtsammlung von 1949), bannt im Wort Erlebnisse, die – aus dem Alltag herangespült – zu Momenten der Verzückung und Berauschung werden, zu Chiffren von Glut und Lebensmacht.

».. . Noch einmal das Ersehnte,
Den Rausch, der Rosen Du –,
Der Sommer stand und lehnte
Und sah den Schwalben zu,

Noch einmal ein Vermuten,
Wo längst Gewißheit wacht:
Die Schwalben streifen die Fluten
Und trinken Fahrt und Nacht.«

(Astern)

Benn hat die nachfolgende Dichtergeneration entscheidend beeinflußt; zugleich ist die Struktur der deutschen **zeitgenössischen Lyrik** in Zusammenhang zu sehen mit der europäischen zeitgenössischen Dichtung, wie sie u. a. durch Baudelaire, Rimbaud, Mallarmé, Apollinaire, Valéry, Ungaretti, Alberti, Lorca, Eliot, Pound geprägt wurde.

Die moderne Lyrik in der Nachfolge Benns ist dabei abzusetzen von der »alten« Lyrik etwa eines Hofmannsthal oder Schröder, die sowohl in Gestalt wie Gehalt bewußt nach rückwärts sich wendet und über den Naturalismus hinweg das gültig Ausgebildete des 19. Jahrhunderts wieder-holt, ohne deshalb epigonal zu wirken. Abzugrenzen ist sie auch von der »magischen Naturlyrik« eines Loerke oder Lehmann (so sehr gerade von dort Entwicklungslinien ins Modernste herein sichtbar werden), weil diese Dichter das Heute und Hier in ihrer poetischen Aussage weitgehend ausklammern, dafür mit ihrer Natur- und Weltfrömmigkeit sowie dem »panischen« Gefühl in der Romantik wurzeln. Die »Hieroglyphen« der Pflanzen und Tiere erkennen und aufzeichnen wollte schon Philipp Otto Runge. »Ich kann die Welt und ihr Wesen nur da feiern, wo die Zeichen der Natur aufleuchten, den Geist nur da, wo er mit ihren Lauten spricht« (W. Lehmann), könnte auch das Wort eines romantischen Dichters sein. – Was die Dichtung der Frühexpressionisten betrifft (eines Trakl etwa), so ist diese in ihrer surrealen Bildgestaltung, in den doppelbödigen Metaphern, welche die Wirklichkeit anritzen und Hintergründiges aufsteigen lassen, von bedeutsamer Nachwirkung für die jüngste Lyrik gewesen. – Der späte Rilke schließlich wirkte nach als der poetische Ergründer des antinomischen Daseins des Menschen, der hineingestellt ist in Angst und Tod und der um eine immanente Begründung oder um transzendenten Bezug ringt.

Der Wind der Zeit

Vor allem spürt der moderne Dichter den »Wind der Zeit«; er sieht sich in eine »heillose« Welt geworfen und weicht dieser leidvoll erlebten Realität nicht aus. Die Wirklichkeit wird aber nicht als etwas Abgeschlossenes, Feststehendes empfunden, sondern in ihrem Offensein dem Metaphysischen gegenüber; durch das Seiende hindurch ist das Sein ahnbar – nicht in eindeutigen Metaphern faßbar, sondern nur im dunklen Gleichnis zu beschwören.

Die »klangvolle Dunkelheit« des modernen Gedichts entspringt somit seinem eigentlichsten Wesenszug. »Erst wenn in der Dunkelheit die Worte gerade durch ihre Vieldeutigkeit, ja Unverständlichkeit, ihren eigenen Glanz, von praktischen Bedeutungsfunktionen befreit, entfalten können und in der Nacht des Bewußtseins unbe-

kannte Sterne aufgehen, erst dann ist das Gedicht da« (Kurt Leonhardt). – Die
Dunkelheit ist auch Ausdruck der Einsamkeit, die den modernen Dichter kennzeich-
net: »Es kommen härtere Tage. / Die auf Widerruf gestundete Zeit / wird sichtbar
am Horizont. / Bald mußt du den Schuh schnüren / und die Hunde zurückjagen in die
Marschhöfe. / Denn die Eingeweide der Fische / sind kalt geworden im Wind. /
Ärmlich brennt das Licht der Lupinen. / Dein Blick spurt im Nebel: / die auf
Widerruf gestundete Zeit / wird sichtbar am Horizont . . .« (Ingeborg Bachmann).

Die Inhalte der modernen Lyrik beziehen sich mit Vorliebe auf die
Ereignisse, Erlebnisse, Gefühle und Gefährdungen unserer Epoche. Das
bedeutet – verglichen etwa mit dem »hohen Anspruch« weiter Teile der
Dichtung des 19. Jahrhunderts – Desillusionierung. »Bis an die Wende
zum 19. Jahrhundert stand die Poesie im Schallraum der Gesellschaft,
war erwartet als ein idealisierendes Bilden geläufiger Stoffe oder Situationen, als heilender Trost auch in der Darstellung des Dämonischen. Wo
gemütsähnliche Weichheiten sich heute einstellen wollen, fährt ein Querschläger dazwischen, zerreißt sie mit harten, dissonantischen Worten«
(H. Friedrich). Schon Baudelaire sieht in der Poesie das Vermögen, Stoffe
auszuwählen, die »das persönliche Herz neutralisieren«. »Und die Blumen auf dem Tisch und das Gemüt?« fragt Gottfried Benn: »Ich per-
sönlich besitze nichts davon. Ich besitze Müdigkeiten, Melancholie, pro-
duktives Aufbrausen, Zögern, Zaudern, Zaudern, das kann ich eine
Stunde durchhalten, aber Gemüt, was fange ich damit an?«

Damit wird in moderner Lyrik nicht nur eine Absage vorgenommen an eine Dichtung, die man vereinfachend idealistisch und romantisch bezeichnen könnte, sondern
auch an das revolutionäre Pathos der expressionistischen Ära – ans überhöhte
»Weltfreundgefühl« und die entsprechende »Erdballgesinnung«.

Der moderne Lyriker nimmt sich seine Stoffe aus der menschlichsten,
allzumenschlichsten und unmenschlichsten Umwelt. Das lyrische Gebilde
bekommt somit eine – von jeder ästhetischen Schutzschicht befreite –
»Schärfe«: »Mein Gedicht ist mein Messer« lautet der symptomatische
Titel einer zeitgenössischen Anthologie. Der Schnitt in die Wirklichkeit
mit seiner sezierenden Bloßlegung stößt aber zugleich »durch«: läßt in
den derart geschaffenen »Ritzen« des Wirklichen (wie in Gedichten von
Günter Eich und Karl Krolow) das hintergründig Böse und Furchtbare
schlechthin aufsteigen. »Die Kanaldeckel heben sich um einen Spalt /
Die Wegweiser haben sich gedreht« (G. Eich) – sie weisen ins Ungewisse,
das dunkel verhangen bleibt.

Der Mensch

Gehetzt von Grenze zu Grenze,
Die dünnen Lippen verkrampft,
Zerrissen von plötzlichen Feuern,
Unter den Trümmern zerstampft.

O holdestes Geschöpf: Traum deiner Mutter, Du,
Insel, darauf sie lebt in den Gewässern
Der Zeit, Du, Fleisch ihrer Seele,
Wie griff sie, süß und horchend,
In ihr gewölbtes Seidenkleid.

Stumpfes Vieh in den Transporten:
Die Nummer eingebrannt,
Das Schädeldach zerspalten,
Ödem an Knie und Hand.

Erlöser der Liebe, dich hob die zärtlichste Kraft
Mitten ins Licht: wehte der Wäsche Lavendelgeruch,
Im Fenster die Wolken, die ernsten
Bäume, schwirrten dir Schwalben nicht
Köstlich entgegen?

Blut im Kot und in den Blicken,
Leckt er seinen Suppentopf.
Böse hocken grüne Fliegen
Über seinem blöden Kopf.

(Peter Toussel)

Der moderne Lyriker sucht auch die Verbindung zur aktuellen Wirklichkeit, zu den das 20. Jahrhundert prägenden Kräften und Stoffen, im besonderen zu den naturwissenschaftlichen Erkenntnissen, Einsichten und Formeln.

»Der Lyriker kann gar nicht genug wissen, er kann gar nicht genug arbeiten, er muß an allem nahe dran sein, er muß sich orientieren, wo die Welt heute hält, welche Stunde an diesem Mittag über der Erde steht ... Er muß Nüstern haben, Nüstern auf allen Start- und Sattelplätzen, auf den intellektuellen, da, wo die materielle und ideelle Dialektik sich voneinander fortbewegen wie zwei Seeungeheuer, sich bespeiend mit Geist und Gift, mit Büchern und Streiks, und da, wo die neueste Schöpfung von Schiaparelli einen Kurswechsel in der Mode andeutet mit dem Modell aus aschgrauem Leinen und mit ananasgelbem Organdy. Aus allem kommen die Farben, die unwägbaren Nuancen, die Valeurs, aus allem kommt das Gedicht« (G. Benn). – »Nicht Gedankenlyrik, da sei Gott ferne! doch denkende Lyriker samt sämtlichen Prämissen«, fordert Elisabeth Langgässer; »samt dem Unsicherheitskoeffizienten von Heisenberg, dem Umriß der Atomlehre, der Leibnizschen Mathesis universalis und der Philosophie von Sein und Zeit, der dialektischen Denkübung und der Umwelttheorie von Üxküll, der Sakramentenlehre moderner Pastoraltheologie und der Soziologie von Max Scheler. Er ist es, den wir fordern müssen, soll sich nicht der kosmologische Umkreis der Lyrik zu einem Weideplatz frommer Schäfer verändern, zu einer sanften Insel in ultrablauen Meeren und einer Weltraumrakete, die nach dem Leeren zielt.«

Die moderne Lyrik hat so vom Gehaltlichen her neue und entscheidende Stoffe und Motive erschlossen, sie hat das Gesicht aus dem »ästhetischen Schmelz« in die existentielle Bedeutung zurückgeholt. »Die harmlose Dichtung erwies sich als Teufelsinstrument; sie erfüllte nicht ihre seismographische Aufgabe, den Stand der Dinge anzuzeigen, das verborgene Grauen oder auch die gelinde Befreiung ins Bewußtsein zu rufen« (W. Höllerer). Wolfgang Weyrauch nennt das lyrische Schaffen Aktion in einer Welt, die in Selbstsicherheit und trügerischer Selbstgefälligkeit erstarre; der Lyriker aber stößt in neue Bereiche vor – »Ich schreibe ein Gedicht. / Ich veranstalte eine Expedition«. Der »Mord an den Rechnungen« wird vollzogen, »die Ewigkeit fortgesetzt«.

Im Sprachlaboratorium   Was die Gestalt moderner Lyrik betrifft, so erweist sich als wichtigstes Strukturprinzip die »Montage«. Das »montierte« Gedicht (in der Nachfolge Benns) stellt keine organische, einheitliche Schöpfung mehr dar. Die Souveränität des formenden und verdichtenden Künstlers (ehemals »Mundstück der Götter«, von »göttlichen Entzückungen« bewegt) ist durch den nüchternen Experimentalpoeten und sein Sprachlaboratorium ersetzt. Der Künstler fügt nunmehr zusammen, was vorhanden und zuhanden ist: die Wirklichkeit und Meta-Wirklichkeit in ihrer ganzen simultanen Vielschichtigkeit und verwirrenden Chaotik.

> »Fragmente,
> Seelenauswürfe,
> Blutgerinnsel des zwanzigsten Jahrhunderts –
> Narben – gestörter Kreislauf der Schöpfungsfrühe,
> Die historische Religionen von fünf Jahrhunderten zertrümmert,
> Die Wissenschaft: Risse im Parthenon,
> Planck rann mit seiner Quantentheorie
> Zu Kepler und Kierkegaard neu getrübt zusammen . . .
> Ausdruckskrisen und Anfälle von Erotik; das ist der Mensch von
> Heute, das Innere ein Vakuum,
> Die Kontinuität der Persönlichkeit
> Wird gewahrt von den Anzügen,
> Die bei gutem Stoff zehn Jahre halten.«   *(Gottfried Benn)*

Der Satzbau ist fast völlig aufgegeben; nur einzelne Wortfetzen sind aneinandergeklebt wie die einzelnen Teile einer *Bildzeitung*, die aus kunterbunten Stücken, sinnlosen, aber zweckausgerichteten Berichterstattungsfragmenten, Wahrheitsverzerrungen, Idolen und Illusionsgemisch besteht; das Gedicht ist von Leere und Öde durchtränkt, aber in faszinierende plakative Metaphern gefaßt:

> »du wirst reich sein
> markensteicher uhrenkleber:
> wenn der mittelstürmer will
> wird um eine mark geköpft
> ein ganzes heer beschmutzter prinzen
> turandots mitgift unfehlbarer tip
> tischlein deck dich:
> du wirst reich sein . . .«   *(Hans Magnus Enzensberger)*

Die Sprachgebung des modernen Gedichts soll unter dem Gebot asketischer Einfachheit erfolgen. Ästhetisch bezaubernde Gleichnisse, pathetische und »hohe« Worte werden gemieden; understatement und Reduktion auf das Allerwesentlichste werden bevorzugt, die »Keuschheit« der kleinen Sprachgebilde (Sprachpräparate – aus Wirklichkeit oder Traum herausgeschnitten). Diese Freude an der prägnanten lyrischen »Arbeit« spiegelt sich immer wieder in Sätzen, die seit Baudelaire, Rimbaud, Valéry, Benn die Runde machen und kennzeichnend sind für das geradezu wissenschaftliche Wortbemühen des Dichters von heute: man spricht von der Geometrie der Sätze, vom Wortlaboratorium, in dem die Gedichte »gemacht« würden. »Kein beschreibender, schmückender oder oratorischer Stil, kein ländlicher Flitter, sondern scharfe Formeln, die das Komplexe so präzis wie möglich umreißen. Dichten ist wie die Arbeit eines Feinmechanikers. Die Poesie hat alles zu tun, um den Kühnheiten der Mathematik gleichzukommen.« (H. Friedrich)

> »Das Gedicht ist ein Molekularmodell aus Vokalen
> ein Kirchenfenster aus Substantiven
> ein Spinnennetz aus Erinnerungen
> ein Prisma aus Utopien
> ein Sternbild aus Weggelassenem.« *(Albert Arnold Scholl)*

»Konkrete Lyrik« zerschlägt völlig die Sinnzusammenhänge. Kombinationen, Konstellationen, Montagen, Collagen, Ideogramme, Letternbilder sind jedoch mehr als ein Spiel formaler Elemente; die Ein-sicht soll über Struktur und Figuration erfolgen. **Helmut Heissenbüttel** (geb. 1921) nennt seine Gedichte *Topographien* (1956). Das Noch-nicht-Sagbare soll »angesprochen«, im Wort-Muster bloßgelegt werden. – So wichtig es auch ist, das Wort in seiner Vereinzelung (innerhalb eines typographischen Kontextes) und damit in seiner Singularität zu zeigen, es aus dem Wortstuck und der Stereotypie loszuklopfen, es voraussetzungslos wieder zur Verfügung zu haben, so frag-würdig müssen jedoch Versuche bleiben, die (durchaus reizvolle) Wort-Topographien über ihren spielerischen Wert hinaus metaphysisch überfordern. Allerdings stellt die konkrete Poesie ein wichtiges Gegengewicht zu all denjenigen dar, die als Benn-Adepten und modernistische Epigonen die Methoden und Prinzipien zeitgenössischer Lyrik in Marotten verkehren und sentimental-philosophisch-lyrisches Kunstgewerbe produzieren.

> »Die Pose ist der Mache liebstes und legitimes Kind. Sie bedeutet das geschniegelte Versiegen des Schöpferischen, die adrett herausgeputzte Inoriginalität ... Pose herrscht immer dort, wo eine Mode einreißt, wo die schöpferischen Vorstöße der Revolutionäre ohne inneren Zwang nachgeahmt, wo die Extravaganzen der Stilbilder übernommen werden, wo das ehemalige Wagnis auf Effekt spekuliert und sich in gefällige Positur setzt, ohne daß die existentiellen Bedingungen, die einmal zu jenem Wagnis führten, noch gegeben sind.« (P. Rühmkorf)

Der übersteigerte Purismus der Sprache führt zum Wortgeklingel; »philosophisches« Gerede ersetzt Tiefe; das Dunkel wird mit Pose zelebriert, ein »Cocktail aus Wissenschaft und Lyrik« gemixt (W. Muschg); ein paar Schlagzeilen der Presse werden poetisch aufgeputzt.

Auf der anderen Seite hat die zeitgenössische deutsche Lyrik eine Reihe von Namen aufzuweisen, denen bereits jetzt eine »literarhistorische«, d. h. die Geschichte der Dichtung prägende und weiterentwickelnde Bedeutung zukommt. Darunter sind **Ingeborg Bachmann** (1926–1973; *Die gestundete Zeit; Anruf des großen Bären),* **Paul Celan** (1920–1970; *Mohn und Gedächtnis; Fadensonnen),* **Hanns Cibulka** (geb. 1920, in der DDR lebend; *Märzlicht; Zwei Silben; Windrose),* **Günter Eich** (1907 bis 1972; *Abgelegene Gehöfte; Botschaften des Regens),* **Alexander Xaver Gwerder** (geb. 1923, 1952 Selbstmord; *Dämmerklee),* **Walter Höllerer** (geb. 1922; *Der andere Gast),* **Hans Egon Holthusen** (geb. 1913; *Hier in der Zeit; Labyrinthische Jahre),* **Marie Luise Kaschnitz** (1901–1974; *Gedichte; Ewige Stadt),* **Karl Krolow** (geb. 1915; *Heimsuchung; Die Zeichen der Welt; Wind und Zeit; Neue Gedichte),* **Heinz Piontek** *(*geb. 1925; *Die Furt; Die Rauchfahne; Wassermarken; Klartext)* und **Peter Toussel** (geb. 1922).

Publikums-	Aus dem Sprachlaboratorium sind auch **Peter Handkes**
beschimpfung	(geb. 1942 in Kärnten) »Sprechstücke«: Wortmontagen, Wortcollagen, die die »alte Sprache«, die Alltagssprache,

Aus dem Sprachlaboratorium sind auch **Peter Handkes** (geb. 1942 in Kärnten) »Sprechstücke«: Wortmontagen, **Publikums-beschimpfung** Wortcollagen, die die »alte Sprache«, die Alltagssprache, die Trivialsprache, die affirmative Dichtungssprache, den Kulturjargon zerschlagen und die Bruchstücke neu kombinieren; das Pathos hat keine Chancen mehr, die Sprache wird wieder beim Wort genommen. »Für uns gibt es Sachen nur noch in Form von Wörtern« – in diesem Sinne versucht sich Handke in Lyrik, Prosa (*Die Innenwelt der Außenwelt der Innenwelt,* 1969, *Die Angst des Tormanns beim Elfmeter,* 1970), und in Theaterstücken. Der »Singsang« der *Publikumsbeschimpfung* (1966) soll dem normalen, kulturbeflissenen Theaterbesucher seine Bewußtseinsleere deutlich machen. Er, der »etwas« auf der Bühne »erwartet«, wird selbst zum Gegenstand des Stücks. Wortattacken leiten jedoch auch Kommunikation ein; die Provokation zerschlägt ideologische Krusten und öffnet für eine neue Naivität (dem Wort gegenüber).

»Sie denken nichts. Sie denken an nichts. Sie denken mit. Sie denken nicht mit. Sie sind unbefangen. Ihre Gedanken sind frei. Indem wir das sagen, schleichen wir uns in Ihre Gedanken. Sie haben Hintergedanken. Indem wir das sagen, schleichen wir uns in Ihre Hintergedanken. Sie denken mit. Sie hören. Sie vollziehen nach. Sie vollziehen nicht nach. Sie denken nicht. Ihre Gedanken sind nicht frei. Sie sind befangen. Sie schauen uns an, wenn wir mit Ihnen sprechen. Sie schauen uns nicht zu.

Sie schauen uns an. Sie werden angeschaut. Sie sind ungeschützt. Sie haben nicht mehr den Vorteil derer, die aus dem Dunkeln ins Licht schauen. Wir haben nicht mehr den Nachteil derer, die vom Licht in das Dunkle schauen. Sie schauen nicht zu. Sie schauen an und Sie werden angeschaut. Auf diese Weise bilden wir und Sie allmählich eine Einheit. Statt Sie könnten wir unter gewissen Voraussetzungen auch wir sagen. Wir befinden uns unter einem Dach. Wir sind eine geschlossene Gesellschaft.«

Hier wie in der *Selbstbezichtigung* (1967) und *Weissagung* (1967) wird in einer Wortpartitur die in und durch Sprache erkennbare bzw. erlebbare Problematik zeitgenössischer Existenz eingefangen, wobei der Rhythmus und Duktus des Sprechens sowie die Sprachchoreographie (Sprechen und Bewegung der Schauspieler bilden eine Einheit!) stark von der Beatmusik beeinflußt sind. – Mit Hilfe der assoziativen Aneinanderreihung verbaler Selbstverständlichkeiten (»Der Fisch schwimmt im Wasser wie ein Fisch im Wasser. Der Mann steht auf wie ein Mann«) werden sowohl die Banalität wie der Witz der Sprache ausgebreitet. Mit der Sprache schreibt Handke gegen die Sprache an – immer mit dem Wissen, daß über das sozusagen psychosomatische Erlebnis der Sprache hinaus wenig oder nichts gesagt und ausgesagt werden kann.

In dem Hauser-Stück »Kaspar« (1968) erzählt Handke, unter Verwendung pantomimischer Effekte, die Geschichte eines Namen- und Sprachlosen, der langsam die Sprache ergreift und damit begreift, bis er innerhalb des gesellschaftlichen Sprachmechanismus (umstellt vom Echo vieler Kaspars) wieder ins Namenlose, nun sprechender Anonymität, zurückfällt. Die Identität ist nicht gefunden. »Ich: bin: nur: zufällig: ich.«

Die Frage nach der Transzendenz liegt bestimmend dem Prosawerk **Franz Kafkas** (1883–1924) zugrunde. Wie vor ihm Eichendorff, zu dem hin Verbindungslinien aufzeigbar sind (man vergleiche auch das innige Verhältnis des Dichters zu Robert Walsers »Idyllen« – einer Dichtungsgattung, die schon Schiller als Versuch deutete, auf dem Boden des Un-heimlichen heimisch zu werden!), spürt er nach der »Urmelodie der Welt«, die er zu erhören sucht, die ihm aber verborgen bleibt. Gerade dies aber – die Urmelodie der Welt als Antwortlosigkeit und Schweigen – und die damit gegebene Brüchigkeit der Welt, ihr Auseinanderklaffen, ihre unerkennbaren Zusammenhänge sowie das »Bodenlose« der Gesellschaft fängt Kafka in »abstrakten Figurationen« ein. Für Kafka steht der Mensch in der paradoxen, absurden Situation zwischen Leben und Tod, Immanenz und Transzendenz. Aus aller festen irdischen und überirdischen Ordnung entlassen, ist er desorientiert und ziellos – ohne Licht (vom menschlichen Standpunkt aus gesehen) –, auch wenn das Vorhandensein dieses Lichtes nicht geleugnet wird. Das So-Sein ist Chiffre des Seins, das Sein mögliches Nichtsein; aber auch das Nichtsein

Im Tunnel
des Lebens

birgt die Möglichkeit des Seins in sich; ein circulus vitiosus, der – z. B. in dem Prosastück *Auf der Galerie* – als endlos-monotones Rotieren einer Kunstreiterin im Rund der Zirkusarena dichterisch beschworen wird.

»Wir sind«, meint Kafka, »mit dem irdisch befleckten Auge gesehen, in der Situation von Eisenbahnreisenden, die in einem langen Tunnel verunglückt sind, und zwar an einer Stelle, wo man das Licht des Anfangs nicht mehr sieht, das Licht des Endes aber nur so winzig, daß es der Blick immerfort suchen muß und immerfort verliert, wobei Anfang und Ende nicht einmal sicher sind. Rings um uns aber haben wir in der Verwirrung der Sinne oder in der Höchstempfindlichkeit der Sinne lauter Ungeheuer und ein je nach der Laune und Verwundung des einzelnen entzückendes oder ermüdendes kaleidoskopisches Spiel. Was soll ich tun? Wozu soll ich es tun? sind keine Fragen dieser Gegenden.«

Freilich liegt auch in Kafkas Werk ein Aufbruch, ein Streben zum Licht, dem Ruf entgegen, »wortreich und sicher beginnend, wortlos und verzweifelnd endend«. Hier liegt die Würde von Kafkas Menschen, ihr tragisches Heldentum. »Auf den Reisewagen warten und den Tunnel auch dann verlassen, wenn die Richtung unsicher ist und das Licht vielleicht von ›hinten‹ kommt; die Botschaft hören, wenngleich man nicht weiß, ob die Könige noch leben oder nur die Kuriere einander die längst sinnlos gewordenen Nachrichten zuraunen; die Schneise suchen, auch wenn man sich immer wieder im Dickicht verirrt; im Namenlosen existieren und auf die Stimme lauschen, die manchmal weit, weit weg flüstert: das alles verdeutlicht die Situation eines Menschen, der um das Ziel weiß, aber den Weg nicht kennt« (Walter Jens). »Es gibt ein Ziel, aber keinen Weg; was wir Weg nennen, ist Zögern«, sagte der Dichter selbst.

Kafkas Dichtung ist weder allegorisch, da sie nicht für etwas (Bestimmtes, Bestimmbares) steht, noch symbolisch, da sie nicht etwas (Sicheres) »ist«; die Handlungen seiner Romane, Novellen, Parabeln vermitteln »direkt« – ohne Umweg – das Weltgefühl des Dichters, das zugleich Weltgefühl seiner Epoche ist. Wenn in der *Verwandlung* der Handlungsreisende Samsa aufwacht und sich in ein riesiges Insekt verwandelt sieht und der Dichter im weiteren den schrittweisen Veränderungsprozeß minuziös schildert, dann ersteht in uns das Gefühl eines schwer definierbaren Ekels und Widerwillens, das aber dem Gefühl genau entspricht (äquivalent ist), das der Dichter in uns hervorrufen (evozieren) wollte – weshalb T. S. Eliot von dieser Form des poetischen Anrufs als »evokativem Äquivalent« spricht.

In der Parabel *Vor dem Gesetz* kommt ein Mann vom Lande zum Türhüter und erbittet Eintritt »in das Gesetz«. Der Türhüter läßt ihn nicht ein. Der Mann wartet Tage und Jahre, »bis er kindisch wird«. Niemand ist während der ganzen Zeit durch die Tür »ins Gesetz« gegangen. Auf die wiederholten Fragen des Mannes brüllt der Türhüter, der erkennt, daß der Mann nun am Ende ist und daß sein Gehör vergeht, ihn an: »Hier konnte niemand sonst Einlaß erhalten; denn dieser Eingang war nur für dich bestimmt. Ich gehe jetzt und schließe ihn.« Evoziert wird in uns das Gefühl des Absurden, des völlig Unsäglichen und Unbegreiflichen – und genau dies kennzeichnet die Auffassung des Dichters von Welt und Leben.

Kafkas Sprache ist dabei von kristallklarer, harter, spröder, oft genug äußerst vereinfachter Form, die mit einer bürokratisch pedantischen Genauigkeit einem Vorgang nachspürt, was um so eigenartiger wirken muß, da es ein genaues Nachspüren des Unfaßbaren, ein detailliertes Beschreiben des Unbeschreibbaren, ein realistisches Angehen des Unrealistischen ist: »Ich versuche immerfort etwas Nicht-Mitteilbares mitzuteilen, etwas Unerklärliches zu erklären«.

So ist Kafkas Stil paradox, der Inhalt seiner Werke absurd – Spiegel paradoxen Daseins, absurden Seins.

Franz Kafka wurde in Prag geboren. Zu Lebzeiten hatte der Dichter nur sehr wenig veröffentlicht und für seinen Tod die Verfügung getroffen, daß sein gesamter schriftlicher Nachlaß zu verbrennen sei. Sein Freund *Max Brod* (1884–1968; selbst Dichter: u. a. *Tycho Brahes Weg zu Gott*, 1916; *Stefan Rott*, 1931; *Novellen aus Böhmen*, 1936) hat jedoch dem Willen nicht entsprechen wollen und damit ein Werk gerettet, das zum Bezeichnendsten und Größten des 20. Jahrhunderts zu zählen ist. Der Dichter, der – als er starb – nur wenigen bekannt war, wurde während seines Lebens immer wieder von schweren Depressionen heimgesucht (vgl. *Tagebücher* 1910–23 und seine Briefe); er hat neben einer Reihe von Erzählungen *(Die Verwandlung*, 1915; *Das Urteil*, 1916; *In der Strafkolonie*, 1919; *Ein Landarzt*, 1920; *Beim Bau der chinesischen Mauer*, 1931) drei Romane hinterlassen: *Der Prozeß* (1925); *Das Schloß* (1926): *Amerika* (Fragment, 1927).

In »Der Prozeß« wird der Bankangestellte K. eines Morgens von Leuten verhaftet, die »wie Dienstmänner von der Straßenecke« aussehen. Warum wird er verhaftet? Warum soll gegen ihn ein Prozeß eröffnet werden? »Das ist eben der Haken«, sagt K., »das weiß ich selbst nicht.« K. wehrt sich, er will ein gerechtes Verfahren, er will wenigstens seine Anklageschrift sehen, er will sich rechtfertigen können. In surrealistischen Erlebnissen lernt er die stickige, unnahbare Bürokratie der Anklagebehörde kennen, die ihren Sitz meist in den Dachböden von Mietskasernen hat – aber alles ist vergeblich. K. dringt nie weiter als bis zur Tür der geheimnisvollen Organisation vor. Die oberen und obersten Richter bleiben unerreichbar, sie werden über sein Schicksal entscheiden, ohne ihn gehört zu haben. Eines Tages – am Vorabend seines einunddreißigsten Geburtstages – wird das Urteil von zwei Herren (»in Gehröcken, bleich und fett, mit scheinbar unverrückbaren Zylinderhüten«) vollstreckt. Sie bringen K. in einen Steinbruch. »Seine Blicke fielen auf das letzte Stockwerk des an den Steinbruch grenzenden Hauses. Wie ein Licht aufzuckt, so fuhren die Fensterflügel eines Fensters dort auseinander, ein Mensch, schwach und dünn in der Ferne und Höhe, beugte sich mit einem Ruck weit vor und streckte die Arme noch weiter aus. Wer war es? Einer, der helfen wollte? War es ein einzelner? Waren es alle? War noch Hilfe? Gab es Einwände, die man vergessen hatte? Gewiß gab es solche. Wo war das hohe Gericht, bis zu dem er nie gekommen war? Er hob die Hände und spreizte alle Finger. Aber an K.s Gurgel legten sich die Hände des einen Herrn, während der andere das Messer ihm ins Herz stieß und zweimal dort drehte. Mit brechenden Augen sah K., wie die Herren nahe vor seinem Gesicht, Wange an Wange gelehnt, die Entscheidung beobachteten. ›Wie ein Hund‹, sagte er – es war, als sollte die Scham ihn überleben.«

In dem Roman »Das Schloß« trifft ein Mann namens K. an einem Winterabend in einem nicht näher bezeichneten Dorf ein. Er gibt an, von der Behörde des in der Nähe gelegenen Schlosses als Landvermesser berufen zu sein. Aber kein Weg führt für K. vom Dorf zum Schloß. Er ruft das Schloß an; aber man weiß von ihm nichts, bis sich herausstellt, daß er doch angefordert worden sei. Man weist ihm aber nicht den Weg. Das Schloß existiert; aber es ist nicht erreichbar. K. kämpft zäh und unentwegt um »Zulassung«; er weiß, daß das Schloß ganz nahe ist; das Suchen ist seine Heimsuchung. »Aber wenn auch keine Erlösung kommt«, sagt K., »so will ich doch jeden Augenblick ihrer würdig sein.«

Kafkas Werke, vor allem der Stil und die Zeichenhaftigkeit des Gehalts, haben großen Einfluß auf die zeitgenössische Literatur, vor allem auch auf die neuen Dichtungsgattungen Kurzgeschichte und Hörspiel, genommen. Viele deutsche und ausländische Dichter fühlen sich (bewußt oder unbewußt) Kafka verpflichtet; »kafkaesk« ist geradezu Kennzeichen einer eigenen Stilrichtung und literarischen Strömung geworden. Wenn dabei auch literarische Mode eine Rolle spielen mag, so ist die Einwirkung Kafkas im besonderen dadurch zu erklären, daß hier ein Dichter den Nerv der Zeit wie kein anderer traf.

Um die Frage: Was ist der Tod? Was steht hinter dem Leben? kreist

Totenstadt und Lebensschiff der Roman *Die Stadt hinter dem Strom* (1947) von **Hermann Kasack** (1896–1966); die Kriegsatmosphäre des Elends und der angsterfüllten Städte, die Hintergründigkeit der geschichtlichen Vorgänge, die Untergründigkeit des Massendaseins ist dem Werk mit einverwoben.

Dr. Robert Lindhoff wird durch ein Schreiben der Stadtverwaltung zum Kommen aufgefordert. Er fährt mit dem Zug, überquert einen großen Fluß und erreicht bald darauf den Hauptbahnhof der »Stadt hinter dem Strom«. Er trifft Anna, seine Geliebte, die vor wenigen Monaten aus dem Leben geschieden ist, er trifft auch seinen toten Vater. Da wird ihm klar, daß er den Fluß des Lebens überschritten hat, daß er sich in der Totenstadt befindet. Aber die Stadt hinter dem Strom ist nur ein Zwischenreich: ein Bezirk zwischen dem Reich der Lebendigen und dem der endgültig Vergessenen, die Zone letzter Erinnerung. Lindhoff kehrt eines Tages wieder ins Leben zurück; aber welche Kunde kann er mitbringen? Alle, die er liebte und kannte, müssen auch das Zwischenreich der Stadt hinter dem Strom wieder verlassen; sie werden abberufen, um ins Unbetretbare aufzubrechen. Ihnen nachzuspüren, ist allen Lebenden versagt.

Ein Bild vom Geheimnis des Lebens, vom »Rätsel Mensch« gibt **Hans Henny Jahnn** (1894–1959) in seinem Roman *Das Holzschiff* (1949; erster Teil der Trilogie *Fluß ohne Ufer*).

Ein seltsames Schiff ist am Ufer verankert. Es soll besondere Fracht aufnehmen und an geheimnisvollen Ort bringen; die Zollbeamten wissen davon, doch Genaues ist nur den »oberen Behörden« bekannt. Matrosen werden an- und abgemustert. Nach längerer Zeit ist es endlich soweit; unter Führung des Superkargos, der für die Fracht verantwortlich ist, und des Kapitäns, der seine junge und schöne Tochter mitnimmt, sticht das Schiff (Lebensschiff) in See: »Die See stand mit gutem Geruch um das Schiff. Die Segel waren gesetzt. Man lag vorm Winde. Meer und Himmel waren schwarz. Die Lichter der großen Kuppel verbrannten flimmernd in den unendlichen Weiten. Ihr kalter Schein, der das Herz vernichtet oder erhebt, brachte das trügerische Wunder erbaulicher Gedanken. Millionen Menschen (und wer wüßte, ob es die Tiere nicht tun) blicken des Nachts auf mit den unbegreiflichen Augen und kehren in die vereinsamte oder bang hoffende Brust zurück, ihre eigene. Sie sehen sich auserwählt oder verworfen. Oder das Ferne ist so weit ab von ihnen, wie es vorgibt zu sein. Es bricht nicht durch den Qualm ihres gemarterten Blutes. Die Stürme überziehen mit Lärm den Dunst unserer Erde bei anderen Stunden. Jetzt war es der leuchtende Tau der Einsamkeiten, der hernieder rieselte.«

Der Verlobte des Mädchens reist als blinder Passagier mit; auch der Reeder wird in den geheimnisvollen, apokalyptisch-verschlungenen Räumen und Gängen des Schiffes hin und wieder gesehen. Eines Tages verschwindet das Mädchen, ohne daß man es je wieder findet. Ein geheimnisvoller Schacht wird entdeckt; der darunter vermutete Hohlraum soll geöffnet werden. Als man mit dem Werkzeug die Wand durchbricht, flutet unaufhaltsam das Meerwasser herein. Das Schiff geht unter, die Besatzung flüchtet in die Boote.

Die Romanhandlung ist »surreal«; die Dinge werden vom Dichter »mit ungewöhnlich überfeinerten Augen gesehen, große Fortlassungen, tiefes Hinzufügen zum alltäglichen Hinblicken«. Wirkliches ist transparent für Hintergründiges; dem Rätselhaften (dem Verschwinden des Mädchens etwa) wird gequält nachgespürt; es bleibt unfaßbar und ungelöst. Kein »Zipfel vom Schleier des Geschehens« lüftet sich. – Räume werden verschlossen und sind dann nicht verschlossen. Türen öffnen sich von selbst, Gänge stoßen ins Unergründliche (»Ein niedriger Schacht, etwa zwei Meter breit, begann unter dem Bett und löste sich in der Ferne im Ungewissen auf«). Die Fracht besteht aus einer Menge von Kisten, deren Inhalt niemand kennt; als die Matrosen in den Lagerraum eindringen und die Behälter öffnen, sind diese leer; aber es stellt sich heraus, daß sie nur im Vorraum waren, auf Attrappen hereinfielen; die eigentlichen Kisten bleiben weiterhin verschlossen – die Inhalte fraglich. Wer leitet und lenkt das Schiff, dirigiert es zu seinem Zielhafen? Der Kapitän? »Aber neben ihm gibt es etwas Verborgenes, das von Zeit zu Zeit das Kommando an sich nimmt.« Am Ende, als das untergehende Schiff sich nochmals aufbäumt, zeigt sich eine Galeonsfigur, die vorher niemand gesehen hatte: »Ein Bild wie aus gelbem Marmor. Eine Frau. Statue einer schimmernden, rauh behäuteten Göttin. Venus anadyomene ... Eine dreiste Verheißung strotzender Brüste.«

Der Mensch wird in Jahnns Roman in seiner »metaphysischen Ratlosigkeit« gezeigt: »Die Nacht. Die Blindheit. Der Tod. Und das Unbekannte, jene Null im Gebrause des Unendlichen.« »Was bezweckte die Vorsehung? Wir finden keinen Beweis gegen die Anarchie der Abläufe.« Als Ausweg verfällt der Mensch seiner schalen Leib- und brünstigen Triebhaftigkeit; von der Sinnlichkeit verfolgt und gequält, gaukeln die Träume der Matrosen (»dünne und brüchige Charaktere, eingewebt einem mangelhaften rohen und übelriechenden Fleisch«) um sexuelle, makabre Genüsse; Gerüchte gehen um, die Kisten könnten tote oder lebende Mädchen enthalten.

Das Schauspiel *Die Verfolgung und Ermordung Jean Paul Marats, dargestellt durch die Schauspielgruppe des Hospizes zu Charenton unter Anleitung des Herrn de Sade* (1964) von **Peter Weiss** (geb. 1916) ist ein »philosophisch-politischer Dialog, der im Spiel, pantomimisch-exzessiven Spiel unter Irren, aufgeht«. Die Schauspieltruppe eines Irrenhauses unter

Charenton, Anleitung des in der Anstalt sich befindenden Marquis de Sade zeigt Wirklichkeit in doppelter Verfremdung (als **Charenton** *Spiel von Irren!*) – den Wahnwitz realer politischer und sozialer Normalität; man spielt »französische Revolution«. Die revolutionäre Ekstase, aus humanitärem Elan und sexualpathologischen wie existential-sadistischen Elementen zusammengesetzt (»Es ist ein warmes dickes Dampfen / wie in Schlachthäusern ... was ist dies für eine Stadt, in der das nackte Fleisch auf den Straßen liegt / was sind das für Gesichter«), gipfelt im Toben der Wahnsinnigen, die bei aufpeitschender Musik rhythmisch marschieren und durcheinanderschreien – Geburt des modernen sadistisch-totalitären Staates aus dem Geiste der Verwirrung:

> »Charenton, Charenton
> Napoleon, Napoleon
> Nation, Nation
> Revolution, Revolution
> Kopulation, Kopulation.«

In seinem »Oratorium« *Die Ermittlung* (1965) hat Weiss versucht, die Geschehnisse von Auschwitz auf die (Sprech-)Bühne zu bringen: als Klage, Erinnerung und Mahnung. Was bei Kafka noch surreale Wirklichkeit (etwa in der Erzählung »In der Strafkolonie«), ist durch den Nationalsozialismus staatliche Realität geworden; das Vernichtungslager erweist sich als die Ausbildungsstätte des neuen Herrenmenschen. Weiss montiert in seinem Oratorium dokumentarisches Material aus dem Auschwitz-Prozeß, das er in gestraffter, leicht rhythmisierter Form in »Gesängen« von Sprechern (Richter, Zeugen, Verteidiger, Ankläger) vortragen läßt – der Alptraum der abgründigen Wirklichkeit kann von keiner noch so makabren Phantasie mehr übertroffen werden.

Ein Geschichtsbild umprägen will Weiss mit seinem »Hölderlin« (1971). Der Lebenslauf des Dichters wird zur Parabel der deutschen Misere; des Dichters Wahnsinn zum Aufleuchten für das »Reich einer zukünftigen Demokratie«. Karl Marx tröstet am Ende des Stücks Hölderlin: »Daß sie ein halbes Jahrhundert zuvor die Umwälzung nicht als wissenschaftlich begründete Notwendigkeit, / sondern als mythologische Ahnung beschrieben, ist ihr Fehler nicht.« Die Revolution ist vom Dichter visionär vorbereitet, vom Philosophen analytisch begründet worden.

Das Zeittheater – dokumentarisch orientiert und zugleich humanitär überhöht – vertritt neben Weiss vor allem *Rolf Hochhuth* (geb. 1931). In dem »christlichen

Trauerspiel *Der Stellvertreter* (1963) wird am Beispiel von Papst Pius XII., der während der Zeit des Dritten Reiches den Judenverfolgungen gleichgültig gegenüberstand und »hoch über den Geschicken der Welt und der Menschen stehend« keinen Blick für die Not der Verfolgten übrig hatte, der moralische Tiefstand einer erstarrten Kirche demonstriert. – In dem Drama *Die Soldaten* (1967) wird Winston Churchill des Mordes aus Staatsräson an dem polnischen Exil-General Sikorski angeklagt; an diesem Fall wie an der Strategie der englischen Luftkriegsführung gegen deutsche Städte wird die moralische Hinfälligkeit bedeutender historischer Persönlichkeiten exemplifiziert. Denjenigen, die wegsehen, wenn man den Bruder totschlägt, stellt Hochhuth immer wieder »reine« Gestalten gegenüber, die den verderbten Machenschaften der »Großen« und der »Banalität des Bösen« ein von (Schillerschem) Pathos getragenes »Nein« entgegensetzen. Überhaupt liebt Hochhuth das hochdramatische Spiel, die große Emotion, hochgespannten Wortduktus; (vgl. auch *Guerillas*, ein Revolutionsstück fürs heutige Amerika.)

In der Nachfolge Hochhuths versuchte *Dieter Forte* mit seinem Luther-Stück (*Martin Luther und Thomas Münzer oder Die Einführung der Buchhaltung*) die »Demontage einer Legende«.

»Fleisch und Stachel gehören unlöslich zusammen, um einen vollen Christen zu machen«, heißt es in dem *Rechenschaftsbericht an meinen Leser* von **Elisabeth Langgässer** (1899–1950); »jede Heiligkeit ist ein Dennoch, das die Menschwerdung Christi unserem Fleisch, dem widerspenstigen, abgerungen; jeder Sündenfall, sei er noch so tief, hat die Möglichkeit, durch das Wirken der Gnade zur Einbruchstelle der Heiligkeit zu werden.« Elisabeth Langgässer (von den Nationalsozialisten verfolgt und verfemt – eine Tochter war nach Auschwitz verschleppt worden) hat aus tiefem Pessimismus heraus gestaltet und geschaffen.

Fleisch und Stachel

»In jedem Glauben an die Menschheit im ganzen und an die meisten Menschen im besonderen geht bei mir der Teufel um. Ich sehe rings um mich nur Korruption, Verlogenheit, Betriebsmacherei und die scheußliche Geschäftigkeit und das Gewimmel von grau-schwarzen Ameisen, deren Bau zertreten wurde«, heißt es in einem Brief der Dichterin.

Sie sah, wie tief das Satanische im Menschen verwurzelt ist, wie Brunst und Triebhaftigkeit und das sündhafte Auskosten des Bösen dämonische Lust und Glückseligkeit bedeuten mögen. Auf solchem Hintergrund innerer und äußerer Anfechtung erwächst ihr jedoch der Glaube. So stehen in ihren Werken immer wieder Heiligkeit und Bosheit, Trieb und Askese, Bordell und Kloster nebeneinander. In diese Welt realer Brüchigkeit, seelischer Zerrissenheit, in der Zeit und Raum zerbersten und jede Ordnung menschlichen Sinnes sich verliert, fällt nach wie vor das Mysterium der göttlichen Gnade, das freilich oft genug erst im realen Scheitern erlebt werden kann; das Scheitern ist Chiffre des wahren Seins. Der Kampf Gottes mit dem Satan in dieser Welt steht schlecht für Gott. »Gott ist zum Scheitern verurteilt – und wer ihn liebt, ist es auch. Zu

scheitern ist eigentlich das Zeichen der Auserwählung«, heißt es in dem
Roman *Märkische Argonautenfahrt* (1950), in dem eine Reihe Berliner
Bürger, die auf unerklärliche Weise zueinandergefunden haben, eine
abenteuerliche Wanderung nach dem »Auferstehungskloster« Anastasien-
dorf unternehmen, von der Sehnsucht nach Reinigung und Entsühnung
vom Teuflischen besessen – ein Geschehen, das sich ständig auf zwei
Ebenen abspielt: der realen und der untergründigen des Weltenkampfes.

Im *Unauslöschlichen Siegel* (1946) ist der Held, Herr Belfontaine, seiner Herkunft
nach Jude; er hat jedoch das »unauslöschliche Siegel« der heiligen Taufe empfangen.
Aus einem Leben der Irrungen und Wirrungen und der Sünde – Eros erscheint als
Dämon, die Welt im mythischen Untergangsdunkel – wird er herausgerissen, als im
Donner eines gewaltigen Gewitters, unter Vermittlung von Elisabeth, seiner ersten
Frau, die er verlassen hatte, die göttliche Gnade über ihn kommt. »Dieses Unaus-
sprechliche sucht ihn, während er vor ihm floh« ... »Das Nichts ist der Gegenpol zu
der Gnade, in die es umschlagen kann.« Nun beginnt das zweite Leben des Herrn
Belfontaine: mit der Gabe der Heilung und dem Charisma der Erweckung ist er
betraut; er wird Vater Lazarus genannt, eine Gestalt, die immer mehr ihre reale
Wirklichkeit verliert und ins Archetypische sich wandelt.

Der christliche Roman – so führte Elisabeth Langgässer einmal aus –
hat sich, soweit er existentiell und offen ist für das Mysterium von Sünde,
Gnade und Erlösung, zurückgezogen aus dem Vordergründigen, Psychologischen, Kausalen, rational Zugänglichen, logisch Begründbaren. Er
stieß durch die Schicht des Realen in die surrealen Bereiche vor, wo Zeit
und Raum ihre kategoriale Bedeutung verlieren, in Zeichen das Geheimnis dieser wie der jenseitigen Welt vor uns liegt (ohne daß wir sie deshalb zu deuten vermöchten). Es spielt sich ein ständiges »Drama zwischen
Gott und Satan« ab – der Mensch ist der Akteur in diesem Kampfe,
dessen Ausgang ungewiß sei und bleibe; der neuartige Stil müsse dem
gewaltigen Inhalt entsprechen.

»Warum ich mein Anliegen nicht auch einfach und schlicht und ›verständlich‹
auszudrücken vermöge – poetisch wie Eichendorff, einfach wie Claudius ...? Ich
fürchte, das Mißverständnis nicht eigentlich aufzuhellen, sondern im Grund zu ver-
mehren, wenn ich Dir sage, mein Leser, daß wir alle inzwischen komplexer, d. h.
bewußter geworden sind ... negativ ausgedrückt: daß wir nicht mehr im Stil des
Biedermeier, in Goetheschen Gartenhäusern, von Bedienten umgeben, leben; in
Postkutschen fahren und ohne Pässe nach den Gegenden reisen können, wo die
Citronen blühen ...«

Auch die **Kurzgeschichte** will nicht im üblichen Sinne erzählen, beschreiben, schildern – sie deutet nur an, sie gibt einen schlaglichtartigen
Ausschnitt (ohne vorbereitende Einleitung oder nachbe-
reitende Erklärung); aber dieses Angedeutete und Ange-
leuchtete, unter Umständen durchaus Alltägliche, ist zei-
chenhaft vor den Leser hingestellt – transparent, ein

**Hinter dem
Paravent**

»durchlässiger Paravent« –, so daß er im Augenblick des äußeren Ereignisses verwiesen wird auf die Existenz einer darüber- oder dahinterliegenden Schicht, eine Sur- oder Meta-Realität. Hier wie dort ist es eine fremde, fragliche, ambivalente »Wirklichkeit«, die somit auch nicht verbindlich beschrieben werden kann: die »offene« Struktur der Kurzgeschichte ist typisch. Ein erschüttertes Weltbild liegt ihr zugrunde, das jedes Absolute wie die normalen Kategorien des Weltverständnisses leugnet; der Kosmos der Ordnung ist zerbrochen, Bruchstücke allein werden vom Dichter in ihrer Vereinzelung registriert. Im Paradoxon (der einzelnen Metapher wie des gesamten erzählten Vorgangs) wird die Absurdität der Welt aufgefangen: die Chiffre bedeutet nichts, aber sie deutet – deutet letztlich auf ein Geheimnisvolles, das uns bei jedem Schritt und Tritt umgibt. *Der Nachbar* in einem Prosastück Kafkas haust Wand an Wand mit dem Erzähler; von dort horcht er herüber, ohne daß sein eigenes Tun erkannt wird. Was macht er, was tut er? ». . . huscht nach seiner Gewohnheit durch die Stadt und, ehe ich die Hörmuschel aufgehängt habe, ist er vielleicht schon daran, mir entgegenzuarbeiten.« *Auf der Galerie* beobachtet der Erzähler in einem anderen Prosastück eine »schöne Dame, weiß und rot«, die als Kunstreiterin in der Manege ihre Runden dreht; oder ist sie »hinfällig, lungensüchtig«, vom »peitschen-schwingenden erbarmungslosen Chef monatelang ohne Unterbrechung im Kreise rundum getrieben«? Das Geschehnis (aufschlußreich der Vergleich mit der Vorlage, einer Kurzerzählung von Robert Walser, die Kafka umgestaltete) weitet sich zum Gleichnis des Weltgetriebes und Menschenlebens schlechthin. Die Kurzgeschichte ist »Ärgernis«, weil sie das Reale aus den Bereichen, in denen es sinn- und zweckvoll, ordnungsgemäß und vernünftig, verständlich und erklärbar zugeht, heraushebt und ins Paradoxe verkehrt; der »Schock« solcher Verfremdung, der Augenblick der Enthebung aus der »Selbstverständlichkeit«, bewirkt aber zugleich die Ahnung des Hintergründigen, auch wenn dieses verschleiert und ungreifbar bleibt; der Durchbruch zur Transzendenz ist vollzogen.

Ilse Aichingers (geb. 1921) Erzählungen zielen auf das »neu zu Entdeckende«, das »herüberleuchtet« oder »herüberdroht«. Ein Unfall geschieht, ein Kind wird vom Zug überfahren (in *Das Plakat*). Das Furchtbare wird aus dem Blickwinkel des Leblosen (mit den Augen eines Druckbildes, eines Jungen auf einem in der Nähe hängenden Plakat) gesehen: die Grenzen zwischen Wirklichem und Unwirklichem verwischen sich, der losgerissene »Plakatjunge« wird wie das Menschenkind überrollt; das Leben geht weiter, als sei nichts geschehen – während doch in der Ruhe des Mittags das Numinose sich zeigte. »Schuld an dem ganzen Unglück waren die Züge, die um diese Zeit so selten fuhren, als verwechselten sie Mittag mit Mitternacht. Sie machten die Kinder ungeduldig. Aber nun senkte sich der Nachmittag wie ein leichter Schatten über die Station.«

In der *Spiegelgeschichte* (1954) ereignet sich der Durchbruch durch die Realität in Form einer Umspiegelung der zeitlichen Kausalität: das Nachher wird zum Vorher, der Lebensgang einer Frau – von der Geburt bis zum Tod im Krankenhausbett – wird rückgespult vom Tod im Krankenhaus bis zur Geburt. »Das Schwerste bleibt es doch, das Sprechen zu vergessen und das Gehen zu verlernen, hilflos zu stammeln und auf dem Boden zu kriechen, um zuletzt in Windeln gewickelt zu werden. Das Schwerste bleibt es, Zärtlichkeiten zu ertragen und nur mehr zu schauen. Sei geduldig! Bald ist alles gut. Gott weiß den Tag, an dem du schwach genug bist. Es ist der Tag deiner Geburt. Du kommst zur Welt und schlägst die Augen auf und schließt sie wieder vor dem starken Licht. Das Licht wärmt dir die Glieder, du regst dich in der Sonne, du bist da, du lebst. Dein Vater beugt sich über dich. Es ist zu Ende – sagen die hinter dir, sie ist tot! Still! Laß sie reden.« Indem Geburt und Tod ineinanderfließen, Anfang und Ende (man erinnere sich an Kafkas Tunnelgleichnis), wird das Leben auf seine ungeheuerliche Fragwürdigkeit gebracht. Aus den Fragmenten des Realen, des Lebenslaufes mit seinen Mühen, seiner Zielgerichtetheit, Sinnfälligkeit – seiner scheinbaren Zielgerichtetheit und scheinbaren Sinnfälligkeit? – erhebt sich drohend die Frage: Warum? Wozu? Ist das Ende ein neuer Anfang? Ist der Anfang schon das Ende? »Es ist der Tag deiner Geburt ... Es ist zu Ende ... sie ist tot? Still! Laß sie reden.« Das Leben bleibt Chiffre, Ausdruck des Absurden – Ausdruck aber von etwas, das ist.

Neben der »kafkaesken« Komponente erweist sich für die Kurzgeschichte vor allem der anglo-amerikanische Einfluß (das Vorbild Ernest Hemingways mit seinen »tough novels«) von Bedeutung.

Graphik der Prosa Aus kargen Wort- und Satzfolgen ergeben sich prägnante Umrißlinien des Geschehens; Gefühl und Empfindung bleiben ausgespart, werden jedoch gerade durch und in der Aussparung »evoziert«. Die Short-story ist eine »Graphik der Prosa«: »Durch Ausscheiden und Fortlassen wird hier Konzentration erzeugt ... sparsam und unerbittlich verleiht sie der Welt Kontur. Ihre Linien sind messerscharf. Das wenige, das sie umreißen, ist von einer betörenden und gleichzeitig verwundenen Eindringlichkeit. Es schlägt uns in Bann. Uns werden die Augen geöffnet« (Heinz Piontek). Im Schnittpunkt der Dialoge, gewissermaßen in ihrem Kreuzungs- und Nullpunkt (dort, wo nichts Ausgesprochenes mehr verbleibt), vollzieht sich auch der Durchbruch zum Hintergründigen. »Das hohle Fenster in der vereinsamten Mauer gähnte blaurot, voll früher Abendsonne. Staubgewölke flimmerte zwischen den steilgereckten Schornsteinresten. Die Schuttwüste döste«, heißt es in einer Erzählung Wolfgang Borcherts. Ein Junge hält in der Wüstenei Wache, denn drunten liegt noch der Bruder, von den Bomben verschüttet; die Ratten wollen ihn holen. *Nachts schlafen die Ratten doch,* beruhigt der Mann, der hinzukommt. Er will dem Jungen ein paar Kaninchen schenken. »Ja, rief Jürgen, ich warte. Ich muß ja noch aufpassen, bis es dunkel wird. Ich warte bestimmt. Und er rief: Wir haben auch noch Bretter zu Hause. Kistenbretter, rief er.« Hier wie in vielen anderen Kurzgeschichten von **Hans Bender, Günter Eich, Paul Schallück, Herbert Eisenreich, Siegfried Lenz, Wolfdietrich Schnurre, Martin Walser, Wolfgang Hildesheimer** wird das Panische beschworen – mythologische Tiefe, wenn auch im Understatement-Stil einer desillusionierten Zeit: die Ruhe als Drohung und Gefahr, das unheimliche Idyll, verborgene Schreknis, die Glut des Bösen und der verzehrende Hauch der Unendlichkeit. Die menschliche Existenz schwankt zwischen Hier und Drüben, Angst und Hoffnung, Aufbruch und Untergang. Der Mensch ist ein »neuer Robinson« **(Herbert Heckmann)** –, freilich ohne das Glück einer Insel, »sosehr er sich auch um eine vom Meer umfriedete Einsamkeit bemühte. Er trieb dahin, bis die Wellen ihn so abgespült hatten, daß er wie ein Kieselstein zu Grunde schaukelte – eine Insel hoffend«. Und doch widerfährt dem Menschen auch die Paradoxie des Glücks, das gleichermaßen hineinverwoben ist ins absurde Geschehen.

In *Heinrich Bölls* Kurzgeschichte *So ein Rummel* sucht der Erzähler (»Sehen Sie mich als einen Vertreter des Nichts an«) Hilfe bei der »Frau ohne Unterleib« im Zirkuswagen. Während die Kinder »Bunker«, »Totalgeschädigt« oder »Flüchtlinge« spielen (»aber ich‹, sagte das Kind, ›ich soll immer sterben ... Ich soll das Flüchtlingskind sein, das erfriert, und Fredi will meine Schuhe und alles verscheuern‹«), muß der um Arbeit bittende Mann gestehen, daß er wohl kaum irgend etwas richtig zu tun verstünde. »Geben Sie mir eine Chance«, fleht er: und die »Frau ohne Unterleib« sagt lächelnd: »Ich werde Ihnen eine Chance geben ... Ich werde Ihnen die Kasse geben.« Das Licht leuchtet – »Ich konnte nichts sagen, ich war wirklich sprachlos, ich stand nur auf und küßte ihre kleine Hand. Dann schwiegen wir, es war sehr still, und es war nichts zu hören als ein sanftes Singen von Carlino aus dem Wagen, jenes Singen, dem ich entnehmen konnte, daß er sich rasierte.«

Das **Hörspiel** entwickelte sich zunächst aus der Lesung klassischer Schauspiele vor dem Mikrophon (in den Anfängen des Rundfunks erschienen die Schauspieler sogar noch in entsprechender Kostümierung); es wurde der szenischen Gestalt des Dramas angeglichen: Dialoge inmitten einer als Geräuschkulisse vermittelten Theaterwirklichkeit. Als man feststellte, daß die Zuhörer Schwierigkeiten hatten, die sprechenden Personen zu unterscheiden, auch rasch ermüdeten, da sie allein aufs Ohr angewiesen waren, machte man aus der Not eine Tugend: Die Hörspiele wurden novellistisch verkürzt, d. h. man begann, das Spiel auf möglichst wenige Figuren zu beschränken und den Handlungsablauf von allem Beiwerk zu befreien. Von der Novelle übernahm das Hörspiel ferner das »außergewöhnliche Ereignis« als Mittelpunkt der Handlung. Die Verdichtung und Straffung sowie die Zurückdrängung einer durch Töne sowieso nur unzulänglich beschwörbaren Realität, ihr Ersatz durch den »Leerraum« oder »Hallraum«, der Lyrismus der Aussage und ihre kom-

**Im
Hallraum**

primierte Bildhaftigkeit tragen dazu bei, daß selbst ein an sich sehr wirklichkeitsgetreu aufgegriffenes Sujet in Hörspielform den Eindruck der Ex-orbitanz aufkommen läßt. Das Gefühl wird im Hörer hervorgerufen, daß jeder Schritt auf dem Boden der Wirklichkeit gleichzeitig »außerhalb der Welt« (im »anderen« Bereich) mithallt und widerhallt bzw. das Bild dieser Welt nicht für sich, sondern als Ausdruck eines Hintergründigen steht; weil man die Dinge nicht sieht und auch nicht so hört, wie man sie sonst hört, verfremden sie sich, weisen auf Fremdes – eine andere, tieferliegende Seinsschicht – hin.

Ein »realistisches Hörspiel« solcher Art ist etwa *Fred von Hoerschelmanns* (geb. 1901) *Das Schiff Esperanza* (1953). Der davongelaufene Sohn eines Kapitäns läßt sich – ohne es zu wissen – auf dem Schiff seines Vaters anheuern. Dieser bringt »schwarze Passagiere« dadurch nach »Amerika«, daß er sie – nach Zahlung des Fahrt- und Bestechungsgeldes – im Nebel irgendwo aussetzt, unter der Verheißung, das gelobte Land sei ganz in der Nähe. »Und sie schwimmen zehn Meter und zwanzig und schwimmen und schwimmen. Die merken erst viel später, daß sie mitten auf hoher See sind und überhaupt kein Strand weit und breit. Wie lange kann man so schwimmen? Außerdem in Kleidern?« Ohne daß es der Vater erfährt, tauscht der Sohn mit einem der Opfer: während dieses so gerettet wird, fällt jener dem Verbrechen zum Opfer. »Das dunkle Meer ... das dunkle Schiff ... der dunkle Himmel« – das Abgründige ist aufgerissen: die kreatürliche Angst wie die bestialische Gemeinheit; der Überlebende aber preist die weiterrollende Erdkugel: »Jetzt wird sie bald erscheinen, die Sonne – kaum zu glauben, daß in diese Dunkelheit und diese Stille der Tag einbrechen wird. Wie ich mich darauf freue. Als wäre ich von neuem zur Welt gekommen, eine ganz andere, herrliche, riesige Welt...«

In *Günter Eichs* (geb. 1907) *Die Brandung von Setúbal* (1957) bricht Caterina de Ataíde nach 27jähriger Verbannung (»Die Brandung? ... Es war mir der Inbegriff meiner Verbannung. Ach, ich hatte das fröhliche Gelächter aus dem Königspalast im Ohr, zärtliche Worte aus den Laubengängen im Park, Verse...«) auf, den Geliebten Camões, den großen Dichter, zu suchen; an der Pest soll er schon vor Jahren gestorben sein, aber: »Ich weiß jetzt, daß Camões lebt, und ich will zu ihm« ist ihr fester Entschluß. In der Hauptstadt sagen alle, daß der Dichter tot sei, aber niemand hat ihn sterben sehen. Wieder wütet die Pest, der König fällt der Krankheit zum Opfer; Caterina berührt den Toten – nun ergreift die Seuche auch sie. »Da es wahr ist, daß Camões gestorben ist, so ist es auch wahr, daß er nach mir verlangt hat. Seine Liebe, das ist die Wahrheit, und die Pest hat sie mir zurückgegeben. Welch schöner Zirkel, würdig den Bahnen des Mondes und der Sonne! Die Pest gab mir die Jugend zurück. Dem König sei gedankt.« Krank reitet sie nach Setúbal zurück.

Frag-würdig ist menschliches Schicksal, die Zeit zersetzt den Ruhm, Königtümer zerfallen, die Gewißheit macht sterben; Liebe aber bleibt trotz des Todes bestehen – und sei es nur in den Zeilen eines Gedichts ... »die Ewigkeit beginnt an deinem Munde«. Die Brandung von Setúbal, die alles menschliche Leid und Glück übertönt, rauscht weiter.

Auch bei Hörspielen, die sich in der Handlung im Bereich des Wirklich-Möglichen halten, sind so die äußeren Vorgänge »eigentlich immer als innere Vorgänge zu deuten« bzw. als Zwiesprache mit dem Transzen-

denten. In konsequenter Verfolgung der durch das neue Medium des
Funks geschaffenen Möglichkeiten fand das Hörspiel die ihm eigene
Form: Stimmen im Dunkel. Wirkliches bleibt unsichtbar, ist »verdun-
kelt«, Personen verlieren ihre Zeitlichkeit, ihre individuelle
Stimmen   Gegen-ständlichkeit, werden zu körperlosen »Stimmen«;
im Dunkel   Kausalitätsketten lösen sich, Zeiten und Räume schieben
sich ineinander (in Eichs *Die Mädchen aus Viterbo,* 1953
vollzieht sich der Untergang einer in den Katakomben von Rom verirrten
Schulklasse aus Viterbo im gleichen Phantasieraum wie das Gespräch
zwischen einem jüdischen Großvater und seiner Enkelin in der Nacht
und Hölle ihres Zimmers, in dem sie die Deportation erwarten). Zur
Charakterisierung dieser »kafkaesken« Situation kann ein bekanntes
Wort Musils herangezogen werden: ». . . man könnte die Zeit . . . außer
Spiel lassen, vor- und zurückspringen und gleichzeitig Verschiedenzei-
tiges geben. Da im Zeitablauf eine gewisse Ordnung der äußeren Ereignisse für uns liegt, müßte man ein anderes Ordnungsprinzip einführen,
›damit man sich auskennt‹.« Das neue Ordnungsprinzip des Hörspiels
ist die »Blende«: der Augenblick, da das Spiel hin und her, zurück und
vor »springt«, vom äußeren Leben ins innere, von diesem Ort zu jenem,
von der Zukunft in die Vergangenheit, aus der Gegenwart in den Traum,
aus der Realität in die Transzendenz, aus der Surrealität in die Wirklichkeit. »Blende« ist die Nahtstelle, wo solche Bruchstücke zur paradoxen Reihe aneinandergefügt werden – chiffrierte Welt zum Klingen
gebracht wird: »Nachts hören, was nie gehört wurde: / den hundertsten
Namen Allahs, / den nicht mehr aufgeschriebenen Paukenton, / als
Mozart starb, / im Mutterleib vernommene Gespräche« (Günter Eich).

Wolfgang Borcherts Hörspiel Draußen vor der Tür (1947; erst nachträglich zum
Drama umgeschrieben) – ein Markstein innerhalb der neueren deutschen Rund-
funkgeschichte – spricht noch in Zeichen, die allegorisch oder symbolisch begreifbar
sind: die Elbe als mütterlicher Lebens- und Todesstrom, der Tod als Straßenfeger, die
Stimme des Anderen (des besseren Ich); der Auseinandersetzung mit der aktuell-po-
litischen Wirklichkeit wird breiter Raum gegeben, der philosophische Disput wird von
klar fixierten Standpunkten aus geführt (der aufbegehrende Mensch und der »müde«
Gott). Die aneinander »geblendeten« Szenen folgen der durch den Titel abgesteckten
Assoziationsreihe: »Draußen vor der Tür.«
    Stärker chiffrenhaft, voll dunkler, geheimnisvoller Bildkraft erweisen sich die Hör-
spiele *Günter Eichs, Ilse Aichingers, Ingeborg Bachmanns.* Was ist der Mensch?
Worin besteht seine Identität, sein Ich, wo liegt der Kern der Person? »Ich möchte
mich vorstellen, Hörer, aber wer bin ich? Ich könnte nicht einmal sagen, daß die
Stimme, die du vernimmst, mit Sicherheit die meine sei. Einiges spricht dafür, daß ich
ein Tiger bin, genauer gesagt, der Zirkustiger Jussuf. Aber nicht nur dir, auch mir
kommt es merkwürdig vor, daß ein Tiger in menschlicher Sprache soll reden können.
Nein, es ist ohne Zweifel so, daß auch viele andere Stimmen, die du hören wirst, die
meinen sind; und daraus schließe ich, daß es nicht mit Sicherheit feststeht, wer ich

bin. Beispielsweise könnte ein Gespräch zwischen der Kunstreiterin Anita und dem Dompteur William durchaus von mir geführt sein. Vielleicht mangelt es dem Ohr nur an Feinheit, dergleichen wahrzunehmen. Hör zu!« (G. Eich: *Der Tiger Jussuf.*)

Wo lebt der Mensch? Wie ist sein Haus bestellt? Was geht in ihm, was geht um ihn vor? »Wie viele .. unhörbare Laute leben um uns? Eines Tages werden sie zu vernehmen sein und unser Ohr mit Entsetzen erfüllen« – so wie Frau Lucy Harrison, Richmond Avenue, New York, am 31. August 1960 im Traum sie vernahm (G. Eich: *Träume*, 1950): Mit schabendem Geräusch beißen sich die Termiten durch Beton und menschliches Fleisch – die Häuser bersten, die hohlen Körper zerfallen, wenn man sie anrührt.

Ein Geräusch hinter der Wand erschreckt die Knopfsortiererinnen in Ilse Aichingers Hörspiel *Knöpfe* (1953). Die Mädchen stehen im Banne der geheimnisvollen Arbeitsstätte, die sie kaum mehr verlassen wollen, obwohl immer wieder Mädchen dort verschwinden und dann neue Knöpfe mit den Namen der Entschwundenen auftauchen. Ann kann sich dem Zauber entziehen, da ihr Geliebter sie wegreißt aus dem faszinierenden Sog der Selbstvernichtung (»Ich habe Ann lieber an meinem Arm als in der Tasche«).

Natürlich würden solche Chiffren sofort vom Lichtstrahl, der in die Phantasieräume fiele, zerstört werden. Im Stimmenklang aus dem Dunkeln spricht jedoch das Numinose, das der Mensch wie die Welt seiner Träume erlebt: er hört, ohne voll zu verstehen.

In Ingeborg Bachmanns *Zikaden* (1954) suchen Menschen auf einer Mittelmeerinsel vor der Wirrläufigkeit und den Konflikten der Welt Zuflucht. Aber sich »ausklammern« zu wollen, gelingt nicht. »Vergiftet von Selbstgesprächen«, fernab von der Bewährung im Dasein, verlieren sie ihr Menschsein und werden Zikaden. »Denn die Zikaden waren einmal Menschen. Sie hörten auf zu essen, zu trinken und zu lieben, um immerfort singen zu können. Auf der Flucht in den Gesang wurden sie dürrer und kleiner, und nun singen sie, an ihre Sehnsucht verloren – verzaubert, aber auch verdammt, weil ihre Stimmen unmenschlich geworden sind.« Gerade in Bachmanns Hörspiel (wie in ihrem *Guten Gott von Manhattan*, 1958) – dem tragischen Spiel von der Liebe, die in dieser Welt, von den »Eichhörnchen« inmitten der Wolkenkratzer bedrängt, keinen Platz mehr für sich hat – wird deutlich, wie sich das Hörspiel auch einem »pädagogischen« Auftrag verpflichtet fühlt: Nicht singen, sondern handeln, lehren die »Zikaden«. Bald der realistischen, bald der allegorisch-symbolischen oder chiffrenhaften Form des Hörspiels zuneigend, suchen die Autoren – darunter **Max Frisch** (*Biedermann und die Brandstifter*), **Friedrich Dürrenmatt** (*Die Panne*), **Heinrich Böll** (*Klopfzeichen*), **Gerd Oelschlegel** (*Romeo und Julia in Berlin*), **Leopold Ahlsen** (*Philemon und Baukis*) – den Menschen aufzurütteln und zu einer Aktion in Richtung Zukunft aufzurufen. Die reiche Amerikanerin, die in Eichs *Die andere und Ich* mit ihrer Familie Ferien in Italien verbringt und in einem seltsamen Identitätsaustausch das Leben einer anderen, einer armen Italienerin, eine Zeitlang mitlebt, um am Ende ins eigene Dasein verändert zurückzukehren, hat nicht nur menschliches Leid schlechthin, sondern auch das soziale Elend unserer Welt und Zeit erlebt: Zufällig unter den Glücklichen geboren zu sein, enthebt nicht der mitmenschlichen Verpflichtung. »Nein, schlaft nicht, während die Ordner der Welt geschäftig sind! / Seid mißtrauisch gegen ihre Macht, die sie vorgeben für euch erwerben zu müssen! / Wacht darüber, daß eure Herzen nicht leer sind, wenn mit der Leere eurer Herzen gerechnet wird! / Tut das Unnütze, singt die Lieder, die man aus eurem Mund nicht erwartet! / Seid unbequem, seid Sand, nicht das Öl im Getriebe der Welt!« (G. Eich: *Träume*). So vermittelt gerade das Hörspiel in einer gefährdeten Welt eine Vorstellung von dem, was Ernst Bloch das »Prinzip Hoffnung« nennt; es bietet keine billigen Lösungsmöglichkeiten von Krisen an, hofft aber doch, daß das Menschliche im Menschen zu erwecken sei.

Im Nachwort einer Hörspielanthologie von 1961 hatte Ernst Schnabel geschrieben: »Außerhalb der Finsternis wäre keine dieser Geschichten möglich und nötig. Die Szene, die Ilse Aichinger entwickelte, würde augenblicklich erlöschen wie ein Filmbild in der Dunkelkammer, fiele der schwächste Lichtstrahl ein.« – Die »neuen« Hörspielmacher wenden sich jedoch gegen diese »innere Bühne«, gegen das »poetische Hörspiel«. Sie holen das Äußere und Äußerlichste herein (Alltagsgeräusche, Satz- und Wortfetzen, »Ränder«) – ein »zufälliger Mitschnitt« tonaler Wirklichkeit, die, montiert und collagiert, als »konkretes Hörspiel« sich darbietet: Hör-Spiel nun in einem ganz anderen Sinne. Mauricio Kagel hat einem dieser Versuche den Untertitel »Ein Aufnahmezustand« gegeben, und in der Tat spielt die Aufnahmetechnik eine entscheidende Rolle. Mischpult und Schneidetisch ersetzen das Textbuch; die Realität ist die Partitur, die nun in faszinierende Klangverfremdung umgesetzt wird. Damit werden zwar Faselei und Ideologie unmöglich gemacht; es wird aber auch eine neue Ideologie, nämlich die der Überbetonung surreal-evidenter Zufälligkeit, gefördert.

Die literarische Avantgarde ist heute vielfach bei einer Literatur angelangt, welche die Literatur aufheben will; nicht ästhetische Produktion, sondern politische Aktion und Agitation ist das Ziel; dementsprechend sind vorrangige »literarische« Texte das Flugblatt, die Wandzeitung, das Plakat, das Pamphlet. Literatur wird, zusammen mit **Literatur und Revolution** affirmativer Kultur, als kompensatorische Betätigung entlarvt – Rauschmittel im Sinne Freuds, der in seiner Schrift »Vom Unbehagen der Kultur« von den Künsten meint: »... tragen sie unter Umständen die Schuld daran, daß große Energiebeträge, die zur Verbesserung des menschlichen Loses verwendet werden, nutzlos verlorengehen.« Engagierte Kunst gilt gleichermaßen als Ventilsitte; nach Herbert Marcuse kann Kunst niemals politisch werden, »ohne sich zu vernichten, ohne gegen ihr eigenes Wesen zu verstoßen, ohne abzudanken«. – Symptomatisch in diesem Zusammenhang das Ende der Gruppe 47; oder die Entwicklung des von Hans Magnus

Enzensberger herausgegebenen »Kursbuches«, das zunächst als literarische
Zeitschrift begann und sich bald nicht-literarischen, auf Verstärkung des
revolutionären Potentials zielenden Themen zuwandte. Im »Kursbuch«
wurde auch durch Walther Boehlich auf dem Höhepunkt der Protest-
bewegung der Tod der Literatur verkündet. Der soundsovielte Tod. Dazu
die Einzeltode: des Romans, des Theaters; der Lyrik sowieso. Inzwischen
hat Enzensberger »Gedichte 1955–1970« herausgebracht; das poetische
Ich hat sich offensichtlich inmitten totaler Soziologisierung und Politisierung seine große kleine Freiheit erhalten.

> »Der ganz echte Revolutionär
> kann über den Kommunismus
> nur noch mitleidig lächeln
>
> Der ganz echte Revolutionär
> steht irgendwo ganz weit links von Mao
> vor der Fernsehkamera
>
> Der ganz echte Revolutionär
> bekämpft das System
> mit knallharten Interviews
>
> Der ganz echte Revolutionär
> ist volltransistorisiert
> selbstklebend und pflegeleicht
>
> Der ganz echte Revolutionär
> kriegt das Maul nicht zu
> Er ist ungeheuer gefährlich
>
> Er ist unser Lieblingsclown.«

Ein solches Gedicht markiert die Ratlosigkeit der »neuesten Stimmung
im Westen«. Die mit viel Elan begonnene Politisierung, etwa der Bühne
(mit Vietnam-Demonstrationen und roter Fahne) ist versandet; das
Straßentheater über den Dilettantismus nicht hinausgediehen; die dem
»Id« über das »Ego« zum Durchbruch verhelfende Antikunst in fäkalischen
Reflexen stecken geblieben. Psychedelische Verweigerung führt zu neuer
Innerlichkeit. *Die Gallistlsche Krankheit* besteht nach Martin Walser
(in gleichnamigem Roman, 1972) aus einer allgemeinen Angst- und
Feindseligkeit, aus Selbstekel, Auspowerung, Orientierungslosigkeit; der
Überdruck ist in der Gesellschaft, in den Zwängen und Repressionen der
Leistungsgesellschaft, begründet; Hoffnung und Heilung wäre der So-
zialismus. »Es wird einmal . . .«
   Der literarische Konsum fühlt sich von den vielfältigen Anfechtungen,
die heute die Literatur kennzeichnen, unberührt. Im weiten Feld von
trivialer und gehobener Literatur tummeln sich Autoren, die es so ma-

chen, wie es immer gemacht wurde – und deshalb auf die Bestseller-Listen avancieren. Weder der Protest noch das Taedium vitae sind da von Bedeutung. Relevant ist, ob sie sich kriegen. Erfolgsrezept: »Love-story«; ein Stil, welcher der Reklamewelt entspricht; ein Hauch von Poesie, über Profit gebreitet; Nestwärme, im Boutiquenjargon vermittelt.

Bei Bölls »Gruppenbild mit Dame« (1970), um ein Beispiel vom gehobeneren Genre zu geben, ist natürlich alles sublimer, raffinierter, literarischer; nach einer komplizierten Textur gestrickt. Aber auch hier zeigt der Weg zum Bestseller keine Hindernisse. So hat schon Thackeray geschrieben – für ein verfeinertes Publikum, das die Späßchen versteht, die kunstvollen Verschränkungen mit durchgenießt. Geradlinig eine Geschichte zu erzählen, wäre zu unkünstlerisch. Der Dichter hat die Figuren als Marionetten in der Hand. Das Welttheater wird mit Zeitlosem und Zeitgenössischem ausstaffiert: Drittes Reich und Wohlstandswelt; Weimarer Zeit und Gastarbeiterprobleme. Ein gelungenes Buch, das in seiner Perfektion jedoch beunruhigt. Ein Romancier, der in Anspruch nimmt, nach wie vor alles zu »durchschauen«, wirkt anachronistisch.

Jenseits der Lust zu fabulieren: intellektuelle Sterilität, die Erstarrung im Jargon. Helmut Heissenbüttels Roman *D'Alemberts Ende, Projekt Nr. 1* (die Wahlverwandtschaften« als ironisches Muster aufgreifend; »Eduard – so nennen wir einen Rundfunkredakteur im besten Mannesalter . . .«) montiert Bruchstücke eines Lebens aus zweiter Hand; Kommunikation und Kreativität fehlen; was bleibt, ist zitatologische Konversation.

»Was sie reproduzieren, ist nicht die generelle, sondern eine spezielle Konversation, an der generellen, die vage den gesellschaftlichen Gesamtzustand widerspiegelt, haben sie nur tangierend Anteil. Ihre Konversation hat die Form von Jargon. Aber man muß dabei erkennen, daß auch die Inhalte ihrer Gespräche Jargon sind; daß ihr Zustand dadurch gekennzeichnet ist, daß ihr Bewußtsein die Form von Jargon angenommen hat.«

Inmitten der Modernitätsmisere mehren sich die Stimmen, die wieder für »literarische Literatur« plädieren; Ästhetik bewirke immer noch mehr an Bewußtseinsveränderung als Antiästhetik (da Negation ja keineswegs Handeln sei); gefordert wird eine verunsichernde, instabilisierende Literatur. Verunsicherung, Instabilität seien Voraussetzung für Lernprozesse. – Literatur als Lebenshilfe? Wer einen solchen Ausdruck heute noch verwendet, muß mutig sein. Die neomarxistischen Kollektive haben dem »Affirmativen« gehörig die Leviten gelesen. Und dabei gar nicht bemerkt, daß die neomarxistische Interpretation der klassischen wie der modernen Literatur gleichermaßen Lebenshilfe ist und sein will – Literatur nun umgemünzt für Klassenkampf, so wie sie früher für die Bestätigung der Herrschenden und des herrschenden Systems herhalten mußte.

Die affirmative Kultur und Literatur (und Literaturbetrachtung) charakterisiert Herbert Marcuse mit den Worten: »Ihr entscheidender Zug ist die Bejahung einer allgemein verpflichtenden, unbedingt zu bejahenden, ewig besseren, wertvolleren Welt, die von der tatsächlichen Welt des alltäglichen Daseinskampfes wesentlich verschieden ist, die aber jedes Individuum von innen her, ohne jene Tatsächlichkeit zu verändern, für sich realisieren kann ... Was ein Klassiker gesagt und getan hat, brauchte man nie so ganz ernst zu nehmen; es gehörte eben einer anderen Welt an und konnte mit der gegenwärtigen nicht in Konflikt kommen.«

Unterschätzen sollte man den Transformationsriemen, den Literatur darstellt, deshalb nicht: über die stellvertretende Daseinserfahrung treibt sie die Motorik von Bewußtsein und Bewußtseinsveränderung an. Texte verfassen, Sprachmuster entwerfen, Sprachmuster wechseln, ist Aleatorik; Befreiung aus Stereotypie; Einübung von Pluralismus.

Der »totale Spielraum« (wie das moderne Theater ihn fordert) ist Ausdruck eines neuen Bewußtseins von der Kraft des Fiktiven; daß auch in der Literatur Revolutionierendes durchaus geschehen könne; Verwandlung des Geistes und des Empfindens. Eine eindimensionale Avantgarde verkennt die Antinomie von Wahrheit und Wirklichkeit; reflektierende Avantgarde weiß um ihre Aporie – in dem Sinne, wie es G. F. Jonke im *Geometrischen Heimatroman* (1969) formuliert:

> »Man geht meistens viel eher mit der Zeit
> indem man gegen die Zeit geht
> in letzter Zeit ist es allerdings
> vielfach üblich geworden
> gegen die Zeit zu gehen
> so daß das Gegendiezeitgehen zum Schluß
> ein Mitderzeitgehen wieder geworden ist
> deshalb gehen manche wieder mit der Zeit
> in des Wortes ursprünglichster Bedeutung
> um so wiederum auf ihre ganz eigene Art und Weise
> gegen die Zeit zu gehen eigentlich
> und vor allem um dadurch wiederum viel eher
> mit der Zeit gehen zu können.«

AUSBLICK

Eine Geschichte der deutschen Literatur, die in die unmittelbare Gegenwart hereinführt, muß unvermittelt dort abbrechen, wo der Zeitpunkt ihres Erscheinens eine Zäsur setzt. Doch kann eine Sichtung von einem derartig subjektiv bestimmten Zeitpunkt aus seine Zufälligkeit verlieren, wenn von vornherein die Flut der Erscheinungen, die sich jeweils dem inmitten der Ereignisse Stehenden darbietet, nach einem anderen Gesichtspunkt als dem der größtmöglichen Vollständigkeit geordnet wird: Was für die geschichtliche Darstellung der vergangenen Epochen gilt, muß auch für die der Gegenwart maßgebend sein – nämlich nur dasjenige herauszustellen, was vornehmlich dem historischen Weiterschreiten Profil gegeben und zum dialektischen oder synthetischen Entwicklungsprozeß entscheidend beigetragen hat. In diesem Sinne mußten häufig Anreger und Bahnbrecher stärker berücksichtigt werden als all jene, die dem bereits entworfenen Wege folgten.

Zugleich kann in einem Ausblick die Frage erhoben werden, ob nicht in unserer Zeit überhaupt die Geschichte der *deutschen* Literatur einem Ende sich zuneigt und an ihre Stelle eine Geschichte der *Welt*literatur zu treten hat, da die Dichtung in zunehmendem Maße über alle Grenzen, auch die der Sprache, hinweg einer literarischen Weltsprache (der Struktur nach) zustrebt, wie auch die Fragen und Probleme, um die sie in Inhalt und Gehalt kreist, als übernational, weltweit sich erweisen. Jede Epoche – und dies wurde im Laufe der Darstellung im einzelnen immer wieder aufgezeigt – kennt die Einflüsse der ausländischen Geistes- und Kunstwelt, ist Rezeption und Renaissance von Strömungen, die außerhalb des eigenen Sprach- und Kulturraumes sich ereigneten. Dies ist jedoch angesichts der Moderne nicht gemeint. Schon mit dem Naturalismus werden die Einflüsse so stark, daß das spezifisch Eigene sich zu verlieren scheint; doch fehlt noch die Ausstrahlung zu den anderen, denn der größte Gestalter dieser Richtung, Gerhart Hauptmann, ist in der Vollendung seines Schaffens typisch deutsch und entfernt sich zudem vom Naturalismus. – Traditionsgebundene Dichtung und Expressionismus können zwar weitgehend noch als deutsche geistesgeschichtliche Leistung gelten – einerseits der klassischen oder nachklassischen »Milde« und Serenität verpflichtet, auf der anderen Seite idealistisch, rhapsodisch, explosiv; aber darüber hinaus stehen in diesen Strömungen bereits singuläre Erscheinungen, die nun auch als Anreger die gesamte Weltliteratur bestimmend beeinflussen. Geben und Nehmen vollziehen sich in stetem und voneinander unlösbarem Wechsel. Besonders in der Lyrik ab der Jahrhundertwende wie überhaupt im Surrealismus haben die

Dichter unter sich »ein Einverständnis erreicht, das wie nie zuvor die nationalen Grenzen der Dichtung aufgehoben und dem Begriff der Weltliteratur zu einer Leuchtkraft verholfen hat, an die in anderen Zeiten nicht zu denken war« (H. M. Enzensberger). Die Namen Rilke und Kafka mögen diesen Vorgang exemplarisch belegen.

Schließlich wird der Versuch, einen sichtenden Überblick von zeitgenössischer Literatur (Weltliteratur) zu geben, inmitten völlig neuer Voraussetzungen neue Wege der Darbietung beschreiten. Angesichts einer ungemein stark zeitbezogenen und problemgeladenen Literatur (der poésie engagée) dürfte eine andere Form der Darstellung als angebracht sich erweisen: an Stelle literarhistorischer Kategorien, literarischer Schulen oder Richtungen empfiehlt sich jeweils der Problemkreis als einigendes Band..Doch ist solchen Zusammenhängen im Rahmen einer deutschen Literaturgeschichte nicht weiter nachzugehen.

Vieles in der Literatur von heute entfernt sich auf Grund brennender Aktualität vom Zeitlosen. »Was bleibt?« kann nicht und braucht auch nicht – wie die Geschichte der literarischen Fehlurteile zeigt – in der eigenen Zeit apodiktisch entschieden zu werden. Dafür aber gewinnen immer wieder Bücher unserer Dichter und Denker in ihrem dem Hier und Nun zugetanen Engagement eine ungemein große Bedeutsamkeit für jeden von uns, der wir uns nicht verschließen sollten. »Wenn das Buch, das wir lesen, uns nicht mit einem Faustschlag auf den Schädel weckt, wozu lesen wir dann das Buch?« heißt es in einem Brief des 22jährigen Kafka; »ein Buch muß die Axt sein für das gefrorene Meer in uns.«

Anmerkung

Die Daten der Werkangaben betreffen (ausgenommen die Handschriften des Mittelalters) Erstveröffentlichungen, d. h. auch Vorabdrucke in Zeitschriften und bei Dramen Erstaufführungen (soweit diese vor der Drucklegung erfolgten). Divergenzen zwischen frühen und endgültigen Fassungen sind jedoch insofern berücksichtigt, als bei gravierenden Unterschieden das Datum der vollständigen Ausgabe genannt ist. In gleicher Weise geschieht die Wiedergabe der (gelegentlich unterschiedlichen) Titel der Ausgaben.

ZEITTAFEL

Aufgeführt sind die Geburts- und Sterbedaten der bedeutenden Autoren, die Zeitpunkte, zu denen wichtige literarische Werke durch Druck oder auf andere Weise einem größeren Kreis zugänglich wurden (bei einer längeren Arbeitsspanne ist jeweils nur das Jahr des Beginns angegeben), und eine Reihe der entscheidendsten historisch-politischen Ereignisse, welche die Gesamtsituation der Zeit andeuten wollen. Der Buchstabe kennzeichnet die Art des Werkes: D Drama (DL Lustspiel, DT Trauerspiel), N Novelle bzw. Erzählung, R Roman, E Epos, L Lyrik, T Theoretische Abhandlung bzw. sonstige Prosa, Z Zeitschrift.

2000–500	Urzeitliche germanische Dichtung: aus der indogermanischen sich langsam herauslösend – Zauberspruch, Kultdichtung, Merkverse, Mythen, Sagen, Märchen.
500–200 v. Chr.	Ausbildung einer besonderen germanischen Dichtungsform: u. a. Stabreim. Ursprungszeit z. B. des *Zweiten Merseburger Zauberspruchs* L.
~200	Eindringen der Germanen (Sueben) in Süddeutschland. Beginn der großen germanischen Völkerwanderungen, besonders der Ostgermanen. Anfänge der epischen Dichtung E.
311	* Wulfila.
313	Edikt von Mailand: Glaubensfreiheit für die Christen im Römischen Reich.
324	Konstantin Alleinherrscher über Ost- und Westrom.
341	Christenmission des Wulfila bei den Goten.
378	Gotisches Reich in Südrußland durch die Hunnen vernichtet.
383	† Wulfila.
~400	*Trinkhorn von Gallehus.*
410	Westgoten unter Alarich in Rom.
428	»Gottesstaat« des Augustin: Supremat der geistlichen gegenüber der weltlichen Macht.
~450	Angeln, Sachsen und Jüten landen in England.
451	Niederlage der Hunnen unter Attila auf den Katalaunischen Feldern in Gallien.
471	Herrschaft Theoderichs, des Ostgotenkönigs, in Italien († 526).
481	Gründung eines fränkischen Großreichs in Gallien durch Chlodwig († 511).
~530	Gründung des Klosters Monte Cassino.

570   * Mohammed († 632).

732   Niederlage der Araber bei Tours und Poitiers durch Karl Martell. Anfänge des Lehnswesens.

800   Karl zum Kaiser in Rom gekrönt: Errichtung des abendländischen Kaisertums.

~800   *Wessobrunner Gebet* niedergeschrieben E.

~800   *Hildebrandslied* niedergeschrieben E.

~830   *Heliand* E.

843   Dreiteilung des karolingischen Reiches: Vertrag zu Verdun.

847   Hrabanus Maurus Erzbischof in Mainz.

~870   Otfried: *Leben und Leiden Christi* E.

871   Begründung eines einheitlichen angelsächsischen Reiches unter Alfred dem Großen († 899).

~900   Notker Balbulus: *Sequenzen* D. *Waltharius manu fortis* E.

906   Beginn der Ungarneinfälle in Deutschland.

910   Gründung des Klosters Cluny: Kirchliche Reformbewegung von Frankreich ausgehend.

936   Otto I. († 973).

955   Sieg über die Ungarn auf dem Lechfelde.

960 ff. Hrotsvitha von Gandersheim: *Dramen* D.

968   Erzbistum Magdeburg gegründet: Slawenmission.

~987   Byzanz christianisiert Kiew: Einbruch der Ostkirche in Rußland.

~1060   *Ruodlieb* E.

1066   Schlacht bei Hastings: Normanneneinfall in England.

~1070   *Memento mori* L.

1077   Buße Heinrichs IV. vor Papst Gregor VII. bei Canossa: Höhepunkt des Investiturstreites.

1096   Beginn der Kreuzzüge (bis 1291)

1122   Wormser Konkordat: Vorläufige Beendigung des Investiturstreites.

1127   † Frau Ava.

~1140   Pfaffe Konrad: *Rolandslied* E.
        * Heinrich von Veldeke.

~1150   *König Rother* E.

1152   Friedrich Barbarossa († 1190).

~1160   Heinrich von Melk: *Priesterleben; Erinnerung an den Tod* L. Archipoeta L. Der Kürenberger L. * Hartmann von Aue.

~1170   Heinrich von Veldeke: *Eneit* E. * Wolfram von Eschenbach.

~1180   *Herzog Ernst* E. * Neidhart von Reuental L.
1184   Mainzer Hoffest Barbarossas.
1187   Sultan Saladin erobert Jerusalem.
1190   Auftauchen Walthers von der Vogelweide am Babenberger Hof
        in Wien.
~1200   Walther auf der Wartburg. * Tannhäuser. * Ulrich von Lichten-
        stein.
1206   Dschingis Khan († 1227).
~1210   *Nibelungenlied* E. † Gottfried von Straßburg. † Hartmann von
        Aue. * Heinrich von Veldeke.
1212   Friedrich II. († 1250).
1215   Einsetzung der päpstlichen Inquisition. Magna charta liberta-
        tum: Beschränkung der Machtbefugnisse des englischen Königs
        durch den Adel.
~1220   * Rudolf von Ems. Freidanks *Bescheidenheit*.
1220   Walther bekommt ein Lehen bei Würzburg. † Wolfram von
        Eschenbach.
1227   Walther: *Elegie* L.
~1230   † Walther. † Konrad von Würzburg.
1237   † Neidhart von Reuental.
1241   Bündnis zwischen Lübeck und Hamburg: Keimzelle der Hansa.
        Mongolenschlacht bei Liegnitz.
~1250   Wernher der Gartenaere: *Meier Helmbrecht* E.
1254   † Rudolf von Ems.
~1260   * Meister Eckhart.
1268   Hinrichtung Konradins, des letzten Staufers, in Neapel.
1287   † Konrad von Würzburg.
1291   Ewiger Bund der Eidgenossen.
1310   * Johann von Neumarkt.
1324   »Defensor Pacis« des Marsilius von Padua: Stellungnahme für
        Kaiser gegen Papsttum.
~1327   † Meister Eckhart.
1338   Kurverein von Rhense: Kaiser bedarf keiner päpstlichen Be-
        stätigung mehr.
1339   Beginn des 100jährigen Krieges zwischen Frankreich und Eng-
        land (bis 1453).
1347   Auftreten furchtbarer Epidemien: Pocken, Pest.
1348   Gründung der Universität Prag.
1356   Karls IV. Goldene Bulle. Regelung des deutschen Königswahl-
        rechtes; Kurfürstenkollegium.
1378   Schisma: Päpste in Rom und Avignon.

1380   † Johann von Neumarkt.
~1400   Johann von Tepl: *Der Ackermann aus Böhmen* N.
1410   Deutschritterorden von Polen bei Tannenberg besiegt.
1414   Konstanzer Konzil (bis 1418): Beseitigung des Schisma; Hus verbrannt; Wiclif zum Ketzer erklärt.
1431   Jeanne d'Arc in Rouen verbrannt.
~1450   Erfindung des Buchdrucks.
1453   Türken erobern Konstantinopel.
1455   * Johann Reuchlin.
1459   * Konrad Celtis.
1466   * Erasmus von Rotterdam.
1471   *Volksliedsammlung* der Clara Hätzerlin L.
1478   *Rostocker Liederbuch* L. Niklas v. Wyle: *Translatzion.*
1483   * Martin Luther.
1486   Celtis: *Ars versificandi* T.
1488   * Ulrich von Hutten.
1490   Globus des Martin Behaim.
1492   Entdeckung Amerikas. Spanier erobern Granada: Ende der maurischen Herrschaft. Vertreibung der Juden, der kulturtragenden Schicht, aus Spanien.
1494   Sebastian Brant: *Das Narrenschiff* E. * Hans Sachs.
1498   Seeweg nach Indien.
1502   Celtis: *Libri amorum* L.
1508   † Celtis.
1509   Fuggerei in Augsburg. Erasmus: *Lob der Torheit* T.
1514   Machiavelli »Il Principe«: Theoretische Begründung des absolutischen Herrschaftssystems.
1515   Reuchlin: *Dunkelmännerbriefe* T.
1516   »Utopia« – Staatsroman von Thomas Morus.
        Erasmus: *Neues Testament / Griechische Ausgabe.*
1517   Luthers Thesenanschlag. Maximilian I.: *Teuerdank* R.
1519   Karl V. († 1556): Habsburgisches Großreich – Deutschland, Spanien und Südamerika umfassend.
1521   Eroberung Mexikos. Hutten: *Gesprächbüchlein* T.
1522   Beendigung der ersten Erdumsegelung. Luther: *Übersetzung des Neuen Testaments.* † Reuchlin.
1523   † Hutten.
1525   Bauernkrieg in Deutschland.
1529   Belagerung Wiens durch die Türken.
1530   Augsburger Bekenntnis der Protestanten. Luther: *Fabeln.*
1534   Englische Kirche durch Heinrich VIII. von Rom gelöst. Grün-

dung der Gesellschaft Jesu durch Loyola. Luther: *Übersetzung des Alten Testaments.*

1541 Calvin in Genf († 1564).

1545 Konzil von Trient (bis 1563): Beginn der Gegenreformation.

1546 † Luther. † Paul Rebhuhn.

1547 * Johann Fischart. * Nikodemus Frischlin.

1555 Augsburger Religionsfriede. Wickram: *Rollwagen-Büchlein* N.

1557 Jörg Wickram: *Der Goldfaden* R.

1558 Elisabeth von England († 1603).

1559 Inquisition in Spanien.

1562 † Wickram.

1568 Egmont in den Niederlanden hingerichtet.

1570 Beginn des Freiheitskampfes der Niederländer.

1575 * Jakob Böhme. Fischart: *Gargantua* R.

1576 † Hans Sachs.

1587 Maria Stuart enthauptet. *Faust*-Volksbuch.

1588 Untergang der spanischen Armada vor der englischen Küste.

1590 † Fischart. † Frischlin.

1591 * Friedrich von Spee.

1597 * Martin Opitz.

1600 Englisch-ostindische Handelskompanie.

1602 Niederländisch-ostindische Kompanie. Jakob Bidermann: *Cenodoxus* D.

1604 * Friedrich von Logau.

1605 * Simon Dach.

1606 Neuenglandstaaten in Nordamerika.

1607 * Paul Gerhardt. Bidermann: *Belisar* D.

1609 * Paul Fleming.

1612 Böhme: *Aurora* T.

1616 * Andreas Gryphius. † Shakespeare. † Cervantes.

1617 * Christian Hofmann von Hofmannswaldau.

1618 Beginn des Dreißigjährigen Krieges.

1622 * Hans Jakob Christoffel von Grimmelshausen.

1624 † Böhme. Opitz: *Buch von der deutschen Poeterei* T.

1632 Schlacht bei Lützen: Tod Gustav Adolfs.

1633 Opitz: *Trost-Gedichte in Widerwärtigkeit des Krieges* L.

1634 Wallenstein ermordet.

1635 * Daniel Casper von Lohenstein. † Spee.

1639 † Opitz. † Bidermann.

1640 Friedrich Wilhelm: Kurfürst von Brandenburg († 1688). † Fleming. Johann Michael Moscherosch: *Wunderliche und wahrhaftige Geschichte Philanders von Sittewald* R.

1643   Ludwig XIV. († 1715): Höhepunkt des absolutistischen Zeitalters. Jakob Balde: *Lyrische Wälder* L.

1644   * Abraham A Santa Clara.

1645   Philipp von Zesen: *Adriatische Rosemund* R.

1649   Diktator Oliver Cromwells in England (Republik bis 1658). Spee: *Trutz-Nachtigall* L. Gryphius: *Carolus Stuardus* DT.

1651   Hobbes »Leviathan«: Der Staat als Ungeheuer, dem man sich jedoch als Ordnungsträger zu unterwerfen hat.

1652   Gryphius: *Leo Armenius* DT.

1654   Logau: *Sinn-Gedichte* L.

1655   † Logau. Daniel Czepko: *Monodisticha* L.

1657   Gryphius: *Cardenio und Celinde* DT.

1658   Gryphius: *Peter Squentz* DL.

1659   † Dach.

1664   † Gryphius.

1669   Grimmelshausen: *Simplicissimus* R. Lohenstein: *Sophonisbe* DT.

1672   Christian Weise: *Die drei ärgsten Erznarren in der ganzen Welt* R.

1676   † Grimmelshausen. † Gerhardt.

1677   † Scheffler.

1679   Habeascorpusakte: Weitere Stärkung staatsbürgerlicher Rechte in England. † Hofmannswaldau.

1680   Entstehung der Whigs und Tories – der englischen Parlamentsparteien. * Barthold Heinrich Brockes.

1683   Türken belagern Wien. † Lohenstein.

1688   Glorreiche Revolution in England: Beseitigung der Herrschaft der Stuarts.

1689   Zar Peter in Rußland († 1725). Anshelm von Ziegler: *Die Asiatische Banise* R. Lohenstein: *Arminius* (aus d. Nachlaß) R. Hofmannswaldau: *Gedichte* (–1727).

1695   * Johann Christian Günther.

1696   Christian Reuter: *Schelmuffsky* R.

1697   Karl XII. von Schweden († 1718).

1698   * Johann Jakob Bodmer.

1700   Nordischer Krieg (bis 1721). * Johann Christoph Gottsched.

1701   Friedrich I.: König in Preußen. Spanischer Erbfolgekrieg (bis 1714). * Johann Jakob Breitinger.

1708   * Albrecht von Haller. * Friedrich von Hagedorn.

1709   † Abraham a Santa Clara.

1715   * Christian Fürchtegott Gellert.

1717   Eroberung Belgrads durch Prinz Eugen. * Johann Joachim Winckelmann.

1720   Staatsbankrott in Frankreich.

1721   Brockes: *Irdisches Vergnügen in Gott* L.

1723   † Günther.

1724   * Friedrich Gottlieb Klopstock. Günther: *Gedichte* L.

1725   Nikolaus Ludwig Graf von Zinzendorf: *Sammlung geistlicher und lieblicher Lieder* L.

1729   Haller: *Die Alpen* E. * Gotthold Ephraim Lessing. Gerhart Tersteegen: *Geistliches Blumengärtlein inniger Seelen* L.

1730   * Johann Georg Hamann.

1731   Johann Gottfried Schnabel: *Die Insel Felsenburg*.

1733   *Christoph Martin Wieland.

1738   Erfindung der Spinnmaschine.

1739   Friedrich II.: »Anti-Machiavell« (Aufgeklärter Absolutismus).

1740   Friedrich II. († 1786). Maria Theresia († 1780). Bodmer: *Kritische Abhandlung von dem Wunderbaren in der Poesie* T.

1741   Gottsched: *Deutsche Schaubühne nach den Regeln der Griechen und Römer eingerichtet* D.

1742   * Georg Christoph Lichtenberg.

1744   * Johann Gottfried Herder.

1746   Gellert: *Komödien* DL, *Fabeln und Erzählungen* N.

1747   * Gottfried August Bürger. † Brockes.

1748   Gellert: *Leben der schwedischen Gräfin von G.* R.

1749   * Johann Wolfgang Goethe.
Klopstock: *Oden* L, *Messias* E. * Ludwig Heinrich Christoph Hölty.

1750   Salomon Geßner: *Idyllen* N.

1751   Gottlieb Wilhelm Rabener: *Vom Mißbrauch der Satire. Vorbericht zu den Satirischen Schriften* T. * Johannes Heinrich Voss. * Jakob Michael Lenz.

1752   * Friedrich Maximilian Klinger.

1754   † Hagedorn.

1755   Lessing: *Miss Sara Sampson* DT. Winckelmann: *Gedanken über die Nachahmung der griechischen Werke in der Malerei und Bildhauerkunst* T.

1756   Beginn des Siebenjährigen Krieges.

1757   Gellert: *Geistliche Oden und Lieder* L.

1759   Hamann: *Sokratische Denkwürdigkeiten* T. Lessing: *Briefe, die neueste Literatur betreffend* T, *Fabeln*. * Friedrich Schiller.

1760   * Johann Peter Hebel.

1761   Colbert: französischer Wirtschaftsminister († 1783): Merkantilismus.

1762   Rousseau: »Staatsvertrag«. Hamann: *Kreuzzüge des Philologen* T. * Fichte.

1763   * Jean Paul.

1766   † Gottsched. Wieland: *Agathon* R.

1767   Lessing: *Minna von Barnhelm* DL, *Hamburgische Dramaturgie* T. * August Wilhelm Schlegel.

1768   Erfindung der Dampfmaschine. † Winckelmann. Wieland: *Musarion* E.

1769   † Gellert. Herder: *Journal meiner Reise im Jahre 1769* T. * Ernst Moritz Arndt.

1770   Goethe in Straßburg. * Friedrich Hölderlin.

1771   Claudius: *Wandsbecker Bote* Z. Goethe: *Zum Shakespearetag* T, *Urfaust* D.

1772   Jesuitenorden aufgelöst. Lessing: *Emilia Galotti* DT. Wieland: *Der Goldene Spiegel* R. Gründung des Göttinger Hainbundes. * Friedrich Schlegel. * Novalis.

1773   Goethe: *Götz von Berlichingen* D, *Von deutscher Baukunst* T. * Ludwig Tieck.

1774   Goethe: *Die Leiden des jungen Werthers* R. Lenz: *Der Hofmeister* D.

1775   Goethe nach Weimar. Goethe: *Egmont* (beendet 1787) D. Wieland: *Enthusiasmus und Schwärmerei* T.

1776   Unabhängigkeitserklärung der Vereinigten Staaten. Adam Smith »Natur und Ursachen des Volkswohlstandes« (Propagierung der Arbeitsteilung und einer liberalistischen Wirtschaft). † Breitinger. † Hölty. Bürger: *Herzensausguß über Volkspoesie* T. Goethe: *Wilhelm Meisters theatralische Sendung* R. Johann Anton Leisewitz: *Julius von Tarent* DT. Lenz: *Die Soldaten* D. Heinrich Leopold Wagner: *Die Kindermörderin* D. * E. T. A. Hoffmann.

1777   Goethe: *Harzreise im Winter* L. Christian Friedrich Schubart verhaftet und verschleppt. * Heinrich von Kleist. † Haller.

1778   Herder: *Volkslieder* L. * Clemens Brentano.

1779   Lessing: *Nathan der Weise* D. Goethes Reise in die Schweiz:

Gesang der Geister über den Wassern L, *Iphigenie* (2. Fassung 1786) D.

1780 Lessing: *Die Erziehung des Menschengeschlechts* T. Goethe: *Tasso* D.

1781 Reformen Josephs II. in Österreich. † Lessing. Voss: *Ilias und Odyssee* (beendet 1793) E. Goethe: *Grenzen der Menschheit* L. Schiller: *Die Räuber* DT. * Adelbert von Chamisso. * Achim von Arnim.

1783 † Bodmer. Voss: *Luise* E. Goethe: *Das Göttliche* L. Schiller: *Die Verschwörung des Fiesko zu Genua* D.

1784 Herder: *Ideen zur Philosophie der Geschichte der Menschheit* T. Schiller: *Die Schaubühne als eine moralische Anstalt betrachtet* T, *Kabale und Liebe* DT.

1785 Erfindung des mechanischen Webstuhls. Karl Philipp Moritz: *Anton Reiser* R.

1786 Goethes Reise nach Italien.

1787 Johann Jakob Wilhelm Heinse: *Ardinghello* R. Schiller: *Don Carlos* DT. * Ludwig Uhland.

1788 † Hamann.

1789 George Washington erster Präsident der USA († 1797). Französische Revolution. Schiller in Jena; Schiller: *Die Götter Griechenlands* L. * Joseph von Eichendorff. * Friedrich Rückert.

1791 Erkrankung Schillers. Klinger: *Fausts Leben, Taten und Höllenfahrt* R. * Franz Grillparzer.

1792 Frankreich Republik. † Lenz.

1793 Hinrichtung des französischen Königs Ludwig XVI. Wohlfahrtsausschuß; Robespierre. Volksheer in Frankreich (Carnot). Schiller: *Über Anmut und Würde* T; *Über das Erhabene* T. Wieland: *Cyklopenphilosophie* T. Jean Paul: *Maria Wuz* N.

1794 † Bürger. Freundschaft Goethe-Schiller.

1795 Schiller: *Über die ästhetische Erziehung des Menschen* T. Jean Paul: *Hesperus* R.

1796 Goethe: *Wilhelm Meisters Lehrjahre* R. Schiller: *Das Ideal und das Leben* L; *Die Ideale* L. Jean Paul: *Quintus Fixlein* N; *Siebenkäs* R. * Leberecht Immermann. * August Graf von Platen.

1797 Goethe: *Hermann und Dorothea* E. Schiller: *Über naive und sentimentalische Dichtung* T. Friedrich Schlegel: *Über das Studium der griechischen Poesie* T. Wilhelm Heinrich Wacken-

roder: *Herzensergießungen eines kunstliebenden Klosterbruders*
T. Tieck: *Der gestiefelte Kater* D. Hölderlin: *Hyperion* R; *Empedokles* D. * Annette von Droste-Hülshoff. * Jeremias Gotthelf. * Heinrich Heine.

1798   Schiller: *Nänie* L. Tieck: *Franz Sternbalds Wanderungen* R.

1799   † Lichtenberg. Schiller nach Weimar; Schiller: *Wallenstein* DT. Friedrich Schlegel: *Lucinde* R.

1800   Schiller: *Das Lied von der Glocke* L. Jean Paul: *Titan* R. Tieck: *Genoveva* D. Novalis: *Hymnen an die Nacht* L.

1801   Schiller: *Maria Stuart* DT. † Novalis. * Christian Dietrich Grabbe.

1802   Schiller: *Die Jungfrau von Orleans* DT. Novalis: *Heinrich von Ofterdingen* (Nachlaß) R. * Nikolaus Lenau.

1803   Schiller: *Braut von Messina* DT. † Klopstock. † Herder. Goethe: *Die natürliche Tochter* D.

1804   Napoleon Kaiser. Schiller: *Wilhelm Tell* D. * Eduard Mörike.

1805   Sieg Napoleons über Österreich bei Austerlitz. Niederlage der französischen Flotte bei Trafalgar durch Admiral Nelson. † Schiller. Goethe: *Winckelmann und sein Jahrhundert* T. Jean Paul: *Flegeljahre.* * Adalbert Stifter.

1806   Ende des Heiligen Römischen Reiches Deutscher Nation. Niederwerfung Preußens durch Napoleon. Arnim u. Brentano: *Des Knaben Wunderhorn* L.

1807   Die Reformen des Freiherrn vom Stein in Preußen. Fultons Dampfschiff auf dem Hudson, USA. Joseph Görres: *Die teutschen Volksbücher* N. Kleist: *Amphitryon* DL.

1808   Schulreform Wilhelm von Humboldts, Heeresreform durch Scharnhorst und Gneisenau in Preußen. Goethes Begegnung mit Napoleon in Erfurt. Goethe: *Faust I.* D. Kleist: *Penthesilea* DT; *Der zerbrochene Krug* DL.

1809   Goethe: *Die Wahlverwandtschaften* R. Brentano: *Romanzen vom Rosenkranz* verf. E. Zacharias Werner: *Der 24. Februar* DT.

1810   Goethe: *Zur Farbenlehre* T. Kleist: *Erzählungen* N; *Das Käthchen von Heilbronn* D.

1811   Goethe: *Dichtung und Wahrheit.* † Kleist. Friedrich de la Motte Fouqué *Undine* N. Johann Peter Hebel: *Schatzkästlein* N.

1812   Napoleons Niederlage in Rußland. Gebrüder Grimm: *Kinder-
        und Hausmärchen.*
1813   Völkerschlacht bei Leipzig. † Wieland. * Friedrich Hebel.
        * Georg Büchner. Hoffmann: *Phantasiestücke* N.
1814   Wiener Kongreß. Goethe: *Westöstlicher Divan* L. Theodor
        Körner: *Leier und Schwert* (aus Nachlaß) L. Chamisso: *Peter
        Schlemihl* N.
1815   Hoffmann: *Die Elixiere des Teufels* R. Eichendorff: *Ahnung
        und Gegenwart* R.
1817   Wartburgfest der Burschenschaften. Demagogenverfolgungen.
        Brentano: *Geschichte vom braven Kasperl und schönen Annerl*
        N. Achim: *Die Kronenwächter* R. * Theodor Storm.
1818   Dampfschiff überquert Atlantik. Grillparzer: *Sappho* DT; *Das
        goldene Vlies* DT. * Gottfried Keller. * Theodor Fontane.
1820   Goethe: *Urworte Orphisch* L. Hoffmann: *Kater Murr* R.
1821   Griechischer Unabhängigkeitskampf gegen die Türken (bis
        1829). Kleist: *Prinz Friedrich von Homburg* D.
1822   † Hoffmann. Heine: *Gedichte* L.
1823   Erklärung des nordamerikanischen Präsidenten Monroe: Ame-
        rika den Amerikanern. Eckermann Privatsekretär Goethes.
        Goethe: *Marienbader Elegie* L.
1825   † Jean Paul. * Conrad Ferdinand Meyer.
1826   † Voss. † Hebel. Eichendorff: *Aus dem Leben eines Taugenichts*
        N. Wilhelm Hauff: *Lichtenstein* R. Hölderlin: *Gedichte* L.
1827   Grabbe: *Scherz, Satire und tiefere Bedeutung* DL. Heine: *Buch
        der Lieder* L.
1828   Grillparzer: *Ein treuer Diener seines Herrn* DT. Ferdinand
        Raimund: *Der Alpenkönig und der Menschenfeind* D.
1829   † Friedrich Schlegel. Goethe: *Wilhelm Meisters Wanderjahre* R.
        Grabbe: *Don Juan und Faust* D.
1830   Julirevolution in Frankreich. Eisenbahn Liverpool-Manchester.
        * Marie von Ebner-Eschenbach.
1831   † Klinger. † Arnim. Grillparzer: *Des Meeres und der Liebe
        Wellen* DT. * Wilhelm Raabe.
1832   † Goethe. Goethe: *Faust II* (aus dem Nachlaß) D. Mörike:
        Maler Nolten R.

1833 Johann Nepomuk Nestroy: *Lumpazivagabundus* DL. Heinrich Laube: *Das junge Europa* R.

1834 Deutscher Zollverein durch Friedrich List geschaffen. Eichendorff: *Dichter und ihre Gesellen* R. Grillparzer: *Der Traum ein Leben* D. Heine: *Der Salon* T. * Felix Dahn.

1835 Erste Eisenbahn in Deutschland zwischen Nürnberg und Fürth. † Platen. Büchner: *Dantons Tod* DT. Nestroy: *Zu ebener Erde und erster Stock* D.

1836 † Grabbe. Heine: *Die romantische Schule* T.

1840 † Immermann. Willibald Alexis: *Die Hosen des Herrn von Bredow* R.

1841 Gotthelf: *Uli, der Knecht* R. Charles Sealsfield: *Kajütenbuch* N.

1842 † Brentano. Droste: *Die Judenbuche* N; *Die Schlacht am Loener Bruch* E. Gotthelf: *Die schwarze Spinne* N.

1843 † Hölderlin. Hebbel: *Genoveva* D. Gotthelf: *Geld und Geist* R. Berthold Auerbach: *Schwarzwälder Dorfgeschichten* N.

1844 Weberunruhen in Schlesien. Stifter: *Studien* N. Hebbel: *Maria Magdalene* DT. * Detlev von Liliencron. * Friedrich Nietzsche.

1845 † August Wilhelm Schlegel. * Carl Spitteler.

1846 Aufhebung der Kornzölle in England: Freihandel.

1847 Kommunistisches Manifest von Marx und Engels.

1848 Revolutionen in Europa. Gesamtdeutsches Parlament in der Paulskirche zu Frankfurt. † Droste.

1850 † Lenau. Otto Ludwig: *Der Erbförster* DT. Hebbel: *Herodes und Mariamne* DT.

1851 Weltausstellung in London. Storm: *Immensee* N.

1853 Ausbruch des Krimkrieges. † Tieck. Stifter: *Bunte Steine* N. *Isolde Kurz.

1854 † Gotthelf. Keller: *Der grüne Heinrich* R. Gustav Freytag: *Soll und Haben* R. Victor von Scheffel: *Ekkehard* R. * Eduard Graf von Keyserling.

1855 Hebbel: *Agnes Bernauer* DT.

1856 † Heine. Hebbel: *Gyges und sein Ring* DT. Mörike: *Mozart auf der Reise nach Prag* N. Keller: *Die Leute von Seldwyla* N. Ludwig: *Zwischen Himmel und Erde* R. Wilhelm Busch: *Max und Moritz*.

1857 † Eichendorff. Stifter: *Nachsommer* R. * Hermann Sudermann.

1859 Krieg Österreichs gegen Frankreich, das für die nationalen Einigungsbestrebungen in Italien eintritt. Fritz Reuter: *Ut mine Stromtid.*

1860 Einigung Italiens durch Cavour und Garibaldi. † Arndt.

1861 Krieg zwischen den Süd- und Nordstaaten in Nordamerika (bis 1865): Aufhebung der Sklaverei.

1862 Bismarck durch Wilhelm I. berufen. † Uhland. * Gerhart Hauptmann. * Arthur Schnitzler.

1863 † Hebbel. * Arno Holz.

1864 Genfer Konvention des Roten Kreuzes (Henri Dunant). Raabe: *Der Hungerpastor* R. † Frank Wedekind. * Hermann Stehr. * Ricarda Huch.

1865 Raabe: *Die schwarze Galeere* N.

1866 Preußisch-österreichischer Krieg. † Rückert.

1867 Karl Marx »Das Kapital«. Nobel erfindet Dynamit. Stifter: *Witiko* R. Raabe: *Abu Telfan* R. * Ludwig Thoma.

1868 † Stifter. Scheffel: *Gaudeamus!* L. * Stefan George.

1869 Sozialdemokratische Partei Deutschlands in Eisenach durch Bebel und Liebknecht gegründet. Eröffnung des Suezkanals. * Karl Wolfskehl.

1870 Deutsch-französischer Krieg. Raabe: *Der Schüdderump* R. Ludwig Anzengruber: *Der Pfarrer von Kirchfeld* D. * Ernst Barlach.

1871 Begründung des 2. Deutschen Reiches durch Bismarck. Luise von François: *Die letzte Reckenburgerin* R. Anzengruber: *Der Meineidbauer* D. * Heinrich Mann.

1872 † Grillparzer. Grillparzer: *Ein Bruderzwist in Habsburg; Libussa; Die Jüdin von Toledo* (Nachlaß) D. Meyer: *Erste Novellen* N. Busch: *Die fromme Helene.*

1874 Keller: *Die Leute von Seldwyla (II)* N. * Hugo von Hofmannsthal. † Karl Kraus.

1875 Storm: *Pole Poppenspäler* N. † Mörike. Peter Rosegger: *Die Schriften des Waldschulmeisters.* * Thomas Mann. * Rainer Maria Rilke. * Annette Kolb.

1876 * Else Lasker-Schüler. * Gertrud von Le Fort.

1878 Keller: *Züricher Novellen* N. Berliner Kongreß. Sozialistengesetze in Deutschland. * Alfred Döblin. * Georg Kaiser. * Carl Sternheim. * Rudolf Alexander Schröder. * Hans Carossa. * Robert Walser.

1879 Büchner: *Woyzeck* (aus dem Nachlaß) DT. Friedrich Theodor Vischer: *Auch einer* R.

1880 * Robert Musil. * Otto Flake.

1881 * Stefan Zweig.

1882 Dreibund Deutschland, Österreich, Italien. Heinrich und Julius Hart: *Kritische Waffengänge* T. * Wilhelm Lehmann.

1883 Deutsche Sozialversicherungsgesetzgebung. Ebner-Eschenbach: *Dorf- und Schloßgeschichten*. Liliencron: *Adjutantenritte* L. Nietzsche: *Also sprach Zarathustra* T. * Franz Kafka. * Joachim Ringelnatz.

1884 * Ricarda Huch. * Oskar Loerke.

1885 Benzinkraftwagen von Benz und Daimler. Michael Georg Conrad: *Die Gesellschaft* Z. * Ina Seidel. * Fritz von Unruh.

1886 Keller: *Martin Salander* R. * Gottfried Benn. * Hermann Broch.

1887 *Georg Heym. * Georg Trakl. * Ernst Wiechert.

1888 Fontane: *Irrungen, Wirrungen* R. Storm: *Der Schimmelreiter* N; † Storm. Conrad: *Was die Isar rauscht* R.

1889 Hauptmann: *Vor Sonnenaufgang* DT. Sudermann: *Die Ehre* D. Holz-Schlaf: *Papa Hamlet* N.

1890 Bismarck entlassen. † Keller. * Franz Werfel. * Kasimir Edschmid. * Klabund.

1891 Französisch-russische Allianz. Wedekind: *Frühlings Erwachen* D. Georg Britting. Richard Dehmel: *Erlösungen* L.

1892 Fontane: *Frau Jenny Treibel* R. Hauptmann: *Die Weber* DT. George: *Algabal* L. * Werner Bergengruen. * Josef Weinheber.

1893 Dieselmotor. Hauptmann: *Hanneles Himmelfahrt* D; *Der Biberpelz* DL. Sudermann: *Heimat* D. Max Halbe: *Jugend* D. Wedekind: *Lulu* D. * Hans Fallada.

1894 * Hans Henny Jahnn.

1895 Fontane: *Effi Briest* R. Schnitzler: *Liebelei* D. * Ernst Jünger.

1896 Erste Olympische Spiele der Neuzeit in Athen. * Carl Zuckmayer.

1897 Halbe: *Mutter Erde* D. Wassermann: *Die Juden von Zirndorf* R. George: *Das Jahr der Seele* L.

1898 † Meyer. † Fontane. Hauptmann: *Fuhrmann Henschel* DT. * Bert Brecht.

1899 Fontane: *Der Stechlin* (Nachlaß) R. * Elisabeth Langgässer. * Friedo Lampe. * Erich Kästner.

1900 Deutsches Bürgerliches Gesetzbuch. Wedekind: *Der Marquis von Keith* D. † Nietzsche.

1901 Thomas Mann: *Buddenbrooks* R. Schnitzler: *Leutnant Gustl* N.

1902 Huch: *Aus der Triumphgasse* R.

1903 Gründung der Labour Party. Spaltung der russischen Arbeiterpartei in Menschewiki und Bolschewiki (Lenin, Trotzki). Schnitzler: *Reigen* D. Thomas Mann: *Tonio Kröger* N. * Reinhold Schneider.

1904 Russisch-japanischer Krieg (bis 1905); Niederlage Rußlands. Hesse: *Peter Camenzind* R.

1905 Liliencron: *Bunte Beute* L. Heinrich Mann: *Professor Unrat* R. Rilke: *Das Stundenbuch* L.

1906 Rilke: *Die Weise von Liebe und Tod des Cornets Christoph Rilke* N. Musil: *Die Verwirrungen des Zöglings Törless* N.

1907 Robert Walser: *Der Gehülfe* R. George: *Die siebente Ring* L. * Günther Eich.

1908 Rilke: *Neue Gedichte* L. * Edzard Schaper. *Die kleine Stadt* R. Thomas Mann: *Königliche Hoheit*. Ludwig Thoma: *Moral* D. † Liliencron.

1910 † Raabe. Hauptmann: *Der Narr in Christo Emmanuel Quint* R. Theodor Däubler: *Nordlicht* E. Rilke: *Die Aufzeichnungen des Malte Laurids Brigge* R.

1911 Sternheim: *Die Hose* DL. Hofmannsthal: *Jedermann* D. * Max Frisch. Hauptmann: *Die Ratten* D.

1912 † Georg Heym. † Dahn. Benn: *Morgue und andere Gedichte* L.

1913 Panamakanal eröffnet. Lasker-Schüler: *Hebräische Balladen* L. Thomas Mann: *Der Tod in Venedig* N. Carossa: *Dr. Bürgers Ende* R.

1914   I. Weltkrieg (bis 1918). † Trakl. Kaiser: *Die Bürger von Calais*
        D. Max Dauthendey: *Ausgewählte Lieder* L.

1915   Edschmid: *Die sechs Mündungen* N.

1916   † Marie von Ebner-Eschenbach. Benn: *Gehirne* T. Kafka: *Das
        Urteil* N.

1917   Revolution in Rußland: Kerenski; Lenin. Kaiser: *Gas* D. Un-
        ruh: *Ein Geschlecht* DT. Yvan Goll: *Appell an die Kunst* T.
        * Heinrich Böll.

1918   Spengler: »Untergang des Abendlandes« (Amerika, bes. Ruß-
        land als die neuen Großmächte). † Wedekind. Hauptmann: *Der
        Ketzer von Soana* N. Thomas Mann: *Betrachtungen eines Un-
        politischen* T. † Kayserling.

1919   Vertrag von Versailles. Wassermann: *Christian Wahnschaffe*
        Hesse: *Demian* R.

1920   * Paul Celan. Lyrikanthologie *Menschheitsdämmerung* (hg. von
        Kurt Pinthus) L. Richard Dehmel: *Hundert ausgewählte Ge-
        dichte* L.

1921   * Ilse Aichinger. * Friedrich Dürrenmatt. * Wolfgang Borchert.
        Ernst Toller: *Masse Mensch* D. Hofmannsthal: *Der schwierige*
        DL. † Thoma.

1922   Faschistische Revolution in Italien durch Mussolini. Hesse:
        Siddharta R.

1923   Ende der Inflation in Deutschland. Rilke: *Sonette an Orpheus*
        L; *Duineser Elegien* L.

1924   Beginn der Herrschaft Stalins nach Lenins Tod. † Spitteler.
        † Kafka. Döblin: *Berge, Meere und Giganten* R. Thomas Mann:
        Der Zauberberg R.

1925   Adolf Hitler: »Mein Kampf«. Hofmannsthal: *Der Turm*
        DT. Kafka: *Der Prozeß* (Nachlaß) R. Heinrich Mann: *Das
        Kaiserreich* R.

1926   Englisches Empire in Staatenbund umgewandelt. † Rilke. Kafka:
        Das Schloß (Nachlaß) R. * Ingeborg Bachmann.

1927   Hesse: *Der Steppenwolf* R. Arnold Zweig: *Der Streit um den
        Sergeanten Grischa* R. * Günter Grass.

1928   † Sudermann. Binding: *Erlebtes Leben* T. Brecht: *Dreigroschen-
        oper* D. Erich Maria Remarque: *Im Westen nichts Neues* R.
        Erich Kästner: *Emil und die Detektive* R. Zuckmayer: *Katha-
        rina Knie* D. * Peter Hacks. † Klabund.

1929   Weltwirtschaftskrise. † Holz. Döblin: *Berlin Alexanderplatz* R.
        † Hofmannsthal.

1930 Ortega y Gasset: »Aufstand der Massen«. Musil: *Der Mann ohne Eigenschaften* (1942 noch unvollendet) R. Kästner: *Fabian* R. Hesse: *Narziß und Goldmund* R. Ina Seidel: *Das Wunschkind* R. Zuckmayer: *Der Hauptmann von Köpenick* D.

1931 Karl Jaspers: »Die geistige Situation der Zeit«. Broch: *Die Schlafwandler* R. Le Fort: *Die Letzte am Schafott* N. Werfel: *Die Geschwister von Neapel* R. † Schnitzler.

1932 Kästner: *Gesang zwischen den Stühlen* L. Hans Fallada: *Kleiner Mann – was nun?* R. Joseph Roth: *Radetzkymarsch* R. Britting: *Lebenslauf eines dicken Mannes, der Hamlet hieß* R.

1933 Hitler Reichskanzler. * Uwe Johnson. † George. Thomas Mann: *Joseph und seine Brüder* R.

1934 Josef Weinheber: *Adel und Untergang* L. Loerke: *Der Silberdistelwald* L. † Ringelnatz.

1935 Italienischer Überfall auf Abessinien. Heinrich Mann: *Die Jugend des Königs Henri Quatre* R. Joachim Maass: *Die unwiederbringliche Zeit* R. Lehmann: *Antwort des Schweigens* L. Bergengruen: *Der Großtyrann und das Gericht* R.

1936 Spanischer Bürgerkrieg (bis 1939). Stefan Andres: *El Greco malt den Großinquisitor* N. † Kraus.

1937 Beginn des Chinesisch-Japanischen Krieges. Lampe: *Septembergewitter* R. Jochen Klepper: *Der Vater* R.

1938 Besetzung Österreichs und des Sudetenlandes durch Deutschland. Erster Höhepunkt der nationalsozialistischen Judenverfolgungen. Spaltung von Atomkernen. † Barlach. Brecht: *Das Leben des Galilei* D. Heinrich Mann: *Die Vollendung des Königs Henry Quatre* R. Schneider: *Las Casas vor Karl V.* N. Zweig: *Ungeduld des Herzens* R.

1939 Besetzung der Rest-Tschechoslowakei. Ausbruch des Zweiten Weltkrieges. Brecht: *Mutter Courage und ihre Kinder* D. Werfel: *Der veruntreute Himmel* R. Ernst Jünger: *Auf den Marmorklippen* R. Wiechert: *Das einfache Leben* R. Thomas Mann: *Lotte in Weimar* R.

1940 † Stehr. Brecht: *Der gute Mensch von Sezuan* D; *Herr Puntila und sein Knecht Matti* D. Bergengruen: *Am Himmel wie auf Erden* R.

1941 Atlantikcharta: Grundsatzerklärung Roosevelts und Churchills zur künftigen Weltordnung. Angriff Deutschlands auf Rußland.

Krieg Japan–USA. Kriegserklärung Deutschlands und Italiens an die USA. † Lœrke.

1942   † Mombert. † Sternheim. † Musil. * Peter Handke. Stefan Zweig: *Die Welt von gestern* T.

1943   Kapitulation der Stalingrad-Armee. † Stefan Zweig. Lasker-Schüler: *Mein blaues Klavier* L. Hesse: *Das Glasperlenspiel* R. Andres: *Wir sind Utopia* N. † Kolmar.

1944   Anglo-amerikanische Invasion in der Normandie. Mißglücktes Attentat auf Hitler. † Isolde Kurz.

1945   Roosevelt gestorben. Selbstmord Hitlers. Mussolini erschossen. Bedingungslose Kapitulation Deutschlands. Atombomben auf Hiroshima und Nagasaki. Kapitulation Japans. Gründung der Vereinten Nationen. † Lasker-Schüler. † Kaiser. † Lampe. † Werfel (Nachlaß). Zuckmayer: *Des Teufels General* D. † Weinheber.

1946   Nürnberger Kriegsverbrecherprozesse. † Hauptmann. Langgässer: *Das unauslöschliche Siegel* R. Max Tau: *Glaube an den Menschen* R. Werfel: *Stern der Ungeborenen* (Nachlaß) R.

1947   Marshallplan. Truman-Doktrin: Hilfe für alle in ihrer Freiheit bedrohten Nationen. Indien und Pakistan selbständige Staaten. Frisch: *Die chinesische Mauer* D. Thomas Mann: *Doktor Faustus* R. Borchert: *Draußen vor der Tür* DT. Kasack: *Die Stadt hinter dem Strom* R. † Borchert. † Fallada. † Ricarda Huch.

1948   Blockade Berlins: Höhepunkt des kalten Krieges. Kommunistischer Staatsstreich in der Tschechoslowakei. Gründung Israels. † Wolfskehl. Döblin: *Unsere Sorge: der Mensch* T. Brecht: *Kleines Organon für das Theater* T.

1949   Grundgesetz der Bundesrepublik Deutschland. Konrad Adenauer Bundeskanzler. Theodor Heuss Bundespräsident. Wilhelm Pieck Präsident der ostdeutschen »Demokratischen Republik«. Kommunistische »Chinesische Volksrepublik« durch Mao Tse-tung ausgerufen. Benn: *Trunkene Flut* L; *Ausdruckswelt* T. Andres: *Die Sinflut* R. Jahnn: *Das Holzschiff* R. Ernst Jünger: *Heliopolis* R.

1950   Koreakrieg. † Heinrich Mann. † Langgässer. Langgässer: *Märkische Argonautenfahrt* R. Albrecht Goes: *Unruhige Nacht* N. Eich: *Träume* (Hörspiel).

1951   † Broch. Benn: *Probleme der Lyrik* T. Thomas Mann: *Der Erwählte* R.

1952   Dürrenmatt: *Die Ehe des Herrn Mississippi* D.

1953   Stalin gestorben.

1954   Frisch: *Stiller* R. Ilse Aichinger: *Spiegelgeschichte* N. Thomas Mann: *Bekenntnisse des Hochstaplers Felix Krull* R. Goes: *Das Brandopfer* N. Lehmann: *Überlebender Tag* L.

1955   Thomas Mann: *Versuch über Schiller* T. Nossack: *Spätestens im November* R. † Thomas Mann. † Lulu von Strauss und Torney.

1956   Aufstand in Ungarn. Suez-Kanal-Krise. Döblin: *Hamlet* R. Dürrenmatt: *Der Besuch der alten Dame* D. † Benn. † Brecht. † Carossa. † Walser.

1957   † Döblin. Fritz Hochwälder: *Die Herberge* D. Hans Magnus Enzensberger: *Verteidigung der Wölfe* L. Frisch: *Homo faber* R.

1958   † Schneider. † Becher. † Mechtilde von Lichnowsky. Heimito v. Doderer: *Die Dämonen* R.

1959   † Jahnn. Günter Grass: *Die Blechtrommel* R.

1960   Das »afrikanische Jahr«: Souveränität einer großen Zahl afrikanischer Staaten. † Lion Feuchtwanger. *Grimms Deutsches Wörterbuch* vorläufig abgeschlossen.

1961   Berlin-Krise. † Leonhard Frank.

1962   † Hesse. † Schröder.

1963   Ermordung Kennedys. † Flake. Heinrich Böll: *Ansichten eines Clowns* R. Peter Weiss: *Die Verfolgung und Ermordung Jean Paul Marats* D. Rolf Hochhuth: *Der Stellvertreter*. Grass: *Hundejahre* R.

1964   † Bergengruen. † Britting. † Miegel. † Maass. Max Frisch: *Mein Name sei Gantenbein* R.

1965   Tod Albert Schweitzers. † Billinger.

1966   † Arp. † Doderer. † Edschmid. † Kasack. † Meckauer. Handke: *Publikumsbeschimpfung*.

1967   Israelisch-Arabischer Krieg. † Graf. † Kolb. Max Frisch: *Biografie* D.

1968   Zunahme studentischer Proteste. Russischer Einmarsch in der

Tschechoslowakei. † Brod. † Lehmann. † Arnold Zweig. Siegfried Lenz: *Deutschstunde* R.

1969 Der erste Mensch auf dem Mond. † Scholtis. † Weisenborn. Grass: *Örtlich betäubt* R.

1970 † Andres. † Remarque. † Unruh.

1971 Verträge der Bundesrepublik mit der UdSSR und Polen. † le Fort. † Lange.

1972 Grundvertrag mit der DDR. Böll Nobelpreis für Literatur. † Eich.

1973 »Jom-Kippur«-Krieg Ägyptens und Syriens gegen Israel. Arab. Ölboykott gegenüber westl. Staaten. † Bachmann

1974 Rücktritt Willy Brandts als Bundeskanzler. Watergate-Skandal (USA). † Kästner. † Seidel. † Kaschnitz.

1975 † Bann. † Pinthus.

1976 Beginn des Prozesses gegen die Baader-Meinhof-Terroristen. Deutsch-polnisches Kulturabkommen. † Schallück. † Tau. † Eugen Roth. † Heidegger. † Gaiser.

1977 † Zuckmayer. † Nossack. Grass: *Der Butt* R.

1978 Friedensverhandlungen zwischen Israel und Ägypten. Siegfried Lenz: *Heimatmuseum* R. Enzensberger: *Der Untergang der Titanic* E.

BUCHHINWEISE

I. Bibliographien und Lexika

G. Albrecht, K. Böttcher u. a.: Lexikon deutschspr. Schriftsteller. Von den Anfängen bis zur Gegenwart, 2 Bde., [6]1967/68; R. F. Arnold: Allgemeine Bücherkunde zur neueren deutschen Literaturgeschichte, [4]1966 (bearb. v. H. Jacob); B. Berger u. H. Rupp (Hrsg.): Dt. Lit.-Lexikon. Biographisch-bibliographisches Handbuch. Begr. v. W. Kosch, 1966ff. H. W. Eppelsheimer: Handbuch der Weltliteratur, [3]1960; E. Frenzel: Stoffe der Weltliteratur, 1962; H. Fromm: Germanistische Bibliographie seit 1945, 1960; H. Giebisch, L. Pichler, K. Vancsa: Kleines österreichisches Literaturlexikon, 1948; K. Goedeke: Grundriß zur Geschichte der deutschen Dichtung, Bd. 1–14, [2]1884ff. (Bd. 4: [3]1910–16); dgl. Neue Folge. Fortführung von 1830–1880. Bd. 1, Lfg. 1ff., 1955ff.; J. Hansel: Bücherkunde für Germanisten, [3]1965; W. Hofstaetter u. U. Peters: Sachwörterbuch der Deutschkunde, 1930; Internat. Bibliogr. z. Gesch. d. dt. Lit. v. d. Anfängen bis zur Gegenwart (Ltg.: G. Albrecht u. G. Dahlke), 1. Bd. 1969; Kindlers Literatur-Lexikon (Wissensch. Vorber.: W. v. Einsiedel; Chefred.: G. Woerner, jetzt: R. Geisler), 1965ff.; J. Körner: Bibliographisches Handbuch des deutschen Schrifttums, [4]1966; W. Kosch: Deutsches Literaturlexikon, 4 Bde., [2]1947–58; Lexikon der Weltliteratur im 20. Jahrhundert, 2 Bde., 1960f. (Herder); F. Loewenthal: Bibliographisches Handbuch der deutschen Philologie, 1932; P. Merker u. W. Stammler: Reallexikon der deutschen Literaturgeschichte, 4 Bde. u. Reg., 1925–31; dasselbe. Neuausgabe von W. Kohlschmidt u. Wolfg. Mohr, 1958ff.; R. M. Meyer: Grundriß der neueren deutschen Literaturgeschichte (Bibliogr. des 19. Jhs.), [2]1907; O. Olzien: Bibliographie zur deutschen Literaturgeschichte, 1953 (Nachträge 1953–1954 mit Ergänzungen und Berichtigungen, 1955); H. Pongs: Das kl. Lexikon d. Weltliteratur, [6]1967; P. Raabe: Einführg. i. d. Bücherkunde zur dt. Lit. Wi., [5]1966; H. Röhl: Wörterbuch zur deutschen Literatur, [2]1931; G. Schneider: Handbuch der Bibliographie, [4]1930; G. v. Wilpert: Dt. Dichterlexikon, 1963; –: Lexikon d. Weltlit., 2 Bde., 1963/68; dasselbe bei dtv 4 Bde., 1971; –: Sachwörterbuch d. Lit., [5]1969.

II. Betrachtungen einzelner Gattungen und Probleme

H. Arntzen: Die ernste Komödie. Das dt. Lustspiel v. Lessing bis Kleist, 1968; J. Beer (Hrsg.): Reclams Romanführer, 1962ff.; F. Beissner: Geschichte der deutschen Elegie, [2]1961; W. Benjamin: Ursprung d. dt.

Trauerspiels, 1969; E. K. Bennett: History of the German novelle, ²1949; P. Böckmann: Formensprache. Studien z. Literaturästhetik u. Dichtungsinterpretation, 1966; H. H. Borcherdt: Geschichte des Romans und der Novelle in Deutschland (T. 1), 1926–1931; M. Dietrich: Das moderne Drama, 1961; K. Doderer: Die Kurzgeschichte in Deutschland, 1953; E. Dosenheimer: Das deutsche soziale Drama, 1949; W. Emrich: Polemik, Streitschriften, Pressefehden u. krit. Essays um Prinzipien, Methoden u. Maßstäbe d. Lit.-Kritik, 1968; M. Esslin: Das Theater des Absurden, 1964; H. N. Fügen (Hrsg.): Wege d. Literatursoziologie, 1968; M. Gerhard: Der deutsche Entwicklungsroman, 1926; R. Grimm (Hrsg.): Zur Lyrik-Diskussion, 1966; –: Dt. Romantheorien. 16 Beiträge zu einer historischen Poetik d. Romans in Deutschland, 1968; R. Haller: Gesch. d. dt. Lyrik. Vom Ausgang d. Mittelalters b. z. Goethes Tod, 1967; W. Hinck: Die dt. Ballade von Bürger bis Brecht, 1968; H. Himmel: Gesch. d. dt. Novelle, 1963; M. Hodgart: Die Satire, 1969; W. Kayser: Geschichte der deutschen Ballade, 1936; R. Kilchenmann: Die Kurzgeschichte. Formen und Entw., 1967; J. Klein: Geschichte der deutschen Novelle, ⁴1960; –: Geschichte der deutschen Lyrik (v. Luther b. z. Ausgang des Zweiten Weltkrieges), ²1960; V. Klotz (Hrsg.): Zur Poetik d. Romans, 1965; E. Lämmert: Bauformen des Erzählens, ⁵1971; J. Lassl: Dichtung und Gesellschaft, Aufsätze zur Literatursoziologie, 1967; F. v. d. Leyen: Das dt. Märchen. Sein Werden u. sein Leben. Erläuterungen z. d. Kinder- u. Hausmärchen d. Brüder Grimm, 1964; G. Lukács: Die Theorie d. Romans, 1963; A. MacLeish: Elemente d. Lyrik, Leitfaden f. Leser, 1963; O. Mann: Geschichte des deutschen Dramas, 1960; F. Martini: Das Wagnis der Sprache. Interpretationen deutscher Prosa von Nietzsche bis Benn, ⁴1958; W. Mönch: Das Sonett, 1955; G. Müller: Geschichte des deutschen Liedes, 1925; W. J. Schröder (Hrsg.): Das dt. Versepos, 1969; H. Schwitzke: Das Hörspiel. Dramaturgie u. Gesch., 1962; A. Schöne: Säkularisation als sprachbildende Kraft. Studien z. Dichtung dt. Pfarrersöhne, 1968; F. Sengle: Das deutsche Geschichtsdrama, 1952; K. Viëtor: Geschichte der deutschen Ode, 2. unveränd. Aufl., photomech. Abdruck, 1961; F. Trommler: Roman u. Wirklichkeit. Eine Ortsbestimmung am Beispiel v. Musil, Broch, Roth, Doderer und Gütersloh, 1966; B. v. Wiese: Die deutsche Lyrik (Interpretationen), 1956; –: Die deutsche Novelle von Goethe bis Kafka (Interpretationen), 1956; –: Das deutsche Drama vom Barock bis zur Gegenwart (Interpretationen), 1958; –: Die deutsche Tragödie, ⁵1961; B. v. Wiese (Hrsg.): Der dt. Roman v. Barock b. z. Gegenwart. Struktur und Geschichte, 1963; B. v. Wiese u. R. Henss: Nationalismus in Germanistik u. Dichtg., 1967; A. Lubos: Gesch. d. Lit. Schlesiens (m. Einschl. d. poln. u. tschech. Lit.), 3 Bde. 1960–74.

III. Betrachtungen einzelner Epochen und Dichter

MITTELALTER

Gesamtdarstellungen

E. Auerbach: Literatursprache und Publikum in der lateinischen Spätantike und im Mittelalter, 1958; H. J. Bayer: Untersuchungen z. Sprachstil weltl. Epen d. dt. Früh- u. Hoch-MA., 1962; G. Becker: Geist u. Seele im Ahd. u. Ags., 1963; H. Brinkmann: Zu Wesen und Form mittelalterlicher Dichtung, 1928; J. Bumke: Die romanisch-dt. Lit.-Beziehungen im MA, 1967; E. R. Curtius: Europäische Literatur und lateinisches Mittelalter, ³1961; G. Ehrismann: Geschichte der deutschen Literatur bis zum Ausgang des Mittelalters, 4 Bde., 1918–35, Nachdruck von Teil 1 und 2 1959; W. Fechter: Das Publikum in der mhd. Dichtg., 1966; K. Francke: Die Kulturwerte der deutschen Literatur des Mittelalters, ²1925; H. H. Glunz: Die Literaturästhetik d. europ. MA., ²1962; W. Golther: Die deutsche Dichtung im Mittelalter 800 bis 1500 (Epochen der deutschen Literatur), ²1922; W. T. H. Jackson: Die Literaturen des MA, 1967; H. Kuhn: Dichtung und Welt im Mittelalter, 1959; M. Manitius: Gesch. d. lat. Lit. d. MA., 3 Bde., ²1964/65; Fr. Maurer: Dichtg. u. Sprache d. MA., 1963; F. Neumann: Gesch. d. altdt. Lit. (800–1600). Grundriß und Aufriß, 1966; G. Rosenhagen: Der Geist des deutschen Mittelalters in seinem Schrifttum und seiner Dichtung, 1929; K.-H. Schirmer: Stil- und Motivuntersuchungen z. mhd. Versnovelle, 1968; M. Seidlmayer: Weltbild und Kultur Deutschlands im Mittelalter (Handbuch der deutschen Geschichte 1,6), 1954; Stammler-Langosch: Die deutsche Literatur des Mittelalters. Verfasserlexikon, 5 Bde., 1933 bis 1955; J. Schwietering: Die deutsche Dichtung des Mittelalters (Walzels Handbuch der Literaturwissenschaft), 1941 (Neudruck 1957); W. v. Steinen: Mensch im MA., Ges. Forschungen, Betrachtungen, Bilder, 1967; F. Vogt: Geschichte der deutschen Literatur von der Urzeit bis zum 17. Jahrhundert (Geschichte der deutschen Literatur von F. Vogt und M. Koch, Bd. 1), ⁵1934; P. Wapnewski: Dt. Lit. d. MA. Ein Abriß, 1960; M. Wehrli: Formen ma. Erzählg., 1969; L. Wolff: Das deutsche Schrifttum bis zum Ausgang des Mittelalters, Neuausg. 1951.

Zeitabschnitte und Strömungen

Vorchristliche Ursprünge:

G. Baesecke: Vor- und Frühgeschichte d. deutschen Schrifttums, 1940 bis 53; G. Eis: Altdt. Zaubersprüche, Berlin 1964; K. Hauck (Hrsg.): Zur germ.-dt. Heldensage, 1961; A. Heusler: Die altgermanische Dichtung (Walzels Handbuch der Literaturwissenschaft), Neudruck 1957; C. v. Kraus: Unsere älteste Lyrik, 1930; H. Naumann: Altgermanische und frühdeutsche Dichtung (bis 1150), in: Aufriß der deutschen Literaturgeschichte, hrsg. v. H. A. Korff u. W. Linden, ³1932; –: Deutsches Dichten und Denken von der germanischen bis zur staufischen Zeit, ²1952; H. Schneider: Englische und nordgermanische Heldensage, 1933; –: Heldendichtung, Geistlichendichtung, Ritterdichtung, neue Aufl. 1943; H. Schneider: Germanische Heldensage, ²1962; J. de Vries: Altnordische Lit. Gesch., ²1964.

Entfaltung der kirchlichen Literatur:

H. de Boor: Die deutsche Literatur von Karl dem Großen bis zum Beginn der höfischen Dichtung, ⁴1960 (H. de Boor u. R. Newald: Geschichte der dt. Lit. 1); K. K. Klein: Die Anfänge der deutschen Literatur. Vorkarlisches Schrifttum im deutschen Südostraum, 1954; H. Kusch: Einführung in das lateinische Mittelalter, Bd. 1. Dichtung, 1957; K. Langosch: Waltharius, Ruodlieb, Märchenepen. Lateinische Epik des Mittelalters mit deutschen Versen, 1956; –: Hymnen und Vagantenlieder. Lateinische Lyrik des Mittelalters mit deutschen Versen, ²1958; –: Das lat. MA. Einführung in Sprache u. Lit., 1963; –: Die dt. Lit. d. lat. MA. in ihrer gesch. Entw., 1964; H. Rupp: Deutsche religiöse Dichtungen des 11. und 12. Jahrhunderts. Untersuchungen und Interpretationen, 1958; W. v. d. Steinen: Der Kosmos des Mittelalters. Von Karl dem Großen zu Bernhard von Clairvaux, 1959; H. Süssmilch: Die latenische Vaganten-Poesie des 12. u. 13. Jahrhunderts als Kulturerscheinung, 1917; J. Szövérffy: Die lat. Hymnendichtg. 1964f.; W. v. Unwerth u. T. Siebs: Geschichte der deutschen Literatur bis zur Mitte des 11. Jahrhunderts (Grundriß der deutschen Literaturgeschichte 1), 1920.

Die ritterlich-höfische Blütezeit:

W. Braun: Studien z. Ruodlieb, Ritterideal, Erzählstruktur und Darstellungsstil, 1962; W. Burkhard: Die Literatur des Frühmittelalters und des höfischen Hochmittelalters, 1946; K. Fromm (Hrsg.): Der dt. Minnesang. Aufsätze zur seiner Erforschung, 1961; E. Jammers: Das königl. Liederbuch d. dt. Minnesangs. Eine Einf. i. d. sog. Manessische Hs., 1965; H. Jellinghaus: Geschichte der mittelniederdeutschen Literatur, ³1925; H. Kolb: Der Begriff der Minne und das Entstehen der höfischen Lyrik, 1958; H. Kuhn: Die Klassik des Rittertums in der Stauferzeit, in: Annalen der deutschen Literatur, hrsg. v. H. O. Burger, [2]1971; –: Minnesangs Wende, 1952; M. v. Lieres u. Wilkau: Sprachformeln i. d. mhd. Lyrik bis zu Walther v. d. Vogelweide, 1965; F. Neumann: Ritterliche Dichtung, 1150–1300, in: Aufriß der deutschen Literaturgeschichte; hrsg. v. H. A. Korff u. W. Linden, [3]1932; –: Das Nibelungenlied in seiner Zeit, 1967; F. Ranke: Die höfisch-ritterliche Dichtung (1160–1250), in: Deutsche Literaturgeschichte in Grundzügen, hrsg. von B. Boesch, [2]1961; –: Von der ritterlichen zur bürgerlichen Dichtung, 1952; W. J. Schröder: Der Ritter zwischen Welt und Gott, 1952.

Herbst des Mittelalters und Mystik:

B. Boesch: Die Literatur des Spätmittelalters, 1946; H. de Boor; Die dt. Lit. im späten MA. – Zerfall u. Neubeginn. 1. T., 1962; H. S. Denifle: Die deutschen Mystiker des 14. Jahrhunderts, 1951; J. Huizinga: Herbst des Mittelalters. Studien über Lebens- und Geistesformen des 14. und 15. Jahrhunderts in Frankreich und in den Niederlanden, [8]1961; H. Kuhn: Minnesangs Wende, [2]1967; G. Müller: Das Zeitalter der Mystik, 1930; K. Ruh (Hrsg.): Altdeutsche u. altniederländische Mystik, 1964; R. Stadelmann: Vom Geist d. ausgehenden MA. Studien z. Gesch. d. Weltanschauung v. N. Cusanus b. Seb. Franck, 1963; W. Stammler: Von der Mystik zum Barock, 1400–1600 (Epochen der deutschen Literatur Bd. 2, T. 1), 1950; F. W. Wentzlaff-Eggebert: Deutsche Mystik zwischen Mittelalter und Neuzeit, [2]1947.

Drama:

M. Böhme: Das lateinische Weihnachtsspiel, Grundzüge seiner Entwicklung, 1917; K. Langosch: Geistliche Spiele. Lateinische Dramen des Mittelalters mit deutschen Versen, 1957; W. M. Michael: Die geistlichen Passionsspiele in Deutschland, 1947.

Monographien

Meister Eckhart: H. Ebeling: M. E.'s Mystik, [2]1966; K. Oltmanns: M. E., [2]1957; *Gottfried von Straßburg:* G. Weber: G's v. St. Tristan und die Krise des hochmittelalterlichen Weltbildes um 1200, 1953; *Hartmann von Aue:* E. Blattmann: Die Lieder H's v. A., 1968; H. Linke: Epische Strukturen i. d. Dichtg. H's v. A., 1968; H. Sparnaay: H. v. A. Studien zu einer Biographie, 1932–38; E. Blattmann: Die Lieder Hartmanns von Aue, 1969; *Gudrun-Sage:* F. Panzer: Hilde-Gudrun, eine sagen- u. literaturgeschichtliche Untersuchung, 1901; *Neidhart von Reuental:* K. Winkler: N. v. R., Leben, Lieben, Lieder, 1956; *Nibelungen-Sage:* A. Heusler: N'sage und N'lied, die Stoffgeschichte des deutschen Heldenepos, ⁵1955; F. Panzer: Das N'lied, die Stoffgeschichte des deutschen Heldenepos, ⁵1955; F. Panzer: Das N'lied, Entstehung und Gestalt, 1955; G. Weber: Das N'lied. Problem u. Idee, 1963; *Walther von der Vogelweide:* H. Böhm: W. v. d. V., Minne, Reich, Gott, ²1949; K. H. Halbach: W. v. d. V., 1965; C. v. Kraus: W. v. d. V., ²1966; A. E. Schönbach: W. v. d. V., ⁴1923: *Wolfram von Eschenbach:* G. Bäumer: W. v. E., ²¹1943; H. Rupp (Hrsg.): W. v. E., 1966; G. Weber; Parzival, Ringen und Vollendung, 1948.

HUMANISMUS

Gesamtdarstellungen

R. Benz; Renaissance und Gotik. Grundfragen deutscher Art und Kunst, 1928; L. Beriger: Das Zeitalter des Humanismus und der Reformation, in: Deutsche Literaturgeschichte in Grundzügen, hrsg. v. B. Boesch, ²1961; A. Bernt: Der deutsche Humanismus und die deutsche Bildung, 1918; K. Burdach: Vom Mittelalter zur Reformation. Forschungen zur Geschichte der deutschen Bildung, 11 Bde., 1912ff.; –: Deutsche Renaissance, ²1918; –: Renaissance, Reformation, Humanismus. Zwei Abhandlungen über die Grundlagen moderner Bildung und Sprachkunst, ²1926; H. O. Burger: Humanismus – Renaissance – Reformation. Dt. Lit. im europ. Kontext, 1969; W. Dilthey: Weltanschauung und Analyse des Menschen seit Renaissance und Reformation (in: Gesammelte Schriften, Bd. 2), ⁶1960; G. Ellinger: Geschichte der neulateinischen Literatur Deutschlands im 16. Jahrhundert, 1929–33; H. Gumbel: Deutsche Kultur vom Zeitalter der Mystik bis zur Gegenreformation, 1936; P. Merker: Das Zeitalter des Humanismus und der Reformation (in Aufriß der deutschen Literaturgeschichte), ³1932; G. Müller: Deutsches Dichten und Denken vom Mittelalter zur Neuzeit, ²1949; –: Die deutsche Dichtung von der Renaissance bis zum Ausgang des Barock (Walzels Handbuch der Literaturwissenschaft), 1957; R. Newald: Probleme u. Gestalten d. dt. Humanismus, 1963; H. Prang: Der Humanismus in Deutschland, 1947; E. Troeltsch: Renaissance und Reformation (Gesammelte Schriften Bd. 4), 1925; A. M. Warburg: Die Erneuerung der heidnischen Antike (in: Gesammelte Schriften, Bd. 1/2), 1932; P. Wernle: Renaissance und Reformation. Sechs Vorträge, 1912.

Kulturgeschichtliche Einzelfragen

W. Andreas: Deutschland vor der Reformation, [6]1959; A. E. Berger: Die Kulturaufgaben der Reformation, [2]1908; S. Beyschlag: Städte, Höfe, Gelehrte (1430–1490), in: Annalen der deutschen Literatur, hrsg. von H. O. Burger, [2]1971; J. Burckhardt: Die Kultur der Renaissance in Italien (zahlreiche Ausgaben); H. O. Burger: Die Kunstauffassung der frühen Meistersinger, 1936; H. Gumbel: Dt. Sonderrenaissance i. d. Prosa. Strukturanalyse dt. Prosa im 16. Jh., [2]1965; B. Könneker: Wesen u. Wandlg. d. Narrenidee im Zeitalter d. Humanismus, 1966; B. Nagel (Hrsg.): Der dt. Meistersang, 1967.

Drama

H. Brinkmann: Die Anfänge des modernen Dramas in Deutschland. Versuch über die Beziehung zwischen Drama und Bürgertum im 16. Jahrhundert, 1933; E. J. Eckardt: Studien zur deutschen Bühngeschichte der Renaissance, 1931; M. Herrmann: Die Bühne des Hans Sachs, 1923; A. Köster: Die Meistersingerbühne des 16. Jahrhunderts, 1920; J. Maassen: Drama und Theater der Humanistenschulen in Deutschland, 1929.

Volksbücher

R. Benz: Geschichte und Ästhetik des deutschen Volksbuches, [2]1924; J. Görres: Die deutschen Volksbücher, neu herausgg. von L. Mackensen, 1925; C. Kiesewetter: Faust in der Geschichte und Tradition. Mit besonderer Berücksichtigung des okkulten Phänomenalismus und des mittelalterlichen Zauberwesens, 1893 u. 1921; L. Mackensen: Die deutschen Volksbücher, 1927; R. Rohde: Das englische Faustbuch und Marlowes Tragödie, 1910; E. Wolff: Faust und Luther, 1912.

Monographien

Amadis-Roman: M. Pfeiffer: Amadis-Studien, 1905; *Seb. Brant:* U. Gaier: Studien z. Seb. Brants Narrenschiff, 1966; *Dante:* M. Barbi: D., Leben, Werk und Wirkung, 1943; F. Schneider: D., sein Leben und sein Werk, [5]1960; A. Vezin: D., seine Welt und Zeit, sein Leben und sein Werk, 1949; *Dunkelmännerbriefe:* W. Brecht: Die Verfasser der Epistolae obscurorum virorum, 1904; H. Rogge: Fingierte Briefe als Mittel pol. Satire, 1966; *Erasmus von Rotterdam:* W. P. Eckert: E. v. R., 1967; J.

Huizinga: E., ⁴1951; K. A. Meissinger: E. v. R., ²1948; *Johann Fischart:*
A. Hauffen: J. F., ein Literaturbild aus der Zeit der Gegenreformation,
1921/22; A. Leitzmann: Fischartiana, 1924; *Ulrich von Hutten:* O. Flake:
U. v. H., 1929; H. Holborn: U v. H., ³1968; *Martin Luther:* H. Born-
kamm: L's geistige Welt, ⁴1960; –: L. im Spiegel der deutschen Geistesgeschichte, 1955; G. Roethe: L's Bedeutung für die deutsche Literatur (in:
Deutsche Reden), 1927; F. Spitta: Ein feste Burg ist unser Gott. Die
Lieder Luthers in ihrer Bedeutung für das evangelische Kirchenlied, 1905;
Petrarca: H. W. Eppelsheimer: P., 1926; *Hans Sachs:* E. Geiger: Der
Meistersang des H. S., 1956; W. Theiss: Exempl. Allegorik. Unters. z.
einem lit. hist. Phänomen bei H. S., 1968; *Shakespeare:* H. H. Glunz: S.
und Morus, 1938; F. Gundolf: S. Sein Wesen und Werk, ²1949; –: S.
und der deutsche Geist, ¹¹1959; L. L. Schücking: S. und der Tragödienstil
seiner Zeit, 1947; *J. v. Tepl:* E. Schwarz (Hrsg.): Der Ackermann aus
Böhmen des J. v. Tepl und seine Zeit, 1968; *Jörg Wickram:* G. Fauth: J.
W's Romane, 1916.

BAROCK

Gesamtdarstellungen und Einzelfragen

R. Alewyn (Hrsg.): Dt. Barockforschung, Dokumentation einer Epoche,
1965; R. Benz: Aus der Welt des Barock, 1946; –: Kultur des achtzehn-
ten Jahrhunderts, 1. Deutsches Barock, 1949; H. Cysarz: Deutsche Barockdichtung, 1924; E. Ermatinger: Barock und Rokoko, ²1928; W.
Flemming: Das Jahrhundert des Barock, in: Annalen der deutschen Literatur, hrsg. v. H. O. Burger, ²1971; –: Die deutsche Barockzeit, 1942; P.
Hankamer: Deutsche Gegenreformation und deutsches Barock, ³1964;
–: Die Sprache, ihr Begriff und ihre Deutung im 16. und 17. Jahrhundert, 1927; F. van Ingen: Vanitas und Memento mori i. d. dt. Barock-
lyrik, 1966; W. Krämer: Aus der Welt des Barock, in: Aus der Welt des
Barock, dargest. von R. Alewyn u. a., 1957; G. Müller: Deutsche Dichtung von der Renaissance bis zum Ausgang des Barock, Nachdr. 1957;
H. Naumann und G. Müller: Höfische Kultur, 1929; H. Neumeister:
Geistlichkeit und Literatur, 1931; Richard Newald: Die deutsche Literatur vom Späthumanismus zur Empfindsamkeit. 1570–1750 (H. de Boor
u. R. Newald: Geschichte der deutschen Literatur, Bd. 5, ³1960); H. Schöne: Emblematik und Drama im Zeitalter d. Barock, 1964; E. Seeberg:
Zur Frage der Mystik, 1921; F. Strich: Barock, in: Deutsche Literaturgeschichte in Grundzügen, hrsg. v. B. Boesch, ²1961; E. M. Szarota:
Künstler, Grübler und Rebellen. Stud. z. europ. Märtyrerdrama d. 17.

Jh's., 1967; M. Szyrocki (Hrsg.): Poetik des Barock, 1968; E. Vogt: Die gegenhöfische Strömung der deutschen Barockliteratur, 1932; M. Windfuhr: Die barocke Bildlichkeit u. ihre Kritiker. Stilhaltungen i. d. dt. Lit. d. 17. u. 18. Jh's., 1966.

Lyrik

K. Berger: Barock und Aufklärung im geistlichen Lied, 1951; K. O. Conrady: Lat. Dichtungstradition und dt. Lyrik d. 17. Jh's., 1962; H. Cysarz: Deutsches Barock in der Lyrik, 1936; F. Strich: Der lyrische Stil des 17. Jahrhunderts, 1916; A. Weber: Deutsche Barockgedichte, 1960.

Drama

W. Benjamin: Ursprung des deutschen Trauerspiels, 1928; G. Brates: Hauptprobleme der Barockdramaturgie in ihrer geschichtlichen Entwicklung, 1935; H. Heckmann: Elemente des barocken Trauerspiels, 1959; E. Lunding: Das schlesische Kunstdrama, 1940; J. Müller: Das Jesuitendrama in den Ländern deutscher Zunge vom Anfang (1555) bis zum Hochbarock (1665), 1930; H. Tintelnot: Barocktheater und barocke Kunst, 1939; F. Wölcken: Shakespeares Zeitgenossen in der deutschen Literatur, 1929.

Prosa

E. Cohn: Gesellschaftsideale und Gesellschaftsroman des 17. Jahrhunderts, 1921; A. Hirsch: Bürgertum und Barock im deutschen Roman, ²1957; C. Lugowski: Wirklichkeit und Dichtung, 1936; H. Meyer: Der deutsche Schäferroman des 17. Jahrhunderts, 1928; H. Singer: Der dt. Roman zw. Barock u. Rokoko, 1963.

Monographien

Abraham a Santa Clara: K. Bertsche: A. a S. C., ²1922; *Angelus Silesius:* H. Althaus: Johann Schefflers Cherubinischer Wandersmann, 1956; G. Ellinger: A. S., 1927; H. Föllmi: Czepko u. Scheffler, 1968; R. v. Kralik: A. S. und die christliche Mystik, 1902; E. O. Reichert: J. Sch. als Streittheologe, 1967; *Jakob Böhme:* E. Benz: Der vollkommene Mensch nach J. B., 1937; P. Hankamer: J. B., ²1960; W.-E. Peuckert: Das Leben J. B's, 1924; *Paul Fleming:* K. A. Findeisen: P. F., der Dichter und Ostlandfahrer, 1939; H. Pyritz: P. F's deutsche Liebeslyrik, 1932; *Paul*

Gerhardt: K. Hesselbacher: P. G., 1936; K. Ihlenfeld: Huldigung für P. G., ²1957; H. Petrich: P. G., 1914; *Grimmelshausen:* H. E. Busse: Grimmelshausen, 1939; E. Ermatinger: Weltdeutung in G's Simplicissimus, 1925; G. Könnecke: Quellen und Forschungen zur Lebensgeschichte G's, 1926–28; G. Rohrbach: Grimmelshausens Simplicissimus und der Entwicklungsroman, 1959; G. Weydt: Nachahmung u. Schöpfung im Barock. Studien um Grimmelsh., 1968; – (Hrsg.): Der Simplicissimusdichter u. sein Werk, 1969; *Andreas Gryphius:* W. Eggers: Wirklichkeit u. Wahrheit im Trauerspiel v. A. G., 1967; W. Flemming: A. G. und die Bühne, 1921; –: A. G., 1965; G. Fricke: Die Bildlichkeit in der Dichtung des A. G., ²1967; F. Gundolf: A. G., 1927; D. W. Jöns: Das »Sinnen-Bild«. Studien z. allegor. Bildlichk. bei A. G., 1966; W. Voßkamp: Unters. z. Zeit- u. Geschichtsauffassg. im 17. Jh. bei G. u. Lohenstein, 1967; A. Strutz: A. G., die Weltanschauung eines deutschen Barockdichters, 1931; G. Kaiser (Hrsg.): Die Dramen d. A. G., 1968; M. Szyrocki: A. G., Sein Leben u. Werk, 1964; F. W. Wentzlaff-Eggebert: Dichtung und Sprache des jungen G. Die Überwindung der lateinischen Tradition und die Entwicklung zum deutschen Stil, 1936; *Johann Christian Günther:* H. Dahlke: J. Ch. G. Seine dichterische Entwicklung, 1960; A. Hoffmann: J. Ch. G., 1933; W. Krämer: Das Leben des schlesischen Dichters J. Ch. G., 1950; *Christian Hofmann von Hofmannswaldau:* H. Geibel: Der Einfluß Marinos auf Ch. H. v. H., 1938; R. Ibel: H. v. H. Studien zur Erkenntnis deutscher Barockdichtung, 1928; *Friedrich von Logau:* P. Hempel: Die Kunst F's v. L., 1917; *Daniel Casper von Lohenstein:* D. Kafitz, L's »Arminius«, 1970; E. M. Szarota: L's Arminius als Zeitroman, 1970; *Martin Opitz:* U. Bach: M. O. v. Boberfeld, 1959; J. B. Birrer: Die Beurteilung von M. O. in der deutschen Literatur, 1940; F. Gundolf: M. O., 1923; M. Szyrocki: M. O., 1956; *Friedrich von Spee:* K. Keller: Fr. Spee v. Langenfeld, 1968; K. Schwarz: F. v. Sp., ein deutscher Dichter und Seelsorger, 1948.

AUFKLÄRUNG

Gesamtdarstellungen

A. Anger: Literarisches Rokoko, 1962; E. Ermatinger: Barock und Rokoko in der deutschen Dichtung, ²1928; –: Das Zeitalter der Aufklärung, 1932; –: Deutsche Dichter (1700–1900), ²1961; H. Hettner: Geschichte der deutschen Literatur im 18. Jahrhundert, 1961; A. Köster: Die deutsche Literatur der Aufklärungszeit, 1925; W. Martens: Die Botschaft d. Tugend. Die Aufklärung im Spiegel d. dt. Moral. Wochenschriften,

1968; F. Martini: Von der Aufklärung zum Sturm und Drang, in: F. M.:
Deutsche Literaturgeschichte, ¹⁰1960; R. Newald: Von Klopstock bis zu
Goethes Tod. Teil I. Ende der Aufklärung und Vorbereitung der Klassik
(H. de Boor u. R. Newald: Geschichte der deutschen Literatur 6,1), 1957;
K. J. Obenauer: Das deutsche Schrifttum von 1700 bis 1830, 1941; K. R.
Scherpe: Gattungspoetik im 18. Jh. Histor. Entw. v. Gottsched bis Her-
der, 1968; H. Schöffler: Dt. Geist im 18. Jh., ²1967; F. J. Schneider: Die
deutsche Dichtung der Aufklärungszeit (Epochen der deutschen Literatur
3,1), ²1948; K. Viëtor: Deutsches Dichten und Denken von der Aufklä-
rung bis zum Realismus, ³1958; O. Walzel: Deutsche Dichtung von
Gottsched bis zur Gegenwart. 1: Der deutsche Klassizismus, 1927; M.
Wehrli: Das Zeitalter der Aufklärung, 1946.

Einzelfragen

K. Aner: Die Theologie d. Lessingzeit, ²1964; A. Anger: Dichtung des
Rokoko. Nach Motiven geordnet, 1958; F. Ausfeld: Die deutsche anakreontische Dichtung des 18. Jahrhunderts. Ihre Beziehungen zur französischen und zur antiken Lyrik, 1907; C. v. Brockdorff: Englische Aufklä-
rungsphilosophie, 1924; R. Daunicht: Die Entstehung d. bürgerl. Trauerspiels in Dtschld., ²1965; C. Gebauer: Geistige Strömungen und Sittlichkeit im 18. Jahrhundert, 1932; P. Kluckhohn: Die Auffassung d. Liebe in
d. Lit. d. 18. Jh. und in d. dt. Romantik, 1966; A. Langen: Der Wortschatz des deutschen Pietismus, 1954; W. Martens: Die Botschaft d. Tugend. Die Aufkl. i. Spiegel d. dt. Moralischen Wochenschriften, 1968; N.
Miller: Der empfindsame Erzähler. Unters. an Romananfängen d. 18.
Jh's, 1968; W. Oberkampf: Die zeitungskundliche Bedeutung der moralischen Wochenschriften, 1934; F. Pomezny: Grazie und Grazien in der
deutschen Literatur des 18. Jahrhunderts, in: Beiträge zur Ästhetik, hrsg.
v. Th. Lipps u. R. M. Werner, 1900; H. Röhl: Der Geist der Aufklärung
in der deutschen Dichtung, 1926; K. R. Scherpe: Gattungspoetik i. 18. Jh.,
1968; H. Touaillon: Der deutsche Frauenroman des 18. Jahrhunderts,
1919; A. Wierlacher: Das bürgerl. Drama, 1968; H. M. Wolff: Die Weltanschauung der deutschen Aufklärung, ²1963; W. Schaer: Die Gesellschaft im dt. bürgerl. Drama d. 18. Jh., 1963.

Monographien

Matthias Claudius: U. Roedl: M. C., ³1969; *Chr. F. Gellert:* C. Schling-
mann: Gellert – Eine literarhistorische Revision, 1967; *Johann Christoph Gottsched:* Th. W. Danzel: G. und seine Zeit, ²1855; G. Schiman-

sky: G's deutsche Bildungsziele, 1939; *Friedrich Gottlieb Klopstock:* G.
Kaiser: K. Religion u. Dichtg., 1963; F. Muncker: F. G. K., ²1900; F.
Gundolf: Hutten, K., Arndt, ²1924; W. Flemming: Der Wandel des
deutschen Naturgefühls vom 15. zum 18. Jahrhundert, 1931; K. L.
Schneider: K. und die Erneuerung der deutschen Dichtersprache im 18.
Jahrhundert, 1960; *Gotthold Ephraim Lessing:* G. u. S. Bauer (Hrsg.): G.
E. Lessing, 1968; R. Daunicht: L. im Gespräch, 1971; O. Mann: L. Sein
und Leistung, ²1961; W. Oelmüller: Die unbefriedigte Aufklärung, 1969;
W. Ritzel: G. E. L., 1966; E. Schmidt: L. Geschichte seines Lebens und
seiner Schriften, ⁴1923; A. M. Wagner: L. Das Erwachen des deutschen
Geistes, 1931; B. v. Wiese: L. Dichtung, Ästhetik, Philosophie, 1931; K.
Wölfel: Lessings Leben u. Werk in Daten u. Bildern, 1967; *Georg Christoph Lichtenberg:* C. Brinitzer: L., die Geschichte eines gescheiten Mannes, 1956; F. H. Mautner: Lichtenberg. Gesch. seines Geistes, 1968; P.
Requadt: L., 1964; *Christoph Martin Wieland:* W. Monecke: W. und
Horaz, 1964; F. Sengle: W., 1949.

STURM UND DRANG

Gesamtdarstellungen

H. Kindermann: Entwicklung der Sturm- und Drangbewegung, 1925; A.
Köster: Die allgemeinen Tendenzen der Geniebewegung im 18. Jahrhundert, 1912; W. Kohlschmidt: Göttinger Hain (in: Reallexikon der deutschen Literaturgeschichte, Bd. 1), ²1958; H. A. Korff: Die Dichtung von
Sturm und Drang im Zusammenhange der Geistesgeschichte, ²1955; –:
Geist der Goethe-Zeit. Teil 1, ²1955; B. Markwardt: Sturm und Drang
(in: Reallexikon der deutschen Literaturgeschichte Bd. 3), 1928/29; R.
Pascal: Der Sturm u. Drang, 1963; H. Röhl: Sturm und Drang, ²1931; F.
J. Schneider: Die deutsche Dichtung der Geniezeit (Epochen der deutschen Literatur 3,2), 1952; E. Staiger: Stilwandel. Studien z. Vorgesch. d.
Goethezeit, 1963.

Drama und Dramaturgie

G. Keckeis: Dramaturgische Probleme im Sturm und Drang, 1907; E.
Loewental: Sturm und Drang. Kritische Schriften, 1949; S. Melchinger:
Dramaturgie des Sturm und Drang, 1929; H. Verbeek: Sturm und Drang.
Eine Auswahl dichtungstheoretischer Schriften, 1948.

Monographien

Johann Georg Hamann: J. Nadler: J. G. H. Der Zeuge des Corpus mysticum, 1949; R. Unger: H. und die Aufklärung, [2]1925; *Johann Gottfried Herder:* E. Adler: Herder u. d. dt. Aufklärung, 1968; W. Dobbek: J. G. H's Weltbild, 1969; A. Gillies: H., der Mensch und sein Werk, 1949; R. Haym: H. nach seinem Leben und seinen Werken, Neudruck 1954; A. Kathan: H's Literaturkritik, 1969; E. Kühnemann: H., [3]1927; R. Stadelmann: Der historische Sinn bei H., 1928; *Johann Wolfgang Goethe:* H. Gose: G's Werther, 1921; R. Ibel: Der junge G., [2]1958; H. Kindermann: G's Menschengestaltung. Versuch einer Anthropologie, Bd. 1, 1932; W. Martini: Die Technik der Jugenddramen G's, 1932; H. Meyer-Benfey: G's Dramen, Bd. 1: Die Dramen des jungen G., H. 2. 1,2. G's Götz von Berlichingen, 1929; H. Schregle: G's Gottfried von Berlichingen, 1923; K. Viëtor: Der junge G., Neudruck 1950; *Friedrich Maximilian Klinger:* Ch. Hering: F. M. K., 1966; *Johann Heinrich Merck:* H. Prang: M., 1949; *J. J. Rousseau:* H. Röhrs: R.: Vision und Wirklichkeit, 1957; *Friedrich Schiller:* R. Weltrich: Sch. Geschichte seines Lebens und Charakteristik seiner Werke, neue Ausgabe 1899; E. Müller: Der Herzog und das Genie. Sch's Jugendjahre, 1955.

KLASSIK

Die geistigen Grundlagen

B. Bauch: Immanuel Kant, [3]1923; W. Baumgart: Die Zeit des alten Goethe, 1951; W. Bosshard: Winckelmann – Ästhetik der Mitte, 1961; E. Cassirer: Freiheit und Form. Studien zur deutschen Geistesgeschichte, 1917; H. Cysarz: Erfahrung und Idee. Probleme und Lebensformen in der deutschen Literatur von Hamann bis Hegel, 1921; N. Hartmann: Die Philosophie des deutschen Idealismus, 1923–29; K. Justi: Winckelmann und seine Zeitgenossen, [5]1956; H. A. Korff: Geist der Goethezeit. Teil 2. Klassik, [4]1957; R. Kynast: Kant, sein System als Theorie des Kulturbewußtseins, 1928; R. Stemberger: Kant als Philosoph und Soziologe, 1953.

Gesamtdarstellungen

I. Ackermann: Vergebung u. Gnade im klass. dt. Drama, 1968; R. Benz: Die Zeit der deutschen Klassik. Kultur des 18. Jahrhunderts, 1750–1800, 1953; R. Buchwald: Das Vermächtnis d. dt. Klassik, 1962; E. Cassirer: Idee und Gestalt. Goethe, Schiller, Hölderlin, Kleist, [2]1924; W. Flemming: G. u. d. Theater seiner Zeit, 1968; E. Ermatinger: Die Literatur der Klassik und des Idealismus, 1946; M. Hettner: Lit. Gesch. d. G.-Zeit (Sonderausg. hrsg. v. I. Anderegg), 1970; H. Holzhauer u. B. Zeller (Hrsg.): Studien z. G.-Zeit, 1968; M. Kommerell: Der Dichter als Führer in der deutschen Klassik. Klopstock, Herder, Goethe, Schiller, Jean Paul, Hölderlin, 1928; –: Geist und Buchstabe der Dichtung, ²1942; H. Mayer: Zur dt. Klassik u. Romantik, 1963; W. Rasch: Die Zeit der Klassik und frühen Romantik, 1952; F. Schultz: Klassik und Romantik der Deutschen, ²1952; F. Strich: Deutsche Klassik und Romantik. Ein Vergleich, ³1928; H.-G. Thalheim: Zur Lit. d. G.-Zeit, 1969; B. v. Wiese: Von Lessing b. Grabbe. Studien z. dt. Klassik u. Romantik, 1968.

Johann Wolfgang Goethe

Allgemeines

P. Fischer: G.-Wortschatz. Ein sprachgeschichtliches Wörterbuch zu G's Sämtlichen Werken, 1929; J. Falk: G. aus näherem persönlichem Umgange dargestellt, ³1956; O. Fambach: G. und seine Kritiker. Die wesentlichen Rezensionen aus der periodischen Literatur seiner Zeit, begleitet von G's und seiner Freunde Äußerungen zu deren Gehalt, 1953; R. Friedenthal: G. Sein Leben u. seine Zeit, 1963; H. G. Gräf: G., über seine Dichtungen. Versuch einer Sammlung aller Äußerungen des Dichters über seine poetischen Werke, 1902–14; W. Henze: J. W. v. G., 2 Bde., 1968/69; W. Leppmann: G. u. d. Deutschen. Vom Nachruhm eines Dichters, 1962; H. Mayer (Hrsg.): Goethe im 20. Jh. Spiegelungen u. Deutungen, 1967; H. Pyritz: G.-Bibliographie, 1955ff.; F. W. Riemer: Mitteilungen über G. Aus mündlichen und schriftlichen, gedruckten und ungedruckten Quellen, Neudruck 1921; U. Wertheim: G.-Studien, 1968; J. Zeitler: G.-Handbuch, 3 Bde., 1916–18. 2. Aufl., hrsg. v. Alfred Zastrau, 4 Bde., 1955ff.; Goethe-Wörterbuch. 1966ff.

Einzelfragen

O. Badelt: Das Rechts- u. Staatsdenken G's, 1966; E. Beutler: Essays u. G., ⁶1962; G. Brandes: G., 1930; K. Burdach: Vorspiel. Bd. 2: G. und sein Zeitalter, 1926; F. Gundolf: G., ⁵⁰1930; W. Hellpach: Universelle Psychologie eines Genius: G., der Mensch und Mitmensch. Das Geschöpf im Schöpfer, 1952; W. Hof: Wo sich der Weg im Kreise schließt. G. und Charlotte v. Stein, 1957; F. Koch: Goethes Gedankenform, 1967; H. A. Korff: Die Lebensidee G's, 1925; –: G. im Bildwandel seiner Lyrik, 1958; H. Meyer: G., das Leben im Werk, 1951; G. Möbus: Die Christus-Frage i. G's Leben u. Werk, 1964; F. v. Müller: G's Persönlichkeit. Drei Reden, gehalten in den Jahren 1830 und 1832, 1901; H. Prang: G's Mutter, 1949; H. Pyritz: G. und Marianne v. Willemer, [3]1948; H. Reiss: G's Romane, 1963; R. Riemann: G's Romantechnik, 1902; G. Schmid: G. und die Naturwissenschaften, 1940; F. Sengle: G's Verhältnis zum Drama. Die theoretischen Bemerkungen im Zusammenhang seines dramatischen Schaffens, 1937; E. Spranger: G's Weltanschauung, [2]1949; E. Staiger: G., 1952ff.; P. Stöcklein: Wege zum späten G. Dichtung, Gedanke, Zeichnung, Interpretation um ein Thema, [2]1960; F. Weinhandl: Die Metaphysik G's, 1932.

Einzelwerke

W. Böhm: G's Faust in neuer Deutung. Ein Kommentar für unsere Zeit, 1949; E. Borkowsky: G's und Schillers Lyrik, 1923; G. Diener: Fausts Weg zu Helena, Urphänomen und Archetypus, 1961; A. Daur: Faust und der Teufel, 1950; H. Helmerking: Hermann und Dorothea, Entstehung, Ruhm und Wesen, 1948; M. Karnick: »Wilh. Meisters Wanderjahre« oder Die Kunst des Mittelbaren, 1968; H. A. Korff: Der Geist des Westöstlichen Divans. G. und der Sinn seines Lebens, 1922; H. A. Maier: G. West-östl. Divan. Krit. Ausg. d. Ged. mit textgesch. Kommentar. 2 Bde., 1965; K. May: Faust II in der Sprachform gedeutet, [2]1962; K. Mommsen: Natur- u. Fabelreich in Faust II, 1968; G. Müller: Gestaltung – Umgestaltung in Wilhelm Meisters Lehrjahre, 1948; –: Gesch. d. dt. Seele. Vom Faustbuch z. G's Faust, 1962; P. Müller: Zeitkritik u. Utopie i. G's »Werther«, 1969; W. Rasch: G's Torquato Tasso. Die Tragödie des Dichters, 1954; H. Reiss: G's Romane, 1962; H. Rickert: G's Faust, 1932; J. Schmaus: G's Iphigenie auf Tauris, 1925; F. Strich: G's Faust, 1964; B. v. Wiese: Faust als Tragödie, 1946; M. Wundt: Goethes Wilhelm Meister und die Entwicklung des modernen Lebensideals, [2]1932.

Friedrich Schiller

R. Buchwald: Sch., [4]1959; H. Cysarz: Von Sch. zu Nietzsche, 1928; M. Dyck: Die Gedichte Schillers. Figuren d. Dynamik d. Bildes, 1967; K. Hamburger: Philosophie d. Dichter. Novalis, Sch., Rilke, 1966; B. v. Heiseler: Sch., 1959; H. Jensen: Sch. zwischen Goethe und Kant, 1927; Kretschmar: Sch. Sein Leben in Selbstzeugnissen, Briefen und Berichten, 1938; M. Kommerell: Sch. als Gestalter des handelnden Menschen, 1934; K. May: F. Sch., Idee und Wirklichkeit im Drama, 1948; N. Oellers: Schiller. Gesch. seiner Wirkung bis zu Goethes Tod. 1805–1832, 1967;

J. Petersen: Sch. und die Bühne, 1904; W. Spengler: Das Drama Sch's. Seine Genesis, 1932; E. Staiger: F. Sch., 1967; G. Storz: Das Drama F. Sch's, 1938; –: Der Dichter F. Sch., 1959; F. Strich: Sch., sein Leben und seine Werke, 1928; Fr. Wetzlaff-Eggebert: Sch's Weg zu Goethe, 1963; B. v. Wiese: F. v. Sch., 1959; G. v. Wilpert: Sch.-Chronik. Sein Leben und Schaffen, 1958.

ROMANTIK

Geistige und philosophische Grundlagen

E. Benz: Schelling, Werden und Wirken seines Denkens, 1955; R. Benz: Die deutsche Romantik, Geschichte einer geistigen Bewegung, [5]1956; K. v. Borries: Die Romantik und die Geschichte. Studien zur romantischen Lebensform, 1925; W. Dilthey: Das Erlebnis und die Dichtung, [13]1957; K. Jaspers: Schelling, Größe und Verhängnis, 1955; T. Kappstein: Schleiermachers Weltbild und Lebensanschauung, 1921; P. Kluckhohn: Das Ideengut der deutschen Romantik, [4]1961; H. A. Korff: Humanismus und Romantik, 1924; –: Geist der Goethezeit, Bd. 3, [3]1956; J. Petersen: Die Wesensbestimmung der deutschen Romantik, 1926; R. Schneider: Fichte. Der Weg zur Nation, 1932; M. Wundt: Fichte, sein Leben und seine Lehre, 1927.

Gesamtdarstellungen

R. Bach: Deutsche Romantik, [2]1948; W. Baumgart: Die Zeit des alten Goethe, in: Annalen d. deutschen Literatur, hrsg. v. H. O. Burger, [2]1971; E. Borkowsky: Die deutsche Romantik, 1929; F. Gundolf: Romantiker, 1930/1931; R. Haym: Die romantische Schule, Nachdr. der 1. Aufl., 1961; B. Heimrich: Fiktion u. Fiktionsironie in Theorie u. Dichtg. d. dt. Romantik, 1968; R. Huch: Die Romantik. Ausbreitung, Blütezeit und Verfall. Neudruck 1951; P. Kluckhohn: Die deutsche Romantik, 1924; G. Mehlis: Die deutsche Romantik, 1922; W. Paulsen (Hrsg.): Das Nachleben d. Romantik i. d. mod. dt. Lit., 1969; H. Prang (Hrsg.): Begriffsbest. d. Romantik, 1968; E. Ruprecht: Die romantische Bewegung, 1948; G. Stefansky: Das Wesen der deutschen Romantik, 1923; A. Stockmann: Die deutsche Romantik. Ihre Wesenszüge und ihre ersten Vertreter, 1921; G. Storz: Die Schwäbische Romantik. Dichter u. Dichterkreise im alten Württemberg, 1967; F. Strich: Die zweite Generation der Goethezeit (Romantik), 1930; –: Deutsche Klassik und Romantik oder Vollendung und Unendlichkeit, [4]1949; O. Walzel: Deutsche Romantik. Eine Skizze, [5]1923–26.

Einzelfragen

F. Arnold: Die Dichter der Befreiungskriege, 1908; R. Benz: Märchen-
dichtung der Romantiker, ²1926; W. Brüggemann: Span. Theater u. dt.
Romantik, 1964f.; H. O. Burger: Schwäbische Romantik. Studie zur
Charakteristik des Uhlandkreises, 1928; –: Schwabentum in der Geistesgeschichte, 1933; F. Ernst: Die romantische Ironie, 1915; A. Lubos,
Schlesisches Schriftt. d. Romantik u. Popularromantik (dt., poln., tschech.
u. sorb. Schriftt.), 1978; H. Schanze: Romantik u. Aufklärung. Unters. zu
Friedr. Schlegel u. Novalis, 1966; G. Salomon: Das Mittelalter als Ideal
der Romantik, 1922; M. Susman: Frauen der Romantik, ³1961.

Monographien

Achim von Arnim: G. Falkner: Die Dramen A. v. A's. Ein Beitrag zur
Dramaturgie d. Romantik, 1962; I. Seidel: A. v. A., 1944; *Clemens
Brentano:* K. Bode: Die Bearbeitungen der Vorlagen in Des Knaben
Wunderhorn, 1909; W. Pfeiffer-Belli: C. B., ein romantisches Dichterle-
ben, 1947; I. Seidel: C. B., ¹⁵1948; *Adelbert von Chamisso:* U. Baum-
gartner: A. v. Ch's Peter Schlemihl, 1944; *Joseph von Eichendorff:* H.
Brandenburg: J. v. E., sein Leben und Werk, 1922; J. Kunz: E.: Höhe-
punkt und Krise der Spätromantik, 1951; H. J. Lüthi: Dichtg. u. Dichter
bei J. v. E., 1966; A. Schau: Märchenformen bei E., 1970; O. Seidlin: Versuche über E., 1965; P. Stöcklein: J. v. E. in Selbstzeugn. und Bilddo-
kum., 1963; *Friedrich de la Motte Fouqué:* A. Schmidt: F. u. einige seiner
Zeitgenossen. Biographischer Versuch, 1958; *Joseph Görres:* R. Saitschick:
G. u. d. Abendländische Kultur, 1953; *Brüder Grimm:* Die Brüder G. Ihr
Leben u. Werk in Selbstzeugnissen, hrsg. v. H. Gerstner, 1952; K.
Schmidt: Die Entwicklung der G'schen Kinder- und Hausmärchen seit
der Urhandschrift, 1932; *J. P. Hebel:* G. Hirtsiefer: Ordnung u. Recht in
d. Dichtg. J. P. Hebels, 1968; *E. T. A. Hoffmann:* W. Bergengruen: E. T.
A. H., ⁴⁴1961; Th. Cramer: Das Groteske bei E. T. A. H., 1966; W.
Harich: E. T. A. H., das Leben eines Künstlers, 1920; W. Segebrecht:
Autobiographie und Dichtung. Eine Studie z. Werk E. T. A. Hoffmanns,
1967; *Novalis:* E. Heftrich: N. Vom Logos d. Poesie, 1969; T. Haering:
N. als Philosoph, 1954; K. Hamburger: Philosophie d. Dichter. N., Schil-
ler, Rilke, 1966; F. Hiebel: N., der Dichter der blauen Blume, 1951; H.
Kamla: N's Hymnen an die Nacht. Zur Deutung und Datierung, 1945;
H.-J. Mähl: Die Idee d. goldenen Zeitalters im Werk d. N. Studien z.
Wesensbestimmung d. frühromant. Utopie u. z. ihren ideengesch. Vor-

aussetzungen, 1965; H. Ritter: Der unbekannte N. Fr. v. Hardenberg im Spiegel seiner Dichtg., 1967; *Brüder Schlegel:* J. Körner: Romantiker und Klassiker. Die Brüder Sch. in ihren Beziehungen zu Schiller und Goethe, 1924; O. Mann: Der junge Friedrich Sch. Eine Analyse von Existenz und Werk, 1932; K. K. Polheim: Die Arabeske. Ansichten u. Ideen aus Fr. Sch. Poetik, 1966; *Ludwig Tieck:* M. Thalmann: L. T., der romantische Weltmann aus Berlin, 1955; *Ludwig Uhland:* H. Schneider: U's Gedichte und das deutsche Mittelalter, 1920; –: U. Leben, Dichtung, Forschung, 1920; *Wilhelm Heinrich Wackenroder:* M. Frey: Der Künstler u. sein Werk bei W. H. W. u. E. T. A. Hoffmann, 1970; E. Gülzow: W. Neue Beiträge zur Lebensgeschichte, 1930; *Zacharias Werner:* G. Kozielek: Das dram. Werk Z. W's, 1967. Über das Pseudonym *Bonaventura:* J. Schillemeit, Bonaventura. Der Verf. d. »Nachtwachen«, 1973 (gemeint ist E. A. F. Klingemann).

IM UMKREIS VON KLASSIK UND ROMANTIK

Geistige Situation und Gesamtdarstellungen

E. Alker: Die deutsche Literatur im 19. Jahrhundert (1832–1914), [2]1962. (1. Aufl. u. d. T.: Geschichte der deutschen Literatur von Goethes Tod bis zur Gegenwart, 1949–50); H. Cysarz: Von Schiller zu Nietzsche, 1928; W. Dilthey: Das Erlebnis und die Dichtung, [13]1957, S. 349–459; E. Fischer: Von Grillparzer zu Kafka, 1962; W. Höllerer: Zwischen Klassik und Moderne. Lachen und Weinen in der Dichtung einer Übergangszeit, 1958; W. Kosch: Geschichte der deutschen Literatur im Spiegel der nationalen Entwicklung. Abt. 1. 1813–1848, 1925–28; J. Krauss: Studien über Schopenhauer und den Pessimismus in der deutschen Literatur des 19. Jahrhunderts, 1931; F. Kummer: Deutsche Literaturgeschichte des 19. Jahrhunderts, nach Generationen dargestellt, [16]1922; F. Lion: Romantik als deutsches Schicksal, 1947; T. Litt: Hegel: Versuch einer kritischen Erneuerung, [2]1961; W. Moog: Hegel und die Hegelsche Schule, 1930; O. Walzel: Die Geistesströmungen des 19. Jahrhunderts, [2]1929; K. Weitbrecht: Deutsche Literaturgeschichte des 19. Jahrhunderts, Neudruck 1920.

Einzelne Strömungen

Biedermeier

M. v. Boehn: Biedermeier. Deutschland von 1815–47, [2]1922; M. Greiner: Zwischen Biedermeier und Bourgeoisie. Ein Kapitel deutscher Lite-

raturgeschichte im Zeichen Heinrich Heines, 1954; J. Hermand: Die literarische Formenwelt des Biedermeiers, 1958; H. H. Houben: Der gefes-
selte Biedermeier. Literatur, Kultur, Zensur in der guten alten Zeit, 1924;
E. E. Pauls: Der Beginn der bürgerlichen Zeit. Biedermeier-Schicksale,
1924; –: Deutsches Leben. Bd. 7: Der politische Biedermeier, 1925.

Junges Deutschland

H. Bloesch: Das Junge Deutschland in seinen Beziehungen zu Frankreich,
1903; W. Dietze: Junges Deutschland und deutsche Klassik, ³1962; H. H.
Houben: Jungdeutscher Sturm und Drang, 1911; H. v. Kleinmayr: Welt-
und Kunstanschauung des Jungen Deutschland, 1930; E. Zellweker: Aus
der deutschen Revolution. Deutsche Dichterschicksale 1848–50, 1914.

Monographien

Ludwig Börne: L. Marcuse: Börne. Aus d. Frühzeit d. dt. Demokratie,
1968; A. Bergmann (Hrsg.): Grabbe in Berichten seiner Zeitgenossen,
1968; *Franz Grillparzer:* E. Alker: F. G., ein Kampf um Leben und
Kunst, 1930; G. Baumann: F. G.: sein Werk und das österreichische
Wesen 1954; –: F. G., Dichtg. u. österreichische Geistesverfassung,
²1966; E. Frey-Staiger: G. – Gestalt u. Gestaltung d. Traums, 1966; U.
Fülleborn: Das dramat. Geschehen im Werk F. G's. Ein Beitrag z. Epo-
chenbestimmung d. dt. Dichtg. im 19. Jh., 1965; J. Nadler: F. G., 1952;
W. Naumann: G.: das dichterische Werk, 1956; W. Paulsen: Die Ahn-
frau. Zu G's früher Dramatik 1962; *Karl Gutzkow:* E. W. Dobert: K. G.
u. seine Zeit, 1968; *Wilhelm Hauff:* H. Hofman: W. H., 1902; *Heinrich
Heine:* M. Brod: H. H., ³1956; N. Altenhofer, Funktionszusammenhang
v. Traum, Witz u. Zensur in H's fr. Prosa, 1972; L. Marcuse: H.
H. Ein Leben zwischen Gestern und Morgen, ²1951; W. Maier: Leben,
Tat u. Reflexion. Unters. z. H. H's Ästhetik, 1969; C. F. Reinhold: H. H.
Sein Leben in Selbstzeugnissen, Briefen und Berichten, ²1947; W. Vontin:
H. H. Lebensbild, 1949; M. Windfuhr: H. H., 1969; *Paul Heyse:* P.
Zincke: P. H's Novellentechnik, 1927; *Friedrich Hölderlin:* A. Bach:
Darstellung und Begriff der Natur in den Gedichten H's, 1959; A. Beck
u. P. Raabe: H., 1970; Fr. Beissner: H. – heute, 1963; W. Binder:
H.-Aufsätze, 1970; U. Geier: Der gesetzliche Kalkül. H's Dichtungslehre,
1962; A. v. Grolman: H's Hyperion, 1919; R. Guardini: H. Weltbild und
Frömmigkeit, ²1955; J. Klein: H. in unserer Zeit, 1947; M. Konrad:
Hölderlins Philosophie im Grundriß, 1967; W. Michel: Das Leben F. H's,
¹¹¹1949; A. Pellegrini: Fr. H. Sein Bild in d. Forschg., 1965; J. Schmidt:

Hölderlins Elegie »Brod und Wein«. Die Entw. d. hymn. Stils in d. eleg. Dichtg., 1968; P. Szondi: Der andere Pfeil, Zur Entstehungsgesch. v. H's hymnischem Spätstil, 1963; K. Viëtor: Die Lyrik H's, 1921; *Jean Paul:* J. Alt: J. P., 1925; F. Burschell: J. P. Die Entwicklung eines Dichters, 1926; G. W. Fieguth: J. P. als Aphoristiker, 1969; F. W. Korff: Diastole u. Systole. Zum Thema J. P. u. A. Stifter, 1969; M. Kommerell: J. P., ³1957; H. Vinçon: Topographie: Innenwelt – Außenwelt bei J. P., 1970; *Heinrich von Kleist:* G. Blöcker: H. v. K. oder Das absolute Ich, 1960; R. Dürst: H. v. K. Dichter zw. Ursprung u. Endzeit. K's Werk im Licht idealist. Eschatologie, 1965; C. Hohoff: H. v. K. in Selbstzeugnissen und Bilddokumenten, ³1962; T. Kaiser: Vergleich der verschiedenen Fassungen von K's Dramen, 1944; Fr. Koch: H. v. K. – Bewußtsein und Wirklichkeit, 1958; H. J. Kreutzer: Die dichter. Entw. H's v. K., 1968; J. Maass: K. Die Fackel Preußens. Ein Lebensbericht, 1958; F. Martini: H. v. K. und die geschichtliche Welt, 1940; W. Müller-Seidel (Hrsg.): Heinrich von Kleist. Aufsätze u. Essays, 1967; E. v. Reusner: Satz, Gestalt, Schicksal, Untersuchungen über die Struktur der Dichtung K's, 1962; H. Sembdner: K's Lebensspuren. Dokumente und Berichte der Zeitgenossen, 1957; – (Hrsg.): H. v. K's Nachruhm. Eine Wirkungsgeschichte in Dokumenten, 1967; S. Streller: Das dram. Werk H. v. K's, 1966; H. M. Wolff: H. v. K., die Geschichte seines Schaffens, 1954; J. K.-H. Müller: Die Rechts- und Staatsauffassung H. v. K's, 1962; *Nikolaus Lenau:* H. Bischoff: L's Lyrik, 1920/21; M. Schaerffenberg: N. L's Dichterwerk als Spiegel der Zeit, 1935; *Johann Nestroy:* S. Diehl: Zauberei u. Satire im Frühwerk N's, 1969; O. Rommel: J. N., 1930; S. Brill: Die Komödie d. Sprache. Unters. z. Werke Joh. Nestroys, 1967; R. Preisner: J. N. Nestroy – Der Schöpfer d. trag. Posse, 1968; *August von Platen:* R. Schlösser: A. v. P., 1910–13; *Ferdinand Raimund:* H. Kindermann: F. R., ²1943; F. Schaumann: Gestalt u. Funktion d. Mythos in F. R's Bühnenwerken, 1970; *Friedrich Rückert:* K. Kühner: Dichter, Patriarch und Ritter. Wahrheit zu R's Dichtung, ³1930.

REALISMUS

Gesamtdarstellungen

H. Bieber: Der Kampf um die Tradition. Die deutsche Dichtung im europäischen Geistesleben 1830–1880, 1928; R. Brinkmann: Wirklichkeit und Illusion. Studien über Gehalt und Grenzen des Begriffes Realismus für die erzählende Dichtung des 19. Jahrhunderts, 1957; H. O. Burger: Der Realismus des 19. Jahrhunderts, in: Annalen der deutschen

Literatur, ²1962; H. O. Burger: Studien z. Triviallit., 1968; C. David: Zwischen Romantik u. Symbolismus 1820 bis 1885, 1966; C. Heselhaus: Das Realismusproblem, in: Hüter der Sprache – Perspektiven der deutschen Literatur, 1959; W. Höllerer: Zwischen Klassik und Moderne. Lachen und Weinen in der Dichtung einer Übergangszeit, 1958; W. Killy: Wirklichkeit u. Kunstcharakter. Neun Romane des 19. Jh., 1963; W. Linden: Das Zeitalter des Realismus (1830–1885), in: Aufriß der deutschen Literaturgeschichte, hrsg. v. H. A. Korff u. W. Linden, ³1932; G. Lukacs: Probleme des Realismus, ²1955; –: Deutsche Realisten des 19. Jahrhunderts, ⁵1956; –: Die Grablegung des alten Deutschland. Essays z. dt. Lit. d. 19. Jh., 1967; F. Martini: Dt. Lit. im bürgerl. Realismus 1848–1898, 1962; K. May: Form und Bedeutung. Interpretationen deutscher Dichtung des 18. und 19. Jahrhunderts, 1957; R. Minder: Kultur u. Lit. in Dtschld. u. Frkr., 1962; –: Dichter in d. Gesellschaft. Erfahrungen mit frz. u. dt. Lit., 1966; G. Schmidt-Henkel: Mythos u. Dichtung. Zur Begriffs- u. Stilgeschichte d. dt. Lit. im neunzehnten u. zwanzigsten Jh., 1967; B. v. Wiese (Hrsg.): Dt. Dichter d. 19. Jh. Ihr Leben u. Werk, 1969; G. Witkowski: Die Entwicklung der deutschen Literatur seit 1830, 1912; A. Zäch: Der Realismus, 1946.

Monographien

Georg Büchner: F. Ebner: G. B. – ein Genius d. Jugend, 1964; H. Mayer: G. B. und seine Zeit, ²1960; K. Viëtor: G. B., Politik, Dichtung, Wissenschaft, 1949; *Wilhelm Busch:* F. Bohne: W. B.: Leben, Werk, Schicksal, 1958; *H. Courths-Mahler:* G. Sichelschmidt: H. Courths-Mahler. Deutschlands erfolgreichste Autorin. Eine lit. soz. Studie, 1967; *Annette von Droste-Hülshoff:* G. Frühbrodt: Der Impressionismus in der Lyrik der A. v. D., 1930; G. Häntzschel: Tradition u. Originalität, 1968; C. Heselhaus: A. v. D. Die Entdeckung des Seins in der Dichtung des 19. Jahrhunderts, 1943; –: A. v. D. Sämtliche Werke, Nachwort, 1952; M. Lavater-Sloman: Einsamkeit. Das Leben der A. v. D., ²1957; J. Nettesheim: Die geistige Welt d. Dichterin A. v. Droste zu Hülshoff, 1967; *Marie von Ebner-Eschenbach:* A. Bettelheim: M. v. E's Wirken und Vermächtnis, 1920; *Theodor Fontane:* K. Attwood: Fontane u. d. Preußentum, 1970; R. Brinkmann: Th. Fontane. Über die Verbindlichkeit des Unverbindlichen, 1967; P. Demetz: Formen d. Realismus: Th. F. Krit. Untersuchungen, 1964; V. J. Günther: Das Symbol im erz. Werk Fontanes, 1967; J. Mittenzwei: Die Sprache als Thema. Unters. z. F's Gesellschaftsromanen, 1970; H. Nürnberger: Der frühe Fontane. Politik, Poesie, Geschichte. 1840 bis 1860, 1967; H. H. Reuter: Fontane, 2 Bde.,

1968; H. Spiero: F., 1928; K. Wandrey: F., 1919; *Gustav Freytag:* H. Lindau: G. F., 1907; *Jeremias Gotthelf:* R. Buhne: J. G. und das Problem der Armut, 1968; K. Fehr: J. G., 1967; W. Muschg: G. Die Geheimnisse des Erzählers, [2]1967; *Christian Dietrich Grabbe:* A. Bergmann: Ch. D. G.: Chronik seines Lebens, 1801–1836, 1954; F. J. Schneider: Ch. D. G., Persönlichkeit und Werk, 1934; *Friedrich Hebbel:* E. A. Georgy: Das Tragische bei F. H. 2 Bde. Bd. 1: Die Tragödien F. H's nach ihrem Ideengehalt, [3]1922; J. Müller: Das Weltbild F. H's, 1955; A. Scheunert: Der Pantragismus als System der Weltanschauung und Ästhetik H's, [2]1930; K. Strecker: F. H. Sein Wille, Weg und Werk, 1925; W. Wittkowski: Der junge H., 1969; K. Ziegler: Mensch u. Welt i. d. Tragödie F. H's, [2]1966; *Karl Lebrecht Immermann:* M. Windfuhr: I's erzählerisches Werk. Zur Situation des Romans in der Restaurationszeit, 1957; B. v. Wiese: Karl Immermann. Sein Werk u. Leben, 1969; *Gottfried Keller:* E. Ermatinger: G. K's Leben, Briefe und Tagebücher, [7]1924/25, 8. Aufl. (ohne Briefe u. Tageb.) 1950; A. Hauser: G. K., Geburt und Zerfall der dichterischen Welt, 1959; E. Howald: G. K. Schweizer, deutscher Dichter, Weltbürger, 1933; M. Kaiser: Literatursoziol. Studien z. G. K's Dichtg., 1965; H. Laufhütte: Wirklichkeit u. Kunst i. G. K's Roman »Der grüne Heinrich«, 1969; G. Lukács: G. K., [2]1947; H. Richter: G. Kellers frühe Novellen, 1966; P. Schaffner: Der Grüne Heinrich als Künstlerroman, 1919; L. Wiesmann: G. Keller. Das Werk als Spiegel d. Persönlichkeit, 1967; A. Zäch: G. K. im Spiegel seiner Zeit, Urteile und Berichte von Zeitgenossen über den Menschen und Dichter, 1952; *Otto Ludwig:* H. Schöneweg: O. L's Kunstschaffen und Kunstdenken, 1941; *Conrad Ferdinand Meyer:* F. Baumgarten: Das Werk C. F. M's, Renaissance-Empfinden und Stilkunst, neue Auflage 1948; M. Burkhard: C. F. M. u. die antike Mythologie, 1966; R. Faesi: C. F. M., [2]1948; A. Frey: M., sein Leben und seine Werke, [4]1925; L. Hohenstein: C. F. M., 1957; H. Maync: C. F. M. und sein Werk, 1925; *Eduard Mörike:* D. F. Heilmann: M's Lyrik und das Volkslied, 1913; H. Maync: E. M. Sein Leben und Dichten, [5]1944; H. Meyer: M., 1950; U. Pillokat: Verskunstprobleme bei E. M., 1969; G. Storz: E. M., 1967; B. v. Wiese: E. M., 1950; *Wilhelm Raabe:* K. Hoppe: W. Raabe. Beiträge z. Verständnis seiner Person u. seines Werkes, 1967; H. Pongs: W. R.: Leben und Werk, 1958; H. Spiero: R.-Lexikon, 1927; W. R. und sein Lebenskreis, hrsg. v. H. Spiero, 1931; H. Ohl: Bild u. Wirklichkeit. Studien z. Romankunst Raabes u. Fontanes, 1968; E. Beaucamp: Literatur als Selbstdarstellung. Studien zu W. Raabe, 1968; *Arthur Schopenhauer:* J. Krauss: Studien über Sch. und den Pessimismus in der deutschen Literatur des 19. Jahrhunderts, 1931; *Adalbert Stifter:* M. Enzinger: A. Stifter im Urteil seiner Zeit, 1968; A. v. Grolman: A. St's Romane, 1926; S. Gröble: Schuld u. Sühne im Werk A. St., 1965; C. Hohoff: A. St. Seine dichterischen Mittel und die Prosa des 19. Jahrhunderts, 1949; A. R. Hein: St., sein Leben und seine Werke, [2]1952; J. Müller: A. St.: Weltbild und Dichtung, 1956; W. Rehm: Nachsommer. Zur Deutung von St's Dichtung, 1951; U. Roedl: A. St., Geschichte seines Lebens, 1936. K. Steffen: A. St. Deutungen, 1955; L. Stiehm (Hrsg.): A. Stifter, 1968; G. Weippert: Stifters Witiko. Vom Wesen d. Politischen, 1967; *Theodor Storm:* P. Goldammer: T. S., 1968; P. Schütze: Th. St. Sein Leben und seine Dichtung, [4]1925; F. Stuckert: Th. St., seine Welt und Werk, 1955; –: Th. St., der Dichter in seinem Werk, [2]1952; *Friedrich Theodor Vischer:* H. Glockner: F. Th. V. und das 19. Jahrhundert, 1931.

DIE MODERNE

Anreger und geisteswissenschaftliche Einzelfragen

H. Barbusse: Zola. Der Roman seines Lebens, 1932; N. Berdjajew: Die Weltanschauung Dostojewskijs, 1925; H. S. Gorman: James Joyce, sein Leben und sein Werk, 1957; G. Gran: Henrik Ibsen. Der Mann und sein Werk, 1928; H. Kreuzer: Die Boheme. Beitr. zu ihrer Beschreibg., 1968; D. Leblond-Zola: Zola. Sein Leben, sein Werk, sein Kampf, 1932; F. Lieb: Der Mythos des nationalsozialistischen Nihilismus, Paris 1938; L. Löwenthal: Lit. u. Ges. Das Buch i. d. Massenkultur, 1964; A. Mohler: Die konservative Revolution in Deutschland 1918–32. Grundriß ihrer Weltanschauungen, 1950; H. Plessner: Das Schicksal deutschen Geistes im Ausgang seiner bürgerlichen Epoche, 1936; 2., erw. Auflage 1959 ([3]1962) u. d. Titel: Die verspätete Nation; H. Rauschning: Die Revolution des Nihilismus, [3]1938; H. J. Schrimpf: Lit. u. Gesellschaft. Vom 19. ins 20. Jh., 1963; R. Taenie: Drama nach Brecht – Möglichkeiten heutiger Dramatik, 1969.

Darstellungen, Essays, Lexika,

B. Allemann (Hrsg.): Ars poetica. Texte von Dichtern d. 20 Jh's zur Poetik, 1966; H. Arntzen: Der mod. dt. Roman. Voraussetzungen, Strukturen, Gehalte, 1962; H. J. Baden: Lit. u. Bekehrung, 1968 (u. a. über R. A. Schröder, A. Döblin, R. Schneider); A. Bergstraesser: Staat u. Dichtg., 1967; R. Baumgart: Aussichten d. Romans oder Hat Lit. Zukunft?, 1968; G. K. Brand: Werden und Wandlung, eine Geschichte der deutschen Literatur von 1880 bis heute, 1933; H. Domin: Wozu Lyrik

heute. Dichtg. u. Leser i. d. gesteuerten Ges., 1968; W. Duwe: Aus-
drucksformen dt. Dichtg. v. Naturalismus b. z. Gegenwart. Eine Stilgeschichte d. Moderne, 1965; –: Dt. Dichtg. d. 20. Jh., 1962ff.; R. Eppelsheimer: Mimesis u. Imitatio Christi bei Loerke, Däubler, Morgenstern,
Hölderlin, 1968; H. Friedmann u. O. Mann: Christliche Dichter der Gegenwart, 1955; –: Deutsche Literatur im 20. Jahrhundert. Strukturen
und Gestalten, ⁴1961; R. Geissler: Möglichkeiten des modernen deutschen Romans, 1962; W. Grenzmann: Deutsche Dichtung der Gegenwart,
²1955; –: Dichtung und Glaube. Probleme und Gestalten der deutschen
Gegenwartsliteratur, ⁴1960; R. Grimm (Hrsg.): Das epische Theater,
1966; K. S. Guthke: Die mod. Tragikomödie. Theorie, Gestalt, Geschichte, 1968; C. Heselhaus: Deutsche Lyrik der Moderne, 1961; W.
Höllerer: Theorie d. mod. Lyrik. Dokumente z. Poetik 1, 1965; O. Holl:
Der Roman als Funktion u. Überwindg. d. Zeit. Zeit u. Gleichzeitigkeit
in dt. Romanen d. 20. Jh., 1968; W. Jens: Statt einer Literaturgeschichte,
1957; –: Deutsche Literatur der Gegenwart. Themen, Stile, Tendenzen,
1961; H. Kindermann: Das literarische Antlitz der Gegenwart, 1930; H.
Kunisch (Hrsg): Kl. Handb. d. dt. Gegenwartsliteratur, 1967; P. K. Kurz:
Über moderne Literatur. Standorte u. Deutungen, 1967; K. A. Kutzbach:
Autorenlexikon der Gegenwart. Schöne Literatur in deutscher Sprache,
1950; K. Leonhard: Mod. Lyrik. Monolog u. Manifest. Ein Leitfaden,
1963; F. Lennartz: Deutsche Dichter und Schriftsteller unserer Zeit,
⁹1963; R. Lettau (Hrsg.): Die Gruppe 47. Bericht, Kritik, Polemik. Ein
Handbuch, 1967; F. v. d. Leyen: Deutsche Dichtung in neuer Zeit, ²1927;
G. Lukács: Skizze einer Gesch. d. neueren dt. Lit., 1964; W. Mahrholz:
Deutsche Dichtung der Gegenwart. Probleme, Ergebnisse, Gestalten,
1926; O. Mann u. W. Rothe (Hrsg.): Dt. Lit. im 20. Jh. Strukturen u.
Gestalten, ⁵1967; Ch. Moeller: Der Mensch vor dem Heil. Eine Untersuchung mod. Lit., 1967; H. Motekat: Experiment u. Tradition. Vom
Wesen d. Dichtg. im 20 Jh., 1962; W. Muschg: Die Zerstörung der deut-
schen Literatur, ²1956; H. Naumann: Die deutsche Dichtung der Gegenwart, ²1924; H. Olles: Literaturlexikon 20. Jh., 3 Bde., 1971; H. Pross:
Lit. u. Politik, 1963; W. Rasch: Zur dt. Lit. seit d. Jahrhundertwende,
1967; M. Reich-Ranicki: Lit. d. kl. Schritte. Dt. Schriftst. heute, 1967; A.
Schmidt: Literaturgeschichte. Wege und Wandlungen moderner Dichtung, ²1959; W. Schuder (Hrsg.): Kürschners Dt. Lit.-Kalender, ⁵⁵1967;
A. Soergel und C. Hohoff: Dichtung und Dichter der Zeit. Vom Naturalismus bis zur Gegenwart, 1961ff.; E. Trunz: Deutsche Dichtung der Gegenwart, 1937; O. Walzel: Deutsche Dichtung der Gegenwart, 1925; –:
Deutsche Dichtung von Gottsched bis zur Gegenwart, Band 2, S. 289–
375, 1930; W. Welzig: Der dt. Roman im 20. Jh., 1967; B. v. Wiese

(Hrsg.): Dt. Dichter d. Moderne. Ihr Leben u. Werk, ²1969; P. Wittkop: Deutsche Dichtung der Gegenwart, 1924; H. Friedmann, C. Heselhaus, B. Rang, O. Mann, F. Martini, H. M. Braem, J. Klein, P. Requadt, L. Langenfeld, J. Kunz, P. Böckmann, R. Minder, G. Kalow, W. Emrich, S. Strössinger, P. Stöcklein, F. Lion, H. H. Borcherdt, J. Pfeiffer, L. Giesz, M. Bense: Deutsche Literatur im 20. Jahrhundert, 1959.

Einzelströmungen

Emigrationsliteratur

W. A. Berendsohn: Die humanistische Front. Einführung in die deutsche Emigrantenliteratur, 1946; R. Drews u. A. Kantorowicz: Verboten und verbrannt. Deutsche Literatur 12 Jahre unterdrückt, 1947; A. Kantorowicz: Deutsche Schicksale. Neue Porträts, 1949; F. C. Weiskopf: Unter fremden Himmeln. Ein Abriß der deutschen Literatur im Exil 1933–47. Mit einem Anhang von Textproben, 1948.

Expressionismus

A. Arnold: Die Lit. d. Expressionismus. Sprachl. u. themat. Quellen, 1966; J. Bab: Die Chronik des deutschen Dramas (1900–1926), 1922–26; H. Bahr: Expressionismus, 1920; M. F. E. van Bruggen: Im Schatten des Nihilismus. Die expressionistische Lyrik im Rahmen und als Ausdruck der geistigen Situation Deutschlands, 1946; H. Denkler: Drama d. Expressionismus, 1967; W. Duwe: Deutsche Dichtung des 20. Jahrhunderts. Die Geschichte der Ausdruckskunst, 1936; F. Emmel: Das ekstatische Theater, 1924; M. Freyhan: Das Drama der Gegenwart, 1922; H. Friedmann u. O. Mann: Expressionismus: Gestalten einer literarischen Bewegung, 1956; P. U. Hohendahl: Das Bild d. bürgerl. Welt im expressionist. Drama, 1967; H. Ihering: Die Zwanziger Jahre, 1948; E. Kolinsky: Engagierter Expressionismus. Eine Analyse expr. Zeitschriften, 1970; F. Martini: Was war Expressionismus? Deutung und Auswahl seiner Lyrik, 1948; K. Otten: Ahnung und Aufbruch, Expressionistische Prosa, 1957; –: Schrei und Bekenntnis, Expressionistisches Theater, 1959; W. Paulsen: Expressionismus und Aktivismus. Eine typologische Untersuchung, 1935; K. Pinthus: Menschheitsdämmerung. Ein Dokument des Expr., ⁹1969; W. Rothe (Hrsg.): Expr. als Literatur, 1969; F. J. Schneider: Der expressive Mensch und die deutsche Lyrik der Gegenwart. Geist und Form moderner Dichtung, 1927; K. L. Schneider: Zerbrochene Formen. Wort u. Bild im Expressionismus, 1967; F. Schonauer: Literatur

u. Volksfront. Die Expressionismus-Diskussion aus dem Jahre 1938, 1967; A. Soergel: Im Banne des Expressionismus, [6]1930; H. Steffen (Hrsg.): Der dt. Expr., Formen u. Gestalten, 1965; W. Stuyver: Deutsche expressionistische Dichtung im Lichte der Philosophie der Gegenwart, 1939; E. Utitz: Die Überwindung des Expressionismus. Charakterologische Studien zur Kultur der Gegenwart, 1927; –: Über die geistigen Grundlagen der jüngsten Kunstbewegung, 1929.

Nach 1945

P. Demetz: Die süße Anarchie. Dt. Lit. seit 1945, 1970; H. Domin (Hrsg.): Doppelinterpretationen. Das zeitgen. dt. Ged. zw. Autor u. Leser, 1966; H. Kunisch (Hrsg.): Handb. d. dt. Gegenwartslit., 1964; H. Mayer: Zur dt. Lit. d. Zeit. Zusammenhänge, Schriftsteller, Bücher, 1967; I. Meidinger-Geise: Welterlebnis in deutscher Gegenwartsdichtung, 1956; J. Moras u. H. Paeschke: Deutscher Geist zwischen Gestern und Morgen. Bilanz der kulturellen Entwicklung seit 1945, 1954; H. Müller: Formen mod. dt. Lyrik, 1970; H. Pongs: Dichtg. im gespaltenen Dtschld., 1966; D. Weber (Hrsg.): Dt. Lit. seit 1945 in Einzeldarstellungen, 1968; H. Wolfheim: Die deutsche Literatur nach dem Kriege, 1955.

Nationalsozialismus

H. Glaser: Das Dritte Reich – Anspruch und Wirklichkeit, 1961; L. Poliakov/J. Wulf: Das Dritte Reich und seine Denker, 1959; F. Schonauer: Deutsche Literatur im Dritten Reich, 1961; K. Schwedhelm (Hrsg.): Propheten d. Nationalismus, 1969; D. Strothmann: Nationalsozialistische Literaturpolitik, 1960.

Naturalismus

H. Claus: Studien zur Geschichte des deutschen Frühnaturalismus. Die deutsche Dichtung von 1880–1890, 1933; H. Kasten: Die Idee der Dichtung und des Dichters in den literarischen Theorien des sog. »Deutschen Naturalismus«, 1938; H. Pongs: Vom Naturalismus zur Neuen Sachlichkeit, in: Aufriß der deutschen Literaturgeschichte, hrsg. v. H. Korff u. W. Linden, [3]1932; W. Stammler: Deutsche Literatur vom Naturalismus bis zur Gegenwart, [2]1927; J. P. Steffenes: Vom Naturalismus zur Neuen Sachlichkeit, 1932.

Monographien

Hans Arp: R. Döhl: Das lit. Werk H. Arps, 1903–1930, 1967; *Ernst Barlach:* W. Flemming: E. B., Wesen und Werk, 1958; K. Graucob: E. B's Dramen, 1969; *Gottfried Benn:* B. Allemann: G. B., 1962; R. Grimm u. W.-D. Marsch (Hrsg.): Die Kunst im Schatten des Gottes. Für u. wider G. B., 1962; R. Grimm: G. B., die farbliche Chiffre in der Dichtung, ²1962; G. Klemm: G. B., 1958; E. Nef: Das Werk G. B's, 1958; D. Wellershoff: G. B. Phänotyp dieser Stunde, 1958; *Werner Bergengruen:* P. Meier: Die Romane W. Bergengruens. 1967; E. Sobota: Das Menschenbild bei B. Einführg. i. d. Werk d. Dicht., 1962; *Heinrich Böll:* W. Lengning (Hrsg.): Der Schriftsteller H. B., ⁵1968; K. Jeziorkowski: Rhythmus u. Figur, 1968; M. Reich-Ranicki (Hrsg.): In Sachen Böll – Ansichten und Einsichten, 1968; *Wolfgang Borchert:* St. H. Kaszynski: Typologie u. Deutg. d. Kurzgesch. von W. B., 1970; *Bert Brecht:* R. Grimm: B. B., die Struktur seines Werkes, 1959; –: B. B., 1961; –: B. B. und die Weltliteratur, 1961; W. Hinck: Die Dramaturgie des späten B., ²1960; V. Klotz: B. B., Versuch über das Werk, 1957; O. Mann: B. B. – Maß oder Mythos? Ein kritischer Beitrag über die Schaustücke B. B's, 1958; Hans Mayer: B. B. und die Tradition, 1961; Kl.-D. Müller: Die Funktion d. Gesch. im Werk B. Brechts. Studien z. Verh. v. Marxismus u. Ästhetik, 1967; Kl.-D. Petersen: B.-Brecht-Bibliographie, 1967; E. Schumacher: Die dramatischen Versuche B. B's 1918–1933, 1955; K. Rülicke-Weiler: Die Dramaturgie B's., 1968; K. Schuhmann: Der Lyriker B. B. 1913–1933, 1964; J. Willet: Das Theater B. B's, 1963; *Hermann Broch:* T. Collmann: Zeit und Gesch. in H. Brochs Roman »Der Tod des Vergil«, 1967; M. Durzak: H. Broch. Der Dichter und seine Zeit, 1968; E. Kahler: Die Philosophie von H. B., 1962; D. Meinert: Die Darstellung der Dimensionen menschl. Existenz in B's »Tod des Vergil«, 1962; H. Steinecke: H. Broch u. d. polyhistor. Roman. Studien z. Theorie u. Technik eines Romantyps d. Moderne, 1968; I. Strelka: Kafka, Musil, B. und die Entwicklung des modernen Romans, ²1959; *Max Brod:* B. W. Wessling: M. B., 1969; *Hans Carossa:* A. Langen: H. C. Weltbild und Stil, 1955; *Paul Celan:* D. Kim: P. C. als Dichter d. Bewahrung, 1969; *Theodor Däubler:* E. Buschbeck: Die Sendung Th. D's, 1920; C. Schmitt: D's Nordlicht, 1916; *Max Dauthendey:* H. G. Wendt: M. D., 1936; *Richard Dehmel:* P. vom Hagen: R. D. Die dichterische Komposition seines lyrischen Gesamtwerks, 1932; *Heimito von Doderer:* D. Weber: H v. D. – Studien z. seinem Romanwerk, 1963; *Alfred Döblin:* P. E. H. Lüth: A. D. zum 70. Geburtstag, 1948 (Sammelband); R. Minder: A. D. zum 70. Geburtstag, 1948; E. Ribbat: Die Wahrheit des Lebens im frühen Werk

A. D's, 1970; *Günter Eich:* S. Müller-Hanpft (Hrsg.): Über G. E., 1970;
Hans Magnus Enzensberger: Über H. M. E., hrsg. v. Joachim Schickel,
1970; *Leonhard Frank:* Ch. Frank und H. Jobst, L. F. – Sein Leben
und Werk, 1962; *Frisch-Dürrenmatt:* H. Bänziger: F. und D., [5]1957;
M. Jurgensen: M. F., Die Dramen, 1968; E. Brock-Sulzer: F. Dürren-
matt: Stationen seines Werkes, 1960; H. Mayer: Dürrenmatt und Frisch.
Anmerkungen, 1963; *Stefan George:* H. Arbogast: Die Erneuerung der
deutschen Dichtersprache in den Frühwerken St. G's., 1967; L. Asbeck-
Strausberg: St. G., 1951; Cl. David: St. G. Sein dichterisches Werk, 1967;
M. Durzak: Der junge St. G., 1968: M. Gerhard: St. G. Dichtung u.
Kündigung, 1962; E. Heftrich: St. G., 1968; K. Hildebrandt: Das Werk
St. G's, 1960; F. Schonauer: St. G., 1960; R. Boehringer: Mein Bild von
St. G., 1951; E. Salin: Um St. G., neue Ausgabe 1954; F. Wolters: St. G.
und die Blätter für die Kunst, 1930; *Günter Grass:* G. Loschütz: Von
Buch zu Buch. G. G. i. d. Kritik, 1968; W. J. Schwarz: Der Erzähler G.
G., 1969; *Gerhart Hauptmann:* N. E. Alexander: Studien z. Stilwandel im
dram. Werk G. H's, 1964; C. F. W. Behl u. F. A. Voigt: Chronik von G.
H's Leben und Schaffen. Bis zum Tode G. H's fortgeführt. Vollständige
Neufassung der Chronik von 1942; 1957; R. Fiedler: Die späten Dramen
G. H's, 1954; J. Gregor: G. H., Das Werk u. unsere Zeit, 1951; F. W. J.
Heuser: G. H., Zu seinem Leben und Schaffen, 1961; K. S. Guthke: G. H.,
Weltbild im Werk, 1961; E. Hilscher: G. H., 1970; R. Michaelis: Der
schwarze Zeus. G. H's zweiter Weg, 1962; H. Schreiber: G. H. und das
Irrationale, 1946; F. A. Voigt: G. H. u. d. Antike, 1965; *Hermann Hes-
se:* H. Ball: H. H. Sein Leben und sein Werk, [7]1957; E. Gnefkow: H. H.,
Biographie, 1952; –: H. H. Rückblick, 1952; R. B. Matzig: H. H.: Stu-
dien zu Werk und Innenwelt des Dichters, [2]1949; M. Schmid: H. H.,
Weg und Wandlung, 1947; H. Waibler: H. H. Eine Bibliographie, 1962;
Georg Heym: F. Loewenson: Gg. H. oder Vom Geist des Schicksals,
1962; *Rolf Hochhuth:* S. Melchinger: Rolf Hochhuth, 1967; *Hugo von
Hofmannsthal:* R. Alewyn: Über H. v. H., [2]1960; W. Metzeler: Ursprung
und Krise von H's Mystik, 1956; K. J. Naef: H. v. H's Wesen und Werk,
1938; R. Tarot: H. v. H., 1970; *Ricarda Huch:* M. Baum: Leuchtende
Spur. Das Leben R. H's, [17]1954; O. Walzel: R. H., Ein Wort über Kunst
des Erzählens, 1916; *Uwe Johnson:* W. J. Schwarz: Der Erzähler U. J.,
1970; R. Baumgart (Hrsg.): Über U. J., 1970; *Ernst Jünger:* E. Brock:
Das Weltbild, E. J's Deutung u. Darstellung, 1962; G. Kranz: E. Jüngers
symbol. Weltschau, 1968; G. Loose: E. J. Gestalt und Werk, 1957; A. v.
Martin: Der heroische Nihilismus und seine Überwindung. E. J's Weg
durch die Krise, 1948; G. Nebel: E. J. Abenteuer des Geistes, 1949;
Franz Kafka: C. Bezzel: Natur bei K. Studien u. Ästhetik d. poet. Zei-

chens, 1964; M. Brod: F. K's Glauben und Lehre, 1948; –: F. K. Eine
Biographie, ²1962; W. Emrich: F. K., ³1961; –: F. K. Das Baugesetz
seiner Dichtg. –: Der mündige Mensch jenseits v. Nihilismus u. Tradi-
tion, 1964; K.-H. Fingerhut: Die Funktion d. Tierfiguren im Werke F.
K's, 1969; B. Flach: Kafkas Erzählungen. Strukturanalyse u. Interpreta-
tion, 1967; H. Politzer: F. K., der Künstler, 1965; J. Strelka: K., Musil,
Broch und die Entwicklung des modernen Romans, ²1959; H. Tauber: F.
K., eine Deutung seiner Werke, 1941; K. Wagenbach: F. K. Eine Bio-
graphie seiner Jugend, 1883–1912, 1958; *Georg Kaiser:* B. Diebold: Der
Denkspieler G. K., 1924; E. A. Fivian: G. K. und seine Stellung im
Expressionismus, 1947; M. Freyhan: G. K's Werk, 1926; W. Paulsen:
Gg. K. Die Perspektiven seines Werkes, 1960; W. Steffens: G. K., 1969;
Elisabeth Langgässer: E. Augsberger: E. L. Assoziative Reihung, Leit-
motiv u. Symbol in ihren Prosawerken, 1962; *Wilhelm Lehmann:* H. D.
Schäfer: W. L., 1969; *Detlev von Liliencron:* P. Remer: D. v. L., 1904;
H. Benzmann: D. v. L., ein deutscher Lyriker, 1904; H. Maync: D. v. L.
Eine Charakteristik, 1920; *Oskar Loerke:* W. Gebhard: O. L's Poetolo-
gie, 1968; W. P. Schnetz: O. L., 1967; G. Walter: O. L's Poetologie,
1968; *Heinrich Mann:* H. Ihering: H. M., 1951; U. Weisstein: Hr. M.
Eine hist. krit. Einführung in sein dicht. Werk, 1962; *Thomas Mann:* P.
Altenberg: Die Romane T. M's. Versuch einer Deutung, 1961; A. Banuls:
Th. M. und sein Bruder Heinrich, eine repräsentative Gegensätzlichkeit,
1968; A. Eloesser: T. M., sein Leben und Werk, 1925; I. Feuerlicht: T.
M. u. die Grenzen des Ich, 1966; E. Heller: T. M. Der ironische Deutsche,
1959; M. Henning: Die Ich-Form u. ihre Funktion in T. M's »Doktor
Faustus« u. in d. dt. Lit. d. Gegenwart, 1966; A. Hofman: T. Mann u.
d. Welt d. russ. Lit. Ein Beitrag z. lit. wiss. Komparativistik, 1967; H.
Lehnert: T. M., Fiktion, Mythos, Religion, 1965; J. Lesser: T. M. in der
Epoche seiner Vollendung, 1952; F. Lion: T. M. Leben und Werk, 1955
(erweiterte Aufl.); G. Lukács: T. M., 1949; H. Mayer: T. M. Werk
und Entwicklung, 1950; H. P. Pütz: Kunst u. Künstlerexistenz bei
Nietzsche u. T. M. Zum Problem des ästhet. Perspektivismus, 1963; J.
Scharfschwerdt: T. Mann u. d. dt. Bildungsroman. Eine Untersuchg. z.
d. Problemen einer lit. Tradition, 1967; P. Scherrer u. H. Wysling: Quel-
lenkrit. Studien z. Werk T. Manns, 1967; H. Stresau: T. M. u. sein
Werk, 1963; H. M. Wolff: T. M., 1957; *Alfred Mombert:* K. H. Strobl:
A. M., 1906; R. Benz: A. M., 1947; *Christian Morgenstern:* M. Bauer:
Ch. M's Leben und Werk, ²⁵1954; F. Hiebel: Ch. M.: Wende und Auf-
bruch eines Jahrhunderts, 1957; J. Walter: Sprache u. Spiel in Ch. M's
Galgenliedern, 1966; *Robert Musil:* E. Albertsen: Ratio u. »Mystik« im
Werk R. Musils, 1968; G. Baumann: R. M. zur Erkenntnis d. Dichtg.,

1965; E. v. Büren: Zur Bedeutg. d. Psychologie im Werk R. M's, 1970; K. Dinklage: R. Musil – Leben / Werk / Wirkung, 1960; J. Kükne: Das Gleichnis. Studien z. inneren Form v. R. Musils Roman »Der Mann ohne Eigenschaften«, 1968; U. Schelling: Identität u. Wirklichkeit bei R. Musil, 1968; I. Strelka: Kafka, M., Broch und die Entwicklung des modernen Romans, ²1959; *Friedrich Nietzsche:* l. Beithahn: N. als Umwerter der deutschen Literatur, 1933; H. Hellenbrecht: Das Problem der freien Rhythmen in bezug auf N., 1931; K. Jaspers: N. Einführung in das Verständnis seines Philosophierens, ³1950; J. Klein: Die Dichtung N's, 1936; Lou Andreas-Salomé: F. N. in seinen Werken, 1924, Neudr. d. Ausg. von 1894; P. Pütz: Fr. Nietzsche, 1967; R. Richter: N., sein Leben und seine Werke, ⁴1922; *Rainer Maria Rilke:* J. F. Angelloz: R., Leben und Werk, 1955; D. Bassermann: Der späte R., 1948; E. Buddenberg: Denken und Dichten des Seins. Heidegger, R., 1956; W. Günther: Weltinnenraum. Die Dichtung R's, ²1952; K. Hamburger: Philosophie d. Dichter. Novalis, Schiller, R., 1966; K. Kippenberg: R., ⁴1948; W. Seifert: Das epische Werk R. M. R's, 1969; J. Steiner: R's Duineser Elegien, 1962; *Nelly Sachs:* N. S. zu Ehren (Hrsg. Suhrkamp-Verl.), 1966; *Reinhold Schneider:* B. Scherer: Die Geisteswelt R. S', 1966; *Arthur Schnitzler:* G. Baumann: A. S. – Die Welt von Gestern eines Dichters von Morgen, 1965; *Carl Spitteler:* R. Faesi: C. S. Weg und Werk, 1933; J. Fränkel: C. S. Huldigungen und Begegnungen, 1945; L. Beriger: C. S. in der Erinnerung seiner Freunde und Weggefährten, 1947; W. Staufacher: C. S's Lyrik, 1950; *Hermann Stehr:* E. Freitag: H. St., Gehalt u. Gestalt seiner Dichtg., 1936; F. Richter (Hrsg.): H. St., Schlesier, Deutscher, Europäer, 1964; *Carl Sternheim:* M. Georg: C. St. und seine besten Bühnenwerke, 1923; W. Wendler: C. St., Weltvorstellung und Kunstprinzipien, 1966; *Ludwig Thoma:* G. Thumser: L. T. u. seine Welt. Biographie, 1966; *Georg Trakl:* L. Dietz: Die lyrische Form G. T's, 1959; W. Held: Mönch und Narziß. Stunde u. Spiegel im Werk G. T's, 1965; W. Killy: Über G. T., 1960; L. Ficker: Erinnerung an G. T., neue Ausgabe 1959; S. Klaus: Traum und Orpheus, 1955; W. Schneditz: Gesammelte Werke 3: Nachlaß und Biographie, 1949; R. Blass: Die Dichtung G. Trakls. Von d. Trivialsprache z. Kunstwerk, 1969; *Robert Walser:* R. Mächler: Das Leben R. W's. Eine dokumentar. Biographie, 1966; O. Zinniker: R. W., 1947; *Jakob Wassermann:* W. Goldstein: W., sein Kampf um Wahrheit, 1929; *Frank Wedekind:* P. Fechter: F. W. Der Mensch und das Werk, 1920; F. Gundolf: F. W., 1954; A. Kutscher: W. – Leben und Werk, 1964; F. Rothe: F. Wedekinds Dramen. Jugendstil u. Lebensphilosophie, 1968; *Peter Weiß:* H. Rischbieter: Peter Weiß, 1967; *Franz Werfel:* A. v. Puttkammer: F. W.: Wort und Antwort, 1952; R. Specht: F. W.: Versuch einer Zeitspiegelung, 1926. *H. Piontek u. a.:* A. Lubos, Von Bezruč bis Bienek, 1977.

PERSONENREGISTER

Arbeitsbereiche:

H. Glaser – J. Lehmann: S. 8–45; 92–170; 237–292; 306– 434;
A. Lubos: S. 46–91; 171–236; 292–306; Mitarbeit an den Seiten 92–107; 312–351

Über die Autoren

Hermann Glaser, Dr., phil., geb. am 28. 8. 1928. Verfasser von WELTLITERATUR DER GEGENWART (Ullstein Buch Nr. 126); Hebbel, AGNES BERNAUER (DW 20); SPIESSER-IDEOLOGIE (Ullstein Buch Nr. 3549); EROS IN DER POLITIK; DAS ÖFFENTLICHE DEUTSCH; DER GARTENZWERG IN DER BOUTIQUE; WESHALB HEISST DAS BETT NICHT BILD?; DIE WIEDERGEWINNUNG DES ÄSTHETISCHEN; SIGMUND FREUDS ZWANZIGSTES JAHRHUNDERT; BUNDESREPUBLIKANISCHES LESEBUCH; LITERATUR DES 20. JAHRHUNDERTS IN MOTIVEN (Band I und II); FLUCHTPUNKT JAHRHUNDERTWENDE.

Jakob Lehmann, Dr. phil., geb. am 8. 9. 1919. Autor und Mitherausgeber u. a. GRUNDZÜGE DER GESCHICHTE; INTERPRETATIONEN MODERNER KURZGESCHICHTEN; MOSAIK BÜCHEREI; ARBEITSHEFTE ZUM BESINNUNGSAUFSATZ; UMGANG MIT TEXTEN.

Arno Lubos, Dr. phil., geb. am 9. 2. 1928. Verfasser von LINIEN UND DEUTUNGEN; VALENTIN TROZENDORF; DIE SCHLESISCHE DICHTUNG IM 20. JAHRHUNDERT; GESCHICHTE DER LITERATUR SCHLESIENS (3 Bände); HORST LANGE; DEUTSCHE UND SLAWEN; HERMANN STEHR; VON BEZRUČ BIS BIENEK; SCHLESISCHES SCHRIFTTUM DER ROMANTIK UND POPULARROMANTIK; JOCHEN KLEPPER; GERHART HAUPTMANN.

Hermann Glaser
Jakob Lehmann
Arno Lubos

Wege
der deutschen
Literatur

Ein Lesebuch

Erweiterte Auflage mit
fünf neuen Textbeispielen
von Max Frisch, Siegfried
Lenz, Günter Grass,
Peter Handke und Günter Eich

Ullstein Buch 372

Die Textsammlung will
die literarhistorischen
Entwicklungslinien innerhalb
des deutschen Sprachraums
erleben lassen, die viel-
fältigen Wege der deutschen
Literatur aufzeigen und
nachvollziehbar machen. Die
exemplarisch zu verstehenden
Quellenauszüge spiegeln
über ihren geschichtlichen
Aspekt hinaus Welthaltung
und Lebensgefühl der
Epochen und Strömungen
und stellen somit in
künstlerischer Gestaltung
verdichtete menschliche
Zeugnisse dar.

ein Ullstein Buch

Karl Gutzkow

Liberale Energie

Eine Sammlung
seiner kritischen
Schriften
Ausgewählt und
eingeleitet von
Peter Demetz

Ullstein Buch 3033

Inhalt: Peter Demetz:
Karl Gutzkow als Literatur-
kritiker. Eine Einführung ·
Karl Gutzkow: Liberale
Energie. Eine Sammlung
seiner kritischen Schriften
(Texte über Menzel, Börne,
Lessing, Goethe, Hegel,
Heine, Büchner, Nestroy,
Shelley, Balzac, de Staël,
Sand u. a.) · Anmerkungen ·
Bibliographie · Personen-
register.

ein Ullstein Buch

Günther Dietel

Reiseführer für Literaturfreunde II

Mittel- und Ostdeutschland

Ullstein Buch 4044

295 Städte dieses umfassenden Gebietes mit »literarischer Vergangenheit« sind hier aufgeführt. Mit einem Blick kann der Leser übersehen, welche Dichter und Philosophen mit einer Landschaft, einem Ort verbunden waren. Wie schon in den anderen »Reiseführern« werden auch hier die Städte und Ortschaften alphabetisch aufgeführt.
Mit Autoren- und Ortsregister und Kartenskizzen.

ein Ullstein Buch